대인관계치료
가이드북

Scott Stuart · Michael Robertson 공저 | 임기영 · 김지혜 공역

학지사

 역자 서문

　대인관계치료(Interpersonal Psychotherapy: IPT, 이하 IPT)는 1970년대에 예일대학교 의과대학 교수인 Gerald Klerman, Myrna Weissman 그리고 Eugene Paykel이 우울증에서의 삼환계 항우울제의 효과를 연구하면서 대조군으로 사용하기 위해 개발한 정신치료기법이다. IPT는 처음부터 제한된 회기 내에 실시할 수 있는 치료, 표준화되고 매뉴얼화될 수 있는 치료, 상식에 근거한 치료, 치료효과를 과학적으로 검증할 수 있고 재현할 수 있는 치료로서 설계되었고, 그 결과 IPT는 오늘날 가장 대표적인 '근거-중심 정신치료(Evidence-based Psychotherapy)' '실증적 근거가 있는 치료(Empirically Supported Treatment: EST)'로 자리를 잡았다.

　IPT는 우울증 치료에서 약물치료에 버금가는 치료 효과를 나타냈으며, 특히 환자의 사회적 기능 향상에 탁월한 효과가 있었다. 또한 IPT는 약물치료와 병행할 수 있다는 큰 장점이 있고, 이 경우 가장 좋은 치료 효과를 거둘 수 있다. 1980년대 이후 IPT는 불안장애, 적응장애, 성격장애 등 다양한 정신질환 치료에 적용되기 시작하였으며, 집단치료, 부부치료, 청소년치료, 노인치료 등 다양한 형태로 특화되어 발전해 가기 시작하였다.

　따라서 오늘날 IPT는 인지행동치료(Cognitive-Behavioral Therapy: CBT)와 더불어 정신과 의사나 임상심리학자 등 임상 장면에서 환자의 다양한 문제를 해결하고자 하는 전문가들이라면 반드시 알아야만 하는 필수적인 치료기법으로 자리 잡았다.

    Scott Stuart와 Michael Robertson이 공동 집필한 『대인관계치료 가이드북 (Interpersonal Psychotherapy: A Clinician's Guide, 2nd edition)』은 IPT를 공부하기 위한 가장 훌륭한 교재라고 할 수 있다. 저자들은 IPT의 근간을 이루는 애착이론과 대인관계이론을 설명하는 것에서 시작하여 IPT의 구조, 환자와의 첫 만남과 평가, IPT의 다양한 치료기법과 숙제 활용, 환자의 문제영역에 대한 개별적 해결방법, 치료의 결론과 유지치료에 이르기까지 치료의 전 과정을 풍부한 증례와 함께 설명하고 있다. 특히 초판 발행 이후 IPT가 발전되고 개선된 부분에 대해 상세히 설명하고 있고, 특정 진단에 국한되지 않고 환자들이 호소하는 다양한 대인관계상의 문제를 해결하기 위한 방법들을 제시하고 있다.

    특히 이 책은 매뉴얼화된 치료로서 출발한 IPT의 경직성을 극복하고 임상가들이 실제 임상 장면에서 만나게 되는 다양한 환자의 다양한 문제에 대하여 보다 유연하게 IPT를 적용할 수 있도록 해 준다. 저자들은 이 책을 큰 틀의 가이드북으로서만 활용하고, 임상가 각자가 자신의 임상적 경험과 판단을 더하여 치료를 진행하도록 권하고 있는데, 이를 위해 단순히 IPT 기법이나 기술에 대한 정보 제공에 그치지 않고 풍부한 사례연구를 통해 저자들 자신이 시행했던 치료에서 그들의 임상적 판단, 직관 그리고 의사결정의 타이밍 등을 독자들이 엿보고 배울 수 있도록 배려한다.

    이 책은 IPT에 관심을 갖고 공부하고자 하는 모든 이에게 큰 도움이 될 것으로 확신한다.

2016년 3월

역자 임기영

저자 서문

『대인관계치료 가이드북』 제2판을 출간하면서 지난 10년간 임상치료와 교육 그리고 다양한 연구 프로젝트에서 이 책의 초판을 사용해 주신 전 세계의 수많은 임상가와 연구자에게 감사를 드린다. 지금도 마찬가지지만, 우리의 본래 의도는 임상가들에게 유용한 교과서를 출판하는 것이었다. 우리는 임상가들이 IPT를 큰 틀로만 활용하고 그 틀 속에서 각자의 임상적 판단을 하도록 권해 왔다. 왜냐하면 적어도 현재까지는, 우리의 매뉴얼을 포함하여 그 어떤 정신치료 매뉴얼도 모세의 십계명처럼 절대적인 것이 아니기 때문이다.

매뉴얼에 기초한 정신치료들은 대부분 엄격히 통제된 학문적 환경에서 개발된 후에 임상 장면으로 전파되기 때문에 이와 같은 유연한 접근 방식이 필요하다. 임상적 적용에 있어 '실증적인' 이라든가 '실증에 기반을 둔' 치료라는 용어를 사용하는 이유는 다양한 환자*를 치료함에 있어 유연성이 중요하다는 의미를 내포하고 있을 뿐 아니라, 매뉴얼에 집착하는 경직된 치료의 결과가 매뉴얼을 참고로 하되 임상적 판단이나 상식을 더하여 진행하는 치료 결과보다 못한 경우가 많기 때

* 이 책에서 우리는 편의상 '환자(patient)' 라는 용어를 사용하기로 했다. '고통을 받는 이' 라는 의미의 '환자' 라는 용어는 여러 가지 의미에서 우리가 치료하는 대상을 가장 정확히 표현해 준다. 그들은 고통을 받고 있고, 우리의 도움을 필요로 하는 사람들이다. 다른 한편으로는 '환자' 라는 용어나 '고객(client)' 이라는 용어 모두 우리가 전달하고자 하는 의미를 정확히 담지 못한다. 우리는 독자들이 개개인의 환자들을 독립적인 인격체로 생각하기를 권하며, 그들의 진단이나 질병, 문제들은 그들의 여러 인간적 특성 중 일부일 뿐이라는 점을 잊지 않길 바란다.

문이다. 우리가 '가이드' 라는 용어를 사용하는 의도는 IPT가 이론적 근거를 갖고 있고, 실증적이며, 임상적으로 검증된 치료이면서, 건전한 임상적 판단을 덧붙여 적용하는 치료라는 점을 강조하기 위함이다. 우리는 무작위 통제 실험(randomized controlled trials)이 매우 중요하기는 하지만 실증적 자료를 얻기 위한 여러 방편 중 하나일 뿐임을 잘 알고 있다. 임상가들의 경험 역시 임상 실제에 유용한 정량적 자료를 풍부하게 제공할 수 있다.

우리의 일차적 목표는 치료자들이 저마다 독특한 개개인의 환자를 치료함에 있어서 치료자와 환자 상호 합의하에 설정해 놓은 치료목표를 달성하는 데 IPT를 대단히 유용한 틀로 사용할 수 있도록 돕는 것이다. 우리의 객관적인 목표는 IPT를 시행하기 위한 지침을 제공해 주는 것이지만, 보다 주관적인 목표는 치료자들로 하여금 각각의 환자를 좀 더 잘 이해할 수 있도록 지원하는 것이다. 이는 IPT의 과정과도 일치한다. 즉, 환자가 겪고 있는 고통을 해소해 주기 위해서는 치료자가 개개인의 환자를 이해할 수 있어야 하며, 동시에 환자 스스로 자신을 좀 더 잘 이해할 수 있도록 돕는 작업을 해야 한다.

초판이 출간된 이후 IPT에 많은 변화가 있었고, 이 변화는 전 세계적으로 전파되었다. 그중에는 IPT 구조의 중요한 변경들이 포함되어 있다. 급성기 치료(acute treatment with IPT)는 종결짓는(terminate) 것이 아니라, 대부분의 환자에게 유지치료(maintenance therapy)가 필요하다는 조건하에서 매듭짓는(conclude) 것이라는 개념으로 바뀌었다. '종결'이 아닌 유지치료로의 전환으로 IPT의 치료 형태가 변화한 것은 이미 오래전부터 치료의 표준으로 자리 잡았다. IPT 회기의 범위도 확장되어 과거와 같이 고정된 회기만 진행하지 않고 보다 유연하게 회기를 조정하는 개념으로 바뀌었다. 문제영역(Problem Area)의 개수도 대인관계 민감성(Interpersonal Sensitivity)을 제외시켜서 네 개에서 세 개로 줄었다. 이러한 변화는 모두 실증적 연구와 임상적 경험에 근거하여 이루어진 것이다.

또한 우리는 IPT에 애착이론(Attachment Theory)과 대인관계이론(Interpersonal Theory)을 대폭 확대 · 적용하였다. 특히 임상가와 환자 모두에게서 대단히 유용하다는 인정을 받은 구조화된 IPT 설계(IPT Formulation)에서 이 두 이론을 중점적으로 도입하였다. 의사소통 분석(Communication Analysis) 등 몇 가지 특정 치료 기법도 변경되었다. 또한 이번 판에서는 임상에서 검증되고, 지금은 널리 전파된 몇 가지 임상 기법이 추가되었다. 그중에는 구조화된 대인관계 평가도구(Interpersonal Inventory), 역할 전환 연대표(Timeline for Role Transition), 대인갈등에 대한 대인갈등 그래프(Interpersonal Conflict Graph for Interpersonal Disputes) 등이 있다. 이 모두는 임상가들의 환자 이해를 돕기 위해 개발된 간단한 도구들이다.

제2판에서의 가장 중요한 변화는 IPT로 치료할 수 있는 문제의 범위를 훨씬 넓혔다는 점이다. 지난 10여 년간 IPT는 다양한 질환의 치료에 적용되었고, 임상적 경험을 통해 IPT가 진단을 초월하여 널리 사용될 수 있음이 입증되었다. 가까운 장래에 발표될 『정신질환의 진단 및 통계편람 제5판(Diagnostic and Statistical Manual of Mental Disorders-V: DSM-5)』이나 미국 국립정신건강연구소(National Institute of Mental Health: NIMH)가 완전히 새롭게 개발 중인 '연구분야척도(Research Domain Criteria: RDoC)'[1, 2]를 고려할 때, 이와 같은 진단초월적 접근은 매우 시의적절할 뿐 아니라 실증적이다. 결론적으로, 우리는 이러한 개념들을 포괄적으로 포함하면서, 동시에 IPT 내에서 그 개념들을 설계(formulation)하는 것을 지칭하는 용어로서 '고통(distress)'을 사용하기로 결정하였다.

이 책의 초판이 출간된 2003년 이후 몇몇 질병이나 환자군을 대상으로 IPT를 적용한 다수의 모범적 연구들이 수행되었다.[*] 그러나 늘 그래 왔듯이 IPT의 효능(efficacy)에 대해서는 충분한 실증적 근거가 제시되고 있지만 전형적인 임상 상황에서 IPT의 효과(effectiveness)를 평가한 연구는 아직도 그 수가 많지 않다. 10년 전에도 언급했지만, 이것은 실증적으로 검증된 모든 정신치료에 공통적으로 해당되는 현상이다. 바꿔 말하면, IPT(그 밖의 근거-중심 진료들도 포함하여)는 다음과 같은 상황에서는 환자들에게 도움이 된다는 사실이 실증적으로 증명되었다.

---

[*] 제19장과 제20장 참조.

- 학문적 환경에서 IPT 전문가에 의해 시행되는 경우
- 엄격한 진단기준에 따라 신중하게 선택되고, 다른 동반이환(comorbid diagnoses)이 없는 피험자(환자가 아닌)를 대상으로 시행되는 경우
- 무작위 임상 실험에 참여하기로 동의한 피험자를 대상으로 시행되는 경우
- 치료비를 본인이 부담하지 않는 피험자를 대상으로 시행되는 경우
- 매뉴얼에 적힌 대로 따라 하도록 연구계획서가 엄격히 통제되는 상황에서 시행되는 경우

하지만 현실적으로 대부분의 임상가들은 연구계획서에서 요구하는 12주, 16주 혹은 임의의 기간 동안 매주 한 번씩 꼬박꼬박 환자를 만나는 것은 꿈도 꾸지 못한다. 임상가들은 연구기금이 아닌 환자에게 직접 치료비를 받는다. 또한 대부분의 임상가들은 다른 동반이환이 없는 순수한 '주요우울증' 환자를 치료하는 사치를 누리지 못한다. '현실 세계'의 환자들은 흔히 우울, 불안, 성격장애, 약물 남용, 기타 다양한 문제들이 복합적으로 얽혀 있는 환자들이다. 동네 진료실에 치료를 받으러 오는 환자들은 대개 자신이 원하는 치료(그것이 약물치료든, 정신치료든, 그 밖의 무엇이든)를 마음속으로 미리 결정하고 오는 사람들이다. 그들은 특정 치료에 임의로 배정되는 것에 동의한 피험자들과는 다른 사람들이다. 동네 진료실을 찾아와서 위약(placebo) 치료에 무작위로 배정을 받아도 좋다고 말하는 환자는 한 명도 없을 것이다.

치료의 효능에 대한 실증적 연구(예컨대, 무작위 통제 실험과 같이 엄격한 연구 환경에서 특정 치료의 이득을 검증하는)는 필수적인 연구이기는 하지만, 임상적 유용성을 판단하는 궁극적인 방법은 치료 효과(임상 상황에서 적용했을 때의 이득을 검증하는)를 살펴보는 것이다.[3, 4] 실제 임상 환자들을 대상으로 IPT의 치료 효과를 검증하는 실증적 연구는 아직까지 많지 않지만, 지역사회에서 IPT의 유용성을 강조하는 임상적 경험과 지혜는 아주 풍부하다. 이러한 임상적 경험 역시 연구의 한 형태로 볼 수 있는데, IPT를 적용하면서 환자의 상태를 면밀하게 관찰하는 것, 환자의 변화와 적응과 같은 반응을 살피는 것은 정량적 자료라고 할 수 있다. 우리

는 IPT가 무작위 대조연구를 통해 얻어진 실증적 자료와 임상적 경험을 통해 얻은 정량적 자료 모두에 기반을 두고 시행되어야 한다고 믿는다. *

이와 같은 믿음에 근거하여 우리는 매뉴얼 형태의 IPT와 그 밖의 매뉴얼화된 치료법 전반에 대해 다음과 같은 근본적인 결론을 내릴 수 있다. 즉, 연구 상황이 아닌 실제 임상에서 매뉴얼을 철저히 따르도록 요구하는 것은 치료의 효과를 감소시키기 쉬운데, 왜냐하면 이는 치료자가 자신의 임상적 경험을 활용하지 못하도록 억압하기 때문이다. 이를 뒷받침할 증거들도 있다. 경험 많은 치료자들이 실증적으로 검증된 치료를 보다 유연하게 시행하는 경우 치료 결과가 더 좋은 것으로 나타났기 때문이다.[5, 6]

치료과정에서 치료자가 환자로부터 얻는 자료, 관찰을 통한 자료 및 추정을 통한 자료, 예를 들어 환자가 어떤 종류의 통찰(insight)을 얻어 가고 있는지, 변화하고자 하는 환자의 욕구는 어느 정도인지, 치료적 관계에서 전이(transference)의 영향은 어느 정도인지, 치료 동맹(therapeutic alliance)의 질은 어떠한지 등의 자료를 근거로 치료자는 환자에게 숙제를 내 주는 것이 도움이 될지, 치료자의 시의적절한 자기-노출(self-disclosure)을 통해 통찰에 더 가까이 다가갈 수 있을지, 혹은 16회기 치료보다는 20회기 치료를 하면 좀 더 좋은 치료 결과를 얻을 수 있을지 등을 결정하는 데 도움을 받을 수 있다. 이러한 결정은 치료자와 환자 양자관계에서 상호 합의하여 결정되어야 하며, 치료 매뉴얼에 의해 선험적으로 강요되어서는 안 된다.[7~9] 그런 의미에서 이 책은 가이드이지 매뉴얼이 아니다. 이 책은 IPT를 실시하기 위한 기본 틀이 되는 일련의 원칙들을 제공하는 것이지, IPT를 제한 짓는 법규를 제시하는 것이 아니다.

이 점은 이번 제2판에서 IPT의 구조를 설명할 때 잘 반영되어 있다. 예를 들면, 우리는 초판에서 임상 경험을 통해 볼 때 IPT를 매주 1회기씩 시행하고, 12회기 혹은 16회기 후에 치료를 곧바로 종결짓는 것이 실제 임상 상황에서 IPT를 효과

---

* 이 원칙은 정신치료든 정신약물치료든 상관없이 실증적으로 검증된 다른 모든 치료에 동일하게 적용된다.

적으로 시행하는 최선의 방법은 분명히 아닐 것이라고 언급한 바 있다. 그 이후 몇 개의 잘 설계된 치료 효능 연구가 시행되었고, 이 연구들은 급성기 치료를 시행하면서 후반부에 이르러 일정 기간에 걸쳐 치료회기의 간격을 점차 늘려 나가다가 일단 단기치료를 매듭짓고, 필요한 경우 유지치료(maintenance treatment)를 실시하는 형태로 진행되었다.[10-12] 이와 같은 방법을 사용한 결과 재발을 감소시키는 데 더 큰 효과가 있었는데, 이는 경험 많은 치료자들이 이미 오래전부터 인지하고 있던 바와 일치한다. 우울증과 같은 질병은 흔히 재발된다는 자료들이 많고,[13, 14] 유지 IPT가 재발위험을 감소시킨다는 점을 종합해 보면,[10, 11] 재발위험성이 큰 환자에게 유지치료를 제공하지 않는 것은 한마디로 진료과오(malpractice)라고 할 수 있다.

통상적으로 유지치료를 실시한다는 것은 IPT를 '종결' 하면 안 된다는 것을 의미한다. 각각의 환자들과 치료회기 시간을 협의하는 것이 훨씬 효과적이다. 급성기 치료를 매듭짓기에 앞서 2주 간격 혹은 한 달 간격의 치료회기를 몇 번 진행하고, 필요할 경우 유지치료를 제공한다. 급성기 치료는 종결하는 것이 아니라 매듭짓는 것이다. 임상 경험과 실증적 자료에 의하면 IPT에서 생물-심리-사회적 설계(Biopsychosocial formulation)가 중요하다. 생물-심리-사회적 모델은 정신의학, 심리학 그리고 의학 분야에서 널리 사용되고 있다.[15-19] 최근의 임상 경험에 의하면 이 모델을 보다 확장시켜서 문화적 · 영적 요소까지 포함시키는 것이 더욱 좋은 것 같다.* 인간의 심리 기능은 복합적이고, 다면적이며, 단순한 의학적 '질병' 으로는 특징지을 수 없는 훨씬 고차원의 기능이다. 우리는 유전자의 집합체 혹은 '의학적' 자아 그 이상의 존재다.

의학적 모델의 정신병리학에 지나치게 집착하는 것은 치료자와 환자 모두를 비인간화한다고 우리는 믿는다. 의학적 모델에서는 인간이 아닌 환자, DSM[20]이나 국제질병분류(International Classification of Diseases: ICD)[21] 기준에 의해 진단된 환자를 필요로 할 뿐이다. 이와 같은 접근법은 치료자로 하여금 그들이 치료하는

---

* IPT의 이러한 발전은 우리의 동료인 Rob McAlpine과 Anthony Hillin의 공헌 덕분이다.

사람을 '증상'이나 '진단'에 따라 분류하게 하고, 고유의 개인으로 이해하는 능력을 제한하며, 그들이 경험하는 문제들에 대해 창조적인 해결책을 찾아내는 작업을 힘들게 한다. 일반적인 모든 치료, 특별히 IPT의 일차적 목표는 치료의 대상이 되는 사람을 이해하는 것이기 때문에, 그 이해의 과정에서 엄격한 의학적 진단만을 사용하고 이를 환자에게 적용하는 것은 그야말로 하급의 임상진료다. IPT는 포괄적인 생물–심리–사회적/문화적/영적 설계에 기초를 두어야만 한다.

따라서 증상에 근거한 진단체계는 환자를 이해하는 중요한 수단이기는 하지만, 그것을 환자의 고통을 개념화하기 위한 주된 근거로 삼거나 IPT의 조건으로 삼아서는 안 된다. IPT는 임상적으로 대인관계에 문제가 있는 환자들에게 사용하여야 한다. 환자들 중에는 우울한 이도 있고, 불안한 이도 있으며, 성격적으로 문제가 있는 이들도 있다. 그리고 대부분의 환자들은 이러한 요소들을 복합적으로 지니고 있다. 나이 든 환자도 있고, 청소년기 환자도 있으며, 남자 환자, 여자 환자, 치료자와 전혀 다른 문화적 배경을 갖고 있는 환자도 있다. 어떤 환자는 부자이고, 어떤 환자는 가난하다. 하지만 모든 환자는 적어도 부분적으로는 사회적 연결망 속에 밀접히 연관되어 있는 사회적 존재로 이해될 수 있으며, 따라서 IPT의 잠재적 대상이 될 수 있다. 환자가 엄격한 진단기준에 부합되지 않을 경우일지라도 임상 상황에서 치료의 대상이 될 수 있는가 하는 질문은 적절하지 않다. 각 개인의 독특한 문제나 고통 그리고 사회적 상황 등이 그가 IPT에 적합한 대상인지를 결정하는 요인이 되어야 한다.

결론적으로, 효능에 대한 실증적 증거(empirical evidence)는 임상에서 IPT를 적용하는 토대가 되어야 하고, 임상적 경험(clinical experience)이 IPT의 기둥이 되어야 하며, 임상적 판단은 이를 보강하는 역할을 해야 한다.

IPT의 역사

IPT가 개발된 초기의 궤적을 보면, 오늘날 임상에서 활용되고 있는 대부분의 다른 치료법들과는 다르다. 실증적 근거를 갖고 있는 다른 치료법들은 대부분 임상적 관찰을 토대로 형성되기 시작하여 점차 그 치료법의 효과를 설명하는 이론으로 체계를 잡아 나가게 된다. 행동치료의 예에서 볼 수 있듯이 치료 기전에 대한 이론적 가설로부터 시작하여 특정한 치료기법이 만들어지는 경우가 많다.

지난 40여 년간 근거-중심 의학이 대두되어 왔고, 그 결과 정신치료기법 역시 실증적으로 검증되어야만 한다는 요구가 생겼다. 주로 정신약물학 연구에 영향을 받아서, 무작위 통제 치료 효능 실험(randomized and well-controlled efficacy treatment trials)들은 특정 정신치료법이 제대로 작용하는지를 '증명'하는 '필수 조건(sine qua non)'이 되었다.[22] 실증적 근거가 있는 치료(Empirically Supported Treatment: EST, 이하 EST)는 '통제된 실험 환경에서 선별된 대상군에 대해 효능이 밝혀진 명백하게 특화된 심리적 치료법'[23]이라고 정의할 수 있으며, EST가 무엇인지를 정의하기 위한 특정한 기준이 정해져 있다(글상자 참조).[24] 이 책을 집필하고 있는 현재, 미국심리학회(American Psychological Association: APA) 제12분과(Division 12)[25]의 목록에는 이 기준을 만족하는 정신치료가 60개 수록되어 있다(글상자 참조).

따라서 가장 최근에 개발된 정신치료—전형적인 예를 들면 인지행동치료(CBT)—는 임상적 관찰에서 이론을 거쳐, 무작위 치료 연구의 과정을 밟으며 발전되어 왔다. 효능 연구는 필수적이다. 연구비 수혜나 특허 부여에 있어 EST를 조건으로 요구하는 것이 세계적 추세다. 그런 이유 때문에 치료자들은 자신이 선호하는 치료—특히 자신이 개발한 치료인 경우—가 EST 목록에 등재되는 것에 큰 의미를 부여한다. 그런데 바로 이 점이 매뉴얼화된 치료의 경직성을 더욱 악화시키곤 한다. 어떤 치료가 일단 EST 목록에 등재되고 실증적으로 검증 혹은 지지되고 있다는 인정을 받으면, 치료자들은 이를 자신이 선호하는 그 치료가 매뉴얼에 기술된 그대로 수행되어야만 한다고 고집하는 근거로 삼는 경우가 흔하다. 매뉴얼이 일련의 지침적 원칙이 아닌 독단적 교리(dogma)가 되고 마는 것이다.

제약회사가 미국 식품의약품안전청(U.S. Food and Drug Administration: FDA) 승인을 받은 자사의 정신약물을 판매할 때도 같은 일이 반복된다. 개발자들은 자신

글상자	실증적으로 검증된 견실한 정신치료의 조건

I. 적어도 2번 이상의 우수한 집단 간 비교설계 실험(between-group design experiments)에서 다음 중 한 가지 혹은 그 이상의 방법으로 효능이 확인되어야 함

  A. 위약(placebo)이나 위(僞)치료 혹은 비교대상 치료보다 통계적으로 유의하게 효능이 우월함

  B. 적절한 표본 크기로 시행된 실험에서 기존의 정립된 치료와 동등한 효능을 보임

혹은,

II. 다수의 단일 사례설계 실험(single case design experiments, n>9)에서 효능이 확인될 것. 이 실험은 다음의 조건을 충족하여야 함

  A. 우수한 실험 설계

  B. I의 A에서와 같이 다른 치료와의 비교연구

I, II에 공통으로 적용되는 추가 기준

  C. 실험은 치료 매뉴얼에 따라 수행되어야 함

  D. 대상 표본의 특성이 명확히 기술되어야 함

  E. 적어도 2명 이상의 연구자나 연구팀에 의해 효능이 확인되어야 함

이 만든 약품이나 치료법이 기존의 것들과는 전혀 다르다는 점을 어떻게든 강조하여 차별화하려고 하며, 자기 치료법의 우수성과 범용성을 주장하려고 애를 쓴다. 다른 치료법보다 우수하다고 광고된 치료법은 판매가 잘된다. 자기 치료법을 변형하거나 수정하는 것을 용인하는 개발자는 찾아보기 힘들다. 왜냐하면 그러한 변형이나 수정으로 인해 자칫 FDA 혹은 APA 승인이 취소될 위험성이 있기 때문이다. 이 점은 실증적으로 검증된 치료법이 널리 전파될 때 일어나야 하는 이상적인 상호 협력과 대비되는 점이다. 이상적으로는, 임상 경험이 더해지고 추가적으로 임상 관찰이 축적되면서 이론과 기법에 수정이 가해지며, 그 후에 다시 한

번 효능을 검증하게 된다. 정신치료 개발과정에서 이 상호 혹은 순환적 접근방식은 자료들이 실험이 아닌 임상진료에서도 올 수 있음을 인정하는 것이다. 최고의 근거-중심 진료(evidence-based practices)는 진료-중심 근거(practice-based evidence)를 인정하는 것이다(그림 참조).

　임상적 관찰을 통해 정신병리와 치료 기전에 대한 이론적 이해가 가능해진다. 그리고 이와 같은 이해를 근거로 임상적 전략과 기법이 정립되며, 이는 다시 예비 연구를 통해 다듬어진다. 그 후 매뉴얼 혹은 가이드가 개발되고, 치료에 대한 실증적 연구가 진행되며, 효능이 입증된 치료는 임상적으로 널리 채택된다. 대부분의 경우 이 시점에서 모든 과정이 중단되지만, 이상적으로는 임상적으로 채택, 활용되고 있는 치료에 대하여 추가적인 임상적 관찰이 수집되어 이를 기초로 이론을 손질하고 임상적 개입방법들(clinical interventions)을 더 발전시키는 것이 바람

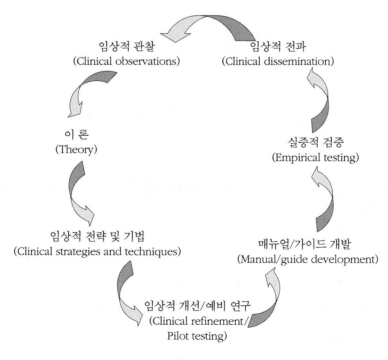

[그림] 이상적인 정신치료 개발과정

직하다. 그리고 이렇게 수정, 보완된 이론과 개입방법을 반영한 수정판 매뉴얼을 제작하고, 또 한 번의 실증적 연구를 거쳐 다시 이를 전파한다. 이 과정은 역동적이고 진화적이며, 결과적으로 효능적인 동시에 효과적인 치료를 만들어 내는 과정이다.

IPT는 대부분의 다른 EST와는 전혀 다른 과정을 거쳐 진화하였다. 다른 치료법들이 임상적 관찰로부터 시작되어 타당성 있는 정신병리이론으로 발전한 후 환자를 변화시킬 수 있는 구체적인 치료기법으로 발전해 나가는 데 비해, IPT는 연구설계의 일부로서 개발된 매뉴얼화된 치료로 출발하였다. 사실, IPT는 애당초 임상 치료법으로 개발된 것이 아니라, 우울증 치료 연구에서 정신약물의 효능을 비교하기 위한 매뉴얼화된 '위약 조건(placebo condition)'으로 사용하기 위해 만들어진 것이다.[26~29] IPT가 효과적인 치료법이라는 것은 우연히 발견된 결과다.

초기의 IPT 모형을 이해하기 위해서는 IPT가 의학적 모델의 정신병리학 (medical model of psychopathology)이 전성기를 구가하던 1970년대에 개발되었음을 상기해야 한다.[26] 당시에는 의학적 치료, 특히 항정신병 약물의 중요성이 점점 더 강조되던 시기였고, 그 이면에는 제약산업의 영향력, 스스로를 합법적이고 실증적 근거를 가진 '의학' 전문가의 일원으로서 인정받고 싶은 많은 정신과 의사들의 욕망이 있었다.[30, 31] 의학적 모델에서는 정신치료의 효과를 별로 인정하지 않았고, 정신약물치료로 대체해야 한다는 믿음이 강했다.

그럼에도 약물을 이용한 우울증 치료에 대한 초기 연구에는 정신치료가 치료의 한 요소로서 포함되었다. 왜냐하면 그러한 연구들은 당시에 시행되던 임상진료 양상, 즉 약물치료와 함께 이런저런 형태의 정신분석적 정신치료를 병행하던 진료 양상을 그대로 반영했기 때문이다.* Klerman, Weissman과 그 동료들은 이런 이유 때문에 그들의 우울증 약물치료연구에 매뉴얼화된 정신치료를 포함시켰

---

* 일부에서는 이 약물실험에 정신치료를 포함시킨 이유가 정신치료의 효과가 없음을 보여 주기 위함이고, 결과적으로 생물정신의학의 우수성을 다시 한 번 과시하려는 의도였다고 추측한다.

던 것이다. 나중에 IPT로 발전한 이 매뉴얼화된 정신치료는 그 당시 '고빈도 접촉' 조건(high contact condition)이라고 불렸는데,[32] 어떤 특정한 치료기법도 사용되지 않는, 치료자와의 단순 만남에 의한 일반적 효과만으로도 어느 정도의 도움이 될 수 있으리라는 가정 때문이었다.[29]

약물치료연구에서 정립된 모델을 명시적으로 준수하여, 정신치료 조건에서 사용할 목적으로 치료의 절차와 기법을 구체적으로 기술한 코드화된 매뉴얼이 개발되었고, 그 결과 치료의 충실성(fidelity)이 잘 유지될 수 있었다. 연구자들의 일차적 관심사는 치료가 재현 가능한 것이냐 하는 점이었다. 즉, 정신치료적 개입에서 특정 치료기법을 사용하는가와 그 이론적 근거가 무엇인가 하는 점은 둘째 문제였다.[29] 연구자들의 기대와는 반대로, 초기 연구에서 IPT는 치료 효과가 있는 것으로 나타났다.[26, 28] IPT는 넓은 의미에서 '사회사업(social work)' 혹은 '사회적 지지(social support)' 형태의 치료개입으로 인식되어 왔기 때문에, IPT의 치료 효과 이면에는 사회적 상황 혹은 사회적 관계의 변화가 있다는 가설이 성립되었다. 엄격히 통제된 환경에서 IPT를 실증적으로 검증하려고 노력한 연구자들의 열성에 힘입어 IPT는 다양한 연구 환경에서 사용되었다.

요약하면, IPT는 임상적 관찰을 토대로 정신병리이론이 개발되고, 궁극적으로 특정 치료기법이 개발되는 일반적인 치료법 개발 순서의 '역순(逆順)'으로 만들어졌다. IPT는 특별한 치료 효과가 없는 비활성 치료(inert treatment)이거나 치료효과가 있다 하더라도 그것은 모든 정신치료에 공통적으로 들어 있는 '비특이적' 치료요소 정도로 치부되었다. IPT의 원래 의도는 신뢰할 만하고 재현 가능한 플라세보 정신치료로 사용하기 위함이었다. IPT는 임상적 관찰을 기초로 개발되지 않았고, IPT의 이론적 기반에 대해 주의 깊게 살펴보기 시작한 것은 지난 10여년 남짓에 불과하다.

이와 같은 개발과정은 1980년대 및 1990년대에 걸쳐 IPT가 전파되는 데 두 가지 영향을 주었다. 첫째, '매뉴얼화' 된 IPT는 실증적 연구 설계의 요구에 맞추어 제작되었다. 이는 임상적 용도로 만들어진 것이 아니었다. 결과적으로, 거의 20년간 IPT는 주로 학문 분야에서, 그리고 효능 연구에 사용되었고, 임상적 전파는 실증적 연구보다 한참 뒤에 이루어졌다. 둘째, 효능 연구에서 IPT의 재현 정도 (reproducibility)가 전통적으로 강조되다 보니 많은 연구자들이 IPT를 시행함에 있어 임상 상황에 맞추어 유연하게 적용하기보다는 연구 매뉴얼을 글자 그대로 따라야 한다고 생각하게 되었다. 즉, 매뉴얼을 따르는 것이 일차적인 일이고, 유연성이나 질(質)은 이보다 한참 뒤처진 두 번째 문제였던 것이다.

이 두 가지 영향은 IPT가 미국 국립정신건강연구소 우울증 공동연구 프로그램 (the National Institute of Mental Health Treatment of Depression Collaborative Research Program: NIMH-TDCRP, 이하 NIMH-TDCRP)에 포함될 두 종류의 정신치료법 중 하나로 채택됨으로써 극대화되었다.[33] 아직까지도 정신치료 효능성 연구의 황금률로 인정받는 방법론을 사용했던 NIMH-TDCRP는 급성 우울증 치료에 정신치료(구체적으로 IPT 및 CBT)와 약물치료가 얼마나 효능이 있는지를 확실히 밝혀 보고자 설계된 연구였다. 엄격한 실험 설계로 인해 실제 임상에서 사용되고 있는 IPT를 연구 프로토콜에 도입하기보다는 프로토콜에 맞추어 IPT를 실시하도록 요구하였다.[33] 예를 들어, NIMH-TDCRP 프로토콜에서는 연구에 사용할 정신치료의 회기 수를 정신치료자의 필요가 아닌 정신약물학자들의 요구에 따라 정하도록 구체적으로 명시하였다. Elkin 등[33]은 다음과 같이 말했다.

> 모든 치료조건은 16주간 제공된다. 이 치료기간은 일차적으로 이 프로그램이 시작된 시점에 일반적으로 시행되는 약물치료기간에 따른 것이다. 연구에 포함된 정신치료의 시행기간은 보통 12주에 불과하였다.

더 나아가 엄격한 NIMH-TDCRP 설계는 IPT가 의학적 모델을 따르는 '연구' 치료라는 입장을 견지하였다. 재현 가능성과 IPT 매뉴얼 준수를 강조함으로써 NIMH-TDCRP 프로토콜에 명시된 그대로 IPT를 실시하도록 하는 요구는 변함없이 지속되었다. IPT는 새로운 임상 관찰과 임상적 경험이 지속적으로 도입되는, 역동적으로 발전되어 가는 치료법으로서 개념화되지 못했다. 그 대신, NIMH-TDCRP에서 규정한 매뉴얼화된 IPT가 유일하고도 '올바른' IPT로 장기간 군림

하였다. 거의 20년간 이 16주 프로토콜은 많은 IPT 치료자들에 의해 철저히 준수되어 왔다.

역설적으로, NIMH-TDCRP 프로토콜 내에서 실시된 IPT가 가장 유연했다. 매뉴얼을 철저히 준수해야 한다고 주장한 사람들이 매뉴얼을 무시한 것이다. 임상적 판단은 사실상 허용되었고, 시행 형식도 치료자가 유연하게 결정할 수 있도록 명시적으로 허락되었다. Elkin 등 연구자들의 말을 다시 한 번 인용하겠다.[33]

> 그러나 치료회기의 총 횟수나 빈도는 조금씩 차이가 있었다. 이러한 차이는 각각의 치료법들이 실제 임상에서 실시될 때의 상황과 일치하였다. 인지행동치료 시 환자들은 첫 8주간 12회기의 치료를 받고, 그다음 8주간은 매주 한 번씩 치료를 받아 총 20회기의 치료를 받게 된다. IPT에서 환자들은 16주간 매주 한 번씩 치료를 받으며, 치료자에 따라 4번까지 추가 치료를 하는 경우가 있어서 총 16회에서 20회의 치료를 받게 된다.

또한 NIMH-TDCRP에서 시행된 정신치료의 회기는 제각각이었다. 매뉴얼에 의하면 16회기를 실시하도록 되어 있었지만, 실제로 시행된 평균 회기는 13.0회에 불과하였다.

NIMH-TDCRP에 포함된 정신치료에서는 의도적으로 임상적 판단을 허용했다. 치료자는 자신의 재량에 따라 4회까지 추가 회기를 실시할 수 있었다. 임상 자료를 합리적으로 해석한다면, IPT 구조에는 유연성이 있어야 하며, 회기의 범위 역시 개인 환자별로 결정되어야 옳다. 그러나 거의 20년간 IPT는 이런 식으로 전파되지 못했다. 초기의 매뉴얼은 임상적 가이드라인이 아닌 경직된 법규집의 역할을 했으며, IPT의 전파를 방해했다.

NIMH-TDCRP에 IPT가 포함됨으로써 발생한 또 다른 영향은 초창기 IPT 연구 매뉴얼의 일부 구성요소가 일차적으로 CBT와의 구별을 위해 포함되거나 반대로 배제되었다는 점이다. 상호 비교 대상인 두 정신치료기법은 효과에 대한 가설이나 치료에 대한 입장, 구체적인 개입방법 등에 있어서 가능한 한 서로 상이해야만 했고, 따라서 의도적으로 그렇게 만들어졌다.[33] CBT의 고유한 치료기법 중 일부, 예컨대 숙제 부과 등은 의도적으로 IPT에서 뺐다. IPT는 CBT의 행동주의적 요소와 구분하기 위해 비지시적 탐색이나 명료화 등과 같은 '비특이적' 기법에 주로 의존하는 치료로서 기술되었다. 따라서 초기 IPT 매뉴얼에서, 예컨대 숙제 부과가 배제된 것은 특별한 이론적 근거나 임상적 경험이 아닌 연구 편의주의의 결과였다. IPT에 고유한 치료기법이 없다는 사실과 이론적 기반에서 파생된 기법이 없다는 사실은 일부 비판자들로부터 IPT가 '시간 제한적 정신역동적 정신치료(time-limited psychodynamic psychotherapy)' 혹은 사회적 지지를 장려하는 세련된 방법에 불과하다는 평가를 받게 했다.[34]

NIMH-TDCRP가 IPT 개발과정에 미친 또 다른 주요 영향은 치료 성과를 측정하는 주된 방법이 증상 완화에 주로 집중되었다는 점이다. 항우울제가 특별히 DSM 우울 증상의 치료를 목표로 했기 때문에 비교치료로서의 IPT의 효능 역시 우울 증상 완화 정도로 측정되었다. 이 때문에 IPT(그리고 CBT)는 항우울제의 단순 유사치료법으로 격하되었다.[35] 결과적으로 IPT의 '가치'는 보다 광범위하게 정의된 심리적 고통을 완화시키는 효과로서가 아닌, 이미 정의된 증상군을 완화시키는 좁은 의미로 제한되었다.

증상 완화가 매우 바람직한 치료목표이고, 많은 효능 연구를 통해 IPT가 증상 개선에 유효하다는 것이 입증된 것은 의심의 여지가 없지만, 이와 같은 좁은 시각은 IPT의 다른 이점들을 간과하게 만들었다. 여기에는 통찰(insight)의 변화, 사회적 관계의 개선, 전반적인 삶의 만족도 및 안녕감 증가, 생활 상황을 환자의 상황과 더욱 일치하는 것으로 수용하게 되는 것 등이 포함된다. 이들 개념은 정량화하거나 측정하기가 매우 어렵지만, IPT로 인한 변화를 말할 때 이를 간과하고 오로지 증상 변화에만 집중한다면, 치료로 인한 가장 강력하고 유용한 측면들 중 일부(약물 사용과는 대조적으로 정신치료를 통해서만 얻을 수 있는)를 놓칠 위험이 있다.

요즘에는 보다 포괄적인 생물-심리-사회적/문화적/영적 모델을 IPT에 폭넓게 채택하고 있지만, 아직도 대부분의 IPT 연구는 증상 완화에만 초점을 맞추고 있다. 대부분의 IPT 연구가 전반적인 대인관계상의 문제에 대한 영향이 아닌, 잘 정의된 DSM 정신질환에 적용되는 측면만을 조사하고 있다. 지역사회에서 다양한 종류의 환자들을 대상으로, 엄격한 진단이 아닌 그들이 호소하는 문제에 IPT가 얼마나 도움이 되는지, 대인관계 기능, 사회적 기능 그리고 일반적인 고통에 얼마나 도움이 되는지를 중심으로 이루어지는 IPT 효과 연구가 절실히 필요하다.

다행히 지난 10년간에 걸쳐 임상 경험과 연구 모두에서 IPT는 변화하였다. 보다 다양한 환자군과 정동장애 이외의 질병에 IPT를 적용한 결과, 치료회기와 치료 시간의 변경, 유지치료의 도입 그리고 다른 치료와 IPT의 결합 등이 이루어졌다. 이러한 변화는 IPT수련에도 도입되었다. IPT는 이제 유연한 원칙에 따라 실시되는 치료로서 수련되고 전파되며, EST를 실시하는 가장 적절하고 효과적인 수단으로서 널리 인정되고 있다. APA에서는 다음과 같이 언급하고 있다.[36]

> APA는 '최선의 연구 근거(best research evidence)'를 근거-중심 진료의 가장 중요한 요소로 판단한다. 심리치료에서 이 연구 근거는 임상가의 경험과 환자의 가치관 및 성격과 결합되어야만 하고, 이를 통해 최선의 치료접근법이 결정되어야 한다.

현재 시행되고 있는 이러한 변화와 유연한 접근법이 이 책에서도 강조되고 있다. 여기에는 급성기 치료를 결론짓고 난 후(conclusion of Acute Treatment) 유지 치료로 넘어가는 것, 치료회기 일정을 유연하게 정하는 것 그리고 세 가지 문제영역(Problem Areas)을 활용할 때 유연성을 갖는 것 등이 포함된다. 이 변화는 IPT의 이론적 기반에서의 발전도 반영한다. 즉, 책의 초판에서 기술한 바 있는 애착이론과 대인관계이론의 활용에서, 임상에서 IPT를 적용할 때 애착의 영향을 시사하는 현재의 이론적 발전도 반영하고 있다.[37~39]

이와 같은 변화는 IPT의 전파에 결정적으로 중요하다. 임상진료의 새로운 패러다임이 시작되고 있다. 치료자에게 근거-중심 치료를 실시하도록 요구하는 보험 회사 및 정부의 요구에 따라 IPT를 비롯한 많은 EST가 전 세계로 퍼져 나가고 있다. 이 같은 경향은 근본적인 변화를 요구한다. 지역사회에서 일하는 임상가들은 의료보험 급여를 타기 위해, 혹은 정신건강 의료체계에 취업하기 위해 IPT나 기타 EST를 수련해야만 하게 되었다. 이들 치료자들이 양질의 수련을 받도록 하는 것, 다양한 종류의 EST를 실시할 수 있도록 교육하는 것 그리고 개개인 환자의 특성에 맞추어 임상가의 경험과 환자의 가치관 및 성격과 결합된 최선의 치료접근법을 제공하는 고품질의 EST를 제공할 수 있도록 하는 것이 우리의 임무다.

IPT 및 기타 실증적 치료를 위한 비유

　정신치료를 배우는 것은 체스를 배우는 것과 비슷하다. 만일 당신이 체스를 잘 두고 싶다면, 두 가지를 해야 한다. 체스 두는 법에 대한 책을 읽어야 하고, 주변에 체스를 둘 줄 아는 사람을 찾아 가능한 한 많은 게임을 해 보아야 한다.

　거의 모든 체스 교과서는 체스를 초기, 중기, 마무리의 세 단계로 나누어 설명하고 있다. 책에는 게임을 시작하는 법에 대한 아주 자세한 설명이 있기 마련이며, 여기에는 체스의 여러 말들을 움직이는 방법에 대한 간단한 설명에서부터 이탈리안 게임이나 비엔나 게임 등과 같이 수비를 펼치는 법까지 여러 가지가 포함되어 있다. 체스 교과서에는 또한 게임을 끝내는 법에 대해서도 상세히 기록되어 있다. 초반부와 마찬가지로 게임을 끝내기 위한 몇 가지 이동 방법에 대한 기술과 분석이 제공된다. 하지만 이와는 대조적으로 게임 중반기에 대해서는 정보가 많지 않다. 실제 게임에서는 중반기가 차지하는 시간이 가장 많음에 비추어 볼 때 이는 놀라운 일이 아닐 수 없다. 게임의 중반기는 신비에 싸여 있으며, 초반기의 입력과 종반부의 출력 사이에 존재하는 일종의 블랙박스다.

　정신치료 매뉴얼도 체스 교과서와 같다. 대부분의 매뉴얼에는 그 치료의 대상이 될 수 있는 환자를 고르는 법, 치료를 시작하는 법 그리고 환자에게 치료모델에 대해 소개하는 법이 상세히 기술되어 있다. 대개는 그 뒤를 이어 사용 가능한 치료기법에 대해 간단한 정리가 되어 있고(실제 게임 상황 외에서 체스 말들을 어떻게 옮기는지에 대한 간략한 소개), 그다음에 치료종결에 관한 자세한 설명이 이어진다. 그런데 이와 같은 접근법은 비판받아 마땅하다. 왜냐하면 치료기법은 치료의 전체 맥락에서 이해되어야 하는데 이를 무시하고 있기 때문이다. 책에서 체스 게임이나 정신치료의 초반부에 대해 더 많은 설명을 하고 있는 이유, 또 종반부에 더 많은 관심을 쏟는 이유는 전체 과정 중에서 이 두 시기만이 정확한 설명을 할 수 있는 시기이기 때문이다. 게임의 중반기 혹은 치료의 중반기에는 너무나 많은 가정들, 너무나 많은 가능성들이 널려 있어서 어떤 일이 벌어질지 기술하기가 불가능할 정도다. 반면에 초반부에는 말의 움직임과 이에 대항하는 상대방의 움직임, 진술과 반응의 수가 제한되어 있기 때문에 좀 더 정확한 기술이 가능하다. 또한 한두 개의 말만 남아 있는 게임의 종반부, 한두 회기만 남긴 치료의 종반부에도 분석을 불가능하게 할 만큼 다양한 움직임이 없으므로 보다 정확한 기술이 가능해진다.

체스 게임에서 말을 움직일 수 있는 순서를 차례대로 정리한 목록을 제시하는 교과서는 별 도움이 되지 않는다. 치료자가 매 치료회기마다 어떤 일을 해야 하는지를 일일이 지시하는 매뉴얼은 가치가 없다. 환자들은 저마다 다르다. 어떤 이는 숙제하기를 싫어하고, 어떤 이는 계획 수립을 원치 않는다. 치료자가 리드해 주기를 원하는 환자도 있고, 반대의 환자도 있다. 사례마다 조금씩 변형이 필요하다. 게임의 중반기에는 모든 말의 움직임을 일일이 기록하기에는 너무나 많은 경우의 수가 있다.

바로 이런 이유 때문에 적수가 될 만한 상대와 많은 게임을 해야 하는 것이고, 가장 까다로운 환자들을 치료해 보아야 하는 것이다. 중반기를 진행하는 법을 배우려면 경험이 최고다. 이 과정에서 보다 깊은 통찰과 비결을 알려 줄 수 있는 체스의 명인이나 정신치료 지도교수가 있다면 더욱 그렇다. 경험과 기술은 실전을 통해 얻어진다. 중반기를 어떻게 이끌어 나가야 하는지, 말을 움직이는 다양한 방법과 전략을 개발하고, 어떤 전법을 사용할 것인지를 아는 것은 매뉴얼을 그대로 따라 하는 것이 아니라 직관과 판단력을 단련하는 과정을 통해 습득된다. 체스의 달인이나 치료의 고수들은 특정 상대와의 특정 회기에서 무엇이 최선의 방법인지에 대한 직관력을 갖고 있으며, 언제, 어떻게 그 방법을 사용할지에 대한 경험이 있는 사람이다. 그들은 기술자가 아닌 예술가다. 그들이 체스를 마스터하기 위해 평생을 바치는 것처럼, 숙련된 치료자 역시 끊임없이 배우고, 자신을 되돌아보며, 항상 연마한다.

　체스를 배우는 사람들은 처음에는 입문서(how-to manual)로 공부하고 얼마간의 실전 경험을 쌓은 후, 고수들의 명승부를 기록한 사례연구집(case-study books)을 읽기 시작한다. 이 책들은 기술적인 정보를 제공하지 않는다. 이 사례연구집들은 대가들의 판단력, 타이밍 그리고 직관을 엿보기 위한, 즉 대가들의 마음속으로 들어가 보기 위한 책들이다. 마찬가지로 정신치료의 고급 과정에서는 개별적 사례들을 기록한 사례연구를 공부하며, 이를 통해 일반적 원리들을 습득한다.

　정신치료의 대가들은 구체적인 치료기법뿐 아니라 정신치료의 기술을 이해하려고 한다. 체스에서 공수(攻守)를 펼치거나 정신치료에서 다양한 기법을 활용하는 것은 각자의 재량이지만, 그것이 게임이나 치료의 경험과 과정의 모든 것은 아니다. 체스의 달인이 다양한 공수 전략을 깊이 이해하고 있는 것처럼, 정신치료의 대가 역시 다양한 접근법을 이해하고 시행할 수 있어야 한다. 체스의 기술, 정신치료의 기술은 언제, 어떤 특정 기법을 사용할지에 대해 최선의 판단을 하고, 이를 실행할 능력을 갖고 있음을 의미한다. 정신치료의 대가는 체스의 달인처럼 교과서나 매뉴얼만으로는 한계가 있음을 알고 있다.

　치료의 틀을 잡는 데는 매뉴얼이 도움이 되지만, 실제 임상에서는 치료자가 유연해야 하며, 개개인의 환자에 맞추어 임상적 판단을 활용할 수 있어야 한다. 정신치료 교과서는 체스 책과 마찬가지로 치료의 가이드로만 활용해야 한다. 경험과 판단을 통합할 수 있는 능력, 그리고 성실히 진료하고자 하는 마음가짐이 훌륭한 임상가를 만들어 낸다.

결 론

　이 책은 IPT를 시행하고자 하는 임상가들을 위한 가이드북으로 계획되었다. 우리의 일차적 목표는 IPT를 쉽게, 실용적으로 가르치고자 하는 것이다. 우리는 IPT가 다양한 대인관계 문제와 임상 증후군을 치료하기 위한 탁월한 방법이라고 믿고 있다. 우리는 임상가와 연구자 모두에게 받아들여질 수 있는 패러다임을 제시하고 있다. IPT는 각각의 독특한 임상적 관계에서 치료자들이 각자의 임상적 경험을 활용하여 적용할 수 있는 기본적인 EST다. IPT는 이론과 실증적 연구 그리고 임상적 경험에 기초를 두고 있으며, 언제나 임상적 판단과 통합하여 적용되어야 한다.

IPT의 패러다임

1. IPT는 이론과 실증적 자료, 그리고 임상적 경험에 근거하여 시행되어야 한다.
2. 새로운 실증적 자료와 임상 경험을 기존의 IPT 모델에 통합하는 작업은 IPT의 발전을 지속시킨다.
3. IPT 치료자는 IPT를 EST로 활용해야 한다. 이 말은 개개인의 환자나 상황에 따라 이를 변화·적용하는 것이 치료 결과를 향상시킬 수 있다는 의미다.
4. IPT의 기본 틀 내에서 임상적 판단을 활용하는 것이 치료 결과를 향상시킬 수 있다.
5. IPT는 특정 진단에만 적용할 수 있는 것이 아니라 다양한 대인관계 문제에 적용할 수 있다.

참고문헌

1. Cuthbert BN and Insel TR. Toward new approaches to psychotic disorders: the NIMH Research Domain Criteria project. *Schizophrenia Bulletin,* 2010, **36**(6): 1061-1062.

2. Insel T, *et al.* Research domain criteria (RDoC): toward a new classification framework for research on mental disorders. *American Journal of Psychiatry,* 2010, **167**(7): 748-751.

3. Nathan PE, Stuart S and Dolan S. Research on psychotherapy efficacy and effectiveness: between Scylla and Charybdis? *Psychological Bulletin,* 2000, **126**: 964-981.

4. Barlow DH. Health care policy, psychotherapy research, and the future of psychotherapy. *American Psychologist,* 1996, **51**: 1050-1058.

5. Barber J, *et al.* The role of therapist adherence, therapist competence, and the alliance in predicting outcome of individual drug counseling: results from the NIDA collaborative cocaine treatment study. *Psychotherapy Research,* 2006, **16**: 229-240.

6. Castonguay L, *et al.* Predicting the effect of cognitive therapy for depression: a study of unique and common factors. *Journal of Consulting and Clinical Psychology,* 1996, **64**: 497-504.

7. Edelson M. Can psychotherapy research answer this psychotherapist's questions?, in Talley PF, Strupp HH and Butler SF (eds.) *Psychotherapy Research and Practice: Bridging the Gap.* 1994, New York: Basic Books.

8. Garfield SL. Some problems associated with 'validated' forms of psychotherapy. *Clinical Psychology: Science and Practice,* 1996, **3**: 218-229.

9. Strauss BM and Kaechele H. The writing on the wall: comments on the current discussion about empirically validated treatments in Germany. *Psychotherapy Research,* 1998, **8**: 158-170.

10. Frank E, *et al.* Interpersonal psychotherapy and antidepressant medication: evaluation of a sequential treatment strategy in women with recurrent major depression. *Journal of Clinical Psychiatry,* 2000, **61**:51-57.

11. Frank E, *et al*. A randomized trial of weekly, twice-monthly, and monthly interpersonal psychotherapy as maintenance treatment for women with recurrent depression. *American Journal of Psychiatry,* 2007, **164**: 761-767.

12. Talbot N, *et al*. A randomized effectiveness trial of interpersonal psychotherapy for depressed women with sexual abuse histories. *Psychiatric Services,* 2011, **62**: 374-380.

13. Kessler RC, *et al*. The epidemiology of major depressive disorder: results from the National Comorbidity Survey Replication (NCS-R). *Journal of the American Medical Association,* 2003, **289**: 3095-3105.

14. Kessler RC, *et al*. Lifetime prevalence and age-of-onset distributions of DMS-IV disorders in the National Comorbidity Survey Repliation. *Archives of General Psychiatry,* 2005, **62**: 593-602.

15. Engel GL. The clinical application of biopsychosocial models. *American Journal of Psychiatry,* 1980, **137**: 535-544.

16. Engel GL. The biopsychosocial model and medical education: who are to be the teachers? *New England Journal of Medicine,* 1982, **306**: 802-805.

17. Sadler JZ and Hulgus YF. Clinical problem solving and the biopsychosocial model. *American Journal of Psychiatry,* 1992, **149**: 1315-1323.

18. Hartmann L. Presidential address: reflections on humane values and biopsychosocial integration. *American Journal of Psychiatry,* 1992, **149**: 1135-1141.

19. Fava G and Sonino N. The biopsychosocial model 30 years later. *Psychotherapy and Psychosomatics,* 2008, **77**: 1-2.

20. American Psychiatric Association. *Diagnostic and Statistical Manual of Mental Disorders,* 4th edn. 1994, Washington, DC: American Psychiatric Association.

21. World Health Organization. *International Statistical Classification of Disease and Related Health Problems: ICD-10,* 10th edn. 1992, Geneva: World Health Organization.

22. Parloff MB. Placebo controls in psychotherapy research a sine qua non or a placebo for research problems? *Journal of Consulting and Clinical Psychology,* 1986, **54**: 79-87.

23. Chambless DL and Hollon S. Defining empirically supported therapies. *Journal of Consulting and Clinical Psychology,* 1998, 66: 7–18.

24. Chambless DL, *et al.* Update on empirically validated therapies, II. *Clinical Psychologist,* 1998, 51(1): 3–16.

25. Society of Clinical Psychology APA Division 12. *Psychological Treatments.* 2011. Available at: www.psychology.sunysb.edu/eklonsky-/division12/treatments.html.

26. Klerman GL, *et al.* Treatment of depression by drugs and psychotherapy. *American Journal of Psychiatry,* 1974, 131: 186–191.

27. Weissman MM. The psychological treatment of depression. Evidence for the efficacy of psychotherapy alone, in comparison with, and in combination with pharmacotherapy. *Archives of General Psychiatry,* 1979, 36: 1261–1269.

28. Weissman MM, *et al.* The efficacy of drugs and psychotherapy in the treatment of acute depressive episodes. *American Journal of Psychiatry,* 1979, 136(4B): 555–558.

29. Weissman MM. A brief history of interpersonal psychotherapy. *Psychiatric Annals,* 2006, 36(8): 553–557.

30. Detre T. The future of psychiatry. *American Journal of Psychiatry,* 1987, 144: 621–625.

31. Detre T and McDonald MC. Managed care and the future of psychiatry. *Archives of General Psychiatry,* 1997, 54: 201–204.

32. DiMascio A, Weissman MM and Prusoff BA. Differential symptom reduction by drugs and psychotherapy in acute depression. *Archives of General Psychiatry,* 1979, 36: 1450–1456.

33. Elkin I, *et al.* NIMH Treatment of Depression Collaborative Treatment Program: background and research plan. *Archives of General Psychiatry,* 1985, 42: 305–316.

34. Markowitz JC, Svartberg M and Swartz HA. Is IPT time-limited psychodynamic psychotherapy? *Journal of Psychotherapy Research and Practice,* 1998, 7: 185–195.

35. Stiles WB and Shapiro DA. Abuse of the drug metaphor in psychotherapy process-outcome research. *Clinical Psychology Review,* 1989, 9: 521–544.

36. APA Presidential Task Force on Evidence-Based Practice. Evidence-based practice in psychology? *American Psychologist,* 2006, **61**: 271-285.

37. Ravitz P, Maunder R and McBride C. Attachment, contemporary interpersonal theory and IPT: an integration of theoretical, clinical, and empirical perspectives. *Journal of Contemporary Psychotherapy,* 2008, **38**(1): 11-22.

38. McBride C, *et al.* Attachment as a moderator of treatment outcome in major depression: a randomized control trial of interpersonal psychotherapy versus cognitive behavior therapy. *Journal of Consulting and Clinical Psychology,* 2006, **74**: 1041-1054.

39. Stuart S and Noyes R Jr. Attachment and interpersonal communication in somatization. *Psychosomatics,* 1999, **40**(1): 34-43.

차 례

제1부

개 론

제1장

개 론

대인관계치료(Interpersonal Psychotherapy: IPT)는 환자의 고통을 해소하고 대인관계 기능을 개선하기 위한 단기, 애착이론-기반 정신치료다. IPT는 대인관계의 변화와 중상 회복의 수단으로 특별히 대인관계에 초점을 맞추고 있으며, 환자의 대인관계를 개선하고, 환자가 자신에게 필요한 정서적 지원 및 실질적 지원을 좀 더 품위 있게 요청하는 방법을 배울 수 있도록 돕는 것을 목표로 한다. 더 나아가, 환자가 자신의 사회적 지지체계를 개선하여 현재의 대인관계 갈등을 보다 잘 관리해 나갈 수 있도록 지원하는 것도 IPT의 목표다.

IPT는 원래 1984년에 Klerman 등에 의해 주요우울증 치료 연구를 위해 개발되었고, 연구 매뉴얼의 일부로 출간되었다.[1] 그 이후 임상 경험과 실증적 자료들이 축적되면서 IPT는 DSM-IV[2]에 기술된 여러 가지 정신질환의 치료뿐 아니라, 다양한 대인관계 문제와 폭넓게 개념화된 심리적 '고통' 의 치료에도 사용되는 등 그 활용의 폭이 넓어졌다.

IPT는 실증적 연구와 임상 경험에서 도출된 최고의 결과들을 반영하고 있으며,

추가적 자료들(정량적 자료와 정성적 자료 모두)이 보충되고, 임상 경험이 축적되면서 계속 진화하고 있다. IPT는 고착되어 있거나 정적인 치료법이 아니다. 임상 경험과 연구 결과에 따라 IPT는 개선되어 왔으며, 앞으로도 그럴 것이다. 과거에는 IPT가 학문적 연구 환경 내에서 무작위 치료 연구에만 독점적으로 사용되어 왔다. 그러나 2003년에 이 책『대인관계치료 가이드북(Interpersonal Psychotherapy: A Clinician's Guide)』 초판이 발행된 이후 IPT의 구조는 변형되고, 보다 유연해졌으며, 그 결과 일반적인 임상 상황에서 더 널리 전파되고 활용되게 되었다. 나아가 이와 같이 유연한 구조는 IPT를 시행할 때 치료자가 자신의 임상적 판단을 적용할 수 있도록 허용하고 장려하기 때문에, 치료 효과가 증대되고 더욱 다양한 환자군을 대상으로 IPT를 시행할 수 있게 되었다.

초판도 마찬가지였지만, 이번 개정판 역시 현 시점에서 최신, 최고 수준의 IPT를 반영하여 집필되었다. 그러나 우리는 향후의 연구 결과와 임상 경험을 통해 이 치료법이 더욱 발전해 나갈 것이며, 시간이 지남에 따라 IPT는 더욱 진화하고 개선될 것이라고 믿는다. IPT의 치료 효과가 극대화되기 위해서는 반드시 그래야만 한다고 우리는 확신한다. 우리는 이 책의 개정판을 내게 된 것에 대해 감사하지만, 새로운 치료자와 연구자들이 IPT의 틀 속에서 더 좋은 치료 기법과 전략을 개발해 내고, 그 결과 새로운 개정판이 계속해서 나올 것이라고 기대한다. 실증적 자료들과 임상 경험은 IPT모델의 정립과 임상적 적용에 공헌하여 왔으며, 앞으로도 끊임없이 공헌해야 할 것이다.

IPT의 특징

IPT의 특징은 네 가지로 요약할 수 있다. 첫째, 그 이름에서도 알 수 있듯이 IPT는 치료적 개입 지점으로 특별히 대인관계(interpersonal relationship)와 사회적 지지(social support)에 초점을 맞추고 있다. 둘째, IPT는 심리기능에 관한 생물-심리-사회적/문화적/영적 모델에 기반을 두고 있다. 셋째, IPT는 급성기에 시행되는 단기치료다. 넷째, 치료과정 중 발생하는 치료자-환자 관계는 IPT에서 사용되는 치료적 개입의 대상이 아니다(〈글상자 1-1〉 참조).

| 글상자 1-1 | IPT의 특징 |

- IPT는 특별히 대인관계와 사회적 지지에 초점을 맞추어 개입한다.
- IPT는 심리기능에 관한 생물-심리-사회적/문화적/영적 모델에 기반을 두고 있다.
- IPT는 급성기에 시행되는 단기치료다.
- IPT는 치료자-환자 관계에 직접적으로 개입하지 않는다.

대인관계 중심의 IPT

IPT는 정신과적 증상과 일반적인 심리적 고통들이 대인관계 문제와 밀접히 연결되어 있다는 가정에 기반을 두고 있다. 따라서 IPT의 치료 대상은 두 가지다. 첫 번째는 환자의 대인관계에서의 갈등, 변화 그리고 상실이다. 여기서 치료목표는 이러한 관계 내에서 환자의 의사소통능력을 향상시키거나, 보다 현실적인 기대를 하도록 돕는 것이다. 두 번째 대상과 치료목표는 환자가 자신의 확장된 사회적 지지체계를 새롭게 개발하거나 보다 잘 활용하게 함으로써 현재의 고통을 촉발시킨 위기상황을 다루어 나가는 데 필요한 인간적 지지를 좀 더 잘 결집시킬 수 있도록 하는 것이다.

이와 같은 접근 방식은, 예컨대 산후우울증을 겪고 있는 여성 환자의 치료에 매우 적합하다.[3] 산후우울증을 앓고 있는 많은 여성들은 자신의 고통을 배우자와의 갈등과 연관 짓는다. 나아가 '직장 여성'에서 '엄마'로 역할을 전환하기가 어렵다는 말을 하는 사람도 많고, 사회적 환경과 지지체계의 변화가 그들이 겪는 문제의 원인이 되는 경우가 흔하다. IPT 치료자는 환자를 도와 아이 양육에 관한 가사 분담 등의 문제에서 배우자와의 갈등을 해소할 수 있게 해 주고, 환자 주변의 사회적 지지체계로부터 더 많은 지원을 얻을 수 있도록 해 준다. 여기에는 아이를 키우고 있는 친구나 가족 및 친지들, 그리고 직장 동료들과 소통하고 그들에게 도움을 요청하는 것이 포함된다. 또한 육아 모임 같은 곳에 가입하도록 격려하는 것도 포함된다. 특정한 대인관계 갈등을 해결하는 것과 역할 전환 과정에서 사회적 지지체계를 개선하는 것 등이 치료과정에서 논의되고, 이를 통해 증상 호전과 대인관계 기능의 향상을 이끌어 낼 수 있다.

이 점이 IPT와 다른 치료법, 예컨대 인지행동치료(CBT)[4]나 정신역동적 정신치료가 분명히 다른 점이다. CBT의 경우 치료의 일차적 초점이 환자의 내적 인지와 심리도식(schema)인 데 반해, IPT에서는 환자의 대인관계 맥락 속에서 다른 사람들과의 소통, 그리고 사회적 지지체계에 우선적이고 집중적으로 주목한다. 정신역동적 정신치료는 생애 초기의 경험들이 환자의 심리기능에 어떤 영향을 미쳤는지를 이해하는 것이 일차적 초점이지만, IPT는 현 시점에서 환자의 의사소통과 사회적 지지체계를 개선하는 데 집중한다. 과거의 경험이 현재의 기능에 영향을 주는 것은 분명하지만, IPT에서의 주된 치료적 개입 대상은 아니다.

IPT와 다른 치료 간의 이와 같은 결정적 차이는 좀 더 강조할 필요가 있는데, 왜냐하면 다른 치료법을 주장하는 이들이 이를 오도하거나 감추는 일이 종종 있기 때문이다. 모든 정신치료에서 대인관계 기능이 어느 정도 다루어지고 있는 것은 사실이며, 그것은 상담을 받으러 오는 사람들의 기본적인 문제 중 하나다. 차이는 이를 얼마나 강조하고 있는가다. IPT의 경우 이 대인관계 문제(애도와 상실, 대인관계 갈등, 역할 전환)가 치료의 주된 초점이다. 인지행동치료, 정신역동적 정신치료, 문제해결치료(Problem Solving Therapy), 수용 및 헌신 치료(Acceptance and Commitment Therapy), 행동활성화(Behavioral Activation), 심지어는 수정(水晶)을 놓아둔 방에서 물구나무서기를 하는 뉴-웨이브풍의 '크리스털 힐링(Crystal Healing, Crystal Therapy)' 등 그 어떤 치료에서도 대인관계 문제가 일차적 관심 대상은 아니다. 인지, 심리도식, 가치관 혹은 수정이 그 치료의 일차적 초점이다. 즉, 대인관계 문제는 다른 모든 치료에서도 다루지만, 주된 초점은 아니다. 그런 치료를 '대인관계 CBT' 혹은 '대인관계 크리스털 힐링'이라고 부르지 않는 것은 이 때문이다.

역으로 생각해 보면, IPT 역시 다른 치료법들의 고유 요소를 포함하고 있다. 예를 들어, IPT에서 말하는 대인관계에서의 '기대(expectation)'라는 개념은 CBT에서 인지라고 부르는 것과 매우 유사하다고 할 수 있고, 의사소통의 동기(motivation)가 환자가 인식하지 못하는 심리적 요소에 의해 작동된다는 개념을 IPT 치료자들이 숨기고 있다고 비판하는 사람도 있다. 그런 지적들은 타당한 측면이 있다. 하지만 대인관계 문제가 다른 치료법들의 일차적 초점이 아닌 것처럼, 그런 것들이 IPT의 일차적 관심 대상은 아니다. 실증적으로 검증된 치료법들 사이에 중복되는 부분이 있기는 하지만, 동시에 차이도 매우 뚜렷하다.

IPT가 주로 대인관계 문제에 초점을 맞추는 것은 IPT를 대단히 효과적인 치료로 만들어 준 원인 중 하나다. IPT는 환자가 제기하는 지금-여기(here-and-now)의 대인관계 문제를 곧바로 다루며, 그 어떤 종류의 현학적인 심리 기전이나 이론에 기대지 않는다. IPT에서 치료자는 환자가 도움을 요청하는, 예컨대 애도와 같은 대인관계 문제를 단순하고 직설적으로 이야기하며, 심리도식이나 이드(id) 혹은 수정결정 자성(crystalline magnetism) 같은 가상적 개념을 끌어들이지 않는다.

이러한 차이는 IPT의 일차적 초점이 지금-여기에서의 대인관계 기능이며, 이면의 정신역동적 구조를 변화시키는 것이 아닌, 환자의 정신과적 증상을 해소하고 대인관계 기능을 개선하도록 설계된 치료이기 때문이다. 자아 강도(ego strength), 방어기제 그리고 성격적 특성 등이 모두 치료적합성을 평가하는 데 중요하지만, IPT는 단기치료이기 때문에 이들 구조를 변화시키는 것은 불가능하다. 그럴 만한 시간이 없다. 대신에 IPT에서는 자아 강도, 성격 그리고 애착을 환자 개개인의 기존 속성으로 보고, 치료자는 치료적 개입을 위해 다른 의문을 제기한다.

　　이 환자의 성격 유형, 자아 강도, 방어기제, 초기 생애 경험 그리고 치료기간 등이 이미 결정된 것으로 간주할 때, 지금-여기에서의 환자의 대인관계 기능을 개선하고, 보다 효과적인 사회적 지지망을 구축하기 위해 내가 도울 수 있는 것은 무엇일까?

생물-심리-사회적/문화적/영적 모델에 근거한 IPT

IPT는 심리기능에 관한 생물-심리-사회적/문화적/영적 모델에 기반을 두고 있다. IPT는 심리적 고통이나 정신과적 문제를 의학적 질병으로 좁게 보지 않고, 환자의 기능을 유전적 요인과 생리적 기능 같은 생물학적 근거에서 발생한 기질(temperament), 성격, 애착유형 등이 사회적 관계 및 일반적인 사회적 지지체계 내에서 작동한 결과라고 넓게 해석한다. 문화적 · 영적 요소도 중요하며, 특히 IPT가 전 세계의 여러 문화권에서 광범위하게 실시되면서 점점 더 중요해지고 있다.

심리적 고통에 대한 이와 같은 5-요인 모델은 세 가지 이유에서 IPT에 적절한 모델이다. 첫째, 이는 다른 사람과의 애착 및 효과적으로 소통할 수 있는 능력이 심리적 기능과 밀접히 연관되어 있다는 IPT의 이론적 기반과 일치한다. 둘째, 생물-심리-사회적/문화적/영적 모델은 IPT에서 이용되는 구체적인 기법이나 개입법과 직접적으로 연결된다. 여기에는 대인관계 사건표(Interpersonal Incidents) 개발과 의사소통 분석(Communication Analysis) 같은 개입법이 포함된다. 심리적 고통의 한 원인으로 생물학적 요인을 명시함으로써 필요할 경우 IPT와 약물치료를 병행할 수 있다. 셋째, 생물-심리-사회적/문화적/영적 모델은 힘의 균형에 근거한 모델이다. 이 모델은 심리적 고통을 야기하는 요소만이 아닌 보호기능을 하는 요소에도 주목한다. 이 모든 것이 IPT 설계(Formulation)에 포함되는데, 이에 대해서는 제6장에서 상세히 설명할 것이다.

30여 년 전에 처음 개발된 IPT는 생물학적 질병모델에 근거한 것이었다. 당시의 역사적 배경과 실험설계적 요구를 감안한다면, 이와 같은 제한된 시각은 충분히 이해할 만하다. 역사적으로 IPT는 생물학적 기전이 의학에서 가장 중요시될 때 탄생하였다. 당시 정신의학은 의학의 한 분야로 인정받기 위해 분투하고 있었고, 오랜 기간 정신의학계를 지배해 왔던 정신분석적 정신의학과 차별화되기 위해 생물학적 관점을 의도적으로 강조했던 측면도 있었다. 주요우울증 같은 특정 질병에서 IPT(그리고 다른 정신치료들)를 약물치료와 비교하기 위한 연구 설계 역시 IPT가 질병-기반 생물학적 모델에 치우치게 만들었다.

원래의 연구 매뉴얼에서 요구하였던 이와 같은 협소한 의학적 모델의 결과, 환자들은 IPT를 시작하면서 '환자 역할(sick role)'을 하도록 요구되었다. 이는 말 그대로 환자에게 당신은 의학적으로 아픈 환자이며, 따라서 그렇게 대우받을 것이라고 말해 주는 것이다. 즉, 환자는 당분간 생활상의 책임을 면제받을 것이며, 환자가 회복되기 전까지는 다른 사람들이 환자에게 변화하도록 요구하지 않을 것임을 의미한다. 환자가 이와 같은 환자 역할에 동의하는지 여부는 중요하지 않았다. 이는 치료자와 환자 간의 상호 이해에 의해서가 아닌 일방적으로 부과되는 역할이었다.

이 낡은 방식의 의학적 모델에는 몇 가지 문제가 있다. 첫째, 의학계 전체로 보자면, 훨씬 광범위한 질병 혹은 기능장애 개념을 채택하고 있다. 예를 들면, 당뇨병은 더 이상 순수한 '생물학적 질병'이 아니다. 그 대신 생리학적 질병으로서의 당뇨병은 심리적·사회적 기능의 틀 속에서 이해되고 있고, 여기에는 문화적·영적 요소도 포함되고 있다. 특히 제2형 당뇨병은 심리적 요소에 의해 결정되는 식습관과 의학적 치료에 영향을 미치는 문화적 요소가 질병의 발생과 경과에 매우 중요하다. 당뇨병을 다면적 질병이 아닌 단순한 생물학적 질병으로 보는 것은 부적절한 환원주의이며, 이는 치료와 환자의 간호에 악영향을 준다는 데 모든 의사가 동의하고 있다. 다시 말해 단순히 환자의 췌장이 아닌 환자라는 한 인간 전체에 주의를 기울여야 한다.

정신질환도 마찬가지다. 당뇨병과 마찬가지로, 우울증이나 다른 정신질환도 의문의 여지없이 생물학적 원인에 의해 발병한다. 하지만 정신질환은 사회적·문화적 환경에도 뿌리를 두고 있으며, 심리적·영적 의미와도 얽혀 있다. 환자에게 '환자 역할'이라는 낡고 불완전한 용어를 적용하는 것은 그들의 독특한 개인적 경험을 간과하는 해로운 결과를 초래한다. 나아가 이보다 더 위험한 것은, 자신의 사회적 환경에 변화를 주기 위해, 대인관계를 개선하기 위해 스스로 책임을 지는 대신, 그냥 앉아서 약이나 먹고, 약에 의한 생물학적 변화가 일어나기만을 기다리면 된다는 잘못된 신호를 환자에게 줄 수 있다는 것이다. 또한 '환자 역할'

이라는 용어를 치료 장면에서 사용하는 것은 환자가 자신의 회복을 위해 능동적 역할을 해야 한다는 실증적 증거들과 배치된다. 행동활성화[5, 6]와 동기면담 (motivational interviewing)[7] 등의 경우를 예로 들면, 환자가 치료에 참여하는 것은 회복을 위한 필수적 요소다. 환자가 지금 현재 고통을 받고 있고, 자신의 능력을 최대한 발휘할 수 없는 기능상태에 있는 것은 사실이지만, 그들을 일상생활에서 배제시키고 책임을 면제해 주는 것이 오히려 회복가능성을 감소시킨다는 점 역시 사실이다.

임상적으로 말하자면, 환자에게 '환자 역할'을 '부여'하는 것의 가장 큰 문제점은 그렇게 함으로써 다수의 환자들이 이를 당연한 것으로 여기게 된다는 점이다. 임상가가 '의학적 질병'을 이유로 환자에게 일상활동을 줄이거나 회피하고, 책임을 방기하도록 노골적으로 허용해 주면, 환자는 이를 다른 사람에게 책임을 떠넘기는 무기로 악용하고, 질병행동(illness behavior)을 고착시키는 수단으로 삼을 수 있다. 바로 이것이 우리가 이차적 이득(secondary gain)이라고 부르는 현상이다. IPT의 치료과정을 이해하기 위해, 우울증의 회복과정을 정형외과에서의 부상 회복과정(혹은 유사한 생리적 기능장애로부터의 회복과정)과 비교하여 생각해 보자. 환자는 생리학적 원인의 질병을 갖고 있지만, 그의 질병과 회복에는 그 밖의 많은 측면이 있음을 우리는 알고 있다. 환자는 수동적 태도를 취하지 않고 능동적으로 재활치료에 참여하고, 의지를 보이도록 권장된다. 그리고 회복을 위한 과정에서 많은 어려움을 겪을 것이고, 고통스러운 재활운동을 해야만 한다는 사실을 인식하여야 한다. 환자가 그 과정을 얼마나 잘 겪어 내느냐 하는 (재활운동에 전념하고, 완수해 내는) 것이 회복에 엄청난 영향을 미친다. 치료자는 환자에게 '그냥 앉아서 기다리라.'고 하면 안 된다. 오히려 그 반대로 '가능한 한 빨리 일어나서 움직이도록' 처방해야 한다.

물론 치료자는 환자의 회복과정에서 환자를 격려하고 전문적 조언을 해 주는 아주 중요한 역할을 담당한다. 그리고 환자가 치료에 참여하도록 동기부여를 해 주기 위해 일정 부분 책임을 담당해야만 한다. 긍정적 강화(positive reinforcement)가 매우 중요하다. 이런 점에서 IPT 치료자는 코치의 역할을 한다고 볼 수 있다.

예를 들면, 치료자는 수영코치처럼 환자와 함께 물속에 들어가야 하고, 환자의 팔동작, 발차기, 호흡 타이밍에서의 문제점을 진단하기 위해 유심히 환자를 관찰하여야 한다. 이러한 정보에 근거하여, 치료자는 환자가 올바른 동작을 익히고, 기술적인 문제점을 교정할 수 있도록 최선의 운동방법과 훈련처방을 개발해 주어야 한다. 또한 치료자는 환자가 초기의 고통을 이겨 내고 다시 물속으로 뛰어들어 수영을 재개할 수 있도록 동기부여자가 되어야 한다. 환자가 꾸준히 연습하고 향상되어 가는 과정에서 그때그때 응원단장, 위안자 그리고 노무감독의 역할을 해야만 한다. 완벽해지려면 연습 외에는 길이 없다.

그러나 치료자가 이 모든 것을 아무리 잘한다 해도, 환자가 노력하지 않으면 소용이 없다. 이 사실은 변할 수 없고, 대체할 수도 없으며, '환자 역할'이라는 말로 이 문제를 피해 갈 수도 없다. 환자 자신이 노력하지 않으면 안 된다. 환자가 자신의 몸을 만들고 부상으로부터 재활을 하려면 오랜 시간, 끈기 있게 헤엄치는 방법 말고는 없다. 환자 자신이 연습을 해야 하고, 견뎌 내야 하고, 중단하지 말아야 한다. 회복하기 위한 다른 길은 없다. 환자는 아픈 사람이 아니다. 그는 회복의 과정에 있으며, 스스로 노력해야만 한다. 그것도 열심히 노력해야 한다. 회복은 치료자가 환자에게 건네줄 수 없는 것이다. 환자가 노력해서 획득하는 것이다. 환자에게 해야 할 힘든 일이 많다고 말해 주는 것이 좀 더 솔직한 태도이고, 임상적 현실과 일치하는 행동이다. 그러나 이 과정에서 치료자는 환자를 돕기 위해 늘 함께 있을 것이고, 환자의 성취를 축하해 줄 것이라고 말해 주어야 한다.

IPT는 급성기에 시행되는 단기치료다

IPT는 급성기에 시행되는 단기치료라는 특징을 갖고 있다. 이 말은 분명히 밝혀 두어야 할 다음의 두 가지 의미를 포함하고 있다. (1) '단기'는 4~20회기의 치료 횟수를 의미한다. 그리고 (2) 급성기 치료 이후에 부가적으로 실시할 수 있는 장기 유지치료가 존재한다. 지금까지 6,[8] 8,[9,10] 12,[3] 16,[11] 그리고 24[12]회기의 IPT를 실시하여 효능을 살펴본 연구들이 있었으며, 이 모두에서 증상의 유의미한 감소가 있었다. 임상적 경험과 상식에 의하면 이러한 자료들은 임상진료에서 참고자료로만 사용되어야 하며, 이를 그대로 따라가서는 안 된다. IPT 회기에 실증적으로 정해진 횟수는 없다. 그런 이유 때문에 '실증적으로 규정된 심리적 치료'가 아닌 '실증적으로 지지된 심리적 치료' 라는 말을 사용하는 것이다.

더구나 지금은 대개의 정신질환, 그중에서도 특히 우울증은 회복과 재발이 반복되는 질병이라는 명백한 증거들이 있다. 따라서 환자들은 유지치료를 받음으로써 재발의 위험을 줄일 수 있다. 장기 유지치료가 재발위험성을 현저히 낮추는 데 매우 효과적이라는 여러 편의 연구 결과들이 있다.[13, 14] 자료에 근거한 명백한 결론이자 임상 경험으로 지지되는 사실은 대부분의 환자에게 어떤 형태로든 유지 IPT가 제공되어야 한다는 것이다.

마지막으로 그간 이 문제에 대해 정말 말들이 많았지만, 특정 횟수의 회기 후에 치료를 완전히 종결하는 것이 도움이 된다는 증거는 단 한 가지도 존재하지 않는다.[15] 어떤 종류의 정신치료든 분명하고 협상 불가능한 종결점이 있어야 하고, 그 확고한 종결 시점을 반드시 지켜야만 치료 결과가 좋다는 이론은 말 그대로 이론에 불과하다. 그런 이론은 근거가 없다. 물론 일부 환자에게는 이런 이론을 고수하는 것이 매우 매력적인 방법이 된다. 특히 의존적이거나 자기애적인 환자들은 임상가들이 치료를 서둘러 종결하고자 하는 대상이 되곤 한다. 이런 환자들은 치료를 빨리 끝낼수록 더 좋다. 하지만 치료를 완전히 끝내 버리는 것이 임상가에게는 좋은 일일지 몰라도, 환자에게도 좋은 일이라는 증거는 없다.*

이와 같은 '종결이 최선' 이라는 이론은 또한 연구비 마감, 논문 마감 혹은 진료기록 작성 마감 등의 경험을 통해 정해진 시간 내에 일을 완수해야 한다는 것이 최대의 관심사인 연구자들이나 임상가들에게 아주 매력적인 이론으로 받아들여진다. 언뜻 보면, 이는 아주 그럴듯하다. 하지만 마감일과 종결은 다르다. 만일 당신의 지도교수나 학장, 저널 편집자 혹은 연구재단 담당자가 논문이나 진료기록

---

* 완전한 치료종결이란 희망사항에 불과하다. 치료종결을 선언한 바로 그다음 날 환자가 치료자를 다시 찾아와서 '너무 고통스럽다.' '자살할 것 같다.' 고 말하면서 치료를 요구하는 것을 막을 수 있는 방법은 결코 존재하지 않는다.

을 제출하는 순간 그것으로 당신과 그들의 관계가 완전히 종결될 것이라고 말한다면 당신은 어떤 심정이 될지 상상해 보라. 더 이상 일거리도 없고, 쓸 논문도 없고, 연구비도 없다. 종결되는 것이다. 열심히 일한 보상이 끝나 버리는 것이다. 이런 경우 대부분의 사람들은 동기부여가 되기 힘들 것이다.

어떤 일을 마감 기한 내에 완수하는 것과 일을 끝내면서 관계까지 종결하는 것(특히 밀접한 임상적 관계)은 엄청난 차이가 있다. 업무완수 기한을 정하는 것이 관계의 종결이어야 할 필요는 없다. IPT는 종결하는 것이 아니다. IPT는 급성기 치료를 마치면 일단 결론을 짓는 것이며, 필요하다면 유지치료를 시작할 수 있다.

이와 같은 자료와 경험을 임상적으로는 어떻게 적용해야 할까? 답은 분명하다. 임상적 판단을 잘해서 결정해야 한다. 자료에 의하면 대부분의 환자에게 그들의 임상문제의 복잡성에 따라 4~20회기의 치료를 실시하며, 그 후에 역시 임상문제의 복잡성에 근거하여 보다 길게 유지치료를 실시한다. 임상가가 첫 회기부터 기막힌 선견지명이 있거나, 급성기 치료에 몇 회기나 필요할지 한 치의 오차도 없이 정확히 예견할 수 있는 능력이 있지 않은 한, 치료 합의는 어느 정도의 유연성을 갖고 이루어져야만 한다. 구체적으로 예를 들자면, 최근에 상실을 경험한 경도의 우울증 환자이고, 사회적 지지체계가 양호하며, 애착관계가 견고한 환자라면 4회에서 6회 정도의 급성기 치료로 충분할 것이다. 하지만 불안이나 성격적 문제 혹은 비기능적 애착유형을 갖고 있는 중증 우울증 환자의 경우에는 회복까지 16~20회기가 필요할 것이다. 앞의 환자는 6개월에 한 번 정도의 유지 만남이 필요하겠지만, 뒤의 환자는 재발을 막으려면 매달 한 번씩 유지치료를 받는 것이 좋을 것이다. 이 두 가지 사례 모두 자료와 상식을 잘 통합하는 것이 효율적이고 효과적인 임상진료를 위한 길임을 보여 주고 있다.

또한 임상 경험에 의하면 연구 상황에서와 같이 급성기 치료를 갑자기 종료하는 것보다는 점진적으로 횟수를 줄여 나가다가 결론을 짓는 것이 좋다. 바꿔 말하면, IPT는 마지막 치료 결론 시까지 매주 한 번씩 회기를 진행하다가 끝내는 대신, 마지막 몇 회기는 2~3주에 한 번씩 치료를 실시하면서 끝내는 것이 좋다. 이 방법을 사용하면 환자의 자율성이 점진적으로 증가함에 따라 치료 이득이 강화될 뿐 아니라, 치료자에 대한 의존성을 점진적으로 줄여 나감으로써 치료적 관계에서의 압력을 크게 감소시킬 수 있다. 반대로 갑작스러운 종결은 환자의 의존성을 악화시킨다. 나아가 이와 같은 점진적 방식은 유지치료로 부드럽게 전환할 수 있게 해 준다.

종결—글자 그대로 완전한 치료 중단—이 환자에게 아무런 도움이 안 된다는 것이 확실하다면, IPT를 왜 단기 급성기 치료로 불러야 하는지에 대한 당연한 의문이 생긴다. 이에 대해서는 적어도 네 가지 다른 이유가 있다. 첫째, 자료들이 이와 같은 접근 방식을 지지한다는 것이다. 모든 환자에게 특정 횟수의 치료가 필요하다는 자료는 없지만, 이제까지 진행된 모든 연구에서는 급성기 치료에 기간 제한이 필요함을 지지하고 있다. 4~20회기의 치료는 임상 진료에 의해서도 지지되고 있다. 둘째, IPT의 일차적 치료목표 중 하나는 환자의 사회적 지지를 증대시키는 것이다. 이는 치료 초기에는 치료자가 아주 중요한 지지 역할을 하지만, 환자가 점차 다른 사람으로부터 실질적·정서적 지지를 받을 수 있게 되면, 치료자는 일차적 지지 역할에서 점진적으로 손을 떼야 한다는 것을 의미한다. 이러한 변화를 촉진시킬 수 있는 한 가지 방법은 대인관계의 문제를 해결하고, 사회적 지지를 증대시키며, 치료 장면 외부에서 애착관계를 형성하도록 전환하는 데 필요한 기간으로 급성기 치료기한을 제한하는 것이다. 이 점에 있어서 치료기간은 짧을수록 좋다. 셋째, 치료기간이 길어지면 전이가 치료의 초점이 될 가능성이 커진다. 그것은 정신역동치료나 정신분석에서는 바람직한 현상이지만, IPT에서는 그 반대다. 따라서 IPT에서는 전이문제가 발생하기 전에 급성기 치료를 끝내는 것을 목표로 삼는다. 전이에 초점이 향하면, 치료 장면 밖에서의 대인관계에 IPT의 초점을 맞추기가 어려워진다.

IPT에서 시간 계획은 증상과 대인관계에 초점을 맞춘 치료가 전이관계에 중심을 둔 치료로 바뀌지 않도록 막는 데 매우 중요한 역할을 한다. IPT는 대인관계상의 위기와 현재 대인관계에서 환자가 경험하는 문제들을 신속히 해소하는 데 중점을 두고 있다. 치료의 초점이 치료자-환자 관계 쪽으로 이동하면 환자의 사회적 관계망과 치료 장면 밖에서의 관계에 즉각적인 변화를 이끌어 내는 작업이 어려워진다. 치료의 횟수와 강도를 증가시키면 전이의 생성이 조장되는데, 이는 치료작업을 관계 변화로부터 심리내적 탐색으로 이동시킨다.[16] 이런 일을 막기 위해 시간 제한적 접근법(time-limited approach)을 유지해야 한다.

마지막으로 IPT에서 치료기간을 제한하는 중요한 이유는 임상적 유용성 때문이다. 즉, 치료적 자원이 제한되어 있기 때문이다. 상당수의 환자가 장기치료를 통해 도움을 받는다 해도, 보다 급박한 이유로 치료를 기다리는 다른 환자들이 많이 있다. 따라서 한정된 자원을 고려할 때 단기 급성기 치료를 마친 후 장기 유지치료로 전환하는 모델이 훨씬 적합한 방식이다. 더 나아가, 대부분의 환자들은 장기치료를 끝까지 받으려고 하지 않는다. 대개는 어느 정도 호전이 되면 자주 면담하기를 원하지 않는다. IPT가 잘 진행되고 있을 때(치료자가 경청을 해 주고, 진심으로 배려한다는 느낌이 전달되었을 때) 치료를 완전히 종결하자고 하는 환자는 거의 없다. 하지만 상태가 좋아지자마자 치료 회기 사이의 간격을 늘리고 싶어 하는 환자들은 많다. 상태가 호전됨에 따라 치료의 투자 대비 효과가 변하게 되며, 치료비, 오가는 시간, 기타 소요비용의 무게가 훨씬 더 무겁게 느껴진다. 급성기 치료모델은 이러한 임상 현실에 가장 적합하다.

일반적으로 대인관계 문제, 우울증, 기타 기분장애나 불안장애의 급성기 치료에는 4~20회기의 급성기 IPT가 적당하다. 급성기 치료에 대한 실증적 연구는 아직까지 매주 한 번씩 치료를 실시하다가 갑자기 종료하는 대조실험 연구에 제한되어 있지만, 임상 경험에 의하면 시간을 두고 점차 회기 간격을 늘려 나가면서 마무리하는 것이 좀 더 효과적인 치료법이다. 매주 1회의 치료를 6~10주 정도 실시하고, 환자의 상태가 호전됨에 따라 회기 간격을 늘려서 2주 혹은 한 달에 한번 회기를 갖는다.

급성기 치료는 단기간에 시행되어야 하는 치료이지만, 실증적 연구와 임상 경험에 의하면 유지치료, 특히 우울증처럼 재발성 질환이 있는 환자에 대한 유지치료는 재발을 막기 위해 급성기 치료에 반응이 있는 환자에게 제공되어야 한다.[13] 이 유지치료는 급성기 치료와 구분해야 하며, 유지치료에 관한 치료 합의도 따로 맺어야 한다.[17] 급성기 치료를 마무리 짓는 단계에서 치료를 '종결'할 이유는 전혀 없다. 특히 대부분의 환자들이 이를 원치 않는 상황에선 더욱 그렇다.

IPT는 치료자-환자 관계에 직접 개입하지 않는다

IPT의 특징 중 하나는 치료적 관계를 직접 다루는 개입이 비교적 적다는 것이다. CBT나 기타 몇몇 해결-중심 치료(solution-focused therapies)도 비슷한 특징을 갖고 있지만, 이 점이 IPT가 정신역동 정신치료들과 확연히 다른 점이다. 이와 같은 치료요소를 충분히 이해하려면 IPT에서 치료적 관계가 어떻게 활용되는지 상세히 설명할 필요가 있다.

Bowlby[18]와 Sullivan[19]모두 각 개인의 인생 경험이 그 후의 인간관계에 어떤 상호작용을 하는지에 대해 방대한 기록을 남겼다. Sullivan은 과거 인간관계의 특징이 새로운 관계에도 적용되는 현상을 '병렬왜곡(parataxic distortion)'이라는 용어로 표현하였다.[19] 바꿔 말하면, 어떤 개인이 과거 인간관계에서 경험한 내용이 그가 새로운 관계에서 기대하는 바에 영향을 준다는 것이다. 이 기대는 그 개인이 만나게 되는 새로운 사람에게 어떤 특징을 '부과'하는 결과를 초래한다. 즉, 새로 만나는 사람이 과거에 만났던 사람과 비슷할 것이라고 기대하는 것이다. 이 기대는 그 사람의 과거 인간관계 경험들이 종합되어 형성된 것이다. 따라서 이와 같은 기대는 새로운 관계에는 들어맞지 않는 부정확한 것일 가능성이 크다. 즉, 새로운 관계가 이와 같이 부과된 부정확한 기대로 인해 '왜곡'되는 것이다.

예를 들어, 과거에 착취적인 인간관계를 경험했던 여성은 새로운 사람을 만났을 때 그 사람도 역시 착취적일 것이라고 반응할 것이다. 과거 경험이 새 경험에 덧씌워지는 것이다. 실제로는 그렇지 않음에도 불구하고, 그 여성이 새로 만나는 의미 있는 타인(significant others)에 대해 착취적일 것이라고 예측하기 때문에 새로운 관계가 왜곡된다. 마찬가지로 어떤 사람이 과거에 배신을 당했던 경험이 있다면, 그는 새로운 관계에서도 상대방을 신뢰하지 못하고, '마치' 그 사람을 믿어서는 안 될 것처럼 행동하게 된다.

Sullivan은 이러한 형성적 경험들(formative experiences)이 대부분 생애 초기의 경험의 결과라고 믿었지만, 성인기의 경험에 의해서도 병렬왜곡이 서서히 나타날 수 있다고 믿었다. 예를 들면, 폭행과 같은 심각한 정신적 외상을 경험했다면 예전에는 남을 잘 믿었던 사람이 새로운 인간관계에 대해 갖는 기대가 크게 변할 수 있다. 더 나아가, Sullivan은 왜곡이 긍정적 방향, 부정적 방향 양쪽으로 일어날 수 있다고 주장했다. 앞의 예들은 부정적 방향으로의 변화이지만, 생산적이고, 친밀하며, 신뢰할 수 있는 관계를 장기간 경험함으로써 왜곡이 긍정적 방향으로 변할 수 있다.

Bowlby[20]도 유사한 현상에 대해 기술했는데, 각 개인이 새로운 관계를 개념화하는 방식을 설명하기 위해 '관계의 실행모델(working model of relationship)'이라는 용어를 사용하였다. 새로운 관계에서 타인에 대한 기대는 그 사람에 대한 행동에 영향을 준다. 실행모델의 목적은 대인관계 행동을 조직화하는 것이다. 이를 통해 각 개인은 상대방의 행동을 예측하고 그에 따라 적절히 행동할 수 있게 된다. Sullivan의 병렬왜곡의 개념과 마찬가지로, 이 실행모델은 한 개인의 경험 모두를 반영하며, 특히 어릴 때의 경험을 강조한다. 애착의 실행모델은 새로운 관계를 형성하는 기초가 된다. 왜냐하면 각 개인은 새롭게 만난 사람도 과거에 관계했던 사람과 비슷하게 행동하리라 기대하면서 과거의 실행모델을 새로운 관계에 적용하기 때문이다.

Sullivan과 Bowlby 모두 병렬왜곡이나 실행모델이 초기의 인간관계를 정확하게 반영하고 있으며, 그것이 과거의 인간관계에서는 적응에 도움을 주었을지 모르지만 새롭게 친밀한 관계를 형성하는 데는 장애가 된다는 문제점을 지적하였다. 새로운 관계가 자유롭게 형성, 발전되지 못하고 왜곡이나 모델에 의해 구속되는 것이다. 착취적이었던 타인에 대한 정확한 반영이었던 소아기의 실행모델은 성인기의 전혀 새로운 인간관계에서는 더 이상 정확한 반영이 되지 못한다. 그럼에도 불구하고 과거의 모델을 그대로 적용한다면, 사람들을 신뢰하지 못하고 그 어떤 친밀감도 형성할 수 없게 된다. 이는 또한 좋고 나쁜 인간관계를 정확히 평가할 수 없도록 한다. 애착의 실행모델은 초기 인간관계에서 실제로 신뢰가 손상된 결과에 의해 자연스럽게 형성된 타인에 대한 불신이라 할 수 있지만, 이것이 새로운 관계에 적용될 경우 신뢰나 친밀감의 형성을 불가능하게 만들고, 대인관계의 기능을 심각하게 저해한다.

　이와 같은 왜곡이나 실행모델은 모든 대인관계에 적용되므로 치료적 관계에서도 나타난다. 시간이 지나면서 환자들은 자신의 치료자에 대해 병렬왜곡이나 애착의 실행모델을 반영하는 행동을 하게 된다. 이것이 IPT에서 일어나는 전이에 대한 이론적 설명이다. 치료자는 환자가 인간관계를 형성하고 유지해 나가는 방식을 경험하면서 동시에 관찰하는 독특한 위치에 있다. 왜냐하면 치료자는 환자가 자신의 왜곡이나 실행모델을 적용하는 대상이기 때문이다. Sullivan과 Bowlby 모두 Freud나 다른 정신분석학자의 전통을 따라, 이와 같은 왜곡을 교정하는 가장 강력한 방법은 치료자와 환자 간의 관계를 상세히 조사하는 것이라고 믿었다. 이 작업은 명백하고 공개적으로 진행될 수 있는데, 전이를 직접적으로 논의하는 해석(interpretation)이나 치료자가 환자에게 자신에 대한 반응을 직접적으로 묻는 명료화(clarification) 등의 기법을 사용한다.

　특별히 정신분석학적 치료에서는 전이를 좀 더 자세히 조사하기 위하여 전이를 극대화시키는 방향으로 치료가 구성된다. 정신분석치료에서는 치료자를 '텅 빈 화면(blank screen)'으로 보고 여기에 환자가 병렬왜곡이나 실행모델을 투사하도록 장려한다. 이는 치료자의 불명료한 태도, 고빈도 회기(일주일에 4~5회) 그리고 몇 년씩 지속되기도 하는 기간-개방형 치료 등에 의해 강화된다. 이 모두는 치료적 관계에서 나타나는 전이를 조사할 목적으로 치료자-환자 관계를 강화시키기 위함이다.

　전이나 병렬왜곡, 실행모델의 적용 등은 IPT를 포함한 모든 정신치료에서 공통적으로 나타나는 현상이다. 하지만 IPT에서는 치료자-환자 관계에서의 경험이 환자와 그의 대인관계 전반에 관한 중요한 정보를 얻는 데 이용되므로 치료자-환자 관계의 전이적 요소를 치료의 일부분으로 직접 다룰 필요는 없다. 그 대신, IPT에서 치료적 관계에 대한 치료자의 경험은 환자의 대인관계 기능을 이해하고 환자의 애착유형을 평가하기 위한 수단으로 이용된다. 이 정보는 대단히 중요하다. IPT의 치료적 관계에서 수집된 정보는 치료 장면 밖에서 환자가 실제로 사람들과 맺는 대인관계에 관한 질문을 만들어 내는 데 사용될 수 있다. 치료에서 발생할 수 있는 문제를 파악하고, 치료 결과를 예측하며, 만족스러운 결론을 맺기 위해 전이 경험을 사용하는 것 역시 매우 중요하다(〈글상자 1-2〉 참조).

글상자 1-2 | IPT에서의 치료자-환자 관계 활용

- 환자의 애착유형을 평가하기 위해
- 치료 장면 밖에서의 환자의 대인관계에 대한 질문을 하기 위해
- 치료적 관계 밖에서의 환자의 대인관계 기능을 이해하기 위해
- 치료 중 발생 가능한 문제를 미리 파악하기 위해
- 치료 결과를 예측하기 위해
- 치료의 만족스러운 결론을 맺기 위해

그러나 IPT에서는 치료자-환자 관계를 드러내 놓고 논의하는 것은 장려하지 않는다. 왜냐하면 그럴 경우 치료의 초점이 환자의 현재 사회적 관계라는 보다 시급한 문제로부터 치료자와의 관계라는 보다 강렬한 경험 그리고 분석으로 이동되기 때문이다. 치료자-환자 관계를 일차적 치료기법으로 직접 다룰 경우 증상 완화와 즉각적인 대인관계 기능의 향상을 목표로 하는 치료를 심리내적 통찰을 지향하는 치료로 바꾸어 버릴 수 있다.

극히 일부의 선택된 환자들에게는 이와 같은 통찰지향 치료가 큰 도움이 될 수도 있지만, 일반적인 진료 상황에서 대부분의 환자들은 자기-실현(self-actualization)보다 즉각적인 증상 호전에 훨씬 더 관심이 많다. 그들은 Maslow의 욕구단계의 정점에 있는 사람들이 아니다.[21] 자기-실현은 그들의 관심 밖의 일이다. 그들은 현재 고통스럽고, 친밀감이나 수용, 혹은 자존감의 결여라는 문제를 겪고 있기 때문에 치료를 받으러 온 사람들이다. 바꿔 말하면, 그들은 대인관계에 있어 고통을 겪고 있으며, 그들의 목적은 가능한 한 빨리 그 고통으로부터 벗어나는 것이다. 전이에 대한 토론, 고가의 장기치료, 냉정하고 지지해 주지 않는 치료자는 그들이 원하는 바도, 필요한 바도 아니다.

앞서 언급한 이유들 때문에 IPT에서는 치료적 관계에 초점을 맞추지 않는다. 치료적 관계에 대해 길게 논의하는 것은 사회적 지지나 치료 장면 밖에서의 대인관계 문제 등 보다 생산적인 주제로부터 이탈하게 만든다. 치료 장면 밖에서의 관계를 만들어 내고 점검하는 것이 IPT의 치료목표다.

따라서 IPT는 전이문제의 발생을 최소화하도록 구성되어 있다. 무엇보다도, 치료자-환자 관계는 공개적으로 다루지 않는다. 더 나아가, IPT 치료자는 중립적인 자세가 아닌 지지적 태도를 취한다. 급성기 치료는 시간 제한적 치료이며, 환자의 사회적 관계에서의 대인관계 문제에 특별히 집중한다. IPT의 모든 전술적 요소는 전이가 아닌, 치료 장면 밖, 환자의 사회 환경 내에서 지금-여기에서의 대인관계에 초점을 맞추도록 개발되었다.

IPT는 치료가 진행되는 동안 병렬왜곡의 영향을 지연시키거나 감소시키도록 설계되었지만, 치료적 관계에서 치료자가 경험하는 내용들로부터 얻을 수 있는 환자에 관한 어마어마한 정보의 보물창고를 무시하는 것은 정말 큰 잘못이다. 치료자-환자 관계를 회기 중에 직접 다루지는 않지만, 임상가는 자신의 관찰력과 대인관계에 대한 날카로운 직관을 이용하여 환자에 대한 방대한 정보를 수집할 수 있다. 그것이 가능한 이유는 치료 장면에서의 환자의 행동이 밖에서 그가 행동하고 소통하는 방식을 그대로 반영하기 때문이다. 이러한 정보를 수집하는 것이 특히 중요한 이유는 이를 통해 환자가 치료에 적합한 사람인지, 치료의 예후는 어떨지, 예상되는 치료의 장애물은 무엇일지, 치료에 사용하면 좋을 구체적 기법은 무엇인지 등에 대한 정보를 얻을 수 있기 때문이다. 전이에 대한 이해, 환자가 갖고 있는 왜곡 그리고 환자의 대인관계상의 실행모델에 대한 가설 정립 등은 모두 IPT의 핵심적 요소다.

치료과정에서 발생하는 병렬왜곡에 대한 정보 활용법에 대한 예로, 치료자에게 의존적인 관계를 형성하고 있는 한 환자를 생각해 보자. 환자는 이와 같은 의존성 때문에 치료를 마무리 짓지 못하고, 회기 중간에 치료자에게 전화를 하거나 이런저런 구실로 치료자의 도움이나 위로를 청한다. 이와 같은 전이적 관계는 치료자에게 환자의 기능에 관한 몇 가지 정보를 제공한다. 첫째, 환자는 다른 사람들에게도 이렇게 의존적 방식으로 대인관계를 맺음으로써 문제를 일으킬 수 있다. 둘째, 환자는 다른 사람들과의 관계를 끝내는 데 어려움을 겪을 수 있다. 셋째, 환자는 끊임없이 도움을 요청하여 다른 사람들을 지치게 할 가능성이 있다. 건강염려증 환자가 이런 방식으로 행동하는 좋은 예가 될 것이다. 이제 치료자는 이와 같은 정보를 활용하여 환자의 대인관계 문제에 대한 가설을 세울 수 있고, 환자가 타인에게 도움을 청하거나 관계를 끝내기 위해 어떻게 하는지, 다른 사람들이 환자의 요구를 들어주지 않을 때 어떤 기분인지에 대해 질문할 수 있다. 그러나 이런 질문들은 치료자-환자 관계가 아닌 환자가 현재 맺고 있는 현실세계에서의 대인관계, 치료 장면 밖에서의 관계에 대한 것들이다.

더 나아가, 전이 경험으로부터 얻은 정보는 치료과정에서 일어날 가능성이 있는 문제들을 예측하고, 그에 따라 IPT를 변형하는 데 사용되어야 한다. 예를 들어, 치료자는 환자의 의존성 때문에 치료를 결론짓는 과정에서 문제가 일어날 수 있음을 예상하고, 급성기 치료의 결론 작업을 다른 환자보다 좀 더 일찍 시작하는 방법을 고려해 볼 수 있다. 치료자는 또 치료 후반기부터 치료회기의 빈도를 점차 줄여 나갈(예를 들면, 환자가 회복되기 시작하면 2주에 한 번 정도) 수 있다. 이와 같은 점진적 감소는 환자로 하여금 치료자에게 덜 의존하게 만들고, 독립 능력에 대한 자신감을 줄 수 있다. 원칙은 모든 환자에게 동일하다. 환자마다 구체적인 변형은 조금씩 다르겠지만, IPT의 구조나 전술은 회피적인 환자, 다른 성격상의 문제가 있는 환자, 혹은 치료를 좀 더 복잡하게 만드는 다른 소인을 갖고 있는 환자에 따라 다르게 적용되어야 한다. 치료적 관계로부터 획득한 정보는 치료의 예후를 예상하기 위한 정보로도 활용되어야 한다. 병렬왜곡이 더 심하고 치료 초기부터 나타나는 환자의 경우 예후가 나쁠 가능성이 크다. 이는 이 같은 정보를 비관적으로 사용하라는 의미가 아니라, 치료자가 예후에 대해 좀 더 현실적인 기대를 가져야 한다는 의미다.

요약하면, 치료자-환자 관계, 특히 대인관계에서 환자가 나타내는 왜곡은 IPT에서 대단히 중요하지만, 치료 장면에서 직접 다루지는 않는다. 그럴 경우 치료의 초점이 IPT의 기본 목표인 증상 완화와 대인관계 기능의 개선으로부터 이탈되고,

치료기간도 원래 IPT에서 요구되는 것보다 훨씬 길어진다. IPT의 치료목표는 글자 그대로 골치 아픈 전이 문제가 발생하여 그것이 치료의 초점이 되기 이전에 환자의 대인관계상의 고통을 신속히 경감시켜 주는 것이다.

IPT 은유

시드니의 하버브리지는 1932년에 완공되었으며, 오늘날까지도 공학적 기적으로 일컬어지고 있다. 세계에서 가장 아름다운 항만을 가로지르는 길이가 500m가 넘는 단일 아치에서는 오페라하우스, 록스 지역 그리고 시드니 도심의 멋진 경관을 볼 수 있다. 맑은 날에는 태평양 너머까지 볼 수 있다. 그야말로 세상에서 가장 아름다운 경치 중 하나다.

1998년부터는 관광객들이 아주 좁은 계단을 걸어 올라 다리 꼭대기까지 갈 수 있게 되었다. 그냥 계단이 아니라, 다리를 이루고 있는 아치 형태의 강철 구조물을 따라 올라가는 것인데, 일부 지점의 너비는 30~60cm밖에 되지 않는다. 아치의 꼭대기, 가장 높은 곳은 해발 134m다. 그곳은 완전히 노출된 장소이며, 바람이 심한 날은 다리가 앞뒤로 흔들려서 관광객들은 다리에서 추락하여 134m 아래의 바다로 떨어질 것 같은 아슬아슬한 느낌을 받는다.

세상 모든 일이 다 그렇듯이 하버브리지를 오르는 일은 위험을 감수해야 하는 일이다. 그러려면 일시적으로 심리적 안전감을 포기해야 한다. 자기 자신을 극한으로 내몰아야 한다. 그 결과는 매우 만족스럽지만, 그 과정에서 신체적·심리적 노력이 요구된다. 모험을 즐기거나 선천적으로 혹은 기질적으로 위험을 감수하는 경향이 있는 사람들에게 다리를 오르는 것은 짜릿한 경험이다. 공포도, 불안도 없다. 오직 130m가 넘는 허공에서 세상에서 가장 숨 막히는 경관을 내려다보는 스릴과 아드레날린의 솟구침이 있을 뿐이다. 하지만 다른 어떤 사람들에게는 하버브리지 등정이 좀 더 불안감을 유발하는 일이다. 중간 정도의 불안감을 갖고 있는 일부 사람들은 다리를 오르면서 스스로에게 말을 한다. 그들의 독백에는 이 일이 매우 안전한 일이라고(보기에는 그 반대이지만) 합리화하거나 지금 위험을 무릅쓰고 안간힘을 쓰는 것이 곧 멋진 경험으로 보상되리라고 반복해서 되뇌는 것 등이 포함된다. 이런 사람들을 표현하는 말로 자아 강도(ego strength), 지연된 보상 능력(capacity for delayed gratification) 같은 말이 있다.

삶의 경험이나 생물학적, 기질적, 혹은 다른 요소에 의해 다른 사람의 도움을 받고서야 다리를 오를 수 있는 사람들도 있다. 어떤 이는 인지적 위안(cognitive reassurance)만으로도 충분하다. 신뢰할 만한 의미 있는 타인(significant other)으로부터 현 상황에 대한 정확한 인지적 평가를 듣는 것이 필요하다. 예를 들면, 친구가 "시드니 하버브리지는 1932년에 완공되어 아직까지 끄떡없이 서 있지. 그간 수십만 명의 관광객들이 이 다리 위로 올라갔지만 바다로 추락해서 죽은 사람은 단 한 명도 없었어."*라고 말해 줄 수 있다. 친구는 또 아마추어 치료자 역할을 하면서 다음과 같이 현학적인 소크라테스식 문답법을 사용할 수도 있다. "『시드니 모닝 헤럴드』에서 다리에서 사람이 추락했다는 기사를 읽은 적이 있니? 네가 이 다리 위에 있을 때 어떤 안 좋은 일이 벌어질 확률이 현실적으로 얼마나 될 것 같니?" 이렇게 안심을 시켜 주면, 중간 정도의 불안감을 가진 사람들은 다리 위로 올라갈 수 있다.

하지만 불안감이 더 크거나 성격이나 애착의 측면에서 보다 의존적인 사람들의 경우에는 인지적 위안만으로는 충분치 않다. 그들이 원하는 것은 단순한 인지적 위안이 아니라 인간관계에서의 위안이다. 그들은 누군가가 말 그대로 자신의 손을 잡아 주고, 자신의 곁에 있어 주며, 심리적으로 지지해 주기를 원한다. 그들은 다리 위로 올라가는 것에 대해 심한 불안감을 느끼지만, "당신이 저와 함께 간다면 올라갈 수 있어요."라고 말할지도 모른다.

이와 같은 위안을 필요로 하는 사람들 중 일부는 이를 단도직입적으로, 정중하게 요청할 줄 알며, 그 결과 필요한 지지를 곧잘 얻어 내곤 한다. 그들의 친구는

---

* "그동안 수십만 명의 사람들이 다리에 올라갔어."라는 말보다 "바다로 추락해서 죽은 사람은 단 한 명도 없었어."라는 말이 더 효과적임을 아는 것, 그것이 치료의 예술적 측면이다. 흔히 말하듯 친구 좋다는 게 무엇인가?

환자의 요구에 쉽게 반응하고, 언제든지 기꺼이 관계적·정서적 지지를 제공해 준다. 이와는 대조적으로, 시드니 하버브리지를 오르려고 하는 사람들 중 일부는 자신의 요구를 간접적으로 혹은 비생산적으로 전달하는 성격 유형 혹은 의사소통 유형을 갖고 있다. 하지만 징징대거나 투덜거림, 수동공격적 태도 혹은 의존적으로 매달리는 것 등은 다른 사람의 도움을 얻을 수 있는 좋은 방법이 되지 못한다. 마지막으로, 시드니에 가서 다리를 쳐다보며 '나는 절대로 저 위로 못 올라갈 거야.'라고 말하는 유형의 사람들이 있다. 그들은 여러 가지 심리적, 신체적, 기질적, 사회적 이유로 다리 위로 못 올라간다.

시드니 하버브리지 등반은 위기다. 그것은 위험을 감수해야만 하는 굉장한 경험이다. 사람들이 이 위기에 접근하는 방식은 대부분 그들의 생물-심리-사회적/문화적/영적 특성에 의해 좌우된다. 유전적 요소, 기질, 생애 초기 경험, 애착, 성격, 사회적 지지, 성인기의 경험 등 모든 것이 누가 다리 등반에 도전할 것인지, 그리고 누가 성공할 것인지를 결정한다. IPT는 등반에 성공하기 위해 인간적 지지를 필요로 하는 사람들을 위해 고안된 치료다. IPT는 환자들이 애착과 위안을 바라는 자신의 대인관계상의 요구를 인식하고, 이와 같은 요구를 정중하게 표현하여 다른 사람들이 도움을 주는 방향으로 환자에게 반응할 수 있도록 도와주기 위한 치료다. IPT는 모든 사람에게 필요한 치료는 아니다. 특별한 전문가의 도움이 없어도 위기를 잘 해결해 나갈 수 있는 사람들도 많다. 어떤 사람들은 문제가 너무 심각해서 훨씬 더 광범위한 도움이 필요하다. 하지만 그래도 특정한 위기를 해결하기 위해 도움을 필요로 하고, 협상을 위해 사회적 지지를 만들어 내고 이용해야 하는 사람들이 많다.

IPT는 다리 위로 올라가야 하는 위기에 직면한 사람들, 높은 곳에 도달하고자 하는 사람들, 누군가와 함께 멋진 풍경을 보기 원하는 사람들을 돕기 위해 개발된 치료다.

결 론

　　IPT는 본질적으로 다음의 네 가지 기본 요소로 구성된다. 대인관계에 초점을 맞춘 치료적 접근, 심리적 기능과 고통에 대한 생물-심리-사회적/문화적/영적 모델, 단기 급성기 치료, 그리고 치료자-환자 관계를 직접적으로 다루지 않음이 그것이다. IPT는 혼자서는 해결할 수 없는 급성 대인관계 위기에 직면한 환자들에게 매우 유용한 치료법이다.

참고문헌

1. Klerman GL, *et al. Interpersonal Psychotherapy of Depression.* 1984, New York: Basic Books.
2. American Psychiatric Association. *Diagnostic and Statistical Manual of Mental Disorders,* 4th edn. 1994, Washington, DC: American Psychiatric Association.
3. O'Hara MW, *et al.* Efficacy of interpersonal psychotherapy for postpartum depression. *Archives of General Psychiatry,* 2000, **57**: 1039–1045.
4. Beck AT, *et al. Cognitive Therapy of Depression.* 1979, New York: Guilford Press.
5. Jacobson NS, Martell CR and Dimidjian S. Behavioral activation treatment for depression: returning to contextual roots. *Clinical Psychology: Science and Practice,* 2001, **8**: 255–270.
6. Addis ME and Martell CR. *Overcoming Depression One Step at a Time: The New Behavioral Activation Approach to Getting your Life Back.* 2004, Oakland: New Harbinger.
7. Miller WR and Rollnick S. *Motivational Interviewing: Preparing People for*

Change, 2nd edn. 2002, New York: Guilford Publications.

8. Schulberg HC, Block MR and Madonia MJ. *Treating Major Depression in Primary Care Practice.* Archives of General Psychiatry, 1996, **53**: 913-919.

9. Swartz HA, *et al.* A pilot study of brief interpersonal psychotherapy for depression among women. *Psychiatric Services,* 2004, **55**(4): 448-450.

10. Grote NK, *et al.* A randomized controlled trial of culturally relevant, brief interpersonal psychotherapy for perinatal depression. *Psychiatric Services,* 2009, **60**(3): 313-321.

11. Elkin I, *et al.* NIMH Treatment of Depression Collaborative Research Program: I. General effectiveness of treatments. *Archives of General Psychiatry,* 1989, **46**: 971-982.

12. Talbot N, *et al.* A randomized effectiveness trial of interpersonal psychotherapy for depressed women with sexual abuse histories. *Psychiatric Services,* 2011, **62**: 374-380.

13. Frank E, *et al.* Three-year outcomes for maintenance therapies in recurrent depression. *Archives of General Psychiatry,* 1990, **47**(12): 1093-1099.

14. Frank E, *et al.* Randomized trial of weekly, twice-monthly, and monthly interpersonal psychotherapy as maintenance treatment for women with recurrent depression. *American Journal of Psychiatry,* 2007, **164**: 761-767.

15. Gelso CJ and Woodhouse SS. The termination of psychotherapy: what research tell us about the process of ending treatment, in Tryon GS (ed.) *Counseling Based on Process Research: Applying What we Know.* 2002, Boston: Allyn and Bacon.

16. Stuart S. Interpersonal psychotherapy, in Dewan M, Steenbarger B and Greenberg R (eds.) *The Art and Science of Brief Psychotherapies: A Practitioner's Guide.* 2004, Washington DC: American Psychiatric Press, pp. 119-156.

17. Stuart S. Interpersonal psychotherapy, in Dewan M, Steenbarger B and Greenberg R (eds.) *The Art and Science of Brief Psychotherapies: A Practitioner's Guide,* 2nd edn. 2011, Washington DC: American Psychiatric Press.

18. Bowlby J. Developmental psychiatry comes of age. *American Journal of Psychiatry,* 1988, **145**: 1-10.

19. Sullivan HS. *The Interpersonal Theory of Psychiatry.* 1953, New York: Norton.

20. Bowlby J. The making and breaking of affectional bonds: etiology and psychopathology in the light of attachment theory. *British Journal of Psychiatry,* 1977, **130**: 201-210.

21. Maslow A. A theory of human motivation. *Psychological Review,* 1943, **50**: 370-396.

제2장

이론 및 임상적 적용

서론

대인관계치료(Interpersonal Psychotherapy: IPT)는 두 가지 이론적 토대 위에 정립되어 있다. 그 첫 번째이자 가장 중요한 이론은 애착이론인데, 이는 환자의 관계상의 문제를 이해하는 근거다. 두 번째 이론인 대인관계이론은 환자의 비적응적 의사소통 양상이 지금-여기(here-and-now)에서 어떤 식으로 대인관계 장애를 초래하게 되는지에 관한 이론이다. 의사소통은 애착행동의 한 표현이지만, 다양한 IPT 기법에서 개입지점이 되기 때문에 특히 IPT에서 대단히 중요하다. 사회이론은 IPT의 틀 내에서 사회적 지지의 영향을 이해하기 위한 유용한 도구이지만, 일반적으로 앞의 두 이론만큼 비중이 크지는 않다.[*]

IPT는 정신질환 및 심리적 고통에 대한 생물-심리-사회적/문화적/영적 모델

---

[*] 사회적 이론을 강조하지 않는 것은 2003년 초판과 달라진 점이다. 그러나 IPT에서 사회적 지지는 여전히 강조되고 있다.

에 따라, 정신과적 장애나 대인관계상의 장애가 대인관계 요소, 사회적 요소 및 기타 요소들의 결합에 의해 발생한다고 전제한다. 이와 같은 전제 위에 각 개인의 기질, 성격 유형, 생애 초기의 경험들이 더해지고, 그것은 다시 특정한 애착유형으로 나타난다. 문화적 · 영적 요소들을 포함하여, 이러한 요소들은 질병의 소인이 될 수도 있고, 반대로 질병에 대한 보호인자도 될 수 있다. 애착유형은 적응적일 수도 비적응적일 수도 있으며, 그 사람의 현재 사회적 지지망이나 의미 있는 타인으로부터 지지를 얻을 수 있는 능력에 영향을 준다.

좀 더 간단히 설명하자면, 생물학적 혹은 심리적 경향성을 갖고 있는 사람은 대인관계의 위기에 부딪히면 고통을 겪게 될 확률이 높다. 대인관계 기능은 사회적 지지 환경 내에서 그 사람이 현재 겪는 스트레스의 강도에 의해 결정된다. 이는 IPT에서 사람들이 고통받는 이유를 설명하기 위한 모델인 대인관계 트라이어드(Interpersonal Triad)로 도식화할 수 있다([그림 2-1] 참조).

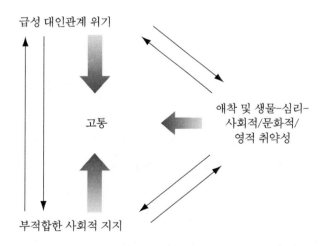

[그림 2-1] 대인관계 트라이어드

따라서 IPT는 환자의 일차적 대인관계, 그중에서도 애도와 상실, 대인관계 갈등, 역할 전환에 특별히 초점을 맞추어 정신과적 증상을 치료하고 대인관계 기능을 개선하도록 고안된 치료다.* 단기치료를 통해 성격이나 애착유형의 근본적 변화를 기대하기는 힘들지만, 손상된 대인관계를 회복할 수 있게 도움을 받고, 정서적 혹은 실질적 지원을 요청하기 위해 소통하는 방법들을 새로 익힌다면 환자의 증상과 고통은 해소될 수 있다.

IPT에 대한 포괄적이고도 상세한 이론이 필요한 이유는 다음과 같다. 가장 중요한 이유는 이를 통해 임상가가 환자 문제의 본질을 이해할 수 있고, 나아가 그 문제를 해결하기 위한 개입법의 종류를 알 수 있기 때문이다. 포괄적 이론은 임상가가 사례 공식화를 하는 기초가 되며, 어떤 개입법이 가장 효과적일지를 결정하는 기초가 된다. 그것은 또한 그 환자의 치료과정에서 발생할 수 있는 문제들(예를 들면, 치료동맹을 맺는 과정에서의 문제)을 예상할 수 있게 해 주며, 이러한 장애물을 예방하거나 효과적으로 관리할 수 있는 방법을 치료자에게 알려 줄 수 있다.

IPT의 이론적 기반의 특징은 다음과 같다.

- 실증적 증거에 기초한다.
- 임상적 관찰이나 경험을 가장 정확히 반영하고 있다.
- 임상적으로 검증 가능한 가설들의 근거가 된다.
- 실증적으로 검증 가능한 가설들의 근거가 된다.
- 새로운 실증적 혹은 임상적 증거들이 나타나면 수정될 수 있다.

따라서 IPT이론은 고정된 사실들의 집합이 아니고, 임상적 경험과 함께 진화하고 실증적 자료가 축적됨에 따라 얼마든지 다시 연구되고, 수정될 수 있는 것이다 ([그림 2-2] 참조).

환자의 생물-심리-사회적/문화적/영적 소인은 대인관계상의 위기가 발생하는

---

*우리 책 초판을 포함하여 예전 IPT 매뉴얼을 읽은 독자들은 문제영역 목록에 대인관계 민감성(혹은 결핍; interpersonal sensitivity, interpersonal deficit)이 누락되었음을 알아차렸을 것이다. 이 영역은 현재 대인관계 문제가 아닌 애착유형으로 이해되고 있다. 이 부분에 관해서는 다음 장에서 상세히 다룰 것이다.

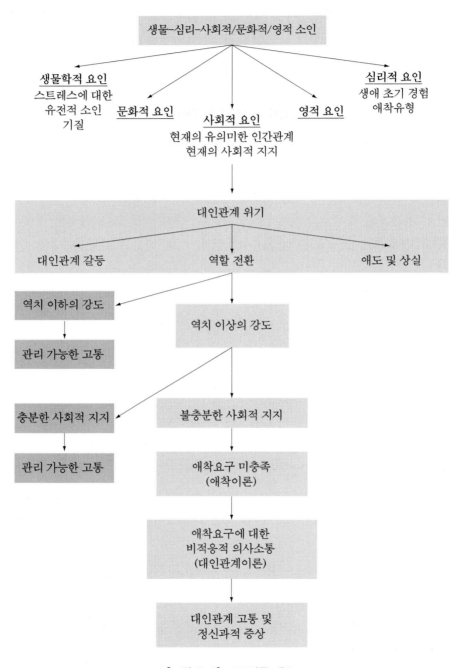

[그림 2-2] IPT이론 개요

기본 틀이다. 사회적 지지가 불충분한 상황에서 강력한 위기(예컨대, 대인관계 갈등, 역할 전환, 혹은 애도 및 상실 경험)가 닥치면 대인관계 문제, 정신과적 증상, 그리고 고통이 초래된다. 만일 위기가 역치 이하라면 증상이나 고통은 없어진다. 또한 사회적 지지가 충분하다면, 위기가 대단히 심각한 것일지라도 증상은 역시 소실된다. 하지만 위기가 심각하고 사회적 지지가 충분하지 않다면, 위기 상황에서의 환자의 애착요구는 충족되지 않는다. 그러한 요구에 대한 부적절한 의사소통이 이어지고, 결과적으로 대인관계상의 고통과 정신과적 증상이 발생한다.

애착이론

애착이론은 IPT의 기본 이론 중 하나다. 이 이론은 개인이 인간관계를 형성하고, 유지하고, 종료하는 방식을 설명해 주고, 동시에 그 과정에서 문제를 일으키는 방식에 대해서도 설명해 준다. 애착이론의 원리를 체계화한 대표적 인물은 John Bowlby다.[1-8] 그는 인간에게 대인관계를 맺고자 하는 내재적이고 본능적인 욕구가 있다는 전제하에 자신의 이론을 정립하였다. 이 욕구는 생물학적 욕구이며, 생태학 연구와 진화이론을 통해 지지되고 있는데, 이들은 친밀한 결속을 형성하는 능력과 욕구가 인간 생존에 필수적이라고 주장한다. 인간은 자신의 애착욕구가 충족될 경우 정상적으로 기능하지만, 반대로 애착욕구가 미충족될 경우에는 정신과적 증상이나 고통 등의 문제를 겪게 된다.

애착은 대인관계에서 행동을 조직화한다. 애착은 비교적 지속적인 내적 경험 혹은 대인관계 행동 양상을 형성하는 기초가 되며, 이런 행동양상을 통해 한 개인은 특징적인 방식으로 돌봄이나 위안을 구하게 된다. 애착은 항상 작동하지만, 개인이 스트레스를 받거나, 안전감이 위협을 받을 경우 고도로 활성화된다. 그리고 이 애착욕구는 돌봄 추구 행동(care-seeking behavior)을 유도한다.

Bowlby는 애착에 대해 다음과 같이 정의하였다.

애착행동이란 어떤 사람이 다른 분화되고 선호되는 타인에게 가까이 다가가고, 그 곁에 머물러 있으려는 모든 형태의 행동이라고 개념화할 수 있다. 애착행동은 소아기에 가장 뚜렷이 나타나지만, 요람에서 무덤까지 이어지는 인간의 특성이라고 할 수 있다. 성인기에는 고통을 겪거나, 아프거나, 겁에 질렸을 때 두드러지게 나타난다. 애착행동의 특정 패턴 중 일부는 그 사람의 현재 나이, 성별, 그리고 환경에 의해 결정되며, 또 다른 일부는 생애 초기의 애착대상과의 경험에 의해 결정된다.[3] (p. 203)

사랑받고 돌보아지기 바라는 욕구는 어릴 때뿐 아니라 성인이 된 이후에도 지속적으로 인간 본성의 핵심적 일부로서 기능한다. 그리고 이러한 욕구는 모든 성인에서 표현될 수 있으며, 특히 아플 때나 불행할 때 잘 나타난다.[4] (p. 428)

애착은 인간 행동의 내재적 일부이며, 신체적 혹은 심리적 고통을 받을 때 나타난다. 사랑받고 돌보아지기를 원하는 것은 인간의 특성이다. 돌봄을 얻고자 하는 욕구는 아프거나, 외롭거나, 피곤할 때, 우울하고, 불안하고 고통을 받을 때 증폭된다. IPT에서는 한 개인의 애착욕구가 충족되지 못할 경우 심리적 문제가 발생하고, 대인관계가 무너진다고 생각한다. 이것은 그 사람이 자신의 요구를 효과적으로 소통하지 못하는 경우와 사회적 지지망이 그 사람의 요구에 적절히 반응하지 못하는 경우 모두에서 일어난다.

Bowlby는 특정한 애착행동은 아이가 자신의 일차적 양육자와 애착관계를 맺는 초기 소아기의 경험을 통해 형성된다는 가설을 제시하였다.[1] 이와 같은 형성적 경험을 통해 대인관계의 실행모델이 만들어진다. 즉, 한 개인의 실제 애착 경험이 대인관계 전반, 그리고 특정한 새로운 관계에 대한 기대로 변환된다. 바꿔 말하면, 축적된 대인관계 경험을 통해 한 개인은 앞으로 다가올 새로운 인간관계가 어떨 것인지에 대한 자신만의 견해를 갖게 된다는 것이다. 이 모델은 한 개인으로 하여금 다른 상황에서 다른 사람들이 어떻게 행동할 것인지를 예측하기 위한 준거 틀이 되기 때문에, 그 사람이 대인관계를 제대로 할 수 있도록 하는 기능을 한다.

이 모델은 다음과 같은 질문에 대한 해답을 준다.

> 만일 내가 스트레스를 받고, 돌봄과 지지가 필요한 상황이 되었을 때, 다른
> 사람들은 내게 이렇게 행동할 거야…….

이 질문에 대한 답은 사람마다 다르다. 사람에 따라 위안, 거절, 또는 무관심을
기대할 수 있다. 하지만 어느 경우에도 사람들은 자신의 애착요구에 따라 이 질문
에 대한 답을 한다. 만약 다른 사람들이 자신의 요구를 충족시켜 줄 것이라고 기
대한다면, 그는 직접적으로 도움을 요청할 것이다. 하지만 과거의 경험을 바탕으
로 자신의 요구가 거절당할 것이라고 예측한다면, 그는 도움 요청을 회피하거나
오히려 문제를 더 악화시키는 방식으로 요구할 것이다. 또한 사람들은 자기 자신,
유능함, 그리고 스트레스 관리방법에 대한 유사한 실행모델(working model)을 형
성한다. 이러한 자기 모델(model of self)은 주로 어릴 적 경험에 의해 형성되지만,
성인기(adulthood) 이후에도 수정될 수 있다. 자기 모델은 다음과 같은 질문에 대
한 답을 준다.

> 내가 스트레스를 받거나 도움이 필요할 때, 난 주로 이렇게 반응을 할 거
> 야…….

이 질문에 대한 답은 사람마다 다르다. 사람에 따라 스트레스를 관리할 수 있
다는 자신감을 보이거나 위기관리능력에 대한 불안감을 표출할 수도 있다. 이러
한 자기 모델은 타인에 대한 애착행동과 직접적인 연관이 있다.

사람들이 가지고 있는 실행모델(working model)은 실제 경험을 바탕으로 형성된다.
현학적인 정신내적 기전(intrapsychic mechanism)이나 추상적 구조를 통해 설명할
필요가 없는 것이다. 학대를 받은 경험이 있는 사람은 새로운 인간관계에서도 비
슷한 대우를 받을 것이라고 기대할 것이고, 거절을 경험한 사람은 더 많은 거절을

기대할 것이며, 생산적이고 신뢰 깊은 관계를 경험한 사람은 새로운 관계 또한 그럴 것이라 기대할 것이다. 이러한 기대들의 애착효과는 아동기에 잘 나타나며, 성인기에도 영향을 끼친다.[9-14]

애착에 대한 Bowlby의 실행모델 개념은 Sullivan의 병렬적 왜곡(parataxic distortion)[11] 개념과 비슷하며, 이는 개인의 누적된 경험이 타인과 관계하는 방식에 영향을 끼친다는 이론이다. Sullivan과 Bowlby는 관계에 대한 실행모델과 이러한 모델을 현재의 새로운 대인관계에 적용함으로써 발생하는 왜곡은 어릴 적의 주 돌봄자(primary caregiver)와의 관계로부터 큰 영향(전적인 영향은 아니지만)을 받는다고 주장한다. 두 사람은 또한 대인관계상의 문제는 실행모델이 과거의 경험을 잘못 반영하였기 때문이 아니라, 현재의 새로운 관계에 타인이 자신에게 할 행동을 부정확하게 예측하는 등 부적절하게 실행모델을 적용하기 때문에 발생한다고 주장하였다.

예들 들어, 과거에 학대를 받았던 환자는 다른 사람들은 믿을 수 없고, 자신을 이용할 것이라는 관계에 대한 실행모델을 갖고 있으며, 이 모델은 모든 인간관계에서 공통적으로 나타난다. 이러한 모델은 실제 학대의 위험이 있는 상황에서는 적응적이고 방어적인 기능을 하지만, 학대가 일어날 가능성이 전혀 없는 관계에서는 기능의 장애를 초래한다. 이 환자가 갖고 있는 지배적인 관계모델은 '사람들은 믿을 수 없다.'는 것이기 때문에 친밀한 대인관계를 맺기 힘들 것이다. 그녀는 100% 믿을 수 있는 사람들마저 밀어내고 말 것이다. 이를 증명할 임상 증례도 풍부하다. 관계에 대한 모델이 왜곡된 환자들은 흔히 부적절한 모델에 해당되는 상황 속으로 스스로를 몰아넣음으로써 고통과 자멸적인 행동을 초래한다. 이러한 병렬적 왜곡은 치료적 관계를 포함한 모든 대안관계에서, 환자로 하여금 정상적으로 기능하지 못하게 하고, 안정감을 느낄 수 없게 한다.

한 개인의 대인관계 실행모델은 보통 모든 대인관계에서 일관되게 나타나며, 그 결과 특징적인 애착유형을 형성한다. 개인은 주어진 관계에서 일정한 애착유형을 보이며, 새로운 관계 또한 동일한 애착유형을 통해 형성된다. 이러한 현상은 특히 건강염려증 환자에게 뚜렷이 나타나는데, 이들은 가족, 가까운 지인 그리고 치료자 등에게 의존적 애착유형에서 비롯된 의존적인 관계를 맺는다. 그들은 다른 사람들과 관계가 형성된 후에도 애착유형을 바꾸지 않고, 새로운 관계를 형성할 때도 애착유형을 바꾸지 않는다. 그들의 애착유형은 한결같다.

이러한 일관된 애착유형은 IPT에서 전이의 형성을 설명하는 이론적 기초가 된다. 충분한 시간이 주어진다면, 환자는 치료실 밖에서 형성했던 애착유형을 치료자에게도 적용할 것이다. 따라서 치료관계를 세심하게 살펴보면 치료자는 환자의 애착유형 및 관계의 모델(model of relationship)에 대한 중요한 정보를 얻을 수 있고, 환자가 경험할 수 있는 대인관계상의 문제를 예측할 수 있으며, 다른 사람들이 환자를 어떻게 생각할 것인지 알 수 있다. IPT에서는 전이를 직접적으로 다루지 않지만, 환자가 치료관계에서 보여 주는 행동 및 의사소통은 그가 현재의 대인관계에서 나타내는 애착 및 의사소통 문제를 이해하는 데 큰 도움을 줄 수 있다.

환자가 경험하고 있는 애착 문제와 현재의 새로운 관계에 영향을 끼치는 왜곡은 모두 환자의 실제 경험에서 비롯되었다는 사실을 치료자는 반드시 알아야 한다. 사람들의 관계모델은 정직하다. 사람들의 관계모델과 왜곡은 그들이 대처하기 위해 애썼던 과거의 스트레스 요인, 학대, 박탈, 비극과 이로 인한 지속적인 애착 및 대인관계 기능의 저하를 반영하는 것이다. 이러한 비극들에 대해서 치료자는 병리적인 분류를 할 것이 아니라 공감을 해 주어야 한다.

Bowlby[1]는 애착의 기본 유형을 안정적(secure), 불안양가적(anxious ambivalent), 불안회피적(anxious avoidant)*의 3가지로 분류하여 설명하였다. 이 유형은 후에 IPT에서 Bartholomew와 Horowitz[15]에 의해 애착의 사분면 모델(four quadrant model)로 교체되었는데, 임상적으로는 사분면 모델이 더 유용하다고 밝혀졌다([그림 2-3] 참조). 사분면 모델은 자신에 대한 실행모델(X축)과 타인과의 관계에 대한

---

*Bowlby의 모델을 소개한 것은 주로 역사적 이유 때문이다. 이 모델은 이 책의 2003년 초판에서 IPT의 이론적 기초로 소개되었다. 독자들은 다른 연구자들에 의해 또 다른 애착유형이 추가로 제시되었음을 알아야 한다. 혼란형 애착(disorganized attachment)유형을 제안한 학자도 있고, 서로 다른 애착유형을 통합한 모델도 제시되었다. 개인의 일생에서 나타나는 대인관계에 대한 다양한 대인관계 애착유형을 이해하려면 더 많은 연구가 필요하다.

실행모델(Y축)로 이루어져 있다. 실제 경험을 통해 대부분의 사람들은 스스로 자신을 돌볼 수 있다고 믿거나, 스스로를 돌볼 수 없기 때문에 타인에게 의지해야 한다는 자신에 대한 실행모델(working model of self)을 형성하게 된다. 이와 동시에, 실제 경험을 통해 다른 사람들이 의지할 만한 사람들인지—즉, 요청을 했을 때 도움을 줄 수 있을지—아니면 믿을 수 없는 사람들인지에 대한 타인에 대한 실행모델(working model of others)도 형성한다. 자신과 타인에 대한 이러한 실행모델은 4가지 애착유형을 형성한다.

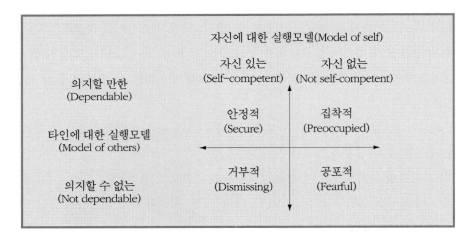

[그림 2-3]   IPT의 사분면 애착유형 모델

안정적(secure) 애착유형의 사람들은 자신 및 타인에 대한 건강하고 유연한 모델에 기반을 두고 관계를 형성한다. 바꾸어 말하면, 그들은 일반적으로 타인을 신뢰하고, 자신의 욕구가 충족된다고 믿으며, 안정감 속에서 세상을 탐험하면서 새로운 관계를 맺고 경험할 수 있다. 그들은 자신감이 있으며, 대부분의 위기를 대처해 낼 수 있다고 믿는다. 그들은 Bowlby가 설명한 것과 같이 정신적으로 건강한 사람들이다. 그들은 도움이 필요할 때 효과적으로 도움을 요청할 수 있으며, 타인이 도와달라고 요청할 때도 도움을 제공해 줄 수 있다. 그들의 관계는 일반적으로 만족스럽고 생산적이며, 아주 넓은 사회적 지지망이 있기에 대부분의 삶의 위기에 효과적으로 대처할 수 있다.

반면에 집착적(preoccupied) 애착유형의 사람들은 자신의 애착욕구가 충족되지 않을 것이라는 지속적인 불안감을 갖고 있다. 그들은 스스로를 돌볼 수 없다는, 경험에서 비롯된 자신에 대한 실행모델을 갖고 있다. 타인에 대한 그들의 실행모델은 다른 사람들이 도움 및 보살핌을 제공할 수 있는 능력을 갖고 있음에도 불구하고 자신을 도와주지 않을 수도 있다고 추정한다. 그들은 자신의 애착욕구를 충족시키기 위해 끊임없이 보살핌 및 안심(reassurance)을 필요로 한다. 자신 및 타인에 대한 이러한 모델은 종종 유아기 때 일관성 없는(inconsistent) 또는 과잉보호적인 돌봄으로부터 형성된다. 이 애착행동의 예는 건강염려증 환자에게서 볼 수 있다. 그들은 끊임없이 안심을 요구하고, 애착관계에서 충분한 보살핌을 받는 것에 지나치게 집착해 타인에게 보살핌을 제공하지 못한다.[16] 그뿐만 아니라 끊임없이 안심시켜 주기를 원하는 그들의 행동은 결국 돌보아 주는 이를 지치게 만들고, 마침내 환자를 거절(rejection)하게 만든다.[17, 18] 그 결과, 그들이 형성하는 친밀한 관계는 매우 불안정하고, 애착을 위협하거나 잃게 만드는 요소에 매우 취약하다. 또한 그들은 상호 지지적인 관계를 형성하지 못하기 때문에 사회적 지지망이 매우 부실하다.

거부적(dismissing) 애착유형의 사람들은 어릴 적에 제대로 된 돌봄을 받아 본 경험이 거의 없다. 결과적으로 그들은 다른 사람들이 충분히 돌보아 주지 않거나 전혀 돌보아 주지 않을 것이라는 타인에 대한 실행모델을 갖고 있으며, 자신의 애착욕구가 절대로 충족되지 않을 것이라고 확신한다. 이러한 애착유형은 자기애적 또는 반사회적 대인관계 행동에서 일관되게 나타난다. 타인에게 절대로 돌봄을 받지 못할 것이라는 두려움은 자신이 스스로의 욕구를 충족시킬 수 있고, 다른 사람은 필요 없다는 표면적인 믿음으로 감추어지며, 이에 따라 다른 사람들은 무능력하거나 무정하다고 쉽게 일축해 버린다. 친밀하고 신뢰 깊은 관계를 유지할 수 있는 역량은 거의 없다.

공포적(fearful) 애착유형을 가진 사람들은 자신이 다른 사람들과의 관계에서 돌봄을 받으리라는 확신이 없으며, 이에 따라 피상적인 관계를 맺거나 대인관계를 아예 회피해 버린다. 이와 함께 자신의 정서적 욕구를 충족시키지 못할 것이라는 자신에 대한 실행모델이 작용하면서 회피적이거나 강박적인 자기 의존적 (self-reliant) 행동이 초래될 수 있다. 결과적으로 그들의 사회적 지지체계는 매우 부실한 경우가 많다. 사회공포증 또는 정신 분열성 성격장애를 가진 환자들이 주로 이 범주에 속한다.

불안정한(insecure) 애착유형의 사람들은 동시에 두 가지 문제를 갖고 있는 사람들이다. 첫째, 그들은 과거의 경험을 토대로 필요할 때 다른 사람의 도움을 절대로 받지 못할 것이라는 대인관계의 실행모델을 갖고 있다. 둘째, 그들은 타인을 돌보아 줄 능력이 부족하거나 친밀한 관계를 형성하지 못하기 때문에 사회적 지지체계가 매우 부실하다. 그들의 내면 세계(internal world)와 외적 세계(external world) 모두 대인관계 스트레스에 대처하기 힘들다.

요약하면, 애착이론에서는 한 개인이 타인과의 관계에서 혼란을 겪을 때 문제가 생긴다고 추정한다. 이는 특정한 애착관계의 상실 또는 위협 때문이기도 하며, 상실, 갈등 또는 역할 전환을 지탱할 수 있는 사회적 지지망이 부족하기 때문이기도 하다. 불안정한 애착유형의 사람들은 이혼이나 관계 갈등을 포함한 개인적 갈등 또는 해고 등의 역할변화에 특히 취약한데, 이는 그들이 가지고 있는 취약한 일차적 관계와 사회적 지지망 때문이다.[19] 그뿐만 아니라 그들은 일차적 애착관계에서 심각한 상실을 경험했을 때 문제를 겪을 수 있다.[2, 20] 이러한 문제영역들—대인관계적 갈등, 역할 전환 그리고 애도 및 상실—은 IPT에서 구체적으로 다루어질 것이다.

불안정한 애착유형에서 개인의 취약성은 애착유형 때문만이 아니라, 그들의 부실한 사회적 지지망과 제대로 충족되지 않는 욕구 때문이기도 하다. 더욱이, 불안정한 애착관계를 맺고 있는 개인들은 자신의 대인관계적 욕구나 애착욕구를 직접적으로[21] 또한 정중하게 요청하는 방법을 모르기 때문에, 타인이 도움을 주고 싶어도 언제 어떻게 효과적으로 도와주어야 할지 알 수 없다. 안정적으로 애착관계를 맺고 있는 사람들도 배우자의 죽음처럼 심각한 스트레스 요인이 있을 경우에는 심리적인 고통을 겪거나 대인관계상의 문제를 경험할 수 있지만, 그들이 견뎌 낼 수 있는 어려움의 한계치는 불안정 애착유형의 개인들보다 높다. 안정적으로 애착관계를 맺고 있는 사람들의 내적 안정감과 우수한 사회적 지지망은 다른 사람들이 압도될 만한 상황에서도 버틸 수 있게 해 준다. 또한 안정적 애착유형의 사람들은 필요할 때 타인에게 효과적으로 도움을 요청할 수 있다. 그들은 과거 경험과 내적 실행모델을 통해 자신이 원하는 도움을 타인들로부터 받을 수 있을 것이라고 기대하면서, 자신의 구체적인 요구를 효과적으로 전달할 수 있다.

애착이론은 우울증이나 다른 질병의 생물학적 취약성과 일치한다. 유전적 소인은 애착유형과 결합하여 스트레스에 대한 개인의 취약성에 영향을 주고, 이는 심각한 심리사회적 위기와 결합하여 정신의학적 증상 및 고통을 유발한다. 정신의학적 문제가 있는 부모의 양육행동은 아이의 부적응적 애착유형의 형성에 기여하고, 결과적으로 정신의학적 문제를 유발할 수 있는 유전적·생물학적 소인과 부적응적 애착유형을 모두 갖게 되기 때문에, 장차 대인관계상의 장애를 겪게 될 확률이 매우 높다. IPT에서는 이를 생물–심리–사회적/문화적/영적 모델로 개념화한다.

애착이론에 정통한 유능한 치료자라면 환자의 애착유형을 변형시키는 것이 환자의 기능을 향상시키는 방법 중 하나임을 잘 알고 있을 것이다. 이는 환자로 하여금 자신의 애착유형을 인식하고, 그러한 애착유형이 어떻게 발달되어 왔는지 이해하며, 그 애착유형에 대한 내부적 실행모델을 수정하는 것을 치료목표로 삼는다는 것을 의미한다. 이와 같이 애착유형을 재구성하기 위해서는 어릴 적 경험들을 탐구함으로써 통찰을 얻어야 하고, 치료관계를 상세히 살펴봄으로써 의사소통 유형을 파악할 수 있어야 한다. 환자와 치료자 간의 의사소통은 매우 세심하게 관찰되어야 하며, 그것은 변화를 위한 중요한 수단이 된다. 여기서 사용되는 주된 기법은 전이 경험에 대한 해석이다. 이것은 개방적이고 정신역학적인 치료적 접근이다. 뿐만 아니라 이러한 집중적인 치료를 통해 환자는 말 그대로 자신과 타인에 대한 애착모델을 수정해야 한다. 통찰만으로는 불충분하다. 장기간 깊은 신뢰관계를 맺고 자신에게 의지할 수 있는 실질적인 경험을 함으로써 서서히 애착유형을 변형시킬 수 있다. 이 과정은 매우 오랜 시간이 필요한 과정이다. 환자

의 가장 깊숙한 실행모델을 바꾸기 위해서는 건강하고 생산적인 애착관계를 최
소 몇 년간은 유지해야 할 것이다.

　매우 큰 고통을 받고 있으며 부적응적인 애착유형을 가진 환자의 경우에는 장
기간의 전이적 접근이 유용하지만, 애착의 핵심을 바꾸는 데는 매우 오랜 시간이
걸리고, 집중적인 치료가 필요하다. Bowlby도 이렇게 말했다.

　　개인의 대표적 모델(representational model)을 재구조화하고, 관계에 대
　해 재평가하며, 타인을 대하는 방식을 변화시키는 일은 매우 느리고 힘들다.[3]
　　(p. 427)

　애착에 대한 보다 근본적이고 항구적인 변화를 목표로 하는 장기치료를 하려
면 환자와 치료자 모두가 강력한 동기, 통찰, 시간, 재원을 확보하고 있어야 하며,
즉각적 성과에 연연하지 않고 과제에 전념할 수 있어야 한다. 이러한 요인들을 고
려하여 환자에게 '어떤 치료가 적당한가'를 결정하는 것이 핵심적 과제다.

　이와 더불어, 애착에 대한 환자의 내적 모델에 초점을 두다 보면 현재 고통에
대한 보다 빠른 해결책을 찾는 데 소홀할 수 있다. 정의상 치료적 관계를 심층적
으로 탐색하도록 설계된 치료는 환자가 현재 치료실 밖에서 경험하는 대인관계
문제에는 상대적으로 시간을 적게 할애할 수밖에 없다. 뿐만 아니라, 치료자는 자
신이 최선을 다하더라도 결국 치료실 내에서 발생되는 환자의 애착욕구를 들어
주게 될 것이라는 사실을 항상 유념해야 한다. 따라서 집중적이고 치료기한에 제
한이 없는 치료는 결국 치료관계가 치료의 중심적인 목표가 되고, 치료관계에서
의 실망 및 공감의 실패를 해결해야만 한다.

　이와 반대로, IPT에서는 환자의 근본적인 애착유형을 바꾸려고 하지 않고 환자
로 하여금 자신의 애착욕구를 직접 그리고 정중하게 의사소통할 수 있도록 하며, 보다 지
지적인 사회적 지지망을 만들 수 있도록 도와준다. IPT에서는 환자의 애착유형을 이
미 고정된 것으로 보고, 지금 현재의 관계에서 환자가 자신의 욕구를 보다 효과
적으로 의사소통할 수 있도록 돕는다. 즉, 환자의 내적 구조, 자아기능, 방어기제

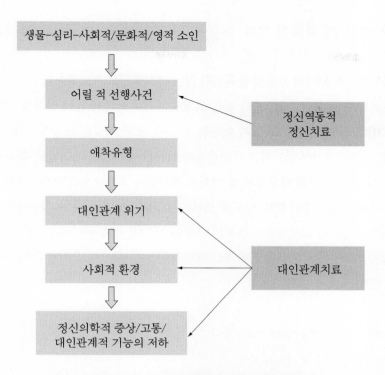

[그림 2-4] IPT와 정신역동적 정신치료: 개입 시기의 차이

IPT는 급성 대인관계 위기/스트레스나 현재 사회적 환경의 수준에서 개입하며, 목표는 고통을 줄이고 사회적 기능을 향상시키는 데 있다. 반면에 정신역동적 정신치료는 어릴 적 경험 및 치료관계 내에서의 전이를 탐구하여 애착유형을 근본적으로 변화시키도록 설계되어 있다.

또는 애착유형을 바꾸는 대신 사회적 지지를 찾고 발전시키며, 그 안에서 환자의 애착욕구를 효과적으로 의사소통할 수 있도록 도와주는 것이다. 환자의 애착욕구가 충족되는 것은 내적 모델을 좀 더 현실적으로 재구성하는 데 도움이 되지만, 그것이 치료의 주 목표는 아니다. 그보다는 증상의 빠른 해결과 대인관계 기능의 향상이 치료의 중점이며, 따라서 치료는 단기간에 이루어질 수 있다([그림 2-4] 참조).

애착이론의 치료적 함의

애착이론은 환자의 고통을 충족되지 않은 애착욕구로 개념화한다

이것은 환자가 타인으로부터 받는 보살핌이 부족하거나 전혀 없다고 믿는 부적응적인 애착유형을 갖고 있기 때문일 수 있다. 또한 이것은 안정적인 애착유형을 갖고 있는 개인이 압도적인 대인관계적 위기에 직면했을 때 나타날 수도 있다. IPT는 환자가 자신의 애착대상 및 사회적 지지망과 효과적으로 의사소통하여 환자의 욕구가 빨리 충족될 수 있도록 도와주는 것에 중점을 둔다. 애착유형이 변화의 대상이 아니라 의사소통이 변화의 대상인 것이다. 이와 반대로, 장기 정신역동적 정신치료에서는 환자의 근본적인 애착유형을 바꾸는 데 중점을 둔다(〈글상자 2-1〉 참조).

글상자 2-1 애착이론의 치료적 함의

애착이론은 다음의 근거가 된다.
- 환자의 대인관계 문제 및 심리적 고통의 개념화
- 환자-치료자 관계를 이해하고, 이를 통해 치료 밖에서의 환자의 대인관계를 이해
- 미래에 발생 가능한 문제를 예측하고 IPT구조 내에서 이에 대해 유연성 있게 대처하기 위한 방법을 선택
- IPT 내에서 도움이 될 수 있는 개입을 계획
- 예후 예측

애착이론은 환자가 치료자와 애착관계를 맺는 방식과 의미 있는 타인(significant others)과 애착관계를 맺는 방식을 서로 연결시켜 준다

IPT에서는 환자-치료자 관계를 직접적으로 다루진 않지만, 치료과정 중 치료자가 경험하는 바를 통해 치료실 밖에서 환자가 나타내는 대인관계 기능에 대한 가설을 세울 수 있으며, 치료실 밖에서의 환자의 대인관계에 대해 치료자가 좀 더 정확한 질문을 할 수 있도록 도와준다. 애착이론은 치료과정 중 발생할 수 있는

문제에 대해 치료자에게 정보를 제공해 주며, IPT의 구조를 유연하게 운영함으로써 이에 대처할 수 있도록 한다. 예를 들어, 공포적 또는 거부적 애착유형의 환자들은 치료 동맹을 맺는 데 특히 어려움을 겪을 수 있기 때문에, 치료자는 치료 초반에 환자에게 집중할 필요가 있다. 치료 동맹을 더 굳건히 하기 위해 평가를 1~2회기가 아닌 3~4회기로 늘리는 것도 한 가지 방법이다. 집착적 애착유형을 가진 환자들은 급성기 치료를 종결하거나 치료자와의 밀접한 관계를 정리하는 데 어려움을 겪을 수 있다. 이 경우 치료자는 치료 초반에 유지치료로의 전환에 대해 충분한 설명을 하고, 외부적 사회적 지지망을 강화하여 급성기 치료가 종결되었을 때 치료관계 대신에 활용할 수 있도록 한다.

애착이론은 치료자에게 IPT에서 효과적인 개입방법에 대한 정보를 제공해 준다

환자의 현재 대인관계 또는 최근의 관계 변화에 대한 탐색 및 명료화는 언제나 유용하다. 환자가 타인에게 도움을 요청하는 방법, 타인에게 이해받고 있다고 느끼는지 여부, 대인관계가 주로 어떻게 끝나는지에 대한 정보 등 대인관계 패턴을 탐색하는 것 또한 도움이 될 것이다. 하지만 애착유형에 따라 지시적(directive) 기법 또한 변형되어야 할 필요가 있다. 한 예로, 안정적인 애착관계를 맺고 있는 환자들은 치료자의 자기 드러내기(self-disclosure)로부터 도움을 받을 수 있으며, 숙제나 직접적인 조언을 보다 건설적으로 활용할 수 있다.

애착이론은 예후를 예측할 수 있게 해 준다

보다 안정적으로 애착되어 있는 환자일수록 예후가 좋다. IPT에서만 예후가 좋은 것이 아니라, 모든 정신치료에서 공통적으로 예후가 좋다. 여기에는 여러 가지 이유가 있다. 좀 더 안정적으로 애착된 환자는 일반적으로 사회적 지지가 더 좋고, 필요할 때 도움을 요청할 수 있는 능력이 우수하다. 또한 좀 더 안정적인 애착유형의 환자는 치료자와 생산적인 동맹을 맺을 수 있고, 치료가 도움이 될 것이라는 기대 속에서 치료에 임한다. 이 환자들은 치료의 종결 또한 어렵지 않게 수용

할 수 있는데, 불안정하게 애착된 환자들보다 치료실 밖에서의 애착관계가 만족
스럽기 때문이다.

　애착유형은 여러 가지 정신치료에서 매우 강력한 예측 변인으로 작용한다. 빈
익빈 부익부의 원칙이 적용된다. 즉, 환자 중 대인관계 및 정신내적 자원이 많고,
사회적 지지체계가 양호하며, 보다 적응적인 애착유형을 가진 사람이 치료 효과
가 더 좋다. 안정적으로 애착된 환자들보다 심각한 고통을 겪고 있는 환자들에게
더 효과적인 치료가 있으면 좋겠지만, 그런 치료는 존재하지 않는다.

　애착은 치료 경과와 밀접한 관련이 있지만, 치료자들은 부적응적 애착유형의
환자들을 치료할 때 비관적인 태도를 가져서는 안 된다. IPT는 다양한 애착유형
의 환자들을 치료할 수 있다. 그뿐만 아니라 부적응적 애착유형을 가진 환자들이
IPT보다 다른 정신치료를 통해 더 잘 치료된다는 증거도 존재하지 않는다. 사실,
IPT는 역동적 치료보다 범위가 좁고 덜 집중적이기 때문에 급성기 문제들을 다루
기 쉬울 수 있고, 따라서 부적응적 애착유형의 환자들에게 더 효과적일 수 있다.
치료자들은 애착유형이 치료 결과에 영향을 줄 수 있고, 그에 따라 치료에서 성취
할 수 있는 기대치를 조절해야 함을 명심해야 한다.

대인관계이론

　대인관계이론은 Kiesler,[22-25] Benjamin,[26, 27] Horowitz[28, 29]와 동료들의 설명대
로 애착이론과 밀접한 관계가 있으며, IPT의 관점에서 본다면 개인이 특정 대인
관계에서 자신의 애착요구를 의사소통하는 방법이라고 할 수 있다. 애착이론이
광의의 또는 거시적이고 사회적인 관점이라고 한다면, 대인관계이론은 개인의
관계 속에서의 개인의 의사소통을 미시적 수준에서 설명하는 이론이다. 애착은
특정 대인관계에서 의사소통이 이루어지는 기본 바탕이다.

　Kiesler와 Watkins에 의하면[30] 성격은 대인관계 상호작용의 지속적인 패턴이

라고 할 수 있다. 마찬가지로, 애착 또한 대인관계 상호작용의 지속적인 패턴으로 이해할 수 있다. 이 패턴은 개인의 사회망 속의 여러 관계에서 나타난다. 부적응적 대인관계는 대인관계 의사소통의 혼란을 특징으로 하며, 이는 관계를 형성하고 유지하는 개인의 기대로부터 영향을 받는다. IPT에서 관계에 대한 이와 같은 기대는 Bowlby의 애착의 실행모델에 근거한다.[6] 이러한 실행모델로 인해 야기되는 관계의 왜곡은 대부분 부정확하기 때문에 대인관계 의사소통에 큰 영향을 끼친다.

모든 대인관계 의사소통에서 각 개인은 관계의 3가지 특정 영역에 관해 협상을 한다.[30] 이 세 영역은 개인 간의 의사소통의 산물이기 때문에 '초의사소통(meta communications)'이라고 부른다. 이들은 관계의 질 자체에 대한 의사소통으로, 두 사람이 어떤 관계인지를 반영한다. 세 영역은 다음과 같다.

- 친밀도(Affiliation): 개인이 상대방에 대해 얼마나 긍정적(high affiliation) 또는 부정적(low affiliation) 감정을 갖고 있는지의 정도
- 위상(Status): 관계 내에서 어떤 결정을 내리거나 관계의 의제를 정함에 있어 어느 한쪽이 주도권을 가지고 있는 정도[지배적(dominant) 대 복종적(submissive)]
- 중요도(Inclusion): 각 개인에게 관계가 얼마나 중요한지의 정도[높음(high) 대 낮음(low)]

관계의 친밀도와 위상은 2차원 그래프를 사용해서 나타낼 수 있는데, 어느 한 시점에서의 개인의 의사소통을 이 그래프 위에 표시할 수 있다([그림 2-5] 참조). X축은 친밀도(낮음에서 높음까지)를 나타내고, Y축은 위상(지배적에서 복종적까지)을 나타낸다. Z축(그림에는 표시하지 않은)에 중요도(낮음에서 높음까지)를 그려 3차원 그래프로 만들 수도 있다.

어느 특정 의사소통에 대한 개인의 초의사소통을 이 그래프에 표시할 수 있다. 예를 들어, 긴밀한 관계에 있는 사람에게 "너를 사랑해."라고 말하는 것은 높은

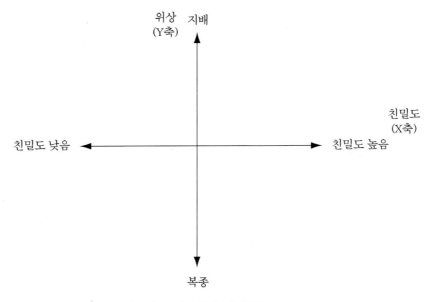

[그림 2-5] 대인관계의 차원

친밀도, 중립적 위상에 해당하며, 관계의 중요도는 높은 수준이 된다. 직장 상사가 사원에게 "이 프로젝트는 허락할 수 없네."라고 말한다면, 이는 낮은 친밀도와 지배적 위상에 해당된다. 또한 이 말은 만약 그 사원이 사표를 낼 생각이 없다면 높은 중요도를 갖게 될 것이다. 낯선 사람들끼리 지나가면서 "좋은 하루 되세요." 라고 말한다면, 친밀도는 높지만 서로의 관계가 중요하지 않기에 중요도가 낮은 의사소통이다. 미시적 수준에서 이러한 의사소통은 순간순간(moment-by-moment) 그리고 대화 한마디 한마디 수준으로 발생한다.[31] 초의사소통의 축적된 효과는 두 사람의 관계를 결정짓고 각각의 애착유형으로 반영된다.

　관계 내에서 일어나는 직접적인 의사소통과 더불어, 친밀도, 위상 및 중요도라는 초의사소통 역시 상대방으로부터 특정한 반응을 유발한다.[30] 이러한 상호 반응은 기존 연구에서 밝혀진 예상된 패턴을 따른다. 가장 명백한 상호 반응은 친밀한 의사소통에서 잘 나타난다. 친밀도가 높은 의사소통은 상대방의 친밀도 높은 반응을 이끌어 낸다([그림 2-6] 참조). 지배적 의사소통과 복종적 의사소통 모두에서 잘 나타나는데, 친밀도가 높으면서 지배적인 의사소통은 주로 친밀도가 높으

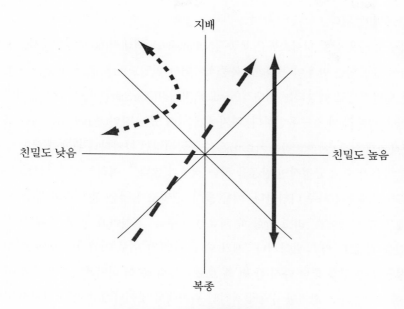

지배

친밀도 낮음

친밀도 높음

복종

[그림 2-6] 상호적 대인관계 의사소통

면서 복종적인 반응을 유발하고, 그 반대도 마찬가지다. 예를 들어, 조언이나 도움을 공손하게 요청한 경우(높은 친밀도, 복종적 의사소통), 상대방은 기꺼이 조언 또는 도움을 제공할 것이다(높은 친밀도, 지배적 의사소통). 그리고 이와 같은 자비로운 도움의 제공은(높은 친밀도, 지배적 의사소통) 대부분 상대방에게 감사한 마음으로 받아들여진다(높은 친밀도, 복종적 의사소통). 이러한 의사소통은 [그림 2-6]의 그래프에 오른쪽 실선으로 나타나 있다.

상호 반응은 특정한 대인관계 의사소통으로부터 야기된다. 특정한 친밀도와 위상에 의해 특정한 상호 반응이 일어나며, 중요도가 높은 의사소통 역시 중요도가 높은 반응을 유발한다.

[그림 2-6]에서 점선으로 된 선은 적대적이고 지배적인 의사소통에 의해 유발되는 일반적 반응을 나타낸다. 적대적이고 지배적인 말은 복종적 반응을 일으키는 것이 아니라 오히려 더 적대적이고 지배적인 반응을 유발한다. 위협은 위협을 유발하고, 서로 지배적 위협을 주고받는 과정에서 폭력이 일어날 위험성이 급격

히 증가될 수 있다.

아주 놀라운 상호 의사소통은 복종적(submissive)-적대적(hostile)인 의사소통에 의해서 유발되는 반응이다(점선). 복종적이면서 친밀도가 낮은 의사소통은 초기에는 일반적으로 예상되는 적대적(hostile)-지배적(dominant) 반응이 아닌 친밀도가 높은 지배적 반응을 유발한다. 환자에게 의미 있는 타인(significant others, 특히 긍정적 관계를 유지하려고 하는 치료자)은 수동공격적인 환자와의 관계를 긍정적 관계로 이끌기 위해 긍정적인 반응을 하는 경우가 많다.* 이러한 상호 의사소통은 치료적 관계에서 자주 나타난다. 예를 들어, 친밀도가 낮은 복종적 환자가 "숙제를 해 오지 못했어요."라고 말할 때 치료자는 주로 "괜찮아요. 다음 주에는 꼭 할 수 있을 거예요."라고 말하거나 "제가 내 준 숙제가 너무 어려웠나 보네요. 이번엔 성공할 수 있을 테니 다시 한 번 해 보죠." 등의 좀 더 미안해하는 반응을 보인다. 이러한 반응은 환자를 수동공격적인 위치에서 벗어나게 하려는 지지적 발언으로 볼 수 있다. 하지만 이와 같은 반응은 수동공격적 행동에 아주 능숙한 환자일 경우 원하는 결과를 얻기 힘들다. 또한 환자가 계속해서 수동공격적인 모습을 보일 때 치료자가 지속적으로 지지적인 태도를 취하기도 어렵다. 결국 치료자는 적대감이나 거부반응을 보이게 될 것이다.

Kiesler에 의하면 대인관계상의 문제는 앞에서 기술한 것과 같이 환자가 자신의 의도와는 달리 상대방의 부정적 반응을 촉발했을 때 주로 나타난다.[31] 예를 들면, 적대적 공격성은 더 많은 적대감과 거부를 유발한다. 지속적인 수동공격적 의사소통은 궁극적으로 낮은 친밀도의 거부를 촉발한다. 이러한 의사소통이 쌓이면 양쪽 상대방의 애착유형을 반영한 관계가 설정된다. 앞에서 설명했듯이 애착유형은 관계 내 및 관계 간에 일정하게 나타나며, 개인은 시간이 지나도 동일한 방법으로 자신의 애착욕구를 의사소통한다. 따라서 부적응적 애착유형은 미시적 수준에서 보았을 때 자신의 애착욕구를 효과적으로 충족시키지 못하는 의사소통

---

* 또 다른 가설은 수동공격적인 사람은 그러한 의사소통 유형에 너무나 능숙해서 상대방이 긍정적으로 반응할 수밖에 없다는 것이다. 수동공격성을 수동공격성으로 대응하기란 대단히 습득하기 어려운 능력이다.

이라고 할 수 있다.

이런 환자의 애착욕구는 타인의 적대적 혹은 거부적 반응을 유발하는 경향이 있기 때문에 효과적으로 충족되지 못한다. 적대적인 방식으로 돌봄을 요구하는 환자의 예를 살펴보자. 적대적인 의사소통은 친밀도가 높은 반응을 유발하지 못하고, 대개의 경우 친밀도가 낮은 반응을 야기할 것이다. 이로 인해 잠재적인 돌봄제공자는 환자의 적대적 태도 때문에 멀리 달아날 것이다. 매우 지배적으로 요구하는 의사소통 역시 상대방의 저항을 초래할 것이다. 왜냐하면 그들은 상대방에게 명시적 혹은 잠재적 적대반응을 유발하고, 이것은 결국 거부로 이어지기 때문이다.

이러한 부적응적 대인관계 의사소통은 신체화 장애 환자들에게서 전형적으로 나타난다.[16] 신체화 장애 환자들은 주로 거부적(dismissing) 애착유형을 갖고 있으며, 따라서 다른 사람들이 자신의 애착욕구를 절대로 충족시켜 주지 못할 것이라 믿는다. 그들이 자신의 두려움 및 애착 스트레스에 대해 의사소통을 하는 경우 그것은 흔히 자신이 보살핌 받지 못하고, 이해받지 못하고, 진지하게 받아들여지지 않았다는 것에 대한 분노로 표현되곤 한다. 따라서 그들은 주로 적대적이고 공격적으로 자신의 요구를 전달하며, 이는 결국 보호자로 하여금 환자를 거부하게 만들고, 환자 또한 타인의 도움을 거부하게 된다. 그들은 계속해서 적대적인 의사소통을 하기 때문에 상대방으로 하여금 도움을 주고 싶은 마음이 사라지게 만들고, 전문 의료진은 이런 환자들을 떨쳐 버리는 것을 기쁘게 생각한다. 즉, 환자의 적대적 의사소통은 상대방의 거부를 초래한다.

다른 예로 건강염려증 환자들을 들 수 있는데, 그들은 집착적(preoccupied) 애착유형을 보이며, 이는 지속적으로 도움을 요청하는 행동으로 나타난다.[17] 신체화 장애 환자들과 달리 이들의 애착욕구는 높은 친밀도와 복종적인 의사소통으로 표현된다. 초기에 그들은 타인으로부터 돌봄 반응을 얻는다. 건강염려증 환자들은 대개 초기 회기에는 치료작업을 하기가 매우 쉽다. 하지만 시간이 지나면서 그들은 지속적으로 도움을 요청하는 행동과 더불어 매우 수동적이고 복종적인 의사소통 양상을 나타내며, 안심을 시켜 주어도 받아들이지 않는 등 타인으로 하여금 짜증이 나게 하고, 결국 환자를 거부하는 행동을 촉발시킨다. 이 경우에도 환자의 의사소통 방법이 거부를 유발하는 것이다.

마지막 예로, 정신 분열성 성격장애를 겪는 환자를 살펴보자. 그들은 공포적 애착유형을 갖고 있으며, 따라서 주로 친밀도와 중요도가 낮은 의사소통을 할 것이다. 그들은 친밀한 관계를 견디지 못하고, 적대감을 보이지는 않지만 다른 사람들과 거리를 둘 것이다. 환자의 이런 소원한 행동과 의사소통 때문에 다른 사람들도 환자에게 소원하고, 낮은 친밀도 반응을 보일 것이다. 사회적 기술(social skill)의 부족 또한 의사소통을 방해할 것이며, 결국 효과적으로 타인에게 의사소통을 하지 못해 좌절할 것이다.

요약하자면, 부적응적인 애착유형은 부적절하거나 불충분한 대인관계 의사소통을 유발하고, 이는 환자의 애착욕구를 충족시키는 데 방해가 된다. 경직되고 지속적인 언어적 또는 비언어적 의사소통 유형은 타인으로부터 제한적이고 경직된 반응을 유발하고, 결국 거부로 이어진다. 부적응적인 애착유형과 의사소통의 특징은 경직성과 그들이 유발하는 부정적인 반응이다.

문제를 더욱 악화시키는 것은, 환자의 부적응적 애착유형과 의사소통 방식은 그것들이 촉발하는 반응에 의해 더 강화된다는 것이다. 불안정한 애착유형을 가진 사람들은 비효율적인 의사소통으로 인해 타인을 밀어내고 거부반응을 유발하는데, 그로 인해 다른 사람들이 도움을 주지 않고 자신을 거부할 것이라는 실행모델이 더욱 강화된다. 그들의 행동과 의사소통으로 인해 유발되는 상대방의 거부는 적절한 돌봄을 받지 못할 것이라는 그들의 믿음에 대한 증거가 되어 버린다. 돌봄을 요청하는 능력에 심각한 제약이 있기 때문에 그들이 얻을 수 있는 작은 돌봄조차 받지 못하게 될지도 모른다는 위협은 더욱 부적응적인 의사소통으로 이어지며, 악순환이 반복되고 증가된다. 예를 들어, 돌봄을 제공해 주는 사람으로부터 거절을 경험하여 화가 난 신체화 장애 환자들은 그다음 의료진을 만날 때 더욱 강한 분노와 적대감을 갖고 의사소통을 할 것이다. 이는 환자의 애착욕구를 충족시키는 데 방해가 되며, 부적응적인 애착유형과 대인관계 실행모델을 강화시킨다(그림 2-7 참조).

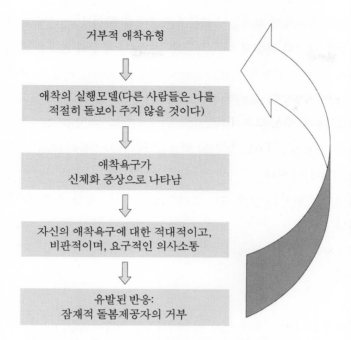

[그림 2-7] 신체화 장애 환자의 대인관계 의사소통

신체화 장애는 거부적 애착유형으로 설명된다. 환자는 자신이 타인으로부터 돌봄을 받지 못할 것이라는 애착의 실행모델을 갖고 있다. 환자의 애착욕구는 자신이 돌봄을 받아야 하는 신체화 증상으로 나타나지만, 그들은 이를 적대적이고, 비판적이며, 요구적으로 의사소통한다. 이는 잠재적인 돌봄제공자로 하여금 환자를 거부하거나 적대시하는 반응을 유발하게 하고, 결과적으로 자신이 적절한 돌봄을 못 받는다는 환자의 믿음이 더욱 강화하게 된다. 이러한 순환은 반복됨에 따라 강도가 강해진다.

엎친 데 덮친 격으로, 부적응적인 애착유형의 환자들은 자신의 의사소통 방법에 대한 통찰이 부족하다.[30] 다시 말하자면, 그들은 타인이 왜 자신을 돌보아 주는지 그리고 결국 거부하는지 이해하지 못한다. 그들은 자신이 고통받고 있고 자신의 욕구가 충족되지 못함은 알고 있지만, 이러한 고통이 자신의 의사소통 방법 때문이라는 생각은 하지 않는다. 자신의 요구를 정중하게 전달하지 않고, 타인이 긍정적으로 반응하기 어렵게 의사소통하고 있다는 것을 모른다.

이러한 의사소통과 대인관계에 대한 이해를 바탕으로 IPT 치료자의 기본적인 네 가지 과제를 설명할 수 있다.

- 치료자는 환자의 부적응적 의사소통 유형을 확인하고, 환자의 일상적인 의사소통 방식이 어떻게 다른 사람들의 거부나 부정적 반응을 일으키는지 알아야 한다. 대인관계 사건표(Interpersonal Incidents, 제9장)는 이러한 정보를 얻는 데 매우 큰 도움이 된다.
- 치료자는 의사소통 분석(communication analysis, 이 또한 제9장에 제시된 기법)을 통해 환자로 하여금 자신의 비효율적인 의사소통에 대해 인식할 수 있도록 해 주어야 한다.
- 치료자는 환자와 함께 보다 효과적으로 의사소통할 수 있는 방법을 모색한다.
- 치료자는 치료실 밖에서 환자가 이러한 기법들을 연습할 수 있도록 도와준다.

치료자와 환자는 치료가 쉽게 이루어지기를 희망하지만, 이 마지막 과제—의사소통 방식을 바꾸고 연습, 연습, 또 연습하는 것—는 많은 인내심을 요구한다. IPT를 포함한 그 어떤 심리치료에서도, 수많은 연습 없이 변화하고 그 변화를 유지할 수 있는 마법이나 기적적인 치료는 없다.

사회이론

사회이론은 애착이론이나 대인관계이론과는 달리 IPT의 특정 개입법과 직접적인 관계는 없다. 그러나 우울증을 극복하거나 정신적 건강을 유지하기 위한 사회적 지지의 필요성을 강조할 필요가 있다. 우울장애와 불안장애 연구들은 상실이나 사회적 지지의 결핍 또는 붕괴, 그리고 생활 사건에 대한 부적응적 반응 등 대인관계적 요소들이 우울이나 불안의 원인이 된다는 사실을 지속적으로 강조해 왔다.[32] 한 개인이 대인관계를 형성하고, 특히 사회적 지지망을 만들어 나가는 사회적 환경(social milieu)은 그 사람이 대인관계상의 스트레스를 견디는 데 중요한 역할을 한다.

사회이론은 Henderson과 동료들[33~35] 및 Brown과 동료들[36~38]이 주장한 이론이다. 사회이론에서는 사회적 관계의 결핍이 심리적 고통을 유발하며, 이러한 결핍의 영향은 개인이 처한 어려움의 정도에 무관하게 나타난다고 말한다. 이뿐만 아니라, 사회이론에서 가장 중요한 것은 개인의 현재 환경이다.[34] 과거의 인간관계나 어릴 적 환경도 개인의 현재 상황에 대한 인식을 왜곡시킬 수는 있지만, 사회이론에서는 심리적 문제의 필수적 원인으로 제시되지 않는다.[34] 요약하자면, 현재 사회적 관계에서의 스트레스는 심리적 문제가 발생되는 과정에서 독립적인 원인 요소다.

따라서 사회이론은 정신분석이론과 현저히 대조되며, IPT를 정신분석적 또는 정신역동적 접근 방식과 구분 지을 수 있게 해 준다. 정신분석은 두 가지 기본적인 원리에 기반한다. 정신적 결정론(psychic determinism)과 무의식적인 정신과정이 개인의 의식적 생각과 행동의 기반이 된다는 명제가 그것이다. 정신분석이론에 의하면 개인은 자신의 행동을 지배하는 과정을 대부분 의식하지 못하며, 신경증과 정신병리를 일으키는 것은 이러한 무의식적인 요소다.[39] 이와 반대로, IPT의 기반인 사회이론에서는 이러한 원리를 따르지 않는다. 사회이론의 기본 원리는 현재의 대인관계 스트레스가 정신병리를 일으킨다는 것이다. 무의식적인 과정이나 정신적 결정론은 유발 요인으로 고려되지 않는다. 이러한 차이가 초래하는 영향은 분명하다. 정신분석은 정신병리의 무의식적 결정인자들을 찾기 위해 고안된 방법이지만, 사회이론은 현재 진행되는 사회적 관계에 개입하여 환자의 기능을 향상시키기 위한 방법이다. 사회이론의 접근 방식은 IPT와 완벽히 일치하며, 사회적 지지체계를 개발하고 활용하는 것은 IPT의 핵심 목표다.

사회이론의 또 다른 중요한 개념은 사회적 스트레스를 질적반응으로 본다는 것이다. 현대 사회이론에서는 정신질환을 병이 '있다' 혹은 '없다'의 이분법 입장(dichotomous proposition)으로 보지 않고, 정서적 고통과 질병이 한 평면상에 있다고 주장한다.[40] 다시 말하자면, 사회적 스트레스로 인한 고통은 아주 가벼운 정도부터 심각한 정도로 연결되는 하나의 스펙트럼상의 어느 지점에 놓이게 된다.

정신질환은 그 심각한 정도가 임의로 정한 어떤 지점을 넘어간 것이다. IPT에서도 같은 입장을 취하고 있다. 정신질환으로 공식적 진단이 내려졌는지에 관계없이 모든 고통은 IPT의 적절한 치료목표가 된다.

뿐만 아니라, 개인이 경험하는 고통, 우울감 그리고 불안감은 심리사회적 요소에 의해 크게 영향을 받는다.[41] 이러한 경험의 차이는 증상만을 다루는 진단에는 반영되지 않지만, 대인관계 설계(Interpersonal Formulation)에는 포함될 수 있고, 또한 포함되어야만 한다. IPT에서 이 개념은 매우 중요한데, 왜냐하면 이는 특정 진단기준에 맞는 환자뿐만 아니라 고통받는 모든 이에게 치료를 제공할 수 있는 근거가 되기 때문이다. Henderson과 동료들의 연구[34, 42]를 포함해 많은 연구들이 사회적 지지망의 질(quality)과 심리적 고통 사이의 연관성을 밝혀냈으며, 그들은 사회적 지지의 부족이 우울증 및 다른 신경증적 장애와 연관되어 있다고 주장하였다.[35, 43] 또한 Henderson은 다른 어떤 요인들보다 성격과 애착의 질이 타인으로부터 돌봄과 지지를 받는 데 어려움을 주는 요인이라고 주장하였다.[33]

'사회적 지지체계' 개념은 대인관계가 심리적 고통과 연관이 있음을 보여 주었다. 여러 연구에서 사회적 고립 또는 사회적 상호작용의 부족은 정신장애를 유발하는 위험인자가 될 수 있음이 밝혀졌다. 이때 관계의 절대적인 숫자보다 상호작용의 질이 더 중요한 것으로 보인다. 이러한 지각된 사회적 지지는 각 개인이 사회적 지지망에 얼마나 의지할 수 있다고 평가하는지, 지지망 내에서 얼마나 용이하게 관계를 맺을 수 있다고 생각하는지, 어느 정도의 소속감을 느끼는지, 그리고 지지망 내의 타인들과 어느 정도나 친밀감을 느끼는지에 대한 주관적인 평가에 근거하여 형성된다.[44] Brown과 동료들의 연구는 부정적인 사회적 사건과 정신질환의 발병률에 상관관계가 있음을 밝혀냈다.[45, 46] 현재의 사회적 스트레스와 어릴 적 경험했던 방치 및 학대 등은 모두 불안 및 우울과 상관관계가 있었다.[36]

부부 갈등은 우울증의 가장 일관성 있는 위험요소이며, 대인관계 문제와 고통의 상관관계를 잘 보여 주는 예다. 주요우울장애의 비율은 별거 중이거나 이혼한 환자에게 가장 높지만, 미혼자 및 결혼 생활 중인 사람에게서는 가장 낮다. 최근에 과부가 된 사람은 일생 중 주요우울장애의 위험이 가장 높고,[47] 배우자의 부재

는 주요우울장애의 위험인자다.[37] 애도와 상실은 남자와 여자 모두에게서 우울
증상과 연관되어 있으며, 특히 사회적 지지망이 부실할 때 더 두드러진다.[48, 49] 이
와 반대로, 상실을 겪고 있을 때 이를 견딜 수 있도록 지지해 주는 애착대상이 있
다면 우울증을 예방하는 데 도움이 되는 것으로 보인다.[50]

요약하자면, 개인의 사회적 지지망은 정신적 문제의 발생에 큰 영향을 끼친다.
이러한 상관관계는 개인이 심각한 심리사회적 스트레스 요인에 직면했을 때 더
욱 강하게 나타난다. 의지할 수 있는 사람이 없거나, 없다고 인식되거나, 사회지
지망이 부실할 경우 심리적 고통을 겪을 확률이 커진다.

IPT: 이론에서 개입까지

IPT의 목표, 심리적 고통, 대인관계의 문제 그리고 사회적 지지망은 모두 애착
이론, 대인관계이론 및 사회이론에 근거를 두고 있다. 또한 이 이론들은 IPT에서
사용되는 특징적인 기법이나 전략에 대한 정보를 제시해 준다. 이러한 이론적 기
반은 IPT 치료자에게 다섯 가지 과제를 제시한다(〈글상자 2-2〉 참조).

글상자 2-2	IPT에서의 치료적 과제

- 치료자는 강한 치료 동맹을 형성해야 한다[중요도(inclusion)와 친밀도(affiliation)
가 높은 관계].
- 치료자는 환자의 부적응적 의사소통을 알아내야 한다.
- 치료자는 환자로 하여금 자신의 부적응적 의사소통을 인식하도록 해야 한다.
- 치료자는 환자가 자신의 의사소통 방법을 바꿀 수 있게 도와주고, 이러한 변화
를 연습시킨다.
- 치료자는 환자가 사회적 지지체계를 개선하도록 돕고, 현재 갖고 있는 사회적
지지를 활용할 수 있도록 한다.

무엇보다 먼저, 치료자는 중요도와 친밀도가 높은 치료적 환경을 만들어야 한다. 훌륭한 치료 동맹은 IPT의 핵심이며, 이를 형성하는 것은 치료자의 몫이다! 치료자와 환자가 모두 중요시하는 치료적 관계가 형성되어야 한다. 두 사람 모두 적극적이어야 하며, 상대방의 대화에 주의를 기울여야 한다. 만약 이러한 관계가 형성되지 못한다면 치료자의 피드백(또는 환자의 피드백)은 무시되기 쉽고, 환자가 치료 자체를 중요하게 여기지 않아서 치료가 위태로워질 수 있다. 만약 생산적인 치료 동맹을 형성하지 못하면 환자는 치료적 관계를 평가절하하고 치료자의 조언을 무시해 버려서 치료자가 사용하는 치료기법들이 무용지물이 될 수도 있다.

의미 있는 치료적 관계를 형성하는 것은 모든 정신치료에 필요한 조건이다. 하지만 IPT에서는 치료적 관계가 특히 중요한데, 이는 급성기 치료가 시간 제한적 치료이기 때문이다. 치료작업을 성공적으로 진행하기 위해 치료 동맹을 빨리 맺는 것은 치료자의 의무다. 이런 이유 때문에 IPT에서는 치료의 '비특이적 요소들(non-specific elements)' 모두에 주의를 기울여야 한다. 즉, Rogers와 Truax[51]가 정신치료에서 변화를 이끌어 내기 위해 필요하다고 설명한 온화함, 공감, 정서적 동조(affective attunement), 긍정적 관심 등이 그러한 비특이적 요소에 해당한다. 치료 동맹이 형성되지 않으면 그 어떤 IPT기법이나 전략도 효과가 없을 것이기 때문에 IPT 치료자는 단순한 기술자가 되어서는 안 된다. 물론 다른 정신치료적 접근에서 제공되는 기법들도 마찬가지다.

또한 치료자는 동맹의 질이 치료의 결과를 좌우할 수 있음을 명심해야 한다. 치료형태와 무관하게 모든 연구에서 같은 결과가 보고되었다.[52~58] 이것은 특정 기법이나 전략이 중요하지 않다는 의미가 아니라, 치료 동맹에 비하면 그 중요성이 낮다는 뜻이다. 치료 동맹은 부적응적 애착유형의 환자들에게 특히 중요하다.[57] 왜냐하면 그들은 치료자로 하여금 지속적으로 공감하기 힘들게 만들기 때문이다. 그들은 가장 너그러운 치료자라 할지라도 동정적이고 보호적인 반응이 아닌 적대감과 거절 반응을 일으키도록 유도할 것이다. 치료자는 이를 명심해서 더더욱 적극적으로 공감과 긍정적 관심을 전달하기 위해 애써야 한다.

예를 들어, 공포적 애착유형의 환자들은 치료자를 지루하게 만들고 거부 감정을 유발하기 쉬운데, 치료자가 그런 반응을 보이면 치료 동맹이 손상될 수 있다. 치료자는 대인관계에서의 반응이 환자에 의해 유발된다는 점을 명심하여 이를 유발하는 특징적인 의사소통들을 이해하고, 더욱 생산적인 치료 동맹을 맺기 위해 자신의 반응을 조절해야 한다. 이 환자들에게 치료자는 좀 더 공감적인 반응을 하거나, 환자가 거절당하는 기분이 들지 않도록 치료 초반에 치료자가 아닌 환자에게 치료목표를 설정하도록 할 수도 있다.

이와 반대로, 집착적인 애착유형의 환자들은 지속적인 안심을 요구하여 치료자를 지치게 하고, 결국 분노와 거부 반응을 유발할 수 있다. 이 경우에도 치료자는 환자의 의사소통 방식을 알아내고, 환자가 유발하는 반응에 유의하며 돌봄을 제공하면서 환자의 자극에 넘어가지 않도록 해야 한다. 집착적 애착유형의 환자들은 치료자에게 의존적이어서 시간 제한적인 치료관계를 끝내는 데 어려움을 겪을 수 있다. 치료자는 치료실 밖의 사회적 지지망 구축을 더욱더 강조함으로써 이에 대처할 수 있다. 구조적으로 치료를 갑자기 중단하면 집착적 애착유형의 환자는 매우 힘들어하기 때문에 급성기 치료회기를 점진적으로 줄여 나가는 방법으로 치료를 종료한다.

다행히 일부 환자들은 안정적인 애착관계를 맺고 있고, 치료적 관계를 포함하여 타인에게 자신의 요구들을 효과적으로 의사소통할 수 있다. 이 환자들은 치료자 쪽에서 특별히 맞춰 주어야 할 것이 별로 없고, 치료자의 피드백을 잘 받아들이고 이를 효율적으로 활용하며, 확장된 사회적 지지망에 잘 적응할 수 있다. 이 환자들은 치료자의 피드백을 거절이 아닌 도움으로 인식할 것이기 때문에 치료자는 좀 더 빨리 IPT의 중간 단계로 넘어갈 수 있다.

여기에 IPT와 전이-기반 정신역동적 정신치료 간의 큰 차이가 있다. IPT에서는 치료자가 환자의 근원적인 애착욕구를 알아내어 치료실 밖에서 이를 충족할 수 있도록 도와준다. 반면에 전이-기반 정신치료에서 치료자는 환자가 자신의 신경증적 전이를 투사하는 '빈 화면(blank screen)'이 되려고 한다. 이런 반응은 치료 장면에서 환자의 애착욕구를 충족시켜 주지 않으려는 치료자의 의도적인 저항에 의해 더 자극받는다.

IPT 치료자의 두 번째 과제는 치료실 밖의 대인관계와 치료관계에서 나타나는 대인관계 의사소통을 이해하여 환자의 의사소통 문제를 개념화하는 것이다. 애착이론에서는 환자의 애착유형이 치료자와의 관계를 포함한 모든 대인관계에 공통적으로 나타날 것이라고 주장한다. IPT 치료자는 환자-치료자 관계를 유심히 관찰해야 하는데, 이는 환자가 타인에게 애착하고 의사소통하는 방식에 대한 중요한 정보를 제공해 주기 때문이다. 환자가 치료자와의 의사소통에서 어려움을 보인다면, 이는 다른 대인관계에서도 똑같이 발생할 것이다. 치료실에서 나타나는 애착유형은 환자의 다른 관계에서도 나타날 것이며, 환자의 의사소통, 특히 돌봄을 얻기 위한 의사소통에 대한 치료자의 반응은 치료실 밖의 타인들이 환자의 의사소통에 반응하여 보이는 행동과 유사할 것이다. IPT에서 전이를 이해하는 것은 환자의 애착행동과 대인관계 의사소통을 이해하는 데 매우 중요하다.

하지만 IPT에서 이러한 정보는 환자와 치료자의 관계를 짚어 내는 데 사용되는 것이 아니라 치료실 밖의 관계에 대한 질문을 하기 위해 사용된다. 치료자가 경험하는 전이에 대한 정보는 치료실 밖의 대인관계에서 환자가 의사소통하는 방법에 대해 알아볼 때 사용된다. IPT에서는 치료적 관계 그 자체를 개입의 대상으로 직접 다룰 필요가 없다. 만약 환자가 수동적이라고 판단된다면, 치료자는 치료실 밖의 관계에서 환자가 수동적으로 행동하는 경우에 대해 질문할 수 있다. 치료자가 환자의 의사소통에 대해 적대감이 든다면, 치료자는 치료실 밖에서 다른 사람들이 환자에게 적대적으로 반응했던 경우에 대해 질문할 수 있다. 치료자가 환자에게 짜증이 난다면, 다른 사람들이 환자에게 짜증을 낸 경우가 있었는지 확인해 볼 수 있다.

전이를 통해 치료실 밖에서 환자가 형성하고 유지하고 있는 대인관계에 대한 정보를 얻을 수는 있지만, 정신역동적 정신치료와 달리 IPT는 전이나 치료적 관계를 치료의 논점으로 삼지 않는다. 그 이유는 그런 식의 접근이 환자의 증상을 완화시키기 위해 지금-여기(here-and-now)에 초점을 맞추어야 한다는 IPT의 원칙에서 벗어나 성격을 개선하거나 깊이 내재된 애착문제를 다루는 장기 치료에 가까워지기 때문이다. 이러한 치료는 정신적 문제가 심각한 환자들에게는 도움이 될 수 있겠지만, IPT가 다루는 영역은 아니다. IPT는 근원적인 애착유형을 바꾸기보다 증상 및 고통의 빠른 완화에 초점을 맞춘다.

IPT가 전이 형성을 탐색하기보다는 현재의 고통 완화에 초점을 맞추고 있기 때문에, 치료자는 치료 내에서 어느 정도 자유 재량이 있다. 전이-기반 치료에서 치료자는 환자가 자신의 전이를 최대한 투영시키고 그로 인한 반응을 분명하게 볼 수 있는 '빈 화면'이 되어야 한다. 전이-기반 치료에서는 치료자가 환자에게 자신을 드러내지 않고(non-disclosing) 중립적으로 행동함으로써 전이 형성을 부추긴다. 이와 반대로, IPT는 치료실 밖의 관계에 초점을 두도록 설계되었기 때문에 전이 형성을 조장하지 않으며, 치료자가 '코치'나 '스승(mentor)'의 역할을 한다. 애착이론의 용어를 빌려 말하면, 치료자의 위치는 환자와 긍정적인 전이관계를 형성하도록 격려하는 늘 일정하고 한결같은 돌봄제공자(care-provider)이며, 치료자는 환자에게 항상 도움을 주고 싶어 하고 줄 수 있는 대상으로 인식되어야 한다.

이것은 실제로 IPT 치료자가 전이의 형성을 방해할 수도 있는 치료기법들을 좀 더 자유롭게 사용할 수 있다는 뜻이 된다. 한 예로, 자기 드러내기(self-disclosure)는 안정적으로 애착관계를 맺고 있는 환자들에게 매우 효과적이다. 치료자는 비슷한 문제를 경험한 다른 환자들이 그 문제를 어떻게 해결했는지 알려 줄 수 있다(환자의 신상비밀은 유지하면서). 또한 IPT 치료자는 금주동맹(Alcoholics Anonymous), 종교단체, 학부모 모임, 운동 수업 등을 권유하여 환자의 사회적 지지망을 확충할 수 있도록 도와줄 수 있고, 심지어 그런 단체에 참여하기 위해 교통수단을 찾는 일까지 도와줄 수 있다.

전이 경험은 환자의 애착유형과 의사소통 방법에 대한 많은 정보를 제공하지만, 그것이 치료자가 유일하게 사용할 수 있는 정보는 아니다. 환자의 의사소통을 이해하기 위해 일차적으로 얻어야 할 정보는 실제 의사소통의 예다. 즉, 환자가 친밀한 사람들과 의사소통을 하기 위해 노력했던 특정 사건들에 대해 알아보아야 한다. 대인관계 사건표(interpersonal incidents)를 관찰하는 기법은 제9장에 설명되어 있으며, 이는 환자가 대인관계에서 자신의 욕구를 제대로 의사소통하지 못하는 경우를 살펴보기 위한 매우 효과적인 방법이다. 이를 분석하면 환자의 부적응적이거나 비효율적인 의사소통에 대해 상세히 알 수 있다.

치료자가 환자를 좀 더 포괄적으로 이해하고, 환자 역시 자신의 대인관계 유형을 알 수 있도록 도와주기 위해 환자의 일반적인 관계 유형도 살펴보아야 한다. 대인관계 평가도구(interpersonal inventory)는 환자의 사회적 지지에 대한 정보를 줄 뿐 아니라 환자의 관계 유형을 이해하는 시작점으로 사용될 수 있다. 환자가 관계를 어떻게 형성하고, 어떻게 끝내는지, 또한 관계 내에서 실망을 경험했던 사례에 대해 물어보는 것 또한 큰 도움이 될 수 있다.

본질적으로 IPT 치료자의 목표는 환자의 애착유형에 대한 정보를 수집하고, 대인관계 사건표(interpersonal incidents) 등의 기법을 사용해서 의사소통 사례를 모으고 분석하는 것이다. 이는 환자가 치료실 밖에서 경험하는 어려움을 보다 완벽하게 이해하기 위함이다. 치료실 내에서 치료자는 환자와의 전이에 집중하는 대신 전문적인 도움제공자가 되어야 한다. 이 의미는 말 그대로 문제가 될 수 있는 전이 현상이 생기기 전에 치료를 시작하고 끝내라는 것이다. 따라서 IPT에서 시간 제한을 하고 치료실 밖에서 환자가 경험하는 '지금-여기(here-and-now)'에 초점을 맞추는 것은 IPT의 주 목표인 증상 및 고통의 완화를 달성하기 위한 최선의 방법이다.

IPT 치료자의 세 번째 과제는 환자로 하여금 자신의 부적응적인 의사소통을 인식하도록 하는 것이다. 환자가 자신의 의사소통 방법에 대한 통찰력을 키울 수 있도록 돕는 것이 치료의 목표다. 치료자는 환자가 의사소통하는 방법, 환자의 의사소통이 유발하는 반응, 그리고 환자의 의사소통 유형이 고착되어 가는 방식에 대해 이해해야 한다. 이뿐만 아니라, 치료자는 환자로 하여금 자신의 의사소통 방법이 비효과적이라는 것, 즉 그런 방식으로는 애착욕구를 충족할 수 없다는 사실을 깨닫도록 도와주어야 한다. 의사소통 분석(communication analysis)은 이를 위해 사용하는 유용한 기법이다. 대부분의 환자들은 자신이 이해받지 못하고 있다고 느끼지만, 일단 이러한 사실을 알게 되면 치료자는 환자가 다른 방법으로 의사소통할 수 있도록 도와준다. 즉, 환자가 다른 사람들로부터 좀 더 이해받을 수 있도록 돕는다.

IPT의 목표는 환자의 의사소통 방법 및 행동을 변화시켜서 환자의 애착욕구가 충족되도록 하는 것이다. 이를 위해 환자는 자신에 대해 통찰할 수 있어야 한다. 이와 같은 통찰은 환자가 자신의 의사소통 방법 및 그로 인해 유발되는 반응을 아는 것이다. 환자의 애착 또는 의사소통의 근본적 기원에 대한 통찰은 불필요하다. 통찰은 환자가 다른 사람들과의 지금-여기서의 의사소통이 어떤 결과를 초래하는지에 대해 알고, 그 결과로 변화에 대한 동기가 생기는 것으로 충분하다.

환자가 다음과 같은 인식을 갖게 된다면 아주 이상적이다.

> 나는 특정한 방식으로 의사소통하는 경향이 있다. 내 의사소통은 다른 사람으로 하여금 특정한 방식으로 반응하도록 유도하는 경향이 있다. 나로 인해 유발되는 타인의 반응은 나에게 도움이 되지 않으며, 그로 인한 나의 반응은 나를 더 짜증 나게 한다. 이제 나는 예전과는 다른 방법으로 의사소통하여 타인들이 긍정적으로 반응하도록 해야 나의 욕구를 충족시킬 수 있다는 것을 알게 되었다.

IPT 치료자의 네 번째 과제는 환자의 의사소통 방법을 바꾸도록 돕고, 변화된 의사소통 방법을 연습하도록 하는 것이다. 치료자는 환자로 하여금 새로운 행동을 개발하고 연습하여 자신의 의사소통 방법을 바꾸도록 도와주어야 한다. 문제 해결(problem solving)과 같은 IPT 기법은 환자가 자신의 의사소통 방식을 이해하고 변경하며, 그에 따라 자신의 애착욕구를 충족시킬 수 있도록 도와줄 수 있다. 역할 연기(role-playing)는 새로운 의사소통 방법이 자리 잡을 수 있도록 도와준다. 또한 과제를 내 줄 수도 있다. 환자가 자신의 의사소통 패턴을 인식하고, 이러한 패턴을 수정하여 자신의 욕구를 효과적으로 충족할 수 있도록 하며, 새로 습득한 의사소통 방법을 유지할 수 있도록 하는 것이 목표다. 이는 매우 간단한 절차이지만, 많은 연습을 요구한다.

IPT 치료자의 다섯 번째 과제는 환자가 더 좋은 사회적 지지망을 구성하여 현재 갖고 있는 사회적 지지망을 활용할 수 있도록 하는 것이다. 사회적 환경은 환자가 대인관계적 갈등을 해결할 수 있는 능력과 긴밀히 연결되어 있다. 지지가 많을수록 환자는 대인관계의 시련을 보다 효과적으로 견뎌 낼 수 있다. 따라서 치료자의 과제는 환자가 현재 갖고 있거나 잠재적으로 얻을 수 있는 지지망을 확인하고, 이와 동시에 이들을 효과적으로 활용하도록 도와주는 것이다.

결 론

IPT는 두 가지 이론에 기반을 두고 있다. 즉, 애착이론과 대인관계이론이다. 사회이론은 이에 더해 사회적 지지의 중요성을 강조하고 있다. 이 모든 이론은 생물-심리-사회적/문화적/영적 모델과 합쳐져서 환자의 고통을 설명해 주고, IPT에서 사용되는 개입법들을 이끌어 주는 역할을 한다. 급성 심리사회적 스트레스, 생물학적 취약성, 애착유형 등 대인관계 트라이어드(interpersonal triad)는 빈약한 사회적 지지의 맥락 속에서 증상의 발병 및 심리적 고통을 유발한다. IPT는 환자의 대인관계 의사소통을 향상시키고, 대인관계 문제를 해결하고, 그들의 사회적 지지체계를 더욱 발달시키고 활용하여 환자를 돕도록 특별히 개발된 치료법이다.

참고문헌

1. Bowlby J. *Attachment. Attachment and Loss. Vol. 1.* 1969, New York: Basic Books.
2. Bowlby J. *Separation: Anxiety and Anger. Attachment and Loss. Vol. 2.* 1973, New York: Basic Books.
3. Bowlby J. The making and breaking of affectional bonds: etiology and

psychopathology in the light of attachment theory. *British Journal of Psychiatry,* 1977, **130**: 201-210.

4. Bowlby J. The making and breaking of affectional bonds, II: some principles of psychotherapy. *British Journal of Psychiatry,* 1977, **130**: 421-431.

5. Bowlby J. *Loss: Sadness and Depression. Attachment and Loss. Vol. 3.* 1980, New York: Basic Books.

6. Bowlby J. Developmental psychiatry comes of age. *American Journal of Psychiatry,* 1988, **145**: 1-10.

7. Ainsworth MD. Object relations, dependency, and attachment: a theoretical view of the infant-mother relationship. *Child Development,* 1969, 40: 969-1027.

8. Ainsworth MS, *et al. Patterns of Attachment: A Psychological Study of the Strange Situation.* 1978, MahWah: Erlbaum.

9. George C, Kaplan N and Main M. *Adult Attachment Interview,* 2nd edn. 1985, Berkely: University of California at Berkely Press.

10. Hazan C and Shaver PR. Romantic love conceptualized as an attachment process. *Journal of Personality and Social Psychology,* 1987, **52**: 511-524.

11. Sullivan HS. *The Interpersonal Theory of Psychiatry.* 1953, New York: Norton.

12. Main M and Solomon J. Discovery of an insecure-disorganized/dioriented attachment pattern, in Brazelton TB and Yogman M (eds.) *Affective Development in Infancy.* 1986, Norwood: Alblex Publishing, pp. 95-124.

13. Pilkonis PA. Personality prototypes among depressives: themes of dependency and autonomy. *Journal of Personality Disorders,* 1988, **2**: 144-152.

14. Brennan KA, Clark CL and Shaver PR. Self-report measure of adult attachment, in Simpson JA and Rholes WS (eds.) *Attachment Theory and Close Relationships.* 1998, New York: Guilford Press, pp. 46-76.

15. Bartholomew K and Horowitz LM. Attachment styles among young adults: a test of a four category model. *Journal of Personality and Social Psychology,* 1991, **61**: 226-244.

16. Stuart S and Noyes R Jr. Attachment and interpersonal communication in somatization. *Psychosomatics,* 1999, **40**(1): 34-43.

17. Stuart S and Noyes R Jr. Treating hypochondriasis with interpersonal

psychotherapy. *Journal of Contemporary Psychotherapy,* 2005, **35**: 269–283.

18. Stuart S and Noyes R Jr. Interpersonal psychotherapy for somatizing patients. *Psychotherapy and Psychosomatics,* 2006, **75**: 209–219.

19. Parkes CM. Psycho-social transitions: a field of study. *Social Science and Medicine,* 1971, **5**: 101–115.

20. Parkes CM. Bereavement and mental illness. *British Journal of Medical Psychology,* 1965, **38**: 1–26.

21. Henderson S. Care-eliciting behavior in man. *Journal of Nervous and Mental Disease,* 1974, **159**: 172–181.

22. Kiesler DJ. Interpersonal methods of assessment and diagnosis, in Snyder CR and Forsyth DR (eds.) *Handbook of Social and Clinical Psychology: The Health Perspective.* 1991, Elmsford: Pergamon Press, pp. 438–468.

23. Kiesler DJ. Interpersonal circle inventories: pantheoretical applications to psychotherapy research and practice. *Journal of Psychotherapy Integration,* 1992, **2**: 77–99.

24. Kiesler DJ. Standardization of intervention: the tie that binds psychotherapy research and practice, in Talley PF, Strupp HH and Butler SF (eds.) *Psychotherapy Research and Practice: Bridging the Gap.* 1994, New York: Basic Books.

25. Kiesler DJ. *Contemporary Interpersonal Theory and Research: Personality, Psychopathology, and Psychotherapy.* 1996, New York: John Wiley & Sons.

26. Benjamin LS. *Interpersonal Diagnosis and Treatment of Personality Disorders.* 1996, New York: Guilford Publications.

27. Benjamin LS. Introduction to the special section on structural analysis of social behavior. *Journal of Consulting and Clinical Psychology,* 1996, **64**: 1203–1212.

28. Horowitz LM. *Interpersonal Foundations of Psychopathology.* 2004, Washington DC: American Psychological Association.

29. Horowitz LM, *et al.* How interpersonal motives clarify the meaning of interpersonal behavior: a revised circumplex model. *Personality and Social Psychology Review,* 2006, **10**: 67–86.

30. Kiesler DJ and Watkins LM. Interpersonal complimentarity and the therapeutic alliance: a study of the relationship in psychotherapy.

Psychotherapy, 1989, **26**: 183-194.

31. Kiesler DJ. An interpersonal communication analysis of relationship in psychotherapy. *Journal for the Study of Interpersonal Processes,* 1979, **42**: 299-311.

32. Weissman MM and Paykel ES. *The Depressed Woman: A Study of Social Relationships.* 1974, Chicago: University of Chicago Press.

33. Henderson S. The social network, support, and neurosis: the function of attachment in adult life. *British Journal of Psychiatry,* 1977, **131**: 185-191.

34. Henderson S, Byrne DG and Duncan-Jones P. *Neurosis and the Social Environment.* 1982, Sydney: Academic Press.

35. Henderson S, *et al.* Social bonds in the epidemiology of neurosis. *British Journal of Psychiatry,* 1978, **132**: 463-466.

36. Brown GW, Harris TO and Eales MJ. Social factors and comorbidity of depressive and anxiety disorders. *British Journal of Psychiatry,* 1996, **168**(suppl 30): 50-57.

37. Brown GW and Harris TO. *Social Origins of Depression: A Study of Psychiatric Disorders in Women.* 1978, London: Tavistock.

38. Brown GW and Harris TO. *Life Events and Illness.* 1989, New York: Guilford Publications.

39. Brenner C. *An Elementary Textbook of Psychoanalysis.* 1973, New York: Anchor Press.

40. Bebbington PE. Inferring causes: some constraints in the social psychiatry of depressive disorders. *Integrative Psychiatry,* 1984, **2**: 69-72.

41. Brown GW. Genetic and population perspectives on life events and depression. *Social Psychiatry and Psychiatric Epidemiology,* 1998, **33**: 363-372.

42. Henderson S, *et al.* Psychiatric disorder in Canberra: a standardized study of prevalence. *Acta Psychiatrica Scandinavica,* 1979, **60**: 355-374.

43. Henderson S, *et al.* Social relationships, adversity and neurosis: a study of associations in a general population sample. *British Journal of Psychiatry,* 1980, **136**: 574-583.

44. Henderson AS. Interpreting the evidence on social support. *Social Psychiatry,* 1984, **19**: 49-52.

45. Brown GW, *et al.* Life stress, chronic subclinical symptoms and vulnerability to clinical depression. *Journal of Affective Disorders,* 1986, 11: 1-19.

46. Andrews B and Brown GW. Social support, onset of depression and personality: an exploratory analysis. *Social Psychiatry and Psychiatric Epidemiology,* 1988, 23: 99-108.

47. Paykel ES. Life stress and psychiatric disorder, in Dohrenwend BS and Dohrenwend BP (eds.) *Stressful Life Events: Their Naure and Effects.* 1974, New York: Wiley.

48. Walker K, MacBride A and Vachon M. Social support networks and the crisis of bereavement. *Social Sciences in Medicine,* 1977, 11: 35-41.

49. Maddison D and Walker W. Factors affecting the outcome of conjugal bereavement. *British Journal of Psychiatry,* 1967, 113: 1057-1067.

50. Parker G. *The Bonds of Depression.* 1978, Sydney: Angus and Robertson.

51. Rogers CR and Truax CB. *The therapeutic conditions antecedent to change: a theoretical view. The Therapeutic Relationship and its Impact,* ed. C.R. Rogers. 1967, Madison: University of Wisconsin Press.

52. Lambert MJ. Psychotherapy outcome research: implications for integrative and eclectic theories, in Norcross JC and Goldfried MR (eds.) *Handbook of Psychotherapy Integration.* 1992, New York: Basic Books.

53. Barber JP, *et al.* Alliance predicts patients' outcome beyond in-treatment changes in symptoms. *Journal of Consulting and Clinical Psychology,* 2000, 68: 1027-1032.

54. Barber J, *et al.* The role of the alliance and techniques in predicting outcome of supportive-expressive dynamic therapy for cocaine dependence. *Psychoanalytic Psychology,* 2008, 25: 461-482.

55. Martin DJ, Garske JP and Davis MK. Relation of the therapeutic alliance with outcome and other variables: a meta-analytic review. *Journal of Consulting and Clinical Psychology,* 2000, 68: 438-450.

56. Zuroff DC, *et al.* Relation of therapeutic alliance and perfectionism to outcome in brief outpatient treatment of depression. *Journal of Consulting and Clinical Psychology,* 2000, 68: 114-124.

57. Diener MJ and Monroe JM. The relationship between adult attachment style and therapeutic alliance in individual psychotherapy: a meta-analytic

review. *Psychotherapy,* 2011, 48(3): 237-248.

58. Horvath AO, *et al.* Alliance in individual psychotherapy. *Psychotherapy,* 2011, 48(1): 9-16.

제2부

평가/초기 단계

대인관계치료의 구조

서 론

이번 장에서는 대인관계치료(Interpersonal Psychotherapy: IPT)의 전반적인 구조에 대하여 개괄적으로 살펴보려고 한다. IPT는 평가/초기 단계(Assessment/Initial Phase), 중기 단계(Intermediate Phase), 급성기 치료의 결론(Conclusion of Acute Treatment), 유지치료(Maintenance Treatment)의 네 부분으로 구성된다([그림 3-1] 참조).

평가/초기 단계에서 치료자는 환자가 IPT에 적합한지 판단한다. 이 평가과정에는 대인관계 평가도구(interpersonal inventory)와 대인관계 설계(interpersonal formulation) 등이 포함된다. 만약 환자가 IPT에 적합하다고 판단되면, 치료자는 환자와 치료 합의를 맺게 된다. 중기 단계에서는 치료자가 환자와 함께 IPT 기법을 활용하여 환자의 대인관계 문제들(세 가지 IPT 문제영역)을 해결하기 위해 노력한다. 급성기 치료가 일단락되면 치료자와 환자는 진행과정을 검토하고 미래에

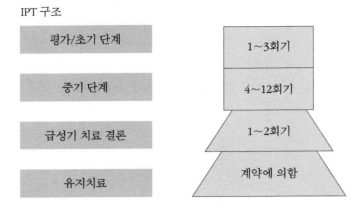

IPT 구조

평가/초기 단계	1~3회기
중기 단계	4~12회기
급성기 치료 결론	1~2회기
유지치료	계약에 의함

[그림 3-1] IPT의 구조

야기될 수 있는 문제들에 대해 계획을 세운다. IPT의 유지치료는 환자의 개인사, 문제의 심각성, 재발 위험에 따라 계획된다. 급성기 치료를 매듭지을 시기가 가까워지면 급성기 치료회기의 빈도를 점점 줄여 나가는 것이 좋다.

평가/초기 단계

평가/초기 단계의 일차적 목표는 환자가 IPT에 적합한 사람인지 판단하고, 과연 IPT가 가장 효율적인 치료법인지를 결정하는 것이다. 평가과정에서 치료자는 환자의 현재 문제와 애착유형에 초점을 맞춰야 하며, 환자의 전형적인 대화 방법을 이해하기 위해 구체적인 의사소통 사례에 대해 질문하여야 한다. 이와 같은 정보의 대부분은 대인관계 평가도구(interpersonal inventory)를 통해 얻을 수 있다.

IPT의 평가/초기 단계는 매우 구체적인 목표를 갖고 있다. 첫 번째 목표는 대인관계 평가도구(제5장)와 대인관계 설계를 완성하고, 환자의 대인관계상의 문제점을 설명할 수 있는 구체적인 가설(제6장)을 세우는 것이다. IPT를 진행하고 구체적인 대인관계 문제들을 해결하기 위해 치료자와 환자는 치료 합의를 맺어야 한다. 이 합의(agreement)는 엄격한 계약(contract)과 달리 융통성이 있으며, 따라서 급성기 치료의 회기 수도 고정시키지 않고 조정의 여지를 남겨 둔다.

중기 단계

IPT 중기에는 치료자와 환자가 협력하여 환자의 대인관계 갈등을 해소하고, 역할 전환에 적응하며, 애도와 상실을 다룬다. 일반적으로 치료자는 평가/초기 단계에서 한 가지 이상의 대인관계 문제영역을 밝혀내고, 치료 중기에 환자의 대인관계 문제에 대한 구체적인 정보를 얻는다. 그 후 치료자와 환자는 협력하여 각 문제에 대한 해결책을 모색하며, 이는 주로 환자의 의사소통능력을 향상시키거나 관계 갈등에서의 기대를 변경시키는 방식으로 진행된다. 적절한 해결방안이 제시되면, 환자는 이를 치료회기와 회기 사이에 실생활에서 적용해 본다. 그리고 다음 회기에서 치료자와 환자는 그 해결책을 좀 더 다듬고 환자가 이를 완벽하게 수행하는 데 문제가 있다면 그 문제를 풀 수 있게 돕는다.

IPT 중기 단계의 핵심은 수많은 시행과 연습이다. IPT의 핵심(다른 치료에서도 마찬가지이지만)은 연습과 꾸준함이다.

급성기 치료 결론

급성기 치료의 결론(conclusion)은 치료자와 환자가 상호 협의해서 집중적(intensive)이고 시간 제한적인 IPT를 끝내는 것을 의미한다. 여기에는 대인관계 평가도구에서 밝혀낸 환자의 대인관계 문제들을 얼마나 해결하였는지 진행 과정을 검토하고, 앞으로 발생할 수 있는 문제들에 대한 대응 계획을 세우는 것이 포함된다. 급성기 치료를 일단락하는 것에 대한 환자의(그리고 치료자의) 반응을 살펴보고, 필요하다면 그것에 대해 논의하여야 한다. 하지만 IPT가 성공적으로 진행되었다면, 환자는 급성기 치료의 회기 수를 점점 줄여 나가면서 자연스럽게 유지치료로 전환하는 것을 별로 힘들어하지 않을 것이다.

유지치료

유지치료를 어떻게 진행해 나갈 것인지에 대한 구체적인 내용은 항상 환자와 협의해서 결정해야 하며, 이는 환자의 재발 위험성과 지속적인 돌봄의 필요성에 따라 달라질 수 있다. 만약 환자의 문제가 재발될 위험이 있다고 판단되면, 치료자와 환자는 현재의 대인관계 문제를 살펴보고 대인관계능력을 지속적으로 키워 나가기 위해 좀 더 자주 만나는 것이 좋다. 이와 반대로, 환자의 재발 위험이 적고 현재 삽화의 심각도가 낮다면, 치료자와 환자는 6개월에 한 번 정도 만나거나, 필요할 때만 이메일 또는 전화로 연락할 수도 있다. 유지 IPT의 치료 계획은 재발위험성과 장기적 치료의 필요성에 대한 임상적 판단에 따라 달라진다. 가장 현명한 전략은 치료자와 환자가 임상적 판단에 근거하여 향후 치료에 대해 최대한 명확하게 합의하는 것이다. 지속적인 치료는 모든 환자에게 이득이 된다.

IPT는 종결 가능한 치료가 아니다. 급성기 치료가 끝났다고 해서 모든 것이 완전히 종결되지 않는다. 모든 실증적 증거는 대부분의 환자에게 유지치료가 필요함을 지지하고 있으며, 이에 따라 IPT는 급성기 치료를 결론짓는(종결짓는 것이 아닌) 형식으로 구조화되어 있다. 유지치료는 환자의 요구에 따라 빈도나 강도가 달라질 수 있지만, 이런 차이와 상관없이 모든 환자에게 제공되어야 한다.

기분장애와 불안장애가 재발성 장애라는 것은 수많은 연구를 통해 검증되었다.[1, 2] 그뿐만 아니라 IPT는 매우 효과적인 유지치료임이 입증되었고, 주간, 격주간, 월간 유지치료가 모두 효과적이었다는 연구 결과에 따라 치료의 빈도는 유연하게 정해도 무방하다는 보고가 있다.[3] 유지치료는 유연해야 하며, 치료를 받는 환자의 요구에 맞춰서 제공되어야 한다는 것이 논리적이고 실증적인 결론이다. IPT는 범용적(one-size-fits-all) 치료라기보다는 환자 개개인에게 따라 다르게 적용되는 맞춤(tailored)치료로 시행될 때 효과가 더욱 좋다.

또한 기존의 수많은 문헌 보고에도 불구하고, 정신치료를 완전히 종결지을 경우 예후가 더 좋다는 증거는 없다.[4] 정신적 문제들이 재발위험성이 높다는 것은 이미 잘 알려진 사실임에 근거해 볼 때, 치료를 종결한다는 것은 부적절한 치료방법이라고 볼 수 있다. 그뿐만 아니라 치료자들의 희망과는 정반대로, 치료종결이라는 것은 단순히 수사적 표현에 불과하다. 치료를 종결한 바로 그다음 날 고통을 호소하면서 다시 진료실을 찾아오는 환자를 막을 방법은 없다. 환자가 새로운 문제를 제시하지 못하도록 할 방법도 없고, 치료를 거부하는 치료자를 고소하지 못하게 막을 수도 없다. 치료 횟수가 제한된 정신치료를 주로 하는 치료자들은 환자가 얼마나 기발한 방법으로 치료종결의 원칙을 피해갈 수 있는지 알 것이다.

정해진 횟수를 채웠다고 해서 무조건 치료를 종결하는 것은 훌륭한 IPT 치료자들이 제공해야 할 양질의 치료서비스에 반하는 행위이기도 하다. 윤리적이고 열정적인 치료자라면 아직도 증상이 남아 있는 환자에게 16회기 만에 치료를 종결짓겠다고 하지 못할 것이고, 몇 회기를 더 추가적으로 진행해서라도 환자의 문제를 해결하려 할 것이다. 합리적인 치료자라면 유산을 했거나, 암 진단을 받았거나, 폭행을 당했거나, 일상의 무수한 불행으로 인해 고통받는 환자를 무시할 수 없을 것이다. 치료가 종결될 때쯤 환자의 삶에 더 이상 부정적인 일이 생기지 않는다면 좋겠지만, 인생이 그렇지만은 않다. 치료를 종결하기로 환자와 합의한 시점에 불행한 일이 생길 수도 있으며, 그럴 때는 당연히 치료를 연장해야 한다. 상식과 임상적 판단에 입각해서 결정해야 한다(〈글상자 3-1〉 참조).

글상자 3-1 IPT의 구조와 구성요소

평가/초기 단계

- 환자가 IPT에 적합한지 평가
- IPT가 환자에게 적합한지 평가
- 정신과적/대인관계적 문제들을 평가
- 대인관계 평가도구(interpersonal inventory) 실시

- 대인관계 공식화 (interpersonal formulation) 작성
- 구체적인 IPT 문제영역 탐색: 갈등, 역할 전환, 애도 및 상실
- IPT를 실시하는 근거에 대해 설명
- 환자와 공동으로 치료 합의(treatment agreement) 맺기

중기 단계
- 치료적 관계에 집중
- 구체적인 IPT 문제영역에 초점 유지
- 구체적인 대인관계 문제에 대한 환자의 기대와 인식을 탐색
- 대인관계 문제에 대해 환자가 해결책을 개발할 수 있도록 도움
- 환자가 해결책을 실행에 옮길 수 있도록 도움
- 연습, 연습, 연습

급성기 치료 결론
- 환자의 진행 상황을 검토
- 미래에 발생 가능한 문제 예상
- 환자가 얻은 이득을 긍정적으로 강화
- 유지치료에 대한 구체적인 합의

유지치료
- 문제영역에 초점을 맞춤
- 진행 상황 주시

IPT와 생물-심리-사회적/문화적/영적 모델

IPT는 심리적 기능에 대한 생물-심리-사회적/문화적/영적 모델에 기반을 두고 있으며, 이는 초판에 제시되었던 생물-심리학적 모델과 이제는 낡은 이론인

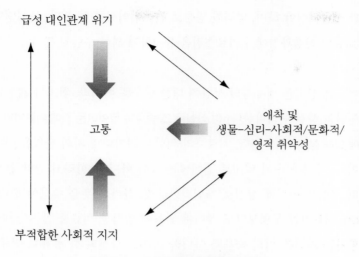

급성 대인관계 위기

고통

애착 및
생물-심리-사회적/문화적/
영적 취약성

부적합한 사회적 지지

[그림 3-2] 대인관계 트라이어드

의학적 모델(medical model)로부터 확장된 이론이다.[5]

개인의 취약성은 생물학적 소인이 어린 시절의 경험 및 애착유형과 함께 작용하면서 형성된다. 문화적/영적 요인들 또한 개인의 취약성이나 강점에 영향을 줄 수 있다. 극심한 대인관계 스트레스 요인과 맞닥뜨렸을 때, 사회적 지지가 부족한 사람들은 대인관계상의 문제가 생길 수 있다. 이 모델은 [그림 3-2]의 대인관계 트라이어드(triad)에 나타나 있다.

IPT 문제영역

IPT는 대인관계의 세 가지 문제영역에 초점을 맞추어 실시된다. 이 세 가지 문제영역은 애도와 상실(Grief and Loss), 대인관계 갈등(Interpersonal Dispute) 그리고 역할전환(Role Transition)이다. 이 중 어느 한 영역에서 심리사회적 스트레스 요인들이 부적합한 사회적 지지에서 비롯된 애착의 장애와 합쳐지면 대인관계 문제, 정신적 증후군, 또는 고통을 야기할 수 있다. 이 세 가지 문제영역은 일종의 참고기준으로만 사용되어야 하며, 엄격한 범주로 간주되어서는 안 된다. 문제영역들은 단순히 치료의 진행과정에서 치료초점을 유지하기 위한 수단일 뿐이다.

- 애도와 상실은 배우자의 사망에 대한 반응뿐 아니라, 환자가 경험하는 모든 형태의 상실을 의미한다. 이 상실은 그 종류가 무엇이든 간에 치료자가 아닌 환자에 의해 정의되어야 한다. 치료자의 역할은 환자와 환자의 관점을 이해하는 것이지, 특정 범주에 억지로 집어넣는 것이 아니다. 따라서 만약 환자가 자신의 경험을 애도와 상실로 개념화한다면, 환자의 뜻을 따라야 한다. 훌륭한 IPT 치료자는 무엇보다도 상식과 관용에 입각한 치료를 할 수 있어야 한다. 환자는 가까운 이의 죽음뿐 아니라 이혼도 상실의 한 종류로 간주할 수 있다. 심장마비나 외상 같은 신체적 기능의 손상 역시 애도와 상실의 범주에 넣을 수 있다. 알츠하이머병에 걸린 환자를 간호하는 상황과 같이 배우자의 불치병이나 다가올 죽음 또한 이 범주에 포함시킬 수 있다. 애도와 상실의 범주에 절대적 기준은 없다. 이는 단순히 구체적인 대인관계 문제에 초점을 맞추도록 하는 수단일 뿐이다.
- 대인관계 갈등은 환자와 다른 사람 간의 갈등을 포함하며, 의사소통의 문제나 비현실적인 기대에서 비롯될 수 있다. 애도 및 상실처럼 이 범주 역시 환자에 의해 정의되어야 한다.
- 역할 전환은 말 그대로 환자의 사회적 위치가 바뀌고, 그에 따라 사회적 지지가 변화하는 것을 의미한다. 여기에는 청소년기, 출산, 노화 등 생의 주기 변화(life phase transition)뿐만 아니라, 출가, 결혼, 학교/직업의 변화 등 사회적 변화도 포함된다.

IPT에 익숙한 치료자라면 문제영역에 대인관계 민감성(interpersonal sensitivity)과 대인관계적 결핍(interpersonal deficit)이 빠졌음을 알아챘을 것이다. 그 이유는 이들이 심각한 대인관계상의 문제라기보다는 공포적 범주의 애착유형(fearful range of attachment)에 더 가깝기 때문이다. 이러한 애착유형을 갖고 있는 환자들은 실제로 존재하며 치료하기가 더 힘든데, 그 이유는 대인관계 지지가 매우 부족하고 치료 동맹을 맺기 힘들기 때문이다. IPT와 관련된 모든 연구에서 이러한 환자들을 치료하는 것이 매우 복잡하며, 예후도 좋지 않다고 한다.[5, 7~9] 그들의 공포적 애착유형 때문에 이와 같이 복잡한 문제가 야기된다.

따라서 대인관계 민감성이나 결핍은 대인관계를 맺기 힘들어하는 애착유형이라고 보는 것이 바람직하다. 이와 같은 애착유형에서 비롯된 사회적 지지체계의 결핍은 대인관계상의 문제가 일어났을 때 환자에게 더 큰 고통을 안겨 줄 수 있다. IPT에서 치료의 주요 초점은 공포적 애착유형(fearful attachment style)이 아닌 급성기 문제—역할 전환, 대인관계 갈등, 애도 및 상실—가 되어야 한다. 공포적 애착유형은 민감성이나 관계 형성의 문제로 나타나며, 이는 다른 애착유형과 마찬가지로 환자가 급성 대인관계 스트레스에 반응하는 방식에 영향을 준다.

환자로 하여금 치료를 받아야겠다고 마음먹게 하는 급성 위기는 항상 존재한다. 이미 오래전부터 애착문제나 사회적 지지의 결핍으로 어려움을 겪어 왔던 환자라도 무언가 급한 일이 터져야 치료자를 찾아오게, 즉 치료를 받게 된다. 그것은 가족의 죽음일 수도 있고, 실직일 수도 있으며, 개인적으로 경험한 거절당한 느낌이 될 수도 있다. 그것이 무엇이든 그 위기가 환자의 한계점을 넘어서 치료자를 찾아오게 만든다. 치료에서는 이 위기에 초점을 맞춰야 한다.

문제영역이 환자가 갖고 있는 구체적인 문제에 초점을 맞추는 데 도움을 주기는 하지만, 치료자는 이를 유연하게 활용할 수 있어야 한다. 시간 제한이 있는 IPT에서는 문제영역과 관련된 '진단'을 내리기보다는 1~2가지의 대인관계 문제에 초점을 맞추는 데 문제영역을 활용하는 것이 바람직하다. 환자가 자기 문제의 본질을 어떻게 파악하고 있는지가 일차적으로 존중되어야 한다. 예를 들어, 최근에 이혼한 환자가 자신의 이혼을 역할 전환이 아닌 애도라고 생각한다면, 이를 애도 및 상실의 문제영역으로 간주하여야 한다. 환자의 문제영역에 대한 정확한 진단을 고집함으로써 치료 동맹을 희생해서는 안 된다.

또한 치료자는 환자들이 경험하는 대인관계 문제들이 모두 급성 스트레스 요인과 부적합한 사회적 지지가 결합되어 나타난다는 사실을 알아야 한다. 치료자는 환자의 구체적인 문제를 다룸과 동시에 그들의 사회적 지지를 증진시키기 위해 노력해야 한다.

구조적 정신치료의 장점 및 한계

정신치료적 접근을 설명하는 유용한 방법 중 하나는 '구조적' 정신치료와 '비구조적' 정신치료를 구분하는 것이다. 대부분의 정신치료적 개입은 이 두 가지 치료를 연결한 선상의 어딘가에 위치한다. 일반적으로 단기치료는 구조적 정신치료에 가깝고, 정신분석적 치료는 반대로 비구조적 치료에 가까이 위치한다. '구조적' 치료와 '비구조적' 치료는 각각의 장점과 한계가 있다. 중요한 것은 특정 환자에 어떤 치료법이 더 적합할지 판단하는 것이다. 〈표 3-1〉에서 '구조적' 치료와 '비구조적' 치료를 비교하였다.

〈표 3-1〉 '구조적' 치료와 '비구조적' 치료의 특징

	구조적	비구조적
예	IPT, 인지행동치료(CBT)	정신분석, 자기-심리학(Self-Psychology)
기간	시간 제한적	제한 없음
초점	기능 향상	정신역동적 변화 및 통찰
치료적		
관계	지지적, 능동적	불투명, 수동적
논의	주로 치료자가 이끌어 감	주로 환자가 이끌어 감
전이	개입 대상이 아님	주된 개입 대상

IPT를 비롯한 보다 구조화된 치료기법들이 임상에서 차지하고 있는 위치를 이해하기 위한 좋은 방법 중 하나는 당뇨나 고혈압 같은 신체적 질환의 약물치료와

비교해 보는 것이다. 이 비교에서 IPT는 환자의 특정한 문제를 해결하기 위한 적절하고 권장되는 치료법으로서 말 그대로 '처방' 된다고 할 수 있다. 예를 들어, IPT의 구조적 치료는 폐렴에서 항생제를 처방하여 치료하는 것과 동일하다고 볼 수 있다. 폐렴 환자들은 폐렴병원균에 특화된, 시간 제한적인 항생제 투여를 구조화된 처방에 따라 투여받아야 한다. 이와 같은 방식은 질병을 치료하는 데 매우 효과적이다. 하지만 일부 환자들은 재발의 위험성이 크거나 면역 반응이 억제되어 있을 수 있다. 이 환자들에게는 좀 더 장기간 여러 종류의 항생제를 투여해야 하며, 복용량이나 복용 간격에도 큰 차이가 있다.

이 비유를 좀 더 확장시키면, 급성 폐렴 환자들은 급성기 치료 이후에도 모두 유지치료를 받아야 한다. 주치의는 절대로 치료를 '종결'시키지 않으면서 1주나 2주 후 추적진료(follow-up)를 통해 문제가 재발하지 않았는지 확인하고, 환자의 나이, 건강상태 그리고 기타 문제에 대한 위험성에 따라 환자가 추후에 정기검진을 받을 수 있도록 한다. 주치의는 자신의 임상적 판단에 근거하여 지속적으로 환자를 보살핀다.

이와 마찬가지로 정신적 문제를 갖고 치료자를 찾아오는 대부분의 환자들은 특징적이고 급성적인 문제들을 나타내고 있으며, 급성기 치료를 통해 큰 혜택을 받는다. 이 경우 IPT와 같은 구조적 개입은 제한된 시간 내에 가장 큰 효과를 볼 수 있는 방법이다. 내과 주치의와 마찬가지로 IPT 치료자는 모든 환자에게 적절한 유지치료를 제공해야 한다. 이와 반대로, 더 심각하고 복잡한 외상 경험, 인격적 기능의 심각한 저하, 또는 심각한 정동이나 정신적 질병처럼 지속적이고 비구조적인 개입이 필요한 환자들은 보다 장기간의 전이-기반 정신치료를 받는 것이 효과적이다. 약물치료에 비유하자면, '용량-반응(dose-response)' 의 개념은 보다 구조화된 정신치료에 적용될 수 있다. 연구에 의하면 정신치료의 효과는 첫 5~10회기에 최대로 나타나며, 그 이후로는 서서히 떨어진다.[10] 회기가 지속되는 내내 환자는 치료적 이득을 얻을 수 있지만, 그 효과는 매 회기마다 감소한다. 따라서 치료의 효과 또는 '반응' 은 회기 수 또는 '용량' 의 맥락에서 이해되어야 한다.

5~10회기 이후에는 환자들의 출석률과 치료 지속률이 급격히 저하된다는

연구도 많다.[11, 12] 한 연구에 의하면 정신과 의사를 방문하는 환자 중 40%는 '일회성(1회기)' 방문에 그치며, 환자당 평균 방문 횟수는 약 7회라고 한다.[13] 대부분의 환자에게 제공할 수 있는 치료 기회는 한정되어 있으며, 이 기회는 환자가 급성 문제를 경험하고 치료자를 찾아오면서 시작된다. 이 제한적인 기회에 효과적으로 대처하려면 IPT처럼 시간 제한적이고 급성 문제를 다루는 치료가 유리하다.

이러한 연구들과는 별개로, 의료보장을 제한하고 저비용-고효율 치료를 강조하는 최근의 동향은 보건의료제도에 심각한 영향을 미치고 있다. 이 책이 처음 출판되었던 2003년에 비해 상황은 더욱 악화되었으며, 앞으로도 당분간 좋아지지 않을 것이라 전망한다. 비록 기간 제한이 없는 치료의 장점도 있지만, IPT나 다른 구조적 치료들은 현재 의료제도에 맞는 치료를 제공할 수 있다. 또한 IPT는 치료의 효능이 입증되었기 때문에 현재의 규제적인 의료보험제도에도 잘 맞는 치료법이라고 할 수 있다.

결 론

IPT의 구조는 IPT의 핵심적인 장점 중 하나다. 하지만 구조를 유지하기 위해 환자의 개별적인 요구를 무시해서는 안 된다. 환자의 요구를 무시한 채 IPT 매뉴얼을 있는 그대로 맹종하는 치료자는 자신의 임상적 판단에 근거하여 유연하게 IPT를 활용하는 치료자보다 효율성이 떨어진다.

참고문헌

1. Frank E. Interpersonal psychotherapy as a maintenance treatment for patients with recurrent depression. *Psychotherapy,* 1991, **28**: 259-266.

2. Frank E, *et al.* Three-year outcomes of maintenance therapies in recurrent depression. *Archives of General Psychiatry,* 1990, **47**(12): 1093-1099.

3. Frank E, *et al.* Randomized trial of weekly, twice-monthly, and monthly interpersonal psychotherapy as maintenance treatment for women with recurrent depression. *American Journal of Psychiatry,* 2007, **164**: 761-767.

4. Gelso CJ and Woodhouse SS. The termination of psychotherapy: What research tells us about the process of ending treatment, in Tryon GS (ed.) *Counseling Based on Process Research: Applying What We Know.* 2002, Boston: Allyn and Bacon.

5. Stuart S and Robertson M. *Interpersonal Psychotherapy: A Clinician's Guide.* 2003, London: Edward Arnold Ltd.

6. Stuart S and Cole V. Treatment of depression following myocardial infarction with interpersonal psychotherapy. *Annals of Clinical Psychiatry,* 1996, **8**: 203-206.

7. Klerman GL, *et al. Interpersonal Psychotherapy of Depression.* 1984, New York: Basic Books.

8. Klerman GL and Weissman MM. *New Applications of Interpersonal Psychotherapy.* 1993, Washington DC: American Psychiatric Press.

9. Weissman MM, Markowitz JW and Klerman GL. *Comprehensive Guide to Interpersonal Psychotherapy.* 2000, New York: Basic Books.

10. Howard KI, *et al.* The dose-effect relationship in psychotherapy. *American Psychologist,* 1986, **41**: 159-164.

11. Howard KI, *et al.* Patterns of psychotherapy utilization. *American Journal of Psychiatry,* 1989, **146**: 775-778.

12. Howard KI, *et al.* The psychotherapeutic service delivery system. *Psychotherapy Research,* 1992, **2**: 164-180.

13. Goldberg D. Impressions of psychiatry in Australia. *Australasian Psychiatry,* 2000, **8**: 307.

제4장

|

평가와 환자 선택

서 론

평가의 일차적 목적은 환자가 IPT에 적합한 대상인지, 그리고 적합한 대상일 경우 치료 구조를 어떻게 수정할지를 판단하는 것이다. 당연한 말이지만, 다시 한 번 강조해 두고자 하는 것은 치료와 환자가 서로 잘 맞아야만 환자의 대인관계 문제를 제대로 해결할 수 있다는 점이다. 치료와 환자가 서로 잘 맞는지 알아보기 위해 치료자는 환자의 애착유형, 의사소통 방식, 동기, 통찰 그리고 IPT에 관한 실증적 증거 등 여러 요소를 고려해야 한다. 이 모든 요소를 임상적 판단을 충분히 활용해서 잘 통합해야 한다.

치료 합의(treatment agreement)를 맺기 전에, 환자가 IPT에 적합한 환자인지 그 여부를 철저히 평가해야 한다. IPT를 진행하기 위한 치료 합의는 평가/초기 단계의 마지막 과정이며, 대인관계 평가도구와 설계를 포함한 모든 평가가 이루어진 후에 맺어야 한다. IPT를 받기 위해 찾아오는 환자에게, 환자 스스로 찾아왔든,

다른 전문가가 의뢰한 경우든 상관없이 치료자는 'IPT를 무조건 실시하는 것이 아니라 일단 IPT에 적합한 환자인지를 먼저 평가할 것'이라는 점을 알려 주어야 한다. 평가가 끝나기 전까지는 IPT를 실시할지 그 여부를 결정할 수 없다.

IPT에 적합한지 판단하기 위한 평가는 서둘러 시행할 필요가 없다. 평가를 하기 위해 몇 번의 회기가 필요하다는 임상적 판단을 했다면 그렇게 하는 것이 좋다. IPT(다른 치료의 경우에도)를 진행하기 위한 치료 합의를 첫 회기에 맺어야 한다는 것은 지나치게 단순한 생각이다. 잘 듣고 이해하기 위해서는 시간이 좀 더 필요할 수 있으며, 치료적 관계를 맺는 데는 더 많은 시간이 필요하다.

그러므로 평가는 IPT의 필수적인 요소이지만, 평가를 하는 것이 IPT를 반드시 진행해야 한다는 것을 의미하지 않음을 명심해야만 한다. 평가는 말하자면, IPT를 실시하기 위한 기본 무대를 만드는 것이지만, 환자에게 IPT가 가장 적합한 치료가 아니라면 IPT를 실시할 필요가 없으며, 환자가 IPT를 받게 될 것이라는 기대를 하도록 해서도 안 된다.

평가는 다음의 두 가지 단순한 질문에 대한 해답을 제시해 주어야 한다.

- 내 앞에 있는 이 환자가 IPT를 통해서 도움을 받을 수 있을 것인가?
- 이 환자에게 IPT가 최상의 치료인가?

평가과정

이 장에서는 정신과적 평가의 전 과정을 반복해서 설명하기보다는 IPT만의 독특한 평가 요소에 대해 기술하려고 한다. 하지만 그렇다고 해서 정신과적 개인력, 가족력, 의학적인 병력 그리고 포괄적인 사회적 평가 등을 포함하는 환자 개개인에 대한 철저한 심리적 평가가 대단히 중요하다는 사실을 간과해서는 안 된다. 이 외에 IPT에서 추가적으로 포함되어야 하는 평가요소는 환자의 애착유형 및 의사소통 방식, 자신의 이야기를 전달할 수 있는 능력, 치료에 대한 동기 그리고 심리학적인 마음 자세 등이다. 특정 장애에 대한 IPT의 치료 효용성(efficacy)을 지지하는 실증적 근거 역시 고려되어야 한다.

애착유형 및 의사소통 방식에 대한 평가

훌륭한 심리학적 혹은 정신과적 평가는 치료자로 하여금 나무와 숲 모두를 볼 수 있게 해 준다. IPT에서 환자가 현재의 대인관계 환경에 이르기까지의 과정을 큰 그림이라고 하면, 현재 환자가 어려움을 겪고 있는 구체적인 대인관계와 심리적 문제는 세부적인 그림이다. 환자의 애착유형은 지도의 '지형도(topography)'—대안이 될 수 있는 여러 경로 중 환자가 결국 선택할 수밖에 없는 경로를 보여 주는 것—라고 할 수 있다. 좀 더 세부적인 특성, 즉 나무에 해당되는 것은 환자의 현재 대인관계 관계도다. 이 나무들은 환자의 대인관계 의사소통에 의하여 손상되기도 하고, 영양분을 공급받기도 하게 된다.

IPT 평가 단계에서 애착유형을 검증해야 하는 이유는 많다. 첫째이자 가장 중요한 이유는 환자의 애착유형은 환자가 IPT에 적합한지 그 여부를 결정할 수 있게 해 준다는 것이다. 둘째, 환자의 애착유형은 예후와 밀접한 관계가 있다. 정확한평가는 치료자로 하여금 치료가 어떻게 진행되고 결과가 어떻게 될지에 대해 합리적인 예측을 할 수 있게 해 준다. 셋째, 환자의 애착유형에 따라 특정 치료기법을 선택하고, 치료 구조를 수정할 수 있다.

애착유형은 다음의 네 가지 방식으로 평가할 수 있다.

- 관계에 대한 환자 자신의 기술
- 환자에 대한 의미 있는 타인의 기술
- 환자 이야기(narrative)의 질
- 환자-치료자 관계의 질

관계에 대한 환자 자신의 기술

환자의 애착유형에 대한 평가는 환자의 과거 그리고 현재 대인관계에 대한 평가에서 시작되어야 한다. 환자의 대인관계에 대해 개방형으로 질문을 하는 것이 평가를 시작하는 좋은 방법이다. 좀 더 구체적으로 힘들고 아플 때 혹은 도움이 필요할 때 환자가 어떻게 행동하고 의사소통을 하는지 물어볼 수 있다. 또한 다른 사람이 도움을 요청할 때 환자의 전형적인 반응은 무엇인지도 질문해야만 한다. 이러한 정보는 복잡하게 추론할 필요 없이 쉽게 얻을 수 있으며, 환자의 애착유형을 평가할 수 있는 확실한 방법이다. 직접적이고 개방형의 질문은 환자의 대인관계 기능을 이해하는 데 도움을 줄 수 있다.

정보는 일차적으로 환자의 현재 대인관계를 통해 얻을 수 있다. 이 정보는 구체적인 질문 외에 다소 통찰을 필요로 하는 질문을 통해 얻을 수 있다. 예를 들어, 환자에게 자신은 어떤 인간관계 유형이라고 생각하는지 직접 물어볼 수 있다. 관계를 시작하고 끝내는 전형적인 방식에 대해서도 탐색할 수 있다. 도움이 필요할 때 어떻게 도움을 구하는지, 화가 나거나 흥분했을 때는 어떻게 의사소통하는지에 대해서도 질문한다. 가까운 사람들과의 관계, 가족관계에 대해서도 세부적으로 탐색해야 하며, 직장이나 학교에서의 관계도 다루어야 한다.

IPT는 과거의 관계를 다시 다루지 않지만, 과거 관계에 대한 정보는 반드시 얻어야 한다. 연애나 성관계에 대한 자세한 개인사 역시 중요한데, 왜냐하면 이를 통해 환자가 어떻게 이러한 관계를 맺는지에 대한 정보를 수집할 수 있기 때문이다. 환자를 돌보아 준 사람과의 관계에 대한 질문 역시 환자의 애착유형에 관한 치료자의 가설을 확인하기 위한 매우 중요한 시발점이 될 수 있다. 구체적인 질문의 예는 〈글상자 4-1〉에 수록되어 있다.

글상자 4-1　　애착유형을 평가하기 위한 질문

현재 관계

- 인간관계에서 당신은 어떻게 행동합니까?
- 어떤 사람과의 관계를 끝낼 때 당신은 어떻게 합니까?
- 새로운 관계를 시작할 때는 어떻게 합니까?
- 다른 사람들과 함께 있을 때 당신은 어떻게 행동합니까?
- 다른 사람들과 인간관계를 맺을 때 어려운 점은 무엇입니까?
- 다른 사람들과 인간관계를 맺을 때 당신이 가장 좋아하는 것은 무엇입니까?
- 당신이 맺고 있는 최고의 인간관계에 대하여 말해 주십시오.
- 당신이 맺고 있는 최악의 인간관계에 대하여 말해 주십시오.
- 다른 사람들과 관계를 맺는 능력에서 바꾸고 싶은 점은 무엇입니까?

과거 관계

- 당신이 무언가를 성취했을 때, 예를 들면 학교에서 좋은 점수를 받았을 때 다른 사람들이 어떻게 반응했나요?
- 당신이 마음에 상처를 입었을 때 다른 사람들의 반응은 어땠나요?
- 당신이 화가 났을 때 다른 사람들의 반응은 어땠나요?
- 다른 사람들로부터 도움을 구하려고 할 때 당신은 어떻게 하나요?
- 부모님 외에 당신을 돌보아 주었던 사람이 또 있었나요?
- 형제들과는 어떻게 지내고 있습니까?
- 성장 과정에서 형제들과의 관계는 어떠했습니까?

　가능한 질문의 목록은 무궁무진하다. 핵심은 환자의 애착유형에 대한 가설을 정립하기 위해 환자로부터 직접 정보를 수집해야 한다는 것이다. 애착은 관계를 형성하고 유지하는 데 기본이 되므로, 이러한 정보는 정확한 대인관계 설계(interpersonal formulation)를 완성하기 위한 결정적 요소이며, 환자가 IPT를 잘해 나갈 수 있는지 예측하는 데도 매우 중요하다. 이와 함께 환자가 다른 사람과 관계를 맺는 자신의 유형에 대해 스스로 어떻게 지각(perception)하고 있는지도 중요하다. 환자가 보고하는 대인관계와 자신의 대인관계 행동에 대한 지각은 일치할 수도 있지만, 전혀 다를 수도 있다. 두 경우 모두 많은 정보를 제공해 준다. 환자가 보고하는 대인관계들과 환자 자신의 지각이 일치한다면 환자에게 상당한 통찰력이 있다고 볼 수 있고, 결과적으로 IPT가 매우 유용한 치료가 될 것이다. 그들은 의사소통하는 방식을 인식할 수 있는 능력이 있으며, 자신의 의사소통 방식이 다른 사람에게 영향을 줄 수 있다는 점을 인정할 수 있다. 그러나 실제 대인관계와 자기-지각이 일치하지 않는 경우에는 일반적으로 통찰이 부족하다고 볼 수 있으며, 이러한 환자의 경우에는 IPT를 좀 더 기본적인 수준에서 시작해야 하므로, 치료자는 보다 길고 힘든 과정을 헤쳐 나가야 한다.

다음의 두 사례를 살펴보자.

> **사례 4-1** 실제 대인관계와 자기-지각이 일치하는 경우
>
> 치료자: 부인과 어떻게 지내고 있는지 말해 주세요.
>
> 환자: 장모님 문제로 싸우기 전까지는 아주 잘 지냈습니다. 제가 화를 내면, 아내는 금방 뒤로 물러섰으며, 제 화가 풀릴 때까지 조용히 기다려 주었습니다. 하지만 지난주에는 그렇지가 않았죠. 우리는 장모님을 요양원으로 모실 것인지, 함께 모시고 살 것인지 하는 문제로 대판 싸웠습니다. 아내 입장에서 보면 제가 너무 흥분해서 화를 내고, 자기 말을 전혀 듣지 않는다고 생각했을 겁니다. 사실 저는 화가 나면 지나치게 고집스러워지죠. 아내 입장에서는 입을 다물고 조용히 기다리는 것 외에 다른 선택의 여지가 없었을 거라고 생각됩니다.

> **사례 4-2** 실제 대인관계와 자기-지각이 일치하지 않는 경우
>
> 치료자: 부인과 어떻게 지내고 있는지 말해 주세요.
>
> 환자: 우리는 장모님 문제로 심하게 다투었습니다. 아내는 제 입장을 완전히 무시한 채 장모님을 요양원으로 보내지 않고 우리 집에서 모시고 살기를 원했기 때문에 저는 무척 화가 났습니다.
>
> 치료자: 화가 날 때면 어떻게 행동하십니까?

환자: 화가 나면…… 아시다시피…… 선생님도 사모님이 그렇게 행동하신다면 당연히 화가 나시겠지요?

환자가 치료에 적합한지 여부를 판단할 때 치료자가 고려해야 하는 요인들을 기술하는 전문적 용어는 매우 많다. 하지만 치료자의 직관, 경험, 판단에 기초하여 단 하나의 단순한 질문을 만든다면, 그 질문은 다음과 같을 것이다.

당신은 이 환자와 함께 작업하기를 원하는가?

앞에서 언급한 구체적 사례에 기초하여 볼 때, 〈사례 4-1〉의 환자가 정신치료에 더 적합한 대상이라는 사실을 이해하는 데 대단한 과학적 지식이 필요하지는 않을 것이다. 기술적으로 말하자면, 이 환자는 치료자의 도움 없이도 이미 자신의 의사소통 방식이 타인에 미치는 영향을 인식하고 있다. 그는 이미 자신이 문제에 일정 부분 책임이 있음을 알고 있으며, 의사소통 방식이 문제가 될 수 있음을 조금씩 알아 가고 있는 단계라고 생각된다. 진술한 대인관계 내용과 자기-지각이 일치하고 있다.

환자의 기술은 매우 유용하지만 환자의 상호작용 형태와 애착유형을 완전히 나타내 주지는 못한다는 점을 꼭 기억해야만 한다. 어떤 치료 상황에서든지 환자가 감추고 잘못 전달하여 섞어 버린 정보들이 존재한다. 여기에는 여러 가지 이유가 있겠지만 그중 몇 가지 분명한 이유는 다음과 같다.

- 환자는 치료자에게 가능한 한 자신의 좋은 면만을 보여 주고 싶어 할 수 있다.
- 환자는 자신의 문제에 대하여 스스로 책임지기보다는 다른 사람들을 비난하고 싶은 동기가 있을 수 있다.
- 치료자와 맺은 치료 동맹과 신뢰의 정도가 아직은 자기 자신을 보여 주고 드러내기에 충분하지 않을 수 있다.
- 환자가 치료자를 즐겁게 해 주려고 치료자가 듣고 싶어 하는 '정답' 만을 말

하려고 하는 것일 수 있다.

- 환자가 자기 드러내기 위험을 감수할 만큼 치료자가 환자에게 충분한 관심을 기울이지 않았거나 정확한 질문을 하지 않았을 수 있다. 사실을 숨기고 개인적 정보를 왜곡하는 것은 인간의 속성이며, 치료적 상황도 예외는 아니다.

따라서 치료자는 환자가 무엇을 말했고, 어떻게 말했는지에 항상 주의를 기울여서 평가의 근거로 삼아야 한다. 이것이 치료자에게 제공하는 정보를 숨기고 왜곡하는 환자의 경향을 반영해 주기 때문이다. 정보를 숨기는 것은 환자의 문제를 매우 해결하기 어렵게 만드는 가장 흔한 원인이며, 또한 치료를 받기 힘들게 만드는 원인이기도 하다. Bowlby[1]는 이 개념을 다음과 같이 요약하였다.

> 환자에게 극도로 고통스럽고 무서운 사건들에 대한 가장 의미 있는 정보는 환자가 가장 잊고 싶은 정보다. 억눌려 있는 기억들은 언제나 나쁜 기억들, 즉 돌봄을 받기는커녕 우울한 엄마를 돌보아야 했던 기억, 아니면 아버지의 폭력적 행동이나 어머니의 욕설, 위협 때문에 느꼈던 공포와 분노, '너 때문에 엄마, 아빠가 병이 난 거야.' 라는 말을 듣고 느낀 죄책감, 상실 후에 느꼈던 슬픔, 절망, 분노, 사랑하는 이와 어쩔 수 없이 헤어져 있는 동안 느꼈던 지속적이고 강렬한 그리움 등이다. 이러한 사건들을 되돌아보면 누구나 다시 불안감, 분노, 죄책감, 절망을 느끼게 된다. 아니면, 어떨 때는 친절하게 잘 돌보아 주다가도 또 어떨 때는 가장 큰 고통을 안겨 주었던 사람이 바로 자신의 부모였음을 믿으려 하지 않을 것이다……. (p. 425)

환자에 대한 의미 있는 타인의 진술

의미 있는 타인으로부터 환자에 대한 정보를 얻을 수 있다면, 치료자는 환자에게 했던 것과 동일한 질문을 할 수 있다. 주로 청소년 환자의 경우에 해당되는데, 부모가 치료에 관여하기를 원하는 경우에 한한다. 흔하지는 않지만 성인에게도 이러한 경우가 생길 수 있다. 커플 IPT에서도 두 사람에게 상대방에 대한 정보를 각각 얻을 수 있다.

의미 있는 타인에게 환자에 대한 질문을 할 때, 치료자는 이 사람 역시 사실을 왜곡하거나, 거리를 두거나, 애착에 관한 문제 혹은 다른 이유들 때문에 보고의 내용이 달라질 수 있음을 항상 인지하고 있어야 한다. 그럼에도 불구하고 의미 있는 타인으로부터 얻는 부가적인 정보는 도움이 되는 경우가 많다.

환자 이야기의 질

환자의 애착양식에 대해 추론하기 위해 환자의 대인관계에 관한 정보를 직접 수집하는 것 외에 환자 이야기의 질을 살펴보는 것도 도움이 된다. 간단히 말해, 이야기의 질이란 환자가 자기 이야기를 잘 말할 수 있는 능력 그 이상도 이하도 아니다. 이를 평가하는 방법은 그 이야기를 흥미롭게 만드는 것이 무엇인지를 살펴보면 된다. 더 좋은 방법은 환자의 이야기를 들으면서 진정으로 감동을 받은 때가 언제인지를 생각해 보는 것이다. 사람의 마음을 크게 움직인 이야기가 좋은 이야기다.

좋은 이야기는 줄거리가 잘 들어맞는 이야기다

그럴듯해야 한다. 뜬금없는 이야기가 아니라 맥락에 맞는 이야기이어야 한다. 이야기에 요점이 있어야 하며, 시작과 끝이 있어야만 한다. 치료에서 이야기를 정말 잘하는 환자는 종종 치료가 다 끝났을 때의 상황에 대해 그들이 희망하는 바를 미리 예상하여 말하기도 한다.

좋은 이야기 혹은 관심을 끄는 이야기는 등장인물의 움직임이 포함되어 있다

등장인물 간에 무언가가 일어나야 한다. 주고받는 대화가 있어야 하며, 대인관계의 상호작용이 기술되어야 한다. 움직임에 대한 기술이 많으면 많을수록 더 좋다. 이야기의 내용과 이야기를 하는 과정에서 감정이 풍부하게 표현될수록 더 좋은 이야기가 된다.

역사적인 틀 내에서 이야기를 구성하는 세부 사항이 포함되어 있어야 한다

이야기가 '옛날 옛적에' 식이 되어서는 안 된다. 이야기는 의미 있는 대인관계 맥락 안에서 사건이 발생한 장소와 시간을 구체적으로 밝혀야 한다. 예를 들어, 배우자와의 갈등에 대한 이야기는 실제 그 갈등이 일어났던 시간과 장소 속에서 이야기되어야 한다.

다음의 두 사례를 살펴보자.

| 사례 4-3 | 덜 흥미로운 이야기 |

치료자: 아버님 장례식에 대하여 말씀해 주실래요?

환자: 사실 잘 기억이 나지 않아요. 비 오는 날이었죠……. 가족이 모두 왔었고, 교회에서 영결식 예배를 했어요. 누구랑 대화를 했던 기억은 없어요. 저와 아버지는 별로 가깝지 않았어요.

치료자: 아버지는 어떻게 돌아가셨나요?

환자: 암이었죠……. 전립선암이었던 것 같아요. 오랫동안 투병을 하셨어요.

| 사례 4-4 | 흥미로운 이야기 |

치료자: 아버님 장례식에 대하여 말씀해 주실래요?

환자: 말할 게 별로 없어요. 전형적인 아일랜드식 장례였어요. 아버지가 항상 원하던 식으로 영결식 예배가 진행되었죠. 아버지는 유쾌한 분이었고, 항상 말씀하시기를 당신의 장례식에는 모든 사람이 와서 아버지와 함께했던 좋은 시간을 회상할 수 있었으면 좋겠다고 하셨어요. 정말 대단한 분이었죠. 전립선암으로 2년간 고생하셨는데, 그동안에도 유머를 잃지 않으셨어요. 돌아가시기 며칠 전 제가 병문안을 했었던 기억이 나네요. 우리는 영원히 함께 있을 것처럼 대화를 나누었지만 우리 모두 임종이 얼마 남지 않았다는 것을 알고 있었죠. 어떻게 설명해야 할지 모르겠지만…… 서로 손을 잡고…… 그때처럼 서로가 가깝다고 느꼈던 적은 없는 것 같아요……. 서로에게 '사랑한다.'고 말했죠. 그때를 생각하면 우리가 그런 시간을 다시 가질 수 없다는 사실 때문에 슬

퍼져요. 떠날 때, 아버지가 내게 말했죠. "네 아들에게 네가 얼마나 사랑하는
지를 꼭 알게 해 주렴." 영결식에서 그 이야기를 하면서 저는 울었어요……

이야기를 의미 있는 방식으로 연결시키는 능력은 다음과 같은 몇 가지 이유 때
문에 중요하다.

첫째, 대인관계 이야기를 연결시킬 수 있는 능력은 IPT에서 핵심적인 능력이
다. 모든 형태의 정신치료에서 환자는 치료자와 토론을 할 자료를 만들어 낸다.
그것이 꿈일 수도 있고, 인지일 수도 있고, 아니면 자유 연상을 한 내용이거나 둔
감화 훈련을 한 기록일 수도 있지만, 어떤 치료든지 기본적으로 환자가 무언가 이
야깃거리를 제시하도록 요구한다. 환자가 만들어 낼 수 있는 정보가 많을수록, 정
확할수록, 환자는 더 좋은 치료를 받을 수 있다. 왜냐하면 그것은 검증해야 할 자
료가 더 많아진다는 것이고, 환자를 이해하는 데 더 많은 정보를 활용할 수 있다
는 의미이기 때문이다. IPT에서 환자는 이야기 정보를 만들어 내야 한다. 환자는
특정 대인관계 상호작용에 대해 다시 이야기하도록 요구받는데, 구체적인 대화
내용과 당시의 정서적 상태 그리고 비언어적인 정보까지 포함하여 아주 상세히
이야기할 수 있어야 한다.

둘째, 흥미롭거나 의미 있는 방식으로 이야기를 엮어 내는 능력은 환자가 자신
의 경험을 다른 사람들에게 의사소통하는 능력과 밀접하게 관련되어 있다. 이것
은 다시 사회적 지지체계의 질을 높이는 데 강한 영향을 미친다. 자신의 이야기
속으로 다른 사람들을 끌어들일 수 있는 능력이 있는 사람들은 그렇지 않은 사람
들에 비하여 좀 더 밀접하고 폭넓은 사회적 지지체계를 구축할 수 있다.

셋째, 자신의 경험을 흥미 있게 진술할 수 있는 능력을 타고난 환자들은 자신
의 구체적인 갈등을 다룰 수 있는 능력도 있다. 자신의 경험, 감정, 요구를 효과적
으로 전달할 수 있는 능력이 있는 환자들은 그렇지 않은 환자들에 비하여 구체적
갈등을 좀 더 잘 해결할 수 있다.

넷째, 설득력 있게 이야기를 할 수 있는 환자들은 치료자를 좀 더 효과적으로
치료에 관여시킬 수 있기 때문에 치료 결과에도 차이가 생긴다. 치료자도 사람인

지라, 다른 사람들과 마찬가지로 환자의 대인관계 기술에 영향을 받기 때문이다. 치료자 역시 설득력 있는 이야기에 귀를 기울이게 된다. 이야기를 잘하는 환자는 같이 일하기가 즐겁고, 따라서 치료자는 이들에게 더 많은 시간을 투자하게 된다. 이것은 알게 모르게 치료 결과에 상당한 영향을 미치게 된다.

요약하면, 환자의 이야기가 설득력이 있을수록 치료 결과가 더 좋아진다. 환자가 좀 더 안정적으로 애착이 되어 있을수록 이야기는 더 설득력이 있게 되며, 다른 사람들과의 관계에서 더 의미 있는 관계를 맺을 수 있고, 환자의 경험을 공유할 수 있게 된다. 그러므로 평가 기간 중 치료자는 의미 있거나 흥미로운 대인관계 이야기를 해 줄 것을 환자에게 직접 요청해야 한다.

일반적인 이야기의 질 이외에 환자가 대인관계 상황에서 다른 사람들에 대해 어떻게 기술하는지가 환자의 애착양상에 대한 정보를 줄 수 있다. 환자가 자신의 대인관계에 대해 이야기할 때 치료자는 환자가 상호작용하는 사람들에 관해 이야기해 줄 것을 직접 요청해야 한다. 안정적으로 애착되어 있는 환자들은 다른 사람들을 기술할 때 '삼차원적' 용어로 기술한다. 바꿔 말하면, 그들은 다른 사람을 기술할 때, 장점과 단점, 이타적인 면과 이기적인 욕구, 특이한 점과 강점 등 실제적인 모습을 그려 낸다. 이것은 환자의 대인관계 실행모델을 좀 더 정확하게 반영한다. 안정적으로 애착되어 있는 사람일수록 '대인관계를 있는 그대로' 좀 더 정확하게 기술할 수 있다.

집착적인 애착유형의 환자들은 다른 사람들을 '이차원적' 용어로 기술한다. 이 환자들은 자신의 애착요구를 충족시키는 데 지나치게 신경을 쓰고, 집착하기 때문에, 자신을 돌보아 줄 수 있는 타인에 대한 비난을 주저한다. 대신, 타인을 이상화하거나, 때로는 평가절하하여 기술한다. 이러한 애착의 전형적 사례로 건강염려증 환자들을 꼽을 수 있는데, 이들은 자신을 현재 돌보아 주고 있거나 앞으로 돌보아 줄 수 있는 사람에 대해서 이상화하는 반면, 그렇지 않은 사람은 비난한다. 집착을 하는 환자의 세계에서는 어느 누구도 완벽할 수 없다. 환자를 보살펴 주는 데 적합하면 좋은 사람이고, 그렇지 않으면 나쁜 사람일 뿐이다.

반대로 공포적 혹은 거부적 애착유형의 환자들은 타인을 '일차원적' 용어로 기술한다. 이 환자들의 경우 그야말로 세부 사항에 대한 진술이 전혀 없다. 정보도 없고, 세부 사항도 없고, 아무것도 없다. 이것은 환자의 대인관계 세계를 반영하는 것으로, 의미 있는 관계가 전혀 없음을 보여 준다.

다음의 세 사례를 살펴보자.

> **사례 4-5** 안정적 애착유형의 경우
>
> 치료자: 어머니에 대해 말해 주세요.
>
> 환자: 음……. 어머니와 저는 아주 잘 지내고 있어요. 물론 더 좋았던 때도 있었지요. 어릴 때, 어머니는 제게 참 잘해 주셨어요. 다섯 살 때였던 걸로 기억하는데, 수두에 걸린 적이 있었어요. 그때 어머니는 직장에 휴가를 내시고 집에서 저와 함께 있어 주셨어요. 저와 게임도 하고, 책도 읽어 주셨죠……. 정말 좋았어요. 10대일 때는…… 좀 상황이 달라졌죠. 엄마는 좀 구식이어서, 제 옷 입는 스타일과 귀가 시간 때문에 서로 심하게 다투곤 하였어요. 하지만 전반적으로는 상당히 저를 지지해 주시는 편이었어요. 예를 들면, 가능하면 제 아이들을 보살피는 데 도움을 주려고 하시고, 잘 지내려고 하시죠. 하지만 우리 부부의 양육 방식에 대해 가끔 지적을 하시는 경향은 있어요.

> **사례 4-6** 집착적 애착유형의 경우
>
> 치료자: 어머니에 대해 말해 주세요.
>
> 환자: 어머니는…… 말 그대로 최고예요. 항상 도움을 주려고 하시고, 아이들에게도 너무 잘해 주시고…… 솔직히, 어머니에게 더 이상 바랄 것이 없어요. 고쳐야 할 점을 찾을 수 없어요.
>
> 치료자: 좀 전에 당신은 당신의 아이들을 키우는 문제로 어머니와 크게 다투었다고 말했던 것 같은데요.
>
> 환자: 그게 저…… 그런 일은 거의 없어요……. 그건 중요한 게 아니에요.

사례 4-7 공포적 애착유형의 경우

치료자: 어머니에 대해 말해 주세요.

환자: 어머니는…… 56세예요.

치료자: 어떤 분이시죠?

환자: 제 생각에 매우 훌륭하고, 좋은 엄마예요.

치료자: 어머니에 대해 좀 더 구체적으로 떠오르는 것은 없나요?

환자: 아뇨, 없어요. 좋은 어머니세요.

이상의 사례는 다양한 애착유형의 환자들이 다른 사람에 대한 질문을 직접 받았을 때 보이는 반응의 예다. 첫 번째 사례에서 안정적인 애착을 보이고 있는 환자는 어머니에 대하여 솔직하게 기술하고 있다. 어머니는 장점도 있고 단점도 있는데 환자는 이를 잘 기술하고 있으며, 일관성 있고 의미 있는 인간으로 통합하여 묘사하고 있다. 더욱 좋은 점은 어머니를 묘사하면서 맥락과 세부 사항을 포함한 이야기를 제공하고 있다는 것이다.

두 번째 사례에서 환자는 어머니를 이상화하고 있다. 치료자가 이를 직면시키자, 환자는 두 가지 다른 어머니의 모습을 하나로 통합시키는 데 실패하였다. 어머니와, 어머니가 제공하는 제한적인 지지를 잃을지 모른다는 두려움이 환자로 하여금 어머니를 이상화하게 만들었다. 건강염려증 환자뿐 아니라 학대의 희생자들에게도 이러한 면이 나타나는데, 이들은 심각한 트라우마에도 불구하고 학대의 가해자들을 이상화하고 오히려 스스로를 비난하기도 한다.

세 번째 사례의 경우 환자는 단적으로 의미 있는 정보를 거의 제공하지 못한다. 이러한 환자와는 어떤 종류의 치료로 진행하기 힘들다는 것을 쉽게 상상할 수 있을 것이다. 환자가 정보를 제대로 주지 않아서 힘들 뿐 아니라 환자 스스로 자신의 내적 경험을 제대로 전달할 수 있는 능력이 없기 때문에 치료가 힘들어진다. 상황을 더욱 나쁘게 만드는 것은 이런 환자들은 대부분의 치료자를 지루하게 만든다는 점이다.

애착유형에는 중첩되는 부분이 상당히 많다. 모든 사람은 안정적 애착 특성과

불안정적 애착 특성이 혼합된 모습을 보이고 있다. 그러나 안정적인 면이 많을수
록 치료의 예후가 좋다.

환자-치료자 관계의 질

애착을 평가하는 마지막 방법은 치료적 관계의 질을 살펴보는 것이다. 대인관
계에 대한 환자의 기술 및 환자 이야기의 질에 더하여, 환자-치료자 관계 역시 환
자의 애착유형과 예후에 대한 의미 있는 정보를 제공한다. 평가가 진행되면서 또
치료가 진행되면서, 치료자는 치료적 관계에 예민하게 주의를 기울여야 한다. 특
히 치료자는 환자에 대한 자신의 반응을 예리하게 자각하고 있어야 한다. 애착과
의사소통의 양상을 평가함에 있어 이것이 결정적인 방법일 수 있다.

환자가 치료자와 맺는 관계가 환자가 치료 밖 관계에서 맺는 애착의 양상을 반
영하므로 이 과정에서 애착유형을 평가할 수 있다. 치료에 충분한 시간이 주어지
면, 환자의 대인관계 상호작용 모델이 치료자에게도 적용된다. 불안정한 애착을
보이는 환자의 경우 실행모델이 첫 회기부터 분명히 나타나기도 하는데, 왜냐하
면 그들의 모델은 너무나 부정확해서 불일치가 곳곳에서 드러나기 때문이다. 경
계형, 자기애적 혹은 반사회적 성격의 소유자들이 그러한 사람들이다. 반면에 애
착이 안정적인 사람들은 치료자를 왜곡하여 보지 않거나 최소한 치료 초기에는
왜곡하지 않는다. 그들은 협조적이며, 도움을 쉽게 받아들이고, 치료자와 함께
작업하는 것을 즐거워한다.

치료 밖 의사소통과 마찬가지로 치료 시 보여 주는 구체적인 의사소통이나 초
의사소통(metacommunications)이 특징적인 반응을 이끌어 내기 때문에 이를 통하
여 환자의 의사소통 방식을 평가할 수 있다. 치료과정에서 환자는 치료자에게 어
떤 반응을 분명히 이끌어 낸다. 따라서 치료자는 환자에 대한 자신의 반사적인 반
응을 예리하게 알고 있어야 한다. 이 환자는 내게 무력감을 느끼게 하는가? 화나
게 하는가? 지루하게 하는가? 효과적이고 도움이 되는가? 각각은 모두 반사적인
반응이며, 환자의 특정한 의사소통 양식을 반영하는 것이다.

애착을 제대로 평가하기 위해서는 치료자는 자신과 환자 사이의 관계를 평가

해야 한다. "너 자신을 알라."라는 격언은 아무리 강조해도 지나치지 않으며, 치료자 역시 환자처럼 독특한 애착과 의사소통 양식을 지니고 있다. 예를 들면, 지나치게 지시적인 치료자는 겁이 많고 배타적인 환자와 작업할 때 어려움을 겪을 수 있다. 치료를 종결하는 데 어려움을 겪는 치료자는 집착형 애착유형의 환자를 만나면 문제를 겪을 수 있다. 안정적 애착유형의 치료자는 안정적인 환자의 경우처럼, 치료를 훨씬 효율적으로 진행할 수 있다.

애착과 의사소통의 평가: 요약

환자의 애착과 의사소통 양식은 IPT에서는 최소한 네 가지의 서로 다른 정보원을 통해 평가되어야 한다. 첫째, 관계에 대한 환자의 직접적인 기술을 근거로 평가되어야 한다. 둘째, 환자가 관계를 맺는 유형에 대한 다른 사람들의 보고를 통해 정보를 수집해야 한다. 셋째, 이야기의 질, 특히 '말해 보세요.'라는 직접적인 질문에 대한 반응으로서의 환자 이야기를 통해 평가해야 한다. 넷째, 환자와 치료자와의 관계의 질 역시 좋은 정보원이 된다. 이 모든 것의 조합이 환자가 IPT에 적합할지, 예후가 좋을지 여부에 대한 정보를 제공해 주게 된다.

환자의 애착유형은 치료자와 치료 동맹을 맺는 능력 및 치료가 효과적일지에 관한 직접적이고 의미 있는 정보를 제공한다. 불행히도, 다른 정신치료와 마찬가지로 IPT 역시 '빈익빈 부익부'의 원리가 적용된다. 상대적으로 안정적인 애착유형을 갖고 있는 환자들은 일반적으로 치료자와 치료 동맹을 잘 형성하며, 효과적으로 사회적 지지를 끌어낼 수 있는 경향이 있다. 집착형 애착을 보이는 사람들은 치료자와 빠르게 관계를 형성할 수는 있지만, 치료를 종결하는 데 상당한 어려움을 겪을 수 있다. 특히 시간 제한이 있는 치료의 경우 문제가 된다.

공포적 또는 회피적 애착유형의 사람의 경우 치료자를 신뢰하고 관계를 맺는 데 어려움을 겪게 된다. 결과적으로 공포적 또는 회피적 애착을 갖고 있는 환자를 치료하기 위해서는 치료 동맹을 형성하기 위하여 평가/초기 회기에 더 많은 시간을 할애해야 하며, 동맹이 확실히 형성된 후에 체계적인 IPT 작업을 해 나가야 한다.

환자가 IPT에 적합할지를 평가하는 외에 치료자는 치료과정에 나타날 수 있는 문제들을 예상하고 대책을 세우기 위한 평가도 해야만 한다. 예를 들어, 집착형 애착을 보이는 환자의 경우 치료를 끝낼 때 어려움을 겪을 수 있으므로 유능한 치료자는 IPT의 구조를 수정하여 치료종결이 가까워지면 회기 수를 점진적으로 줄여 나가거나, 치료 중기에서부터 치료종결에 대하여 다루어 준다. 의미 있는 타인을 치료회기에 좀 더 빈번히 참여시킴으로써 치료자에 대한 의존성이 문제가 되지 않도록 할 수도 있다.

공포적 또는 회피적 애착유형의 환자에게는 평가를 완료할 때까지 좀 더 많은 회기를 할애해야 하며, 환자를 이해하고 있고 공감하고 있다는 점을 전달하기 위해 더 많은 주의를 기울여야 한다. 환자에게 치료의 강도에 대하여 피드백을 해 달라고 요청하는 것 역시 치료 동맹을 증진시키는 또 다른 기법이 될 수 있다.

시간 제한이 있는 정신치료를 위한 전통적인 환자 특성 평가

일반적으로 시간 제한이 있는 정신치료에 적합한 특성을 갖고 있는 환자들은 대체로 IPT에도 적합한 환자들이다. 이미 많은 책에서 환자 선발, 특히 단기치료에서는 환자를 주의 깊게 선발하는 것이 치료 성공의 결정적 요인일 수 있음을 지적해 왔다.[2-5] 이 점은 임상적 경험과 실증적 자료 모두를 통해 지지되고 있다. 단기정신치료에서의 환자 선발과 관련된 실증적 증거들은 좋은 예후와 관련이 있는 몇 가지 구체적 요인을 명시하고 있다.[6-12] 이제까지 실시된 대부분의 연구들은 좀 더 정신분석 지향적인 단기치료에 대한 연구였지만, IPT에 적합한 환자를 선발할 때도 유용하게 사용될 수 있다.

임상적 경험 그리고 실증적 문헌에서 가장 흔히 보고되는 환자 선발 요인은 IPT에서도 필수적인 요인이며, 이는 다음과 같다.

- 병의 심각도
- 동기
- 치료 동맹을 맺는 능력
- 자아 강도
- 심리적인 마음가짐(psychological mindedness)

병의 심각도

단기정신치료에서 결과의 예측인자로서 병의 심각도에 대한 자료들은 우리가 직관적으로 생각하는 바와 완전히 일치한다. 즉, 치료의 종류에 관계없이 정신병리가 심각할수록 치료에 적합하지 않다.[13, 14] 이는 정신과적 증상, 즉 정신병에만 국한된 것이 아니라, 성격장애에도 그대로 적용된다.[15~17] 우울증 같은 질병에서 증상이 심할수록 일반적으로 예후가 좋지 않다.[6]

동기

시간 제한적 치료에서 동기의 개념은 단순히 증상을 없애고 싶다는 바람이 아닌 변화하고 싶다는 욕구를 의미한다.[18] 이러한 종류의 동기를 구성하는 요소들은 자신이 싸워 나갈 증상의 심리적 속성을 인식할 수 있는 능력, 치료에 적극적으로 참여하려는 의지, 문제에 대한 새로운 해결책을 탐색하려는 의지, 치료에 시간을 할애하고 돈을 지불하는 등 좀 더 실제적인 방법으로 자신을 확장시키려는 의지[4]—이것은 환자뿐 아니라 치료자에게 중요한 요인이다—등을 포함한다. 이러한 요소들이 중요하다는 것은 직관적으로도 알 수 있다.

실증적 연구들 역시 동기의 중요성을 지지하고 있다.[19] 그러나 몇몇 저자들은 치료 초기보다는 후기에 동기를 평가할 것을 제안하고 있다. 왜냐하면 임상적 경험 및 실증적 증거[20] 모두 동기를 후기에 평가하는 것이 좀 더 정확하다고 보고하기 때문이다.[21, 22] 이는 IPT에서 치료적 동의를 받기 전에 상세한 평가가 이루어

겨야 한다는 점에서 좀 더 증명이 필요한 제안이다.

치료 동맹을 맺는 능력

치료 동맹을 맺는 능력이란 치료자와 생산적으로 치료작업을 할 수 있는 환자의 능력을 말한다. 이를 위해서는 환자가 도움을 구하고 도움을 받을 수 있어야 하며, 치료자에게 자신의 감정을 솔직히 드러내야 하고, 치료자를 신뢰해야 한다. IPT에서는 이를 환자가 치료자에게 안정적으로 애착관계를 맺을 수 있는 능력으로 개념화하고 있다. 실증적 연구결과에 의하면 이 요소 역시 동기와 마찬가지로 중요하며, 치료가 몇 회기 진행된 후 치료적 관계를 측정할 경우 치료 결과와의 상관관계가 더욱 뚜렷이 나타났다.[23, 24]

치료 동맹은 특히 IPT의 치료 결과와 상관관계가 높았다. 미국 국립정신건강연구소 우울증치료 공동연구 프로그램(NIMH Treatment of Depression Collaborative Research Program: NIMH-TDCRP)에 의하면[25] 치료 동맹의 질은 결과에 의미 있는 영향을 주었다.[26] 특히 환자가 생산적으로 치료적 관계에 참여할 수 있는 능력은 치료자가 효율적으로 IPT를 수행할 수 있는 능력에 증상의 심각도보다 더 큰 영향을 주는 것으로 나타나서,[28] 다시 한 번 치료 동맹의 중요성을 보여 주고 있다.

자아 강도

이미 오래전부터 자아 강도는 정신치료의 중요한 요소로 간주되어 왔다. 자아 강도는 내적 혹은 외적 스트레스를 견뎌 내는 힘으로, 치료과정 중 발생하는 힘든 일들을 겪어 내는 능력 그리고 감정과 경험을 건설적으로 통합해 내는 능력 등으로 정의할 수 있다.[21, 29] 자아 강도를 나타내 주는 객관적인 지표는 환자의 지능, 직업력, 교육 수준 등이 있다.[3] 구성 개념의 속성이 추상적이기 때문에 실증적 자료가 부족하기는 하지만 몇몇 학자들은 자아 강도를 긍정적인 예측요소로 보고 있다.

심리적인 마음가짐

심리적인 마음가짐이란 내적 심리과정에 초점을 맞추려는 의지를 말하며, 내성(introspection)하는 능력, 사고와 감정을 탐색하려는 의지를 갖고 자기 자신에 흥미를 갖는 능력 등을 포함한다. 이러한 개념과 밀접히 연관되어 있는 것은 자기 자신의 생각과 느낌을 자각하는 능력 외에 이를 다른 사람에게 효과적으로 의사 소통할 수 있는 능력이다. 여러 치료에서 이것은 매우 중요한 요소인데, 왜냐하면 환자들이 자신의 내적 혹은 외적 경험을 잘 기술하지 못하는 경우 치료를 제대로 진행할 수 없기 때문이다. IPT에서는 자신의 경험을 의사소통할 수 있는 것이 매우 중요한데, 이때의 의사소통은 치료과정뿐 아니라 환자가 자신의 사회적 지지 망에 효과적으로 참여할 수 있는 능력이기도 하기 때문이다.

심리적인 마음가짐의 중요성에 관한 실증적 자료는 일관성이 없지만,[10] IPT의 임상적 경험에 따르면 이것이 치료 결과를 결정하는 매우 중요한 요소인 것 같다. 실증적 자료가 상대적으로 부족한 이유는 정신치료의 유형에 따라 질적으로 서로 다른 심리적인 마음가짐이 요구되기 때문일 것이다. 예를 들면, IPT 환자는 대인관계 사건과 증상 간의 상관관계를 인식할 수 있어야 하는 반면, 인지행동치료 (CBT)에서는 내적 인지와 증상 간의 관계를 인식할 수 있어야 한다. 역동적 치료 에서는 또 다른 유형의 통찰이 요구될 것이다. 이러한 주장들은 앞으로 좀 더 실증적으로 검증되어야 할 것이다.

모든 단기치료에 통용될 수 있는 대부분의 예측인자들은 직관적으로 분명한 것들이다. 또한 대부분 추상적인 것들이며, 따라서 상대적으로 경험적인 연구가 부족하고 문헌에서 확실히 결론을 도출하지 못하고 있다.

IPT에 적합한 환자를 평가하는 최선의 방법은 '실제로 환자를 보면 바로 알 수 있을 것'이라는 원칙, 즉 구체적으로 기술할 수는 없지만 환자의 심리적인 마음 가짐이나 동기는 실제 환자를 보면 어렵지 않게 알 수 있을 것이라는 원칙하에 움직이는 것이다.

치료 선택의 일차적인 근거로 진단을 이용하면 안 된다는 점을 명심해야 한다.

근거-중심 정신치료의 실증적 자료들은 특정 진단과 연계되어 있는 경우가 많지만, 이는 연구를 위해 인위적으로 디자인한 것들이다. 예를 들면, 대부분의 IPT 연구는 CBT 연구와 마찬가지로 주요우울증 환자를 대상으로 한 연구다. 그것은 이들 연구에서의 포함 기준이 우울증이었기 때문이며, 또 실증적으로 입증된 치료가 되기 위해서는 정의상 진단과 증상의 경감을 증명해야 하기 때문이다. 그러나 이것이 치료에 진단이 필요하다는 것을 의미하는 것은 아니며, 특정 진단 기준에 환자가 맞지 않는다고 해서 IPT에 부적합하다는 의미가 아니다. 임상적 경험에 의하면 그 반대인 경우가 많다. 고통 혹은 장애의 정도가 가벼운 환자(정신과적 진단의 기준에는 미달이지만)가 진단이 가능한 정도로 장애가 있는 환자보다 더 효과적인 IPT의 대상이었다.

IPT에 적합한 환자의 특성

IPT를 통해 효과를 볼 가능성이 큰 환자들, 즉 IPT에 적합한 환자들의 특성은 다음과 같다.

- 상대적으로 안정적인 애착유형
- 논리적으로 이야기를 연결시킬 수 있는 능력
- 대인관계 상호작용에서 특정한 대화를 연계시킬 수 있는 능력
- 심리적 고통에 대하여 특정 대인관계에 초점을 맞출 수 있는 능력
- 양호한 사회적 지지체계

안정적인 애착유형

안정적인 애착유형은 정신치료의 좋은 예후와 관련 있는 여러 요인과 다양하게 관련되어 있다. 애착유형이 안정적인 사람들은 일반적으로 자아 강도가 더 높고,

도움을 얻고자 하는 순수한 바람으로 치료를 시작하며, 치료자를 신뢰하고, 생산적인 치료 동맹을 좀 더 빨리 맺을 수 있다. 이들은 치료를 잘 해낼 수 있는 내적·외적 자원을 갖고 있다. 이들은 위험을 좀 더 잘 감수할 수 있으며, 변화에 더 적극적이고, 사회적 지지체계 역시 불안전한 애착유형의 사람에 비해 좋은 편이다. 애착유형은 어떤 환자가 IPT에 적합한지를 결정하는 데 있어서 가장 중요한 요인이다. 이를 입증하는 실증적 자료들이 계속 보고되고 있다.[30, 31]

논리적으로 이야기할 수 있는 능력

IPT를 받는 환자들은 대인관계 문제들을 인식하고 이를 증상 및 심리적 고통과 연관시키는 능력에 더하여 자신의 경험을 논리적인 방식으로 의사소통할 수 있어야 한다. IPT는 상당히 많은 부분을 의사소통 분석에 의존하고 있으므로 치료 밖에서 발생한 사건에서 오고 갔던 의사소통 내용을 환자가 세부적으로 보고할 수 있어야 한다. 대화를 다시 구성하고, 감정을 기술하고, 이야기를 잘할 수 있는 능력이 IPT에서는 중요하다. 치료자는 평가과정에서 환자에게 과거에 경험했던 중요한 대인관계 상호작용에 관한 몇 가지 이야기를 구체적으로 이야기하도록 함으로써 이 요소에 대한 합리적인 평가를 할 수 있다.

구체적인 대인관계에 초점을 맞추는 능력

시간 제한이 있는 IPT에서는 환자가 좀 더 구체적인 대인관계 문제를 제시하는 것이 필요하다. 자신의 증상과 대인관계 문제와의 관련성을 사전에 알고 치료를 시작하는 환자들이 IPT에 보다 적합한 환자인데, 이들에게는 IPT가 그들의 특정한 문제를 치료하는 데 적합하고 적절한 치료법임을 새삼 확인시켜 줄 필요가 없기 때문이다. 치료를 시작할 때 "나는 기분이 좋지 않아요. 하지만 이유를 모르겠어요."라고 불평하는 환자들은 IPT에 적합한 대상이 아니다. 반면에 "저는 지금 이혼을 고려 중인데 이 문제 때문에 골치 아프고 우울합니다."라고 말하는 환자가 좀 더 좋은 치료대상이다.

　IPT에 대한 환자의 적성 역시 중요한 고려 대상이다. 자신의 문제를 대인관계 용어를 사용하여 구성할 수 있는 사람은 그렇지 않은 사람에 비하여 IPT를 통해 더 큰 도움을 받을 수 있다. 환자가 자신의 문제를 어떻게 기술하는지 혹은 자신의 문제의 원인이 무엇이라고 생각하는지에 대해 처음 이야기하는 내용을 살펴보면 이 점에 대해 알 수 있다. 예를 들어, 어떤 여성이 산후우울증에 대해 말하면서 그 원인을 '남편과의 갈등 및 출산 후 직장 복귀 문제와 관련된 어려움' —전형적인 대인관계 갈등과 역할 전환—이라고 진술한다면 이 환자는 IPT에 적합하다. 반대로 자신의 문제를 다음과 같이 자신의 기분으로 표현하는 경우, 즉 "나는 다른 여자들처럼 엄마로서 기능을 제대로 하지 못할 것 같고, 내 아이에게 무언가 나쁜 일이 일어날 것 같다."고 말하는 경우에는 IPT보다는 CBT가 더 적절할 것이다. 왜냐하면 이러한 기술은 왜곡된 인지 양상에 가깝기 때문이다. 이에 대한 연구도 진행되고 있지만, 이러한 구분은 임상적으로 매우 유용하다.

양호한 사회적 지지

　사회적 지지가 좋을수록 환자 예후가 더 좋다. 특히 IPT는 자신의 요구에 맞는 사회적 지지체계를 활용하도록 환자를 돕는 데 초점을 맞추기 때문에, 더 많은 자원이 있는 경우 환자가 자신의 애착요구를 충족시킬 가능성이 더 높아지게 된다. 좋은 사회적 지지는 안정적인 애착과 상관관계가 크기 때문에 안정적 애착유형의 환자들이 일반적으로 더 많은 사회적 지지체계를 갖게 된다. 치료자는 환자의 대인관계 친밀도를 평가해야 한다. 깊이가 있고 정서적으로 밀접한 대인관계를 맺을 수 있는 사람들은 치료경과도 더 좋은데, 왜냐하면 이들은 다른 사람들과 자신의 경험을 잘 공유함으로써 그들의 지지를 받을 수 있기 때문이다. 남들과 관계가 소원한 사람들은 치료 동맹을 맺기가 힘들 뿐 아니라(이들의 대인관계 실행모델은 치료자를 포함한 모든 사람을 믿을 수 없다는 것이다) 치료 밖에서도 사회적 지지체계를 만들고 활용하는 것을 힘들어한다.

IPT에 대한 실증적 지지

IPT에 적합한 환자를 평가하는 데 관한 연구들은 상당히 많다.[9] 첫째, 특정 진단의 환자들을 대상으로 IPT의 유용성을 연구한 다양한 효용성 연구들이 있다. 둘째, IPT에 좋은 치료반응을 보이는 것과 연관된 요소들에 대한 연구들도 많다. 이러한 자료들은 환자에게 어떤 것이 도움이 될지에 대하여 치료자가 어떤 결정을 내리는 데 도움이 되는 정보를 줄 수 있지만, 그럼에도 이는 치료적 결정을 내리는 데 필요한 여러 요소 중 하나일 뿐이다. 실증적 연구는 환자 집단에 기초한 연구일 뿐 특정 개인에 대한 연구가 아니다. 그러나 실제 임상에서 치료자가 치료할 사람은 한 사람의 특정한 개인이다. 또한 대부분의 효용성 연구는 연구가 아닌 실제 임상 경험에서 도출된 결론이 포함되어 있지 않다는 한계가 있다. 즉, 실증적 자료들은 치료적 결정을 내리는 데 주요한 요인이기는 하지만, 적절성 여부를 최종 결정하기 위해서는 임상적 경험과 훌륭한 임상적 판단을 포함해서 고려해야 한다.

효용성 연구는 다양한 진단의 환자들을 대상으로 IPT를 실시했다. 일반적으로 IPT는 우울증 환자들에게 효과가 입증되었으며,[32, 33] 동시에 우울한 노인 환자들,[34, 35] 우울한 청소년,[36, 37] 기분부전장애 환자들이 도움을 받을 수 있음을 입증하였다.[38, 39] IPT는 임신 전후, 즉 산후우울증[40]뿐 아니라 임신 중 우울증에도 적용될 수 있다.[41, 42] 또한 섭식장애 환자를 대상으로도 효과가 검증되었다.[43, 44] 다양한 진단군을 대상으로 한 IPT의 실증적 자료들이 축적되었으나, 일반적인 임상(비연구) 상황에서 IPT를 적용한 연구는 아직 많지 않다. 공병(cormobid) 진단이 있거나 성격적인 병리가 있는 경우 혹은 임상적인 도움을 필요로 하는 다양한 환자에게 좀 더 간결한 치료를 해야 하는 경우 등 연구에 적합하지 않은 환자들과 작업할 때 치료자들은 자신의 판단에 의지하게 된다. 치료자들이 연구에 적합하지 않은 환자들을 대상으로 실제 임상에서 작업할 때는 자신의 임상적 판단을 활용해야 한다.

IPT에서 좋은 치료 결과와 관련이 있는 환자 요소에 대한 몇 가지 연구들이 있다. 성격장애가 있는 경우 우울증 치료의 예후가 나쁘다. NIMH-TDCRP에서 성격장애가 있는 우울증 환자들은 우울 증상과 사회적 기능 면에서 예후가 더 나빴다.[17] 성격장애가 치료 결과에 부정적 영향을 미친다는 주장은 직관적으로도 그럴듯하다.[45]

결과적으로 성격장애가 있는 사람들은 실증적 자료와 누적된 임상적 경험에 기초하여 볼 때 좀 더 많은 주의를 기울여야 할 것 같다. A군 성격장애, 즉 편집형(paranoid), 정신분열성(schizoid), 정신분열형(schitotypal) 성격장애가 있는 사람들은 치료자가 환자를 이해하기 위하여 더 많은 노력을 하지 않는다면, 효과적인 치료 동맹을 맺기 힘들 수 있다. B군 환자들, 자기애적(narcissistic), 히스테리성(histrionic), 경계선적(borderline), 반사회적(antisocial) 성격장애를 갖고 있는 사람들은 거절이나 적개심이 유발될 수 있는 상황에서도 치료자가 공감적(empathic)이어야 할 필요가 있다. C군 환자들에게는 IPT의 구조적 변화가 필요할 수도 있다. 예를 들면, 의존적인 환자의 경우에는 치료 후반에 치료빈도를 점진적으로 줄여 나가는 것이 좋다. 종합해 보면, 성격장애가 있으면서 동시에 우울과 불안이 있는 환자들은 치료자가 융통성 있게 환자에게 맞추어서 치료를 진행해야 단기 치료를 통해 도움을 받을 수 있을 것이다.

NIMH-TDCRP의 추가 자료에 의하면 IPT의 긍정적 치료반응과 연관된 몇 가지 요소가 있다.[46] 여기에는 치료 시작 시 사회적 역기능이 낮은 수준인 것, 대인관계 통찰이 높은 수준인 것이 포함된다. 치료를 시작할 때 자신의 대인관계에 대해 상당히 만족감을 보고하는 환자들은 다른 어떤 치료보다도 IPT를 통해 치료효과를 볼 가능성이 높다. NIMH-TDCRP의 결과를 요약해 보면, 심각한 병리적 성격을 갖고 있지 않고, 사회적 지지체계가 상당히 양호하며, 대인관계에서 자신이 의사소통하는 방식에 대한 자각이 있는 사람의 경우 IPT에 전형적으로 잘 맞는 사람이다.

몇 개의 성격적 특성은 부정적인 IPT 결과와 연관되어 있다. Blatt 등[47, 48]이 NIMH-TDCRP 자료를 분석한 결과, 완벽주의는 치료 결과에 부정적인 영향을 주는 것으로 나타났다. 완벽주의는 치료 중반 이후에 치료 진행을 방해하게 되는데, 완벽주의자들이 인위적이고, 외적으로 결정된 치료종결 날짜에 대해 반발하기 때문에 치료 결과에 부정적인 영향을 주는 것 같다는 주장이 있다. 그러나 임상 상황에서 IPT는 별 문제가 없는데, 왜냐하면, 실제 임상치료에서는 NIMH-TDCRP의 연구에서 정해 놓은 고정된 종결 시기와는 달리 치료자와 환자가 좀 더 융통성 있게 단기치료 스케줄을 조정할 수 있기 때문이다.

NIMH-TDCRP 연구에서 회피적인 성격 특성을 갖고 있는 환자들은 IPT보다 CBT가 효과적인 것으로 나타난 반면, 강박적인 특성의 환자들은 CBT보다 IPT에서 더 좋은 결과를 나타내었다.[49] 이 결과는 우리의 일반적인 직관과는 반대인 것처럼 보이는데, 환자의 대처기제(즉, 회피와 강박증)가 과도한 스트레스하에서는 효과적인 대처법으로 기능하기보다는 더 큰 장애와 고통을 준다는 점을 고려하면 이해할 수 있다. Frank 등의 연구에 의하면 재발성 우울증이 있는 여자 환자들과 심한 공황증상 및 광장공포증 환자의 경우 IPT에 잘 반응하지 못하였다.[50] 높은 수준의 신체적 불안을 갖고 있는 경우에는 회복된 사례가 없었다.[51]

생물학적 예측인자에 관한 실증적 자료는 제한적이지만, 수면 측정치와 IPT 반응과의 연관성을 연구한 결과, 비정상적인 수면 뇌파를 보이는 우울증 환자는 정상적인 수면 뇌파를 보이는 우울 환자에 비하여 유의미하게 IPT의 효과가 낮았다.[52, 53] 생리적 측정치와 치료 예후 간의 상관관계에 대해서는 아직 더 많은 연구가 필요하다.

환자 선발과 관련된 실증적 자료들은 다음과 같이 요약할 수 있다.

- 여러 가지 구체화된 진단에 대해 IPT의 효용성(efficacy)을 지지하는 좋은 실증적 자료들이 있지만, 효과(effectiveness)에 대한 자료는 아직 제한적이다.
- 사회적 지지체계와 같은 사회적 요소가 좋은 예후에 연관되어 있다.
- 성격장애가 있는 경우 IPT의 금기사항은 아니지만, 치료과정을 복잡하게 만들고, 좋지 않은 결과로 이어질 수 있다.
- 중복진단으로 성격장애가 있는 경우 치료 기간을 늘리거나, 치료종결을 단계적으로 해 나가거나, 치료 초기에 동맹을 맺는 데 더 많은 시간을 할애하

는 등 치료 구조를 변화시키는 것이 필요할 수 있다.

결 론

IPT에 적합한 환자를 선발하는 것은 100% 적합한 환자를 한쪽 끝에 놓고, 100% 적합하지 않은 환자를 또 다른 한쪽 끝에 놓은 스펙트럼상에서 이해할 수 있다. IPT의 절대적인 금기사항은 없지만, IPT보다는 다른 치료를 통하여 더 많은 도움을 받을 수 있는 환자는 있을 수 있다. 임상적 판단을 위해서는 환자가 단기치료에 적합한지, 가능한 여러 가지 치료 중 효용성을 지지하는 경험적 자료가 있는지, 선택 가능한 치료의 임상적 가치 등을 모두 고려해야 한다.

요약하면 평가과정은 환자가 IPT에 적합한지 여부를 치료자가 결정하는 데 도움을 줄 수 있어야 하며, 이는 실증적 자료, 임상적 경험 그리고 임상적 판단에 기초해서 이루어져야 한다. 정신과적인 평가와 더불어 환자의 애착유형과 의사소통 방식에 대한 평가도 해야만 한다. 평가는 치료에서 치료 동맹을 맺는 데 어려움이 있거나 환자의 의존성으로 인한 문제와 같은 잠재적 문제를 예측하고 대책을 세우는 데 도움을 줄 수 있어야 하며, 치료자가 치료적 접근과 치료적 구조를 수정하여 문제를 최소화할 수 있도록 이끌어 주어야 한다.

참고문헌

1. Bowlby J. The making and breaking of affectional bonds, II: some principles of psychotherapy. *British Journal of Psychiatry*, 1977, 130: 421-431.
2. Malan DH. *The Frontier of Brief Psychotherapy*. 1976, New York: Plenum.
3. Marmor J. Short-term dynamic psychotherapy. *American Journal of*

Psychiatry, 1979, **136**: 149–155.

4. Sifneos PE. *Short-term Dynamic Psychotherapy.* 1987, New York: Plenum.

5. Strupp HH and Binder JL. *Psychotherapy in a New Key.* 1984, New York: Basic Books.

6. Elkin I, *et al.* Initial severity and differential treatment outcome in the National Institute of Mental Health Treatment of Depression Collaborative Research Program. *Journal of Consulting and Clinical Psychology,* 1995, **63**: 841–847.

7. Calvert SJ, Beutler LE and Crago M. Psychotherapy outcome as a function of therapist–patient matching on selected variables. *Journal of Social and Clinical Psychology,* 1988, **6**: 104–117.

8. Carroll K, Nich C and Rounsaville B. Contribution of the therapeutic alliance to outcome in active versus control psychotherapies. *Journal of Consulting and Clinical Psychology,* 1997, **65**: 510–514.

9. Eaton TT, Abeles N and Gutfreund MJ. Therapeutic alliance and outcome: impact of treatment length and pretreatment symptomatology. *Psychotherapy: Research and Practice,* 1988, **25**: 536–542.

10. Lambert MJ and Anderson EM. Assessment for the time-limited psycho therapies, in Dickstein LJ, Riba MB and Oldham JM (eds.) *American Psychiatric Press Review of Psychiatry.* 1996, Washington, DC: American Psychiatric Press, pp. 23–42.

11. Barber JP and Crits-Cristoph P. Comparison of the brief dynamic psychotherapies, in Crits-Cristoph P and Barber JP (eds.) *Handbook of Short-term Dynamic Psychotherapy.* 1991, New York: Basic Books, pp. 323–356.

12. Demos VC and Prout MF. A comparison of seven approaches to brief psychotherapy. *International Journal of Short-term Psychotherapy,* 1993, **8**: 3–22.

13. Luborsky L, Crits-Cristoph P and Mintz J. *Who Will Benefit from Psychotherapy?* 1988, New York: Basic Books.

14. Hoglend P. Suitability for brief dynamic psychotherapy: psychodynamic variables as predictors of outcome. *Acta Psychiatrica Scandinavica,* 1993, **88**: 104–110.

15. Shea MT, Some characteristics of the Axis II criteria sets and their implications for assessment of personality disorders. *Journal of Personality*

Disorders, 1992, 6: 377–381.

16. Shea MT, *et al.* Course of depressive symptoms over follow-up. Findings from the National Institute of Mental Health Treatment of Depression Collaborative Research Program. *Archives of General Psychiatry,* 1992, 49: 782–787.

17. Shea MT, *et al.* Personality disorders and treatment outcome in the NIMH Treatment of Depression Collaborative Treatment Program. *American Journal of Psychiatry,* 1990, 147: 711–718.

18. Lambert MJ. Psychotherapy outcome research: implications for integrative and eclectic theories, in Norcross JC and Goldfried MR (eds.) *Handbook of Psychotherapy Integration.* 1992, New York: Basic Books.

19. Orlinsky DE, Grawe K and Parks BK. Process and outcome in psychotherapy noch einmal, in Bergin AE and Garfield SL (eds.) *Handbook of Psychotherapy and Behavioral Change.* 1994, Wiley: New York.

20. O' Malley S, Suh CD and Strupp HH. The Vanderbilt psychotherapy process scale: a report on the scale development and a process-outcome study. *Journal of Consulting and Clinical Psychology,* 1983, 51: 581–586.

21. Malan DH. *A Study of Brief Psychotherapy.* 1975, New York: Plenum.

22. Garfield SL. *The Practice of Brief Psychotherapy.* 1989, New York: Pergamon.

23. Strupp HH. Toward the refinement of time-limited dynamic psychotherapy, in Budman SH (ed.) *Forms of Brief Therapy.* 1981, New York: Guilford Publications, pp. 219–225.

24. Binder JL, Henry WP and Strupp HH. An appraisal of selection criteria for dynamic psychotherapies and implications for setting time limits. *Journal of Psychiatry,* 1987, 50: 154–166.

25. Elkin I, *et al.* NIMH Treatment of Depression Collaborative Treatment Program: background and research plan. *Archives of General Psychiatry,* 1985, 42: 305–316.

26. Krupnick JL, *et al.* The role of the therapeutic alliance in psychotherapy and pharmacotherapy outcome: findings in the National Institute of Mental Health Treatment of Depression. *Journal of Consulting and Clinical Psychology,* 1996, 64: 532–539.

27. Zuroff DC, *et al.* Relation of therapeutic alliance and perfectionism to outcome in brief outpatient treatment of depression. *Journal of Consulting and Clinical Psychology,* 2000, **68**: 114-124.

28. Foley SH, *et al.* The relationship of patient difficulty to therapist performance in interpersonal psychotherapy of depression. *Journal of Affective Disorders,* 1987, **12**: 207-217.

29. Davanloo H. *Short-term Dynamic Psychotherapy.* 1980, Northvale: Aronson.

30. McBride C, *et al.* Attachment as a moderator of treatment outcome in major depression: a randomized control trial of interpersonal psychotherapy versus cognitive behavior therapy. *Journal of Consulting and Clinical Psychology,* 2006, 74: 1041-1054.

31. Ravitz P, Maunder R and McBride C. Attachment, contemporary interpersonal theory and IPT: an integration of theoretical, clinical, and empirical perspectives. *Journal of Contemporary Psychotherapy,* 2008, **38**(1): 11-22.

32. Elkin I, *et al.* NIMH Treatment of Depression Collaborative Research Program: I. General effectiveness of treatments. *Archives of General Psychiatry,* 1989, **46**: 971-982.

33. Weissman MM, *et al.* The efficacy of drugs and psychotherapy in the treatment of acute depressive episodes. *American Journal of Psychiatry,* 1979, **136**(4B): 555-558.

34. Reynolds CF, *et al.* Treating depression to remission in older adults: a controlled evaluation of combined escitalopram with interpersonal psychotherapy versus escitalopram with depression care management. *International Journal of Geriatric psychiatry,* 2010, **25**(11): 1134-1141.

35. Reynolds CF, *et al.* Treatment of 70(+)-year-olds with recurrent major depression. Excellent short-term but brittle long-term response. *American Journal of Geriatric Psychiatry,* 1999, 7: 64-69.

36. Mufson L, *et al.* A randomized effectiveness trial of interpersonal psychotherapy for depressed adolescents. *Archives of General Psychiatry,* 2004, **61**(6): 577-584.

37. Mufson L and Fairbanks J. Interpersonal psychotherapy for depressed

adolescents: a one-year naturalistic follow-up study. *Journal of the American Academy of Child and Adolescent Psychiatry*, 1996, **35**: 1145–1155.

38. Markowitz J. *Interpersonal Psychotherapy for Dysthymic Disorder*. 1998, Washington, DC: American Psychiatric Press.

39. Browne G, *et al*. Sertraline and interpersonal psychotherapy, alone and combined, in the treatment of patients with dysthymic disorder in primary care: a 2 year comparison of effectiveness and cost. *Journal of Affective Disorders*, 2002, **68**: 317–330.

40. O'Hara MW, *et al*. Efficacy of interpersonal psychotherapy for postpartum depression. *Archives of General Psychiatry*, 2000, **57**: 1039–1045.

41. Spinelli MG and Endicott J. Controlled clinical trial of interpersonal psychotherapy versus parenting education program for depressed pregnant women. *American Journal of Psychiatry*, 2003, **160**(3): 555–562.

42. Grote NK, *et al*. A randomized controlled trial of culturally relevant, brief interpersonal psychotherapy for perinatal depression. *Psychiatric Services*, 2009, **60**(3): 313–321.

43. Fairburn CG, *et al*. A prospective study of outcome in bulimia nervosa and the long-term effects of three psychological treatments. *Archives of General Psychiatry*, 1995, **52**(4): 304–312.

44. Fairburn CG, Jones R and Peveler RC. Three psychological treatments for bulimia nervosa: a comparative trial. *Archives of General Psychiatry*, 1991, **48**: 463–469.

45. Shea MT, Widiger TA and Klein MH. Comorbidity of personality disorders and depression: implications for treatment. *Journal of Consulting and Clinical Psychology*, 1992, **60**: 857–868.

46. Sotsky SM, *et al*. Patient predictors of response to psychotherapy and pharmacotherapy: findings in the NIMH Treatment of Depression Collaborative Research Program. *American Journal of Psychiatry*, 1991, **148**: 997–1008.

47. Blatt SJ, *et al*. Impact of perfectionism and need for approval on the brief treatment of depression: the National Institute of Mental Health Treatment of Depression Collaborative Treatment Program revisited. *Journal of*

Consulting and Clinical Psychology, 1995, **63**: 125–132.

48. Blatt SJ, *et al.* When and how perfectionism impedes the brief treatment of depression: further analyses of the National Institute of Mental Health Treatment of Depression Collaborative Research Program. *Journal of Consulting and Clinical Psychology,* 1998, **66**: 423–428.

49. Barber JP and Muenz LR. The role of avoidance and obsessiveness in matching patients to cognitive and interpersonal psychotherapy: empirical findings from the Treatment for Depression Collaborative Research Program. *Journal of Consulting and Clinical Psychology,* 1996, **64**: 951–958.

50. Frank E, *et al.* Influence of panic-agoraphobic spectrum symptoms on treatment response in patients with recurrent major depression. *American Journal of Psychiatry,* 2000, **157**: 1101–1107.

51. Feske U, *et al.* Anxiety as a predictor of response to interpersonal psychotherapy for recurrent major depression: an exploratory investigation. *Depression and Anxiety,* 1998, **8**: 135–141.

52. Thase ME, *et al.* Which depressed patients will respond to interpersonal psychotherapy? The role of abnormal EEG sleep profiles. *American Journal of Psychiatry,* 1997, **154**: 502–509.

53. Buysse DJ, *et al.* Pretreatment REM sleep and subjective sleep quality distinguish depressed psychotherapy remitters and nonremitters. *Biological Psychiatry,* 1999, **45**: 205–213.

제5장

대인관계 평가도구

서 론

대인관계 평가도구는 환자가 지금 생활하면서 맺고 있는 핵심 관계들의 기록부다. 이것은 IPT에만 있는 것이며, 치료자가 환자의 이야기를 들으면서 사회적 지지와 대인관계 문제영역(interpersonal problem area)에 관한 정보를 수집하는 과정을 구조화할 수 있도록 짜여 있다. 이것은 IPT의 핵심을 포함하고 있다. 즉, 변화를 촉진시키기 위한 구조를 사용하는 동시에 환자의 말을 경청하는 것이 그것이다. 대인관계 평가도구는 IPT의 평가/초기 단계, 일반적으로는 둘째 혹은 셋째 회기에 작성한다. 이 조사표는 잠정적인 것이라고 말할 수 있는데, 왜냐하면 대부분의 치료자와 환자들은 IPT 과정 중 환자의 대인관계와 대인관계상의 문제에 대한 조망이 변화됨을 경험하기 때문이다.

IPT는 환자와 치료자가 제한된 시간을 최대한 활용하여 문제가 되는 관계를 의미 있게 변화시키는 데 초점을 맞추는 치료적 개입이다. 대인관계 평가도구는 이 과정의 주요한 구조적 요소로, 치료자와 환자로 하여금 다음과 같은 작업에 초점을 맞출 수 있도록 해 준다.

- 현재의 대인관계를 이해하기
- 환자의 현재 대인관계 문제의 배경을 탐색하기
- 대인관계 문제와 관련된 상호작용 양상과 의사소통 유형을 확인하기
- 치료의 초점이 될 구체적인 IPT 문제영역을 명시하기

대인관계 평가도구는 여러 가지 다양한 방식으로 작성될 수 있지만, 원칙적으로는 언제나 아주 철저하고 광범위한 사회력 조사이며, 다만 두 가지 차이점이 있다. 첫째, 대인관계 평가도구는 지금-여기에 초점을 맞추는 IPT의 특성에 맞도록 환자의 현재의 심리적 고통과 연관되어 있는 현재의 관계에 대해 중점을 두어야 한다(〈글상자 5-1〉 참조). 둘째, IPT 초기에 대인관계 자료를 수집하는 방법으로 대인관계 평가도구를 사용하면서 환자와 치료자는 치료에 접근하는 방식을 설정하게 된다. 서로 협동적이어야 하며, 잘 경청할 수 있는 구조를 활용하며 통찰력을 개발할 수 있는 기회를 제공해야 한다.

글상자 5-1 | 대인관계 평가도구의 특징

- 최근에 상실한 관계를 포함하여 현재의 의미 있는 관계들을 모두 기록한다.
- 문제가 되는 대인관계가 발생하기까지의 세부 사항을 모두 기록한다.
- 일반적인 사회적 지지에 대해 개괄적으로 기술한다.
- 현재의 의사소통 문제를 포함한다.
- 관계에 대한 현재의 기대를 포함한다.
- 대인관계 문제영역을 구체적으로 확인한다.
- 치료적 개입 계획을 촉진한다.
- IPT 과정 중 계속 변경되고 발전되며, 치료 진전을 관측하는 모니터링 역할을 한다.
- 치료과정에서 방향을 재설정하기 위한 나침반 역할을 한다.

대인관계 평가도구의 특징

최근에 상실한 관계를 포함하여 현재의 의미 있는 관계들을 모두 기록한다

대인관계 평가도구는 지금-여기에서 환자의 의미 있는 관계에 일차적으로 초점을 맞추어야 한다. 실제로 대인관계 평가도구 작성 시 포함시킬 사람의 수를 7~8명 정도로 제한하는데, 이는 문화적인 이유나 환자의 애착유형에 따라서 약간 조정될 수 있다. 대인관계 평가도구 작성의 목적은 환자의 사회적 지지에 대한 전반적인 조망을 해 보기 위함이지, 환자의 모든 대인관계를 광범위하게 탐색하려는 것은 아니다. 평가도구 작성 과정에서 확인된 특정 대인관계의 문제는 IPT의 중기 회기에서 중점적으로 다루게 될 것이다. 즉, 대인관계 평가도구는 하나의 평가도구다. 대인관계 평가도구에서 지금-여기에서의 대인관계를 강조하는 것은 말 그대로 환자로 하여금 현재의 관계에 초점을 맞추고 그것을 변화시키도록 압박하는 역할을 하기 위해서다.

문제가 되는 대인관계가 발생하기까지의 세부 사항을 모두 기록한다

환자로부터 얻은 세부 사항은 개인사 전체가 아닌 문제가 되고 있는 현재의 환자 경험을 반영하는 것이어야 한다. 드러난 대인관계 문제에 대한 좀 더 세부적인 사항은 치료 중기 단계에서 확인할 수 있을 것이다. 그러나 치료자는 평가도구를 통해 얻는 정보가 정확하다고 확신할 수 있어야 한다. 왜냐하면 어떤 환자들은 자신의 문제와 관련이 있을 수 있는 의미 있는 세부 사항을 드러내지 않는 경향이 있기 때문이다. 환자의 과거사는 현재의 환자 행동을 설명해 줄 수 있는 것에 한정해서 조사할 필요가 있는데, 그 정도와 범위에 대해서는 치료자가 단기치료임을 감안하여 임상적 판단을 내려야 한다.

일반적인 사회적 지지에 대해 개괄적으로 기술한다

문제가 있는 특정 관계 이외에 치료자는 환자의 일반적인 사회적 지지에 대한 정보도 수집해야 한다. IPT의 일차적 목표는 환자가 효율적으로 자신의 사회적 지지를 활용할 수 있도록 돕는 것이므로, 활용 가능한 자원을 정확히 평가하는 것이 매우 중요하다. 또한 이러한 정보는 환자의 애착유형 및 다른 사람으로부터 도움을 구할 수 있는 능력에 대해 치료자가 좀 더 잘 이해할 수 있도록 해 준다.

현재의 의사소통 문제를 포함한다

대인관계 평가도구는 특정 문제와 연계된 환자의 정서적 반응뿐 아니라 이 문제를 해결하기 위해 환자가 어떤 시도를 했는지에 대해서도 기록해야 한다. 치료자가 갈등이나 역할 전환에 대하여 질문을 함으로써 다른 사람과 의사소통하는 방식 혹은 상호작용 방식에서 문제가 되는 점을 확인할 수 있어야 하며, 이것이 IPT에서 치료적 개입의 방향을 설정하는 데 도움을 준다.

관계에 대한 현재의 기대를 포함한다

치료자는 구체적인 의사소통 사례와 더불어 환자가 자신의 사회적 관계 내에서 무엇을 기대하는지에 대한 정보도 수집해야 한다. 환자는 다른 사람들이 어떻게 지지해 주기를 기대하는가? 그 기대는 현실적인가? 주변 사람들은 합리적인가? 환자는 다른 사람들이 자신에게 기대하는 것이 무엇이라고 지각하고 있는가? 이러한 정보들은 IPT의 개입 방향을 알려 줄 것이다. 의사소통 방식을 변화시키기 위한 치료기법은 환자가 다른 사람들에 대해 기대하는 것을 변화시키는 기법과 함께 적용되는 경우가 많다.

대인관계 문제영역을 구체적으로 확인한다

대인관계 평가도구의 중요한 목적 중 하나는 환자의 고통과 관련 있는 구체적인 대인관계 갈등, 역할 전환 그리고 애도 및 상실의 문제를 명시하는 것이다. 이를 위해 관계에 대한 정보를 수집한다. 이 시점에서의 목표는 우선 중요한 문제를 중심으로 중요한 내용만을 기록하는 것이다. 보다 많은 정보와 세부 사항들은 치료 중간 단계에서 살펴볼 것이며, 이때 앞서 확인된 대인관계 문제들을 좀 더 깊이 있게 다루게 된다.

치료적 개입 계획을 촉진한다

대인관계 평가도구의 가장 중요한 기능은 치료자와 환자가 환자의 대인관계상의 문제와 사회적 지지 정도를 파악하는 것을 넘어서서, 구체적으로 어떤 개입이 도움이 될지에 대한 지침을 제공하는 것이다. 예를 들어, 현재 심각한 대인관계 갈등을 겪고 있는 환자의 대인관계 평가도구를 작성해 나가는 과정에서 의사소통 능력의 장애로 인해 관계의 문제가 발생했음이 확인된다면, 치료자는 의사소통 능력을 개선시키는 기법이 가장 좋은 치료기법임을 알 수 있다. 이 경우에 의사소통 분석(제9장)과 역할 수행(제12장) 같은 기법들이 매우 적합하다. 이를 통해 치료개입의 초기 단계부터 대인관계 치료가 논리적으로 진행될 수 있을 것이다.

IPT 과정 중 계속 변경되고 발전되며, 치료 진전을 관측하는 모니터링 역할을 한다

대인관계 평가도구는 환자와 치료자가 함께 만들어 가는 이야기(story) 혹은 '공동 진행 중인 작업'으로 생각하는 것이 가장 좋다. 치료 초기의 대인관계 평가도구는 완전하지 않고 환자에 의해 왜곡된 모습일 가능성이 있다. 환자가 자신의 부정적인 면을 숨기고 싶어서 의도적으로 왜곡했을 수도 있고, 환자가 정보를 제대로 통합할 능력이 없었기 때문일 수도 있으며, 혹은 어려운 문제를 회피하고 싶어서 그랬을 수도 있다. 그러나 치료가 진행되어 가면서 환자 자신의 지각이 변화되기도 하고, 환자가 좀 더 많은 정보를 제공하기도 하며, 혹은 환자의 상황이 변화되기도 한다.

급성기 치료 결론(Conclusion of Acute Treatment)에 가까워지면, 환자와 치료자는 처음에 작성했던 대인관계 평가도구를 다시 꺼내어 현재와 비교해야 하는데, 이 과정을 통해 그동안의 치료로 진전된 것들을 살펴보고, 동시에 앞으로 더 다루어야 할 것들이 있는지 함께 논의해야 한다. 단기치료 결론 단계에서 이 자료를 검토해 보는 것은 치료를 통해 이룬 것들에 대하여 환자에게 강화를 해 줄 뿐 아니라 전체 사회적 관계 내에서 환자에게 나타난 변화를 환자가 좀 더 잘 이해할 수 있도록 해 준다. 대인관계 평가도구는 IPT의 치료 효과를 주관적으로 검증하는 데도 사용될 수 있다.

치료과정에서 방향을 재설정하기 위한 나침반 역할을 한다

특히 환자가 다중적이고 복합한 대인관계 문제를 갖고 있는 경우 IPT를 진행하는 과정에서 환자와 치료자 모두 치료방향이 적절한지 혼란에 빠질 가능성이 있다. 이와 같은 상황에서 대인관계 평가도구를 참고하여 IPT의 방향을 재설정하는 것이 도움이 될 수 있다. 옆길로 빠지거나 지엽적인 문제에 매달려 헤매는 대신, 치료자는 환자에게(혹은 치료자 자신에게) 평가도구와 대인관계 설계(interpersonal formulation)에서 강조한 구체적인 문제영역이 무엇인지를 상기시켜 줄 수 있다. 대인관계 평가도구는 IPT에서 대인관계 문제의 핵심이 혼란스러울 때 치료과정을 안내해 주는 횃불이나 등대의 역할을 한다([그림 5-1] 참조). 따라서 이것은 치료자가 진퇴양난에 빠져들지 않고 환자의 이야기를 잘 들어 주는 것과 치료적 구조를 유지하는 것 사이에서 확실한 길을 찾아갈 수 있도록 도와준다.

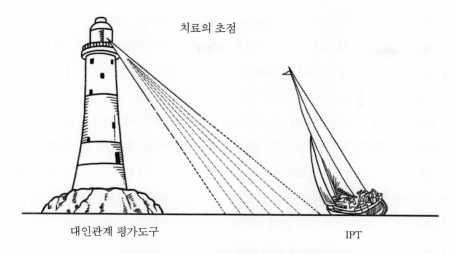

치료의 초점

대인관계 평가도구　　　　　　　　　　　　　　IPT

[그림 5-1]　IPT 안내자로서의 대인관계 평가도구

대인관계 평가도구 작성하기

대인관계 평가도구는 한마디로 대인관계 자료를 수집하기 위한 구조화된 방식이다. 대인관계 원(interpersonal circle)은 대인관계 평가도구를 만드는 데 필요한 정보를 수집하기 위하여 개발된 도구로, 종이와 연필을 사용해서 작성한다. 대인관계 원은 아주 간단하지만 매우 강력한 도구다. 환자에게는 자신의 대인관계에 대해 깊이 생각해 보도록 격려하는 도구이면서, 치료자에게는 환자의 이야기를 잘 들을 수 있도록 해 주는 방법이다. IPT에서 사용되는 다른 도구들과 마찬가지로, 대인관계 평가도구와 대인관계 원은 다음과 같은 목적을 위해 사용해야 한다.

- 환자의 이야기를 경청하게 해 준다.
- 환자가 자신의 대인관계에 대하여, 그리고 자신의 의사소통 유형에 대하여 좀 더 통찰을 할 수 있도록 해 준다.
- 변화를 촉진시킨다.

IPT에서 모든 지필도구(paper and pencil tools)는 치료적 대화를 좀 더 진행할 수 있도록, 환자가 자신의 사고와 느낌을 조직화하는 데 도움이 되도록, 치료자가 좀 더 잘 경청하는 데 도움이 되도록 구조화된 것이다. 다른 도구들과 마찬가지로 대인관계 원 역시 융통성 있게 창의적으로 사용되어야 한다.

대인관계 원은 종이에 그려진 일련의 동심원에 불과하다(그림 5-2] 참조). 치료자는 빈 종이에 원을 그려 놓은 후, 환자에게 자신이 맨 안쪽 원의 한가운데에 있는 것으로 상상하게 한다. 그다음에는 환자에게 자신의 사회적 지지망에 속해 있는 7~8명 정도의 사람의 이름을 원 안에 적어 넣도록 한다. 이 7~8명의 사람들은 특히 현재 드러난 문제와 관련 있는 사람들이어야 하고, 그중 환자가 가장 가깝게 느끼는 사람들은 가운데 원에 기록한다. 중간 원에는 환자가 가깝게 느끼는 사람을, 가장 바깥쪽에는 그중 덜 가까운 사람들의 이름을 기록하게 한다. 치료자는 다시 환자에게 연필을 주고 원에 적힌 각각의 사람에 대해서 간단히 기술해 보도록 요구한다(예를 들면, 남편, 부인, 아버지, 회사 동료 등). 일단 7~8명의 사람들을 대인관계 원에 기록하였으면, 치료자와 환자는 다시 한 명씩 돌아가면서 그들

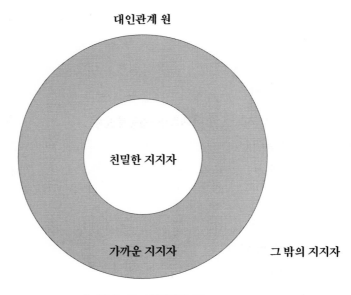

[그림 5-2] 대인관계 원

에 대한 세부적인 사항을 나누게 된다.

이상이 대인관계 원에 대한 것이다. 그뿐이다. 단순하다는 것과 구조화되어 있다는 것이 이 도구의 강점으로, 이 간단한 도형을 통해 매우 중요하고 또 세부적인 정보를 얻어 낼 수 있다.

도형에 어떤 사람을 넣을지 뺄지에 대해 정답은 없다. 이 도구는 환자가 자유롭게 기술할 수 있도록 고안된 것이며, 구조화된 방식으로 정보를 조직화하여 치료자가 환자의 이야기를 좀 더 잘 들을 수 있도록 한 것이다. 특정한 사람을 도형의 어디에 배치해야 하는지에 대해 환자가 물어보는 경우가 많다. 예를 들면, 현재 환자와 갈등을 빚고 있는 배우자를 가장 가운데 원에 넣어야 하는지 아니면 현재는 그리 지지적이지 않으니 바깥쪽 원에 두어야 하는지 묻는 경우가 있다. 이때 치료자가 할 수 있는 가장 좋은 대답은 환자 마음대로 하라는 것이다.

특정한 사람에 대하여 그 사람이 그랬으면 하는 이상적인 위치에 배치할 것인지, 아니면 지금 현재 상태에 맞추어 배치할 것인지, 이 역시 환자가 결정하도록 해야 한다. 가족 단위로 배치해야 하는지, 아니면 다른 방식으로 묶어서 배치해야 하는지, 이 역시 환자가 결정하면 된다. 이미 사망한 사람을 원 안에 넣어도 되는가? 물론이다. 환자가 원한다면 얼마든지 그렇게 할 수 있다. 불필요하고 융통성 없는 매뉴얼을 주고 그대로 따라 하도록 함으로써 토론의 여지를 닫아 버리지 말아야 한다. 모든 것은 매뉴얼에 의해 결정될 것이고, 환자의 관점에 대해서는 아무런 흥미가 없다는 식의 의사전달만 하지 않는다. 치료 동맹이 손상되는 일은 거의 없을 것이다. 대인관계 평가도구를 작성해 나가는 과정에서 치료자는 융통성 있게 환자의 말을 잘 들어 주고, 더 많은 정보를 말할 수 있도록 격려해 주어야 한다.

어떤 대인관계 원은 단순한 반면, 어떤 것은 복잡하다. 좋고 나쁜 것은 없다. 예를 들어, [그림 5-3]에서 환자는 중요한 대인관계 지지자들을 단순화해서 기록하였다. Ron, Hermione, Ginny는 친밀한 지지자로 기록하였다(Albus와 Sirius는 다른 글자체로 기록하였는데, 이들은 사망한 사람들이지만 환자에게는 아직도 중요한 사람이다). Neville, Fred, George는 가까운 지지자이고, Arthur와 Molly는 중요한 사람들이기는 하지만 거리감이 있는 사람들이다.

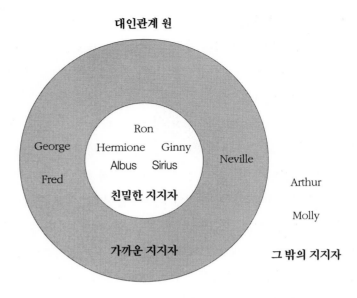

[그림 5-3] 완성된 대인관계 원의 예(1)

이와는 달리 [그림 5-4]에서는 환자가 다소 복잡한 원을 만들었다. 다른 서체로 기록한 사람들은 이미 사망했지만 아직 환자에게 중요한 영향을 주고 있는 의미 있는 사람을 나타내고 있으며, 화살표는 대인관계에서 나타났으면 하는 변화를 의미한다. Charles는 현재 좀 거리감이 있지만 좀 더 가까워졌으면 하는 사람이고, Camilla는 정말 참을 수 없는 존재로, 완전히 안 보고 살았으면 하고 생각하고 있었다. 이러한 희망은 치료자에게 신뢰를 갖고 있는 경우에만 솔직히 표현될 수 있으며, 따라서 비밀이 보장되어야 한다.

앞서 언급한 바와 같이 대인관계 원을 작성할 때 옳고 그른 방식이나 정답이 있는 것은 아니다. 환자가 대인관계 원을 작성하면서 고민을 많이 하면 할수록, 그리고 여러 번 수정하고 다양한 부호를 사용할수록 환자가 자신의 대인관계망에 대해 좀 더 깊이 생각하고, 많은 시간을 투자하고 있음을 시사한다. 특정 사람을 대인관계 원의 어디에 놓을지 고민하는 과정 자체는(남편을 어디에 놓아야 하나? 아버지는 어디에 놓아야 하나? 나와 관계가 소원해진 아이는 어디에 놓아야 하나? 내 직장 상사는 어디에 놓아야 하나?) 환자가 자신의 대인관계에 대한 생각을 어디서부터

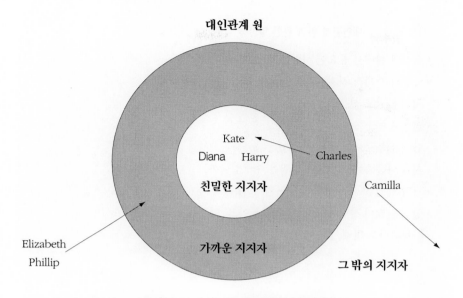

[그림 5-4] 완성된 대인관계 원의 예(2)

시작할지에 대한 결정적인 단서가 될 수 있으며, 그들과 어떻게 관계를 맺고, 유지하고, 좋은 관계 혹은 나쁜 관계를 만들어 가는지에 대한 통찰을 갖게 한다.

치료과정을 시작하기 위해 치료자는 환자에게 〈글상자 5-2〉에 제시되어 있는 질문을 하면서 대화를 이끌어 나갈 수 있다. 이것은 단지 가능한 여러 가지 질문의 일부에 불과하므로 치료자 스스로 자신만의 질문들을 개발해야 한다. "당신을 깊이 사랑해 준 사람은 누구이고, 그는 당신에게 어떻게 해 주었습니까?" 와 같이 환자로 하여금 자신을 내성할 수 있도록 해 주는 영혼이 있는 질문, 심도 있는 질문이 중요하다.

일단 환자가 대인관계 원에 중요한 사람들의 이름을 기입하면, 치료자와 환자는 다시 각각의 사람들과의 관계를 살펴보아야 한다. 어디서부터 시작할지는 환자가 결정하는 것이 좋다. 이 과정에서 협력이 증진되고(치료자가 어떤 사람부터 다룰 것인지를 결정하는 것보다) 환자는 자신의 방식에 따라 점진적으로 치료과정 속으로 들어오게 된다. 예를 들어, 환자가 Camilla 혹은 Charles와의 관계를 정서적으로 위험한 관계로 생각하여 그들에 대해 말하기 힘들어한다면, 그는 아마도 좀

글상자 5-2 대인관계 원에 관한 일반적 질문

- 당신의 삶에서 중요한 사람은 누구입니까?
- 당신의 사회적 지지체계를 어떻게 표현할 수 있습니까?
- 지지를 받고 싶을 때 누구에게 갑니까?
- 당신은 누구를 지지해 줍니까?
- 당신은 누구에게 의지합니까?
- 지금 마음속에 떠오르는 사람은 누구입니까?
- 가장 신경 쓰이는 사람은 누구입니까?
- 당신을 많이 사랑해 준 사람은 누구이고, 어떻게 해 주었습니까?
- 사랑한다고 말해 주어야 할 사람은 누구입니까?

더 편안한 관계이며 재혼한 부인인 Kate에 대하여 먼저 이야기를 시작할 것이다.

환자는 각 관계를 세부 사항까지 자세히 기술해야 한다. 특히 어떤 지지를 받았는지, 어떤 관계를 원했거나 기대하였는지, 그리고 각 관계에 대한 간략한 역사 등을 말해야 한다. 각 사람에 대해 대개 8~10분 정도 할애하는 것이 좋다. 반복해서 말하지만, 이 시점에서 얻은 정보는 지나치게 자세할 필요가 없다. 다만 환자의 관계와 사회적 지지에 대한 일반적인 정보를 얻음으로써 전반적인 조망을 갖고자 하는 것이다. 갈등관계에 대한 좀 더 상세한 정보는 특정 문제영역을 다루는 중기 단계에 얻게 될 것이다. 대인관계 평가도구의 목표는 어떤 관계가 치료의 초점이 되어야 하는지를 결정하는 것과 환자가 속해 있는 사회적 맥락을 이해하는 것이다.

대부분의 환자들은, 특히 치료자가 자신의 이야기를 허용하고 잘 들어 주는 분위기라면 자발적으로 더 많은 정보를 제공하려고 한다. 추가적인 정보가 필요한 경우 치료자는 특정 관계에 대하여 〈글상자 5-3〉과 같은 질문을 하면서 좀 더 많은 생각을 하고 정보를 제공할 수 있도록 부드럽게 자극해 줄 수 있다. 하지만 이것 역시 단순한 참고자료일 뿐이며, 환자에게 반드시 질문해야 하는 목록은 아니다. 노련한 치료자들은 자신만의 질문 목록을 만들어 낼 것이며, 환자에 따라 이

글상자 5-3	대인관계 원에서 개인에 대한 구체적인 질문들

- 얼마나 자주 이 사람을 만납니까?
- 이 사람과의 관계에서 좋은 점은 무엇입니까?
- 이 사람과의 관계에서 좋지 않은 점은 무엇입니까?
- 이 사람과의 관계에서 어떤 점이 변했습니까?
- 이 사람과의 관계가 어떻게 달라지면 좋을 것 같습니까?
- 이 사람으로부터 어떤 지지를 받고 있습니까?
- 이 사람에게 어떤 지지를 제공하고 있습니까?
- 이 사람과의 논쟁에 대하여 어떻게 말할 수 있습니까?

들을 수정하여 적용해 나갈 것이다.

대인관계 원은 환자로부터 솔직하고 세부적인 대인관계 정보를 얻을 수 있고, 환자의 대인관계를 시각적으로 보여 주며, 무엇보다 좋은 점은 환자가 사람들을 원 안에 배치할 때 스스로 내성하게 한다는 점이다. 환자들은 이에 대하여 놀라울 정도의 긍정적인 피드백을 주곤 한다. 많은 환자들은 이것이 치료에서 가장 도움이 된 요소 중 하나라고 말한다.

대인관계 원은 융통성이 있어야 할 뿐 아니라 창의적이어야 한다. 대인관계 원은 절대적인 것이 아니다. 원한다면 원이 아닌 삼각형, 사각형을 사용할 수도 있고, 세 개가 아니라 네 개의 원을 그릴 수도 있다. 다른 관계에 대해서 각각 다른 색을 사용하는 청소년 환자도 있었다. 애완동물을 자신의 대인관계 원에 포함시키는 환자들도 많았으며, 몇몇 환자들은 원 안에 하나님을 적어 넣기도 하였다. 무엇보다 이 단순한 도구의 진짜 위력은 환자들로 하여금 자신의 대인관계에 대해 생각해 볼 수 있게 해 준다는 점이다.

대인관계 원을 창의적으로 수정하여 사용할 때 두 가지 금기사항이 있다. 첫째는 대인관계 원을 작성할 때 반드시 회기 중에 해야 한다는 것이다. 숙제로 내 주어 집에 가서 해 오도록 하면 안 된다. 그 이유는 환자가 이를 집에 가져가 작성할 경우 당신은 환자의 미묘한 비언어적인 차이를 감지하지 못할 것이고, 환자가 이 작업을 할 때 갈등하는 모습을 놓치게 될 것이다. 치료자는 환자가 왜 특정 사람을 특정한 자리에 배치했는지를 이야기할 필요가 있으며, 쓱쓱 긋거나 지우는 모습, 그리고 이 과정에서 나타나는 환자의 정서를 모두 관찰해야만 한다.

둘째, 치료자는 빈 원이 그려진 종이와 연필을 환자에게 주고, 거기에 환자 스스로 이름을 적어 넣도록 해야 한다. 이것이 서로 협동하는 행동이다. 만일 치료자가 대신 이름을 적어 넣으면, 대인관계 원에서 사람들 사이의 간격과 위치에 대한 정보는 모두 상실된다. 이것은 매우 중요한 정보이며, 이는 가족치료에서의 자리배치와 유사한 기능을 한다. 치료자가 이름을 받아쓰게 되면 누구 옆에 누가 있고, 멀리 있는 사람은 누구이고, 어떻게 집단화되어 있는지에 대한 정보를 모두 잃게 된다. 경험에 의하면 환자에게 통제권을 주고 환자의 말을 경청하면 종국에는 훨씬 더 광범위하고 유용한 정보를 얻게 된다. 원을 하나의 구조가 되게 하라. 치료자의 역할은 일단 대인관계 원을 소개한 다음 단지 토론을 촉진하고 잘 들어주는 것뿐이다.

IPT 과정에서 대인관계 평가도구 사용하기

대인관계 평가도구는 IPT의 평가회기 중 환자에 대한 정보를 수집하는 데 주로 사용된다. 대인관계 평가도구는 개념적으로도 유용한데, 환자가 관계를 기술하는 과정에서 자신의 애착 및 의사소통 방식에 관한 풍부한 정보를 제공하기 때문이다. 특히 환자가 사건을 설명하는 데 일관성이 부족하거나 대인관계 문제를 기술할 때 세부 사항이 부족한 경우 환자가 대인관계를 어떻게 지각하고 또 무엇을 기대하고 있는지에 대해 많은 정보를 준다. 환자가 기술하는 의사소통 방식 혹은 문제를 해결하려는 시도 등도 역시 많은 정보를 제공한다. 또한 대인관계 평가도구는 여러 인간관계에서 일관되게 나타나기는 하지만, 전체적인 관점에서 자세히 보아야 분명하게 드러나는 의사소통 방식의 문제들을 두드러지게 보여 준다. 다시 말하자면, 대인관계 평가도구는 숲과 나무 모두를 보여 줄 수 있다.

대인관계 평가도구를 통해 자료를 수집하면서 치료자는 다음과 같은 질문에 대하여 생각해야 한다.

> 환자는 어떻게 사회적 지지를 이끌어 내고 있는가?
>
> 환자는 대인관계 문제를 어떻게 해결하고 있는가?
>
> 환자는 상실을 어떻게 다루고 있나?
>
> 환자는 애착관계의 단절을 어떻게 다루고 있나?
>
> 환자는 다른 사람들을 어떻게 보살피나?

이러한 질문에 대한 대답이 환자의 강점과 취약성을 파악하는 데 도움을 줄 수 있으며, 특정 대인관계 문제에 대처할 수 있도록 IPT 전체 과정에 대한 지침을 준다. 이것은 특정한 대인관계 문제를 파악하는 주된 방법이며, 일단 특정 대인관계 문제가 확인되면 치료 중기에 상세히 다루기 위해 대인관계 설계에서 기록해 두어야 한다. 대인관계 평가도구는 참조 포인트(reference point)의 기능을 하며, IPT 가 제대로 된 궤도에 맞춰 진행되도록 하는 동시에 대인관계 이슈에 초점을 유지할 수 있도록 해 준다.

대인관계 평가도구는 치료과정 중 환자의 진전 상황을 알아볼 수 있는 척도로도 사용된다. 급성기 치료의 결론 단계에서 원래 작성했던 대인관계 원을 살펴봄으로써 그 사이에 일어난 변화를 검토해 보는 것도 도움이 될 수 있다. 이를 통해 드러난 문제가 해소되었는지 살펴볼 수 있을 뿐 아니라, 관계와 문제 사이의 개념화에 있어서도 변화가 있었는지 확인해 볼 수 있다. 예를 들어, 치료의 결론 단계에서 환자는 대인관계 갈등(interpersonal dispute)이 화해 불가능한 대립 때문이 아닌 의사소통의 문제로 보게 될 수 있다. 환자 스스로 문제에 기여한 부분이 있다는 통찰을 얻은 영역을 강조하는 것은 환자가 문제를 스스로 해결해 간 단계를 재점검해 보는 것만큼이나 도움이 된다.

대인관계 평가도구는 잠재된 미래의 문제를 드러내 주는 안내자 역할을 하기도 한다. 초기에 작성한 대인관계 평가도구에서 특정 대인관계 문제가 지속적으로 혹은 장기간 존재하여 왔다면—예를 들어, 집착적 애착유형과 의사소통 방식—이 것은 미래에 또 다른 대인관계에서 환자의 고통이 악화될 때 치료의 초점이 될 수 있음을 시사한다. 대인관계 평가도구는 IPT를 유지하는 데도 매우 유용하다. 유지 치료의 경우 일반적으로 한두 가지 문제영역에 초점을 맞추어서 지속적인 작업을 하게 된다. 대인관계 평가도구는 유지치료에서 중점적으로 다루어야 할 핵심적 대인관계 문제를 제시하여 시간을 적절히 활용할 수 있도록 도와준다.

사례 5-1 Lana

Lana는 34세의 기혼 여성으로, 우울 삽화 때문에 항우울제와 함께 IPT를 받아 왔 다. 그녀는 남편과의 갈등에 대해 도움을 받고자 했는데, 그것이 그녀의 고통의 중 요한 원인 중 하나였다.

그녀는 두 번째 회기에서 대인관계 원([그림 5-5] 참조)을 완성하였다. 특이하게 그녀는 남편을 바깥쪽 원에 위치시켰다. Lana는 남편과 더 가까워지고 싶지만 어떻 게 해야 할지 모르겠다고 하였다. 초기 회기에서 그녀는 치료에 적극적으로 참여하 여 평가도구와 공식화([그림 5-6] 참조, 제5장에서 기술)를 완성하였고, 남편과 대인 관계 갈등이 있음을 드러내었다. 또한 그녀는 자신의 대인관계 문제를 해결하려는 동기가 있는 것 같았다.

IPT 중기 회기에서 Lana는 치료자에게 과거 자신의 부적절한 행동을 남편에게 고 백해야 하는지 질문하였다. 치료자는 Lana에게 어떻게 하라고 지시하는 대신 그녀 스 스로 결정하는 것이 결과적으로는 더 도움이 될 것이라고 말해 주었고, 그 대신 치료 자는 Lana가 어떤 선택을 하든 그 선택이 갖고 있는 장점과 단점에 대하여 기꺼이 서 로 함께 이야기할 수 있다고 말했다. 또한 치료자는 IPT에서 자신의 역할은 그녀를 대 신하여 결정을 하는 것이 아니라 그녀가 최선의 결정을 내릴 수 있도록 돕는 것이라고 말했다. 치료자는 이러한 방식이 훨씬 윤리적이고, IPT에서 사용하는 일반적인 치료 적 접근과도 일치하는 것이라고 판단하였다.

Lana는 치료자가 자신에게 구체적인 지시를 해 주지 않아서 매우 화가 났지만, 이를 직접 치료자에게 말하지는 않았다. 대신 잠자코 있거나 감정을 억제하는 듯한

대인관계 원

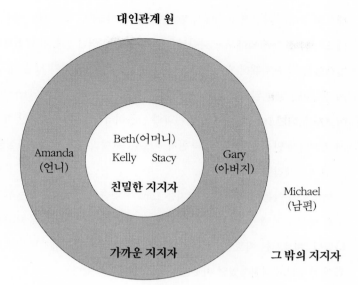

[그림 5-5] 대인관계 원-Lana

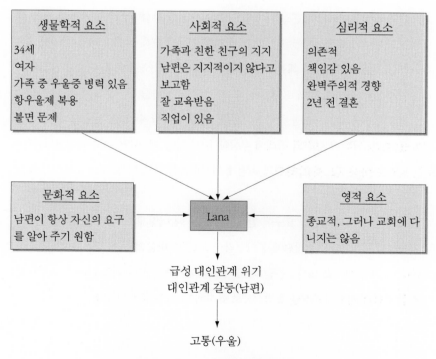

[그림 5-6] 대인관계 설계-Lana

태도를 보이며 치료적 관계에서 멀어지기 시작하였다. 치료자는 이와 같은 Lana의 태도가 치료 장면 밖에서도 나타남을 인식하고, 이러한 상황이 남편과의 관계에서 발생했을 경우에 대해 알아보기 위해, 다른 사람들에게 화가 났을 때 Lana가 어떻게 행동하는지를 탐색하기 위한 계획을 수립하였다. 그러나 이와 동시에 치료자는 치료자에 대한 Lana의 반응이 남편과의 갈등이라는 애초에 정립한 치료의 초점에서 벗어나게 만들 수 있다고, 즉 환자-치료자 관계의 문제가 치료과정을 방해할 수도 있다고 생각했다.

이어지는 다음 회기에서 치료자는 Lana가 일반적으로 사용하는 남편과의 의사소통 방식에 관해 좀 더 많은 정보를 얻기 위하여 자신의 경험을 이용하기로 결정하였다. 치료자는 치료관계 내에서의 갈등의 의미를 탐색하기보다는 Lana가 남편과의 관계에서 경험하였던 비슷한 갈등들을 다뤄 나갔다.

Lana, 대인관계 평가도구로 다시 돌아가서, 우리는 당신의 주된 문제가 남편과의 갈등이라고 결론을 내렸지요. 평가도구를 작성하면서 남편에 대한 당신의 기대가 무엇인지를 확인했고, 이러한 기대에 대해 남편과 어떻게 의사소통할 것인지가 우리가 해결해야 할 문제라고 했지요. 남편에게 어떻게 말해야 할지 알려 달라고 제게 요청했을 때, 제가 경험한 바를 토대로 당신이 남편과 평소에 어떻게 의사소통을 하는지를 좀 더 잘 이해할 수 있을 것 같습니다. 예를 들면, 남편이 당신의 기대에 부응해 주지 않을 때, 어떤 일이 벌어집니까? 당신은 어떻게 느끼고, 남편과 어떻게 의사소통을 하게 되나요?

Lana는 남편이 자신의 요구에 반응하지 않을 때 어떻게 느끼는지에 대해 말하기 시작하였고, 더 나아가 남편에게 좌절감을 느낄 때 마음의 문을 닫아 버리는('shut him out') 방식으로 의사소통을 해 왔다고 이야기했다. 이후에도 Lana와 남편과의 갈등에 대해 치료의 초점을 효과적으로 유지해 나갈 수 있게 되었다.

결 론

　　대인관계 평가도구는 IPT에서 결정적인 요소다. 대인관계 원은 매우 단순하지만 필요한 정보를 수집하는 데 놀랄 만큼 효과적인 방법이다. 이것은 환자의 이야기를 잘 경청할 수 있게 해 주는 구조화된 방식이고, 동시에 환자로 하여금 자신의 대인관계에 대해 숙고할 수 있도록 고안된 도구다. 평가도구는 IPT의 평가/초기 회기에 완성되어야 하는데, 주로 둘째 회기나 셋째 회기에 작업을 하며, 대개는 한 회기 전체를 평가도구 완성에 할애하게 된다. 이 과정을 통해 일반적인 사회적 지지에 대한 정보를 얻게 되며, 동시에 중기 단계 치료에서 무엇에 초점을 맞출지도 알 수 있게 된다. 평가도구에서 드러난 대인관계 문제들은 대인관계 설계에 추가되어야 한다.

　　대인관계 평가도구는 IPT에 특징적인 것이다. 이것은 환자와 치료자 모두가 다뤄야 할 구체적인 대인관계 문제를 알려 준다. 더구나 평가도구는 치료 전반에 걸쳐 치료적 초점을 유지하게 하며, 대인관계 치료가 초점에서 멀어지려는 위험에서 벗어나게 해 준다. 평가도구는 치료과정에서 환자의 진행사항을 파악할 수 있도록 도와주는 도구이며, 미래에 발생할 수 있는 문제에 대해 대비할 수 있게 해 준다.

제6장

대인관계 설계

서 론

환자의 문제에 대해 정확하고 간결하게 심리학적 설계를 하는 것은 치료자에게 매우 중요한 능력이다. 환자의 심리적 증상을 설명할 수 있는 적절한 가설을 수립하기 위해 대인관계 설계에서는 환자의 생물학적·심리적 특성, 애착유형, 성격, 사회적 환경, 문화 그리고 영적 세계(spirituality)에 관한 정보를 모두 통합한다. 설계는 다음의 작업을 할 수 있도록 해 준다.

- 환자의 경험에 대한 이해
- 환자의 고통의 근원을 설명할 수 있는 합리적이고, 개인적으로 의미 있는 가설
- 환자의 경험에 대한 검증
- IPT에 대한 근거
- 세 가지 문제영역에 근거한 치료적 개입을 위해 상호 합의하에 치료목표 설정

- 치료자가 취해야 할 치료적 자세에 대한 지침
- 구체적인 치료적 기법 활용에 대한 지침
- 예후에 대한 정확한 평가

대인관계 설계란 치료자가 관계를 맺게 된 특정 개인에 대한, 이론에 근거한 작업적 이해다. IPT는 애착이론과 의사소통이론에 기초하고 있기 때문에, 설계는 이 두 가지 이론적 관점에서 환자의 경험을 이해하려고 한다. 즉, 인간 행동에 대한 일반적인 이론과 환자의 구체적이고 독특한 문제 사이의 간극을 이어 주는 가교 역할을 하는 것이다.

도움을 요청하는 특별한 개인을 이해하기 위한 작업은 IPT에서 가장 중요한 과제다. 설계는 전지전능한 치료자가 환자의 문제를 단정적으로 해석해 주는 것이 아니며, 다음과 같은 질문에 대답하기 위한 협동과정이다.

- 이 환자는 왜 여기까지 오게 되었을까?
- 환자의 문제를 유지시키는 요인들은 무엇일까?
- 이 문제에 대해 무엇을 할 수 있을까?

대인관계 설계가 적절히 그리고 상호 협력하에 작성되었다면, 그것은 치료 동맹을 촉진시키고 환자를 이해하려고 하는 치료자의 순수한 시도를 제대로 전달할 수 있어야 한다.

대인관계 설계는 환자에게 제시하는 진단이 아니다. 대신, 환자의 고통을 서로 협동하여 설명하는 것으로, 환자의 증상이 어떻게 생겨났고, 또 유지되는지를 알려 준다. 설계는 문제의 원인이 되었던 대인관계 요소와 그 맥락을 강조함과 동시에 증상을 극복하는 데 IPT가 어떻게 도움을 줄 수 있을지도 강조한다. 이것이 IPT의 핵심이다. 왜냐하면 타당한 설계를 작성하기 위해 치료자와 환자가 성공적으로 협동을 하는 것은 치료를 수행하기 위한 준비과정이 되기 때문이다.*

생물-심리-사회적/문화적/영적 모델

정신장애에 대한 생물-심리-사회적/문화적/영적 모델은 생물학적, 심리적, 사회적, 문화적, 영적 요소가 한 개인 안에서 서로 상호작용하여 스트레스에 반응하거나 독특한 병적 소인을 나타낸다고 보는 것이다. 심각한 대인관계 위기에 봉착하면, 취약한 사람들은 심리적 어려움을 겪을 가능성이 높다. 생물-심리-사회적/문화적/영적 모델에서는 심리적 어려움을 독립된 질병이 아닌, 특별하고 다차원적인 개인이 특정 스트레스원(stressor)에 반응하는 것으로 본다.

정신건강을 다차원적인 관점에서 보려는 움직임이 계속되면서 임상 장면에서 이 모델을 사용하는 경우도 증가하고 있다. 생물-심리-사회적/문화적/영적 기능의 다차원적인 견해에서는 단순히 병리적 증상만을 명시하는 대신, 강점과 증상 모두를 인지하려고 하며, 질병뿐만 아니라 정신적 건강 역시 통합하려 한다. 결과적으로 이 모델은 환자와 치료자 모두에게 심리적 증상과 대인관계 고통의 복잡하고 다양한 결정요인을 조직화하고 이해할 수 있는 단순하고 분명한 방식을 제시한다.

개인의 문제를 의학적 증상에 근거하여 진단으로 분류하는 의학적 모델과는 대조적으로, 생물-심리-사회적/문화적/영적 모델은 진단적인 장애에만 선택적으로 주의를 기울이는 대신 전체적인 인간으로서 환자가 받는 고통을 강조한다. 그렇다고 진단의 중요성을 간과하는 것은 아니고, 단지 고통받고 있는 개인의 특별함을 강조하려는 것이다. 이것은 치료자는 환자의 독특한 개인 환경과 사회적 환경의 맥락 내에서 환자를 이해하려고 노력해야 하며, 환자 역시 이러한 요인들의 영향을 치료자가 잘 평가할 수 있도록 도와주어야 한다는 IPT의 목표와 일치한다. 생물-심리-사회적/문화적/영적 모델은 고통을 여러 가지 요인에 의하여 결

---

* 대인관계 설계는 IPT의 모든 치료적 접근법에서 두루 사용하는 개념이자 도구다. 환자의 고통을 상호 협력하여 이해하는 과정은 모든 환자에게 도움이 된다.

정된다고 보고, 그중 어느 하나만으로는 환자의 고통이 발생하는 현상 및 경과를 구체적으로 설명할 수 없다고 보았다는 점에서 가치가 있다.

IPT에서 대인관계 설계에 적용되는 생물–심리–사회적/문화적/영적 모델은 다음과 같다.

- 생물학적 요소: 유전적 취약성, 신체적인 질병, 약물 남용, 약물 부작용, 중추신경계의 손상 등
- 심리적 요소: 애착유형, 기질, 심리적 방어기제, 인지적 유형, 성격, 심리적 발달과 자아 강도 등
- 사회적 요소: 가용한 사회적 지지, 재정적인 자원, 교육, 작업 환경 등
- 문화적 요소: 가족 구조, 문화적 의미, 고통에 대처하는 문화적 방식 등
- 영적 요소: 종교 단체, 영적 훈련, 신앙에 기초한 삶의 의미 등

대인관계 설계의 요소

대인관계 설계는 생물–심리–사회적/문화적/영적 모델의 기초 위에 구축된 것이다. 나아가 애착이론과 대인관계이론 모두를 매우 강조하고 있다. 설계는 현재 환자의 기능에 대한 가설이며, 정적이거나 고정되어 있는 것이 아니다. 치료가 진행되면서 환자와 임상가는 서로 협동하여 끊임없이 수정해 나가야 한다. 설계는 환자와 치료자가 고통에 대한 환자의 독특한 환경과 경험을 좀 더 잘 이해해 갈수록 진화되고, 강조점이 달라지게 된다.

단계 1: 환자와 함께 대인관계 설계를 작성하기

초기/평가 단계 마지막 부분에서 전체적인 임상적 평가와 대인관계 평가도구

를 포함한 IPT용 평가를 마치면, 치료자는 환자에게 대인관계 설계를 함께 작성
하자고 요청해야 한다. 가장 좋은 방법은 이전과 마찬가지로 준비한 종이와 연필
을 사용하는 것이다. 치료자는 다섯 개의 상자 혹은 다섯 개의 기둥을 그린 후에
각각을 생물학적, 심리적, 사회적, 문화적, 영적 요소로 명명한다([그림 6-1] 참조).
대인관계 평가도구 등 다른 IPT 평가도구들과 마찬가지로 환자가 직접 칸을 채우
도록 종이를 환자에게 건네준다.

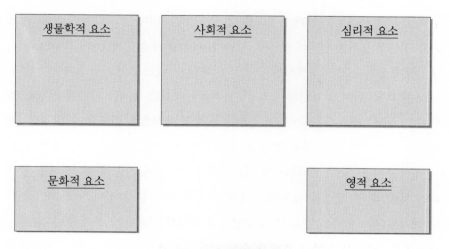

[그림 6-1] 대인관계 설계

치료자는 환자에게 자신의 문제에 영향을 주는 다양한 요소를 요약하여 기록
하도록 요청한다. 필요하다면 치료자가 예문을 제시할 수도 있다. 다양한 요인이
거론되면, 환자(치료자가 아니라)는 본인이 가장 잘 이해할 수 있는 방식으로 종이
에 차례로 기록해야 한다. 환자들이 생물학적 요인에 대해서는 잘 알지 못할 수
있기 때문에(예를 들면, 자가 면역체계에 대한 문제들 혹은 갑상선 기능 등), 치료자가
이러한 내용을 포함시킬 수 있도록 도와줄 수 있다. 환자와 치료자 모두가 대인관
계 공식화를 작성하는 데 참여해야 하며, 환자가 리드는 하되 치료자가 적극적으
로 기여를 하는 것이 가장 이상적이다.

강점과 취약성을 모두 기록할 수 있다. 정신과적인 병력에서 가족력이 없다는

것, 사회적 지지망이 강력한 것 혹은 가까운 사람들이 많다는 것, 강한 정신적인 믿음이 있는 것, 잘 교육받은 것, 혹은 통찰력이 있는 것 등이 강점의 확실한 예가 될 수 있다. 이 과정에서 가능하면 환자 자신의 용어를 사용하는 것이 가장 좋다. 이는 환자가 자신의 고통을 어떻게 설명하는지 이해하는 데 도움이 되며, 환자에게 대인관계 설계가 더욱 의미 있는 작업이 될 수 있다.

환자 자신의 언어를 사용하는 것은 심리적 영역에서 특히 더 중요하다. 치료자는 환자의 애착유형이나 성격 특성을 기술할 때, 전문적 용어 사용을 자제하고, 환자 자신의 언어로 대인관계 설계를 할 수 있어야 하며, 또 그래야만 한다. 치료자가 전문적 용어를 염두에 둘 수는 있지만, 이는 혼자 알고 있는 데 그쳐야 하고, 대인관계 설계는 환자가 명시할 수 있고 이해할 수 있는 용어로 작성되어야 한다.

예를 들어, 환자가 자신의 성격을 '완벽주의적이고 세세한 데까지 신경을 쓴다.'고 기술할 때, 치료자는 이를 강박증적 성격 특성으로 이해할 수 있지만, 대인관계 설계에서 더 적절한 것은 환자 자신의 용어다. 그것이 더 의미가 있고, 더 정확할 수도 있다. 또 다른 예로는 환자가 스스로를 기술할 때 '사람을 좋아하는 사람' 혹은 '군중을 싫어하는 사람' 등의 표현을 쓸 수 있다. 전문적인 용어나 해석보다는 환자의 말 그대로 대인관계 설계에 기록하는 것이 좋다. 환자는 스스로를 '사교적'이라고 표현할 수도 있다. 이 역시 그대로 설계에 기록해야 한다. 치료자는 좀 더 전문적인 용어를 알고 있겠지만, 대인관계 설계의 핵심은 환자와 치료자가 힘을 합쳐서 환자에게 의미 있는 해석을 개발해 내는 것이다.

다섯 개의 상자는 치료자가 각각의 영역을 철저히 평가해야 함을 의미한다. 다시 한 번 말하지만, IPT에서의 평가는 상세하고 철저한 정신과적 평가(psychiatric assessment)의 모든 요소를 포함한다. IPT의 고유한 조사도구나 다른 요소는 철저한 정신과적 평가에 추가하여 진행되는 것이다. 그러나 너무 격식에 얽매일 필요는 없다. 대인관계 설계를 해 나가면서 더 많은 질문을 하게 될 것이고, 그에 따라 더 많은 정보를 얻게 되며, 그것이 더 바람직한 것이다. 이 과정을 마칠 때쯤 되면 환자와 치료자는 현재의 문제가 발생하기까지 기여한 다양한 요인—방어적 요인, 취약점, 혹은 문제를 지속시키는 요인—에 대하여 상세히 알게 될 것이다.

생물학적 요소	사회적 요소	심리적 요소
나이	친밀한 관계	애착
유전적 특성	사회적 지지	성격
성	고용	기질
물질 남용	교육	방어기제
의학적 질병	건강보험	외상 경험
의학적 치료	의사소통 방식	낙인

문화적 요소		영적 요소
전통		전통
가족		사회적 지지
문화적 의미		정신적 의미

[그림 6-2] 대인관계 설계에 포함될 수 있는 요인들

　　대인관계 설계를 환자와 함께 작성할 때 치료자는 이 설계가 잠정적인 것이라는 가정하에 환자의 피드백을 요청하는 등 협조적인 태도를 유지해야 한다. 특히 빈칸을 채워 나가야 하는 책임이 환자에게 있기 때문에, 대인관계 설계를 작성할 때 서로 피드백이 오고 가야 한다. 설계를 해 나가면서 치료자와 환자 모두가 기여해야 하지만, 서로 피드백을 주고받으면서 작업해 나가야 한다. 대인관계 설계는 대부분의 IPT 도구들처럼 잘 경청하기 위한 구조화된 방식이다. [그림 6-2]는 각 영역에 포함될 수 있는 다양한 요소를 간단히 개괄한 것이다. 이 목록은 특정 환자에게 적합한 설계를 할 때, 완벽한 것도 아니고 가장 중요한 요소도 아니다. 단지 질문을 하고, 적절한 설계를 개발하는 데 있어 좋은 시작점이 될 수는 있을 것이다. 이제부터 이에 대하여 좀 더 세부적으로 기술할 것이다.

고통에 대한 생물학적 기여 요소

유전적 요소

가족 구성원 중에 알려진 혹은 의심되는 질병이나 증상이 있는지의 여부는 매우 중요하다. 가족력이 없다고 해서 그냥 간과하는 실수를 하기 쉽다. 치료자는 단순히 진단과 치료력에 대하여 질문을 하기보다는 가족 구성원 중 병을 의심케 하는 증상이나 행동이 있었는지에 대해 상세히 질문해야 한다.

약물과 알코올 남용

약물 오남용이나 알코올 중독은 매우 흔해서 환자가 보고하지 않을 수 있다. 비난받지 않을까 하는 두려움 때문에 혹은 부정(denial)이라는 방어기제를 사용하기 때문에, 약물이나 알코올 남용에 대하여 환자가 보고하지 않는 경우도 있다. 치료자는 향정신성 약물을 소량이라도 사용하면 미묘한 영향을 받을 수 있으며, 본인은 느끼지 못할지라도 정신건강이나 대인관계 기능에 어떤 식으로든 문제가 일어날 수 있다는 점을 환자가 이해할 수 있도록 도와주어야 한다. 약물과 알코올 사용이 대인관계에 미치는 영향과 반대로 약물 및 알코올 남용에 영향을 주는 대인관계 요인을 대인관계 설계에 포함시켜야 한다.

의학적 질병

평가과정에서 의학적 질병에 대한 상세한 병력을 얻어야 한다. 어떤 경우에는 환자가 자신에게 병이 있다는 사실은 알고 있지만, 그 병이 심리적 문제와 관련성이 있는지에 대해서는 인식하지 못하고 있는 경우도 있다. 설계과정에는 환자가 병에 대처하는 방식뿐 아니라 질병이 갖는 대인관계상의 의미도 함께 포함되어야 한다. 폐경 혹은 월경 주기의 변화와 같은 생리적 변화는 자신의 고통과 관련되어 있다는 것을 환자 스스로 인식하지 못하는 중요한 생물학적 요소 중 하나다.

의학적 치료의 효과

많은 의약품들이 정신적인 부작용을 일으킬 수 있으므로 이 역시 대인관계 설계에 포함시키는 것이 좋다. 예를 들어, 스테로이드 계열의 약물들은 고혈압이나 우울증을 치료하는 데 사용되는데, 성적인 문제와 관련된 부작용을 일으킬 수 있다. 또한 부부관계나 친밀한 사람들과의 관계에서 대인관계상 의미 있는 문제를 일으킬 수도 있다. 이러한 유형의 문제를 일으킬 수 있는 향정신성 약물의 순응도(compliance) 역시 기록되어야 한다. 항우울제는 피로감 혹은 성적 역기능 등을 야기할 수 있는데, 이는 신체적으로 그리고 대인관계에 영향을 주게 되며, 이것이 다시 약물 사용 여부에 영향을 주게 된다.

다이어트와 운동

이것은 방어인자가 되기도 하고 취약성이 되기도 한다. 이들은 스트레스를 받을 때 대처 전략으로 사용되곤 한다.

고통에 대한 심리적 기여 요소

심리적 요소는 꼭 평가되어야 하는 것들이지만, 대인관계 설계에서 명심해야 할 점은 환자 자신의 단어와 표현을 사용하는 것이 훨씬 바람직하다는 것이다. 치료자는 습관적으로 자신만의 전문용어를 사용하는 경우가 있다.

애착유형

환자의 애착유형은 환자가 과거와 현재에 사람들과 관계를 맺으면서 기능하는 방식을 살펴보면 분명해진다. 치료자는 환자가 자신의 인간관계에 대해 스스로 진술하는 내용 외에 대인관계 평가도구를 통해 얻은 정보들을 활용하여 애착유형에 대하여 더 많은 추정을 할 수 있다. 치료자가 치료회기 중 환자에게 느낀 경험 역시 환자의 애착유형이 현재 문제에 어떤 식으로 영향을 주는지를 이해하는 데 도움을 준다. 어떤 환자는 '연결되는' 느낌이 거의 없는 경우가 있고, 어떤 환자는 치료자에게 자주 도전을 한다. 이러한 행동들 혹은 이로 인해 유발된 반응들은 환자의 애착유형을 알아보는 데 중요한 자료가 된다.

기질

기질은 한 개인이 자신의 환경에 반응하는, 유전적·생물학적으로 결정된 방식이라고 볼 수 있다. 치료자는 환자의 애착유형을 평가하는 것과 유사한 방식으로 환자의 기질을 평가할 수 있다.

인지유형

환자가 자신의 대인관계에 대해 이야기할 때, 일반화 혹은 선택적 추론과 같이 잘못된 인지를 사용하는 경우가 있다. "나는 언제나 이런 일을 겪어요." 혹은 "남편은 오직 아이들 때문에 나와 이혼하지 않는 거예요."라는 말들은 상당히 많은 정보를 제공해 줄 수 있는데, 환자가 자신의 인간관계에서 강하게 유지하고 있는 인지를 드러내 주기 때문이다. 치료자는 이와 같은 환자의 사고유형이 다른 인간관계에서도 널리 나타나고 있는지 그 여부를 탐색해 보아야만 한다. 인지는 IPT에서 치료의 일차적 초점은 아니지만, 확실히 언급해 둘 필요가 있다. IPT가 다른 치료와 다른 독특한 점은 치료 밖의 대인관계 문제가 치료의 일차적 초점이라는 점이다. 이 비현실적인 기대(인지체계에 대한 IPT의 전문용어)를 치료적으로 다루는 방법에 대해서는 다음 장에 기술되어 있지만, IPT의 가장 중요한 전술은 이러한 기대의 대인관계적 측면과 파급효과를 다루는 것임을 알아야 한다.

심리적인 대처기제들

정신내적 스트레스를 다루는 방식은 정신건강의 핵심적인 결정인자다. 치료자는 환자가 현재의 대인관계 문제를 어떻게 다루고자 했는지 살펴봄으로써 환자의 대처기제를 추측할 수 있다. 예를 들어, 환자가 곧 닥칠 자신의 이혼에 대해 어떻게 대처하고 있는지 살펴보라. 그녀는 다양한 신체 증상을 호소하거나 자신의 건강에 집착하고 있을지도 모른다. 결혼이 파경에 이르렀음을 이야기하면서도 아무런 감정이 없는 듯한 모습을 보일 수도 있고, 사이가 멀어진 남편에 대한 온 갖 단점을—때로는 그 단점이 남편이 아닌 그녀 자신의 단점인 경우가 있다—늘 어놓을 수도 있다. 이러한 상황에서 치료자는 환자를 투사, 행동화, 혹은 감정의 고립 등의 미성숙하고 신경증적인 대처기제에 의존하고 있는 사람이라고 추론할 수 있다. 이것은 환자가 현재의 상황까지 오게 된 과정을 치료자가 이해하는 데 도움을 줄 뿐 아니라 치료과정 중 치료자가 극복해야 할 장애물이기도 할 것이다.

그러나 '감정의 고립(isolation of affect)'과 같은 전문용어는 치료자의 용어다. 치료자에게는 중요하고 의미 전달이 되는 용어일지 모르지만, 환자는 그 의미를 이해할 수 없다. 따라서 이와 같은 전문용어는 설계과정에서 사용하지 않아야 한 다. 대신, "화가 났을 때 당신은 어떻게 행동합니까?" 혹은 "스트레스를 받으면 어떻게 대처합니까?"와 같은 질문을 한 후 이에 대한 환자의 답변 그대로를 대인 관계 설계에 기록해야 한다. 환자가 표현하는 '격하게 성질을 부린다.' 혹은 '나 는 화를 꾹 참는 경향이 있다.'와 같은 표현들을 심리적 요소 상자에 그대로 받아 적는 것이 좋다.

고통에 대한 사회적 기여 요소

환자의 현재 사회적 환경 역시 대인관계 설계에 요약해서 포함시켜야 한다. 이 에 대한 철저한 평가는 대인관계 평가도구를 작성하는 과정에서 이미 이루어졌 어야 한다. 사회적 지지가 없거나, 안정적인 애착관계를 제공해 주는 사람이 없는 경우, 대개는 현재 환자의 고통에 심각한 영향을 주게 된다. 역으로, 폭넓은 사회 적 지지체계를 갖고 있는 환자들은 위기에 봉착했을 때도 심리적 어려움을 잘 견 딘다.

고용 상태와 교육 수준 역시 꼭 포함되어야 한다. 의료보험 혜택을 받을 수 있 는지 여부도 환자들에게는 매우 중요한 요소인데, 많은 환자가 보험이 없어서 도움받기를 포기하거나 스스로 치료를 제한하기도 한다. 의사소통 방식 역시, 특히 나이 어린 환자들에게는 아주 큰 문제가 될 수 있다. 요즘에는 많은 사람들이 소셜미디어를 통해 가까운 사람들과 일차적인 의사소통을 한다. 이러한 사회적 지지가 의미 있고, 도움이 되는 것인지, 이러한 것들이 회복에 도움이 되는지, 아니면 오히려 방해가 되는지가 대인관계 설계에서 중요하다.

고통에 대한 문화적 기여 요소

문화적 요소는 환자가 치료받기로 결심하는 데, 또 특정 치료에 참여하는 데 영향을 주며, 전문적인 정신건강 관리를 얼마나 중요시하는지에 영향을 줄 수 있다. 가족구조는 문화에 의해 강하게 영향을 받는데, 왜냐하면 연령과 성별에 따른 전형적 역할은 문화에 기초하여 결정되기 때문이다.

고통에 대한 영적 기여 요소

종교는 상당한 지지를 제공해 줄 수도 있고, 반대로 심각한 장애물이 될 수도 있다. 종교적 의미와 전통은 반드시 평가되어야 하는데, 특히 애도와 상실 문제를 다룰 때 더욱 중요하다. 영적·종교적 조직을 통한 사회적 지지와 함께 환자에게 소외감을 일으켰을 종교에 대한 초기 경험 역시 평가되어야 한다.

단계 2: 환자와 함께 대인관계 설계를 완성하기

대인관계 설계의 전체 길이는 개개인의 환자에 따라 달라진다. 광범위한 의학적·정신과적 개인력이 있고 사회적 상황이 혼란 상태인 환자일 경우, 각 상자마다 12개 이상의 요소들이 포함될 수 있다. 그렇지 않은 경우에는 소수의 요소들만 포함될 것이고, 그중 상당수는 사회적·심리적 상자에 포함될 것이다. 설계는 포괄적이어야 하지만, 모든 것을 다 포함할 필요는 없다. 확실한 것은 IPT의 평가/초기 회기 중 수집한 정보들을 요약하여 약 8~10분 안에 완성해야 한다는 것이다.

　일단 생물-심리-사회적/문화적/영적 상자가 완성되면, 치료자는 대인관계 위기에 대하여 특정한 방식으로 환자를 반응하도록 한 장점요인 혹은 취약요인을 환자에게 요약하여 말해 주어야 한다. [그림 6-3]에서 볼 수 있듯이 한 상자에서 다른 상자로 이어진 선들은 개인의 독특한 특성을 나타내 주고 있다. 치료자는 환자가 기술하고 있는 특정 대인관계 위기가 환자에게 고통을 야기하는 취약성과 상호작용하고 있으며, 이 시점에서 위기의 결과로 정신과적 진단(적절하다면)을 내릴 수 있음을 설명하려고 노력해야 한다. 다른 경우, 치료자는 환자에게 고통의 한 부분으로 증상과 역기능을 전체적으로 설명하는 작업을 간단하게 할 수도 있다. 어느 경우든 치료자는 고통과 환자의 대인관계 문제를 문자 그대로 연결시켜 줄 수 있어야 한다. 대인관계 설계 그림에서 서로의 직접적인 관련성을 강화시킴

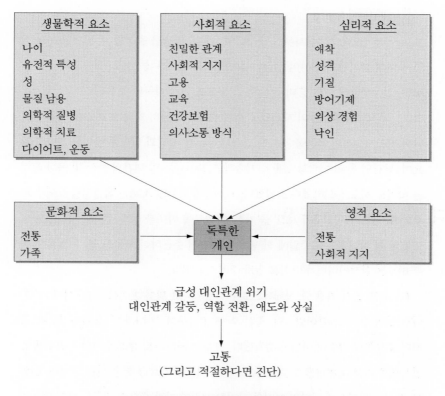

[그림 6-3] 완벽한 대인관계 설계

으로써 좀 더 강조할 수 있다.

설계는 IPT 중기 단계에서 완성해야 하는데, 이 단계에서는 급성 대인관계 위기, 즉 특정 환자에게 적용된 세 개의 문제영역에 직접 초점을 맞추게 된다. 대인관계 설계를 완성한 후, 환자는 치료의 목표, 대략적인 치료기간 그리고 다른 치료적 고려사항들을 염두에 두고 치료 동의서를 작성한다. 이 모든 것이 잘 진행되면, 설계를 기초로 자연스럽게 그리고 분명하게 치료 계획—환자를 돕기 위해 무엇을 할지—이 세워지게 된다. 환자가 지금 호소하고 있는 것이 무엇인지 듣고, 환자의 고통과 진단을 통합하여 이해한 후에, IPT적 접근을 통해 도움을 줄 수 있을 것이다. 확실한 평가와 설계를 통하여 논리적이고 이해하기 쉬운 치료목표를 제시하는 것은 IPT의 큰 강점 중 하나다.

사례 6-1 Penny

Penny는 32세의 법률사무실 비서이며, 석 달 전 딸을 출산한 후 발생한 우울 삽화에 대해 평가받기 위하여 정신과에 의뢰되었다. 그녀는 초조, 집중 저하, 자기-비난, 일상생활에 대한 흥미 상실 등의 증상과 함께 자꾸만 눈물이 난다고 호소하였다. 그녀는 이 증상들이 자신의 평소 모습과는 상당히 거리가 있으며, 이 문제로 남편과도 지속적인 갈등을 겪고 있었다. Penny는 자신과 남편은 아이를 기다려 왔으며, 남편인 Brad는 직장 생활을 계속하고, Penny는 일 년간의 출산 및 육아 휴직을 하기로 서로 동의하였다고 말했다. Penny에 의하면 Brad는 집안일을 도와주고, 주말에는 Penny가 '자기 시간'을 가질 수 있도록 아이를 돌봐 주기로 약속했었다. 또한 휴직 기간에도 일주일에 한 번씩은 직장에 출근하여 사무를 볼 수 있도록 매주 하루는 친정어머니가 아이를 돌봐 주기로 하였다.

Penny는 임신 기간 중 신체적으로 건강했었다고 말했다. 임신 기간 내내 '더할 나위 없이 좋은' 기분이었지만, 출산 후 왠지 기분이 '가라앉는' 느낌이었으며, 그것이 호르몬의 영향이 아닐까 생각했다. 그녀는 과거에도 생리 주기의 후반부에 간헐적으로 기분의 변화를 느꼈지만, 그 문제 때문에 치료를 받은 적은 한 번도 없었다. Penny의 진술에 의하면 아이를 갖기로 결정한 가장 중요한 이유는 나이 때문이었다. 만약 아이를 가져야 한다면 지금 가져야 한다고 생각했는데, 왜냐하면 나이가 많아지면 그만큼 위험이 커질 수 있다고 생각했기 때문이다.

아이가 태어난 후, 아이를 돌보는 일 때문에 지쳐서 남편과 보낼 시간이 줄어들었음을 알게 되었다. 좀 더 구체적으로 이야기해 보도록 권유하자, Penny는 부부관계가 더 이상 없었으며, 남편과 정서적으로 가깝게 느껴지지 않았다고 털어놓았다. 더구나, Brad는 Penny의 휴직으로 수입이 감소하자 이를 보충하기 위하여 더 많은 시간을 일하기 시작하였다. 또한 친정어머니가 일주일에 한 번 아이를 봐 주기로 했던 약속을 점점 지키지 않기 시작했음을 알게 되었다.

Penny는 외동딸이다. Penny의 어머니는 Penny를 출산한 후 우울증이 심해졌고, Penny의 어린 시절 내내 우울증 때문에 힘들어하였다. 청소년 시기의 Penny는 어머니와의 관계에서 갈등이 많았으며, 아버지와 더 가까웠다고 말했다. 어머니는 때때로 도움을 주기는 했지만 대체적으로 믿고 의지할 대상이 못 되었다. 또한 결혼한 후에는 아버지와도 별로 접촉이 없었다고 하였다.

학창 시절 Penny는 학업성적이 우수하였지만, 대학에 진학하지는 않았다. 학생으로서 그녀는 완벽한 공부 태도로 항상 주목을 받았으며, 체육시간에는 수영을 선택하여 역시 매우 뛰어난 활동을 하였다. 직장에서의 생활도 매우 만족스러웠는데, 법률회사에서 일할 때 그녀는 매우 인정받는 멤버였다. 그녀는 변호사들이 항상 그들 자신의 일을 도와줄 것을 그녀에게 부탁했었다고 힘주어 말했다. Penny는 일을 즐겼으며, 회사에서 받았던 사회적 지지를 그리워한다고 말하였다.

Penny는 8년 전에 결혼하였다. 그녀는 결혼생활이 행복하다고 말했지만, 남편과 함께 지내는 시간이 부족하다고 느끼고 있었으며, 또한 친구들을 규칙적으로 만날 수 없었는데, 이를 결혼하면 당연히 치러야 할 대가라고 말했다. 남편과의 관계에 대한 기술은 흥미로웠다. Penny는 결혼한 이유를 "둘이 지내는 게 여러모로 좋아서."라고 말하였다. 남편은 두 사람 사이에 친밀감이 부족하고 성관계에 종종 불만을 느낀다고 말했지만, Penny는 두 가지 면 모두에서 매우 만족하고 있다고 말하였다.

Penny는 자신을 완벽주의자라고 기술하였으며, 자신의 자존감은 무언가를 성취하는 능력과 관련되어 있다고 말하였다. 그녀는 아이를 낳기 전에는 자신의 삶이 자신의 '통제' 하에 있었다고 말했지만, 출산 후 일정한 틀도 없고 명확한 목표도 없이 끊임없이 어머니 역할을 해야 한다는 사실이 자신을 힘들게 한다고 하였다. 출산 후 처음 몇 주 동안은 모유 수유 때문에 힘들었으며, 그것이 스스로 통제할 수 없는 느낌을 더욱 강화시켰다.

Penny의 대인관계 원은 두 번째 회기에 작성되었으며, [그림 6-4]와 같다. Penny 의 대인관계 고통과 산후우울증 증상을 유발하는 데 기여한 결정적인 요인들은 다음 과 같다.

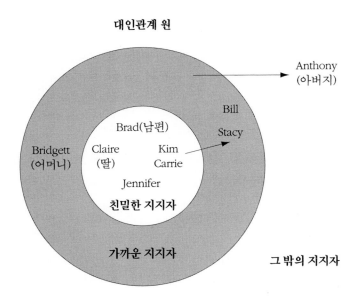

[그림 6-4] 대인관계 원-Penny

생물학적 요소

- 성
- 출산
- 어머니의 우울증 과거력
- 호르몬 영향에 의한 기분의 변화 경향

심리적 요소

- 자기-신뢰
- 근면함
- 완벽주의
- 회피적 애착경향-치료자의 생각
- 강박증적 성격 특성-치료자의 생각

사회적 요소

- 가족의 지지 부족
- 남편의 적절한 지지
- 직장 동료들의 양호한 지지

문화적 요소

- 완벽한 엄마, 아내 그리고 직장인이 되어야 한다는 압박감
- 확대 가족으로부터 아이 양육에 대한 도움을 거의 기대할 수 없음

영적 요소

- 매주 교회에 참석

대인관계 문제영역

- 어머니 역할로의 역할 전환-아이 양육자로서의 신체적 · 심리적 요구에 적응

해야 하는 동시에 직장인으로서 누릴 수 있었던 이득의 상실

- 어머니와의 대인관계 갈등-자신의 요구를 말하기 힘들어하고, 어머니가 아이를 돌보고 지지해 주지 않음에 대한 실망감
- 남편과의 대인관계 갈등-Penny와 남편 사이의 기대 불일치

Penny의 대인관계 설계는 [그림 6-5]에 제시되어 있다.

Penny의 고통과 우울에 대한 이러한 설계를 통해 몇 가지 치료방법이 적합함을 알 수 있다. *

인지행동치료 Penny는 상당한 완벽주의자이고, 개인사를 볼 때 역기능적 인지 구조를 반영하는 사고들이 상당히 있음을 알 수 있다. 완벽함에 대한 추구와 '흑백 논리적 사고(all-or-nothing thinking)' 경향성은 인지적 개입이 도움이 될 것임을 시사하고 있다.

자기-심리학 Penny는 어머니와 소원한 관계라고 말하고 있으며, 이는 Penny 자신이 어머니로서의 역할을 해야 할 때 중요한 문제로 다시 부상하게 된다. 자기-심리학은 '본보기(mirroring)' 혹은 '이상화(idealizing)' 전이 기회를 제공함으로써 치료적 관계를 맺게 된다. 이는 잠재적으로는 Penny의 증상과 기능을 향상시키겠지만, 일차적으로는 Penny의 '와해된 자신(disorganized selfhood)'을 개선시키는 데 초점을 맞추어야 한다. Penny에게 심각한 성격적 혼란이 있다는 증거는 없지만, 이러한 접근법은 도움이 될 것으로 보인다. 다만 장기간의 치료 시 문제가 될 수 있는데, 특히 환자가 부모로서의 의무를 수행해야 한다는 현실적 제약을 고려해 볼 때 문제가 될 수 있다.

가족치료 Penny와 그의 확대 가족은 가족체계에 아이라는 새로운 구성원이 들어오자, Penny와 남편 그리고 어머니와의 관계에 분명한 변화가 생기면서 큰 위기

---

* 치료적 대안에 대해 이야기할 때 선택의 폭이 넓음을 독자들이 이해하기 바란다. 우리는 분명히 IPT를 선호하고 있지만 다른 접근들도 도움이 될 수 있음을 확실히 알고 있으며, 이 환자에게 어떤 치료가 가장 좋은 치료법인가를 독자 스스로 결정하도록 권장한다. 가장 중요한 것은 치료자가 여러 가지 대안과 치료적 도구를 갖고 있는 것이다.

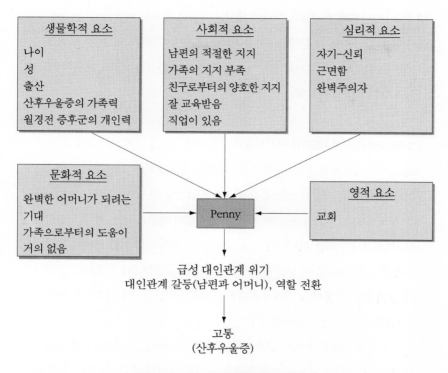

생물학적 요소	사회적 요소	심리적 요소
나이 성 출산 산후우울증의 가족력 월경전 증후군의 개인력	남편의 적절한 지지 가족의 지지 부족 친구로부터의 양호한 지지 잘 교육받음 직업이 있음	자기-신뢰 근면함 완벽주의자

문화적 요소

완벽한 어머니가 되려는 기대
가족으로부터의 도움이 거의 없음

Penny

영적 요소

교회

급성 대인관계 위기
대인관계 갈등(남편과 어머니), 역할 전환

고통
(산후우울증)

[그림 6-5] 대인관계 설계-Penny

를 경험하는 것 같다. Penny가 엄마로서의 역할을 시작한 이후부터 가족 시스템에 어려움이 생겼기 때문에 이를 다룰 수 있게 가족을 치료로 개입시키는 것은 잠재적으로 도움이 될 수 있을 것 같다.

대인관계치료 Penny의 고통에는 다양한 결정인자가 있지만, 현재 상황에서 Penny에게 가장 압박을 주는 문제는 남편과의 갈등, 어머니와의 관계에서 겪는 어려움 등으로 이는 Penny가 새로운 역할인 엄마 역할을 시작하면서 나타났다. IPT는 Penny에게 자신의 고통을 이해할 수 있는 틀을 제공해 줌과 동시에 증상 완화라는 궁극적 목적을 가지고 자신의 대인관계 문제에 대한 해결책을 개발할 수 있도록 돕게 된다. IPT는 시간 제한이 있고 국소적이라는 특성 때문에 가능한 한 빨리 기능을 회복하고 아이에게 건강한 애착을 형성하려는 환자의 욕구에 적합하다. 더 나아가, 역할 전환과 대인관계 갈등에 대한 개념은 환자 자신의 경험과 직접 관련되어 있고, 대인관계 설계에서 환자가 제시한 자신의 고통의 원인이며, 환자가 도움을 구하고 있던 바로 그 문제들이어서 환자에게 상당히 매력적이다.

대인관계 설계는 치료자와 환자가 서로 협동하여 완성하였으며, 치료자는 이를 다음과 같이 요약 정리하였다.

Penny, 당신이 겪고 있는 문제들과 당신에게 고통을 초래한 요인에 대한 상호 이해에 기초하여 볼 때, 당신은 산후우울증 삽화를 겪고 있는 것으로 생각되며, 이것은 앞서 기술한 모든 증상과 고통을 설명할 수 있는 한 가지 방법이라고 생각됩니다. 우울증은 여러 가지 상황에 의해 영향을 받는 복잡한 병입니다. 당신의 경우에는 어머니가 우울증으로 고통받았던 것처럼 신체적 요인이 중요할 수 있습니다. 이 말은 당신의 우울증에는 유전적 요소가 있다는 것입니다. 또한 당신이 월경 시 감정의 변화를 경험했던 것으로 미루어 호르몬 요소도 관여되어 있을 것으로 추측됩니다.

당신의 문제에는 심리적 구조 내의 요소들도 기여를 하고 있는 것 같습니다. 당신은 열심히 일하고 높은 성취를 하면서 당신의 삶을 성공적으로 꾸려 올 수 있었으며, 삶을 스스로 통제할 수 있다는 것이 당신에게 매우 중요한 일이었던 것 같습니다. 아이가 태어나면서 통제감이라는 것이 변화되었다는 점에 의심의 여지가 없습니다. 아이들은 부모의 스케줄을 불규칙적이고 예측할 수 없게 만드는 데 전문가들이니까요. 아이가 태어나면서 생긴 변화에 대처하면서 잘 조직화되고 열심히 일하던 당신의 일상적 생활 패턴에 변화가 생기고 힘들어졌습니다.

부모로의 역할 전환이 이루어지면서 다른 관계도 영향을 받기 시작했습니다. 분명한 것은 아이가 태어나기 전까지 좋았던 남편과의 관계가 새로운 책임감(의무감)에 직면하게 되면서 영향을 받게 되었다는 점입니다. 또한 어머니와의 관계도 아이가 태어나면서 더 많은 문제가 생기게 되었습니다.

이 모든 요소는 중요합니다. 제가 생각하기에 아기가 태어난 후 이 모든 요소가 결합하여 당신이 우울해진 것 같습니다. 엄마가 된다는 변화는 당신의 삶에 중요한 변화를 가져온 것 같습니다. 이는 좋은 일인 동시에 스트레스를 주는 일입니다. 그리고 과거에 일상적으로 해 왔던 일들에 대처하는 당신의 능력에도 변화를 가져온 것으로 보입니다.

제 생각으로는 당신이 겪은 역할 전환을 다루는 것, 그리고 당신이 기술한 남편과 어머니와의 갈등관계를 다루는 것이 큰 도움이 될 것 같습니다. 당신의 경우에는 IPT가 잘 맞을 것 같습니다. 치료의 일차적인 목표는 사람들과의 대인관계 갈등을 해결하도록 돕는 것이고, 아이를 갖는 것과 같은 인생의 주요한 변화에 적응하는 것입니다. 당신은 약물 사용이 아이에게 미치는 영향을 걱정하고 있습니다. 따라서 항우울제를 사용하지 않고 IPT만을 이용하여 당신의 증상을 다루어 나가고자 합니다.

제가 정리한 내용에 대하여 당신은 어떻게 생각하십니까?

대인관계 설계에 대한 요약이 전문적일 필요는 없다. 환자가 쉽게 이해할 수 있는 용어를 사용해야 한다. 특히 환자의 장점을 강조하는 것은 매우 도움이 된다. Penny의 경우 여러 가지 장점을 지니고 있다. 부모로서의 역할 전환이 환자가 이제껏 사용해 왔던 대처 방식과 대인관계 자원만으로는 감당하기 너무 힘들었을 뿐이다. 예를 들면, 어머니와의 관계가 좀 더 좋았으면 출산 후 문제가 적었을 수 있고, 그녀가 덜 강박적이었거나, 모든 것을 통제하려는 태도가 좀 더 약했더라면 새로운 아이가 태어났을 때의 혼란스러움에 좀 더 잘 적응할 수 있었을 것이다. 그녀가 지금 겪고 있는 어려움을 힘든 상황에 대한 일시적 반응으로 규정짓는 것은 그녀의 일상적인 대처 능력을 강화시키고, 또한 어려움이 제한된 기간에만 나타나는 것이며, 극복할 수 있을 것임을 시사한다.

설계와 치료 계획에 대한 논의는 항상 치료자와 환자가 협동하여 이뤄져야 한다. 치료자는 언제나 환자에게 피드백을 구해야만 하고, 이에 수용적인 태도를 보여야 하며, 피드백을 통합하려고 노력해야 한다. 치료의 중기 단계에서 수집되는 새로운 정보들은 통합하여 설계를 지속적으로 진화시켜 나가야 한다.

결 론

IPT에서 대인관계 설계는 환자가 경험하는 현재 문제의 원인에 대하여 환자와 치료자가 이해에 도달하는 협동적 과정의 결과다. 설계는 환자의 삶에서 이 시점에 촉발된 대인관계 위기와 심리적 고통에 대한 취약성을 야기한 생물학적, 심리적, 사회적, 문화적, 영적 요소가 통합되어 나타난 산물이다. 이 과정에서 환자의 경험을 확인하고, 각 요인을 환자의 대인관계 고통과 연계시키게 된다. 설계는 환자에게 가장 효과적인 IPT 기법이 무엇인지를 치료자에게 알려 주며, 동시에 치료적 개입으로서 IPT를 사용하는 것에 대한 이론적 근거를 제시해 준다.

제7장

치료 합의

서 론

다른 정신치료와 마찬가지로 대인관계치료(Interpersonal Psychotherapy: IPT)에서도 치료 합의(treatment agreement)가 필요하다. 치료 합의는 치료 실시를 위한 일련의 지침으로, 치료자와 환자가 상호 협조하여 정하는 것이다. 다른 정신치료와 마찬가지로, 치료자가 일방적으로 치료 계약에 동의하도록 요구할 경우 IPT의 치료 효과는 반감된다. 치료 합의는 반드시 상호 협조적인 과정을 통해 정해야만 한다.

IPT에서 치료 합의는 환자와 치료자 모두에게 이익이 된다. 이 과정에서 환자는, 환자와 치료자 모두가 의무감을 갖고 치료를 진행하게 될 것이라고 기대하게 된다. 치료자에게는 치료 합의가 치료에 대한 실제적인 지침을 제시하는데, 특히 부적응적 애착유형 때문에 치료의 구조를 조정해야 하는 경우 더욱 그렇다. 환자와 치료자 모두 치료 합의에 중요한 역할을 하므로, 치료자가 일방적으로 엄격하게 동의를 요구하기보다는 서로 상호작용하면서 교섭하여 결정해야 한다.

IPT에서는 의미의 차이가 있기 때문에 '치료 계약(treatment contract)'이라는 용어 대신에 치료 합의(treatment agreement)라는 용어를 사용한다. '계약'은 바꿀 수 없다는 의미가 있으므로, 치료 초기에 회기 수를 정하는 계약을 했다면 정확히 그 횟수만큼만의 치료가 진행되어야만 한다. 그러나 IPT에서는 회기 수를 정할 때 특정 횟수가 아닌 일정한 범위로 훨씬 융통성 있게 제시하는 편이며, 그 시기도 첫 번째 회기보다는 평가/초기 단계의 마지막 부분에서 설계를 끝낸 후 치료 횟수의 범위에 대해 합의한다. 또한 '계약'이라는 단어는 치료자가 지시한다는 의미를 포함하고 있기 때문에 치료를 원한다면 환자는 이에 동의해야만 한다는 뜻으로 해석될 수 있다. 환자가 이에 동의하지 않으면 그는 치료자로부터 '안녕히 가시라.'는 말을 듣게 될 것이다. 그러나 치료 합의에서는 환자의 말을 경청하고, 강력한 치료 동맹을 맺으며, 환자와 협조적으로 작업을 하고, 모든 단계에서 융통성 있는 치료 합의를 구할 수 있도록 협상을 한다.

'계약'이라는 단어는 본의 아니게 합의사항을 수정하려는 환자의 어떠한 시도도 저항으로 규정할 위험이 있다. 예를 들면, 환자가 한두 번의 추가 회기를 요구할 경우, 치료자는 신중하고 솔직한 태도로 환자와 소통하고 상호 협력함으로써 추가 회기가 실제로 더 도움이 될 수 있는지를 결정해야 하지만, 계약을 맺은 상태에서는 이를 치료종결에 저항을 보이는 환자의 병리적인 행동이라고 교조적 해석을 할 가능성이 있다. 저항은 전기회로에나 쓰이는 용어. 정신치료에서 저항이라는 개념은 환자의 관점을 이해하기 위하여 열심히 노력하는 대신 환자에게 낙인을 찍어 버리는 잘못된 방법을 의미할 뿐이다.

치료 합의의 과정

통상적인 인간관계와는 달리, 임상 장면에서 치료적 관계는 윤리적인 면과 실용적인 면에 의해 제약을 받게 된다(모든 인간관계가 윤리적인 면에 의해 제약을 받는 것이 바람직하다고 주장하는 사람도 있지만). 임상적 '경계(boundary)'라는 개념이 가장 좋은 예 중의 하나다. 치료 장소와 구체적 치료 시간에 대해 합의하는 것과 같은 실용적 필요에 의한 합의에 더하여, 치료적 관계는 항상 치료 장소 밖에서의 치료자 접촉, 응급 상황에 대한 합의, 서비스 비용 등 여러 가지 문제에 대한 제한을 두게 된다. 차후에 어떤 문제가 일어나기 전에 미리 분명하게 합의를 해 놓는 것이 가장 이상적이다. 이렇게 경계를 설정해 놓는 것은 치료적 관계의 통합 (integrity)을 유지시켜 주고, 환자와 치료자가 서로 착취당하는 일을 막아 준다. 환자와 치료자는 치료 합의의 한 부분으로, 치료적 관계의 경계선을 설정해 놓아야 한다. IPT의 다른 요소들과 마찬가지로, 치료적 합의를 구축해 가는 과정은 치료자와 환자 사이에 협동적으로 이루어지는 과정이다. 치료과정 전체에서 되돌아가서 재협상할 수 있는 여지를 항상 남겨 두어야 한다. 이 과정은 임상적 판단에 따라 결정되어야 한다.

치료 합의를 위한 협상은 환자와 치료자 사이에 진행되는 대인관계의 과정 (interpersonal process)이다. 결과적으로 치료자는 환자의 임상 양상, 애착유형, 사회적 상황 등을 종합적으로 평가한 후에 환자와 상의하여 합의를 이루어 내야 한다. 평가를 마친 후 치료자는 치료적 관계에 대해 확고한 개념을 정립해야 하는데, 이는 IPT의 평가/초기 단계의 마지막 부분에서, 즉 대인관계 설계를 구축한 후, 이 단계에서 해야 할 마지막 과제로서 합의가 이루어져야 함을 의미한다.

치료 합의는 상호 협의된 치료목표를 포함해야 한다. 환자와 치료자가 시각을 공유하고 협의를 하면 치료가 성공할 가능성이 훨씬 커진다. 결과적으로, 치료자는 환자가 자신의 구체적 목표—대인관계 문제영역의 해결—를 가능한 한 분명히 표현할 수 있도록 도와주어야만 한다. 상호 협의하에 치료목표를 결정하는 것은 대인관계 설계를 작정함에 있어서 가장 본질적인 부분이다.

환자의 애착유형은 치료 합의를 구축하는 과정에 영향을 미칠 수밖에 없다. 좀 더 안정적인 애착유형인 환자들은 치료목표를 설정하는 과정에서 치료자가 '주도적인 역할'을 하는 것을 잘 참아 내는 반면, 불안정한 애착유형인 사람들은 치료자가 치료목표 설정 과정에서 지나치게 지시적으로 행동할 경우 거부 혹은 소외당했다고 느끼는 경향이 있다. 이와 같은 진퇴양난의 상황은 모든 종류의 치료에서 마찬가지인데, 안정적으로 애착이 되어 있는 환자의 경우 치료자의 지시를 비교적 잘 참아 낼 수 있으며, 동시에 환자 자신이 주도권을 잡고 협조적으로 작업해 나가는 것도 가능하다. 안정적으로 애착이 되어 있는 환자의 경우 치료 합의에 이르는 것도 매우 쉽다. 반대로, 불안정하게 애착이 되어 있는 환자의 경우 치료자의 지시적인 태도에 지나치게 민감하고, 동시에 스스로 주도권을 잡으려 하지도 않는 경향이 있다. 이것이 안정적 애착유형의 환자는 성공적으로 치료가 진행되지만, 불안정한 애착유형의 환자인 경우 IPT의 구조와 기법에 융통성이 필요하며, 치료 동맹에 더 많은 주의가 필요한 이유다.

IPT에서 치료 합의의 구성요소

IPT에서 치료 합의의 구성요소는 〈글상자 7-1〉에 제시되어 있다. 치료자의 임상적 판단에 따라 글로 적어도 좋고, 그냥 말로 할 수도 있다. IPT 시행에 관한 모든 내용을 문서로 제시하고 치료과정에서의 환자 역할을 글로 기록해 놓는 것은 어떤 환자에게는 매우 도움이 되지만, 어떤 사람에게는 불필요하고 귀찮은 일이 될 수 있다. 반드시 융통성 있게 대응해야 한다. 합의와 같은 치료 도구는 모든 환자에게 일률적이고, 독단적으로 적용하기보다는 환자 개인의 특성에 따라 적용 여부를 융통성 있게 결정해야만 한다. 안정적 애착유형인 환자는 문서화된 동의서 없이도 치료를 잘 진행해 갈 수 있지만, 불안정한 애착을 보이고 대인관계 양상에 좀 더 많은 문제가 있는 환자들은 IPT 실시와 특정 치료목표에 대하여 보다 분명한 기록을 남겨 놓는 것이 좋다. 문서화된 합의든, 구두로 한 합의든, IPT에서 합의는 다음의 요소들을 구체적으로 명시해야만 한다.

글상자 7-1	IPT 치료 합의의 구성요소

- 회기의 수, 빈도 그리고 기간
- 확인된 문제영역
- 환자와 치료자의 기대
- 우발적 상황에 대한 계획(즉, 응급상황과 스케줄 조정)
- 치료 경계

회기의 수, 빈도 그리고 기간

이것은 환자 문제의 심각도와 애착유형에 근거해서 결정해야 한다. 회기는 치료자의 성향이나 가용한 시간에 따라 달라질 수 있지만 일반적으로는 6~20회기로 진행되며, 대체로 회기당 50분간 치료한다. 치료 비용과 지불 방법 역시 분명히 해 두어야 한다.

확인된 문제영역

여기에는 대인관계 평가도구와 대인관계 설계를 통해 치료자와 환자가 확인한 문제영역과 대인관계 문제가 포함된다.

환자와 치료자의 기대

환자는 개방적이고, 정직하고, 시간을 준수함으로써 치료회기를 잘 활용할 수 있어야 하고, 회기 중간, 즉 일상적인 사회생활과 대인관계 상호작용의 과정에서 확인된 문제들을 해결해 보려는 노력을 하도록 기대된다. 환자들은 IPT에서의 중요한 변화들이 치료 밖 자신의 대인관계 환경이 아닌 치료회기 내에서 일어날 것이라는 잘못된 기대를 하는 경우가 흔히 있다. IPT의 기본 원칙은 환자의 기능을 사회적 환경 내에서 변화시킨다는 것이다. 따라서 환자는 회기와 회기 사이에 스스로 무엇인가를 해야 한다. 환자가 일상생활에서 수행한 치료작업과 노력의 양은 치료 결과와 높은 상관관계를 나타낸다.

우발적 상황에 대한 계획

여기에는 취소한 치료회기, 지각, 질병과 같은 사건들이 포함된다. 일반적으로 치료자가 지각을 하거나 아예 회기를 취소했다면, 치료 시간을 다시 잡아야 한다. 반대로 환자가 회기에 결석 혹은 지각을 자주 한다면, 그 이유를 다루어 보아야 한다. 아이가 아프다든가, 차를 놓쳤다든가 등의 납득할 만한 이유가 있는 경우도 있다. 때로는 그냥 상식적인 판단을 해야지 모든 것의 이면을 들추려 할 필요는 없다.

환자가 반복적으로 지각과 결석을 하는 경우 IPT 치료자는 환자의 이러한 행동 밑에 깔려 있는 정신역동을 검증하려 하기보다는 명백한 대인관계 의사소통의 하나로 보는 것이 좋다. 또한 치료자는 환자의 대인관계 상호작용과 애착유형에 대한 가설을 구축하는 데 이러한 정보를 사용할 수도 있다. 치료자는 이런 문제를 치료적 관계의 맥락에서만 다루지 않고 환자가 시간을 지키지 않았던 다른 환경, 혹은 사회적 네트워크 속에서 다른 사람들과의 약속을 지키지 않았던 사례에 대해서도 주의를 기울여 볼 수 있다.

치료 경계

IPT에서 '경계(boundary)'는 치료적 관계를 다른 비치료적 관계와 구별시켜 주는 윤리적이고 실제적인 제약(constraint)으로 정의할 수 있다. 경계의 문제와 관련된 것들로는 치료회기 이외의 임상적 혹은 비임상적 접촉, 응급상황에 대한 적절한 준비, 음주나 마약 복용 혹은 공격적이거나 부적절할 행동의 가능성 평가 등이 포함된다. 이러한 상황들은 모든 치료적 관계에 공통적으로 내재되어 있는 것이라고 주장하는 사람들도 많지만, 문제가 좀 더 복잡한 환자의 경우 이 문제들을 공식적으로 그리고 분명하게 다루는 것이 바람직하다. "호미로 막을 것을 가래로 막는다."라는 말이 있다. 문제가 나타난 후에 이를 해결하려 하기보다는 잠재적인 문제를 미리 다루어 주는 것이 바람직하다.

실제적인 예를 들자면, 보다 복잡한 문제를 갖고 있는 환자에게 다음과 같이 질문함으로써 경계를 설정할 수 있다. "당신이 만일 자살시도를 한다면 어떻게 해야 할까요?" 혹은 "우리가 길거리나 마트에서 우연히 마주친다면 어떻게 해야 할까요?" 혹은 "만일 서로 급히 연락할 일이 있을 때 이메일을 사용하는 것에 대해 어떻게 생각하세요?" 등이다.

치료 합의를 유지하기

치료 합의를 위반하거나 깨는 것에 대해서 미리 의논할 수도 있다. 여기에는 단순한 지각이나 치료비 지불의 지연에서부터 좀 더 중요한 문제, 예를 들면 회기 중의 부적절한 행동 혹은 치료 밖의 부적절한 접촉 등 다양한 범위의 문제가 포함된다. 이 모든 문제는 정신역동적이고 전이적인 의미를 지니고 있는 것으로 볼 수 있지만, IPT 치료자는 지금-여기에서 나타나고 있는 환자의 대인관계 행동에 초점을 맞추어야 한다.

합의 위반은 의식적인 대인관계 행동으로 볼 수 있는데, 이는 치료 밖의 대인관계에서 나타나는 환자의 행동뿐 아니라 치료적 관계에서 환자가 경험하는 것에 관한 중요한 정보를 제공해 주는 경우가 많다. 때로는 이와 같은 위반 행동들이 아이를 돌보아야 했다든가, 경제적으로 쪼들렸다든가 하는 단순한 원인 때문일 수도 있다. 반면에 이 행동들이 환자의 애착유형이나 의사소통과 관련된 문제점들을 반영하는 것일 수도 있고, 성격적 문제나 심리적 방어기제를 나타내는 것일 수도 있다. 이러한 정보를 분석하고 통합하여 환자를 정확히 이해하고 치료 장면 밖에서 다른 사람들과의 의사소통 및 대인관계를 향상시킬 수 있도록 돕는 것이 치료자의 역할이다.

IPT에서 합의 위반은 보통 다음의 세 단계 과정을 통해 다루게 된다. 첫째, 치료자는 환자에게 합의 위반이 일어났음을 직접 말해야 한다. 환자가 이 문제를 인식할 수 있도록 짧게 토론을 해야 하며, 추후 회기에서는 합의가 준수되어야 한다. 둘째, 치료자는 환자에게 치료자의 기대를 분명하게 전달해야 한다. 바꿔 말하면, 치료자는 환자의 파괴적인 행동 대신 치료자가 원하는 행동을 환자에게 구체적으로 지시해 주어야 한다. 셋째, 치료자는 치료 밖 관계에서 비슷한 행동이 야기한 문제들에 대하여 직접적으로 다루어 주어야 한다. 예를 들어, 환자가 치료자에게 지나치게 자주 전화를 한다면, 치료자는 회기 사이의 전화는 제한하기로 서로 합의했음을 환자에게 직접 지적해 주어야만 한다. 그 후에 치료자는 환자에게 새로운 행동을 지시해 주어야만 한다. 예를 들면, 수시로 전화를 하는 대신 응급실로 전화를 하거나 지정된 시간에만 전화를 하도록 하게 한다. 치료자는 환자가 자신의 문제 행동과 그 대안 행동 모두를 이해하고 있음을 확인해야 한다.

이후 치료자는 치료 장면 밖에서 환자의 대인관계에 이런 행동들이 나타나고 있는지 정보를 수집한다. 예를 들어, 치료자는 환자에게 스트레스를 받을 경우 다른 사람들에게 어떤 방식으로 도움을 청하는지 질문한다. 다른 사람들에게 지나치게 자주 전화하면 어떤 일이 일어났는가? 너무 집요하게 행동해서 다른 사람들로부터 부정적인 피드백을 받은 적이 있는가? 환자는 이런 문제들을 어떻게 다루어 왔는가?

IPT에서 대부분의 합의 위반은 이러한 방식으로 직접 다룰 수 있다. 이 모든 것은 환자의 사회적 관계에서 나타날 수 있는 잠재적인 문제에 대한 중요한 정보를 치료자에게 제공해 준다. IPT에서는 합의 위반을 환자-치료자 관계에 초점을 맞추어 다루는 대신 치료 장면 밖의 비슷한 문제로 빨리 옮겨 가야 한다.

합의 위반의 실제적인 이유

치료 약속을 어기고, 치료비를 지불하지 않는 등 치료 합의를 위반하는 것에 대해 그럴 수밖에 없는 이유가 있는 환자들도 있다. 이 경우 적극적으로 환자에게 도움을 줄 수 있는 사람을 찾거나 지역사회 내에서 가용한 자원을 알아보는 것도 IPT 치료자의 역할에 속한다. 치료비 지원을 요청하거나 돌보미 서비스 혹은 육아 서비스 등에 연결해 줄 수 있다. 이런 것들이 IPT의 일차적 치료목표는 분명히 아니지만, 현실적인 이유 때문에 환자가 치료를 받을 수 없다면, 환자가 이러한 자원을 찾지 못하고 사용하지 못하는 것을 치료에 대한 저항이라고 단정하고 해석하는 대신 환자에게 직접적인 도움을 제공해야 할 것이다.

어떤 경우는 합의 위반의 이유가 환자가 합의에 대해 잘못 이해했기 때문일 수도 있는데, 이는 단순한 의사소통상의 문제를 반영하는 것이다. 환자와 치료자 간의 적절하지 못한 의사소통의 결과로 문제가 발생한 경우에는 다른 대인관계에서도 분명하게 의사소통을 할 필요가 있음을 주지시켜 주어야 하며, 이와 유사한 사례가 치료 장면 밖에서도 있었는지를 다루어 볼 수 있다. 환자의 비현실적이고 비합리적인 기대로 인해 문제가 발생한 경우, 이것이 다른 사람들과의 관계에서도 전형적으로 나타나는 문제인지에 대해서도 다루어 보아야 한다.

환자의 사회적 관계에서 합의 위반의 의미

IPT의 치료적 관계에서 나타난 것은 그것이 무엇이든 다른 관계에서도 당연히 평행적으로 나타난다. 치료적 관계는 환자의 모든 관계에 영향을 미치는 요인들에 의하여 똑같이 영향을 받는 실제 관계다. 환자의 애착유형, 그리고 다른 사람들과의 관계에서의 경험은 치료 합의의 틀에서 환자가 경험한 방식에 영향을 미치게 된다. 치료적 관계에서 어떤 문제가 드러나면 이를 통해 문제를 일으킨 요인들을 확인할 수 있고, 이는 다시 치료 밖에서의 환자의 대인관계에 대해서 알아볼 수 있는 단서가 된다. 따라서 치료 합의에 대한 환자의 경험과 반응은 환자의 대인관계 방식을 이해하기 위한 매우 중요한 정보다.

치료적 관계 내에서 합의 위반을 다루기

어떤 경우에는 치료자와 치료 합의에 대한 환자의 반응이 너무 극단적이거나 심각한 문제를 야기하기 때문에 무엇보다도 먼저 치료적 관계에 대해 직접적으로 다루어야 할 때가 있다. IPT에서는 치료적 관계를 유지하는 것이 가장 중요한 일이다. 치료적 관계가 깨지면 치료를 계속할 수 없다. 치료적 관계가 위협을 받게 되면, 치료자는 환자와의 치료 합의를 재협상할 수 있다. 이렇게 하는 것은 환자에게 추가적인 치료적 이점이 있는데, 이 과정을 환자가 경험하고 일반화함으로써 다른 사람과의 관계에서도 문제가 생길 경우 새로운 방식으로 행동하고 의사소통할 수 있음을 경험하게 된다. 이것도 실패할 경우 치료자는 치료의 초점을 환자-치료자 관계에 맞추어 이를 직접적으로 다루는 다른 형태의 치료로 옮겨 가는 것을 심각하게 고려해야만 한다.

대부분의 환자들은 자신의 대인관계 행동이 어떤 결과를 초래하는지 인지하지 못한다. 이러한 '맹점' 혹은 의사소통 문제는 치료 합의의 배경에 대해 환자와 함께 검토해 보면 분명히 드러날 수 있다. 이와 같은 정보를 활용하여 치료자는 의사소통의 결과에 대한 환자의 통찰력 부족으로 문제가 발생한 다른 상황을 검증해 볼 수 있을 것이다. 치료자는 다른 사람들도 환자의 행동에 대해 치료자와 마찬가지로 반응할 것이며, 따라서 환자의 의사소통 방식은 대인관계에서 다른 사람들로부터 비슷한 반응을 유발하거나 자극할 수 있음을 알려 준다. 이와 같이 상호작용에 대해 알아보고, 치료자의 경험에 기초하여 비슷한 상호작용에서 다른 사람들이 어떻게 반응을 할 것인지 알아보는 것은 환자가 자신의 의사소통에 대하여 통찰력을 갖게 하는 좋은 방법이 된다.

요약하면, 치료자는 드러나지 않게, 하지만 필요하다면 분명하게 환자가 치료 합의에 대해 잊지 않도록 일깨워 주어야 한다. 합의와 관련된 개입은 실용적이어야 한다. 부드럽게 기억을 상기시키고, 비슷한 의사소통 문제가 발생할 수 있는 환자의 사회적 상호작용에 대해 다루어 준다.

사례 7-1 Barry

Barry는 21세 남자 환자로, 우울증 때문에 의뢰되었다. Barry는 여자 친구와의 관계에서 어려움을 겪고 있다고 진술하였으며, 항상 울적하고, 이로 인해 구체적인 것은 아니지만 막연한 자살 사고(suicidal ideation)도 느끼고 있다. Barry의 담당의는 항우울제를 처방하였는데, 복용 후 그의 증상은 다소 경감되었다. 그의 대인관계 원은 [그림 7-1]에 나타나 있다.

평가/초기 단계의 끝 무렵에, 대인관계 설계([그림 7-2] 참조)를 완결한 후, Barry와 치료자는 치료 합의에 대해 협상하였고, 10~12회기의 IPT를 더 하기로 동의하였다. 두 사람은 후기 회기에는 치료의 빈도는 점차 줄여 나갈 수 있음에도 동의하였다. 두 사람은 또한 여자 친구와의 대인관계 갈등, 어머니와의 대인관계 갈등에 치료의 초점을 맞추기로 동의하였다.

Barry는 네 번째 회기에 10분 늦게 도착했는데, 직장에서 일찍 퇴근하기가 어려웠다고 말했다. 치료자는 40분으로 단축된 회기를 진행하였으며, 치료 시간을 잘 지켜야만 온전한 치료회기를 진행할 수 있고, 그것이 환자에게 득이 되는 일임을 강조하였다. Barry는 다섯 번째 회기에는 정시에 도착했지만, 여섯 번째 회기에는 약속 시간 두 시간 전에 회기를 취소하였다. 치료자는 Barry가 24시간 전에 취소하지 않았으므로 처음에는 의도적으로, 또한 일방적으로 이 회기에 대한 보충치료는 해 주지 않기로 결정하였다. 하지만 다시 심사숙고한 결과 그것은 상호 협력하는 방식이 아니라고 인식하고 더 좋은 방법을 생각해 보기로 하였다. 또한 보충회기를 진행하지 않으면 Barry가 치료 밖의 유사 상황에서 어떻게 행동하고 의사소통하는지에 대해 이해할 수 있는 기회를 잃을 수 있다고 생각하였다.

그 결과 치료자는 일련의 사건들을 Barry와 함께 다루었고, Barry가 정시에 와야 함을 반복하여 강조하였고, 그렇지 않을 경우 치료를 통해 얻을 수 있는 이득이 감소할 것임을 상기시켜 주었다. 그다음 서로 상의하여 앞으로는 치료 시간 하루 전까지 미리 연락하지 않으면 회기를 취소하더라도 Barry가 치료비를 지불할 의무가 있음에 동의하였다. 치료자는 Barry의 행동으로 인해 자신이 좌절감을 느꼈고, Barry가 치료자의 시간이나 전문적인 노력에 가치를 부여하고 있지 않는 것처럼 보

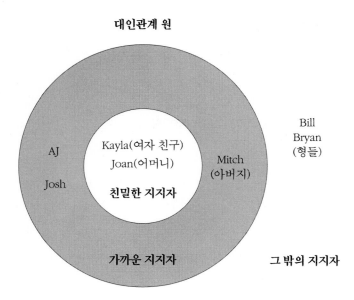

[그림 7-1] 대인관계 원-Barry

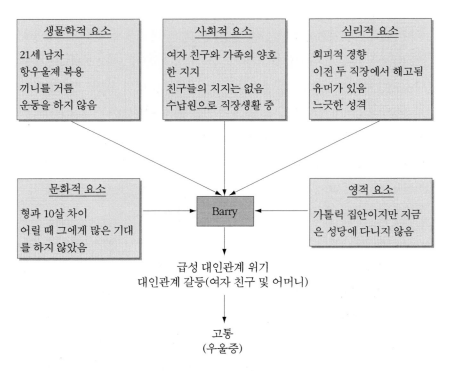

[그림 7-2] 대인관계 설계-Barry

여서 짜증이 나는 것을 인지하였다. 유능한 치료자로서 그는 자신의 반응이 의심의 여지없이 Barry가 다른 사람들과 상호작용하는 방식을 반영하고 있음을 인식하였다. 그러나 좌절과 불쾌감을 잠시 제쳐 두고, 치료자는 스스로에게 IPT 과정 중에 나타나는 자신의 모든 행동은 환자에게 정중하고, 치료적이고, 이익이 되는 것이어야 함을 상기하였다. 치료자는 자신의 반응이 '진단적' 정보에 중요하며, Barry가 치료 밖에서 상호작용하는 중 나타나는 문제들을 밝혀내는 데 사용될 수 있음을 인식하였다.

7회기에 Barry는 10분 늦게 도착하였으며, 치료자는 7회기 초기에 치료 합의에 대하여 다루었다. 그다음 치료자는 Barry가 약속을 제대로 유지하지 못하는 다른 관계에 대하여 다루었다.

치료자: Barry, 지난 몇 회기에서 당신은 약속을 지키지 않았거나 제시간에 오지 않고 지각을 했습니다. 우리는 매 회기 50분간 치료를 진행하지만, 당신이 늦게 올 경우에는 그 시간을 다 채울 수 없다는, 즉 원래 예정 시간에 치료를 끝내야 한다는 점에 동의했었지요. 치료 시간에 늦으면 치료 시간이 그만큼 단축되고, 결과적으로 당신이 치료를 통해 얻을 수 있는 것을 충분히 얻지 못할 수 있습니다. 이것은 마치 약을 처방 용량의 반만 복용하는 것과 같습니다. 어느 정도 효과는 있겠지만, 적절한 용량만큼의 치료 효과는 얻지 못합니다.

Barry: 무슨 뜻인지 알겠습니다……. 제시간에 맞춰 올 수 있도록 미리 준비해 놓질 못했습니다.

치료자: 우리는 회기를 취소해야 할 경우 최소한 24시간 전에 연락을 해야 한다는 것에 동의했습니다. 이 점도 당신이 기억하고 있었으면 좋겠습니다.

Barry: 저는 최선을 다하려고 했는데, 제가 급히 취소했던 그날은 직장에서 정말 응급상황이 있었습니다.

치료자: 그런 일이 있을 수 있다는 점은 저도 알고 있습니다. 저는 단지 서로에게 기대하는 바를 당신도 분명히 알고 있는지 확인하고 싶었습니다. Barry, 우리가 같이 작업을 해 오면서 이러한 일들이 여러 번 나타났기 때문에 다른 사람

들과의 관계에서도 이러한 문제가 있었는지 알고 싶습니다. 이 점에 대하여 어떻게 생각하십니까?

Barry: 제 여자 친구는 제가 늦는 것에 대하여 항상 잔소리합니다. 그녀는 그 점이 저에 대한 가장 큰 불만 중 하나라고 말했습니다. 제가 늦는 것은 자기를 충분히 배려하지 않기 때문이라고 했습니다.

치료자: 그러면 당신은 어떻게 반응합니까?

Barry: 제가 늦는 것은 그녀와는 관계없는 일이라는 점을 설득하려고 합니다. 그것은 단지 저의 나쁜 습관일 뿐입니다. 그녀가 그것을 개인적인 문제로 받아들이지 않기를 바랍니다.

치료자: 그녀는 당신이 원하지 않는 방식으로 당신의 늦는 행동을 해석하고 있는 것 같네요.

Barry: 맞습니다. 하지만 저는 그렇지 않다는 것을 그녀에게 납득시킬 수가 없습니다.

치료자: 제가 직접적인 피드백을 주어도 될까요?

Barry: 그럼요.

치료자: 당신이 상호작용하는 대부분의 사람들은 당신이 지각을 하면 짜증스러워하고 당황합니다. 당신이 이 사실을 아는 것이 중요하다고 생각합니다. 당신이 회기에 나타나지 않거나 지각했을 때 저도 그렇게 느꼈습니다. 당신이 의도했든, 하지 않았든 간에 사람들은 이를 개인적인 문제로 받아들일 것입니다. 그것은 당신의 대인관계에 커다란 영향을 주게 될 것이며, 당신의 여자 친구와의 관계에서나 어머니와의 관계에서 갈등을 일으키는 데 중요한 요인이 될 수도 있을 것 같습니다. 당신은 다른 사람들이 당신에게 그렇게 반응하는 것을 알고 있었습니까?

Barry: 저는 그렇게 자주 늦지는 않습니다……. 사람들이 왜 그 문제를 그렇게 심각하게 받아들이는지 아직 잘 알지 못하지만, 당신 말이 맞을 수도 있다는 생각이 듭니다. 직장에서도 그런 경우가 있는 것 같습니다. 제 상사 중 한 분은 제가 자주 지각하거나 결근하는 것에 대하여 매우 화를 내기도 했었습니다…….

　　Barry는 마지못해 자신의 행동 중 일부가 상대방으로 하여금 좌절감을 느끼게 한다는 점을 인정하였고, 자신의 행동을 좀 더 효과적으로 조정할 수 있는 방법을 탐색해 보기 시작하였으며, 다른 사람들이 자신의 행동에 대해 그의 의도와는 관계 없이 개인적인 문제로 인지할 수 있음을 인정하였다. 이것은 치료의 주된 초점이 되었다.

치료 합의에 관한 그 밖의 생각들

　　우리는 치료 합의의 잠재적인 위반에 관하여 많은 논의를 하였다. 이러한 위반 사항들이 나타나면 치료에서 실제적인 어려움을 겪게 되고, 이는 치료자에게 중대한 도전이 된다. 하지만 이런 문제들이 그렇게 흔한 것은 아니다. 특히 IPT가 잘 진행되고 있는 경우에는 더 드물다. 치료자가 환자의 말을 경청하고 환자를 이해하려고 솔직하게 노력한다면, 합의 위반은 잘 나타나지 않는다. 환자가 진정으로 이해받고 있다고 느끼면, 환자는 제시간에 오려고 노력한다.

　　IPT는 융통성 있는 치료방법이기 때문에 합의 위반이 그리 흔하지 않다. 치료자가 일정 회기 후 치료를 종결해야만 한다고 독단적으로 주장하고 이에 대해 환자가 반대를 할 경우를 예로 들어 보자. 미숙한 치료자는 이에 대해 타협하지 않고 환자가 말을 안 듣고 저항을 한다고 낙인찍을 것이다. 그러나 숙련된 치료자는 환자와 함께 이 문제를 논의할 것이고, 만약 치료연장이 도움이 된다고 서로 합의한다면 치료를 연장할 것이다. 합의 위반은 IPT가 잘, 협조적으로 이뤄진다면 그리 흔하게 나타나지 않는다.

　　반대로 합의 위반이 자신의 다른 환자들에게서도 나타난다면, 치료자는 문제의 원인이 어디에 있는지 조심스럽게 탐색해 보아야 한다. 치료자의 완고함이 환자의 '저항'을 유발했을 수도 있다. 치료자의 융통성과 경청이 치료 동맹을 강화시켜 줄 것이다.

결론

치료 합의는 IPT에서 매우 핵심적인 부분이다. IPT의 초기/평가 단계의 끝 부분에서 대인관계 설계를 완성한 후 치료 합의가 이루어져야만 한다. 분명하고 일관성 있는 합의는 치료의 경계가 위협받을 때 치료자와 환자 모두에게 참조점이 되므로 매우 중요하다. 치료적 관계를 직접 다루는 것이 IPT의 목표는 아니기 때문에 이상적으로는 전이에 대하여 다루지 않고, 그 대신 치료 경계에 대한 문제를 연역적으로 다룰 수 있기 때문이다.

제3부

IPT 기법

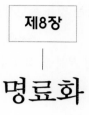

명료화

서 론

명료화는 대인관계치료(Interpersonal Psychotherapy: IPT)에서 가장 흔히 사용되는 기법 중 하나로, 특히 평가/초기 회기에서 핵심적인 기법이지만 그 후에도 IPT 전 과정에 걸쳐 자주 사용되는 기법이다. 명료화는 다음과 같이 설명할 수 있다.

- 치료자가 환자의 경험을 더욱 잘 이해하기 위해 적절한 질문을 하는 것
- 환자가 자신의 경험을 더욱 잘 이해할 수 있도록 매우 적절한 질문을 하는 것
- 환자에게 자신의 행동을 변화시키고자 하는 동기를 유발할 수 있도록 정말 적절한 질문을 하는 것

명료화는 '통상적'인 정신치료 기법이며, IPT에서만 이 기법을 사용하는 것은 아니다. 다른 IPT 기법과 마찬가지로, 명료화는 IPT 치료자가 환자를 이해하는

것과 환자가 자기 자신을 이해하는 것을 촉진시키고, 치료 동맹을 강화시키는 기능을 한다.

환자의 대인관계 경험의 특정 부분을 협동적으로 탐색하고 명료화하는 것은 여러 가지 면에서 치료적이다.

- 치료자에게 환자의 경험과 스트레스를 확인할 수 있는 기회를 제공한다.
- 환자에게 지지적인 치료관계 속에서 자신의 대인관계 경험을 탐색하고 비추어 볼 수 있는 기회를 제공한다.
- 환자가 자신의 경험을 다른 사람들과 좀 더 분명하게 의사소통할 수 있도록 도와주며, 처음에는 치료자의 지도하에 연습을 시작한다.
- 환자와 치료자가 힘을 합쳐서 환자의 경험을 탐색하고 있다는 사실을 강조하여 치료 동맹을 견고히 한다.

명료화는 매우 단순한 기법이지만 그럼에도 불구하고 적절한 질문을 하기 위해서는 숙련된 기술이 필요하다. 치료자는 환자에게 진실한 관심을 가져야 하며, 이러한 관심이 환자에게 전달될 수 있어야 한다. 이는 진부한 것이 아니다. 치료에 있어서 매우 실제적인 것이고 결정적인 것이다. IPT를 잘하려면—문자 그대로—진정으로 공감하고 경청해야 하며, 환자를 도와주려는 진정성이 있어야 한다. 그렇지 못하면 실패하고 말 것이다.

애착이 안정적으로 형성되지 못한 환자는 특히 진정성이 부족한 치료자에게 경계심을 보이는 경향이 있다. 따라서 치료자는 명료화를 사용하여 환자와의 생산적이고 치료적인 관계를 촉진할 수 있도록 보다 성실하고 창의적으로 작업해 나갈 필요가 있다. 이러한 환자의 경우 명료화는 환자를 이해하고 싶고 환자가 고립감에서 벗어나도록 도와주고 싶다는 치료자의 바람을 전달하는 방법이며, 치료 동맹을 구축하는 데 결정적 요소다. 평가회기를 1~2회기 추가하여 환자의 이야기를 충분히 들어 주고 동맹을 견고히 하는 등 IPT의 구조를 변형시키는 것도 바람직한 방법이다.

의심이 들면, 경청하라. 의심이 들면, 더 명료화하라.

IPT에서 명료화

치료기법으로서의 명료화는 다음의 것들을 모두 포함한다.

- 직접적인 질문(directive questioning): 치료자는 명료화 과정 중 대인관계 문 제를 중심으로 치료가 진행되도록 환자를 부드럽게 이끌어 주어야 한다. 대 인관계 문제에 일차적 초점을 맞추는 것은 IPT의 특징이자 명료화의 독특한 한 측면이다.
- 공감적 경청(empathic listening): 치료자는 대인관계 문제에 대한 환자의 경험 과 우려를 잘 들어 주어야 한다.
- 반향적 경청(reflective listening): 치료자는 자신이 환자를 정확하게 이해하고 있음을 확인시켜 주어야 한다. '그렇다면 당신의 이야기는 이러이러한 의미 죠?'와 같은 표현을 종종 사용함으로써 환자의 진술을 정확히 이해했는지 점 검해 보아야 한다.
- 자발적 이야기 격려(encouragement of spontaneous discourse): 치료자는 언어 적 · 비언어적 단서를 사용해서 환자가 어렵게 고백한 이야기에 대해 격려해 주어야 한다.

명료화와 환자의 애착유형

명료화 과정 중 대인관계에 대한 개방형 질문에 환자가 어떤 방식으로 반응하 는지를 평가함으로써 치료자는 환자의 애착유형에 관한 값진 정보를 얻을 수 있 다. 이것은 특히 대인관계 평가도구를 작성하는 데 도움이 된다. 이러한 추론은 대인관계 문제에서 치료자가 환자의 경험을 이해하는 데 도움을 주고, 동시에 치료적 관계에서 잠재적으로 발생할 수도 있는 문제를 예상할 수 있게 해 준다. 또한 치료자에게 개방형 질문이나 단답식 질문을 얼마나 해야 하는지, 어느 정도 지시적이어야 하는지 결정할 수 있도록 해 준다. 안정적으로 애착되어 있는 환자는 치료자가 지시적이어도 참아 낼 수 있지만, 애착이 불안정한 환자는 치료 초기에 치료 동맹을 원활히 구축하고 유지하기 위해서는 치료자가 더 많은 공감과 반영을 해 주어야만 한다.

명료화의 기술

명료화 과정에서 환자가 자발적으로 이야기하도록 격려하는 것과 논의가 초점에서 벗어나지 않기 위해 다소 지시적인 질문을 하는 것 사이에 균형을 맞추어야 한다. 치료자는 치료가 어느 정도 자연스럽게 흘러가도록 해야 하는데, 왜냐하면 이 과정에서 새로운 정보가 드러날 수 있기 때문이다. 하지만 일반적으로 치료의 초점은 문제영역에 근거한 대인관계상의 문제에 고정되어야 할 것이다.

명료화를 기술적으로 활용하는 것은 벽난로의 공기조절판에 비교할 수 있다. 좀 더 직접적인 질문을 하는 것은 '공기조절판을 열어서 불을 키우는 것'에 비유할 수 있고, 덜 지시적이고 보다 공감적인 질문은 '공기조절판을 닫아서 불을 통제하는 것'에 비유할 수 있다. 환자가 변화하고자 하는 동기를 얻기 위해서는 적절한 화력이 필요하다. 불길이 너무 강하면 심리적으로 금방 사그라들 수 있다. 좀 더 안정적인 애착유형의 환자들은 덜 안정적인 환자들에 비하여 감정적 열기를 잘 참아 내는 편이다. 치료자의 역할은 면담과정 중 가장 효율적인 수준으로 열기를 유지시키는 것이다.

예를 들어, 암으로 진단받은 후 스트레스를 겪고 있는 환자를 생각해 보자. 공기조절판을 여는 것은 다음과 같은 질문을 하는 것이다. "암 진단을 받았을 때 기분이 어땠습니까?" 혹은 "수술과 항암치료 과정이 어떨 것이라고 상상하십니까?" 등이다. 공기조절판을 닫는 질문은 다음과 같다. "이러한 문제에 대처하는 데 도움이 된 것은 무엇입니까?" 혹은 "다른 사람들이 어떤 식으로 당신을 지지해 주었습니까?" 등이다. 공감적 발언, 예를 들면 "당신이 그렇게 힘들어하는 것을 보니 가슴이 아픕니다."와 같은 말은 공기조절판을 더욱 닫는 것이다.

지시적 명료화는 바로 핵심으로 들어가서 환자의 경험에 대해 개방형 질문을 하는 것이다. 주로 "그때 당신은 어떤 느낌이었습니까?"라는 형태의 질문이다. 덜 지시적인 명료화는 지지를 해 주거나, 대처 방식, 즉 어떻게 하면 좀 더 효율적으로 상황을 다룰 수 있는지 등을 묻는 것이다. 두 가지 모두 중요하다. 이들 사이에 균형을 맞추는 것이 숙련된 IPT 치료자의 역할이다.

IPT와는 대조적으로, 좀 더 자유롭게 '표현하도록' 하는 치료나 정신역동에 기반을 둔 치료에서는 환자로 하여금 자유롭게, 때로는 장황하거나 산만한 이야기라도 할 수 있도록 격려한다. 이는 잠재적이고 무의식적인 심리적 내용을 드러내는 데 유용하지만, IPT에서는 유용하지 않다. 여기에는 여러 가지 이유가 있다. 첫째, 환자의 증상과 스트레스를 신속하게 해결하는 데 초점을 맞추고 있는 IPT의 치료궤도를 벗어날 위험이 있다. 개방형 질문에 대한 긴 대답을 장시간 허용할 경우 치료가 전이-기반 치료로 옮겨 갈 수도 있다. 장기 정신역동치료를 하고자 한다면 이와 같은 방식이 적절하지만, IPT와 같은 단기 급성 치료에서는 적절하지 않다. IPT는 시간 제한이 있는 치료이고, 따라서 장기적이고 비구조화되어 있는 치료보다는 더욱 구체적이고 논의에서 초점이 벗어나지 않아야 한다. 효율성은 IPT의 핵심이다.

둘째, IPT에서 좀 더 지시적으로 명료화를 하는 가장 중요한 이유는 치료자가 환자를 격려하여 환자의 의사소통 방식에 변화를 일으키고자 하기 때문이고, 또한 치료 장면 밖에서 환자가 직면하는 문제를 해결할 수 있도록 격려하기 때문이다. 환자는 "그것이 당신에게 어떤 종류의 경험입니까?"라는 질문에 대해 반응하고 숙고하면서 자신의 경험을 전과는 다른 방식으로 의사소통하는 법을 배워 나가고 있기 때문이다. 환자는 다른 사람들에게 이야기하는 방법을 연습하고, 다른 사람이 자신을 이해할 수 있도록 노력하게 된다. 이 변화는 제일 먼저 치료자와의 관계에서 나타나고, 그 후에 치료 장면 밖의 다른 사람들과의 관계에서도 나타난다. 치료의 목표는 환자가 자신의 경험, 노력, 스트레스 그리고 다른 사람들에게 도움을 구하는 방식 등을 좀 더 잘 표현하여 다른 사람들이 환자를 좀 더 잘 이해할 수 있고, 더 잘 반응할 수 있도록 해 주는 것이다.

회기를 시작하는 데 명료화를 활용하기

대인관계에 초점을 유지하고 환자가 현재 겪고 있는 특정 문제에 주의를 기울이도록 하기 위해서 염두에 두어야 할 것은* 회기를 시작할 때 "지난번 치료회기 이후 어떻게 지내셨지요?"와 같은 일반적이고 비지시적인 진술을 하지 않아야 한다는 점이다.

회기를 시작하기 위한 좀 더 적절하고 지시적인 질문은 지난번 회기에서 다루었던 대인관계 문제를 다시 한 번 환기시키고, 회기 사이에 환자 스스로 그 문제를 다루어 보기를 기대했음을 확실하게 전달하는 것이다.

지시적인 질문의 예는 다음과 같다.

> 지난 몇 주간, 우리는 당신과 당신 남편 사이에 있었던 문제를 다루어 왔습니다. 이 관계가 그동안 어떻게 진척되었는지 이야기해 줄 수 있나요?
> 지난주 회기 후에 숙제로 당신의 남편과 재정적인 문제에 대하여 이야기를 해 보기로 했었지요? 어떻게 되었습니까?

이와 같은 초기 질문은 대인관계 문제에 치료의 초점을 맞추도록 해 주고, 환자가 다루고 있는 특정 문제에 주의를 기울이도록 하며, 현재 회기에서도 그 문제를 자연스럽게 다루게 하며, 더 나아가 치료자는 회기와 회기 사이에도 환자가 그

---

*마음챙김치료에서 대인관계 문제에 초점을 맞추는 것처럼 IPT에서도 그래야만 한다.

문제를 다루기를 기대하고 있음을 강조하는 역할을 한다.[*]

명료화와 관련된 잠재적 문제점

자꾸 '주제를 벗어나는' 환자

치료자는 논의의 방향에 끊임없이 주의를 기울여야 한다. 환자가 주제에서 벗어나기 시작하면, 다시 방향을 잡아 주거나 대인관계 관련 주제로 돌아오도록 부드럽게 요청해야 한다. 치료자는 주제에서 벗어나지 않아야 함을 강조하고, 필요하다면 환자와 함께 대인관계 설계를 다시 검토하여 특정 문제영역을 치료의 초점으로 결정하였음을 강조해야만 한다. 폐쇄형 질문(close-ended question)을 좀 더 자주 사용하여 논의의 초점을 대인관계 영역으로 재설정하는 것도 도움이 될 수 있으며, 그런 이후에 다시 개방형 질문으로 돌아가도록 한다.

종종 모호하거나 자신의 사고를 제대로 조직화하지 못하는 환자들은 치료과정에서 지엽적인 문제에 빠져서 방향을 잃는 경향이 있다. 치료자 자신이 다른 길로 빠져들어 가고 있다고 판단되면, 대인관계 평가도구나 설계를 다시 살펴봄으로써 치료를 재조직하는 것이 가장 좋은 방법이다. 치료자와 환자가 다시 한 번 초점을 맞추어 원래의 문제영역으로 돌아가야 한다.

---

[*] 매 IPT 회기마다 치료를 개시하기 위한 전형적인 주제(formal agenda)를 설정해도 되는가? 그렇다. IPT는 융통성이 있기 때문에 이러한 편의를 도모할 수도 있다. 그러나 그렇게 할 경우 치료적 판단이 주의 깊게 고려되어야 한다. 주제를 미리 설정하는 것은 실제적인 대인관계를 반영하지 않기 때문이다. 당신이 정신치료 워크숍을 진행하거나 사무적인 회의를 할 경우에는 미리 주제를 설정할 것이다. 하지만 친구와 마주 앉아서 커피를 마신다면, 대화의 주제를 설정하는 것이 인위적이고 이상하게 보일 것이다. 예컨대, 당신은 친구에게 "앞으로 5분간은 나의 이혼에 대하여 이야기할 것이고, 그다음 10분간은 내가 사랑했던 삼촌의 죽음에 대하여, 그리고 7분은 나의 사진 개인전에 대하여 이야기할 거야."라고 말하지 않는다. 물론 치료는 교우관계가 아니라고 말할지도 모른다. 그러나 IPT는 환자가 자신의 사회적 지지자들과 의사소통을 좀 더 잘 할 수 있도록 도와주려는 목표에 맞게 디자인되어 있다. 이것은 치료과정 내에서 연습이 되어야 하며 환자의 사회적 관계로 확산되어야 하므로 주제를 미리 설정해 놓을 수는 없다.

혼란과 일탈에 대해서도 대인관계 의사소통의 측면에서 검증해 볼 수 있으며, 이러한 혼란과 일탈이 치료 밖의 대인관계에서도 어떤 문제를 야기할지를 다루어 보는 것도 도움이 될 수 있다. 예를 들면, 치료자는 다음과 같은 지적을 할 수 있다.

> 우리의 논의가 궤도를 벗어난 경우가 몇 차례 있었습니다. 그때마다 우리는 원래 다루고 있었던 당신의 대인관계 문제에 다시 초점을 맞추는 데 어려움을 겪곤 하였습니다. 이런 일이 치료 외의 상황에서 다른 사람들과 대인관계를 할 때에도 일어난 적이 있습니까? 이것이 다른 사람들과의 관계에 어떤 영향을 주고 있다고 생각하십니까?

자꾸 '주제를 벗어나는' 치료자

경험이 많은 IPT 치료자들도 자기도 모르는 사이에 환자의 정신내적(intrapsychic) 영역으로 빠져들어 가는 경우가 종종 있다. 환자의 정신역동적 과정이 매우 흥미롭거나 치료자에 대한 환자의 전이적 환상이 너무 매력적이어서(그리고 치료자의 자기애적 전이 만족을 위하여), 환자의 꿈에 대해 혹은 전이에 대해 질문을 하는 경우가 있다. 정신역동적 수련배경이 있는 치료자의 경우 특히 더 문제가 될 수 있는데, 그들은 덜 구조화된 치료적 접근에서 중요시되던 전이의 단서를 자기가 무시하고 있는 것이 아닌가 생각하는 경우가 종종 있기 때문이다. 이러한 생각이 들 경우 그 유혹을 인식하는 것 자체가 엉뚱한 방향으로 치료가 표류하지 않게 하는 가장 좋은 방법이다. 환자가 매력적인 꿈에 대하여 이야기를 하려고 한다면, 치료자는 환자가 그 꿈에 대하여 다른 사람들에게 이야기한 적이 있는지, 그리고 꿈에서 나타난 대인관계의 파생물과 그 의미가 어떻게 다른 사람들에게 의사소통되었는지 질문하면 된다.

사례 8-1 Henry

　Henry는 36세 남자로 변호사 사무실 직원이며, 부부관계 문제로 불안감이 심해져서 방문하였다. 그는 인지치료를 통해 어느 정도 도움을 받았지만, 지속적인 부부관계의 어려움이 증상을 악화시켰다. Henry는 치료자에게 "아내는 저를 이해해 주지 않아요. 결혼생활을 유지하고 싶은 마음이 없는 것 같아요."라고 불평하였다. Henry는 아내와의 관계를 설명하였는데, 이를 통해 두 사람이 부부관계 유지에 상당히 무관심했음을 알 수 있었다. 그들은 단 6개월 연애 후 결혼하였다. 결혼을 먼저 제안한 사람은 아내였다. Henry는 단지 '제안에 따랐을 뿐'이었다. 치료자는 부인이 결혼하자고 제안했을 때 어떤 생각을 했는지 Henry에게 물었다. Henry는 곧바로 "정말 잘 모르겠어요. 별로 많은 생각을 하지 않았어요."라고 대답하였다. Henry의 다른 인간관계들도 그에게는 '중요하지 않은' 것처럼 보였으며, 대인관계원을 살펴보면 이러한 면들이 분명히 드러났다([그림 8-1] 참조).

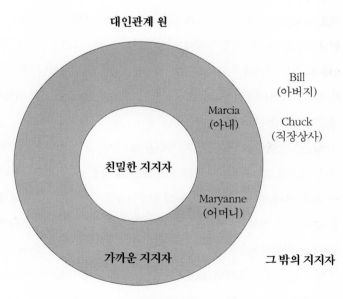

[그림 8-1] 대인관계 원-Henry

대인관계 평가도구를 작성하는 과정에서 치료자는 Henry와 아내 사이의 갈등을 분명히 드러내고자 시도하였다.

> 치료자: Henry, 아내에 대해 좀 더 자세히 이야기해 주세요.
>
> Henry: 저, 음······. 이야기할 것이 정말 별로 없어요.
>
> 치료자: 두 사람의 관계가 어떻게 시작되었는지 말해 주면 되겠네요.
>
> Henry: 정말 말할 게 별로 없어요. 우리는 만났고, 아내가 프로포즈했고, 저는 별 생각 없이 그러자고 했고, 그래서 결혼했어요.
>
> 치료자: 어떻게 만났는지 좀 더 이야기해 주세요.
>
> Henry: 어떻게요?
>
> 치료자: 예를 들면 그녀를 처음 보았을 때 어떤 느낌이었는지······.
>
> Henry: 지금하고 별로 다른 게 없어요. 정말이에요.

Henry의 반응 및 그가 진술한 관계에 근거하여 치료자는 Henry가 상당히 공포적(fearful)이며, 다소 회피적(dismissive)인 애착유형을 갖고 있는 사람일 것으로 판단하였고, 이러한 특성 때문에 자신의 대인관계나 감정을 상세히 진술하는 데 어려움을 겪는 것이라고 가정하였다. 나아가 Henry의 회피적인 대인관계 경향은 아내와의 관계에서와 마찬가지로 치료적 관계에도 상당한 잠재적 위협이 될 것이 분명하였다.

이것은 치료자가 다음 두 가지 작업을 해 나가는 과정에서 아주 분명하게 드러났으며, 따라서 치료자는 이 작업들을 수행할 때 매우 신중하게 기술적으로 진행하였다. 첫째, 치료자는 아내와 Henry의 상호작용에 관한 정보를 좀 더 구체적으로 얻을 수 있도록 치료를 이끌어 가야 한다. 동시에, 치료자는 치료 동맹이 강화되어 Henry가 치료자를 거부하지 않고 치료를 중단하지도 않을 것이라는 점을 확신할 수 있어야 한다. 직접적인 질문, 공감, Henry를 이해하려는 진정한 노력 등이 적절히 혼합될 필요가 있었다.

치료자: 좀 찬찬히 살펴보도록 하죠. 나는 아내와의 관계가 당신에게 어떤 경험이었는지 정말 알고 싶군요.

Henry: 잘 설명하기는 힘들지만, 심한 좌절감을 느꼈습니다.

치료자: 그렇군요. 하지만 당신이 정말 어떤 감정이었는지 제가 상상하기가 쉽지 않습니다. 당신의 경험에 대하여 좀 더 이야기해 주시겠어요?

Henry: 제가 무슨 일을 하든 아내에게는 별 차이가 없는 것 같았습니다. 저는 비록 아내처럼 솔직하지는 않았지만, 아내는 제 감정에 전혀 개의치 않는 것 같았습니다. 저는 제가 아내에게 제 감정을 전혀 표시하지 않는다는 말을 듣는 게 정말 싫었습니다. 제 생각에는 아내가 제 말을 듣지 않는 것인데 말이죠.

치료자: 몹시 좌절감을 느끼셨을 것 같네요. 부인과의 구체적인 대화 내용 한두 가지에 초점을 맞추어 이야기할 수 있다면, 세부적인 사항을 좀 더 잘 이해할 수 있을 것 같네요.

Henry: 아, 예.

치료자: 가장 최근에 부인과 다투었던 상황에 대하여 이야기해 주세요.

Henry: 알았습니다.

치료자: 어디였습니까?

Henry: 집이요.

치료자: 두 사람은 무엇을 하고 있었습니까?

Henry: 저는 야구 중계를 보고 있었고, 아내는 제게 무슨 말을 하고 있었습니다.

치료자: 당신에게 '말을 하고' 있었군요. 흥미로운 표현이네요. 아내가 말한 내용 중 구체적으로 기억나는 것이 있습니까?

Henry: 예. 그녀는 "당신은 나와는 대화하지 않고 늘 다른 뭔가를 하고 있군요." 라고 말했습니다.

치료자: 당신은 어떻게 반응했습니까?

Henry: "자, 지금 당신과 대화하고 있잖아, 안 그래?" 라고 말했습니다.

치료자: 아내는 뭐라고 말했습니까?

Henry: 아마도 "저 거지 같은 중계방송 좀 끄고 대화에 집중할 수 없어요?" 라고 말한 것 같습니다.

치료자: 좋습니다. 그래서 당신은 어떻게 대꾸했습니까?

Henry: 저는 대꾸하지 않고 그냥 TV를 보았습니다. 결승전 중계였거든요.

치료자는 계속해서 Henry와 아내의 부부관계 갈등을 구체적으로 탐색하였다. 치료자는 Henry의 애착유형을 염두에 두고 있었기 때문에, Henry의 대인관계 경험을 구체화하기 위해 개방형 질문과 직접적 질문 모두를 기술적으로 사용하였다. Henry를 이해하고자 하는 치료자의 진정한 관심, 호기심, 그리고 공감은 치료 동맹을 유지하게 해 주고, 궁극적으로 Henry가 아내와 좀 더 좋은 관계를 맺는 방법을 배울 수 있도록 도와주었다.

이것은 치료자가 IPT 구조를 만들어 나가는 과정에도 적용될 수 있었다. 치료자는 서둘러 설계를 하기보다는 대인관계 평가도구를 만드는 데 몇 회기를 더 투자하기로 하였다. 치료자는 Henry의 대인관계 상호작용에 관한 정보를 더 많이 얻기 위해 사진 몇 장을 가져오도록 하였다. 두 사람은 함께 사진을 보면서 Henry가 사진 속에서 일어나고 있는 상황을 설명하였다.

또한 치료자는 치료가 상호 협조적으로 진행되어야 함을 틈나는 대로 강조하였다. Henry는 상대방이 자기 말을 듣지 않는 것에 매우 민감하였으므로, 치료자는 경청하였을 뿐 아니라, 그들이 얼마나 자주 만날 것인지, 치료는 어디에 초점을 맞추어야 하는지, 치료를 얼마나 오래 지속할 것으로 계획하고 있는지 등의 질문에 대하여 즉각적으로 대답해 주었다. 그렇지 않을 경우 치료 동맹이 쉽게 파괴될 수 있으며, Henry는 자신의 말을 경청하지 않고 이해해 주지 않았던 다른 사람들처럼 치료자도 거부할 수 있기 때문이다.

결 론

명료화는 단순히 질문을 하는 것 이상이다. 명료화는 직접적인 질문과 환자 스스로 자기 이야기를 하도록 독려하는 것 사이에서 미묘한 균형을 맞추어야 하는 작업이다. 이러한 균형은 환자의 애착유형에 따라 달라질 수 있다. 명료화는 IPT에서 대인관계에 초점을 맞추고 유지하기 위한 핵심적인 방법이다. 명료화의 목표는 치료 동맹을 강화해 주고, 환자의 대인관계 경험을 이해할 수 있도록 하며, 치료자와 환자 모두가 환자의 문제에 대한 통찰을 갖도록 하여 궁극적으로는 변화에 대한 동기를 얻을 수 있도록 하는 것이다.

제9장

의사소통 분석

서 론

IPT에서는 한 개인이 어려움을 겪는 이유를 친밀한 관계나 일반적인 사회적 교류가 빈약해서 사회적 지지가 불충분한 상황에서 압도적인 스트레스를 받기 때문이라고 설명한다. 사회적 지지가 부족한 원인은 환자의 지지체계(support system)가 빈약하기 때문일 수도 있지만, 환자의 의사소통의 문제에서 비롯되기도 한다. 환자들은 대부분 자신의 요구를 명확히 표현하지 못하거나, 부적절하게 표현함으로써 자신이 갖고 있는 사회적 지지망이 생산적으로 대응하기 불가능하게 만든다. 이러한 부적응적인 의사소통 방식은 환자에게 필요한 애착욕구나 정서적·신체적 지원을 받지 못하게 하며, 결국 환자를 고통스럽게 하는 원인이 된다.

의사소통 분석의 목표

의사소통 분석(communication analysis)은 환자가 갖고 있는 문제의 원인과 그 문제를 지속 혹은 악화시키는 원인이 미숙한 의사소통 때문일 것이라는 가설을 탐구해 보는 기법이다. 의사소통 분석의 목표는 다음과 같다.

- 치료자가 환자의 의사소통 양식을 확인할 수 있도록 해 준다.
- 환자가 자신의 의사소통 양식을 확인할 수 있도록 해 준다.
- 환자가 더욱 효과적으로 의사소통할 수 있도록 해 준다.

이러한 목표를 이루기 위해 치료자는 환자와 함께 다음과 같은 절차를 밟아야 한다.

1. 환자의 대인관계에 대한 정보를 수집하고, 대인관계 속에서 오고 간 대화의 샘플을 얻는다.
2. 환자의 의사소통이 미숙한 이유에 대한 가설을 정립한다.
3. 환자의 의사소통에 대한 가설을 환자에게 제시하여 피드백을 얻는다.
4. 치료자의 피드백에 대한 환자의 반응을 살핀다.
5. 필요하다면 가설을 수정한다.
6. 효과적인 의사소통을 위한 새로운 방법을 구사하고 연습해 본다.

치료자가 제시한 피드백을 환자가 수용할 수 있어야 치료의 효과가 있고 변화에 대한 시발점이 될 수 있기에 환자와 치료자 간의 강력한 치료 동맹은 이 과정에서 필수적 요소다. 환자의 애착유형과 통찰력에 따라 피드백을 주는 방법 또한 조심스럽고 신중하게 결정되어야 한다.

의사소통의 사례 얻기

당연한 말이지만 의사소통 분석을 하기 위해서는 분석할 수 있는 의사소통의 사례가 있어야 한다. IPT에서는 의사소통 자료를 다음의 다섯 가지 방법으로 얻을 수 있다.

- 환자가 진술하는 자신의 일반적 혹은 구체적인 의사소통
- 환자 진술의 질
- 치료회기 내에서의 치료자와의 의사소통
- 환자의 의미 있는 타인을 통해 얻을 수 있는 환자의 의사소통에 대한 정보
- 대인관계 사건표(interpersonal incidents)

이 방법들은 각각 중요한 정보를 제공하며, 환자의 의사소통 방법을 여러 가지 관점에서 볼 수 있게 해 준다. 의사소통 분석은 환자의 사회력(social history), 대인관계, 타인에 대한 기대 등의 정보를 상세히 수집한 후에 이루어져야 하며, 이 정보들은 모두 IPT 평가(IPT assessment) 단계에서 수집되어야 한다. 따라서 의사소통 분석은 환자의 구체적인 대인관계 문제를 알아내야 하는 IPT의 중기 단계에서 주로 이루어진다.

또한 치료자는 환자가 타인으로부터의 기대를 어떻게 인식하고 있는지 조사해야 하며, 이는 대인관계 평가도구(interpersonal inventory)를 작성할 때부터 어느 정도 진행할 필요가 있지만, 본격적인 조사는 주로 IPT의 중기 단계에서 실시한다. 대인관계 문제들은 미숙한 의사소통뿐 아니라 비현실적이고 일방적인 기대에서 비롯된다는 것이 IPT에서 절대적으로 통용되는 원칙이다.

서술 방식이나 통찰력의 정도에 따라 차이가 있기는 하지만, 대부분의 환자들은 타인에 대한 자신의 기대를 꽤 정확하게 설명할 수 있다. 안타깝게도, 자신이 속해 있는 사회적 지지망 속의 사람들과 직접적인 의사소통에 어려움을 겪는 환

자들은 치료자에게도 같은 어려움을 보일 때가 많다. 그뿐만 아니라 타인의 의도 및 대화를 오해하는 경향이 있는 환자들은 타인과의 의사소통에서 편향된 견해를 보이는 경우가 많다. 이 환자들은 배우자나 연인이 헌신적이고 그들의 요구를 명확히 의사소통하는 경우라 할지라도, 자신의 애착욕구가 충족되지 않으면 무관심한 태도를 보이거나 악의적으로 반응할 수 있다. 따라서 치료자는 환자의 의사소통 문제가 다음과 같은 이유에서 비롯되지 않았는지 확인할 필요가 있다.

- 환자가 자신의 요구를 명확히 표현하지 않고 있는 것은 아닌지
- 환자의 사회적 지지체계(social support system)가 제대로 대처할 수 없는 방식으로 자신의 요구를 잘못 표현하고 있는 것은 아닌지
- 환자의 사회적 지지체계에 속해 있는 사람들이 환자와 제대로 의사소통을 못하는 것은 아닌지
- 환자의 사회적 지지체계에 속해 있는 사람들이 환자가 생산적으로 반응할 수 있는 의사소통을 하지 못하고 있는 것은 아닌지

환자가 진술하는 자신의 일반적 혹은 구체적인 의사소통

환자의 개인사를 조사하거나 대인관계 평가도구(interpersonal inventory)를 작성할 때, 대부분의 환자들은 자신의 의사소통 유형에 대한 방대한 정보를 쏟아 낸다. 통찰력이 있는 환자들은 직접적으로 자신의 의사소통 유형을 설명할 수 있고, 그렇지 못한 환자들은 "남편은 절대 저를 이해하지 못해요." 또는 "아내는 제 말을 절대로 듣지 않아요." 등 일반적인 불평으로 표현한다. 후자의 경우 의사소통이 제대로 되지 않을 것임은 누가 보아도 분명하다. IPT 치료자는 치료 도중 환자의 의사소통에 대해 직접적인 질문들을 많이 해야 하며, 그 예는 〈글상자 9-1〉에 제시되어 있다.

글상자 9-1 　의사소통에 대한 일반적인 질문

- 당신의 대인관계에는 어떤 패턴이 있는 것 같습니까?
- 다른 사람들과 의사소통을 할 때 어떤 패턴이 있는 것 같습니까?
- 다른 사람에게 말하기 어려운 이야기는 무엇입니까?
- 다른 사람들에게 분노나 불만을 어떻게 표현합니까?
- 다른 사람이 당신에게 화를 낼 때 어떻게 반응합니까?
- 어떤 인간관계에서 특히 어려움을 겪습니까?
- 스트레스를 받을 때 어떻게 대처합니까?
- 스트레스를 받을 때 당신의 요구를 다른 사람들에게 어떻게 표현합니까?
- 당신이 도움을 요청했을 때 다른 사람들은 주로 어떻게 반응합니까?
- 당신의 관계에 대해 타인으로부터 어떤 피드백을 받았습니까?
- 타인이 당신을 얼마나 이해한다고 생각하십니까?

　이러한 질문에 대한 환자의 대답을 통해 치료자는 환자의 의사소통 문제에 대한 구체적인 가설을 세울 수 있다. 이와 같은 정보들은 특히 환자의 통찰력, 공감능력 및 타인의 관점에서 생각할 수 있는 능력을 평가할 때 유용하다. 예를 들어, 환자가 질문에 대한 대답을 하는 과정에서 자기 자신이 의사소통 문제의 원인이라는 점을 인지하고, 자신으로 인해 유발되는 타인의 반응을 이해할 수 있게 된다면, 대인관계상의 문제가 모두 남의 탓이라고 주장하는 환자보다 치료가 훨씬 쉬울 것이다.

　치료자는 환자가 직접 제공하는 정보들이 편파적일 수 있다는 사실에 유의하여야 한다. 여기에는 환자의 통찰력, 동기, 개인적인 정보의 공개 그리고 공감능력들이 포함된다. 환자의 애착유형 역시 환자의 모습에 영향을 미칠 수 있다. 보다 안정적인 애착유형의 환자는 치료 초반부터 치료에 대한 신뢰를 보이고, 자신의 정보를 빨리 공유하며, 타인의 입장을 보다 잘 이해한다. 반면, 불안정한 애착유형을 보이는 환자는 치료 동맹을 맺는 데 어려움이 있고, 자신이 의사소통 문제에 기여하는 정도를 이해하지 못하고, 치료자의 피드백을 받아들이기 힘들어한다. 후자의 경우 이를 감안해 직접적인 치료기법보다는 명료화에 더 많은 시간을 할애하는 등 정신치료의 속도를 늦춰야 한다.

치료자는 환자가 자신의 의사소통에 대해 설명을 하는 과정에서 얼마나 일반화를 하는지도 눈여겨보아야 한다. "우리 사장님은 절대로 내 성과를 인정하지 않아요."나 "아내는 항상 나를 구박해요." 등 절대적인 표현을 많이 쓰는 것은 대화 및 관계를 이해함에 있어 고착되어 있고, 통찰력이 결여되어 있음을 나타낸다. 이러한 일반화에 대하여 치료자는 이후에 설명하는 대인관계 사건표(interpersonal incidents)에 초점을 맞추어 치료를 진행해야 한다.

일반적으로, 다른 정신치료와 마찬가지로 의사소통 분석에서도 '빈익빈 부익부'의 개념이 적용된다. 의사소통능력이 뛰어난 환자들은 자신이 겪고 있는 대인관계 문제에 대해 적절히 설명할 수 있고, 타인의 반응을 잘 이해하고, 통찰력이 우수하며, 치료자의 피드백에 대해 보다 수용적이다. 이와 반대로, 의사소통능력이 떨어지는 환자는 치료에서도 그러한 의사소통 유형을 보이므로 치료자가 환자를 이해하고, 피드백을 주고, 환자로 하여금 통찰력을 얻을 수 있도록 도와주기가 힘들다. 결혼생활에 문제가 있는 다음 두 환자의 평가/치료 초기 단계를 예로 들어 보자.

사례 9-1

치료자: 다른 사람이 당신에게 비판적인 태도를 취할 때 당신은 어떻게 반응하는지 말해 주세요.

환자: 일반적으로 좋은 기분은 아니에요. 저는 비판받는 것을 매우 심각하게 받아들이죠……. 비록 상대방이 제게 유용한 피드백을 주더라도, 저는 그것을 비판으로 받아들이죠. 그리고 상대방으로부터 비판을 받았다고 느끼면, 그 사람을 멀리하게 돼요. 며칠 전 출근하기 위해 옷을 입으려고 하는데 아내가 "그넥타이는 셔츠와 안 어울려요."라고 말했어요. 머릿속에서는 아내가 저를 위해 그런 말을 한다는 것을 알았지만, 마음속으로는 그녀가 마치 저의 안목을 비판하고 저를 깎아내린다는 느낌이 들었어요. 그리고 그녀가 넥타이에 대해

맞는 말을 했다는 생각에 화가 났고, 그로 인해 더 기분이 나빠졌죠.

치료자: 아내가 넥타이에 대해 말한 다음 당신의 반응은 어땠나요?

환자: 보통 때처럼 반응했어요. 쳐다보지도 않고 뚱해져서 대꾸도 하지 않았죠. 아내는 저의 그런 모습을 더 이상 견디지 못하겠다는 듯 방을 나가 버렸죠. 그녀가 아래층으로 내려갈 때 저는 그녀를 따라가 "당신이 도와주려고 하는 것은 알지만, 저를 비판하는 것 같아서 참을 수가 없어."라고 했어요. 우리는 몇 분간 대화를 나눴지만, 둘 다 출근해야 해서 나갔어요.

사례 9-2

치료자: 다른 사람이 당신을 비판할 때 어떻게 반응하는지 말해 주세요.

환자: 참 좋은 질문이네요. 제 아내는 아무 이유 없이 저를 비판해요. 그녀는 갑자기 화를 내는 아주 안 좋은 버릇이 있어요. 논리적인 대화가 불가능하죠.

치료자: 그녀가 당신에게 비판적이었던 구체적인 상황을 말해 주세요.

환자: 항상 그래요……. 지난주에도 그랬고, 어제도 그랬고, 다음 주에도 그럴 거고…… 저보다 오히려 아내가 치료를 받아야 해요.

치료자: 아내가 당신을 비판하면 당신은 어떻게 하나요?

환자: 보통 사람들이 반응하는 것처럼 하죠. 그냥 무시하려고 하고…… 물론 사리에 맞게 하죠. 전 아내처럼 소리 지르고 악쓰진 않아요.

환자의 통찰력과 공감능력이라는 측면에서 앞의 두 사례 중 어느 사례가 더 치료하기 쉬울지 생각해 보라. 첫 번째 환자는 심리적으로 압박을 받을 때 자신이 회피적인 의사소통을 한다는 점을 알고 있으며, 자신의 대응 및 아내의 의도를 파악하고 있고, 아내와 직접적으로 대면하여 문제를 해결하려는 시도까지 해 보았다. 이와 반대로 두 번째 환자는 자신의 문제를 일반화하고, 의사소통 문제에서 자신의 역할을 무시한 채 모두 아내의 탓으로 돌리려 하며, 자신의 행동을 변화시키려는 동기도 찾아볼 수 없다. 당연히 치료자들은 모두 두 번째 환자가 아닌 첫 번째 환자를 치료하겠다고 할 것이다.

첫 번째 환자는 자신의 대인관계에서 대화가 어떻게 이루어지는지 자세하게 설명하고 있다. 치료자는 이러한 정보를 이용해서 환자에게 직접적인 피드백을 주고, 어떻게 하면 의사소통 방법을 개선할 수 있는지 도와줄 수 있다. 두 번째 환자의 의사소통 방법에 대해서는 가설을 추론해야 하지만, 그가 직접적으로 대화하기 어려워하고, 비판적이고 일반화하는 경향이 있다는 것을 그의 대화방식에서 쉽게 알아낼 수 있다.

IPT의 묘미는 환자가 자신의 의사소통 방법에 대한 통찰력을 얻고, 이를 변화시키도록 돕는 데 있다. 이는 첫 환자처럼 강하게 애착형성이 되어 있고, 통찰력이 있으며, 변화에 대한 동기가 높은 사람에게는 쉬운 일이다. 하지만 두 번째 환자에게는 보다 구조적이고 직접적인 개입을 하기 전에 우선 환자의 애착유형 및 통찰력 부족을 염두에 두고 접근 방식을 수정한 후, IPT의 구조를 변경시켜서 보다 천천히 환자의 경험을 이해하고 치료 동맹을 견고히 하려는 노력이 필요하다.

환자 진술의 질

치료자는 의사소통에 대해 직접적인 질문을 함으로써 얻어 낸 답변의 내용뿐만 아니라, 이 과정에서 환자가 보여 주는 진술의 질 또한 의사소통 유형의 중요한 정보로서 고려해야 한다. 자신의 이야기를 일관성 있게 할 수 있는 능력은 환자가 치료실 밖에서 다른 사람들과 어떻게 대화하는지 알 수 있는 지표가 된다. 환자의 말을 경청하고 공감하려 하는 치료자와도 대화하기 힘든 환자는 사회적 환경에서의 대화에서 당연히 어려움을 겪을 것이라고 확신할 수 있다. 치료자는 환자의 진술방식에 대해 다음과 같은 점을 고려해야 한다.

- 환자는 얼마나 자발적으로 자연스럽게 얘기할 수 있는가?
- 환자의 이야기가 얼마나 설득력 있나? 즉, 환자는 치료자로 하여금 얼마나 대화에 참여하게 하는가?
- 환자는 자신의 감정을 얼마나 잘 전달할 수 있는가?

- 환자는 자신의 정보를 얼마나 구체적으로 전달하는가? 단순히 일반화하는 가, 아니면 구체적인 상호작용을 설명할 수 있는가?

진술의 질은 환자가 다른 사람에게 도움을 요청할 수 있는 능력을 평가하는 지 표가 될 수 있기 때문에 중요하다. 자신의 곤란함을 명확하고 설득력 있게 설명할 수 있다면 효율적으로 다른 사람의 도움을 받을 수 있지만, 막연하고 지루하게 설명한다면 그렇지 못하다. 좋은 이야기는 듣고 공감하기 쉬운 이야기다. 갓난아기 가 중환자실(intensive care unit: ICU)에 입원 중인 두 엄마의 이야기를 예로 들어 보자.

사례 9-3

치료자: 아이가 병원에 입원해 있는 것에 대해 어떤 기분이세요?

환자: 말로 설명하기 힘들어요. 아이가 제 옆에 없어도 항상 아이 생각을 하고 있 죠. 아이 몸에 온갖 의료장비가 달려 있고, 그게 기계와 연결되어 있는 것을 보 면…… 어떨 땐 악몽을 꾸는 것 같고, 그 악몽에서 깨어나면 제가 아직 임신 상 태이고 건강한 아이를 출산하게 될 것 같다는 생각도 들어요. 제가 누군가를 이렇게 아끼고 사랑할 수 있다는 것을 몰랐어요. 며칠 전 처음으로 아기를 안 아 봤어요. 이제 아기가 인큐베이터에서 잠깐 나올 수 있을 정도로 컸어요. 정 말 하늘을 날아가는 기분이었어요. 다른 모든 것은 의미 없었어요. 그리고 몇 분 만에 다시 아기를 인큐베이터 안에 넣어야 했죠……. 건강한 아기를 갖는다 는 기분이 너무 그립지만, 그래도 아이가 살아 있고, 돌보아 줄 의사들이 있다 는 것에 감사해요……. 제가 너무 말이 많았네요.

치료자: 아니요, 그 반대예요. 너무 아름다운 얘기네요. 당신이 겪었던 감정을 좀 더 자세히 표현해 주세요.

사례 9-4

치료자: 아이가 병원에 입원해 있는 것에 대해 어떤 기분이세요?

환자: 너무 힘들어요.

치료자: 좀 더 구체적으로 말해 주세요.

환자: 뭐라고 말해야 될지 모르겠어요. 아기가 너무나 걱정돼요.

치료자: 가장 힘들었던 시간들을 생각해 보세요. 그 당시에 어땠나요?

환자: 아, 거의 매일 힘들어요. 전 그냥 중환자실에 가서 아기를 보고, 안아도 된
　　다고 할 때 안아 주죠.

치료자: 아기를 안을 때 어떤 기분인가요?

환자: 좋아요. 아기가 조금씩 건강해지고 있으니 안도록 해 주는 거겠죠.

두 번째 환자의 경우 치료자는 자신이 원하는 정보를 얻기 위해 지속적으로 한 가지 주제에 대해 물어봄으로써 다른 것에 대해 질문할 시간을 뺏긴다. 이 환자는 자신의 경험을 제대로 표현하지 못하기 때문에 다른 사람들에게 도움을 요청하는 데 많은 어려움을 겪을 것이다. 그녀의 막연하고 지루한 이야기는 필요한 도움을 얻는 데 방해가 된다.

치료회기 내에서의 치료자와의 의사소통

환자와 치료자의 대화 또한 매우 중요한 정보가 된다. IPT에서는 환자-치료자 관계를 직접적으로 언급하지 않기 때문에, 이에 대한 정보는 환자에게 직접 질문하지 않고 치료자의 경험을 통해 획득한다. 즉, 이것은 치료과정에서 얻는 산물이라고 생각할 수 있다. 환자는 치료자와 어떻게 치료작업을 해 나가는가, 그리고 그렇게 작업을 하면서 치료자와 구체적인 의사소통을 하고 있는가?

한 예로, 치료자가 환자와 치료 합의서를 협의하거나 대인관계 평가도구(interpersonal inventory)를 작성할 때, 이러한 과정에 얼마나 효율적으로 참여하는가? 환자가 치료자의 제안을 수동적으로 받아들이는가, 회기가 너무 적다고 즉시 항의하는가 아니면 생산적으로 대화에 참여하고, 의견을 표출하고, 타협점을 찾는가? 숙제를 내 줄 때 치료자와 협력하여 생산적으로 진행하고 자신의 의견도 표

현하는가, 아니면 수동적으로 혹은 공격적으로 제안을 반대하는가? 이러한 상호
작용은 모두 중요한 정보가 될 수 있다.

환자는 치료실 안을 포함한 여러 인간관계에서 일관된 행동과 대화 패턴을 보
인다는 것이 IPT의 기본 전제 중 하나다. 달리 말하자면, 사람들은 자기의 본모습
을 결코 숨길 수 없다는 것이다. 따라서 치료관계에서 얻어진 정보는 치료실 밖에
서의 대인관계에 대한 직접적인 지표가 된다. 환자가 치료실 밖에서 보여 줄 대인
관계에 대한 답은 치료자가 치료회기 중 얻는 경험으로부터 구할 수 있다.

환자의 의미 있는 타인을 통해 얻을 수 있는 환자의 의사소통에 대한 정보

환자의 의사소통능력에 대한 정보를 얻을 수 있는 가장 좋은 방법 중 하나는
의미 있는 타인에게 물어보는 것이다. 비록 항상 가능한 일은 아니지만, IPT에서
는 치료 중 배우자나 파트너와 만나는 것을 적극적으로 추천한다. 이는 배우자나
파트너에게 치료에 대한 교육적 정보를 제공하여, 치료에 대한 궁금증을 해소하
게 하며, 환자의 회복을 옆에서 도울 수 있도록 해 준다. 그러나 가장 중요한 장점
은 치료자가 '실제 상황에서(in vivo)' 두 사람의 의사소통을 관찰할 수 있고, 제삼
자의 입장에서 정보를 얻을 수 있는 기회를 제공한다는 것이다. 사실, 문제영역이
배우자나 파트너와의 갈등 혹은 전환 등을 포함하고 있는 경우, 가능한 한 치료에
그들을 포함시키는 것이 크게 도움이 된다. 이 경우 두 사람의 의사소통 방식을
두 사람이 있는 현장에서 직접 관찰할 수 있다.[*]

의미 있는 타인을 치료에 포함시키는 것의 장점은 개인치료과정에서 환자의

---

[*] 여러 연구 결과들은 커플을 대상으로 실시하는 IPT의 효과를 지지하고 있다. 최근 수행된 연구에
서는 주산기 우울증 환자에게 커플 IPT를 실시하였는데, 갈등에 직접적으로 관여되어 있지 않은
배우자가 환자를 지지해 주는 보조치료자의 역할로 참여하였다. 이와 같은 접근은 매우 효과적이
었다. 두 사람 사이의 의사소통을 직접 관찰할 수 있고 들을 수 있어서 의사소통 문제를 이해하는
데 큰 도움이 되었고, 두 사람 모두가 보다 분명하고 효과적으로 의사소통을 하도록 돕는 것이 용
이하였다.

배우자를 두세 번 만났을 때의 경험을 상기해 보면 잘 알 수 있을 것이다. 환자는 자신의 배우자에 대해 아주 자세히 진술하는 경우가 많은데, 치료자가 배우자를 직접 만나 보면 그러한 진술이 실제로 일치하는 경우는 거의 없다. 예를 들어, 환자는 배우자가 애정이 없고 자신을 잘 보살펴 주지 않는다고 말했는데, 치료자가 막상 배우자를 만나 보면 상당히 합리적이고 환자의 진술과는 전혀 다른 사람이라는 것을 알게 되는 수도 있다. 역으로, 어떤 환자는 자신의 배우자를 극찬하는데, 이는 환자가 과도하게 이상화시킨 결과이며, 나중에 치료자는 배우자가 실제적으로는 양의 가면을 쓴 늑대임을 알게 되는 경우도 있다.

의사소통 분석(communication analysis)은 의사소통 문제가 직접적으로 환자의 증상 및 대인관계 문제에 관련되어 있다는 전제가 있어야 한다. 그러나 치료자가 잊지 말아야 할 중요한 한 가지는 환자가 의사소통하려고 하는 상대방 역시 의사소통능력에 장애를 갖고 있는 경우가 대부분이라는 점이다. 이 경우, 환자의 의사소통 기술이 향상되어도 상대방에 의해 여전히 거부당하거나 잘못 이해될 수 있다.

또한 환자가 의사소통하려고 하는 상대방의 동기도 매우 다양하고 제각각이다. 예를 들어, 환자는 자신의 애착욕구를 낭만적인 관계에서 충족시키고자 노력하는 반면, 배우자는 이에 대해 거의 혹은 전혀 관심을 보이지 않을 수 있다. 환자 입장에서 좀 더 직접적으로 의사소통을 하려고 하면 할수록 지속적으로 부정적인 반응에 직면하게 된다. 이 경우 환자의 지지체계, 즉 결혼 상태에 있거나 친밀한 관계에 있는 의미 있는 타인을 치료자가 직접 만나는 것이 도움이 된다. 특히 대인관계 갈등(interpersonal dispute)이 있는 경우에는 더욱 바람직하다. 그렇게 함으로써 치료자는 다음과 같은 작업을 할 수 있다.

- '실제 상황에서(in vivo)' 의사소통을 관찰한다.
- 의미 있는 타인으로부터 환자는 문제를 어떻게 지각하고 있는지에 대한 정보를 얻는다.
- 의미 있는 타인이 관계에 기여한 바를 좀 더 정확히 평가한다.
- 의미 있는 타인에게 교육적인 정보를 제공한다.

- 의미 있는 타인에게 치료에 대한 궁금증을 풀어 준다.
- 두 사람에게 의사소통과 관련된 숙제를 내 준다.

대인관계 사건표

앞서 언급한 바와 같이 IPT의 가장 확실하고 중요한 목표 중 하나는 환자의 대인관계 의사소통을 향상시키도록 돕는 것이다. 치료적 목표는 환자의 고유한 애착유형에 맞게 다른 사람과 좀 더 효율적으로 의사소통을 할 수 있도록 해 줌으로써 환자가 자신의 애착욕구를 충족시키도록 돕는 것이다. 이를 위해 IPT에서 사용하는 특별하고 독특한 기법 중 하나는 구체적인 대인관계 사건(particular interpersonal incidents)에 관한 정보를 수집하는 것이다. 이 기법은 치료자가 환자의 의사소통 패턴을 좀 더 확실하게 이해할 수 있도록 해 주는 동시에 환자 스스로 다른 사람과 의사소통이 효과적이지 못했던 이유를 평가할 수 있도록 해 준다. 대인관계 사건은 IPT에서 자주 활용되며, 실제 의사소통 분석 과정의 첫 번째 단계가 되곤 한다.

대인관계 사건표는 환자와 의미 있는 타인 사이에 의사소통이 있었던 하나의 삽화다. 대인관계 사건표는 환자가 자신의 애착대상과의 혹은 사회적 접촉에서 있었던 구체적인 상호작용을 기술한 것이다. 즉, 이것은 상호작용의 일반적인 패턴을 기술하는 것이 아니다. 예를 들면, 환자와 배우자 간의 갈등(dispute)에 주목해야 하는 경우, 치료자는 환자에게 "가장 최근에 당신과 배우자가 싸운 사건에 대해 말씀해 보세요."라고 요청할 수 있다. 치료자는 구체적인 사건 각각에서 가능하면 정확하게 대화를 재생해 내도록 해야 하며 의사소통의 세부적인 면까지 진술하도록 해야 한다. 환자 역시 언어적 그리고 비언어적 반응뿐 아니라 자신의 감정적인 반응까지 진술해야 하며, 배우자의 비언어적 행동을 관찰한 것도 역시 진술해야 한다. 대인관계 사건을 다루고 이를 수집하는 목적은 다음의 다섯 가지다.

- 잘못된 의사소통에 관한 정보를 수집하는 것
- 치료자가 환자의 의사소통 유형과 그 결과를 인식하도록 돕는 것
- 환자가 자신의 의사소통 유형과 그 결과를 인식하도록 돕는 것
- 환자가 자신의 의사소통 방식을 바꾸고자 하는 동기를 갖게 하는 것
- 좀 더 효과적으로 의사소통할 수 있는 새로운 방법을 개발하도록 환자를 돕는 것

대인관계 사건표를 작성하는 과정에는 다음 세 가지 단계가 포함된다.

- 구체적인 대인관계 사건에 관한 정보를 수집하는 것
- 대인관계 사건을 분석하는 것
- 의사소통을 변화시키는 것

단계 1: 구체적인 대인관계 사건에 관한 정보를 수집하기

정신치료에서 환자가 의미 있는 타인과의 상호작용에 대하여 매우 일반적인 언어로 진술할 경우 치료자는 구체적인 의사소통에 관한 정보를 거의 얻지 못하게 된다. 예를 들면, 환자가 "남편이 제 말을 절대로 듣지 않아요."라고 말할 경우 이 진술은 환자가 두 가지 믿음을 갖고 있음을 강력하게 시사한다. 첫째, 문제가 넓게 퍼져 있다. 즉, 그녀의 남편은 문자 그대로 그녀 말을 전혀 듣지 않으며 예외가 없다. 둘째, 상황이 영구적이고 변화가 불가능하다. 즉, 그녀의 남편은 지금 그녀의 말을 듣지 않을 뿐 아니라 미래에도 그녀를 계속 무시할 것이다. 이러한 생각을 갖고 있다면, 환자가 절망감을 느끼는 것은 당연하다. 그녀의 진술과 믿음이 사실이라면—실제로 그녀의 남편이 그녀의 말을 결코 듣지 않으며, 앞으로도 그럴 것이라면—환자에게 남은 방법은 관계를 참아 내면서 계속 고통을 받거나, 아니면 관계를 끝내는 것뿐이다. 중간 지점, 즉 타협하고 의사소통을 향상시키는 것은 불가능하다.

치료에서는 이러한 일반화된 진술을 그대로 허용하면 안 된다. 치료자는 어떤 방식으로든 환자가 겪고 있는 심리적 스트레스와 함께 지속적인 관계상의 문제, 좌절감, 절망감 등을 다루어 주어야만 한다. 환자가 문제의 원인을 외부로만 돌리는 경우, 치료자는 이에 대해 반드시 의문을 제기해야 한다.

일반적인 진술을 하는 환자에게 접근할 수 있는 방법이 몇 가지 있다. 첫째, 치료자는 환자 진술의 진실성에 도전해 볼 수 있다. 예를 들어, 치료자는 그녀의 남편이 항상, 어떠한 상황에서도 그녀를 무시해 왔다는 것이 사실인지 질문할 수 있다. 예외적인 상황을 찾아낼 수 있을 것이다. 아마도 과거에는 그렇지 않았던 시기가 있을 수 있다. 인지치료자들은 이러한 진술을 하는 환자의 왜곡되고, 절대적인 사고에 도전하려고 할 것이며, 아마도 남편이 실제로 항상 그녀를 무시했는지를 확인해 볼 수 있는 숙제를 내 줄 것이다.

환자의 인지의 정확성에 의문을 품고 접근하는 것과는 달리, IPT 치료자들은 환자가 자신의 애착욕구를 의사소통하는 방식에 초점을 맞춘다. 내적 과정에 주의를 기울이는 대신, 관계에서 발생하는 대인관계 의사소통을 검증하는 데 집중한다. IPT에서는 구체적인 상호작용에서의 세부적인 대화를 수집해 나감으로써 이 작업을 진행한다.

대인관계 사건을 수집하고 분석하는 과정에서 일관된 가설은 환자에 의해 제기된 '문제'가 빈곤한 의사소통의 결과라는 것이다. 즉, 환자와 남편 사이의 의사소통에서 무엇인가가 잘 진행되지 않았다는 것이다. 이것은 환자를 비난하려는 것이 아니다. 오히려 IPT에서는 시스템(system) 내의 상호 의사소통이 부적응적이라고 간주한다. 사실, 두 사람 사이에 명백한 갈등이 있는 상황에서는 두 사람의 의사소통과정을 '실제로(in vivo)' 살펴보기 위해 두 사람 모두를 보는 것이 바람직하다. 하지만 불행히도 그것은 불가능한 경우가 많다. 결혼생활에 갈등이 있는 경우 부부 중 한 사람은 치료에 참여하기를 거부할 수 있다. 직장에서 갈등이 있는 경우에도 마찬가지다. 갈등의 당사자 중 어느 한쪽만이 치료회기에 참여할 수 있는 경우는 다양하다. 이 경우 IPT에서의 원칙은 치료에 참여한 사람과 작업해 나가는 것이고, 그 사람의 의사소통 방식을 변화시킴으로써 시스템 전체가 그와 함께 변화되기를 기대하는 것이다.

IPT 치료자의 기본적인 가정은 환자(그리고 그녀의 남편)가 의사소통을 잘하고 있지 못하며, 환자의 애착욕구도 충족시키지 못하고 있다는 것이다(물론 그녀 남편의 대인관계와 정서적 욕구 역시 충족되지 못하고 있다). IPT 치료자들은 양쪽 모두 의사소통을 효과적으로 하지 못하고 있으며, 양쪽 다 욕구를 충족시키지 못하고 있다는 가정하에 치료작업을 하게 된다. 양쪽 모두 자신의 의사소통이 이해받지 못한다고 생각하지만, 스스로는 상대방을 이해하고 있다고 주장하는데, 실제적으로는 그렇지 않은 경우가 대부분이다.

"남편은 제 말을 절대로 듣지 않아요." 와 같은 일반적 진술은 환자 자신이 문제에 기여했을 가능성 혹은 자기 자신의 행동에 대해서는 드러내기를 몹시 주저하고 있음을 시사한다. 다른 한편으로 절대적 진술은 환자가 치료자에게 영향을 주어, 자신과 같은 절대적 견해—즉, 문제에 대한 '책임' 을 외부로 돌리는 것—를 공유하게 하려는 의도를 갖고 있다. 이러한 진술은 치료자로부터 '나도 저런 남편과 같이 살았다면 좌절할 수밖에 없었을 것이다.' 라는 반응을 이끌어 내고, 문제상황에 대하여 남편을 함께 비난하는 동조자로 만들기 위한 시도다. 다음 예시된 사례를 비교해 보자. 〈사례 9-5〉에서는 환자가 남편에 대해 일반화된 진술을 하고 있으며, 모든 문제를 남편의 탓으로 돌리고 있다. 이 환자는 치료자로부터 자신의 주장을 인정받기 원하며, 변화에 대한 책임이 자신에게는 없음을 확인받고 싶어 한다. 반대로 〈사례 9-6〉의 환자는 어느 정도의 통찰력을 갖고 있으며, 변화에 대해 개방적이고, 치료자가 변화에 도움을 주기를 기대하고 있다.

사례 9-5　일반적 진술

환자: 이 모든 것이 남편 탓이에요. 제 말을 절대로 듣지 않아요!

　　(환자는 의사소통 문제와 관련된 자신의 잘못은 전혀 인정하지 않고 모두 남편 탓으로 돌리고 있다. 통찰력은 거의 없다. 치료자는 환자의 말을 사실로 수용하거나, 반박하거나, 혹은 상황에 대하여 더 많은 정보를 요구할 수 있다.)

치료자: 좀 더 자세히 말해 주세요.

환자: 남편은 사람을 무시하는 나쁜 버릇이 있어요. 그리고 누군가가 자신에게 비판적이라고 느끼면 도망가 버리죠. 그는 절대로 변하지 않을 거예요.

[환자는 치료자에게 공감을 얻으려고 노력하고 있으며, 치료자도 같이 남편을 비난해 주기를 원하고 있다. IPT 치료자는 여기서 대인관계 사건에 초점을 맞춰, 의사소통에 대해 좀 더 많은 정보를 얻고 환자가 남편과 나눈 구체적인 의사소통을 탐색하기 시작한다.]

사례 9-6 구체적 진술

환자: 남편과 저는 요즘 대화에 어려움을 느끼고 있어요. 아주 답답해요.

(환자가 절대적인 표현을 사용하지 않았다는 점, 문제를 남편과 함께 경험하는 것으로 표현하고 있다는 점, 그리고 자신의 감정을 포함시켰다는 점에 주목하라. 환자는 치료자를 자신의 문제를 해결해 줄 수 있는 전문가로 인식하고 있다.)

치료자: 좀 더 자세히 말해 주세요.

환자: 지난 몇 달간 우리는 돈 문제에 대해 얘기해 보려고 했는데, 결국 둘 다 짜증이 나고 말았어요. 남편은 제가 자기를 비난한다고 느끼면 뒤로 물러나는 경향이 있어요. 그는 제가 현재의 재정 상태에 대해 얼마나 걱정하고 있는지 잘 모르는 것 같아요.

(환자는 자신의 대화에 대한 남편의 반응을 인식하고 있고, 자신이 문제에 기여하는 바에 대한 통찰력이 있으며, 현재 문제가 상호 간의 의사소통 문제라는 것을 이해하고 있다. 이 환자는 앞 환자에 비해 변화에 대해 긍정적이므로 치료하기가 매우 편할 것이다.)

"남편은 제 말을 절대로 듣지 않아요."와 같은 일반적 진술은 일부 사실이라고 할지라도, 거의 대부분 매우 왜곡된 한쪽 면만을 보여 준다. 실제로 환자의 남편이 둔한 사람일 가능성은 있지만, 그의 무반응적인 측면의 일부는 환자의 의사소통 방식 때문일 수도 있다. 비록 의도한 바는 아니었어도, 그녀는 비판적이거나 상대를 배려하지 않았을 수 있으며, 아니면 단순히 좋지 않은 시점에 대화를 시도했을 수도 있다. 또한 그녀가 남편의 의사소통 시도를 의식하지 못하고 무시하고 있었을 수도 있다.

〈사례 9-5〉의 일반적인 진술은 이러한 정보 중 어떤 것도 포함하지 않고 있다. 좀 더 세부적인 사항이 필요하다. 그러므로 대인관계 사건을 기술할 때, 치료자의 과제는 환자와 남편 사이의 구체적인 상호작용을 세부적인 사항까지 환자가 최대한 재생산해 내도록 하는 것이다. 이는 일반화된 진술에서 나타나는 **전형적인** 상호작용이 아니어야 한다. **구체적**(specific) 사건이어야 한다. 대개는 환자가 자발적으로 이러한 내용을 잘 드러내지 않으므로 치료자는 환자가 상세한 자료를 제공할 수 있도록 이끌어 주어야만 한다. 환자의 의사소통 방식이 제대로 이해받기 힘든 방식이어서 상대방으로부터 그녀가 원하는 반응을 얻어 내지 못한다는 가설에 근거하여 '단계별 접근(step-by-step)'을 함으로써 환자가 애착욕구(attachment need)를 전달하는 자신의 방식에 대해 이해할 수 있게 하는 것이 목표다.

사례 9-7   Maude

Maude는 42세 여성으로, 부부 갈등 때문에 치료를 받게 되었다. 남편인 Harold와는 11년간 결혼생활을 해 왔으며, 일곱 살, 다섯 살의 두 아이가 있다([그림 9-1], [그림 9-2] 참조). 그녀의 말에 의하면 남편 Harold는 지난 2년간 무너져 내렸는데, 직장을 그만두기로 한 것이 그 정점이었고, 이후 그는 주식 단타 매매자로 지내 왔다. 그녀는 재정 상태가 몹시 걱정스러웠고, Harold에게 재정 상태에 대해 물어보면 매우 방어적이 된다고 하였다. 그녀는 온 가족이 자신의 월급에만 의지해서 사는 형편인데도 불구하고, Harold는 가족의 미래를 갖고 '도박'을 하고 있다고 비난하였다.

IPT 중기 회기 초기에 Maude와 치료자는 Harold와의 갈등에 대하여 다루었다. 그녀는 부부 사이의 갈등에 대하여 전통적이고 일반적인 기술을 하였다.

치료자: 당신과 남편의 관계에 대하여 말해 주세요.

대인관계 원

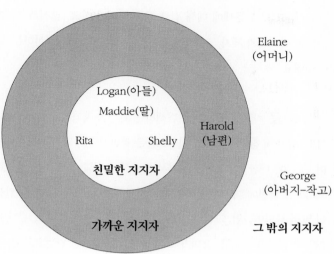

[그림 9-1] 대인관계 원-Maude

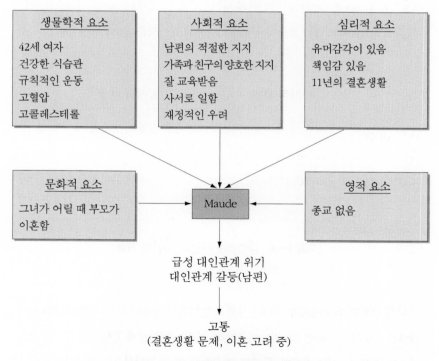

[그림 9-2] 대인관계 설계-Maude

Maude: 그는 제 말을 절대로 듣지 않아요. 저는 경제적 문제로 몹시 걱정을 하는 데, 그는 그 문제에 대해 결코 말을 하지 않아요. 솔직히, 치료받는 이유 중에 는 아이들과 제가 그를 떠나는 것이 나을지 여부를 결정하는 것도 포함되어 있어요.

각 상자는 대인관계 사건을 탐색하는 과정을 시각적으로 나타내 주는 역할을 한다([그림 9-3] 참조). 환자의 의사소통은 일반적 진술과 구체적 진술로 나눌 수 있으며, 사건에 대한 정서적 진술 역시 일반적인 것과 구체적인 것으로 나눌 수 있다. Maude는 남편에 대한 일반적 진술로 시작하였다. "그는 절대 제 말을 듣지 않아요." 이 말이 사실이라면, 그리고 실제 상황이 그녀가 기술한 것과 같다면 그녀의 우려는 상당히 정당한 것이고, 그녀가 그 상황에서 도망치는 방법으로 이혼을 고려하는 것도 충분히 이해할 만한 일이다. 하지만 이 방향으로 나아가는 것을 수용하기 전에, 치료자는 Maude의 구체적인 대인관계 사건으로 옮겨 가서 Maude의 의사소통 방식이 그녀가 기술하고 있는 갈등에 어떻게 기여하고 있는지를 살펴보아야 한다.

	구체적 사건	일반적 기술
내 용		남편은 절대 내 말을 듣지 않는다.
감 정		

[그림 9-3] 대인관계 사건표: 일반적 진술

다음 단계는 환자에게 일반적인 상황과 일반적인 진술에 대한 감정적(affective) 반응을 기술하도록 하는 것이다. 이 작업의 목표는 대인관계 문제에서 증상과 스트레스를 연결시키려는 것이며, 환자가 그 과정에 좀 더 감정적으로 관여하도록 돕는

	구체적 사건	일반적 기술
내 용		남편은 절대 내 말을 듣지 않는다.
감 정		나는 우울했고, 좌절했고, 화가 났다.

[그림 9-4]　대인관계 사건표: 일반적 감정

것이다. 이것이 중요한 이유는 이 사건이 스트레스를 야기하기 때문이다. 이 사례에서 Maude는 매우 절망적으로 느꼈고, 좌절했고, 화가 났다([그림 9-4] 참조).

갈등과 대인관계 문제에 연결되어 있는 정서적 내용에 관한 정보를 얻은 후, 치료자는 환자에게 대인관계 사건에 대해 구체적으로 진술하도록 요구해야 한다. 환자에게 최근에 있었던 갈등이나 갈등의 구체적인 예가 될 수 있는 사건에 대해 말해 달라고 하는 것이다. 이때 환자가 상호작용의 '전형적인(typical)' 패턴을 진술하도록 해서는 안 되는데, 왜냐하면 문제의 일반적 진술을 단순히 되풀이할 수 있기 때문이다. 치료자는 환자에게 구체적인 상호작용을 이야기해 달라고 지시해야만 하며, 이를 통해 구체적인 의사소통을 세부적으로 검토할 수 있어야 한다. "가장 최근에 당신과 남편이 다투었던 사건에 대해 말해 주세요." 혹은 "최근에 크게 싸웠던 일에 대하여 말해 주세요."와 같이 지시하는 것이 좋은 방법이다.

일단 환자가 상호작용을 자세히 이야기하기 시작하면, 치료자는 대화내용을 최대한 정확하게 진술해 내도록 환자를 이끌어 주어야 한다. 말로 한 대화뿐 아니라, 대화의 정서적 측면까지 자세히 진술해 주기를 요청해야 한다. 치료자의 역할은 갈등 상황에서 발생한 상호작용을 가능한 한 자세히 이야기하도록 하는 것이다. 치료자는 언어적인 상호작용에 대해 질문해야 함은 물론, 비언어적인 의사소통, 예를 들면 공격적인 자세로 침묵하였다든가, 대화가 진행되는 도중에 문을 세게 닫고 나왔다든가 하는 행동에 대해서도 질문해야 한다. 여기서는 환자가 어떻게 대화를 시작하였으며, 남편이 어떻게 반응하였고, 환자는 남편의 말을 어떻게 이해하고 어떻게 반응하였는지, 상호작용이 끝날 때까지 어떻게 대화가 진행되었는지 등을 모두 세부적으로 진술해야만 한다. 세부 사항까지 포함한 전체적인 상호작용. 의사소통이 이루어진 모든 것을 이야기하도록 해야 한다. 또한 상호작용의 마지막 부분에 특별한 주의를 기울여야 하는데, 많은 갈등이 그다음 날까지 이어지기도 하고, 차후의 갈등 상황에서 다시 불거져 나올 수 있기 때문이다. 마지막 부분은 한 사람 혹은 두 사람 모두가 화가 난 채로 자리를 떠나거나, 문을 세게 닫아 버리거나, 침묵시위를 하거나, 스마트폰의 앱으로 시선을 돌리는 등의 행동을 하는 시간이다.

다음의 대화는 치료자가 구체적인 상호작용에 대해 질문했을 때의 대화내용이다.

치료자: 최근에 당신과 Harold가 재정 문제로 다투었던 상황을 말해 주세요.

Maude: 오, 우리는 항상 싸워요.

치료자: 당신이 구체적인 상황을 이야기해 줄 수 있다면 좀 더 도움이 될 것 같습니다. 가장 최근에 일어난 일이나 당신 마음속에 분명히 남아 있는 사건에 대해 말해 주면 될 것 같군요. 가능한 한 자세히 말씀해 주세요.

Maude: 음, 가장 최근 사건으로 기억나는 것은 지난주 화요일 저녁 식사 후의 일이에요. 아이들은 잠을 자러 침대에 가 있었고, 우리는 늦은 저녁 식사를 하고 있었어요.

치료자: 무슨 일이 있었습니까?

Maude: 저는 남편에게 오늘 어떻게 지냈냐고 말했고, 우리는 싸우게 되었습니다.

치료자: 정확히 어떤 대화가 오고 갔는지 말해 주세요.

Maude: 아마 저는 이런 말을 했던 것 같아요. "당신 오늘도 떼돈을 벌었겠네요?"

치료자: 그렇게 대화가 시작되었나요?

Maude: 네. 그러자 그가 말했어요. "또 시작하지 맙시다."

치료자: 그다음 당신은 뭐라고 말했나요?

Maude: 제가 말했죠. "내가 무언가 말만 하면 당신은 피하려고만 하네요."

치료자: 다음에는 어떻게 되었습니까?

Maude: 그가 일어나서 나가 버렸어요.

Maude의 일반적 진술과는 대조적으로, 추가적인 정보를 통해 더 많은 이야기가 있음을 알 수 있었다. 구체적인 사건을 질문하는 것은 치료자로 하여금 의사소통과정을 보다 분명하게 검토해 볼 수 있게 하며, 갈등이 왜 일어났는지에 대해, 또한 갈등을 해소하기 위해 어떻게 해야 하는지에 대해 좀 더 정확한 결론에 도달할 수 있게 하기 때문이다. Maude의 반응은 [그림 9-5]에 제시되어 있다.

	구체적 사건	일반적 기술
내 용	화요일 저녁 식사 후 우리는 싸웠다.	남편은 절대 내 말을 듣지 않는다.
감 정		나는 우울했고, 좌절했고, 화가 났다.

[그림 9-5] 대인관계 사건표: 구체적 진술

다음 단계는 구체적인 사건에 정서적 반응을 연결시키는 것이다. 의사소통의 언어적 내용에 추가하여 정서적 내용도 반드시 검토해야 한다. 어떤 종류의 정서가 전달되었는지, 구체적인 진술에 대하여 환자의 감정은 어떠했는지, 환자는 남편이 정서적으로 어떻게 반응했다고 지각했는지에 대해서도 질문하는 것이 매우 중요하다. 구체적인 사건에서 상호작용이 어떻게 이어졌는지를 좀 더 다루게 된다.

치료자: 이 사건이 진행되는 동안의 당신의 정서적 반응에 대해 말해 주세요.
Maude: 저는 화가 치밀어 올랐어요. 저는 우리가 대화를 시작하기 전부터 이미 화가 나 있었던 것 같아요. 오랜 시간 동안 쌓여 왔던 감정이었고, 저는 제가 얼마나 화가 나 있는지를 정말 알게 하고 싶었어요.
치료자: 남편에게 "당신 오늘도 떼돈을 벌었겠네요?"라고 말할 때, 당신의 목소

리 톤은 어땠나요?

Maude: 화가 나 있었죠. 제 목소리에 화가 나 있었다는 것은 알 수 있었지만, 저는 대개 소리를 지르지는 않아요. 사실, 저는 알고 있어요. 제가 정말 원하는 것은 제가 매우 화가 났다는 것을 그가 아는 것이에요.

Maude의 구체적 감정 반응은 [그림 9-6]에 제시되어 있다.

	구체적 사건	일반적 기술
내 용	화요일 저녁 식사 후 우리는 싸웠다.	남편은 절대 내 말을 듣지 않는다.
감 정	나는 화가 나 있었고, 절망했다.	나는 우울했고, 좌절했고, 화가 났다.

[그림 9-6] 대인관계 사건표: 구체적 감정

구체적인 의사소통과 관련된 감정을 분명히 하는 목적은 의사소통이 부적절하게 혹은 비효율적으로 진행되는 방식을 검토하기 위함이다. 이것은 무엇이 제대로 진행되지 않고 있으며, 좀 더 효과적으로 의사소통을 하려면 무엇을 다르게 해야 하는지에 대해 치료자가 잠정적인 결론을 내리는 데 도움을 준다. 다음 단계는 사건을 재분석해서 환자가 이를 인식할 수 있도록 돕는 작업이 포함되어 있으며, 치료자와 머리를 맞대고 환자가 좀 더 효율적으로 의사소통을 할 수 있는 방법을 찾아 나가는 것이다.

단계 2: 대인관계 사건 분석하기

의사소통 분석과정의 2단계는 환자가 스스로 어떻게 의사소통을 하고 있는지, 또 필요로 하는 것을 얻는 데 환자의 의사소통 방식이 어떻게 방해가 되는지를 이해하도록 돕는 것이다. 치료 동맹이 견고하고 환자가 안정적으로 애착되어 있는 경우, 치료자는 환자의 양가적인 의사소통 방식에 직접 피드백을 주거나, 의사소통을 향상시킬 수 있는 구체적인 방법을 제안할 수도 있다. 하지만 대부분의 경우에는 중간 단계가 필요하다.

구체적인 대화내용을 분명히 확인한 후, 환자와 치료자는 한 번 더 사건의 세부적인 면을 점검해 볼 수 있다. 그러나 이때는 환자가 의사소통하려고 노력했던 것이 무엇이었는지를 확인하는 데 초점을 맞추어야 한다. 전제는 의도했던 바와 달리 의사소통이 제대로 이루어지지 않았다는 것이다. 환자가 실제로 했던 말이나 과장된 표현과는 달리, 환자가 정말 의사소통하고자 했던 내용, 즉 남편이 이해해 주기를 원했던 것이 무엇인지를 환자에게 질문함으로써 둘 사이의 차이를 환자가 좀 더 분명하게 인식하게 하거나, 아니면 최소한 치료자가 환자를 좀 더 쉽게 파악할 수 있게 해 준다.

이 시점에서 치료자는 환자에게 자신이 얼마나 잘 이해받고 있다고 느끼는지를 질문해야 한다. 이렇게 단순한 질문을 하는 것이야말로 IPT 전체에서 가장 중요한 개입이다. 이는 의사소통 분석의 기본 원칙, 일반적인 IPT의 기본 원칙, 즉 의사소통이 명확하지 않기 때문에 애착욕구가 충족되지 못한다는 원칙을 있는 그대로 적용하는 것이다. 환자는 이해받지 못해서 스트레스를 받고 있고, 혼자라는 고립감과 절망감을 느끼며, 우울하다.

"자신이 얼마나 잘 이해받고 있다고 느끼고 있습니까?"라고 질문함으로써 환자가 이 점에 대하여 숙고해 보기를 요구하는 것이다. 갈등 상황에 있는 환자들은 대부분 '항상 전혀 이해받고 있지 못한다.'고 느끼고 있을 것이다. 이해받지 못하고 있고, 혼자라고 느끼는 것, 이것이 IPT에서의 핵심 의사소통(core communication)이고 애착 문제(attachment issue)다. 이러한 질문을 하는 것에는 또 다른 목적이 있다. 대부분의 환자들이 전혀 이해받지 못하고 있다고 느낀다는 대답을 하기 때문에, 치료자는 이에 대해 다음과 같이 반응할 수 있다. "그것이 우리가 다루려고 하는 것입니다! 당신이 좀 더 분명하게 의사소통을 함으로써 좀 더 잘 이해받을 수 있도록 돕는 것이지요." 이것이 바로 IPT가 하려고 하는 목표다. 즉, 사람들이 자신의 애착욕구와 지지에 대한 욕구를 좀 더 분명하게 의사소통하고, 이러한 욕구에 반응할 수 있도록 사회적 지지체계를 개발하며, 이를 활용할 수 있도록 돕는 것이다.

"얼마나 이해받고 있다고 느끼십니까?"라는 질문에 대한 환자의 반응은 치료자가 환자의 의사소통을 변화시키기 위한 첫발을 내딛을 수 있게 하고, 이것이 IPT의 목표라는 것을 직접 말할 수 있게 해 준다. 실제 대화를 할 때는 좀 더 아름답고 우아하게 표현해야만 하겠지만, 기본적으로 치료자는 환자에게 다음과 같이 말하는 것이다.

> 당신이 이해받고 있다고 느끼지 못하니까, 그 점에 대하여 다루어 봅시다.
> 당신이 좀 더 효과적으로 의사소통을 할 수 있는 방법이 있는지 찾아봅시다.

대인관계 사건에 대하여 작업할 때 두 번째 단계에서의 목표는 좀 더 많은 정보를 수집하는 것이고, 환자의 입장에서 어느 정도의 통찰과 동기를 갖도록 하는 것이다. 즉, 분노, 슬픔, 절망감을 느끼는 환자를 이해받지 못하고 있다는 감정으로 옮겨 가게 하는 것이다. 이것은 치료자와 환자가 무언가를 할 수 있는 구조로 상황을 재구성한다. 만약 나의 의사소통이 상대방에게 잘못 이해되었다면 의사소통 방식을 변화시켜 문제를 해결할 수도 있다. 더 나아가 치료자는—치료 동맹이 탄탄하고 환자의 애착유형이 감당할 수 있는 수준이라면—환자가 상호작용에서 상대방의 입장과 감정을 얼마나 잘 이해하고 있는지에 대해서도 질문할 수 있다. 정직하고 비방어적인 대부분의 환자들은 상대방이 무엇을 생각하고 있고 어떻게 느끼는지에 대해 사실은 잘 모르고 있었고, 이해하지 못하고 있었다고 고백할 것이다. 이것은 또한 두 사람 사이의 의사소통이 분명하지 않고 애매하다는 점, 그리고 환자는 자신의 배우자가 무엇을 생각하고 있고, 무엇을 느끼고 있는지를 알기 원하고 있다는 점을 치료자가 다시 한 번 강조할 수 있는 기회가 될 것이다.

Maude의 의사소통이 분명하지 않았다는 점을 그녀가 이해하도록 하기 위하여 치료자는 구체적인 대화로 되돌아와서 Maude가 실제 의사소통하고자 한 것이 무엇이었으며, 자신이 얼마나 이해받았다고 느끼는지 물어본다. 치료자는 또한 Maude가 Harold의 반응과 동기를 얼마나 잘 이해하고 있는지를 질문하는데, 이는 Maude가 두 사람 사이의 문제를 전적으로 Harold 탓으로 돌리기보다는 상호 작용의 문제로 재구성할 수 있도록 돕기 위한 것이다. 치료자는 Maude가 남편의 입장을 잘 이해하지 못하고 있다고 인정하거나, 혹은 최소한 남편이 어떻게 반응하는지 좀 더 알고 싶다는 동기를 갖게 되면 의사소통이 향상될 것이라고 기대하는 것이다.

치료적 상호작용은 계속되었다.

> 치료자: 가능하다면 당신이 이야기했던 남편과의 상호작용으로 다시 돌아갔으면 합니다. 제가 그 사건에 흥미를 느끼는 것은 당신이 Harold에게 의사소통하고자 노력했던 내용이 무엇이었는지 좀 더 이해하고 싶기 때문입니다. 당신이 그와 대화를 시작하였을 때, 즉 '떼돈'을 벌었냐고 말했을 때, 그에게 이해시키고 싶었던 것은 무엇이었습니까?
>
> Maude: 그건 쉽죠. 저는 그에게 우리의 재정 상태에 대하여 말하고 싶다는 바람을 전달하려고 노력했던 거예요. 저는 걱정이 되었고, 남편이 우리 미래를 갖고 모험을 하고 있다고 느꼈어요.
>
> 치료자: 그 순간 당신이 원하는 것을 그가 얼마나 이해했다고 느꼈습니까?
>
> Maude: (잠시 생각 후) 전혀 그렇지 않다고 생각해요. 그는 저의 입장을 전혀 이해하지 못한 것 같았어요. 이해했다면 그가 좀 더 심각하게 받아들였겠죠. 이해했다면 우리 돈으로 도박하는 것을 멈추었겠지요.
>
> 치료자: 남편이 당신의 입장을 전혀 이해하지 못한 것 같군요. 그것이 바로 우리가 작업해 나갈 수 있는 목표라고 생각해요. 당신이 좀 더 효과적으로 의사소통을 해서 당신이 원하는 것이 무엇인지, 남편으로부터 원하는 것이 무엇인지를 남편이 좀 더 잘 이해할 수 있도록 하는 것이요.
>
> Maude: 그렇게 되면 좋겠지만, 그가 그렇게 되는 것이 가능할지 모르겠어요.
>
> 치료자: (의도적으로 대인관계 사건에 대해 좀 더 다루기로 결정하면서) 당신이

대화를 시작하자 남편이 일어서서 나가 버렸다고 했습니다. 그는 당신에게 어떤 의사소통을 하려고 했던 것 같습니까?

Maude: (잠시 생각한 후) 잘 모르겠어요. 저는 정말 그런 식으로 생각해 보지 않았어요. 저는 단지 그가 변화를 거부하고 있고, 제 말을 들으려 하지 않는다고 생각했어요. 그가 무엇을 의사소통하려고 했는지는 정말 모르겠어요.

치료자: 당신은 남편의 입장을 얼마나 잘 이해한다고 생각하세요? 그리고 그가 당신에게 의사소통하려고 했던 것은 무엇일까요?

Maude: (이제까지 중 가장 오래 생각한 후) 모르겠어요. 저는 그가 무슨 생각을 하고 있는지 짐작도 못하겠어요. 당신도 알다시피 그는 의사소통을 잘하는 사람이 아니에요.

치료자: 당신과 남편 두 사람 모두가 이해받지 못한다는 감정을 포함하여 강렬한 감정을 갖고 있는 것 같군요. 두 사람 모두 의도하는 것을 실제로 달성하지 못하는 것 같습니다. 당신은 재정 문제에 대해 이야기하면서 당신이 얼마나 화가 났는지 Harold가 알게 하려고 노력하였지만, 제 생각에는 Harold가 정말로 이해했는지 의심스럽네요. 그가 그냥 일어서서 나가 버렸다는 것은 당신이 원하는 것이 무엇인지를 그가 이해하지 못했음을 확실히 보여 주는 것 같습니다. 그 점이 내가 초점을 맞추려고 하는 것입니다. 당신이 더 효과적으로 의사소통을 할 수 있는 방법을 찾아서 두 사람이 서로를 이해할 수 있도록 다리를 놓아 주려는 것이고, 앞으로 어떻게 할지에 대해 합의에 이를 수 있도록 도와주려는 것이지요.

	구체적 사건	일반적 기술
내 용	화요일 저녁 식사 후 우리는 싸웠다.	남편은 절대 내 말을 듣지 않는다.
감 정	나는 이해받지 못한다고 느꼈다.	나는 우울했고, 좌절했고, 화가 났다.

[그림 9-7] 대인관계 사건표: 이해받지 못함을 확인하기

Maude의 반응은 [그림 9-7]에 제시되어 있다.

단계 3: 의사소통 방식의 변화

이 시점에서는 치료자는 환자의 의사소통 방식을 변화시키기 시작해야 한다.
이것은 단순히 의사소통을 하기 위한 좀 더 좋은 방법을 찾아 나가는 것이며, 서
로 머리를 맞대고 보다 합리적이고 시행 가능한 또 다른 의사소통 방식을 제시해
주는 것이다. 같은 의사소통 방식은 같은 결과를 얻게 한다. 환자는 무언가 다른
시도를 해야만 한다. 환자에게 갈등이 야기되고 유지되어 온 것은 부분적으로는
의사소통이 잘 이루어지지 않았기 때문이라는 점을 좋은 비유를 이용해서 제안
해 볼 수 있다. 예를 들면, 환자는 독일어로 말하고 있는데 남편은 불어를 하고 있
는 경우와 같은 것이다. 독일어로 크게 소리 지르는 것은 문제 해결에 아무런 도
움이 되지 않는다. 두 사람이 어떤 진전을 이루기 위해서는 같은 언어를 사용하여
서로를 이해해야 한다.

Maude는 자신의 의사소통 방식이 자신이 원하는 것을 얻는 데 부적합하다고
평가하는 것 같았고, 남편의 의사소통 역시 비슷하다는 것을 인식하기 시작하는
것 같았지만, 아직은 완전히, 분명하게 자각하지는 못하는 것 같았다. 의사소통
을 변화시키는 것은 두 가지 문제에 초점을 맞추는 것이다. 첫째, Maude가 자신
의 관심사를 다르게 말할 수 있는 방법을 찾아내어 Harold로부터 그녀가 원하는
것에 근접한 반응을 얻어 낼 수 있도록 도와주는 것, 둘째, Harold가 의사소통하
려고 하는 것에 대하여 좀 더 많은 정보를 얻도록 동기를 부여하는 것이다.

> 치료자: Harold가 당신이 의사소통하고자 하는 것이 무엇인지 보다 잘 이해할 수
> 있도록, 당신이 좀 더 분명하게 의사소통할 수 있는 방법에 대하여 함께 논의
> 해 봅시다.
>
> Maude: 저, 제 생각에는 제가 직접 남편에게 이야기할 시간을 갖자고 요청할 수
> 있을 것 같아요. 지난 몇 달간, 저는 화가 나 있었기 때문에 그의 주의를 끌기

위해서 헐뜯는 표현만 해 왔거든요. 그렇게 한다고 해서 효과가 있을지는 여전히 의문이지만요.

치료자: 효과가 없을 수도 있지만, 결과가 지금보다 더 나빠지지는 않을 것으로 보입니다.

Maude: 그건 분명한 사실이에요. 지금 우리는 잘되어 가는 것이 아무것도 없으니까요.

치료자: 남편이 정말 어떤 느낌인지를 당신이 어떻게 알 수 있을까요?

Maude: 제 생각에는 직접 그에게 물어보아야만 할 것 같아요.

치료자: 그러면 남편과 대화를 하기에 언제가 좋을까요?

Maude: 화요일 저녁이 제일 좋아요. 우리는 저녁을 늦게 먹고, 아이들은 잠을 자는 시간이니까요. 저는 지난번 저녁처럼 싸우지 않기를 바랄 뿐이에요!

치료자: 그럼 화요일이요. 다음 주 우리가 만났을 때 어떻게 되었는지 저에게 알려 주셔야 합니다.

Maude: 저는 지금은 조금 더 낙관적으로 생각해요. 남편이 그렇게 나쁜 남자는 아니거든요.

대인관계 사건을 다룬 후반부에 Maude는 자신과 남편 사이의 상호작용을 과거와 다르게 바라보았다. 문제가 변화되지 않을 것이라고 보는 대신, 지금의 상황이 달라질 수 있다는 약간의 희망을 갖게 되었다. 자신의 의사소통 방식을 바꿈으로써 자신의 욕구를 좀 더 효과적으로 충족시킬 수 있을 것이라고 생각하였다. 더구나 남편을 비판하는 대신에 그가 느끼고 생각하는 것이 무엇인지에 대해 관심을 갖게 되면 남편 역시 그럴 수 있을 것이다. 마지막으로, Maude와 치료자는 문제를 해결하기 위해 구체적인 행동 계획을 구축하였으며, 동시에 치료자는 상황이 호전될 것이라는 희망을 그녀에게 주었다.

상호작용은 도표로 묘사될 수 있다. Maude의 일반적 진술은 남편은 절대 그녀의 말을 듣지 않는다는 절대적 주장으로부터 시작되었다. 이와 연결된 감정은 우울하고, 좌절감을 느끼고, 절망스럽다는 것이었다. 구체적인 대인관계 사건을 검토하면서, 그녀는 처음에는 분노와 절망감을 이야기하였다. 하지만 상호작용을 세부적으로 검토해 나가면서 그녀의 생각은 점차 변해 갔는데, 그녀는 스스로 이해받지 못하고 있다고 생각하기 시작했고, 그녀 역시 남편의 입장에 대하여 제대로 알지 못한다는 것을 인식하게 되었다. 그녀는 또한 자신의 의사소통 방식을 바꿀 수 있으며, 그것이 전혀 다른 결과를 가져올 수도 있다는 점을 인식하기 시작하였다. 그녀의 감정은 좀 더 희망적인 감정으로 바뀌어 갔으며, 구체적인 의사소통에 대한 감정이 일반화될 수도 있다는 희망을 갖게 되었고, 결과적으로 절대적인 진술인 '남편은 절대 내 말을 듣지 않는다.' 가 한정된 진술인 '남편은 내가 비판적으로 이야기할 때는 내 말을 듣지 않는다.' 로 변형되었다. Maude의 결론적인 진술([그림 9-8] 참조)은 초기의 일반적 진술([그림 9-3] 참조)과는 매우 대조적인, 상당히 통찰력 있는 것이었다.

	구체적 사건	일반적 기술
내 용	화요일 저녁 식사 후 우리는 싸웠는데, 이것은 내가 비판적인 대화를 시작했기 때문이다.	남편은 내가 자기를 비판하면 절대 내 말을 듣지 않는다.
감 정	나는 이해받지 못한다고 느꼈다.	나는 상황이 변할 수 있다고 믿기 때문에 희망을 느낀다.

[그림 9-8] 대인관계 사건표: 감정적 변화

Maude는 다음 주에 치료자와 검토할 수 있도록 다소 변화된 의사소통을 시도하였다. Harold와 Maude는 아직도 갈등이 있었지만, Maude는 자신의 의사소통을 지속적으로 순화시키는 것이 상당히 도움이 된다는 것을 느꼈다. Maude와 치료자는 두 사람의 의사소통에서 효과가 있는 것과 그렇지 않은 것을 탐색하기 위하여 추가적으로 대인관계 의사소통을 지속적으로 검토하였다. 8회기 이후 Harold는 Maude에게서 나타나는 변화를 인지하였으며, 그다음 여러 회기가 진행되면서 Harold 역시 부드러워져서 협조를 하기 시작하였다. 그는 결혼생활이 예전보다 나아진 것 같다는 보고도 하였다.

대인관계 사건에 대해 작업할 때, 의사소통 분석은 매우 유용하다. 이것은 환자가 겪는 어려움의 원인도, 유지시키는 것도, 악화시키는 것도 모두 빈약한 의사소통 때문이라는 가설을 탐색하기 위한 공식적인 수단이다. 대인관계 사건을 검증하는 기법은 핵심적인 상호작용에 초점을 맞추어 구체적으로 탐색하고 이를 확장시키는 것이다. 의사소통 분석은 또한 대인관계 갈등을 다룰 때, 불안정한 애착유형의 환자가 자신의 의사소통 유형이 대인관계상의 문제에 어떻게 영향을 미치는지 알게 하는 데도 유용하다.

의사소통 분석과정

다시 반복하면, 의사소통 분석을 위한 정보는 다섯 가지 통로로 얻을 수 있다.

- 환자가 진술하는 자신의 일반적 혹은 구체적인 의사소통
- 환자 진술의 질
- 치료회기 내에서의 치료자와의 의사소통
- 환자의 의미 있는 타인을 통해 얻을 수 있는 환자의 의사소통에 대한 정보
- 대인관계 사건표

의사소통 자료를 어떻게 얻었는지와는 상관없이, 의사소통 분석의 일반적 과정은 기술적으로 매우 간단하다. 의사소통의 어려움을 초래한 것이 무엇인지에 관한 가설을 구축하는 것이고, 환자에게 가설을 알려 주어 반응할 수 있도록 하는 것이며, 환자가 그러한 피드백에 반응하여 변화할 수 있도록 하는 것이다. 그러나 기술적인 면은 단순하지만, 적절히 피드백을 주는 기술은 좀 더 복잡한 경우가 많은데, 왜냐하면 치료자는 개별 환자의 특성에 맞춰 피드백 방식을 수정할 수 있어야 하기 때문이다.

환자에게 주어지는 피드백은 환자가 구체적인 상황에서 실행했던 의사소통을

통해 수집한 정보의 총합체일 뿐이다. 자신의 의사소통에 대해 환자가 직접적으로 보고한 자료, 환자의 대화에서 얻은 치료자의 인상, 치료 동맹, 환자 외의 다른 사람들로부터 얻은 정보, 대인관계 사건에서 얻은 정보 등이 모두 포함되어야 한다. 이들은 구체적인 대인관계 맥락 내에서 통합되고 요약되어 환자에게 제시된다. 예를 들면, Maude에게 치료자는 부부 갈등(dispute)에 대하여 다음과 같이 언급할 수 있다.

> 치료자: Harold와의 관계에 대해 당신이 말한 내용에 기초하여 볼 때, 그는 당신이 왜 화가 났는지 이해하지 못하고 있는 것 같습니다. 그리고 당신 역시 남편의 입장을 잘 이해하지는 못하는 것 같습니다. 잘못된 의사소통이 양방향 모두에서 나타나고 있는 것으로 보입니다. 제가 보기에는 당신이 남편에게 어떤 말을 할 때 분노 때문에 그를 간접적으로 비난하는 방식으로 대화를 시작하고, 그러면 그는 바로 대꾸를 하지 않거나 그 자리를 떠나 버리는 식으로 반응하는 것 같습니다. 결과적으로 두 사람 모두 더욱 화가 나고 상대방을 전혀 이해하지 못한 상태에서 대화가 끝나게 되는 것 같습니다. 당신이 화가 났다는 것을 남편에게 의사소통할 때 그런 방식으로 하는 것은 효과가 있는 것 같지 않군요. 대화를 시작할 때 다른 방식으로 하는 것이 도움이 될 것 같고, 당신이 어떻게 느끼고 무엇을 원하는지 좀 더 직접적으로 전달하는 것이 도움이 될 것 같습니다. 이 점에 대해 당신은 어떻게 생각하세요?

치료자는 환자의 의사소통상의 어려움이 이미 굳어져 버린 것이 아닌, 추가적인 정보가 주어지면 발전할 수 있는 것으로 보아야 한다. 대인관계와 의사소통에 대한 세부적인 정보를 더 많이 수집할수록 IPT는 지속적으로 발전해 나가게 된다. 치료자에 의해 구축된 가설은 끊임없이 수정될 것이고, 환자로부터 피드백을 받는 데 항상 개방적이어야 한다.

더구나 환자의 의사소통 문제에 대한 설계를 제시하는 것은 일회성으로 끝나는 작업이 아니다. 이것은 잠정적인 가설을 환자에게 제공하고, 이에 대해 환자가 반응하고, 다시 좀 더 많은 정보가 수집되는 지속적인 과정이다. 이는 추후 좀 더 정확한 가설을 구축하기 위한 기본이 된다. 이 과정에는 환자의 의사소통이 어떻게 수정되고 문제가 해소되는가에 대한 논의가 내포되어 있다.*

환자에게 피드백 주기

치료자가 앞서 언급한 자료 중 일부 혹은 전부를 수집하면 환자의 구체적 의사소통에 대한 잠정적 가설을 구축하고, 뒤이어 환자에게 피드백을 주는 상호작용과정이 시작된다. 이 과정에서 가장 결정적인 것은 치료 동맹이다. Kiesler의 용어를 빌리자면,[1] 치료자가 환자에게 준 피드백이 변화를 일으키기 위해서는 환자-치료자 관계가 상호 높은 수준이어야 한다. 다시 말해서, 치료적 관계가 환자와 치료자 모두에게 중요해야 한다. 환자는 치료자의 피드백을 중요하게 받아들일 수 있어야 하며, 그래야 환자에게 영향을 줄 수 있다. 치료적 관계가 빈약하거나 너무 성급히 피드백을 준 경우, 환자는 치료자의 말을 쉽게 간과해 버릴 수 있다.

피드백에 대한 이상적인 환자의 반응은 "당신은 정말 그렇게 생각하세요?"라고 말하는 것이다. 여기에서 '당신', 즉 치료자가 강조되고 있는데, 이 사람은 중요한 사람이고, 따라서 이 사람의 의견은 의미가 있다고 환자는 생각한다. 환자가 치료자에게 부여하는 중요성, 존경, 전문성의 정도가, 즉 치료적 관계의 질이 피드백이 어떻게 받아들여지는지를 결정하는 첫 번째 요인이 된다. 이러한 유형의

---

* 이것은 이 책에 기술된 다른 수많은 IPT 사례들과 함께, 정신치료가 과학임을 증명하는 하나의 예다. 무작위 통제 실험이 아닌 단지 하나의 사례에 기초한 자료이지만, 집단의 환자를 대상으로 하는 무작위 통제 실험에서 도출된 결론에 비해 타당도에서 결코 뒤지지 않는다. 치료자가 자신의 환자를 대상으로 구축한 가설과 치료자가 수집한 자료는 환자와 함께한 작업과 직접 연관되어 있다. IPT를 시행하는 임상가 겸 연구자(scientist-practitioner)의 경험과 임상적 판단은 무작위 대조 연구로부터 도출된 결과와 비교해 볼 때, 타당도와 가치에서 결코 뒤지지 않는다고 우리는 확신한다.

관계를 정립하기 위해 치료자는 환자에게 따뜻함, 공감, 진실성 그리고 무조건적인 긍정적 관심을 주어야 한다.[2] 하지만 이 요소들은 IPT에서 변화를 일으킬 수 있는 필요조건일 뿐, 충분조건은 아니다.*

모든 IPT에서와 마찬가지로, 치료자는 환자의 애착유형에 따라서 접근 방식을 조정해야 한다. 좀 더 안정적으로 애착이 된 환자의 경우 보다 직접적인 피드백을 견뎌 낼 수 있으며, 그들의 안정성 때문에 치료 초기 단계에서의 피드백도 견뎌 낼 수 있다. 그러나 이와 대조적으로, 집착형 애착유형을 갖고 있는 환자들은 치료자가 수시로 직접적인 피드백을 주기보다는 환자 스스로 자신의 의사소통상의 문제를 발견해 나갈 수 있도록 해 주어야 한다. 그들은 자신의 힘으로 변화하고 싶어 한다. 이들에게는 수동성 혹은 의존성이 중요 문제가 되지 않기 때문에 직접적인 개입을 피하는 것이 바람직하다. 거부적(dismissive)이거나 공포적(fearful) 애착유형의 환자들은 강한 치료 동맹을 구축하는 데 많은 시간이 필요하므로 피드백을 참아 낼 수 있을 만큼 견고한 동맹이 형성된 후에 피드백을 주어야 한다. 이들 역시 자기 자신의 생각을 가질 수 있도록 격려해 주어야만 하는데, 치료자는 이 과정을 좀 더 촉진시키기 위해 공포적 애착유형의 환자에게는 용기를 주고, 거부적인 환자에게는 칭찬을 해 줌으로써 격려해야 한다.

환자에게 피드백을 주는 중요한 이유는 치료자의 가설에 대한 환자의 언어적 반응을 얻기 위한 것이다. 치료자에 의하여 구축된 개념화가 환자의 문제에 대한 결정적인 '해석(interpretation)'은 아니다. 단지 환자가 통찰을 얻기 위해서는 반드시 수용해야 하는 '정확한' 이해를 환자에게 제공해야 한다. 치료자는 자신의 개념화를 말 그대로 가설—즉, 합리적인 설명을 제공하는 개념이지만 추가적인 탐색과 연구가 필요한—로서 제시해야 한다. 치료자는 환자에게 피드백을 줄 때 이 점이 반영되도록 해야 한다. 따라서 단정적으로 말하기보다는 '대인관계에 대해

---

* "당신은 정말 그렇게 생각하세요?"라는 반응이 가장 좋은 반응인 이유는 환자가 피드백의 과정에 참여하고 있고, 피드백에 대해 생각하고 있음을 보여 주는 반응이기 때문이다. 환자가 "그렇겠죠. 당신 말이 절대적으로 맞아요."라고 반응하였다면, 당신은 자기애적인 만족에 빠지는 상황을 막기 위해 온갖 수단을 동원해야만 할 것이다.

당신이 제공한 정보에 의하면……' 혹은 '나는 당신이 이러한 문제를 가지고 있다고 생각이 되는데……'와 같은 표현을 사용해야 한다. 그리고 각각의 피드백에 대하여 환자가 반응할 수 있도록 해 주어야 한다. "내 말에 대해 당신은 어떻게 생각하나요?"

환자가 문제를 개념화하는 과정에서 더 많은 주도권을 가지고 있을수록 더 좋다. 따라서 치료자는 환자에게 자신의 의사소통 문제가 무엇이라고 생각하는지를 질문해야만 한다. "당신의 의사소통에서 중요한 패턴이 어떤 것이라고 생각합니까?" 혹은 "이 모든 일이 왜 일어났다고 보십니까?"와 같은 질문들이 큰 도움이 될 수 있다. 환자의 견해는 가능한 한 최대로 격려해 주어야 한다.

IPT에서 의사소통 분석을 할 때, 의사소통 문제에 포함된 심리적 그리고 역사적 요소를 꼭 이해할 필요는 없다. 문제에 선행하는 환자의 역사적 선행사건을 환자가 자각하는 것은 상당히 도움이 되지만, 꼭 필요한 것은 아니다. IPT에서 요구되는 것은 환자가 현재 자신의 의사소통 방식을 인식하고, 자신이 다른 사람으로부터 끌어낸 반응의 종류를 평가하며, 문제를 해결하기 위해 자신의 의사소통을 변화시키는 것이다.

이 말이 뜻하는 바는 매우 중요하다. 이 말의 의미는, 환자의 통찰력이 부족하고, 동기가 부족하고, 애착이 불안정하여 치료작업이 더 힘들어도, IPT에서는 깊은 심리적 통찰을 요구하지 않으므로 이들 역시 치료가 가능하다는 것이다. 오직 요구되는 것은 환자가 자신의 의사소통에 문제가 있음을 인식하는 것이고, 의사소통을 변화시킴으로써 문제가 해소되고 호전될 수 있다고 보는 것이다. 사실, 환자는 아직도 문제의 원인을 외부로 돌리고 있을 수 있지만(즉, 다른 사람의 잘못으로), 자신의 의사소통을 바꿈으로써 상대방이 다르게 반응하게 할 수 있으며, 결과적으로 상황이 개선될 수 있다고 보는 것이다. 매우 불안정하게 애착되어 있거나 치료하기 까다로운 환자들도 이러한 깨달음에 다다를 수 있다.

이것이 IPT에서 통찰이나 정신내적 변화가 격려되어서는 안 된다는 것을 의미하지는 않는다. 그러한 변화는 나타나는 것이 나타나지 않는 것보다 항상 더 좋다. 하지만 IPT는 통찰에 대한 능력이 결여되어 있거나 심리적인 태도가 부족한 경우 혹은 다른 이유로 보다 통찰-지향적인 치료에 적합하지 않은 환자에게도 적용될 수 있다는 것이다. 아마도 가장 좋은 예는 신체화 장애 환자에게 IPT를 적용한 경우일 것이다.[3-5] 일반적으로, 이 환자들은 부적응적 애착유형을 갖고 있으며, 통찰력이 거의 없고, 의료체계를 불신하며, 동기화되어 있지 않아서 치료에 매우 부적합한 사람들이다. 더구나 그들은 돌봐 주는 사람에게 적대적인 경우가 많으며, 가장 중요한 것은 자신의 문제는 심리적인 것이 아니라 신체적 문제라는 믿음에 매우 고착되어 있다는 것이다. 확실히 그들은 정신치료에 적합한 사람들이 아니다.

그럼에도 불구하고, 즉 자신의 요구에 반응하지 않는 의료서비스 체계의 문제에 대하여 끊임없이 비난하는 것은 여전하지만, 자신의 의사소통 방식을 바꾸면 좀 더 나은 의료서비스를 받을 수 있다는 인식에 도달하는 경우가 종종 있다. IPT에서의 목표는 이러한 환자들을 도와 의사소통 방식을 바꾸면 그들의 애착욕구를 만족시키기 위한 좀 더 효과적인 반응을 이끌어 낼 수 있다는 것을 인식하도록 하는 것이다. 예를 들어, 신체적인 호소를 하면서 수시로 응급실을 방문하는 환자가 IPT를 통해 그것이 그녀의 신체적 문제를 알리는 데 가장 효과적인 방법이 아님을 깨닫게 될 수도 있다. 응급실은 매우 바빠서 모든 환자가 기다려야만 한다. 환자는 매번 방문 때마다 다른 의사를 만나게 되며, 그녀가 원하는 개인적인 관심을 얻을 수 없을 것이다. 하지만 그녀에 대해 잘 알고 있는 가정의학과 의사와 미리 예약을 잡아 두면 좀 더 개인적인 관심을 받을 수 있고, 애착욕구를 보다 효율적으로 충족시킬 수 있을 것이다.

신체화를 하는 환자들은 본인 스스로는 보살핌을 추구하는 행동의 역동적 과정을 이해하지 못할 수 있다. 그들은 계속 문제의 원인을 외부로 돌리면서 의료체계를 비난하거나 만족할 만큼 시간을 내주지 않는 응급실 의사 개인을 비난할 수도 있다. 그러나 그들 대부분은 응급실에서 불만에 가득 찬 채 몇 시간씩 앉아 있는 것보다는 그들을 잘 아는 의사를 만나는 것이 더 만족스러울 것이라는 점에 동의할 것이다. 즉, 그들은 자신의 의사소통 방식을 바꾸는 것이 좀 더 좋은 치료를 받을 수 있는 방법임을 인식할 수 있을 것이다.

사례 9-8 Fred

Fred는 32세 남자로, 부부관계 문제 때문에 치료를 받게 되었다. 그는 아내인 Sandra와의 잦은 다툼으로 수면에 어려움이 있으며, 불안 초조해지고, 업무에도 영향을 받는다고 말했다. 그는 Sandra가 그와 함께 치료를 받으러 오지 않는 것에 대해 매우 화가 나 있었으며, 진저리를 치고 있었다. 그는 과거에는 정신치료를 받은 적이 없으며, 약물 남용과 관련된 문제도 없었다.

첫 회기에, 그리고 대인관계 평가도구를 작성하는 동안([그림 9-9] 참조), Fred는 자신이 아내와 가까워지려고 노력을 할 때마다 항상 거절을 당했다고 진술하였다. 그는 아내가 "결코 저와 말하고 싶어 하지 않았고, 다정하게 다가가려는 저의 모든 시도를 지속적으로 거부했어요."라고 말했다. 그는 두 사람의 관계가 거의 파탄에 다가가고 있다고 느끼지만, 마지막 시도를 해 보는 것이라고 하였다.

대인관계 설계([그림 9-10] 참조)에서 아내와의 갈등을 치료의 초점으로 명시한 후, 치료자는 세 번째 회기에서 아내와의 관계에 관해 Fred에게 자세히 질문하였다.

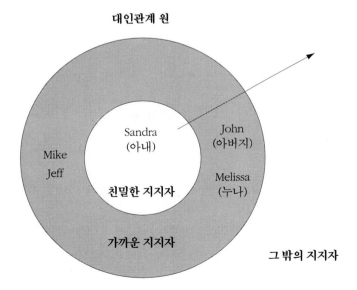

[그림 9-9] 대인관계 원-Fred

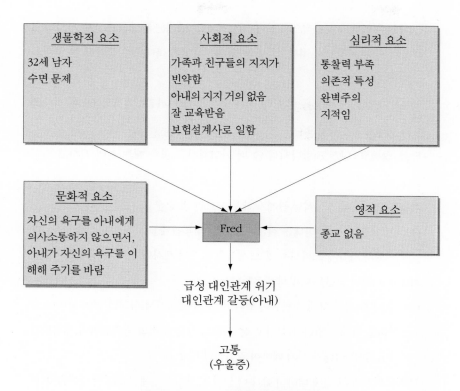

생물학적 요소

32세 남자
수면 문제

사회적 요소

가족과 친구들의 지지가
빈약함
아내의 지지 거의 없음
잘 교육받음
보험설계사로 일함

심리적 요소

통찰력 부족
의존적 특성
완벽주의
지적임

문화적 요소

자신의 욕구를 아내에게
의사소통하지 않으면서,
아내가 자신의 욕구를 이
해해 주기를 바람

Fred

영적 요소

종교 없음

급성 대인관계 위기
대인관계 갈등(아내)

고통
(우울증)

[그림 9-10] 대인관계 설계-Fred

치료자: Fred, 부인에 대하여 좀 더 자세히 말해 주세요.

Fred: 글쎄요, 아내를 처음 만났을 때, 저는 그녀가 최고라고 생각했어요. 우리는
정말 가까웠었죠. 그러나 지난 몇 년간 상황이 정말 나빠졌어요. 아내는 더 이
상 제게 관심이 없는 것 같아요.

치료자: 부인과의 관계에서 당신이 보기에는 어떤 패턴이 있는 것 같나요?

Fred: 패턴이요? 그 점에 대해서는 한 번도 생각해 보지 않았습니다. 제가 말하고
싶은 중요한 점은 아내로부터 충분한 사랑을 받지 못하고 있다는 거예요. 예,
그것은 상당히 오래전부터 지속되어 온 일이지요.

치료자: 당신이 부인과 의사소통할 때 패턴이 있는지요?

Fred: 아내 생각에는 제가 너무 요구가 많대요. 저는 동의하지 않지만요. 하지만

이 점은 아내가 지속적으로 불평하는 거예요. 아내는 사랑을 몸으로 거의 표현하지 않는 가정에서 자랐고, 제 생각에는 그것이 아내에게 상당히 큰 영향을 준 것 같아요.

치료자: 부인에게 애정을 원할 때 혹은 당신이 더 가까워지기를 원할 때, 아내에게 어떻게 요구하나요?

Fred: 글쎄요, 당신도 알다시피 좀 더 가까워지고 싶을 때는 같이 자자고 하지요…….

치료자: 당신에게는 성적인 관계가 매우 중요한 것 같군요.

Fred: 맞아요! 하지만 아내는 최근에는 전혀 부부관계를 하려고 하지 않아요. 아내는 제가 가깝게 느껴지지 않고, 성생활은 전혀 생각이 없다고 말해요.

치료자: 그러면 당신은 어떻게 반응하나요?

Fred: 아내가 정말 나에게 관심이 있다면, 우리 관계에서 성적인 면이 얼마나 중요한지를 아내가 알아야 한다고 생각해요. 결국 우리의 결혼생활이 계속되려면, 지금쯤은 아내가 저에 대하여 알아야만 해요.

치료자: 당신이 그 점에 대하여 화가 나 있다는 것을 부인에게 어떻게 말했습니까?

Fred: 아내에게 저를 정말 사랑한다면, 당신은 내게 좀 더 관심을 가져야 하고 제가 원하는 것에 신경을 써야 한다고 말했어요.

치료자: 그걸 정확히 어떻게 말했습니까? 예를 들면 목소리 톤 같은 것이 어떠했는지요?

Fred: 저는 그냥 사실대로 말했어요. 저는 거의 화를 내지 않아요. 따라서 아내는 제 기분이 어떤지를 틀림없이 알았을 거예요. 당신이 아내를 만나서 분별 있게 행동하라고 말해 준다면 정말 도움이 될 것 같습니다.

치료자는 이러한 상호작용과 Fred가 제공한 다른 정보를 통해 몇 개의 잠정적인 결론을 이끌어 낼 수 있었다. Fred의 직접적인 보고에 의하면 부부간에 의사소통이 있기는 하지만, Fred는 부인에 대해 몇 가지 기대를 갖고 있음이 드러났다. 우선 자신의 아내가 의사소통을 하지 않아도 남편의 욕구를 이해해야 한다고 기대하고 있었다. 그는 "우리의 관계에서 성적인 부분이 얼마나 중요한지 아내가 알아야만 해요."라고 말하고 있었다. 그는 또 '아내가 정말 나를 사랑한다면' 특정한 방식으로 행동할 것이라는 기대를 갖고 있었다. 문자 그대로 자신의 배우자가 '독심술'을 해서 적절히 반응할 수 있어야 한다는 기대는 가까운 배우자와의 갈등 상황에서는 매우 흔한 일이다.

Fred가 제시한 대화는 상당히 논리적이었지만 부인에 대한 기술은 둘로 나뉘어 있다는 점이 주목할 만하다. 그들이 처음 만났을 때의 기술에 비해, 현재의 관계에 대해서는 상당히 부정적인 용어로 표현하고 있었다. 부인에 대한 Fred의 진술에는 균형이 없었다. 두 가지 차원의 모습이 나타나고 있었는데, 아내를 이상화하거나 평가절하하는 모습이었다. 더구나 그의 이야기는 전체적으로 아내가 자신에게 관심을 가져 주지 않는다는 불평으로 가득 차 있었다. Fred의 문제는 특정 문제로 인한 갈등보다는 자신의 욕구가 충족되지 않는 것에 대한 일반적이고 모호한 느낌과 관련되어 있는 것 같았다.

Fred의 통찰력 역시 상당히 제한되어 있었다. 그는 자신의 문제에 대해 드러내 놓고 아내를 비난하였는데, 자신의 의사소통에 대해서는 흠잡을 데 없이 완벽하다고 주장하고 있었다. "저는 그냥 사실대로 말했어요. 저는 거의 화를 내지 않아요. 따라서 아내는 제 기분이 어떤지를 틀림없이 알았을 거예요." Fred의 다른 개인사를 고려해 볼 때, 치료자는 이 말을 믿을 수 없었다. 아내에 대한 Fred의 의사소통은 분명하지도 않았고, '사실대로' 이야기되지도 않았을 것이다. 그러나 Fred는 통찰에 대한 잠재력은 갖고 있는 것으로 보였다. 관계에서 나타나는 패턴에 대해 치료자가 질문했을 때 Fred의 반응은 긍정적이었으며, 그에게 어떤 생각을 하게 만든 것 같았다. 치료자는 이것이 지속적으로 결실을 맺을 수 있는 영역이라는 점에서 용기를 얻었다.

회기 내에서 Fred가 치료자를 대상으로 하는 의사소통과 그가 치료적 관계를 맺는 방식에 대해서도 정보를 얻을 수 있었다. 의존적인 면이 있음을 알 수 있는 분명한 징후가 약간 있었지만, 치료자는 특히 Fred의 진술에 주목하였다. "당신(치료자)이 아내를 만나 분별 있게 행동하라고 말해 준다면 정말 도움이 될 것 같습니다!" 이것은 치료자의 가설, 즉 Fred가 의존적 성격특성을 갖고 있으며 동시에 집착형 애착특성을 지니고 있고, 이것이 아내(그리고 치료자)에게 '관심을 가져 달라고' 요구하는 시도로 나타난다는 가설을 지지하는 강력한 정보라고 생각되었다.

Fred에게 가장 효과적으로 피드백을 줄 수 있는 방법에 대해 치료자는 세 가지 방법을 고려하였다. 첫째는 Fred에게 직접 피드백을 주는 것이다. 이것은 다음과 같은 형태로 가능할 것이다.

> 당신 자신과 부인에 대해 당신이 말한 것에 기초하여 볼 때, 당신의 의사소통에는 분명히 문제가 있는 것 같고, 당신은 부인이 당신이 원하는 방식으로 반응하지 않는다고 느끼는 것 같습니다. 당신은 분명하게 의사소통하고 있다고 생각하지만, 그중 일부는 아마도 아내에게 분명히 이해되지 않았을 수도 있을 것 같습니다. 예를 들어, 당신은 당신이 원하는 것, 즉 정서적 친밀성과 성적인 욕구 모두를 아내가 알고 있을 것이라고 생각하는 것 같은데, 아내에게 확실하게 의사소통이 되었는지는 분명하지 않습니다. 아내는 당신과는 완전히 다른 생각을 하며 행동하고 있을지도 모릅니다. 이 점에 대하여 어떻게 생각하십니까?

이 방법은 IPT의 기본 정신과 완벽하게 일치하며, 상당히 안정적으로 애착되어 있는 환자의 경우, 그리고 이미 치료자와 견고한 동맹을 구축한 경우에는 매우 합리적인 방법일 수 있다. 그러나 환자가 이와 같은 직접적인 피드백을 견뎌 낼 수 있어야 한다. 환자가 이를 생산적으로 활용할 수만 있다면, 이것은 문제를 해결하는 가장 유용한 방법이 될 것이다. 그러나 치료자는 Fred의 경우 현 시점에서 이와 같은 피드백을 참아 낼 수 없을 뿐 아니라, 활용할 수도 없을 것으로 판단하였다. 그는 이것을 자신에 대한 비난으로 혹은 치료자가 자신에게 공감하지 않는 것으로 느낄 수 있다.

두 번째 방법 역시 IPT의 정신과 일치하는 것으로, 자신의 의사소통 유형과 아내에 대한 기대가 어떻게 문제를 야기하는지에 대해 Fred가 인식할 수 있도록 돕기 위해, Fred에게 아내와의 관계에 대해 유사한 질문을 부드럽게 반복해 가는 방법이다. 치료자는 Fred가 좀 더 깊이 있게 생각하도록 압박하는 질문을 계속할 수 있으며, 이를 통해 어느 정도의 통찰을 얻을 수 있도록 자극을 줄 수도 있다. 예를 들면 다음과 같이 질문할 수 있다.

Fred, 당신은 부인이 당신의 욕구를 충족시켜 주지 않는다고 느끼고 있으며, 이 점을 부인에게 의사소통하려고 노력했지만, 부인은 당신이 원하는 방향으로 반응하고 있지 않는 것이 분명한 것 같습니다. 저는 이러한 일이 왜 일어나는지를 이해하려고 하고, 왜 이 일이 반복되는지 규명하고 싶습니다. 당신과 부인이 서로 소통하지 못하는 이유는 무엇이라고 생각하십니까?

Fred 입장에서는 이러한 접근 방법은 훨씬 참을 만한데, 왜냐하면 치료자는 의사소통 문제에 대해 Fred를 '비난'하기보다는 그에게 공감하고 있음을 조심스럽게 전달하고자 했기 때문이다. Fred에게 그가 반응할 수 있는 직접적인 피드백을 주기보다는 주도권을 잡도록 하는 것은 그의 불안정한 애착유형을 감안할 때 훨씬 더 수용할 만할 것이다. 하지만 이러한 과정은 직접적으로 피드백을 주는 접근법보다는 훨씬 더 많은 시간이 요구된다.

치료자가 Fred를 이해하기 위해 애쓴다는 말을 할 때는 특히 조심해야 한다. '환자를 좀 더 잘 이해하기 위해'라는 말은 진실해야 하고 사실이어야 한다. 진정성은 속일 수 없는 것이며, 불안정하게 애착된 환자는 상대방의 불성실한 면을 찾아내는 전문가다. 경지에 오른 IPT의 대가들은 자신의 환자를 진정으로 더 잘 이해하기 원하는 사람들이다. 그것은 결코 연극이 아니다. 치료자는 신중해야 하며, 늘 환자와 함께 있어야 하며, 환자의 말을 경청해야 한다.

세 번째 방법 역시 IPT와 일치하는 것으로, Fred의 아내를 치료회기에 한 번 초대하는 것이다. 이 세 번째 방법은 실제 치료자가 선택한 방법이다. 치료 초기 Fred가 말했던 것과는 달리, Fred가 아내에게 직접 요청했을 때 아내는 기꺼이 진료실을 방문하였다. 치료자는 이것을 아내로부터 Fred의 의사소통 유형에 관한 정보를 듣고, 또 직접 두 사람의 의사소통을 관찰하는 기회로 삼았다. Fred의 부인을 관찰해 본 결과, 그녀는 Fred의 비합리적인 요구에 짜증을 내기 시작했다는 것을 금방 알 수 있었다. 아내는 Fred가 무엇을 원하는지 매우 불분명할 뿐 아니라, 자기가 원하는 바를 얻지 못하면 삐치는 경향이 있다고 느끼고 있었다. 회기 내에서의 상호작용은 다음과 같았다.

치료자: 오늘 와 주셔서 감사합니다.

Sandra: 천만에요. 저는 Fred에게 치료에 참여할 수 있으면 좋겠다고 말했습니다. 저는 우리가 함께 상담을 받아 보자고 제안하기도 했었는데요, Fred는 그러고 싶지 않다고 말했습니다.

Fred: 저는 그러지 않았어요. 저는 제 문제에 대해 상담하고 싶다고 말했어요. 하지만 당신이 오면 안 된다고 말한 적은 결코 없어요!

Sandra: 흠, 제가 기억하는 것과는 다르네요.

Fred: 어쨌든 지금 두 분은 여기에 계십니다. 지금부터 저는 두 가지 일을 하고자 합니다. 첫째, 저는 Sandra, 당신으로부터 당신과 Fred 사이의 의사소통에 대해 당신이 어떻게 지각하고 있는지 피드백을 얻고자 합니다. 둘째, 이 회기 후에 치료를 어떻게 진행해 나갈지에 대해 계획을 세워 보는 것이 필요할 것 같습니다.

Sandra: 제 기억에 따르면 저와 Fred는 대개의 경우 관계가 아주 좋았어요. 그런데 최근 들어 사이가 나빠지기 시작했어요. 저는 그것이 언제부터였는지도 알 수 있을 것 같아요. 6개월 전에 저는 유산을 했어요. 그전까지는 우리는 정말 가까운 사이였는데, Fred는 그 이후로 제게 말을 하지 않았어요. 남편은 그 일에 대해 제가 어떤 감정이었는지 알고나 있는지 모르겠어요. 그는 물어보지도 않았으니까요.

Fred: (치료자에게) 아, 그 일을 말하는 것을 잊었네요. 우리 두 사람 모두에게 정말 힘들었습니다.

치료자: 정말 중요한 정보 중의 하나라고 생각이 드네요. 두 사람은 어떤 경험을

했습니까?

Fred와 Sandra는 치료자와 함께 자신의 경험을 공유하기 시작하였고, 이 과정을 진행하면서 그들은 마침내 서로 상대방의 말을 경청해야만 할 것 같다고 느끼기 시작하였다. 치료자는 회기 끝 무렵에 Fred와의 개인 회기를 다시 시작하기 전에 Fred와 Sandra가 함께 두세 번 더 치료회기를 가질 것을 제안하였다. 둘 다 이에 동의하였고, 이 회기 중 유산과 관련된 애도의 문제와 함께 이 부부가 갖고 있는 의사소통의 문제를 다루었다. 이후 Fred는 개인 치료를 몇 회기 더 진행하였고, 치료 결론 부분에서는 갈등이 상당히 해소되었다고 느끼고 있었다. 그는 또한 자신이 차후에 Sandra와 의사소통을 할 때 보다 적극적으로, 분명하게 소통해야 할 필요가 있다는 것을 인식하게 되었다.

요약하면, 이 사례는 다양한 통로로 의사소통에 관한 정보를 얻는 것이 중요함을 보여 주고 있다. 또한 IPT의 전통적인 패러다임을 증명해 주고 있는데, 즉 급성적인 심리사회적 스트레스가 취약한 사람에게 대인관계 문제를 야기한다는 것이다. 이 사례에서 Fred의 불안정한 애착특성과 의사소통 방식은 유산이라는 급성적 스트레스를 경험하면서 교류(connection)와 지지(support)에 대한 자신의 욕구를 표현하는 방식이 부적절하여 결혼생활에서의 갈등을 야기하게 된 것이다.

결 론

의사소통 분석은 환자의 고통의 근본 원인 중 하나에 직접 조준을 하는 것이기 때문에 IPT에서는 매우 중요한 부분이다. 즉, 환자의 애착욕구가 충분히 충족되지 못했다는 것이다. 환자가 의사소통에서의 패턴을 자각하고, 효과적이지 못했던 의사소통 방식을 이해하도록 도움으로써 자신의 의사소통 방식을 변화시키도록 돕는 것이 이 기법의 핵심이다.

참고문헌

1. Kiesler DJ and Watkins LM. Interpersonal complimentarity and the therapeutic alliance: a study of the relationship in psychotherapy. *Psychotherapy,* 1989, **26**: 183-194.

2. Rogers CR and Truax CB. The therapeutic conditions antecedent to change: a theoretical view, in Rogers CR (ed.) *The Therapeutic Relationship and Its Impact.* 1967, Madison: University of Wisconsin Press.

3. Stuart S and Noyes R Jr. Treating hypochondriasis with interpersonal psychotherapy. *Journal of Contemporary Psychotherapy,* 2005, **35**: 269-283.

4. Stuart S and Noyes R Jr. Interpersonal psychotherapy for somatizing patients. *Psychotherapy and Psychosomatics,* 2006, **75**: 209-219.

5. Stuart S, *et al.* An integrative approach to somatoform disorders combining interpersonal and cognitive-behavioral theory and techniques. *Journal of Contemporary Psychotherapy,* 2008, **38**: 45-53.

제10장

문제 해결

서 론

문제 해결은 IPT에서 기본적인 개입이며, 환자의 대인관계 상호작용에 변화를 일으키기 위한 일차적 방법이다. 이는 주로 의사소통 분석 마지막 부분에서 시행되는데, 환자가 다른 방식으로 의사소통할 수 있는 방법을 찾거나 새로운 사회적 지지망을 구축하도록 도와준다. 문제 해결은 모든 문제영역에서 도움이 되지만, 특히 갈등과 역할 전환을 다룰 때 유용하다.

문제 해결은 기술적인 전문용어를 사용하지 않으면서 환자로 하여금 특정 대인관계 문제에서 해결책을 구축하고 이 해결책이 효력을 발생하도록 지원하는 직접적인 기술이다. 이는 문제에 대한 정확한 이해가 전제되어야 하며, 가능한 해결책을 찾기 위해 환자와 함께 브레인스토밍(brainstorming)을 하고, 찾아낸 해결책 중 가장 적합한 것을 문제 상황에 적용하도록 동기를 부여해야 한다. 회기와 회기 사이에는 제안된 해결책을 실제 상황에서 시도해 보아야 하며, 다음 회기에

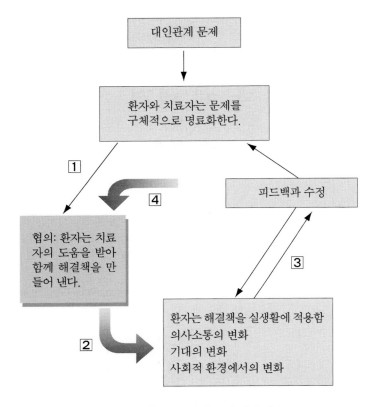

[그림 10-1]　IPT에서 문제 해결 개요

서 이렇게 시도한 결과를 치료자에게 보고해야 한다.* 그 결과는 치료회기에서
논의되고, 필요하다면 수정을 하거나 다른 새로운 아이디어를 내놓아야 한다.

　문제 해결의 일차적인 목표는 환자의 즉각적인 스트레스 원인을 경감시키는
것이지만, 부수적으로는 환자에게 앞으로 직면하게 될 다른 대인관계 상황에서
도 문제 해결 기법을 적용할 수 있도록 가르쳐 주는 것이다. "물고기를 주면 하루
를 먹을 수 있지만 고기 잡는 법을 가르쳐 주면 평생 배부르게 살 수 있다."라는

＊물론 이것은 이상적인 경우다. 환자가 제안된 해결책을 실행하도록 독려하는 다양한 지시방법과
숙제 활용법에 대해서는 다음 장에서 다룰 것이다.

속담은 IPT에서의 문제 해결과 상당히 유사하다. 즉, 현재의 즉각적인 문제도 해결하지만, 환자에게 문제 해결 과정을 가르쳐 줌으로써 미래의 대인관계 문제에도 좀 더 잘 대처할 수 있도록 해 주는 것이다([그림 10-1] 참조).

환자와 치료자는 특정한 대인관계 문제를 명료화해야 한다. 그 후, 첫째, 그 문제의 해결책을 찾기 위하여 환자와 치료자가 협의하고, 둘째, 치료회기 사이에 환자는 실생활에서 그 해결책을 적용해 본다. 셋째, 다음 회기에 적용 결과를 논의하고, 필요하다면 추가적인 수정을 한다. 넷째, 피드백 과정에서 명료화가 필요한 새로운 문제로 이동할 수 있고, 또 한 번의 협의가 이루어지거나 해결책을 수정하며, 이를 다시 실생활에 적용한다. 이와 같은 일련의 과정은 환자로 하여금 대인관계 문제 해결에 대해 상당한 자신감을 갖게 한다.

문제 해결의 개요

문제 해결은 다섯 개의 요소로 구성된다.

1. 문제에 대한 세부적 검토
2. 잠재적 해결책 제시(브레인스토밍)
3. 실행과정 선택
4. 해결책 모니터링과 수정
5. 반복 실행

문제에 대한 세부적 검토

구체적인 대인관계 문제를 검토하기 위해서는 관련된 개인력 모두와 이를 해결하기 위해 해 보았던 모든 시도를 살펴보아야 한다. 과거에 있었던 유사한 문제를 해결하기 위해 환자가 했던 시도들이 성공적이었는지 아닌지도 탐색해야만 한다. 이 과정을 통해 대인관계 문제들을 환자의 증상이나 고통과 연결 지을 수 있게 된다. "남편과 나는 경제적 문제에 대해 이야기하는 데 어려움을 겪고 있어요."와 같이 구체적인 문제에 대해 이야기하는 것이 "우리의 결혼생활은 점점 더 나빠지고 있어요."와 같이 막연하고 일반적인 문제를 기술하는 것보다 훨씬 좋다. 문제를 구체적으로 이야기할수록 다루기가 훨씬 쉽다. 문제 해결 과정에서 환자가 문제를 세분화해서 다룰 수 있도록 도와주는 것이 치료자의 역할이다. 다음은 치료자가 적극적으로 결혼생활 갈등을 구체화하고 초점을 좁히려고 노력하는 상황의 예다.

> 환자: 남편은 저와 함께 지내기를 원치 않는 것 같아요. 제게 무슨 일이 일어나는지, 제 생활에 전혀 관심이 없어요.
>
> 치료자: 두 분이 서로 이야기를 거의 하지 않는다는 말씀인 것 같네요.
>
> 환자: 제 삶이 완전히 엉망이고 하루 일과가 모두 꼬여 있는데도, 남편은 전혀 이해를 해 주지 않아요.
>
> 치료자: 당신이 책임져야 하는 모든 일을 다 해결하려면 얼마나 힘이 들지 상상이 갑니다. 남편과의 갈등으로 돌아가서, 남편과의 의사소통 문제를 해결하기 위해서 어떻게 노력해 왔는지를 설명해 줄 수 있습니까?
>
> 환자: 저는 남편에게 그의 일보다 가정생활이 우선이어야 한다고 말해 왔어요!
>
> 치료자: 그 말이 어느 정도 효과가 있었나요?
>
> 환자: 전혀요. 그는 방어적이 될 뿐이에요.
>
> 치료자: 두 분 사이에 일어나고 있는 구체적인 의사소통 문제에 집중한다면 문제를 좀 더 쉽게 파악할 수 있을 것 같고, 동시에 남편과의 갈등을 해결하기가 좀 더 용이해질 것 같습니다. 두 분 사이에 갈등이 생기는 일차적인 원인이 무엇이라고 생각하세요?

잠재적 해결책 제시(브레인스토밍)

대인관계 문제의 해결책은 가능한 한 환자가 제시하도록 해야 하며, 해결 과정 역시 환자의 책임으로 남겨 두어야 한다. 치료자는 가능하다면 환자 스스로 논의할 아이디어들을 만들어 낼 수 있도록 노력해야 한다. 왜냐하면 개입의 목표는 단순히 급성기적 위기를 해결하는 것만이 아니라 환자가 문제를 해결하는 기술을 개발하도록 돕는 것이기 때문이다.

대인관계 문제에 대해 치료자와 환자가 머리를 맞대고 브레인스토밍하여 해결책을 찾는 것은 문제 해결의 일반적인 목록에 들어 있는 기본적인 기법이다. 처음에는 비현실적으로 보이는 아이디어라도 가능한 한 모든 아이디어를 떠올리도록 환자를 격려하는 것이 치료자의 임무다. 이 단계의 목표는 가장 효율적인 방법을 환자가 선택할 수 있도록 대인관계 문제 해결법의 목록을 만드는 것이다. 이 과정에서 치료자는 환자에게 어떻게 하라고 직접 지시하지 않으면서도 새로운 해결책을 제시할 수 있다. 예를 들어, 치료자는 비슷한 문제를 갖고 있는 다른 환자들이 개발했던 해결책(그 환자들의 인적사항은 비밀로 하면서)을 환자와 공유할 수 있다. 치료자는 치료적 판단에 기초하여 도움이 될 것으로 생각된다면 질문의 형태로 제안을 할 수도 있다. "이런 점은 생각해 봤나요?" 혹은 "이러한 접근이 도움이 될지 생각해 봤는데요."와 같은 질문은 직접 충고를 하거나 환자에게 다음에 무슨 일이 일어날지를 말해 주는 것보다는 간접적인 방식이다. 이런 방식으로 치료자가 제안을 하면 환자는 수많은 선택 중 하나로 이 제안을 고려할 것이고, 스스로 그중 하나를 선택하는 자율성을 유지할 수 있다.

실행과정 선택

IPT의 기본 개념은 환자가 대인관계 문제를 해결하려면 행동을 해야 한다는 것이다. 이 행동에는 여러 가지 형태가 있다. 의사소통 방식을 변화시킬 수도 있고, 사회적 지지를 확장할 수도 있다. 이 시점에서의 과제에는 잠재적 해결책의 '장점과 단점'을 평가하는 것이 포함되고, 실행의 과정도 결정되어야 한다. 환자의 안녕에 직접적인 위협이 되지 않는 한, 환자가 어떤 과정을 따라갈지를 자율적으로 결정하도록 격려하는 것이 항상 최선의 방법이다.

필요하다면, 환자와의 논의사항을 글로 써서 요약할 수 있다. 어떤 환자들에게는 이렇게 하는 것이 과정을 완수하는 데 더욱 추진력을 갖게 할 수 있다. 환자에게 종이를 주고 다음 시간까지 써 오도록 숙제를 줄 수도 있다.

해결책 모니터링과 수정

해결책을 선택하고 실행과정에 대해 동의를 했다면, 치료자는 회기를 시작할 때마다 환자에게 해결책을 잘 실행하고 있는지 질문해야 한다. 이를 통해 치료자는 환자가 회기 사이에 문제 해결을 위해 노력하고, 특정 해결책을 실행에 옮길 것을 기대하고 있음을 전달해야 한다. 또한 이것은 변화를 일으키고 문제를 해결할 능력이 환자 내부에 있음을 강조하는 것이기도 하다.

환자는 제안된 해결책을 자신이 어떻게 실행하고 있는지에 대한 정보를 치료자에게 알려 주어야 한다. 환자는 어느 정도의 성공에 고무될 수도 있고, 아니면 어떤 어려움을 겪거나 예상치 못한 난관에 맞닥뜨릴 수도 있다. 치료자는 환자가 의사소통의 세부적인 사항과 대인관계 상호작용 등을 포함하여 제안된 해결책을 어떻게 적용했는지 구체적으로 알 수 있게 보고하도록 독려해야 한다. 환자가 해결책을 적용하려고 했던 구체적인 대인관계 사건(interpersonal incidents)을 다루어 주는 것이 도움이 된다. 전체적인 과정에서 치료자는 해결책을 적용하려는 환자의 시도에 대해 긍정적 강화를 해 주어야 하며, 환자의 장점은 강조해 주고 상대적 취약점은 최소화하면서 '버팀목'이 되어 주어야 한다. 예를 들면, 치료자는 다음 예와 같이 말할 수 있다.

> 치료자: 지난주 우리는 당신 아내에게 이직하고 싶다는 말을 하기로 계획했었습니다. 어떻게 되었습니까?

환자: 말을 했는데 결과는 나쁘지 않았지만, 그렇게 좋지도 않았던 것 같습니다.

치료자: 그 이야기를 자세히 듣고 싶습니다. 처음부터 끝까지 전체적인 과정을 말해 줄 수 있습니까?

환자: 전부 다요?

치료자: (대인관계 사건에 대하여 환자에게 직접적으로) 예. 단계별로 처음부터 끝까지요. 아내에게 어떻게 말을 걸었는지부터 시작하는 것이 좋을 것 같습니다.

문제 해결 과정

개입의 범위

문제 해결 과정에서 구체적 개입의 범위는 연속선상에 놓여 있다. 치료자가 구체적인 충고를 해 주는 보다 직접적인 개입에서부터 환자 스스로 실행할 해결책들을 개발하고 자율적으로 선택하도록 격려하는 개입까지 개입의 범위는 다양하다. 어떤 수준의 개입을 할지를 결정하려면 치료과정의 어떤 시점에 있는지, 환자의 애착유형은 무엇인지, 환자가 현실적으로 해결책을 개발할 능력이 있는지, 환자가 치료자의 직접적인 지시를 견뎌 낼 수 있는지 등 다양한 요인을 고려하여야 한다.

모든 치료적 개입과 마찬가지로 치료자는 문제 해결에 관여할 때 환자의 애착유형을 고려해야 한다. 좀 더 안정적이고 융통성 있는 애착유형의 환자와 작업할 때 치료자는 전 범위에 걸쳐서 자유롭게 개입할 수 있을 것이다. 안정적으로 애착되어 있는 환자일수록, 안정적이지 못한 환자에 비하여 치료자의 제안이나 지시 모두를 더 잘 수용할 수 있으며, 역설적으로 더 독립적으로 기능할 수 있고, 더 효과적으로 자신의 해결책을 만들어 낼 수 있다. 다른 기법에서와 마찬가지로 애착의 안정성은 좋은 예후를 예측할 수 있는 확실한 지표다.

　불안정한 애착유형의 환자는 치료자의 지시에 공감하지 못하고 이를 권위적인 것으로 받아들일 수 있기 때문에 더 많은 어려움을 겪게 된다. 집착유형의 애착 특성을 보이는 환자의 경우 치료자가 과도하게 지시적이면 지나치게 의존적이 되거나 수동 공격성을 보일 수 있으며, 숙제를 제대로 완수하지 않거나 결과적으로 변화를 거부하게 된다. 임상적 판단에 기초하지 않은 채 명백히 지시적인 개입을 하였다면 문제가 될 수 있는 전이 반응이 나타날 위험성이 있다는 사실에 치료자는 항상 주의를 기울여야 한다. 불안정하게 애착된 환자와 작업할 때는 직접적인 충고는 삼가고, 환자의 자율성을 지켜 주며, 환자가 자율적으로 행동했을 경우 많은 긍정적인 강화와 격려를 해 주는 방법을 사용하는 것이 가장 좋다.

　문제 해결에 직접적으로 개입하는 것은 치료자 자신의 개인적 감정과 판단으로 환자의 선택에 과도한 영향을 줄 위험이 있다. 특히 환자의 문제가 치료자 자신의 삶의 경험과 공명(resonate)하게 되면 치료자는 환자의 독특한 상황에 주의를 기울이기보다는 자신의 경험에 기초하여 지시를 하는 매우 위험한 상황이 벌어질 수 있다. 정신치료를 하는 치료자는 환자와 환자의 이야기에 대해 자신이 개인적 반응을 하는 것은 아닌지를 자각하고 있어야 한다.

새로운 해결책 개발

　문제에 대한 해결책은 구체적인 개입을 통해 개발될 수 있다. 이 개입에는 직접적인 것부터 자율적인 것까지 다양한 종류가 포함된다.

- 치료자의 직접적 충고
- 치료자가 주도하는 브레인스토밍
- 치료자의 자기 드러내기
- 환자가 주도하는 브레인스토밍
- 환자의 과거 경험을 끌어들이기

치료자의 직접적 충고

어떤 환자에게는 치료자가 분명한 교훈을 줄 수도 있다. 지시적인 방법은 이를 참아 낼 수 있고 직접적인 충고를 활용할 수 있을 정도로 애착이 안정적인 환자에게 가장 효과적이지만, 환자가 자신의 문제에 대해 그 어떤 해결책도 내놓지 못하는 경우에도 유용하다. 그러나 치료자가 아무런 해결책도 제시해 주지 않는다고 불평하는 환자의 경우, 그것이 다른 사회적 관계에서 의미 있는 대상에게 설치해 놓은 것과 유사한 함정일 수 있음에 항상 주의를 기울여야만 한다. 이는 치료자에게 문제에 대한 '해답'을 내놓도록 압력을 가하면서 동시에 자신은 좀 더 수동적이고, 좀 더 의존적이어도 좋다는 허락을 받기 위한 수단일 수 있다.

그러나 어떤 환자는 심한 우울증과 같은 의존적 상태에 빠져 있기 때문에 치료자와 머리를 맞대고 해결책을 찾을 수 있는 충분한 능력을 갖고 있지 못할 수도 있다. 이 경우, 특히 치료 초기에는 치료자가 환자에게 행동을 독려하는 제안이나 지시를 할 수 있다. 이는 IPT와 개념적으로 잘 들어맞는 개입법인데, 우울증이 심한 입원환자에게 사용되는 행동 개입법과 활동 계획(다른 사람들과의 혹은 사회적 맥락에서의 활동들을 말하며, 이는 IPT의 개념과 일치한다) 등이 그 예다.

보다 지시적이고 특정한 과제를 부여할 경우에도 치료자는 여러 가지 대안을 나열하고 각각의 장점과 단점을 평가하는 과정을 반드시 거침으로써 문제 해결 과정의 롤모델이 되어야만 한다. 치료자는 환자가 문제 해결 과정에 기여할 수 있도록 이를 구조화해야만 한다. 이를 위해 다음과 같이 질문할 수 있다.

저는 이 문제를 해결하기 위해 당신이 할 수 있는 일에 대해 몇 가지 제안을 하고자 합니다. 저의 제안과는 별개로 당신 나름대로 할 수 있는 다른 일이 있다면 그것을 제시할 수도 있습니다.

제가 제안한 생각 중 어떤 것이 가장 그럴듯한가요?

제가 미처 생각하지 못한 다른 아이디어가 있습니까?

치료자가 주도하는 브레인스토밍

대부분의 환자들은 자신의 문제에 대한 해결책을 제시할 수 있는 고유의 능력이 있다. 자신의 문제를 해결하기 위한 이전의 시도들에 대해 질문했을 때 환자들이 보이는 반응은 그들의 능력을 어떻게 사용할지 결정할 수 있게 해 주는 좋은 지표가 된다. 치료자는 문제를 해결하려는 의지가 있는 환자를 브레인스토밍 과정에 확실히 참여시켜야 한다. 긍정적인 피드백과 격려는 해결책을 구축하고, 이를 실행하려는 환자의 시도를 더욱 촉진시키게 될 것이다. 이는 환자의 효능감도 증진시킨다. 다음과 같은 표현이 도움이 된다.

> 당신이 몇 가지 아이디어를 좀 내 보세요. 그러면 우리는 각각의 아이디어가 당신의 대인관계 문제에 어떻게 영향을 주는지를 함께 살펴봄으로써 해결책을 찾을 수 있을 것입니다.
>
> 당신이 예전에 사용했던 접근법이 아주 좋았던 것 같네요. 지금 그와 비슷한 방법을 사용한다면 어떤 장단점이 있을까요?

환자에 의해 제시된 각각의 아이디어에 대하여 치료자는 환자가 각각의 장단점을 평가하는 과정을 갖도록 유도해야 하며, 그다음에는 그중 가장 적합한 접근법은 무엇인지 함께 결정해야 한다. 치료자는 환자가 문제 해결 과정의 각 단계를 밟아 갈 수 있도록 도와주어야 한다.

- 문제를 구체화한다.
- 문제를 해결 가능한 정도로 작게 나눈다.
- 브레인스토밍—실행하기 힘든 것도 포함하여, 가능한 해결책을 모두 나열한다.
- 각각의 장단점을 명시한다.
- 실행할 해결책을 결정한다.
- 해결책을 적용한다.
- 필요하다면 세밀한 수정을 위해 적용결과를 검토한다.

- 계속 실행한다.

치료자의 자기 드러내기

문제가 될 만한 전이 반응을 일으킬 가능성이 낮은 환자이거나, 지나치게 사적인 상황이 아닌 경우, 치료자는 문제에 대한 해결책을 제안하는 한 가지 방법으로서 치료자 자신의 약점을 노출할 수 있다. 그러나 어떤 의미 있는 개인적 문제에 대해 치료자가 자기 드러내기를 하라는 것은 아니다. 상당히 중립적인 주제에 한해 개인적 문제를 이용할 수 있으며—치료자가 이러한 방법을 사용하기로 결정하였다면—여기에는 양육의 어려움, 집안 살림을 병행하는 것의 어려움 등 통상적인 어려움이나 가정 혹은 직장에서의 가벼운 문제 등이 포함될 수 있다.

예를 들어, 지속적인 연습의 필요성을 강조하기 위해 저자가 종종 사용하는 자기 드러내기 중 하나는 치실 사용에 관한 것이다. 식사 후 반드시 치실을 사용해야 한다는 것을 알고는 있지만 너무 피곤해서 거르는 일이 자주 있다. 이것은 너무 흔히 미루기 쉬운 일이다. 치실 사용의 효과가 즉각적으로 나타나는 것도 아니고, 하지 않았다고 해서 야단치는 사람도 없으며, 무엇보다도 습관이 되지 않은 행동이다. 나는 치실 사용 습관이 몸에 배어 있지 않았다. 물론, 치과 진료 날짜가 가까워지면, 죄책감이 들면서 하루 이틀은 아주 열심히 치실을 쓴다. 여기서 중요한 점은, 변화가 일어나려면 꾸준히 지속적으로, 열심히 해야 한다는 것이다. 쉬운 길은 없으며, 마술 같은 해결책도 없다. 연습만이 완벽하게 만들어 준다.

자기 드러내기는 적절한 타이밍에 현명하게 사용하면 치료 동맹을 강화시켜 줄 수 있으며, 치료자가 환자를 이해하고 있고 공감하고 있음을 전달해 주는 수단이 되기도 한다. 그러나 자기 드러내기의 시기나 판단이 적절하지 않으면, 특히 무엇을 노출했는가에 따라서 재앙적 결과를 야기할 수도 있다. 자기 드러내기를 하기에 앞서 항상 치료적 판단을 잘해야 하며, 대부분의 사례에서 노출을 하지 않는 것이 바람직한 경우가 많다. 즉, 어떻게 하는 것이 좋을지 분명하지 않을 때는 노출하지 않는 쪽이 낫다. 하지만 한두 가지 정도의 친절하면서도 유머가 있는 자기 드러내기 소재를 늘 준비해 두는 것은 좋은 생각이다.

환자가 주도하는 브레인스토밍

환자가 문제 해결의 진행과정을 치료자에게 보고하는 경우가 많다. 이 상황에서 치료자는 문제를 직접 해결하기 위하여 환자가 열심히 노력해 온 점, 그리고 이를 통해 환자가 얻은 성과들을 지지해 주고 격려해 주어야 한다. 치료자는 또한 환자가 특정 해결책에 도달하는 과정 역시 다음과 같이 강화해 주고 검토해 줄 수 있어야 한다.

> 굉장히 좋은 아이디어 같군요. 당신이 이 결정을 하기까지의 과정을 저와 함께 다시 살펴볼까요?

환자의 과거 경험을 끌어들이기

문제 해결을 촉진시키기 위한 가장 유용한 방법 중 하나는 환자에게 다음과 같이 질문하는 것이다.

> 과거에 이와 비슷한 상황에서 당신은 어떻게 문제를 해결했습니까?
> 그것을 당신의 현재 문제에 어떻게 적용할 수 있겠습니까?

이러한 질문들은 환자가 자신의 문제를 스스로 해결할 수 있는 능력이 있다는 생각을 갖도록 강화시키며, 환자의 장점을 지지하고, 자율성과 효능감을 고취시켜 해결책을 찾도록 돕는다. 환자가 자신의 문제는 독특하다고 주장하는 상황에서는 다음과 같은 질문으로 반응을 이끌어 낼 수 있다.

> 당신이 또 다른 어려운 상황에 처했을 때, 일반적으로 당신은 어떻게 하였습니까?

숙제

문제 해결 전략을 숙제와 함께 진행하면 환자가 동의한 해결책을 성공적으로 완수할 가능성이 높아진다. IPT에서 숙제가 꼭 필요한 것은 아니지만, 대인관계 변화를 촉진시키는 데 매우 효과적인 방법이다. 세부적인 기법은 제13장에 기술하였다. 치료회기 중에 제시된 문제 해결의 과정이 진료실 내의 과정이라면 숙제는 실제 상황에서의 과정으로, 환자는 치료 밖 현실 세계에서 문제 해결책을 적용해 보고, 그 결과를 모니터링할 수 있다. 이것은 환자에게 실제 숙제로 내 줄 수도 있고, 치료회기와 회기 사이의 기간에 해결책을 실생활에서 적용해 보도록 넌지시 권유할 수도 있다. 어떤 경우든, 환자는 다음 회기에 숙제의 결과를 보고해야 한다.

치료가 진행되면서 문제 해결에 대한 환자의 자신감이 증가되면, 치료자는 환자에게 치료적 관계 밖에서 다른 문제들에 대해서도 같은 방법을 적용시켜 보도록 숙제를 내 줄 수 있다.

우리는 치료회기를 통해 문제에 확실히 접근하였으며, 잠재적인 해결책들을 적용하고 평가하였습니다. 이제 저는 당신이 이 기술을 좀 더 확고히 익힐 수 있도록 숙제를 내 드리려고 합니다. 당신은 전에 장모님과의 관계에 문제가 있다고 말했었는데, 아직 그 문제를 치료과정에서 다룰 기회가 없었습니다. 지금부터 다음 회기 전까지 당신의 아내와 장모님 문제를 다루는 데 앞서 말한 문제 해결 기법을 적용해 보면 어떨까요? 그리고 그 결과를 다음 회기에 같이 검토해 볼 수 있을 것 같습니다.

문제 해결책을 적용하는 과정에서 겪을 수 있는 잠재적인 어려움

환자가 문제 해결 과정에 참여하는 데 어려움이 있는 경우

분명히 강조하지만, 모든 IPT 기법은 환자가 강한 동기를 갖고 치료에 적극적으로 참여할 때 훨씬 효과적이다. 이 책을 집필하면서 처음에는 "환자의 수동적 태도를 용납해서는 안 된다."라고 기술했다. 이 말은 정말 쓸모없는 말인데, 왜냐하면 이 말에는 모든 책임이 전적으로 환자에게 있다는 의미가 함축되어 있고, 동시에 그것이 사실이라 할지라도 환자의 수동적 태도를 어떻게 하면 바꿀 수 있는지에 대해서는 전혀 아무런 지침도 주지 못하기 때문이다. 우리의 경험에 의하면 환자에게 '수동적인 태도를 버리라.'고 말하는 것은 별로 효과적인 방법이 아니었다. 또한 치료자가 환자보다 오히려 '더 수동적인' 태도를 취함으로써 환자를 능동적으로 변화시켜 보려는 일부의 시도 역시 효과가 없었다.

이와 같은 임상적 경험(그리고 상식)에 의해 IPT의 치료적 접근에 중요한 변화가 일어났다.[*] 단기치료에서, 특히 IPT에서 치료자는 환자가 치료에 참여하고 변화에 대한 동기를 갖도록 해야 할 책임을 공유한다. 보다 분명히 말하자면, 이는 참여의 문제를 환자의 '저항'이 아닌 치료 동맹—치료자와 환자 모두에게 책임이 있는 두 사람의 관계—의 문제로 보는 것이다.

환자에게 참여 및 변화에 대한 동기가 결여되어 있는 이유가 치료 동맹과는 아무런 관련이 없는 다른 명백한 원인 때문일 수도 있다. 환자의 우울증이나 심한 불안이 원인일 수도 있고 변화에 대해 현실적인 공포를 갖고 있기 때문일 수도 있다. 치료자가 환자의 경험을 제대로 들어 주지 않고—지시를 하기 전에 충분히 경청하지 않고—너무 빨리 변화를 밀어붙인다면 환자의 참여도가 저하될 수 있다. 때문에 IPT는 융통성 있게 진행되어야 한다. 치료자는 평가/초기 단계에서 한

---

[*] 이것 역시 임상적 관찰에서 기인한 임상 과학이 좀 더 효과적인 개입으로 발전된 또 다른 예다.

두 회기를 추가할 수도 있으며, 보다 점진적인 변화가 필요한 경우에는 중기 단계
에서도 한두 회기를 추가할 수 있다. 환자의 사회적 지지망이 아직 제대로 기능하
지 못하고 있다면 환자에게 긍정적인 강화를 통한 지지를 제공해 주기 위하여 치
료 동맹을 강화할 수도 있다. 치료자는 치료 초기에 좀 더 단순하고 구체적인 변
화에 초점을 맞출 수도 있다. 환자가 좀 더 작은 목표들을 단계적으로 밟아 가도
록 용기를 북돋워 주고 지원해 줄 수도 있다.

예를 들어, 치료자는 상대적으로 덜 힘들면서도 환자가 성취감을 느낄 수 있는
문제를 먼저 선택함으로써 후에 좀 더 힘든 문제를 해결할 수 있는 능력을 증가시
키는 것을 목표로 삼을 수 있다. 치료자가 치료 초기에 치료를 추진해 갈 동력을
얻기 위하여 일시적으로 문제 해결 과정에 좀 더 지시적이고 적극적인 모습을 보
이는 것이 도움이 될 수도 있다. 이 경우, 후에 추가적인 문제 해결 과정에서는 환
자의 자율성을 지지해 주어야 하며, 환자의 자신감을 고취시켜 주어야 한다. 이러
한 점진적 변화가 환자의 효능감을 촉진시킨다.

IPT에서 효능감(efficacy)과 자존감(self-esteem)은 내적으로 그리고 외적으로 파생된
결과물이라는 점이 매우 중요하다. 이들은 환자의 살아 있는 경험의 한 부분으로 이
해되어야 하며, 동시에 환자의 내적 실행 모델과 다른 사람과의 지속적인 외적 관
계 모두에 의하여 영향을 받는 것이다. 효능감, 자존감 그리고 자율성까지 이 모
든 것은 살아 있는 사회적 경험으로부터 유래된다. 모두가 대인관계에서 유래된
것이다.

IPT는 어느 누구든(특히 이해받지 못하고 고립되어 있으며, 안정적이지 않다고 느끼
는) 자신에 대한 부정적인 개념을 긍정적으로 바꾸는 정신적 변화가 그리 쉬운 일
이 아님을 인식하고 있다. 우리는 다른 사람들과 밀접하게 관련되어 있거나 최소
한 그런 관계를 맺기 원하고 있으며, 우리의 자존감, 자기-가치 사랑받는 느낌은
모두 이러한 관계 내에서 발전하고 유지된다. 따라서 IPT에서는 환자가 문제 해
결 과정에서 겪는 어려움을 환자의 저항으로 보지 않고, 환자의 결핍된 애착에 대
해 지지를 제공해 주어야 할 치료자의 과제로 본다. 이것이 치료자가 진정으로 해
야 할 일이다. 치료자는 환자를 보살펴 주어야 하고, 지지해 주고, 공감해 주고,

우리가 할 수 있는 아가페적인 사랑까지도 주어야 하는 것이다. 그리고 이러한 것들을 제공할 수 있는 다른 사람과 환자를 연결시켜서 서로 보살핌과 사랑을 주고받을 수 있도록 도와주어야 한다.

문제에 대한 어떤 해결책도 보이지 않는 경우

때로는 문제에 대한 명확한 해결책이 없는 경우도 있으며, 환자가 해결책을 제시하는 것이 도저히 불가능한 경우도 있다. 첫 번째 경우, 환자와 치료자는 다시 돌아가 문제를 명료화하여야 하며, 변화에 대한 환자의 기대를 재평가해야 한다. 대인관계 문제의 심각도에 변화가 생기는 경우도 있고, 환자가 문제를 다루는 방식에 변화가 일어나 증상이 경감되는 경우도 있다. 반대로 해결책을 제대로 실행하였음에도 환자의 대인관계 문제에 긍정적 변화를 가져오지 못하는 수도 있고, 상황에 대한 환자의 기대를 바꾸는 것으로 개입의 초점을 전환할 필요가 있거나 다른 곳에서 사회적 지지를 구해야 할 수도 있다.

해결책의 실행이 상황을 악화시킨 경우

변화가 유익하기보다는 부작용을 가져올 수도 있다. 대인관계 문제영역에서의 개입이 문제를 증폭시키고, 관계를 붕괴시키거나, 스트레스를 증가시킬 수도 있다. 잠재적 해결책의 '장점과 단점'은 주의 깊게 살펴보아야 한다. 개입이 사태를 악화시킬 위험이 있는 경우, 환자와 치료자는 이러한 가능성에 대해 계획을 세워 놓아야 한다. 예상하지 못한 부작용이 나타난 경우, 치료자는 해결책 실행 과정의 세부적인 사항들에 대해 질문해야 하며, 어떤 일이 일어났는지 세세히 살펴야 한다. 모든 상황에서 치료자는 환자가 문제 해결을 하려고 노력한 것 자체는 긍정적으로 강화해 주어야 하며, 좌절은 문제를 좀 더 잘 이해하고, 수정되고 향상된 해결책을 찾기 위한 새로운 정보를 줄 수 있다.

사례 10-1 Anne

Anne은 자영업을 하는 46세 여성으로, 남편과의 심각한 갈등으로 인한 전반적 불안감 때문에 의뢰되었다. Anne은 남편이 '불같은 성질'을 갖고 있으며, '그녀를 깔보거나' '그녀에게 심한 막말을 하는' 경향이 있다고 하였다. 그녀는 남편과의 관계를 제외하면 다른 사람들과는 대체로 좋은 관계를 맺고 있으며, 사회적 지지도 양호하다고 말했다([그림 10-2] 참조). 평가/초기 단계 마지막 부분에서 그녀는 자신의 문제가 남편과의 대인관계 갈등이라고 분명히 확인하였다([그림 10-3] 참조).

Anne은 남편과의 관계에 분명한 패턴이 있음을 인식할 수 있었다. 남편은 좌절을 겪으면 화를 내고, 언어적인 공격을 하며, 이러한 폭발적 행동이 Anne에게 심한 불안 감을 야기하였다. Anne은 남편의 분노에 같이 화를 내기보다는 스스로에게 강한 분노감을 느끼게 되고, 스스로 철수되어 아무 일도 일어나지 않은 척 행동하게 된다고 진술하였다. 놀라운 일은 아니지만, 그녀의 아버지 역시 어머니를 상당히 통제해 왔고, 언어적 학대를 했으며, 이것이 Anne이 갈등에 반응하는 방식에 영향을 주었다. 치료자와 Anne은 IPT의 중기 단계에서 이에 대하여 세부적으로 논의하였다.

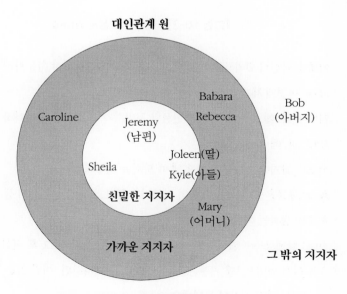

[그림 10-2] 대인관계 원-Anne

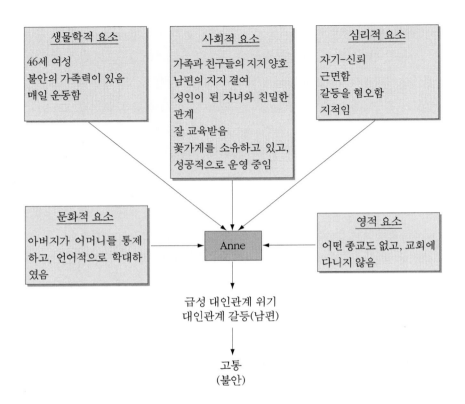

[그림 10-3]   대인관계 설계-Anne

치료자: 남편의 화가 폭발했을 때 당신이 어떻게 반응해야 하는지가 문제네요.

Anne: 어떻게 제지할 것인지를 말씀하시는 건가요?

치료자: 아, 예. 하지만 어떻게 반응할 것인지가 더 정확할 것 같네요.

Anne: 아, 예…….

치료자: 과거에는 남편이 화를 낼 때 당신은 어떻게 했나요?

Anne: 보통은 그 자리를 황급히 피하려고 했고, 끝내는 편두통이 생기곤 했지요.

치료자: 결과는 어떻게 되었습니까?

Anne: 글쎄요…… 결국에는 남편이 조용해지지만, 대개 그 후 며칠간은 서로 말을 하지 않아요. 제 기분은 더 나빠지고요. 왜냐하면, 이런 일은 또 일어날 테니까요. 단지 시간의 문제예요.

대인관계 사건을 탐색하기 위한 대화를 좀 더 진행한 후에 치료자는 의사소통 문제를 함께 해결해 나갈 것을 제안하였으며, 다음 단계로 잠재적인 해결책에 대해 함께 논의를 시작하였다. 먼저 Anne에게 과거에 비슷한 문제를 다루었던 경험이 있었는지 질문하였다. Anne은 남편과 비슷한 성격의 성가시고 힘든 고객에 대해 진술하였다. 치료자는 Anne과 함께 화가 나 있고 공격적인 고객을 상대로 그녀가 할 수 있는 반응을 생각해 보았다. 그 결과 다음과 같은 해결책을 제시할 수 있었다.

- 고객에게 나가 줄 것을 요구한다.
- 고객의 적개심을 무시하고 아무런 갈등이 없는 것처럼 대응한다.
- 고객에게 자신의 업소에서 공격적인 태도를 삼가 달라고 요구한다.
- 고객에게 왜 화가 났는지 묻고 타협점을 제시한다.

그다음 치료자는 Anne에게 남편의 적개심에 대하여 이와 같은 방식의 문제 해결 접근법을 적용할 수 있는지 질문하였다. Anne은 남편에게 가장 좋은 방법은 그냥 적개심을 무시하고 아무 일도 없는 듯이 행동하는 것이라고 하였다. 그러나 치료자는 이것은 Anne이 주로 사용해 왔던 실패한 전략이며, 따라서 좋지 않은 선택이라고 생각했다. 또한 치료자는 Anne이 오랫동안 갈등에 대해 혐오감을 느껴 왔던 점을 주목해 볼 때, Anne에게 다른 방식을 시도해 보라고 구체적인 지시를 하면 피상적으로는 동의할지 모르지만 변화를 위한 진정한 실행은 하지 않을 것이라고 생각하였다. 그러므로 치료자는 말을 하고 싶은 것을 참고, 다음에 남편이 화가 났을 때, 그 방법, 즉 그냥 참고 무시하는 방법을 사용해 보라고 제안하였다. 치료자는 Anne이 문제 해결 과정에 참여하고 있다는 것에 일차적인 관심을 두었고, 자신의 문제 해결에 스스로 통제감을 가지고 있음을 인식시키려고 하였다.

다음 회기에 Anne은 문제를 무시하는 것이 도움이 되지 않았고, 남편의 감정 폭발은 더 나빠진 것 같다고 보고하였다. 치료자는 무슨 일이 있었는지를 질문하였고, Anne은 '남편의 성질을 충분히 오랫동안 무시'할 수 없었다고 보고하였다. 치료자는 Anne과 함께 구체적인 상호작용을 포함하여 남편과의 대인관계 사건을 살펴보았는데, Anne이 그의 분노를 무시하면 남편은 더욱 화를 내는 것으로 나타났다. 결과적으로 과거의 경우처럼 Anne은 방을 떠났고, 편두통이 생긴 채 침대에 누웠다. 가용한 다른 대안에 관하여 추가적인 논의를 했음에도 불구하고, Anne은 남편의 분노를 무시하는 현재의 대안을 고수하겠다고 주장하였다. 따라서 치료자는 Anne에게 직장에서 이러한 유형의 문제를 다뤄 왔던 전형적인 방식과 남편의 문제를 다루는 방식을 비교해 보도록 하였고, 남편을 무시하는 방법을 보다 정교하게 실행하도록 격려하였다.

다음 회기에 Anne은 자신이 중요한 점을 깨달았다고 보고하였다. 자신의 고객과 남편 사이에는 중요한 차이가 있는데, 고객과는 함께 살 필요가 없으므로 그들이 지나치게 무례하게 굴면 가게에서 나가 달라고 요구할 수 있었다. 반대로, 남편의 경우에는 문자 그대로 '묶여' 있는 관계이고, 관계상의 문제가 너무 중요해서 도저히 무시할 수가 없다는 것이다. 이제까지의 Anne의 접근 방법이 만족스러운 결과를 얻지 못함이 분명해졌다.

Anne: 저는 남편을 무시하려고 노력했지만, 그는 아직도 여전히 화를 내고 있고, 저는 더 심한 좌절감에 빠져요.

치료자: 남편과의 상호작용에 대한 지난번의 당신의 진술에 기초하여 볼 때(대인 관계 사건), 당신의 지금 감정을 충분히 이해할 수 있습니다. 아마도 우리는 다시 뒤로 돌아가서 남편과 의사소통하는 방식에 대한 다른 대안을 재평가해야 할 것 같습니다.

Anne: 좋아요.

치료자: 우리가 다루었던 대안들을 기억하지요? (파일을 열고 대안들을 적은 종이를 제시한다.)

Anne: 아, 예.

치료자: 이 중에서 당신이 선택하고 싶은 대안은 무엇입니까?

Anne: 제 생각에 가장 좋은 대안은 남편에게 무엇 때문에 그렇게 화가 났는지 물어보는 것이지만, 분노에 휩싸여 있을 때 남편은 완전히 비이성적인 상태예요.

따라서 이 방법은 소용이 없을 것으로 생각합니다.

치료자: 동의합니다. 그런 상태에 있는 사람에게 이야기를 해 봤자 아무것도 얻지 못할 것입니다. 하지만 문득 몇 달 전에 치료했던 한 여성이 생각나네요. 그녀의 환경은 당신과는 전혀 다르지만, 남편이 화가 났을 때 의사소통이 힘들다는 동일한 문제를 갖고 있었습니다. 그녀는 남편이 화가 났을 때는 이성적이지 않기 때문에, 남편의 화가 가라앉은 다음에 접근하는 아이디어를 사용했었죠. 이것이 당신에게도 도움이 될지 모르겠네요.

Anne: 글쎄요. 도움이 될 것 같진 않지만 다른 방법도 없네요.

치료자: 그 방법을 한번 사용해 보면 어떨까요?

Anne은 다음 회기에 남편의 분노에 대한 자신의 반응에 대해 남편과 이야기를 나누었다고 보고하였다. 남편이 다소 반응을 보이기는 했지만, 그 주에 또 다른 '에피소드'가 있었고, 이것이 Anne을 의기소침하게 만들었다. 그러나 남편이 아직도 '무례' 하기는 하지만, 분노의 강도는 다소 감소하였음에 주목하였다. 그러한 상황 때문에 여전히 행복하지 않지만, 상황이 바뀔 수 있다는 점에서 다소 희망적이기도 하다고 보고하였다. 몇 회기 이후에 관계에 대한 그녀의 기대를 다루었다.

치료자: 당신은 남편의 분노 표출에 대한 당신의 좌절과 당신의 반응을 남편과 이야기한 것은 참 잘해 온 것으로 보입니다.

Anne: 저도 그렇게 생각해요. 그가 제 말을 경청했고, 조금 나아졌어요. 하지만 저는 아직도 만족스럽지 않아요. 그는 여전히 화를 내고, 그럴 때마다 저는 계속 좌절하게 돼요.

치료자: 현실적으로 말해서, 그의 행동이 얼마나 더 바뀔 것으로 생각합니까?

Anne: 아마도 많이는 아니겠죠? 잘 알 수는 없지만, 제 생각에는 시간이 말해 줄 것 같아요.

치료자: 우리가 다룰 주제의 초점을 조금 바꿔야 할 것 같습니다. 남편의 행동에 대하여 당신은 무엇을 기대합니까?

Anne: 원래 제 생각은 남편이 더 이상 폭발하지 않기를 기대했습니다. 그가 조금씩 변하는 것처럼 보이지만, 기대만큼 될지는 모르겠어요. 그는 항상 급한 성격이거든요. 그가 자신의 성격을 완전히 통제한다는 것은 비현실적인 기대일 수 있어요.

Anne과 치료자는 그녀가 남편과의 관계에서 어떤 기대를 하고 있는지 명확히 확인하고, 남편이 완벽하게 변할 가능성이 없는 상황에서 그녀의 기대를 어떻게 수정해야 하는지에 초점을 맞추었다. 치료가 계속되면서 Anne은 남편에 대한 좀 더 균형 잡힌 견해를 갖게 되었다. 그의 감정 폭발이 약해지자, 둘 사이의 관계에 좋은 점들도 많이 있음을 인식하기 시작하였다. 그녀는 관계를 유지하는 것을 선택하였는데, 비록 치료가 끝날 때까지도 남편의 화내는 문제는 만족스럽지 못한 상태라고 평가했지만 관계가 호전되었으며, 그가 화를 낼 때 직접 그에게 이야기할 수 있음에 만족감을 느끼고 있었다.

결 론

문제 해결은 환자의 대인관계 상호작용에서 생산적 변화를 이끌어 내기 위한 매우 효과적인 방법이다. 치료자는 환자가 가능한 한 적극적으로, 그리고 치료과정에 기여하도록 격려해야 한다. 성공적인 문제 해결 개입은 일반적으로 환자가 자신의 문제를 극복했다는 느낌을 갖게 하며, 동시에 자기 주도적 노력의 이점을 경험하게 하고 효능감을 고취시킨다. 이는 또한 증상과 스트레스를 상당히 경감시킨다. IPT에서 문제 해결의 궁극적 목적은 환자가 자신의 문제를 생산적으로 해결하도록 돕고, 미래에 또 다른 문제를 다룰 수 있는 기술을 구축해 주는 것이다.

제11장

감정의 활용

서 론

보다 감정적인 환자일수록 변화가 좀 더 쉽게 일어나곤 한다.

환자의 감정에 주의를 기울이면 감정을 보다 잘 이해할 수 있으며, 환자가 자신의 감정을 활용하여 좀 더 효율적이고 호의적으로 의사소통할 수 있도록 도와주는 것은 대인관계치료(Interpersonal Psychotherapy: IPT)의 중요한 목표 중 하나다.

IPT에서 감정을 고려하는 세 가지 목적은 다음과 같다.

- 환자가 자신의 복잡한 감정적 · 정서적 반응을 인식할 수 있도록 돕는 것
- 환자가 자신의 감정과 정서적 상태를 기술할 수 있도록 돕는 것
- 환자가 자신의 감정과 정서를 좀 더 효율적으로 다른 사람들과 의사소통할 수 있도록 돕는 것

이러한 목표를 달성하기 위하여 치료자는 다음과 같은 과제를 수행해야 한다.

- 내용 감정과 과정 감정 사이의 차이를 인식하기
- 환자에게 이러한 차이를 알려 주기
- 감정과 정서를 완전히 이해하기 위한 토론을 촉진하기

내용 감정과 과정 감정

이 목표에 도달하기 위하여 치료자가 사용할 수 있는 가장 확실한 기법은 환자의 감정 상태에 대해 치료자가 관찰한 바를 환자에게 직접 피드백해 주는 것이다. 당연한 말이지만 이러한 피드백은 환자가 그것을 참아 낼 수 있고, 더 나아가 활용할 수 있는 치료적 관계의 맥락 안에서 이루어져야 한다. 이를 위해서는 높은 수준의 치료적 관계—강력한 치료 동맹—가 요구된다. 이와 같은 조건이 충족된다면 환자에게 '슬퍼 보인다.' '화가 난 것 같아 보인다.' '만족스러워 보인다.' 등 감정적 상태를 알려 주는 것이 큰 도움이 될 수 있다.

IPT에서 치료자는 과정 감정(Process Affect)과 내용 감정(Content Affect)이라는 두 종류의 감정에 대해 알아야 하고, 환자가 이에 대해 주의를 기울이도록 유도하여야 한다. 과정 감정은 치료 중 특정 이슈에 대하여, 예를 들면 부모의 사망과 같은 사건에 대하여 이야기하는 동안 환자가 보이는 감정과 정서다. 반면에 내용 감정은 환자가 사건에 접했을 때 경험했다고 보고하는 감정이나 정서다. 예를 들면, 부모의 사망에 대한 소식을 들었을 때 혹은 장례식에서 경험한 감정들이다. 다시 말하면 과정 감정은 치료 장면에서 그 이야기를 하면서 현재 나타내 보이는 감정이고, 내용 감정은 과거에 사건이 발생했을 때 그 현장에서 경험했던 감정이다.

이 두 종류의 감정은 일치할 수도 있지만 다를 수도 있다. 예를 들면, 일 년 전에 있었던 배우자의 죽음에 대하여 환자는 다음과 같이 말할 수 있다.

　　　　남편이 죽었을 때, 저는 정서적으로 완전히 무너져 버렸어요. 저는 정말 우
　　　　울했어요. 며칠간 아무것도 먹을 수 없었고, 한 달 동안 잠을 제대로 잘 수 없
　　　　었어요.

　환자의 진술에 의하면 내용 감정, 즉 남편 사망 시 겪은 정서적 상태는 슬프고,
당황스럽고, 우울한 감정이었다.

　그러나 치료과정에서는 환자가 사건이 일어났을 때 자신이 경험했던 내용 감정
과는 매우 다른 과정 감정을 보일 수 있다. 예를 들어, 치료자는 치료회기 중 환자
가 사건을 진술하면서 목소리가 낮고 억양의 변화가 없거나 마치 남의 일처럼 말
하는 것을 볼 수 있다. 이 경우 과정 감정은 상당히 중립적이고 단조롭다고 표현될
수 있다. 반대의 경우도 있을 수 있다. 환자는 배우자의 죽음에 대해 다음과 같이
진술하였다.

　　　　남편이 죽었을 때, 저는 가정을 꾸려 가야만 했습니다. 저 혼자 가족들을
　　　　책임져야만 했습니다. 너무 바빠서 울 시간조차 없었습니다. 저는 거의 멍한
　　　　상태로 지냈던 것 같습니다.

　이 경우 내용 감정은 단조롭고, 중립적이며, 비반응적인 감정이었다고 할 수 있
다. 치료자는 환자로 하여금 이에 대하여 좀 더 이야기하도록 유도해야 한다. 치
료회기 중 환자는 자신의 과거 경험에 대하여 진술하면서 당황하고, 슬퍼하고,
눈물을 흘릴 수도 있다. 즉, 치료과정 중 관찰된 과정 감정은 슬프고 우울한 감정
일 수도 있다.

　치료자가 내용 감정과 과정 감정을 다룰 때, 환자의 표현에서 나타나는 두 감
정 사이의 불일치를 알아차리는 것이 매우 중요하다. 과정 감정과 내용 감정이
일치하지 않는 경우, 이는 치료자에게 이 주제에 좀 더 탐색해야만 하는 그 무엇
이 있음을 알려 주는 것이다. 또한 이것은—환자가 피드백을 참아 낼 수만 있다
면—불일치가 나타나고 있음을 환자에게 알려 주어야 한다고 치료자에게 신호

를 보내는 것이다. 환자에게 자신이 억누르고 있는 정서가 있을 수 있음을 자각하도록 돕고, 또 환자가 자각하고 있지만 경험하거나 진술하기 힘든 정서가 있음을 인식하도록 돕는다.

사례 11-1 Joe

Joe는 45세 남자로, 아버지가 돌아가신 후 치료를 받으러 왔는데, 자신이 우울증에 빠진 일차적 이유가 일 년 전에 돌아가신 아버지 때문이라고 믿고 있었다. 그는 치료를 회피해 오다가 아내가 강력하게 주장하여 치료를 받으러 오게 되었다. 그는 집과 직장에서 기능을 유지하고 있다고 말했지만, 자신의 생산성이 예전보다 저하되었음을 마지못해 인정하였다. 그는 주의 집중과 수면에 어려움을 겪고 있었고, 성욕도 감소하였다. 그는 치료에 대해 거부적이었지만 "진작 치료를 받으러 왔어야 했어요. 그 점은 아내가 옳아요."라고 인정하였다.

대인관계 평가도구([그림 11-1] 참조)와 설계([그림 11-2] 참조)를 완성한 후, Joe와 치료자 모두는 문제영역이 애도와 상실이라는 점, 그리고 Joe의 아버지의 죽음을 다루는 것이 도움이 될 것이라는 점에 동의하였다.

세 번째 회기에서, 치료자는 Joe에게 아버지가 돌아가실 당시의 주변 상황에 대하여 좀 더 자세히 이야기해 보도록 요청하였고, Joe는 다음과 같이 대답하였다.

아버지는 아주 급작스러운 심장마비로 돌아가셨어요……. 건강이 좋은 편이어서 아무도 예상하지 못했었습니다. 정원일 하러 나가신 아버지가 마당에 쓰러져 계신 것을 어머니가 발견했는데, 그때는 이미 돌아가신 후였습니다.

어쨌든 어머니는 정말 죄책감을 많이 느끼셨던 것 같습니다. 왜냐하면 어머니는 의료진이 아버지를 구하기 위해 할 수 있는 일은 다했다고 말씀하셨어요. 사실 아버지는 이미 몇 시간 전에 돌아가신 것 같은데도 말이죠. 아버지를 병원에 모시고 갔을 때, 의료진은 심폐소생술(cardiopulmonary resuscitation: CPR)을 시도하였고, 아버지에게 수많은 수액관과 전선들을 연결하였습니다. …… 제가 도착했을 때, 병원에서는 저를 중환자실에 들여보내 주지 않았습니

대인관계 원

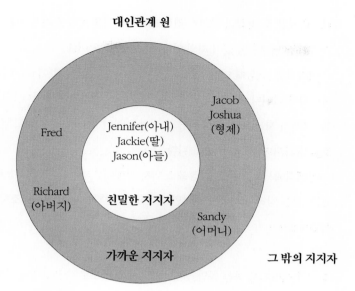

Jacob
Joshua
(형제)

Fred

Jennifer(아내)
Jackie(딸)
Jason(아들)

Richard
(아버지)

친밀한 지지자

Sandy
(어머니)

가까운 지지자

그 밖의 지지자

[그림 11-1] 대인관계 원-Joe

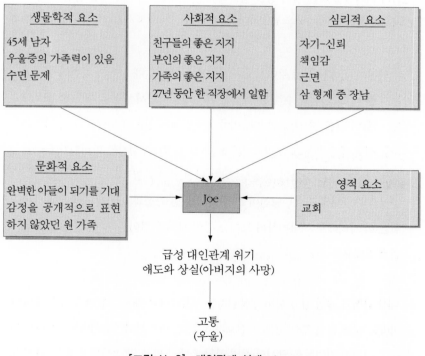

생물학적 요소	사회적 요소	심리적 요소
45세 남자 우울증의 가족력이 있음 수면 문제	친구들의 좋은 지지 부인의 좋은 지지 가족의 좋은 지지 27년 동안 한 직장에서 일함	자기-신뢰 책임감 근면 삼 형제 중 장남

문화적 요소

완벽한 아들이 되기를 기대
감정을 공개적으로 표현
하지 않았던 원 가족

Joe

영적 요소

교회

급성 대인관계 위기
애도와 상실(아버지의 사망)

고통
(우울)

[그림 11-2] 대인관계 설계-Joe

다. 몇 시간 후 마침내 면회가 허락되어 아버지를 보았을 때는 모든 곳에 전선과 튜브가 연결되어 있어 저의 아버지 같지가 않았어요.

아버지를 봤을 때 어떤 감정을 느꼈었는지 기억할 수 없어요. '이건 진짜 내 아버지가 아니다. 나는 이 난장판을 깨끗하게 정리해야만 한다.'고 생각했어요. 그래서 저는 모든 주사 바늘과 전선을 뽑아 버리기 시작했고, 급기야는 간호사가 와서 저를 제지하였습니다.

장례식에서도 아무런 감정을 느끼지 못했어요. 어머니를 돌보느라 너무 바빴고, 모든 장례 절차를 챙겨야만 했어요. 아버지가 묻힐 묘지에조차 다녀오지 못했어요…….

이러한 이야기를 하는 동안, 치료자는 Joe가 극도로 슬프고 눈물이 나올 것 같은 감정을 보이고 있음에 주목하였다. Joe의 목소리는 떨렸으며, 감정에 압도되지 않으면서 이야기를 하는 것이 정말 힘들어 보였다. 과정 감정과 내용 감정 사이의 차이에 주목하면서, 치료자는 다음과 같이 말했다.

당신이 이야기를 해 주어서 아버님이 돌아가셨을 때 당신의 감정이 어땠었는지 좀 더 잘 이해할 수 있었습니다. 이야기를 하면서 당신은 매우 슬퍼 보였고, 눈물이 나올 것 같았습니다. 이야기하기 매우 힘들어 보였습니다. 당신은 지금 정말 많은 감정을 느끼고 있군요(과정 감정). 그렇지만 아버지가 돌아가셨을 당시에는 참 달랐던 것 같고, 마치 당신은 아무 감정도 느끼지 못했던 것 같았습니다(내용 감정). 당신이 그 당시 느꼈던 감정과 아버지의 죽음에 대해 지금 이 자리에서 이야기하며 느끼는 감정 사이의 차이를 좀 더 알 수 있었으면 좋겠네요.

내용 감정과 과정 감정 사이의 불일치는 치료자에게 애도 경험이 환자 문제의 핵심이라는 것을 알려 주는 명백한 신호가 되었다. 아버지의 죽음에 대한 정서적 반응—그 사건이 벌어졌을 당시의 주변 상황에 대한 반응 및 현재의 감정 두 가지 모두—을 Joe가 표현할 수 있도록 돕기 위한 추가 작업이 필요하였다. 치료자의 개방형 지시(open-ended directive), 즉 '내가 차이를 좀 더 잘 이해할 수 있도록 말해 주세요……'라는 형식의 질문이 치료과정의 시작점이 되었다. 단지 차이만을 지적하고 어떤 판단도 하지 않는 것이 토론의 시작점이 되며, 특히 치료자가 좀 더 환자를 이해하려는 진정성이 있어야만 한다.

　환자가 자신의 욕구를 좀 더 잘 의사소통할 수 있도록 돕고, 보다 효율적인 사회적 지지망을 구축하고자 하는 IPT의 목표에 따라 이다음 번 회기에서는 아버지의 죽음에 관한 환자 자신의 감정과 느낌을 함께 이야기할 수 있는 가족 구성원들과 친구들에 대하여 논의하였다. 그는 자신의 감정을 아내에게 이야기하고 싶어 하였는데, 아내는 매우 지지적인 사람이었다. 그는 직장 동료와도 대화를 시도했는데, 그 역시 최근에 아버지를 잃었으며, 그와의 관계에서 환자는 매우 지지적이라고 느꼈다. 치료 후반부에 그는 어머니와도 이야기하기로 결정하였는데, 그는 아버지가 평온하게 돌아가시게 놔두지 않았다는 점 때문에 어머니에게 화가 나 있었으며, 어머니를 피하고 있었다. 이 문제는 비록 치료가 끝날 때까지도 해결되지 않았지만, 환자는 어머니와의 관계에서 다소 진전이 있었다고 느끼고 있었으며, 최소한 어머니와 좀 더 좋은 관계를 구축하기 위한 '문을 열었다'고 생각했다.

내용 감정과 과정 감정은 애도와 상실 문제를 다루는 데 매우 유용한 기법이며, 더 나아가 대인관계 갈등을 다루는 데도 매우 유용하다. 이 기법은 대인관계 사건과 결합하여 사용하는 경우에 특히 효과적이다.

　대인관계 갈등을 보고하는 환자 중에는 감정에 치우치지 않으려고 하는 경우가 많다. 환자가 치료자에게 논리적이고 비감정적으로 '사건을 진술'하는 이유는 갈등과 관련하여 문제에 대한 비난을 밖으로 돌리고자 하는 동기가 있을 것이다. 그들은 치료자에게 자신이 갈등 상황에 놓여 있는 것은 자신의 책임이 아니고 '다른 사람'의 잘못이라는 점을 주장한다. 환자는 자신의 관점이 옳다는 것을 치료자에게 확신시키기 위해, 매우 화가 나고 적대적인 내용의 감정을 보고하면서도 냉정하게 중립적인 과정 감정을 유지한 채 대인관계 사건의 정서적 내용을 보고하는 경우가 많다. 즉, 분노가 폭발하여 고함지르고 소리치는 내용 감정이 동반된 과거의 갈등 사건을 이야기하면서도 중립적이고 비정서적인 과정 감정을 보이는 환자가 많다.

갈등이 심각한 대인관계 사건에서 환자가 보고하는 내용 감정과 치료에서 드러나는 과정 감정 간에 분명한 차이가 있는 경우(특히 강렬한 감정이 결여되어 있는 경우) 치료자는 그 갈등에 대하여 좀 더 탐색해 보아야 하며, 이를 위해 환자에게 그 사건에 대해 좀 더 이야기하도록 요청해야 한다. 내용 감정과 과정 감정 사이에 차이가 있는 경우 치료자는 환자에게 두 감정 사이의 차이를 알려 주어야 한다. 그 이유는 다음과 같다. 첫째, 환자가 좀 더 감정적으로 치료과정에 관여할 수 있게 이끌어 주며, 결과적으로 변화에 대한 동기를 더 많이 갖게 한다. 둘째, 치료자가 대인관계 사건에서 표현된 정서를 좀 더 정확하게 알 수 있으며, 또한 치료자와 환자 모두 보다 정확하게 의사소통에 대해 이해할 수 있게 해 준다.

사례 11-2 Debbie

Debbie는 32세 여성으로, 남편과의 관계에서 어려움과 스트레스를 호소하였다([그림 11-3]과 [그림 11-4] 참조). 구체적인 우울증상은 부인하였으며, 어떤 정신과적 진단 기준에도 맞지 않았지만, 치료자와 환자 모두 남편과의 관계에 초점을 맞추는 것이 효과적일 것이라고 생각했다. 남편은 그녀가 치료받는 것은 환영했지만, 스스로 회기에 참석하는 것에는 전혀 관심이 없다고 환자가 보고하였다.

치료 초기에 Debbie는 남편과의 의사소통 방식을 특징적으로 나타내 주는 하나의 사건에 대해 이야기하였다. 갈등은 한 살 된 아들을 돌보는 문제와 관련되어 있었다. 치료회기 며칠 전, 남편은 오후 늦게 그녀의 직장에 전화를 걸어, 저녁에 미팅이 있다는 사실을 '잊었다'며 유아원에서 아이를 데려올 수 없을 것 같다고 하였다. 남편과의 전화를 끊은 후, 그녀는 아이를 데리러 가기 위하여 그녀의 마지막 미팅을 취소하였다. 그녀는 자신의 미팅도 최소한 남편의 미팅만큼 중요하다고 느끼며, 아이를 데리러 가기로 한 약속을 남편이 어긴 것에 화가 났다고 말했다.

이후 다음과 같은 치료적 대화가 계속되었다.

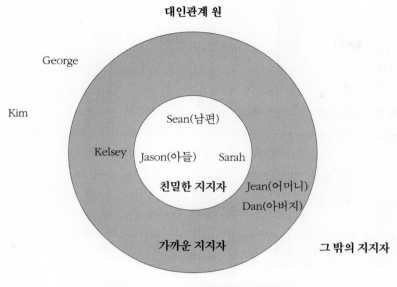

대인관계 원

George

Kim

Sean(남편)

Kelsey　Jason(아들)　Sarah

친밀한 지지자　Jean(어머니)

Dan(아버지)

가까운 지지자　　　**그 밖의 지지자**

[그림 11-3]　대인관계 원-Debbie

치료자: 당신과 남편 사이에 일어난 사건에 대하여 좀 더 이야기해 주십시오.

Debbie: 비서가 급한 전화가 왔다고 하면서 저를 방해했을 때, 저는 중요한 미팅 중이었어요. 처음에는 유아원에서 아이에게 심각한 문제가 생긴 줄 알고 놀랐어요. 그런 식의 전화는 항상 저를 놀라게 하죠. 전화를 받았을 때 남편의 전화였어요. 저는 안도했지요. 하지만 남편은 자신이 그날 미팅이 있다는 것을 잊었고, 따라서 Jason을 유아원에서 데려올 수 없다는 거예요. 물론 저의 첫 반응은 '아무 문제없다. Jason은 다른 사람이 데려오면 된다.' 였어요. 하지만 곧바로 '남편은 항상 이런 식이다. 그는 어떤 일을 끝까지 하거나 약속을 지키는 적이 없다.' 는 생각이 들었어요. 저는 그에게 정말 화가 났어요(그녀는 이때 과정 감정이 전혀 없이 말하였다.). 하지만 그다음에는 논리적으로 생각하고, 제가 Jason을 데려오지 않으면 아무도 데려올 사람이 없다고 판단했지요.

치료자: 어떻게 전화를 끊었습니까?

Debbie: 오, 제가 전화를 끊었지요……. 제 생각에 전화를 확 끊었던 걸로 생각됩니다. 아시다시피 남편은 항상 그런 식이에요(다시 완벽히 냉정하게, 기정사

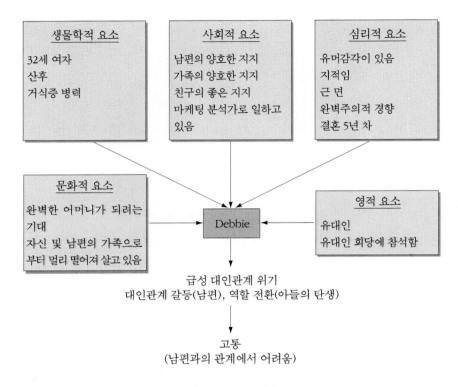

생물학적 요소

32세 여자
산후
거식증 병력

사회적 요소

남편의 양호한 지지
가족의 양호한 지지
친구의 좋은 지지
마케팅 분석가로 일하고
있음

심리적 요소

유머감각이 있음
지적임
근 면
완벽주의적 경향
결혼 5년 차

문화적 요소

완벽한 어머니가 되려는
기대
자신 및 남편의 가족으로
부터 멀리 떨어져 살고 있음

Debbie

영적 요소

유대인
유대인 회당에 참석함

급성 대인관계 위기
대인관계 갈등(남편), 역할 전환(아들의 탄생)

고통
(남편과의 관계에서 어려움)

[그림 11-4] 대인관계 설계-Debbie

실인 것처럼).

치료자가 보기에는 분명히 더 많은 이야기가 있는 것 같았다. Debbie의 과정 감정은 중성적이고 객관적이며, 치료자에게 자신은 논리적이고 합리적으로 행동하고 있다는 점을 전달하려고 했다. 그녀의 진술에 의하면 잘못은 전적으로 남편에게 있었다. 그녀가 진술한 내용에는 상당한 분노가 있었지만 치료회기 내에서 그 사건에 대해 상세히 진술할 때는 감정을 드러내지 않고 있었다. 즉, Debbie의 내용 감정과 과정 감정 사이에는 분명한 차이가 있었다. 예를 들면, Debbie가 전화를 확 끊는 것은 분노와 상처를 매우 강하게 의사소통하고자 하는 것인 반면, 치료자에게 그 사건을 이야기할 때는 감정이 분명히 드러나지 않았다. 치료자는 내용 감정과 과정 감정 사이의 불일치를 Debbie가 인식하도록 도와주는 것이 그녀가 자신이 어떻게 의사소통을 하는지, 그리고 그녀의 대화가 남편에게 어떻게 잘못 이해되고 있는지를 좀 더 잘 이해하는 데 도움이 될 것이라고 느꼈다. 더 나아가, 치료자는 그것이 환자로 하여금 치료에 보다 적극적으로 관여하게 하고, 변화에 대한 동기를 증가시키는 데도 도움이 될 것이라고 믿었다. 따라서 치료자는 다음과 같은 방식으로 개입하였다.

> **치료자:** 그날의 짧은 전화 통화 후에 두 사람 사이에는 약간의 갈등이 있었던 것 같군요. 그런데 제가 주목했던 점은, 당신이 그 이야기를 하는 동안 마치 다른 사람의 이야기를 하는 것 같았다는 점이에요. 저는 당신이 정말 어떻게 느꼈는지 잘 알 수가 없었어요. 지금 우리가 이야기하듯이 당신이 그 사건에 대하여 정말 어떻게 느꼈는지에 대해 좀 더 이야기해 주신다면 당신을 이해하는 데 많은 도움이 될 것 같네요.
>
> **Debbie:** 저…… 실제로 저는 정말 그 일로 인해 화가 많이 났어요. 저는 그 일에 대하여 생각하고 싶지 않아요. 왜냐하면, 제가 얼마나 화가 났었는지를 생각하면 화를 통제하지 못하게 될까 봐 두려워요. 그런 일이 벌어지면…….

Debbie는 자신이 남편에게 정말 화가 났다고 말하면서 사건을 다시 진술하였으며, 그렇게 하자 그 사건에 대해 말하는 데 훨씬 더 감정적이 되었다. 자신의 감정을 인식하기 시작하자, Debbie와 치료자는 그녀가 어떻게 자신의 감정을 정확하게 남편에게 전달하려고 하였는지(하지 못했는지)를 탐색하기 시작하였고, 그럼으로써 그녀가 좀 더 직접적으로 그리고 효율적으로 의사소통할 수 있는 방법을 탐색할 수 있게 되었다.

결 론

내용 감정과 과정 감정의 불일치를 인식하는 것은 IPT에서 매우 중요하다. 이러한 불일치를 분명히 확인하는 것은 환자가 의사소통하는 방식을 이해하고 환자를 치료적 과정에 끌어들이는 데 도움이 된다. 환자가 좀 더 감정적으로 치료에 관여할수록 변화가 일어날 가능성이 커진다. 이러한 기법은 애도 및 상실과 대인관계 갈등을 다루는 데 특히 도움이 된다.

제12장

역할 연기

서 론

역할 연기는 환자와 치료자가 치료 상황에서 가상의 상호작용을 함으로써 치료 밖에서의 행동 변화를 강화하는 기법이다. 역할 연기를 하는 동안에 환자의 의사소통 유형과 감정적 상호작용의 방식을 세부적으로 검토해 볼 수 있다. 또한 환자는 역할 연기를 통해 사회적 관계에서 자신과 상호작용한 다른 사람들의 경험을 좀 더 잘 이해할 수 있다.

역할 연기는 환자와 의미 있는 타인 간의 과거 혹은 미래의 상호작용을 위한 모델이 되며, 좀 더 효과적인 의사소통에 대해 논의하고, 실행해 보고, 연습해 보는 기회를 제공한다. 역할 연기는 대인관계치료(Interpersonal Psychotherapy: IPT)에서 반드시 사용해야 하는 기법은 아니다. 이 기법은 특정한 환자의 특정한 문제에 한해 효과적으로 사용될 수 있다. 가장 효과적인 경우는 치료적 관계가 좋아서 환자가 치료자로부터 지지받고 있음을 확실히 느끼고 있고, 치료자가 제시하는 직면을 참아 낼 수 있는 경우다. 좀 더 안정적인 애착을 유지하고 있는 환자는 역할 연기를 통해 상당한 치료적 이득을 얻을 수 있지만, 그렇지 못한 환자라 할지라도 약간의 호기심, 지지 그리고 유머가 가미된다면, 역할 연기는 좀 더 다양한 환자에게 사용될 수 있다.

IPT에서 역할 연기의 목표는 다음과 같다.

- 환자의 의사소통 유형에 관해 좀 더 많은 정보를 얻는다.
- 환자가 자신의 대인관계 행동에 대한 새로운 통찰을 얻을 수 있도록 돕는다.
- 환자가 자신의 의사소통 방식에 대한 다른 사람의 반응을 이해할 수 있도록 돕는다.
- 치료자가 대인관계 행동과 의사소통의 새로운 양식의 모델을 환자에게 보여 준다.
- 환자가 새로운 대인관계 의사소통 기술을 연습한다.

역할 연기의 치료적 활용

역할 연기는 정보를 수집하기 위한 도구로 유용하게 사용할 수 있다. 환자가 자기 자신의 역할을 연기하는 것, 특히 감정과 정서를 의사소통하는 방식을 보면서 치료자는 환자의 의사소통 유형에 대해 많은 것을 알 수 있다. 또한 특정 사건에서의 잘못된 의사소통에 대해 다시 검증해 보고, 반복하여 재실행해 봄으로써 문제가 있는 상호작용에 대해 살펴볼 수 있다.

또한 역할 연기는 환자가 자신의 대인관계 행동에 대한 통찰을 얻을 수 있는 방법으로도 활용된다. 역할 연기 상황에서 상호작용하는 자기 자신을 환자가 관찰함으로써, 환자는 무엇이 의사소통되었는지, 정말 어떤 의사소통을 하기 원했는지 그리고 의사소통이 얼마나 분명했는지를 숙고해 볼 수 있다. 역할 연기는 의사소통이 실제로 일어나는 상황에서 '관찰자로서의 자아(observing ego)'를 적극적으로 동원하여 환자 스스로 자신이 어떻게 말하고 있는지를 객관적으로 관찰해 볼 수 있도록 한다.

환자가 의미 있는 타인의 역할을 할 때도 역시 많은 통찰을 얻을 수 있다. 이는 잠시 '다른 사람의 입장이 되어 보는' 경험을 하는 것이며, 이를 통해 환자는 다른 사람이 자신의 의사소통을 어떻게 이해하는지, 그리고 자신이 의사소통하고자 했던 것은 무엇이었는지를 좀 더 충실하게 평가해 볼 수 있다.

역할 연기는 변화를 유도하는 도구로도 사용될 수 있다. 새로운 의사소통 방법의 모델을 제시해 주는 기능 이외에도, 환자의 의사소통에 대하여 치료자가 건설적인 피드백을 줌으로써 보다 효과적으로 의사소통할 수 있는 새로운 방법을 통합할 수 있다. 또한 역할 연기는 의사소통을 연습하고 강화할 수 있는 수단으로 사용될 수 있다. 새로운 유형의 의사소통을 환자의 사회적 관계에 확대시키기 전에 미리 연습해 볼 수 있다. 회기 내에서 새로운 의사소통 방법을 연습함으로써 환자는 이전과는 다른 새로운 의사소통을 치료 밖에서 보다 쉽게 적용할 수 있게 된다.

역할 연기의 실제

역할 연기는 치료자가 환자의 역할을 하고, 환자는 의미 있는 타인의 역할을 맡는 것으로 시작하며, 특히 치료 초기에는 항상 대부분의 경우 구조화된 형태로 진행해야 한다. 여기에는 몇 가지 중요한 이유가 있다.

치료자가 환자의 역할을 먼저 맡음으로써, 환자에 대하여 비판적이지 않으면서 새로운 방식의 의사소통을 보여 주는 모델이 될 수 있다. 치료자는 환자에 비해 좀 더 개방적이고, 덜 방어적이며, 보다 설명을 잘하는—어떤 다른 모델이 될 수도 있다—모습을 보여 줄 수 있다. 환자가 먼저 자기 자신의 역할을 하는 경우 의사소통이 잘 이뤄지지 않게 되면 치료자는 환자에게 지적을 하거나 비난을 하는 입장이 될 수 있다. 치료자가 보여 주고, 상호작용을 해 나가면서 환자가 그 역할을 따라 하게 하는 것이 훨씬 좋다. 숙련된 치료자는 스스로 환자 역할을 먼저 하면서 환자에게 자신의 의사소통 역할 수행을 비판해 보도록 할 수도 있다.

환자가 의미 있는 타인을 연기하도록 하는 것은 환자에게 다른 방식으로 이해하는 방법을 깨닫게 해 준다. 이것은 게슈탈트 기법의 개념과 비슷한 것으로, 환자로 하여금 다른 사람이 경험하고 있는 다른 조망을 가질 수 있도록 해 주는 것이다. 치료자는 적절한 시기에 환자의 역할 연기를 중지시키고, 연기하고 있는 다른 사람의 경험에 대하여 숙고해 보도록 함으로써 이러한 과정을 촉진시킬 수 있다. 이는 통찰을 얻는 데, 그리고 환자가 자신의 의사소통이 다른 사람에게 미치는 영향에 대하여 생각해 보도록 하는 데 매우 효과적인 방법이다.

특히 명심해야 할 것은 치료자가 환자의 역할을 할 때, 환자가 잘못 행동했던 것을 재현하면 절대로 안 된다는 것이다. 이는 품위 없고 치욕적으로 보일 수 있으며, 치료 동맹에 매우 부정적인 영향을 끼칠 수 있다. 더구나 이것은 모델이 되어야 할 행동과 완전히 반대되는 방식으로 의사소통하는 것이다. 치료자는 항상 모든 상호작용에서 친절하고 진실된 모습의 모델이 되어야만 하고, 특히 환자의 역할을 연기할 때는 더욱 그래야 한다.

환자로서의 치료자

치료자는 환자 역할을 연기하면서 다른 유형의 의사소통 방법을 보여 주게 된다. 치료자는 상대방의 말을 반복하기(paraphrasing), 상대방의 말을 사려 깊게 경청하기(reflective listening) 등과 같은 의사소통 기법의 모델을 보여 줄 수 있다. 또한 자기 주장, 비직면적 피드백(non-confrontational feedback), 공격성을 적절히 조절하기 등의 기법들 역시 치료자가 모델이 될 수 있으며, 다시 역할을 바꿔 환자가 자기 자신을 연기할 때 치료자가 보여 준 기법들을 연습하고, 피드백 받을 수 있다.

치료자는 대인관계 상호작용에서 나타나는 환자의 상대적 장점을 강조하여 피드백해 줌으로써 환자를 지지해 줄 수 있으며, 이는 특히 불안정적으로 애착되어 있는 환자에게 효과적이다. 긍정적 강화는 솔직하게 전달된다면 거의 언제나 치료적이다.

반면에 치료자는 환자의 빈곤한 의사소통 혹은 부적응적인 비언어적 의사소통과 같은 부정적인 면을 표현하지 않아야 한다. 왜냐하면 이 경우 환자의 단점을 꼬집거나, 최악의 경우에는 비웃는 것처럼 보일 위험이 있기 때문이다.

치료자가 새롭고 좀 더 긍정적인 의사소통 방식의 모델을 제시하는 것은 확실히 도움이 된다. 치료자는 직접적으로 환자의 주의를 환기시키지 않으면서도 은근히 새로운 의사소통을 할 수도 있고, 환자의 주의를 환기시킨 후 새로운 의사소통을 보여 줄 수도 있다. 치료자는 주어진 시간에 어떤 것이 가장 적절한지를 판단해서 결정해야 한다.

다른 사람으로서의 환자

역할 연기에서 환자가 의미 있는 타인의 역할을 해 보는 것은 자신이 관여된 대인관계 문제와 상대방의 경험을 독특한 창문을 통하여 관찰하는 기회를 제공한다. 환자들은 역할 연기를 할 때 좀 더 감정적으로 몰입하는 경향이 있으며, 다른 사람들이 나타내는 행동 유형을 좀 더 정확히 전달할 수 있는데, 이는 치료자에게 매우 큰 도움이 된다. 앞서 지적한 바와 같이, 치료자는 때때로 역할 연기를 중지시키고 다른 사람을 연기하는 것이 어떤 경험인지를 환자에게 물어볼 수 있다.

의미 있는 타인의 역할 연기를 수행하는 과정에서 그 사람에 대한 환자의 견해가 바뀌기도 한다. 예를 들어, 어느 환자는 비합리적인 사람이라고 생각했던 다른 사람의 역할을 연기하는 과정에서 그 사람의 반응의 일부는 환자 자신의 의사소통에 의하여 촉발되었을지도 모른다는 점을 인식하게 되었다.

어떤 환자들은 의미 있는 타인을 연기할 때 위험한 상황에 빠지기도 한다. 수동공격적인 환자인 경우 자신이 아닌 그 사람이 대인관계 문제에 대한 전적인 책임이 있고 비난받아야 함을 치료자에게 '입증하기 위해' 전력을 다할 수 있다. 다시 말해, 환자는 그 사람을 완전히 비합리적인 사람으로 묘사해서 치료자에게 보여 주고, 납득시키려고 할 것이다. 환자는 의미 있는 타인을 극적으로 연기하고 공격적인 태도를 취함으로써 환자 역할을 하고 있는 치료자가 사실상 아무런 반응을 못하도록 만들 수도 있다. 이 경우에는 현장에서 치료적 판단을 내려야 한다. 공격적이고, 적대적이고, 연극적인 환자가 타인이 잘못했음을 치료자에게 입증하는 데에만 매진하고 있다면, 치료자는 서둘러 다른 기법으로 옮겨 가야 한다.

자기 자신으로서의 환자

환자가 역할 연기에서 자기 자신을 연기하는 것은 두 가지 이유에서 유용하다. IPT 초기 단계에서 환자의 대인관계 문제의 속성을 이해하는 것이 목표일 때, 역할 연기는 환자의 자기 진술에서 더 나아가 환자가 실제로 의사소통하는 방식에 관한 매우 유용한 정보를 제공한다. 환자가 타인과 의사소통하고, 상호작용하고, 접근하는 독특한 유형이 역할 연기 중에 분명하게 드러나는 경우가 많다. 감정 역시 매우 분명하게 드러나게 된다. 역할 연기는 의사소통에 대하여 환자 자신이 진술한 것과 실제로 일어난 일 사이의 차이를 명확히 나타내 주는 경우가 많다.

또한 후기 회기에서 역할 연기는 새로운 의사소통 기술을 연습하기 위한 이상적인 수단이 된다. 분노와 불안 관리와 같은 행동 변화를 역할 연기를 통해 미리 연습할 수 있다. 직면이나 인터뷰 등과 같은 특정한 상황에 대해 연습하는 것도 가능하다. 치료자가 환자에게 특정 의사소통에 관하여 직접적인 피드백을 주어서 의사소통 기술을 향상시키는 것도 가능하다. 다만 이러한 피드백이 어떤 환자는 위협적으로 받아들일 수 있기 때문에, 특히 불안정한 애착유형의 환자인 경우에는 견고한 치료 동맹이 반드시 전제가 되어야 한다. 그럼에도 불구하고, 치료자가 도움이 될 것으로 판단할 경우 역할 연기를 간헐적으로 중지시키고 직접적인 피드백을 줄 수 있다.

직접적인 피드백이 생산적으로 활용될 수 있는 사례로 취업 인터뷰를 역할 연기하는 경우를 들 수 있다. 환자가 자신의 역할을 연기하는 동안, 치료자는 간헐적으로 면접관 역할에서 빠져나와 환자의 언어적 의사소통에 대해 "너무 부드럽게 이야기한다." 혹은 "너무 지엽적인 이야기를 한다." 등의 직접적인 피드백을 줄 수 있다. 비언어적인 의사소통에 대해서도 피드백을 줄 수 있는데, 어떤 상황에서는 이것이 더 중요할 수도 있다. 예를 들면, 상대방의 눈을 쳐다보면서 이야기하라든가 혹은 자신감 있는 악수를 하는 것이 상대방에게 더 좋은 인상을 줄 수 있다는 등의 피드백을 줄 수 있다.

치료자는 환자가 잘 받아들일 수만 있다면 직접적으로 피드백을 주어도 좋지만, 가혹하지 않게, 부드럽게 이야기해야 한다. 예를 들어, "좀 더 간결하게 말하도록 신경을 써 보면 어떨까요?" 혹은 "상대방의 눈을 보면서 이야기하면 더 좋지 않을까요?"라고 말할 수 있다. 혹은 치료자가 자신의 경험을 이야기하면서 환자에게 의사소통을 향상시킬 수 있는 방법에 대해 아이디어를 모아 보자고 요구할 수도 있다. "당신이 어떤 이야기를 할 때 요점이 무엇인지 알기 어려울 때가 종종 있었습니다. 구체적으로 말하고자 하는 것이 무엇인지 쉽게 설명해 줄 수 있겠습니까? 마지막으로 다시 한 번 대화를 해 봅시다."

타인으로서의 치료자

이 상황에서 치료자는 환자의 의미 있는 타인 중 한 사람을 연기한다. 이는 IPT 초기 단계에서 환자의 자기-보고를 통해 얻을 수 있었던 정보에서 더 나아가 환자의 전형적인 의사소통 유형에 관한 통찰을 얻을 수 있다는 점에서 유용하다. 또한 치료 후반부에서는 환자가 새로운 의사소통 기술을 연습할 수 있는 수단으로 유용하게 활용된다. 환자가 직면하게 될 새로운 상황에 대해서도 미리 연기해 볼 수 있다. 이 모든 상황에서 치료자는 환자의 독특한 의사소통에 대하여 직접적인 피드백을 주기 위하여 역할 연기를 간헐적으로 중지시킬 수 있다.

역할 연기에서 생길 수 있는 문제들

환자가 역할 연기를 꺼리거나 힘들어하는 경우

역할 연기는 활동적이고 잠재적으로 불안을 유발할 수 있는 기법이기 때문에, 어떤 환자들은 참여하기를 주저하거나 힘들어할 수 있다. 이 상황에서 치료자는 역할 연기를 나중으로 미루거나 보다 수월한 다른 개입 기법으로 옮겨 갈 수 있다. 환자가 역할 연기를 편안하게 느낄 만큼 치료 동맹이 충분히 강하지 않은 경우 치료자는 개입을 미루고 동맹을 강화시키는 작업을 우선해야만 한다.

환자가 역할 연기에 참여하기를 주저하는 것이 환자의 대인관계상의 어려움을 반영하고 있는 것일 가능성 역시 고려해야 하며, 이는 추후 치료과정에서 탐색해 보아야 한다. 또한 환자는 치료자의 기대에 부응하지 못할까 봐 불안해하고, 치료자의 부정적인 피드백을 두려워할 수도 있으며, '수행'에 대한 불안감을 느낄 수도 있다. 그럴 경우 치료자는 환자를 힘들게 하는 요인이 무엇인지 친절하게 다루어 주어야 하며, 환자에게 이것이 어떠한 경험인지를 이해하려는 작업을 해야 하고, 환자를 비난하지 않도록 잘 지지해 주면서 동시에 이러한 어려움이 치료적 실패가 아님을 이해시켜 주어야 한다. 치료자는 이와 같은 요인이 치료 밖에서 환자의 대인관계에도 영향을 주는지도 탐색해 볼 수 있다.

모든 개입에서 치료자는 환자의 애착유형을 고려하면서 앞으로의 문제를 예상할 수 있어야 한다. 불안정한 애착을 보이는 환자는 역할 연기에 스트레스를 받고 불안감을 느낄 것이다. 이 경우 치료자는 역할 연기를 미루거나 덜 민감한 문제를 가지고 좀 더 짧은 역할 연기를 시도해 볼 수 있다. 어떤 상황에서는 역할 연기를 반쪽만 하는 형태, 예를 들면 환자에게 배우자가 있다고 상상하면서 직접 이야기하라고 하는 형태로 역할 연기를 할 수도 있다. 그러나 이렇게 수정된 형태로 진행할 경우에는 전형적인 역할 연기에서의 감정적 효과를 대부분 상실하게 되는데, 왜냐하면 환자는 자신의 역할에 좀 더 자발적으로 몰입하기보다는 치료자를 의식하면서 '정답'을 이야기하는 경우가 많기 때문이다. 선택 가능한 대안이기는 하지만, 이렇게 수정된 형태의 역할 연기는 가능하면 사용하지 않는 것이 좋다.

대부분의 환자들이 처음에는 역할 연기를 주저한다(사실 그것은 역할 연기에 대한 경험이 거의 없는 치료자의 경우도 마찬가지다). 치료자가 유머를 섞어 이야기하고, 치료 동맹이 강할 경우 환자는 보다 빨리 역할 연기에 도전한다. 일반적으로 반복 수행은 별 무리 없이 이루어진다. 역할 연기는 8~9분을 넘지 않도록 하는 것이 좋고, 그것도 2~3분 간격으로 나누어 그 사이에 토론을 해 주는 것이 좋다는 점을 기억해야 한다. 쉬는 시간 없이 2~3분을 넘어가게 되면 피드백의 즉각적인 효과가 사라질 것이다. 대부분의 환자(그리고 치료자)는 어떤 경우든 휴식 시간 없이 2~3분 이상 주의집중력을 유지하기 힘들다.

치료자가 의미 있는 타인을 정확하게 연기할 수 없는 경우

치료자는 환자가 묘사하는 내용을 근거로 의미 있는 타인을 연기할 수밖에 없다. 구조화된 역할 연기에서 환자가 먼저 의미 있는 타인을 연기하면 치료자가 이를 관찰한 후, 그 의미 있는 타인의 역할을 연기한다. 이때 치료자가 연기하는 의미 있는 타인의 모습에 대해 환자가 실제와 다르다고 말한다면 치료자는 그것을 통해 구체적으로 무엇이 다르고, 그 이유는 무엇인지 탐색할 기회를 갖는다. 치료자는 자연스럽게 환자에게 의미 있는 타인이 어떻게 행동하고 어떻게 의사소통했는지를 질문하고, 그 후 환자에게 그 사람의 실제 모습을 연기해 보도록 한다. 이는 환자에게 의미 있는 타인에 대해 좀 더 정확하게 묘사하고, 의미 있는 타인과의 관계에서 발생한 문제에 대해 환자가 어떻게 반응했는지 진술할 수 있는 기회를 제공한다.

예를 들어, 환자가 치료자에게 자신은 아내가 화를 내는 모습을 정확하게 표현할 수 없다고 이야기한다면 치료자는 환자에게 아내가 분노를 어떻게 표현하는지 좀 더 세부적으로 질문할 수 있고, 나아가 환자가 아내의 분노를 어떻게 다루는지에 관한 질문으로 이어질 수 있다.

아내가 분노를 느끼면 어떻게 행동합니까?

분노는 관계에 어떤 영향을 주나요?

당신은 아내의 분노에 어떻게 반응하고 어떻게 의사소통하나요?

요약하면, 치료자는 치료과정에서 의도하지 않은 실패나 어려움을 통해 많은 정보를 얻을 수 있다.

치료자가 환자를 비판적으로 지각하고 비판적으로 묘사하는 경우

역할 연기에서 치료자는 어떤 경우라도 환자를 비판하지 않아야 한다. 환자 역할을 맡아 연기할 때 치료자의 과제는 환자의 감정을 강화시켜 주고, 새로운 의사소통 기법의 모델이 되는 것임을 명심한다면 환자에 대한 비판을 피할 수 있다. IPT에서 치료자는 환자를 결코 부정적인 모습으로 묘사해서는 안 되며, 환자의 역할 연기를 환자의 잘못을 지적하기 위한 방법으로 사용해서도 안 된다. 그것은 정당성이 없으며, 환자는 틀림없이 모욕감을 느낄 것이다. 더구나 이러한 유형의 간접적이고 비판적인 의사소통은 치료자가 매우 나쁜 예를 제시하는 것이다. 의사소통에 대하여 환자에게 피드백을 주는 것이 도움이 되는 경우는 치료자가 환자를 연기할 때가 아닌 환자가 자기 자신을 연기하고 있을 때 직접적이고 건설적인 방식으로 피드백을 주는 경우다.

사례 12-1 Sarah

Sarah는 34세 여성으로, 부부 문제 때문에 IPT에 의뢰되었다. 그녀는 첫째 딸 Jenny를 출산한 이후, 남편이 약속과 달리 아이를 열심히 돌보지 않는 것 때문에 불평을 하고 있었다. 첫 회기와 대인관계 평가도구에서 Sarah는 두 사람의 관계에서 가장 중요한 갈등은 처음부터 육아문제였다고 보고하였지만, 그녀의 개인사를 자세히 살펴본 결과 몇 개의 다른 갈등이 분명히 드러났다. 각각의 갈등에서 Sarah의 전형적인 대응방식은 갈등을 무시함으로써 갈등을 회피하려 하는 것이었고, 남편

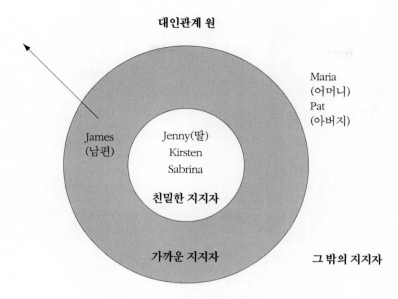

대인관계 원

James
(남편)

Jenny(딸)
Kirsten
Sabrina

친밀한 지지자

Maria
(어머니)
Pat
(아버지)

가까운 지지자

그 밖의 지지자

[그림 12-1] 대인관계 원-Sarah

인 James에게 자신의 분노에 대해 거의 대화를 나누지 않았다. 이 부부는 Sarah가 문제를 회피했기 때문에 출산 후 특정한 갈등을 '피할 수' 있었지만, 그 결과 Sarah는 남편으로부터 이해받지 못하고 지지받지 못한 채 모든 일을 감당하게 되었다([그림 12-1] 참조).

남편이 과거와는 달리 아이의 양육 과정에서 도움을 주지 않는 것에 대한 분노를 남편에게 직접 표현하지는 않지만, Sarah는 결국 남편과 이혼을 고려하는 상황에 이르렀다. 그녀는 아직도 James에게 이 이야기를 하지 않고 있는데, James는 그녀가 이전보다 훨씬 더 무뚝뚝해졌고 의기소침해졌다고 느꼈다([그림 12-2] 참조).

Sarah의 입장에서 James와의 상호작용을 살펴보았을 때, Sarah는 James와의 상호작용의 특성을 세부적으로 묘사하는 것이 힘들다는 것을 발견하였다. 더 중요한 점은 그녀를 화나게 하고 스트레스를 주는 구체적인 이유를 지적하기가 힘들었다는 사실이다. 이 점을 좀 더 명확히 하기 위해 치료자는 Sarah가 남편 역할을 하는 역할 연기를 제안하였다.

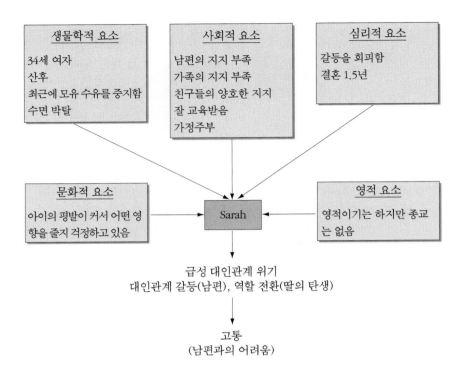

[그림 12-2] 대인관계 설계-Sarah

치료자(Sarah 역할): James, Jenny에 대해 이야기하고 싶어요.

Sarah(James 역할): (신문지를 펼쳐 얼굴을 가린 채 읽는 모습을 하며) 음?

치료자: Jenny에 대하여 이야기할 수 있어요?

Sarah: 음, 흠.

치료자: 좋다는 건가요?

Sarah: 뭐가?

치료자: 같이 대화를 하자는 거냐고요?

Sarah: (아직도 신문지에 얼굴을 묻고) 뭐에 대해?

치료자: Jenny요.

Sarah: (아직도 신문에서 눈을 떼지 않고) 우리 딸 Jenny?

치료자: 네!!!!

Sarah: 음. 음.

치료자: (한 대 패 주고 싶은 마음을 꾹 참고) 잠시 신문을 내려놓고 저와 대화를
해 주면 고맙겠어요. 제가 당신에게 이야기하는데 당신이 무관심하다고 느껴
질 때 정말 화가 나요.

Sarah: 아냐, 나는 듣고 있어.

치료자는 역할 연기를 중지시키고 질문하였다.

치료자: 남편이 정말 이런가요?

Sarah: (만족스러워하며) 네!

치료자: 남편이 정말 이런 식으로 의사소통을 한다면, 당신이 큰 좌절감을 느끼는
게 당연하겠네요.

Sarah: 그 사람이랑 살면 누구든 좌절하게 될 거예요. 정말이에요!

치료자: 남편이 그렇게 행동하면 당신은 어떤 기분이 듭니까?

Sarah: 엄청나게 화가 나죠!!! 제가 아무것도 아닌 사람 같아서, 무시당하고 하찮
은 존재 취급 당하는 것처럼 느껴져요.

치료자: 그래서 당신은 어떻게 합니까?

Sarah: 그냥 나와 버려요. 남편과는 대화할 수 있는 여지가 없어요.

치료자: 당신이 얼마나 화가 났는지 그가 이해하고 있다고 생각하세요?

Sarah: 아마 전혀요. 그는 제가 나가는 것도 알지 못하거나, 아니면 별 상관 안
하는 것 같아요.

치료자: 당신의 감정을 전달할 수 있는 또 다른 방법이 있을지 생각해 보죠. 역할
연기를 다시 해 봅시다. 어쨌든 당신이 남편의 역할을 할 때 제가 아주 힘드네
요. 당신이 조금만 도와준다면 우리의 치료가 조금 더 진전을 보일 수도 있을
것 같은데요.

치료자(Sarah 역할): 좋습니다. 다시 대화로 돌아가죠.

Sarah(James 역할): 나는 우리가 대화를 하고 있었다고 생각하는데⋯⋯.

치료자: 우리는 아이 문제에 대해 의논해야 할 필요가 있다고 생각해요. 제가 대

화를 하려고 노력할 때 당신이 저를 쳐다보지도 않으면 무시당한다는 느낌이
들고, 몹시 화가 난다는 것을 당신이 알았으면 좋겠어요. 내가 이야기할 때는
신문을 치우고 저를 쳐다보면 고맙겠어요.

Sarah: 하지만 나는 집에 와서는 긴장을 풀고 싶어. 내가 원하는 것은 15분만이
라도 신문을 보면서 혼자 있는 거야. 그런데 당신은 내가 집에 오자마자 문제
를 들이밀잖아.

치료자: 좋아요. 제가 당신을 15분 동안 방해하지 않는 데 동의하면, 양육에 관한
일들을 어떻게 배분할지 저랑 의논하는 것에 동의하겠어요?

Sarah: 그래.

치료자: (다시 역할 연기를 중단하고) 이 대화에 대해서는 어떻게 생각하십니까?

Sarah: 우선 James가 그렇게 합리적일 거라고 생각하지 않습니다. 하지만 남편이
퇴근해서 집에 오자마자 코너로 몰곤 했다는 것은 사실입니다. 저는 그 시간쯤
에는 완전히 지쳐서 빨리 Jenny를 남편에게 넘겨주고 쉬고 싶었으니까요.

Sarah는 남편의 입장에 대해 약간의 통찰을 얻을 수 있는 것 같았으며, 그녀가 남
편과 비효율적으로 의사소통하였을 가능성에 대해 숙고할 수 있었다. 더 나아가,
역할 연기를 통해 치료자는 Sarah에게 새로운 의사소통의 모델을 제공할 수 있었
다. 차후의 역할 연기에서 치료자는 Sarah가 James와 좀 더 효율적으로 의사소통할
수 있고, 상호작용할 수 있는 행동적 전략들을 소개하고, Sarah가 James에게 자신
의 느낌과 욕구들을 좀 더 분명하게 전달할 수 있도록 도와주었다.

결 론

역할 연기는 IPT에서 가장 힘든 기법이며, 동시에 가장 효과적인 기법 중 하나
다. 정보를 수집하는 도구로서, 특히 환자의 의사소통과 대인관계 상호작용의 유
형에 관한 의미 있는 정보를 제공한다는 점에서 역할 연기는 큰 가치가 있다. 변

화를 일으킬 수 있는 수단으로서 역할 연기는 치료자가 지지적이고 가상적인 환경에서 의사소통하는 새로운 방식을 환자에게 제공하며, 환자에게는 이를 수정하고 연습할 수 있는 기회를 준다. 적절하고 정확한 임상적 판단하에서 활용한다면 역할 연기는 환자가 자신의 대인관계 문제를 해결하는 데 도움을 주는 도구로서 중요한 기능을 할 것이다.

제13장

숙제와 다른 지시들

서 론

숙제라는 용어는 시험과 리포트를 떠올리게 하는 즐겁지 않은 의미에서부터 마지막까지 미루어 오던 일이라는 의미까지 여러 가지 함축적인 의미를 가지고 있다. 정신치료에서 숙제는 길고 복잡한 역사를 갖고 있으며, 행동치료에서는 반드시 있어야 하는 '필수사항'이지만 정신분석치료에서는 전혀 사용되지 않는 등 그 활용의 폭 역시 광범위하다.

숙제는 치료자가 환자에게 지시하는(directives) 여러 변형(variant) 중 하나일 뿐이다. '지시(directive)'라 함은 '정신치료의 한 형태로서 치료자가 환자에 의해 형용사로서 제시되는 정보만을 다루지 않고 적극적으로 충고와 정보를 제공함'을 의미한다. 이와 같은 정의에 따르면 모든 정신치료는 지시적이다. 어떤 정신치료는 다른 유형의 정신치료에 비하여 더 지시적이지만, 모든 치료에는 지시가 존재하며, 단지 치료시간이 다 되었고 오늘 치료는 여기까지라는 말을 하는 것만으로도 치료자는 적극적으로 정보를 제공하는, 즉 지시를 하는 것이다.

대인관계치료(Interpersonal Psychotherapy: IPT)의 구조는 모든 다른 치료의 구조와 마찬가지로 지시적이다. IPT의 명시적인 목표—스트레스를 감소시키고, 대인관계 기능을 향상시키며, 사회적 지지를 증가시키는 것—는 지시적이다. 인지를 변화시키기, 가치를 논의하기, 혹은 꿈에 대하여 이야기하기와 같은 다른 정신치료의 목표도 마찬가지다. 모든 치료는 지시적이며, 환자에게 무언가를 해야 한다는 암묵적 혹은 명백한 기대를 한다. 이는 단순하고 부정할 수 없는 사실이다. 따라서 사실 그대로 말하자면 IPT는 의사소통과 사회적 지지에서의 변화를 추구하는 데 초점을 맞추고 있으며, 환자가 그 과정에 함께 참여하기를 기대하는 치료다.

명사로서의 지시(directive)는 치료자에 의한 개입이며, 환자의 행동 변화에 적극적으로 관여하는 것으로 정의할 수 있다. 넓은 의미에서 보면, 지시적인 개입은 은근한 지시부터 매우 명백한 지시까지 범위가 넓다. 예를 들면, 환자가 흥미롭고 적절한 내용의 이야기를 할 때 치료자가 고개를 끄덕거리는 것은 그 이야기를 계속하도록 격려하는 은근하지만 효과적인 지시다.

또 다른 극단에는 치료자가 환자에게 무엇을 하라고 구체적이고 명백하게 지시하는 것이 있다. 예를 들면, 치료비용을 지불하라고 하거나, 약을 먹으라고 하는 것, 혹은 우는 소리를 그만하라고 하는 것 등이 그것이다.

이렇게 본다면 IPT에서 지시를 한다는 것은 제2장에서 기술했던 대인관계이론을 직접적으로 확장한 것이라고 할 수 있다. 치료자가 하는 모든 행위—말 그대로 모든 행위—는 환자로부터 어떤 반응을 이끌어 낸다. IPT의 핵심(그리고 다른 치료에서도 마찬가지지만)은 치료자는 자신이 무슨 말을 하고 있는지 생각해야 하고, 자신의 말이 야기하는 환자의 반응을 끊임없이 지각하고 있어야 한다는 것이다. IPT에서 숙제나 그 밖의 보다 명백한 지시를 사용할 경우에는 IPT의 이론에 확고히 근거한 것이어야 하고, 대인관계와 연관된 것이어야 한다. 본질적으로 명백한 지시들, 예를 들면 숙제나 충고 등은 치료자가 판단할 때 환자의 대인관계 기능과 의사소통을 생산적으로 변화시킬 수 있을 경우에만 사용해야 한다. 시간이 제한되어 있는 IPT의 속성을 고려해 볼 때, 숙제를 부과하는 이유는 명백하다. 즉, 환자의 치료를 촉진하기 위해 숙제를 활용하는 것이다.

단기정신치료는 속성상 보다 지시적이며, 특히 현재의 기능을 향상시키는 것을 명백한 목표로 삼고 있는 IPT에서는 가능한 한 빨리 환자가 이런 변화를 만들어 내도록 영향을 주고 설득하는 것이 치료자의 역할이다. 여기에는 치료과정에 환자가 협조적으로 참여하게 하고, 환자 자신이 변화의 일차적 주체가 되도록 돕는 것도 포함된다. 그럼에도 불구하고, 이러한 협동적인 노력에는 치료자의 지시적인 개입이 필요하다. 회기 내에서 좀 더 은근한 지시를 할 것인가, 아니면 숙제를 부과하는 것과 같은 좀 더 명백한 형태의 지시를 할지와 같은 정도의 차이가 있을 뿐이다. 숙제는 IPT의 치료적 과정의 자연적인 확장이다.

IPT에서 숙제란 무엇인가

숙제는 회기 사이에 환자가 수행하도록 부여되는 과제다. IPT에서 숙제를 내주는 목적은 건설적인 의사소통 변화에 환자를 참여시키고, 증상 감소와 대인관계 기능 증진의 가능성을 증가시키는 것이다.

이 광의의 정의는 IPT의 기본 개념에 벗어나지 않는 한 모든 것을 숙제로 활용할 수 있는 가능성을 열어 놓은 것이다. 숙제 할당과 다른 지시들은 그것이 사람과 사람 사이에 일어나는 것이라면 무엇이든지 IPT의 기본 개념과 일치한다. 원칙과 일치하는 다양한 기법들이 IPT에서 숙제로 사용될 수 있다. 예를 들어, 환자에게 즐거운 활동을 계획해 보도록 요구하는 숙제는 IPT의 범위를 벗어나는 것일지 모르지만, 그 즐거운 활동을 의미 있는 타인과 함께 계획해 보라는 숙제를 준다면 이는 분명히 IPT의 범위 내에 속하는 것이다. 환자에게 혼자서 이완훈련을 하도록 요구했다면 이것은 IPT 범위 밖의 숙제가 되지만, 혼자 있는 시간을 갖거나 명상을 하는 것이 왜 환자에게 중요한지를 의미 있는 타인에게 설명하는 숙제를 내 주었다면 이는 IPT의 기본 개념과 완벽하게 일치하는 것이다.

이 시점에서 무엇이 IPT 영역에 속하고, 속하지 않는지, 대인관계에 초점을 맞추는 IPT의 기본 개념과 일치하는 것은 무엇인지를 분명히 해 두는 것이 중요하다. IPT에 추가하여, 혹은 IPT와 함께 다른 어떤 개입법을 시도하는 것이 도움이 안 된다는 의미가 아니라, 그러한 개입들이 IPT 고유의 개입은 아니라는 점을 말하려는 것이다. 우리의 의도는 IPT를 어떻게 정의하고 기술할 것인지 확실히 하려는 것이고, IPT와 함께 사용할 수 있는 다른 개입에 대해 분명히 기술하려는 것이다. 치료와 연구에서 실제 일어나고 있는 일을 기술하기 위해서는 정확성이 중요하다.

어떤 사람들은 IPT를 진행하면서 동기면담기법(motivational interviewing technique)[1]을 함께 적용하는 것이 매우 유용하다고 생각한다.[2] 환자의 인지나 가치를 다루는 것이 중요하다고 생각할 수도 있고, 이완이나 노출 치료가 필요하다고 생각할 수도 있다. 그러나 이 모든 것이 IPT의 일부라고 말하는 것은 옳지 않으며, 이는 마치 IPT가 다른 치료적 접근의 한 부분에 불과하다고 주장하는 것만큼이나 잘못된 것이다. 치료의 초점과 목표(target), 기법(tactic)에서 차이는 쉽게 드러난다. 우리는 단지 치료자(IPT를 포함하여 특정 치료의 옹호자)가 자신이 시행하고 있는 치료에 대해 기술할 때 공정하고 분명하고 정직해야 한다는 점을 말하는 것이다.[*]

앞서 언급한 바와 같이 다른 사람과의 의사소통이나 상호작용을 포함하고 있는 숙제들은 IPT 범위 내에 있다. 이러한 숙제들은 다음과 같이 분류할 수 있다.

---

[*] 불행히도 편협주의(parochialism)와 보편주의(universalism)는 정신치료연구와 효과적인 치료법의 전파에 엄청난 걸림돌이 되고 있다. 편협주의자들은 IPT를 포함하여 특정 치료에 열광적으로 집착하는 사람들을 의미하며, 자신의 치료법은 명시된 그대로 실시되어야 하고, 다른 치료기법에 의해 오염되어서는 안 된다고 주장하는 사람들이다. 반대로 보편주의자들은 자신의 치료가 다른 모든 치료를 포함하고 있는 우월한 치료라고 주장한다. 예를 들면, 모든 치료는 사실 행동치료의 변형이거나 아류라고 주장하는 사람들이 그들이다. 종교와 정치와 정신치료는 모두 마음을 열고 융통성을 가져야만 한다. 결국, 이 모든 것의 공통적 목표는 우리와 소중한 관계를 맺게 된 멋지고 다양한 사람들에게 봉사하는 것이며, 이 목표는 실용성이 아닌 순수성을 강조하여 논쟁을 벌여서는 달성될 수 없다.

- 직접적인 의사소통 과제
- 평가 과제
- 활동 및 행동 과제

직접적인 의사소통 과제

이것은 모든 숙제 중 가장 분명한 것으로, 환자가 다른 사람과의 직접적인 의사소통을 하도록 하는 것이다. 예를 들어, 경제적인 문제로 갈등이 있는 환자에게 '수요일 저녁 7시에 본인이 걱정하는 내용에 대해 배우자와 대화를 하는 과제'를 내 줄 수 있다. 사회공포증이 있는 환자에게는 모임에 참석해서 참석자 중 한 명과 대화하기를 과제로 내 줄 수 있다. 핵심은 그 과제가 어떤 직접적인 의사소통을 하는 방향으로 주어져야 한다는 점이다.

평가 과제

환자에게 직접적인 의사소통을 과제로 주는 대신에, 자신의 의사소통을 모니터링하고 기록하도록 요구할 수 있다. 여기에는 두 가지 목적이 있다. 첫째, 이것은 환자와 치료자 모두에게 환자의 의사소통과 상호작용에 관한 중요한 정보를 제공한다. 둘째, 이것은 환자가 자신의 의사소통을 자각하게 하는 효과가 있다. 환자에게 자신의 대화를 기록하도록 하는 것은 자신의 의사소통에 주의를 기울이게 하며, 자신이 무엇을 말하고, 얼마나 잘 이해받고 있는지, 그리고 다른 사람의 반응은 어떤지를 좀 더 자각할 수 있도록 한다. 보다 핵심적으로는 자신의 자아(ego)를 관찰하게 한다. 이것은 환자가 자신의 의사소통 유형에 대해 통찰력을 갖도록 하는 데 매우 효율적인 방법으로, 자신에게 지금 어떤 일이 일어나는지를 모니터링하는 것은 변화를 위한 효과적인 기제가 될 수 있다.

활동 및 행동 과제

환자에게 운동과 같은 특별한 활동을 시키는 것은 그 자체로는 IPT 영역 밖의 일이다. 그렇게 해서는 안 된다고 말할 수는 없지만 가능한 한 IPT의 개념에 따라 숙제를 구성하는 것이 좋다. 어떤 환자들에게는 이와 같은 활동이 큰 도움이 된다는 것은 의심의 여지가 없다. 계획을 짜서 활동을 하도록 하는 것이 환자에게 도움이 된다고 치료자가 판단했다면 IPT에 부가하여 실시할 수 있다. 더 나아가, 활동 및 행동 과제가 환자의 의사소통을 향상시키고 사회적 지지를 구축하는 것에 일차적인 초점이 맞추어져 있다면 이는 IPT의 범위 안에 속한다고 할 수 있다.

실제적인 예로, 이완기법을 실시하도록 하는 과제는 정확히 말하자면 IPT의 치료개입이라고 할 수는 없지만, 환자에게 다른 누군가와 함께 이완기법을 해 보도록 요구하면 사회적 접촉과 지지를 증가시키는 것이 목표가 된다. 마찬가지로 환자가 혼자 운동을 한다면 IPT의 개념을 벗어나지만, 같이 운동할 누군가를 찾게 하거나, 단지 운동이 목표가 아니라 다른 사람을 만나는 것을 목표로 헬스클럽에 등록하게 하는 것은 IPT의 영역에 속할 수 있다.

'역설적인(paradoxical)' 과제

이러한 유형의 과제는 정신치료에서 큰 효과를 얻기 위하여 전략적으로 광범위하게 사용되기는 하지만 IPT의 영역에서는 벗어난다. 비록 관계 변화나 의사소통 향상에 목적을 두고 있다 해도, 이 방법은 치료자가 직접적인 의사소통의 모델이 되는 것을 허용하지 않기 때문에 IPT에서 사용되어서는 안 된다. IPT에서 치료자는 항상 그리고 지속적으로 환자에게 효과적인 의사소통의 모델이 되어야만 한다. 역설적인 지시에서는 이것이 불가능하고, 따라서 IPT의 기본적인 원칙 중 하나를 훼손하게 된다.

IPT에서의 숙제: 환자 선별

숙제를 부과하는 확실한 기준은 그 환자가 특정 과제를 수행함으로써 도움을 받을 수 있는 사람인지의 여부다. 그 외에 IPT에서 유용하게 활용할 수 있는 몇 가지 기준이 있다.

IPT에서 숙제를 부과할 때 일차적으로 고려할 점은 그것을 해낼 만한 사람에게만 숙제를 내 주어야 한다는 것이다. 이는 모든 치료에 해당되는 당연한 이야기이지만, IPT를 비롯한 단기치료에서는 더욱 중요한 고려요소다. 만약 환자가 숙제를 제대로 해 오지 않는다면 치료순응도가 치료의 중요한 문제로 부각될 가능성이 있다. 숙제를 하지 않은 것은 치료적 관계 내에서 다루어져야 할 사안이므로 치료의 초점이 환자-치료자 관계로 옮겨 가게 될 뿐 아니라, 즉각적인 증상 해소와 대인관계 기능 증진에 집중할 수 없게 만든다.

치료자가 환자에게 숙제를 내 주는 것은 치료적 관계에 미묘한 변화를 가져온다. 대인관계이론의 조망에서 언급한 것처럼 숙제와 관련된 지시를 한다는 것은 치료자가 환자에게 무엇을 할지 말하고, 환자로 하여금 할당된 과제를 완수하기를 기대하게 하므로, 치료자의 위치가 좀 더 힘 있고 높은 위상으로 이동한다. 이러한 이동이 어떤 환자들은 참을 만한 일이지만, 어떤 환자들은 움츠러들고, 또 어떤 환자들은 치료자와 경쟁적 관계가 될 수도 있다. 이와 같은 반응들은 치료적 관계를 변화시켜 치료 동맹을 훼손할 수 있다.

좀 더 수동공격적인 환자들의 경우 숙제 부과가 치료자를 향한 수동공격적 행동을 유발시킬 수 있다. 즉, 숙제를 해 올 가능성이 적을 뿐 아니라 과제 자체—치료자를 좀 더 우월한 위치에 놓는 것—가 치료적 관계에 문제를 야기할 가능성이 있다.

집착적인 환자 중에는 숙제 부과로 치료적 관계에 문제가 야기되는 경우가 있다. 만일 치료자가 보다 우월적인 역할을 할 경우 환자는 더더욱 의존적으로 행동할 가능성이 크다. 이들은 수동공격적인 환자와는 달리 숙제를 시도조차 하지 않거나, 숙제가 너무 어렵다고 불평하거나, 강아지가 숙제를 먹어 버렸다고 말하는 등 자신의 실패를 치료자에 대한 의존성을 강화시키는 수단으로 사용하기도 한다.

그러나 숙제 혹은 충고 해 주기와 같은 직접적인 지시를 통해 큰 도움을 받는 환자들도 많다. 일반적으로 이들은 동기가 강하고, 상대적으로 안정적으로 애착이 이루어져 있으며, 치료자에게 좀 더 많은 과제를 내 달라고 요구하기도 한다. 이상적인 경우에는 환자가 과제 이상을 해 오거나 과제를 보다 창의적으로 수정하여 좀 더 긍정적인 변화를 가져오기도 한다.

치료자가 자신의 소속 학과 교수들에게 영향을 줄 수 있는 대학의 학과장이라고 상상해 보자. 다만 실제 대학 학과장과는 달리, 그는 월급을 깎는 것과 같은 직접적인 조치를 집행할 수 없으며, 교수들에게 사무실 청소를 시키는 등의 과제를 줄 수 없고, 종신재직권을 거부할 수도 없다. 이 경우, 학과장인 치료자는 오직 개인적인 리더십, 카리스마, 설득력, 매력(치료적 기법과 마찬가지로)만으로 교수(환자)가 더 열심히 일하고, 좀 더 많은 연구업적을 내도록 해야 한다. 좀 더 유능한 교수(즉, 좀 더 안정적으로 애착된 환자)일수록 학과장이 더 많은 직접적인 지시를 내릴 수 있고, 그것이 변화를 일으키기 위한 최선의, 가장 직접적인 방법이다. 그러나 다른 교수(환자)에게는 직접적인 지시가 불안과 공포를 증가시킬 수 있으며, 결과적으로 더 깊이 움츠러들고 위축될 수 있다. 즉, 의존성이 더 악화된다. 어떤 교수(환자)에게는 학과장(치료자)의 명령이 경멸처럼 느껴질 수 있으며, 이에 대해 수동공격적인 태도로 '내가 이 건방진 녀석에게 누가 윗사람인지를 보여 주지.'라고 생각할 수 있다.

비유가 다소 지나친 점이 있지만, 이것은 치료자가 숙제를 내 줄 때 환자가 완성할 수 있고 흥미를 느낄 수 있는 숙제를 내 주어야 한다는 원칙을 말하는 것이다. 치료자는 숙제를 내 줄 환자를 선정할 때 항상 조심해야만 한다. 그렇지 않을 경우 치료적 맥락에서 전이로 인한 어려움이 야기될 가능성이 있으며, 이와 같은 전이로 인해 치료의 목표도 손상된다. IPT에서는 그럴 필요가 없다. 일반적으로 적용할 수 있는 원칙은, 안정적으로 애착이 되어 있는 환자는 숙제를 내 줌으로써 더 많은 이익을 얻을 수 있는 반면, 안정적 애착이 되어 있지 않은 사람은 조심스 럽게 접근해야 한다는 것이다.

IPT에서 숙제를 내 주는 과정

숙제를 내 주는 방법은 여러 가지가 있지만, 그것은 모두 치료자가 환자로 하 여금 과제를 수행하도록 설득하는 것이라는 공통점이 있다. 각각에 차이가 있다 면 치료자가 주도하는 것에서부터 환자가 주도하는 것까지의 스펙트럼에서 어느 지점에 위치하느냐 하는 정도의 차이가 있을 뿐이다. 치료자가 그 스펙트럼의 어 느 지점에 끼어드는지가 숙제가 완수될 가능성에 중요한 영향을 주게 된다. 개별 적인 환자에게 맞는 개입 수준을 정하는 데 상당히 주의를 기울여야만 한다.

최선의 과제는 환자가 주도권을 갖고 있는 과제다. 예를 들면, 기민하고 동기 가 있는 환자는 배우자와의 갈등을 해결하기 위하여 자신이 먼저 대화를 시작하 는 것이 도움이 될 것 같다는 의견을 치료자에게 제안한다. 치료자는 단지 이 제 안에 동의하고 환자에게 용기를 북돋아 주면 된다. 불행히도 이런 환자들은 매우 드물다. 하지만 환자 스스로 자신의 숙제를 제안한 경우 숙제의 성공 가능성은 높 아진다. 이 환자들에게 치료자는 구체적인 지시를 자제함으로써 환자의 자기-주 도적 문제 해결 능력을 강화시켜야 한다. 예를 들어, 치료자는 다음과 같이 질문 할 수 있다.

회기 사이에 무엇을 하는 것이 도움이 될 것이라고 생각하십니까?

우리가 같이 작업해 온 의사소통의 변화를 시작하려면 어떻게 하는 것이 가장 좋을까요?

지금부터 다음 회기 사이에 이 문제를 실천해 보려면 어떻게 하는 것이 가 장 좋겠습니까?

이러한 암묵적 지시들은 두 가지 기능을 한다. 첫째, 회기 사이에도 환자가 어떤 치료적 작업을 하기를 원한다는 점을 분명히 전달한다. 그러나 그와 동시에 환자 스스로 해결책을 찾을 수 있도록 상당한 자율성을 준다. 환자가 숙제에 관한 제안을 한 후, 치료자는 환자와 함께 이를 세련되게 다듬기 위한 협동 작업을 할 수 있다. 숙제가 지나치게 야심 찬, 즉 버거운 것이 되지 않도록 세심한 주의를 기울여야 한다. 숙제는 언제나 환자의 능력 내에서 이루어져야 한다. IPT에서 숙제의 목표는 환자를 좌절시키는 것이 아니라 생산적인 변화를 극대화하는 것이다.

치료자가 주도하는 구체적 지시 중 하나가 심리교육(psychoeducation)이다. 예를 들어, 치료자는 환자에게 활동량을 증가시키고 고립되지 않는 생활을 하는 것이 우울증 치료에 도움이 된다고 말할 수 있다. 잘 알려진 바와 같이 우울증 환자 중 일부는 이를 행동으로 옮기기 힘들어하는데, 이때 치료자는 환자에게 회기 사이에 이러한 일반적인 목표를 달성할 수 있는 방법을 제안해 보도록 요청할 수 있다. 치료자는 환자에게 서로 상의하고 수정할 수 있는 구체적인 해결책을 만들어 보도록 의도적으로 환자를 격려한다. 이와 같이 환자에게 주도권을 주고, 환자와 협조하여 작업하는 것은 숙제를 완수할 가능성을 높이게 된다.

치료자는 다른 환자들의 예를 활용하여 좀 더 구체적인 지시를 줄 수 있다. 비밀보장에 유의하면서, 치료자는 다른 환자들이 비슷한 문제를 다룰 때 사용하였던 전략들을 알려 줄 수 있다. 예컨대, 배우자와 갈등을 겪고 있는 산후우울증 환자에게 치료자가 비슷한 문제를 성공적으로 해결한 다른 환자의 상황을 이야기해 준다면, 환자가 배우자와의 문제를 좀 더 직접적으로 다루는 데 도움이 될 수 있다. 이때 그 환자와 어떤 점이 비슷한지에 대해 세부적으로 말해 주면 개입의 효과가 증가될 수 있는데, 왜냐하면 환자가 자신의 개인적인 상황과 그 환자 상황과의 유사성을 인식하기 때문이다.

그러나 모든 개입에서 이러한 접근은 조심스럽게 시행되어야 한다. 치료자가 지시적일수록 치료 동맹이 파괴될 위험이 커진다. 앞서 언급한 특수한 개입기법들은 일부 환자들에게 도움이 되고, 환자 스스로 이해받고 있다는 느낌을 증가시켜 주지만, 또 다른 환자들의 경우에는 반대로 소외되었다고 느끼고, 치료자가 자신을 독립적인 개인으로 이해하고 있지 않다고 생각하게 할 수 있다.

가장 직접적인 개입은 치료자가 환자에게 회기 사이에 무엇을 할지를 정확히 말하는 것이다. 어떤 환자들은 이런 직접적인 지시를 통해 상당한 도움을 받을 수 있지만, 일부 환자들은 치료자가 상대적으로 우월한 역할을 하는 것에 의해 전이 문제가 촉발될 수 있으므로 상당한 주의를 기울여야 한다.

요약하면, 치료자는 숙제를 내 줄 때 가능한 한 비지시적인 접근을 하는 것이 바람직하다. 환자로 하여금 숙제의 주도권을 갖게 하면, 환자는 자신의 과제에 책임감을 갖게 된다. 더 나아가 이는 치료자가 문제 해결을 위한 환자의 의견을 경청하지 않고, 환자에게 무엇이 최선인지는 치료자 자신이 제일 잘 알고 있다는 식의 태도를 취하는 잘못을 방지한다.

사례 13-1 Tom

Tom은 40세 변호사로 로펌에서 상당히 영향력 있는 위치에 있는 사람이며, 부부 문제를 해결하기 위해 치료를 받으러 왔다. 결혼 15년 차인 그의 부인은 Tom이 너무 일에만 몰두하고 있고, 아내나 아이들을 등한시한다고 말하면서 이혼하겠다는 위협을 하고 있었다. Tom은 아내의 말이 일리가 있다고 '인지적으로는 인정' 하고 있었지만, 그의 일이 얼마나 힘든지를 아내가 이해하지 못하고 있다고 느꼈다.

대인관계 평가도구([그림 13-1]과 [그림 13-2] 참조)를 통해 치료자는 Tom이 여러 사회적 관계를 맺고 있음을 알 수 있었지만, 이는 대부분 직장 내의 관계이며 주로 남자들과의 관계였다. Tom처럼 로펌의 동료들도 대부분 일에 전념하고 있었으며, 거의 비슷한 생각을 갖고 있었다. 즉, 남자는 약한 모습을 보여서는 안 된다는 문화가 강했고, 감정을 표현하는 것은 금기시되었다. Tom은 자신이 정서적 표현을 하는 데 어려움이 있으며, 자신의 감정을 이야기할 수 있는 가까운 인간관계를 맺어 본 적이 없다고 진술하였다. 치료자는 Tom이 매우 목표지향적이고, 상당히 우월감을 갖고 있는 경향이 있음을 관찰하였다. 이는 치료 장면에서 미묘하게 혹은 직접적으로 드러났다. 예를 들면, 첫 회기를 마칠 때쯤, 치료자가 다음 번 약속에 대해 말을 꺼내기도 전에, Tom은 치료자에게 "다음 주에 다시 만나야만 해요." 라

대인관계 원

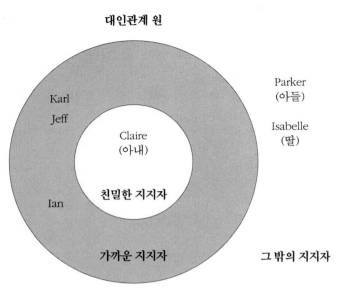

Parker
(아들)

Isabelle
(딸)

Karl

Jeff

Claire
(아내)

친밀한 지지자

Ian

가까운 지지자

그 밖의 지지자

[그림 13-1] 대인관계 원-Tom

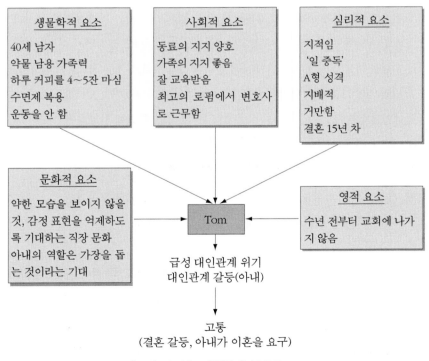

생물학적 요소	사회적 요소	심리적 요소
40세 남자 약물 남용 가족력 하루 커피를 4~5잔 마심 수면제 복용 운동을 안 함	동료의 지지 양호 가족의 지지 좋음 잘 교육받음 최고의 로펌에서 변호사 로 근무함	지적임 '일 중독' A형 성격 지배적 거만함 결혼 15년 차

문화적 요소

약한 모습을 보이지 않을
것, 감정 표현을 억제하도
록 기대하는 직장 문화
아내의 역할은 가장을 돕
는 것이라는 기대

Tom

영적 요소

수년 전부터 교회에 나가
지 않음

급성 대인관계 위기
대인관계 갈등(아내)

고통
(결혼 갈등, 아내가 이혼을 요구)

[그림 13-2] 대인관계 설계-Tom

고 다소 강경하게 말했다. Tom은 마치 비즈니스 미팅을 하는 것처럼 항상 논의할 구체적인 의제를 가져왔으며, 치료회기 중 다루어야 할 자료들을 목록을 만들어서 가져왔다. 치료회기는 언제나 이번 회기를 어떻게 진행할지에 대한 의제와 정보를 Tom이 제시하는 것으로부터 시작되었다.

세 번째 회기가 끝날 때쯤 Tom이 숙제 문제를 제기하였다.

> Tom: 우리는 세 번의 면담을 진행했는데, 선생님은 아직도 제게 아무런 과제도 내 주지 않으시네요. 우리 로펌에서 이런 일은 절대 없어요. 선생님이 정말 저를 위해서 일한다면, 집으로 가져가서 해야 할 일들을 많이 주었을 거예요!
>
> 치료자: ('제가 당신 밑에서 일하지 않아서 다행이네요.'라고 말하고 싶은 유혹과 싸우며) 저와 치료작업을 했던 많은 환자들이 회기 사이에 뭔가 구체적인 것을 달성하면 자신의 치료목표를 달성하는 데 매우 도움이 되곤 했습니다. 구체적인 과제를 생각하기 전에, 그 점에 대하여 생각해 봅시다. 다음 주까지 당신의 목표는 무엇입니까?

이 시점에서 치료자는 몇 가지 점을 잘 파악하고 있다. 첫째, Tom의 애착유형은 다소 회피적(dismissive)이다. 이러한 상황에서 치료자가 자신의 요구에 반응을 하지 않는다고 느끼면 Tom은 치료 자체를 중단해 버릴 가능성이 있다. 동시에, 치료자는 Tom에게 직접적이고 구체적인 과제를 주는 것 역시 위험하다는 것을 알고 있었다. 왜냐하면 Tom은 책임자의 역할에 익숙해서 치료적 관계에서 치료자가 우월한 위치를 차지하게 되는 경우 치료자에게 잘 협조하지 않을 가능성이 있다.

그러므로 치료적 도전은 Tom이 생산적인 치료 동맹을 유지시키면서도 동시에 자신의 감정에 대해 아내와 좀 더 잘 의사소통할 수 있고 의논할 수 있도록 해 줄 과제를 스스로 만들어 보도록 하는 것이다. Tom이 여기서 어느 정도 성공적인 경험을 할 수 있다면, 치료자는 자신의 의사소통 유형에 대해 Tom이 통찰력을 갖도록 도와줄 수 있을 것이고, 마침내 Tom의 의사소통에 좀 더 영구적인 변화와 관계의 증진을 기대할 수 있을 것이다. 치료자는 Tom이 갈등, 일에 관한 스트레스 그리고 그들의 관계에 대한 자신의 감정을 아내에게 직접 말하는 것이 도움이 될 것이라고 생각하였으나, Tom에게 이를 직접 지시할 경우 치료 동맹을 파괴시킬 가능성이 있고, 성공 가능성도 낮다고 예측하였다.

따라서 이 시점에서 치료자는 Tom이 사용하였던 단어를 그대로 사용하여 말했는데, 이는 Tom이 자신의 감정을 좀 더 공개적으로 표현할 필요가 있음을 직접 직면시키기보다는 간접적으로 영향을 주기 위하여 선택한 전략이다. '같이 일하는 사람' '목표' '달성할 과제'와 같은 단어를 사용하는 것은 Tom에게 익숙한 용어로 문제의 틀을 짜려는 것이고, 동시에 그를 천천히, 그렇지만 확실하게 의사소통을 향상시키는 쪽으로 나아가게 하려는 것이다.

Tom: 저의 중요한 목표는 결혼생활이 잘 유지되도록 하는 것입니다. 아내는 자신이 행복하지 않다는 것을 분명히 전달하고 있습니다.

치료자: 당신의 결혼생활을 잘 유지하려는 것이 목표라고 하셨는데, 그것은 매우 좋은 일반적인(general) 목표라고 생각됩니다. 이것을 사업상의 목표 중 하나라고 생각해 보죠. 당신은 그러한 일반적인 목표에 대체로 어떻게 접근하나요?

Tom: 사업을 할 때에는 그것을 먼저 작은 단계로 나누는 것에서 시작합니다. 그다음 각각의 단계적 목표를 달성하기 위한 구체적인 마감 시한을 설정합니다.

치료자: 좋은 생각이군요. 이 경우에 목표를 달성하는 데 필요한 구체적인 단계는 무엇이라고 생각하십니까?

Tom: 첫째, 아내와 이야기할 시간을 정해야 할 필요가 있겠네요. 저는 아직 아내가 구체적으로 무엇이 문제라고 생각하는지 잘 알지 못합니다. 아내는 그저 제가 더 이상 '가깝게' 느껴지지 않는다고만 말하고 있습니다. 그래서 제 생각에는 그녀에 대하여 좀 더 분명하게 알기 위해 아내와 의사소통하는 것이 좋을 것 같습니다.

치료자: 좋은 생각 같습니다. 당신이 부인에게 말하고 싶은 것이 정확히 무엇입니까?

Tom: 중요한 것은 제가 직장에서 겪는 모든 스트레스를 아내가 이해하지 못한다고 생각되는 겁니다. 일은 너무나 힘든데, 지금은 집에서 아내의 불만까지 다루어 주어야 합니다. 그리고 아내는 그렇지 않을지 모르지만 저는 아직도 아내를 매우 사랑하고 있다는 것을 아내가 알아 주기를 원합니다.

치료자: 우리 치료의 경우 다루어야 할 문제들을 당신이 서면으로 적어 온 것이 도움이 되었던 것 같습니다. 당신이 아내에게 말하기 원하는 것 역시 서면으로 작성한다면 도움이 되지 않을까요?

Tom: 좋은 생각입니다, 박사님! (자신의 가방에서 종이를 꺼내 몇 가지를 노트에 써 내려갔다.)

치료자: 이제 당신은 어느 방향으로 가야 할지에 대하여 확실히 알게 된 것 같습니다. 다음 단계는 무엇입니까?

Tom: 구체적인 시한을 설정하는 겁니다. 다음 주 이 시간까지 아내와 깊이 있는 대화를 나누어야만 한다고 생각합니다.

치료자: 야심만만한 계획 같군요. 하지만 당신은 확실한 결심이 서야만 일을 하는 유형의 사람인 것 같은데, 구체적인 시간계획을 정해 놓는 것이 도움이 되지 않을까요?

Tom: 정확히 보셨어요, 박사님. 저는 보통 목요일 저녁에는 시간이 있어요. 회의도 없고, 아이들과 놀아 주지 않아도 되는 날이죠. 그날 아이들이 잠든 후 아내와 이야기를 해 볼게요.

치료자: 좋은 계획 같네요. 어떻게 진행될지 기대하고 있겠습니다.

Tom은 계획대로 목요일 밤 아내에게 대화를 시도했다. 하지만 그는 자신의 대화 시도가 성공하지 못했다고 보고하였다. Tom의 아내는 이야기하자는 남편의 '요구'를 거절하였다. 특히 Tom이 대화를 하기 위한 서면 문제 목록을 가지고 있다는 사실을 알고 더욱 거부적이 되었다. Tom에 의하면 아내는 대화를 위한 문제 목록을 갖고 있다는 것은 자기의 말을 들으려고 하지 않고 일방적으로 남편이 말하겠다는 것을 뜻한다고 생각하는 것 같았다. 계획한 대로 시도가 성공하지는 못했지만, 치료자는 Tom이 상당한 노력을 했다는 점에 대해 격려해 주었다. 그 결과 Tom은 아내에게 다른 어떤 접근 방법을 사용할 수 있을지에 대해 치료자로부터 조언을 듣는 데 훨씬 개방적이 되었다.

결 론

숙제와 다른 지시들은 환자의 기능을 향상시키고, 증상을 해소하기 위한 의사소통이나 사회적 활동을 증가시키기 위한 목적으로 부과된다. IPT에서 숙제가 반드시 요구되는 것은 아니지만, 대부분의 환자들에게 많은 도움을 주기도 한다. 치료자는 과제가 수행될 확률을 극대화하기 위하여 과제를 전달하는 방법을 심사숙고하여야만 한다. 환자가 숙제를 거부하거나 수동공격적 반응을 보인다면 IPT의 초점이 대인관계 향상이 아닌 전이와 관련된 문제로 벗어나게 될 위험이 있다. IPT에서 숙제를 부과할 경우 반드시 대인관계 문제를 다루는 것이어야 하며, 이상적으로는 환자 자신이 숙제에 대한 아이디어를 제공하는 것이 좋다.

참고문헌

1. Miller WR and Rollnick S. *Motivational Interviewing: Preparing People for Change*, 2nd edn. 2002, New York: Guilford Publications.
2. Swartz HA, *et al*. Engaging depressed patients in psychotherapy: integrating techniques from motivational interviewing and ethnographic interviewing to improve treatment participation. *Professional Psychology: Research and Practice*, 2007, 38(4): 430-439.

제4부

문제영역

제14장

|

대인관계 갈등

서 론

갈등, 논쟁, 불화, 의견 차이 등은 모든 인간관계에서 본질적인(intrinsic) 것이다. 말하자면, 인간의 삶에서 '양념' 같은 것이다. 그러나 지나치게 강한 삶의 양념은 때때로 문제를 일으키기도 한다. 대인관계 갈등이 환자의 급성 스트레스와 연관되어 있을 경우, IPT에서 이를 문제영역으로 다룰 수 있다. 대인관계 갈등은 먼저 평가/초기 회기에서 확인되어야 하고, 그다음 대인관계 설계 과정에서 이를 치료목표로 삼을지 그 여부를 결정해야 한다. 다른 모든 문제영역과 마찬가지로 '대인관계 갈등'은 진단이 아니다. 이는 환자의 급성 스트레스에 내포되어 있는 대인관계 문제를 간편하게 기술하기 위한 방법일 뿐이며, 치료과정 중 여기에 계속 초점을 맞추기 위한 방편이다.

확인된 대인관계 갈등은 대인관계 세 요소 중 한 축으로 이해되어야 한다. 즉, 환자에게 스트레스를 촉발한 급성기 위기인 것이다. 이러한 위기—이혼, 가족 간

갈등, 직장 혹은 집에서의 갈등, 그 밖의 다른 특정 문제―에 대한 환자의 반응은 세 가지 요소 중 다른 두 축에 의해서도 영향을 받게 된다. 환자가 갖고 있는 애착 유형을 포함하여 생물-심리-사회적/문화적/영적 취약성이 스트레스에 대한 경향성(diathesis) 혹은 소인(predisposition)이 된다. 대인관계 갈등은 환자의 사회적 지지 내에서 이뤄지므로 이러한 갈등은 사회적 지지를 약화시키고 환자의 고통을 가중시킨다.

대인관계 갈등의 확인에서부터 즉각적인 해결책(resolution)을 탐색하는 과정까지의 일반적 절차가 [그림 14-1]에 제시되어 있다.

평가/초기 단계에서 대인관계 평가도구를 작성하는 동안, 대인관계 갈등이 환자를 치료받게 만든 급성적 위기(acute crisis)가 아닌지를 탐색해야 한다. 대인관계 설계를 작성할 때 치료의 초점에 대해서는 환자와 치료자가 상호 협의하여 정할 수 있다. 대인관계 갈등을 보다 깊이 있게 평가하기 위해서 치료자는 환자가 갈등을 좀 더 분명히 기술하고 표현할 수 있도록 갈등 그래프(conflict graph)를 사용할 수 있다. 문제를 구체화하기 위해서 의사소통 유형을 분석한다. 문제 해결(problem solving)은 환자가 앞으로 어떤 행동을 해 나갈지를 결정하는 데 도움을 준다. 갈등에 대한 기대나 혹은 의사소통 방식의 수정은 역할 연기와 문제 해결(problem solving)을 통해 달성할 수 있다.

IPT는 환자의 급성 대인관계 갈등 위기를 해결하기 위하여 고안된 치료기법이다. 여기에는 세 개의 구체적인 목표가 있다.

- 환자가 자신의 갈등을 제대로 이해하도록 돕는 것
- 대인관계 의사소통을 향상시킴으로써 갈등 해결 작업을 하는 것
- 필요한 사회적 지지를 얻는 것

IPT 치료자는 대인관계 결과에 대하여 편견을 갖고 있으면 안 된다. 각 개인과 개인의 환경에 따라 관계의 결과는 여러 가지로 나타날 수 있다. 이들을 크게 분류하자면, 첫째, 환자가 현재의 관계를 끝내고 다른 사회적 지지나 관계로 옮겨

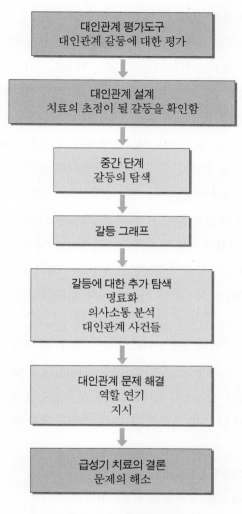

[그림 14-1]　대인관계 갈등

갈 수 있다. 둘째, 환자가 자신의 기대하는 바를 바꾸거나, 관계 외부로부터 사회적 지지를 증가시키는 방법을 채택하면서 현재의 관계를 유지하기로 결정할 수 있다. 셋째, 환자는 현재의 관계에서 긍정적 변화를 경험한 후에 관계를 유지하기로 선택할 수 있다. 어떤 경우든 IPT에서의 목표는 환자가 충분한 정보 없이 충동적인 결정을 하지 않도록 하고, 관계를 어떻게 다룰지에 대하여 객관적이고 신중한 결정을 하도록 돕는 것이다.

스트레스의 발생과 관련하여 대인관계 갈등이 대인관계 평가도구에 분명하고 확실하게 드러나는 경우도 있고, 그렇지 않은 경우도 있다. 학대를 당한 경우나 폭력적인 가족관계와 같은 갈등은 보통 개인사에 대한 질문 초기에 분명하게 드러나지만, 환자가 이를 감추려고 하는 경우도 있다. 어떤 경우에는 갈등이 신뢰에 대한 '배반'의 형태로 발생한다. 예를 들면 아주 가까운 관계인 사람의 외도가 그런 경우다. '실망'은 관계의 모든 단계에서 나타날 수 있지만, 환자가 자신의 기대를 분명하게 표현하지 않은 경우에는 실망도 잘 드러나지 않는다. 갈등의 원인이 성격이나 문화적 환경 등과 같이 환자에게 독특한 요인일 수 있으며, 배우자의 신체적 혹은 정신적 질병과 같이 겉으로 잘 드러나지 않는 요인일 수도 있다. 어떤 갈등은 매우 포착하기 힘들어서 우연한 기회에 드러나기도 한다. 예컨대, 감추고 있던 갈등적 대인관계 사건을 대화 중에 무심코 이야기하는 경우가 있다.

대인관계 갈등은 발달과정에서 나타날 수도 있다. 즉, 갈등이 인생 주기의 한 부분으로 나타나는 사례가 많으며, 치료자는 그러한 맥락 내에서 환자의 갈등을 해결하는 것에 초점을 맞추어야 한다. 이 경우 역할 전환을 문제영역으로 고려해 볼 수 있다. 〈글상자 14-1〉은 흔하게 나타나는 대인관계 갈등의 예다.

글상자 14-1   대인관계 갈등의 예

- 확실히 공격적인 갈등: 가정 폭력, 언어적 학대
- 배반: 배신, 부정, 가정에 충실하지 못해서 야기되는 갈등
- 실망: 직장이나 학교에서 기대 수준에 미치지 못함
- 억제된 갈등: 배우자의 질병 혹은 무능에 대한 분노
- 잘 드러나지 않는 학대: 언어적 학대, 친밀한 관계 맺기를 거부당함
- 발달적인 갈등: 분리-개별화 문제

평가/초기 단계에서 갈등을 확인하기

대인관계 갈등은 초기에 개인사를 탐색하는 과정에서 분명히 드러나는 경우가 많으며, 이것이 현재의 주된 문제일 수도 있다. 어떤 갈등은 대인관계 평가도구를 작성하는 과정을 거쳐야만 겨우 드러날 수도 있다. 〈글상자 14-2〉는 갈등을 확인하기 위하여 개인사를 탐색하는 과정에서 혹은 대인관계 평가도구를 작성하는 과정에서 치료자가 할 수 있는 구체적인 질문들을 모아 놓은 것이다.

글상자 14-2 대인관계 갈등을 치료목표로 이끌어 내기 위한 질문들

- 배우자/파트너와는 어떻게 지내십니까?
- 당신 가족은 서로 어떤 사이였습니까?
- 직장에서 동료들과는 어떻게 지내십니까?
- 주변 사람들과 의사소통하는 데 어려움은 없습니까? 특히 소통하기 힘든 사람이 있습니까?
- 당신 주변에 있는 사람 때문에 스스로 불행하다고 느끼거나 실망한 적이 있습니까?
- 최근에 다른 사람들과 평소보다 더 많이 언쟁을 하고 있다고 느끼십니까?
- 다른 사람에게 화가 나면 어떻게 표현합니까?
- 다른 사람들이 당신을 대하는 태도에 만족하십니까? 특히 잘 지내는 사람이 있습니까?
- 다른 사람들이 당신을 얼마나 잘 이해한다고 생각하십니까?

치료자는 치료 동맹의 손상을 불사하면서까지 환자에게 문제영역을 일방적으로 제시해서는 안 되며, 특히 문제영역이 중첩되어 있는 경우에는 더욱 신중해야 한다. 문제영역을 설정하는 것은 독단적으로 치료를 진행하기 위한 것이 아니고, 정확한 '진단'을 하기 위한 것도 아니며, 대인관계치료에서 지속적으로 그 영역에 치료적 초점을 유지하기 위한 것이다.

따라서 환자가 자신의 문제영역을 역할 전환이라고 보는 반면, 치료자는 이것을 역할 갈등으로 보는 것이 더 좋다고 생각하는 경우 환자의 의견에 따라 이를 역할 전환의 문제로 다루어야 한다. 반대로 치료자가 환자의 문제를 역할 전환이라고 본 반면, 환자는 대인관계 갈등의 문제로 생각하는 경우도 있다. 노련한 치료자라면 이 경우 환자의 생각을 따라갈 것이다. 결국 IPT에서 중요한 목표 중 하나는 환자에 대해 좀 더 잘 이해하는 것이다. 이것은 치료자가 자신의 판단을 환자에게 고집스럽게 강요하면 달성하기 힘든 목표다.

대인관계 갈등: 중기 회기에서의 탐색

갈등이 확인되고 문제영역에 대해 합의가 이루어졌다면 치료자는 IPT 중기 회기에서 다음과 같은 질문을 통하여 정보를 수집한다.

환자가 갈등을 처음 자각한 것은 언제인가?
치료자는 환자가 자신에게 갈등이 있다는 것을 어떻게 인지하였으며, 동시에 환자가 그러한 갈등과 심리적 스트레스를 언제 서로 연결시켰는지 탐색해야 한다.

다른 사람 혹은 상황에 대한 환자의 기대는 무엇이며, 그것은 시간에 따라 어떻게 변화되었는가?
치료자는 환자의 기대가 대인관계 내에서 비현실적인 것인지 그 여부를 살펴보아야 한다. 환자의 기대를 변화시키는 것이 치료의 진전을 초래할지, 아니면 심리적 증상이나 스트레스를 악화시킬지를 명확히 밝혀내야 한다.

환자는 갈등을 해결하기 위해 어떤 노력을 하였는가? 그리고 그러한 시도를 해 보고자 결심하게 한 동기는 무엇인가?
치료자는 환자가 치료를 받으러 오기 전까지 갈등을 해소하기 위하여 스스로 시도했던 방법을 탐색해 보아야 한다. 환자의 시도가 때로는 문제를 오히려 악화시킬 수도 있다. 이를 탐색함으로써 환자의 의사소통 유형과 변화에 대한 동기를 알 수 있다.

환자는 대인관계에서 자신의 욕구(need)를 어떻게 표현(의사소통)하는가? 그리고 이것이 대인관계 갈등에 어떤 영향을 미치는가?

치료자는 환자의 의사소통 유형이 갈등을 야기하는 데 어떻게 기여하는지 살펴보아야 한다. 의사소통 분석은 역기능적인 의사소통이 어떻게 갈등을 일으키고 유지시키는지를 확인하기 위해 필요한 정보를 제공한다. 이를 통해 의사소통을 증진시키려면 어떤 개입방법이 도움이 될지 알 수 있다.

환자의 애착유형은 무엇이며, 이것이 갈등상황에서 스트레스를 유발하는 데 어떻게 기여하였는가?

IPT의 평가/초기 단계에서 환자의 기본적인 애착유형을 분명히 확인해야 하지만, 갈등을 다루는 과정에서 애착유형이 좀 더 분명히 드러난다. 이러한 애착유형—스트레스에 대한 병적 소인(diathesis)—은 의사소통과정에서 환자가 어떻게 스트레스와 갈등을 겪게 되는지에 대한 정보를 준다. 환자의 애착유형은 치료자가 어떤 개입방법을 선택할지에도 영향을 준다. 이는 치료적 관계를 발전시키는 데도 영향을 미치게 된다.

치료적 관계 내에서 환자가 어떤 역할을 하는지에 대해 대인관계 갈등이 시사하는 점은 무엇인가?

환자와 다른 사람들과의 관계에 영향을 미치는 요소들은 치료적 관계에도 영향을 준다. 치료적 관계에서 나타날 수 있는 문제를 예상하고 다루기 위해서는 환자가 주로 사용하는 의사소통의 유형, 대인관계에서의 환자의 일반적인 기대 그리고 이러한 기대를 의사소통하는 방법 등에 주의를 기울여야 한다.

대인관계 갈등을 그래프화하기

1984년에 출판된 IPT 소개서[1]와 『대인관계치료: 가이드북(Interpersonal Psychotherapy: A Clinician's Guide)』 초판[2]에서 '갈등을 단계화하기(staging the dispute)'에 대해 소개하였다. 그것은 갈등을 재협상, 난국, 해소 등으로 단계화하는 것이다. 하지만 임상적 경험과 최근의 연구 결과들에 따라 역할 갈등에 대한 치료적 접근법이 크게 변화하였고, 더 이상 갈등을 단계화하지 않게 되었다.

이러한 변화의 기저에는 IPT가 이론적으로 그리고 임상적으로 환자의 이야기를 경청하는 치료법임을 강조하려는 의도가 있다. 갈등을 '단계'로 범주화하는 것은 대화(의사소통)를 확장시키기보다는 제한하는 역효과를 초래한다. IPT에서의 목표는 환자로 하여금 자신의 경험을 좀 더 충분히 표현하게 하는 것이지 그것을 인위적으로 제한된 범주에 맞추어 넣는 것이 아니다. 환자가 자기 경험을 다양하게 표현하고 대화를 확장할 경우 치료자는 환자의 대인관계 문제를 좀 더 잘 이해할 수 있고, 환자 역시 자기 자신이 문제에 어떻게 기여하였는지 그리고 문제에 대한 해결책은 무엇인지에 대하여 더 많은 통찰을 얻을 수 있다. 더구나 환자가 치료자에게 보다 확장되고 다양한 표현을 하는 것은 환자의 치료 밖의 다른 대인관계에도 전이되어 다른 사람들이 환자를 더 잘 이해할 수 있고, 환자에게 다른 방식으로 반응할 수 있도록 해 준다.

신뢰도는 범주화를 통해 높아질 수 있지만, 타당도와 의미는 세부적인 표현과 이야기를 통해 높아진다. 대인관계 갈등을 다룰 때, 환자에게 갈등을 범주화시키도록 요구하기보다는 환자가 자기 자신의 언어로 갈등을 이야기할 수 있도록 격려하는 편이 훨씬 좋다. 즉, 환자가 갈등에 대해 좀 더 자세히 이야기하고, 그가 무엇을 생각하고 있고 왜 그렇게 생각했는지를 상세히 설명하여 환자의 경험과 조망을 세부적인 사항까지 기술할 수 있도록 해야 한다. 그것이 의사소통을 잘하는 것이므로, IPT에서 치료자는 기회가 있을 때마다 이 점을 격려해야 한다. IPT에서의 핵심은 더 많은 표현을 할 수 있고, 경청할 수 있는 구조를 제공하는 것이다.

갈등을 좀 더 완벽하게 이해하고 경청할 수 있는 구조(structure)를 제공하기 위해 IPT에서 사용하는 방법 중 하나가 [그림 14-2]에 제시된 갈등 그래프다. 갈등 그래프는 매우 직관적이고, 특히 환자들이 쉽게 사용할 수 있다. 단계로 범주화하는 과거의 방법과는 달리, 갈등 그래프는 대화를 촉진시키며, 환자가 좀 더 많은 이야기를 표현하게 하고 좀 더 충분히 설명하게 함으로써, 치료자가 환자의 문제와 조망을 좀 더 완벽하게 이해할 수 있게 해 준다. 이것은 경청을 통해 정보를 좀 더 효율적으로 수집할 수 있는 구조화된 방법이다.

대인관계 갈등을 확인한 후, 치료자는 환자가 갈등을 시각화하여 표현할 수 있도록 갈등 그래프(conflict graph)를 사용한다. 그래프를 그리는 첫 단계는 환자에게 갈등 그래프에 대해 소개하는 것이다. 즉, 갈등 그래프는 갈등을 좀 더 충분히 이해하기 위한 도구로서 X축은 관계의 중요도를 나타내고, Y축은 갈등의 심각도를 나타낸다고 설명해 준다. 치료자는 환자에게 그래프를 건네주고, 그래프에 갈등을 점으로 표시하도록 하는데, 환자가 표시한 한 개의 점은 갈등의 심각도 및 관계의 중요성에 대한 환자의 견해를 나타내 준다. 이에 대한 환자의 설명을 충분히 들어 본 후, 다시 환자에게 상대방은 이 갈등에 대해 어떤 견해를 갖고 있을지 그 사람의 생각을 그래프에 점으로 표시해 보도록 한다. 즉, 갈등 상황에 있는 상대방은 갈등의 심각도와 관계의 중요성을 어떻게 지각하는지를 추측해 보도록 하는 것이다. 이것은 환자와 상대방이 견해 차이를 이해하는 데 도움을 주며, 의사소통 방식을 어떻게 변화시켜 나갈지에 대한 아이디어를 제공해 준다.

갈등 그래프의 중요한 특징은 척도나 점수가 없다(no scaling and number)는 것이다. 왜냐하면 갈등 그래프를 작성하는 목표는 환자가 갈등을 말로써 표현하도록 돕는 것이지, 그것을 범주화하거나 인위적인 평정 척도로 정량화하는 것이 아니기 때문이다. IPT 치료자로서 나는 환자의 갈등이 어떤 것인지 알고 싶을 뿐이다. 나는 환자가 문제의 심각도를 7이나 8 혹은 다른 어떤 숫자로 점수 매기는 것에는 관심이 없다. 나는 환자 자신의 말과 표현을 듣고자 하는 것일 뿐, 평정치를 알려고 하는 것이 아니다. 숫자로 평정하는 것에는 아무런 기준이 없다. 평정 점수

'8'이 의미하는 바가 무엇인지 알 수 없는 것이다. 마찬가지로 단계화되어 있는 범주 역시 공인된 의미가 없다. 환자의 갈등을 표현함에 있어서 지금은 사용하지 않는 분류인 '난국'이 의미하는 바는 무엇인가? IPT에서의 치료적 목표는 환자의 표현을 분류하는 것이 아니다.

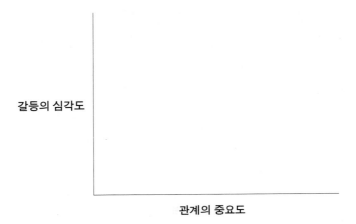

[그림 14-2] 갈등 그래프(Conflict Graph)

환자에게 의미 있는 타인과의 경험을 말하게 하는 목적은 의사소통을 효율적으로 하기 위함이며, 이를 시작으로 환자의 좀 더 중요한 경험을 공유하기 위함이다. 환자가 "나는 의미 있는 타인과 갈등이 있으며, 갈등의 심각도는 '8'이에요." 라고 평정하는 것은 환자와 치료자가 경험을 공유하는 데 도움이 되지 않는다. 즉, 평정은 환자를 제대로 이해하는 데 도움이 되지 않는다. 오히려 실제적으로는 의사소통을 방해하기도 한다. 대인관계 갈등은 말, 표현 그리고 의사소통 없이는 변화되거나 달라질 수 없다. 반대로, 환자가 이 갈등이 왜 자신에게 중요한지 자세히 이야기해 주면 환자가 갈등에 대해 느끼는 감정과 그것이 환자에게 준 영향을 제대로 알 수 있다. 그것은 새로운, 이전과는 다른 의사소통 방식의 출발점이 되며, 이를 통해 환자를 좀 더 완벽하게 이해할 수 있게 해 준다. 즉, 이를 통해 환자는 사회적 지지를 받을 수 있게 되는 것이다.

갈등을 점으로 표현하는 것은 두 가지 장점이 있다. 첫째, 환자가 자신의 갈등을 다른 관점에서 생각해 보게 한다. 이것은 갈등에 직면시키기보다는 개방적이고 탐구적으로 접근하게 한다. 즉, 환자가 다음과 같은 질문을 하고 고민하게 한다. '무엇 때문에 갈등이 그렇게 심각했을까?' '관계를 중요하게 만든 것은 무엇일까?' '나는 왜 여기에 갈등을 표시했을까?' 이 과정에서 환자는 자아 관찰(observing ego)을 하게 되고, 스스로 자신이 인간관계를 어떻게 생각하고 있는지에 대하여 '되돌아보게' 된다. 이것은 갈등관계를 고정된 것으로 보던 관점에서 벗어나 자연스럽게 좀 더 개방적인 관점으로 보게 한다. 두 번째 변화는 척도가 없는 그래프를 그리는 과정에서 나타나는데, 이때 '전부가 아니면 아무것도 아닌(all or nothing)' 태도 혹은 범주로 나누어 생각하는 관점에서 하나의 단계(one of degree)로 관점이 옮겨 가게 된다. '완전히 변하는 게 아니면 전혀 변한 게 아니라는 생각'보다는 어느 정도의 변화가 가능할 것이며 범주 사이를 건너뛰는 변화가 아닌 어느 지점까지의 점진적 변화가 가능하다는 생각을 갖게 해 준다. 이것은 상황을 좀 더 잘 이해하는 데 도움을 줄 수 있다.

그래프를 그리는 두 번째 과정, 즉 환자와 갈등 상황에 있는 대상자의 견해를 같은 그래프에 그리는 과정을 통해서도 변화는 촉진될 수 있다. 다음과 같은 질문을 할 수 있다. "그는 이 그래프의 어디에 표시할까요?" "그에게 갈등은 얼마나 심각할까요?" "그에게는 관계가 얼마나 중요할까요?" "그는 왜 여기에 표시했을까요?" "두 사람의 관점이 어째서 다른가요?" 등이다.

환자가 자신의 관점을 점으로 표시한 다음 갈등 상황에 있는 중요한 대상의 관점도 점으로 표시하고 나면, 이를 명료화하기 위한 논의를 시작한다. 다음과 같은 질문을 하는 것이 도움이 된다.

무엇이 달라졌습니까?

한 달 전 혹은 일 년 전이라면 갈등을 표시하는 점이 어디에 위치했을까요?

관점이 바뀐 사람이 있습니까?

관계가 왜 그렇게 중요합니까? 그리고 갈등이 왜 그렇게 중요합니까?

다른 사람의 관점을 점으로 표시하는 것은 변화에 필요한 세 번째 요소를 부드럽게 촉진하기 위한 것이다. 즉, 환자가 잠시나마 자신의 입장에서 벗어나서 다른 사람의 입장을 헤아리게, 상대방의 입장에서 관찰하게 한다. 즉, 환자에게 중요한 갈등 대상의 입장에서 사고, 정서, 희망, 욕망, 요구 등을 생각해 보도록 돕기 위한 기법이다. 두 사람의 점 사이에 불일치가 있는 경우 치료자는 즉시 다음과 같은 질문을 한다.

다른 사람이 당신의 관점을 이해하기 위해서는 무엇을 알아야 합니까?

그리고 이어지는 두 번째 질문은 다음과 같다.

다른 사람의 관점에 대해 좀 더 이해하기 위해 당신은 무엇을 알 필요가 있나요?
두 사람이 서로를 이해하는 데 틈이 생긴 이유는 무엇일까요?

이러한 질문은 통찰을 얻게 하고 의사소통 방식에도 변화를 가져오므로 IPT에서는 매우 중요하다. 배우자가 환자를 이해하려면 어떤 점을 알아야 하는지 질문하는 것은 환자가 배우자에게 자신의 경험에 대해 말해 주어야 한다는 주제로 넘어갈 수 있게 해 준다. 배우자를 이해하려면 환자가 배우자에게 무엇을 물어보아야 하는지 질문하는 것은 배우자의 관점에 대하여 물어보아야 한다는 주제로 넘어갈 수 있게 해 준다. 두 사람 사이에 틈이 생기게 된 이유가 무엇인지 질문함으로써, 갈등을 다루어 보고 타협의 가능성도 살펴보게 된다. 이는 갈등에 대한 통찰과 의사소통에서의 변화를 가져오게 된다.

대인관계 사건이나 의사소통 분석과 같은 기법을 사용함으로써 대인관계에서 나타나는 의사소통의 문제를 심도 있게 탐색할 수 있다. 환자와 치료자는 갈등의 여러 가지 측면을 탐색해야 하며, 동시에 그로 인해 야기된 감정(affect)도 분명히 살펴보아야 한다. 여기에는 환자가 여러 가지 갈등을 기술하면서 보고하였던 내용 감정(content affect)뿐 아니라 치료 장면에서 환자가 갈등에 대해 이야기할 때 치료자가 관찰한 환자의 과정 감정(process affect)도 모두 포함된다. 치료자는 환자가 자신의 의사소통 방식이 갈등에 어떻게 기여했는지를 스스로 알 수 있도록 하기 위해 환자의 의사소통 유형을 알려 주어야 한다. 이렇게 의사소통 방식을 수정하고, 갈등에 대한 기대를 수정하는 것 모두 역할 연기나 문제 해결을 통해 이루어질 수 있다.

대인관계상의 갈등을 해결하기 위한 기법들은 특정 상황에서 나타난 갈등의 '급성적' 측면을 다루는 능력을 향상시킬 뿐 아니라, 미래에 나타날 수 있는 문제를 다루는 기술도 학습시킨다. 결과적으로 치료가 끝난 후에 대인관계가 다시 나빠지는 것을 막는 역할을 한다. 동시에 새로운 인간관계에도 분명한 도움이 된다. 환자가 갈등 대상과의 관계를 끝내기로 결정한 경우라 할지라도, IPT의 목표는 환자를 도와서 환자 자신이 갈등에 어떻게 기여했는지를 좀 더 잘 이해하도록 하는 것이다. 이 목표가 달성되면 환자는 같은 실수를 되풀이하지 않고 새로운 대인관계에서는 좀 더 적절한 위치에 설 수 있을 것이다. 특히 일생에 걸쳐 같은 애착 유형, 같은 방식의 대인관계를 반복하는 환자에게는 매우 중요한 부분이다. 스스로에 대한 통찰이 없다면 환자는 하나의 실패한 대인관계의 수렁에서 다음 수렁으로 다시 옮겨 갈 가능성이 높기 때문이다.

대인관계 갈등: 기법들

치료자와 환자는 갈등이 존재함을 인정하고, 도식화하고, 세부적으로 탐색한 후에, 갈등을 야기한 급성 위기를 해소하는 작업을 해야 한다([그림 14-3] 참조). IPT의 중기 단계에서는 대인관계 갈등과 관련된 정보를 수집하고 갈등을 해소하기 위해 많은 기법들이 사용된다.

대인관계 갈등은 평가/초기 회기에 확인하고 대인관계 설계에 포함시켜야 한다. 갈등을 그래프로 표현한 후, 중기 회기에서는 세부적인 사항을 탐색한다. 치

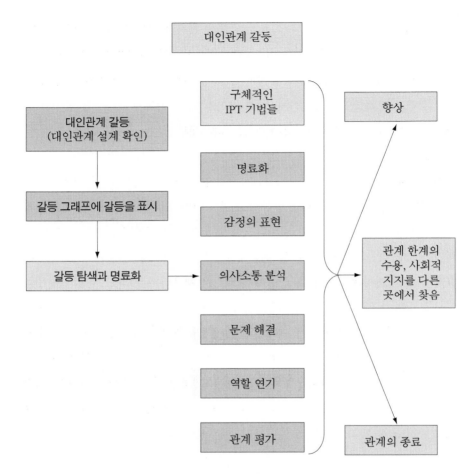

[그림 14-3] **대인관계 갈등에서 치료적 개입**

료자는 문제 해결 기법, 대인관계에 대한 기대 수정(의사소통 분석과 대인관계 사건을 사용하여) 등으로 환자가 변화될 수 있도록 도와주어야 한다. 대인관계 갈등이 해소될 수도 있고, 환자가 관계를 끝내기로 결심할 수도 있으며, 환자가 관계에 좀 더 무관심해질 수도 있다. 갈등의 결과가 무엇이든, IPT의 일차적인 목표는 환자가 거기서 빠져나와 사회적 지지를 증가시킬 수 있도록 돕는 것이다.

명료화

　개방형 질문과 공감적 경청은 치료자가 대인관계 갈등을 겪고 있는 환자와 치료 동맹을 형성하는 데 도움이 된다. 이는 IPT의 모든 개입에 기본이 되는 기법이지만, 갈등을 다룰 때 특히 중요하다. 갈등 상황에 있는 환자들은 대부분 좌절감과 누구에게도 이해받지 못한다는 느낌 속에서 치료를 받으러 오기 때문에, 치료 상황에서도 유사한 경험을 하면 치료자가 경청하지 않는다고 느끼거나 좋은 동맹을 형성하지 못했다고 생각할 수 있다.

　명료화는 환자 갈등의 특수한 측면을 확실하게 밝히는 데 도움을 주지만, 환자의 보고가 왜곡되어 있을 가능성에 주의를 기울여야 한다. 통찰이 부족한 환자의 경우, 갈등에 관해 치료자와 대화를 할 때 갈등 대상에게 책임이 있다는 메시지를 암묵적으로 전달하거나, 혹은 치료자가 자기 편에 서서 '갈등의 대상'을 비난하는 이야기를 하도록 은근히 압박하기도 한다. 이 경우 치료자는 주의 깊게 추론해야 하는데, 왜냐하면 환자가 '말하지 않은 것(what is not said)'이 갈등의 속성을 결정하는 데 매우 중요한 경우가 많기 때문이다.

　명료화는 또한 중요한 대상과 의사소통을 하는 방식을 훈련하는 데도 도움을 줄 수 있다. 기본 원칙은 환자가 치료자에게 먼저 의사소통을 하면서 명료화를 한 후, 중요한 대상과 구체적인 이야기를 함으로써 좀 더 완벽하게, 좀 더 세부적인 사항까지 공유할 수 있도록 하는 것이다.

감정의 표현

　환자는 갈등과 관련된 개인사를 이야기하면서 슬픔이나 분노와 같은 정서를 경험하기 시작한다. 치료자는 환자가 이를 자각할 수 있도록 도와주어야 한다. 환자가 과거의 사건을 진술할 때, 환자의 과정 감정과 내용 감정 모두를 탐색해 볼 수 있다. 환자가 대인관계를 이야기할 때 감정이 가장 잘 촉발된다. 특히 갈등이 발생했던 구체적인 대인관계 사건에 초점을 맞추면 환자가 정서적 반응을 인식하고 표현하도록 도울 수 있다. 일단 정서를 확인하면, 이를 갈등이 있는 대인관계를 변화시키기 위한 동기로 활용할 수 있다.

의사소통 분석

갈등은 빈곤하고, 부적절하며, 비효과적인 의사소통에 의해 발생할 수도 있다. 치료자는 환자가 중요한 대상과 했던 의사소통을 구체적으로 이야기하도록 격려해야 한다. 이를 통하여 환자의 의사소통 유형을 검증할 수 있으며, 문제를 지속시키는 데 기여한 의사소통 방식에 대한 가설을 세울 수 있게 된다.

문제 해결

환자의 대인관계 문제와 관련된 개인사 및 환자의 의사소통 유형을 치료자가 충분히 이해하였다면, 치료자와 환자는 가능한 해결책을 찾기 위해 서로 협조할 수 있다. 비슷한 문제를 다루는 데 사용할 새로운 전략뿐 아니라 과거의 전략도 모두 다루어야 한다. 이 과정에서 환자가 적극적인 역할을 하도록 하는 것이 환자의 통제력을 증가시키는 데 매우 중요하다. 이것은 환자가 미래에 겪을 다른 문제를 처리할 수 있는 기술을 개발하는 데 도움이 된다.

역할 연기

역할 연기는 대인관계 갈등을 다룰 때 중요한 개입기법 중 하나다. 환자는 먼저 의미 있는 타인의 역할을 하는데, 이를 통해 환자는 다른 사람의 경험에 대한 통찰을 얻을 수 있다. 치료자가 환자의 역할을 먼저 연기할 경우에는 새로운 의사소통 방식을 보여 줄 수 있다. 그런 다음 치료자는 환자가 자신의 의사소통 유형에 대해 좀 더 통찰을 얻을 수 있도록 의미 있는 타인의 역할을 한 후, 환자에게 피드백을 준다. 역할 연기는 환자가 자기 주장 혹은 의사소통 기술 등을 '가상의

(in vitro)' 상황에서 연습해 볼 수 있는 기회를 제공한다.

관계 평가

갈등은 상호 호혜적이지 않은 관계를 기대하기 때문에 발생하는 경우가 많다. 즉, 무조건적인 사랑, 비현실적 기대 혹은 서로에게 기대하는 역할의 차이 때문에 갈등이 생기게 된다. 또한 중요한 대상에 대한 환자의 기대가 상대방의 능력을 넘어서거나 특정 상황에서 가능한 한계를 넘어설 때 갈등이 더욱 악화된다.

예를 들어, 출산 후 어려움을 겪고 있는 여성은 자신이 직장에 복귀할 때 남편이 아이들 양육을 맡아 주기를 기대할 수 있다. 하지만 남편이 직장에 다니고 있다면 이러한 기대는 누가 보아도 비현실적인 기대이며, 남편이 환자의 기대를 충족시키는 것은 불가능함을 알 수 있다. 남편이 회피적이고 무뚝뚝한 성격 특성을 갖고 있음에도 환자가 남편과 깊은 정서적 교감을 나누길 기대한다면 이 역시 남편에게 내재되어 있는 한계 때문에 비현실적인 기대라고 할 수 있다. 반대로, 남편이 본인이 부담스럽지 않을 정도의 의사소통만 원할 것을 아내에게 기대한다면 이 역시 비현실적인 기대다. 이러한 상황에서 치료자는 환자의 기대를 세부적으로 점검해 보아야 하며, 기대가 현실적인지를 결정할 수 있도록 도와주어야 한다. 그렇지 않다면, 환자는 의사소통이 향상되어도 여전히 실망할 가능성이 있다. 치료자는 어떤 상황에서는 환자의 기대에 대하여 직접적인 피드백을 줄 수 있으며, 또 다른 상황에서는 환자가 주도권을 갖도록 내버려 둘 수도 있다. 어떤 경우든 치료의 목표는 환자가 자신의 상황을 현실적으로 평가하도록 돕는 것이다.

여기서 사용한 기법들은 인지치료에서 사용하는 기법들과 유사점이 많다. 기법 면에서 볼 때 IPT와 인지행동치료(CBT)는 유사점이 많다. 즉, 치료자는 환자의 기대에 도전을 하는 것이다. 하지만 전략적인 면에서 IPT와 CBT는 매우 다르다. IPT의 경우 다음과 같은 전략을 갖고 있다.

- 일차적인 목표는 의사소통 방식을 바꾸는 것이고 사회적 지지를 증가시키는

것이지, 환자 내면의 부정적인 인지와 심리도식(schema)에 도전하는 것이 아니다.

- 치료자는 환자가 대인관계 변화에 영향을 줄 수 있는 구체적 관계에 대한 기대를 점검하도록 돕고, 관계에 관한 환자의 기대에 항상 주의를 기울인다.

대인관계 갈등: 그 밖의 치료 전략들

갈등이 전혀 없다고 말하는 환자

IPT의 평가/초기 단계에서 환자의 과거 개인력을 보면 심각한 갈등이 있었을 가능성이 큼에도 불구하고, 환자 자신은 심각한 대인관계 갈등이 존재한다는 것을 자각하지 못하는 경우가 있다. 이에 대해서는 환자의 애착유형(그가 과도하게 이상화하는 대상에 집착하고 있거나 의미 있는 타인을 비판하지 않도록 억제하는), 성격적인 심리적 방어, 문화적 요소 혹은 치료적 관계의 초기 단계에서의 자기-노출에 대한 거부감 등과 같은 가능성을 점검해 보아야 할 것이다.

이 경우 치료자는 상황을 '병적인 것'으로 보려 하지 말고, 또한 치료 동맹을 손상시키지 않으면서 갈등이 존재할 가능성에 대하여 계속 관심을 기울여야 한다. 달리 표현하자면, 치료자는 지속적으로 경청을 해야만 한다. 이 환자의 갈등은 대인관계에서 일상적이고 합리적인 것으로 재조직화되었을 것이다. 이것이 관계가 반드시 역기능적이거나 파멸적인 것임을 시사하는 것은 아니다. 치료자는 환자의 보고에서 일치하지 않는 면을 들여다보아야 하며, 동시에 환자의 의사소통과 문제 해결 유형을 검토해 보아야 한다. 대인관계 갈등이 분명하게 드러나면, 치료자는 환자에게 갈등을 다루어 주는 것이 관계를 개선하고 증상을 경감시키는 데 도움이 될 수 있다고 설득할 수 있다.

변화에 대한 동기가 없는 것 같은 환자

말할 필요도 없이, 치료에 대한 동기가 없는 환자들은 IPT를 진행해 나가기가 매우 힘들다. 물론 이런 환자들은 다른 종류의 정신치료자들도 반기지 않는다. 동기가 없다는 것은 기분장애의 중요한 현상적 속성일 수도 있고, 아니면 회피성 혹은 의존성 성격 등을 가지고 있는 일부 환자의 성격적 특성이 반영된 것일 수도 있다.

환자에게 동기가 결여되어 있는 것이 환자 질병의 속성임을 치료자와 환자 모두가 인식하였다면, 치료의 초기 단계에서는 대인관계 문제 중 보다 제한된 목표에 초점을 맞추거나 좀 더 쉽게 다룰 수 있는 문제를 우선 해결하는 데 초점을 맞출 수 있다. 일단 환자가 작은 성공을 경험하면 그의 동기는 기분과 함께 향상될 수 있다. 치료자는 환자가 얻은 성과를 지속적으로 강조해야 하며, 이를 이용해서 장기적으로 환자의 동기를 강화시켜 나가야 한다. 동기결여가 애착유형과 관련되어 있다면 치료자는 자신의 스타일을 이에 맞추어 조절하고 적용해야 한다. 즉, 좀 더 현실적인 치료목표를 정하고, 필요하다면 속도를 늦춰서 치료 동맹에 초점을 맞추고, 환자 스스로 문제를 해결하는 데 좀 더 협조적이 되도록 해야 한다.

치료에 참여하고자(engage) 하는 동기와 치료작업을 하고자(work) 하는 동기는 전혀 다른 것이다. 예를 들어, 의존적인 환자는 도움을 받기 위해 매우 애를 쓴다 (즉, 치료에 적극적으로 참여하려고 한다). 그러나 치료적 관계에서 자신의 의존 욕구를 변화시키려는 동기는 없는 경우가 많다. 다행히 이런 환자들이라도 일단 치료에 참여하면, 치료적 작업을 해 나가도록 치료자가 어느 정도 영향을 줄 수는 있다. 하지만 치료회기를 엄격하게 제한하면서 치료종결이 얼마 안 남았다고 압박하는 것은 환자를 변화시키기 위해 치료자가 종종 사용하는 방법이지만, 결과적으로는 치료 동맹에 손상을 주고, 환자는 불안감이나 공감받지 못한다는 느낌 등을 받게 되는 매우 졸렬한 전략(tactic)이다. 반대로, 이전 장에서 언급한 지속성 (persistence)과 같은 기법들은 이러한 상황에서 동기를 증가시키는 데 큰 도움이 될 수 있다.

간단히 말해서, 첫 번째 회기를 마친 후 다음 회기에 다시 오는 환자는 최소한 치료에 참여하려는 동기가 있는 사람이며, 따라서 치료를 통해 도움을 얻을 수 있는 기회가 있다. 그러나 아예 치료를 받으러 오지 않는 사람들, 치료를 견뎌 내지 못하는 사람들, 치료에 오다 안 오다 하는 사람들은 치료가 잘되지 않는다. 환자가 오지 않는다면 어떤 치료적 기법도 효과가 없다는 것은 당연한 이치다.

사회적 역경에 압도되어 있는 환자

사회적 역경, 예를 들면 경제적 궁핍이나 사회적 지지의 결핍과 함께 만성적이고 고질적인 대인관계 갈등을 겪고 있는 환자의 경우, 환자와 치료자 모두 절망감을 느낄 수 있다. 그러나 이것이 IPT가 불가능하다는 의미는 아니다. 압도적인 사회적 문제에도 불구하고, 환자가 변화에 대한 동기를 갖고 있으며, 대인관계에 초점을 맞추고, 현실적인 목표를 향해서 함께 작업해 갈 수 있는 능력을 갖고 있는 경우가 종종 있다. 다루기 힘든 환자나 어려운 사회적 환경에 처한 환자를 치료한 경험에 따르면 이러한 요인만으로는 예후가 부정적이라고 단정할 이유가 없다.

이 경우 치료자는 환자의 모든 문제를 다루려고 하지 말고, 달성 가능한 목표를 조심스럽게 설정하는 작업을 환자와 함께 협조하여 해 나가야 한다. 문제가 되는 대인관계가 아닌 다른 곳에서 애착과 사회적 지지를 구축하도록 돕거나 자기주장 기술이나 문제 해결 기술을 향상시키는 것을 목표로 작업하는 것이 좋다. 치료자는 환자와 따뜻하고 협조적인 관계를 맺고, 환자가 이렇게 힘든 상황을 다루려고 노력하고 있는 것에 대해 지지를 해 주어야 한다. 공감해 주고 대인관계 문제에 초점을 맞추는 것이 과거 '만성적'이고 '난치성'이라고 생각되었던 정신과적 증상을 호전시키는 데 도움을 줄 수 있다.

원활한 의사소통에 어려움이 있는 환자

의사소통에서 어려움이 있다는 것은 환자의 애착유형에 문제가 있고 역기능적으로 자신의 애착요구를 표현하고 있음을 반영한다. 환자가 치료자와 상호작용하는 방식은 치료 밖 상황에서의 상호작용 방식을 반영하므로, 이러한 행동양식이 치료 상황에서 나타나면 이를 통하여 환자의 상호작용 방식을 추론할 수 있다. 치료자가 치료 밖에서의 환자의 의사소통 방식을 건설적이고 비(非)비판적인 방식으로 구체화할 수 있다면, 치료자는 환자의 대인관계 행동 혹은 의사소통에서의 문제를 변화시키도록 도울 수 있을 것이다.

IPT에서 치료적 관계 내에서 의사소통의 문제가 생겼다면 전이에 기반을 둔 치료로 옮겨 가기보다는 치료의 초점을 환자의 일상생활에서의 실제적인 인간관계로 즉시 확대하여 탐색해야 한다. 치료 밖 관계에서의 환자의 행동이 치료의 초점이 된다면, 환자는 대인관계 문제에 자신이 어떻게 기여하는지를 이해하기 위한 도움을 받을 수 있을 것이다.

사례 14-1 Donna

Donna는 41세 여성으로, 부부 갈등에 대한 상담을 받기 위해 찾아왔다. 대인관계 평가도구를 작성하는 과정에서 Donna는 남편 Blake([그림 14-4] 참조)와의 관계에서 전혀 친밀감을 느낄 수 없다고 보고하였다. Donna는 두 사람 사이에 의사소통이 매우 제한적이며, 더 이상 공통점이 없는 것 같고, 부부관계 역시 매우 적다고 보고하였다. Donna는 Blake에게 이 점에 관해 이야기해 보려고 했었지만, 이 대화는 '아무런 소득이 없었다.'고 보고하였다. 대인관계 설계([그림 14-5] 참조)를 통해 대인관계 갈등이 문제영역으로 정해졌다.

다음 회기에서 Donna와 치료자는 대인관계 갈등을 그래프로 표시하였다([그림 14-6] 참조). Donna는 Blake보다 자신이 관계에 훨씬 더 많이 투자를 하고 있으며, 결과적으로 자신이 문제를 더 심각하게 생각하고 있다고 말했다. 그녀는 어떻게 해서 현재와 같은 상황이 되었는지를 구체적으로 진술하는 데 어려움을 느끼고 있는

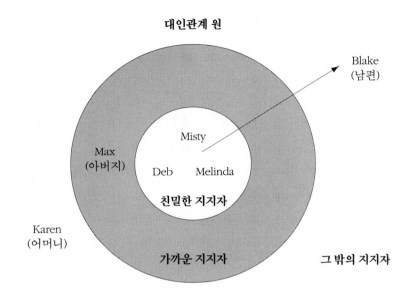

[그림 14-4] 대인관계 원-Donna

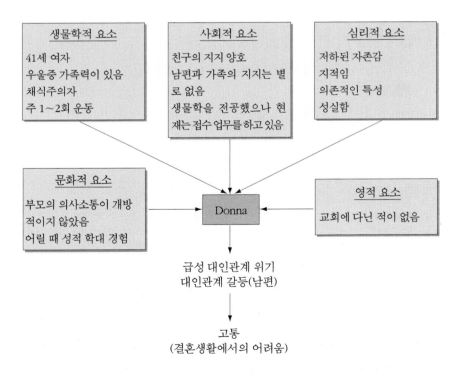

[그림 14-5] 대인관계 설계-Donna

것 같았고, Blake가 그녀의 입장을 좀 더 잘 이해하려면 무엇을 알아야 하는지 물었을 때 이에 대하여 별다른 정보를 주지 못하였다. 그 대신, 그녀는 이 문제가 해결될 수 없을 것이고, Blake는 결코 그녀를 이해할 수 없을 것이라고 생각하였다.

　IPT 평가/초기 단계에서부터 치료자는 Donna를 치료과정에 참여시키는 데 어려움을 겪었다. 치료자는 좌절감을 느꼈고, Donna에게 짜증을 내곤 하였는데, 왜냐하면 Donna가 모든 질문에 아주 간단히 대답하거나 제대로 반응하지 않았기 때문이었다. 치료자는 이러한 의사소통 방식이 Donna와 남편의 관계도 손상시켰을 수 있다는 가정하에서 작업하기 시작하였고, 치료회기 내의 의사소통에 기초하여 좀 더 많은 정보를 얻기로 결정하였으며, 이것을 Blake와의 관계 및 두 사람 사이의 의사소통에까지 확산시키기로 하였다.

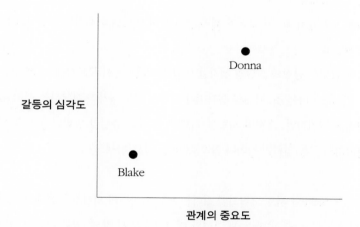

[그림 14-6]　**갈등 그래프-Donna**

치료자: Donna, 가장 최근에 당신과 Blake가 제대로 된 대화를 했던 때에 대해 말해 주세요.

Donna: (긴 침묵 후에 작은 목소리로) 몇 주 전이요.

치료자: 무슨 일이 있었습니까?

Donna: (긴 침묵 후에 작은 목소리로) 음…… 우리는…… 음…… 우리의 관계에 대하여 좀 이야기를 했어요.

치료자: 어땠나요?

Donna: 네?

치료자: 당신과 제가 지금 이야기하는 것 같았나요?

Donna: (작은 목소리로) 무슨 말씀인지 모르겠어요.

치료자: 제 경험에 의하면 우리가 이야기할 때 비언어적 의사소통은 많았지만, 실제 말은 별로 없었거든요.

Donna: 아…… 예…….

치료자: 이런 상황에서는 당신이 무엇을 생각하고 있는지 혹은 어떤 경험을 했는지 이해하는 것이 매우 힘들 것 같군요. 당신이 남편과 대화할 때도 비슷한지 걱정이 되네요.

Donna: 모르겠어요…….남편은 제가 입을 닫아 버리면 좌절감을 느낀다고 말하곤 했어요.

치료자: 남편은 당신의 느낌과 생각을 어떻게 이해하는지 모르겠네요. 때로는 말로 의사소통하는 것, 자신의 생각이나 감정을 말로 상세히 전달하는 것이 매우 어려운 일이지만, 그것이 서로를 이해할 수 있는 유일한 방법입니다. 당신이 **경험하는 것을 남편이 얼마나 잘 이해한다고 생각하세요?**

Donna는 Blake와 서로 고립되어 있다는 느낌을 본인의 의사소통 문제와 연결시킬 수 있게 되었고, 특히 Blake는 그녀가 어떤 기분인지 알 수 있는 방법이 없다는 생각을 하게 되었다. 치료의 초점이 그녀의 의사소통 방식으로 옮겨 가면서 Donna는 자신과 Blake에 대한 분노감과 좌절감을 표현할 수 있었으나, 이를 어떻게 해결해 나갈지에 대해서는 난감해하였다. 치료자와 Donna는 그녀가 고립되어 있고 외롭다고 느끼고 있음을 Blake가 알게 하는 것이 중요하다는 것에 동의하였으며, 그것은 의사소통을 하고자 하는 그녀의 동기를 강화시켜 주었다.

역할 연기를 통해 대화를 연습해 보았다. 우선 치료자가 Donna 역할을 하면서 다소 다른 방식으로, 좀 더 직접적으로 의사소통을 하는 방법을 보여 주었다. 그다음, 치료자는 Blake를 연기하였다. 이 과정에서 치료자는 Donna의 의사소통 방식이 다른 사람에게 어떻게 좌절감을 유발하는지 알게 되었다. 치료자는 역할 연기를 하는 동안 이러한 경험에 대하여 언급하였고, Donna에게 남편이 그녀의 말에 주로 어떤 반응을 보이는지 질문하였다. 치료자와 Donna는 다음 회기에도 그녀가 자신의 느낌을 표현하는 능력을 향상시키기 위하여 역할 연기를 통하여 의사소통 연습을 계속하였다.

치료종결 시점에 Donna는 자신의 의사소통 유형에 분명히 의미 있는 향상이 있었음을 여러 번 표현하였다. Blake와의 갈등도 상당히 호전되었고, 그녀의 고립감도 많이 줄어들었다고 말했다. 치료자는 이제부터는 그녀에게 또 다른 사회적 지지를 제공해 줄 수 있는, 그녀에게 수용적인 친구들과도 소통을 시작해 보도록 격려하였다.

의미 있는 타인에게 심리적 손상이 있는 환자

IPT 치료자들은 의미 있는 타인이 심리적 어려움—개인뿐 아니라 가족에게도 악영향을 주는—을 겪고 있는 경우를 종종 보게 된다. 심리적 손상을 입은 배우자나 가족 구성원과 상호작용하고 돌봐 주어야 하는 부담은 돌보아 주는 사람에게까지 대인관계 문제를 야기할 수 있다. 가족 치료자들은 종종 '확인된 환자(identified patient)'라는 용어를 쓰는데, 이는 역기능적인 가정 문제 때문에 치료를 받게 만든, 즉 문제를 제공한 가족 구성원을 의미한다. 이러한 시스템의 문제를 IPT에서는 자주 만나게 된다.

치료자는 이 경우, 손상을 입은 배우자를 치료회기에 데려오게 하거나 부부치료, 혹은 배우자를 따로 면담하기, 배우자를 다른 치료자에게 의뢰하기 등 여러 가지 선택을 할 수 있다. 의미 있는 타인이 자신의 심리적 문제를 드러내기를 주저하면, 치료자는 환자를 도와 타인의 부적응적인 의사소통과 행동을 재구성하여 정말 그가 전달하고 싶었던 것이 무엇인지를 찾도록 격려한다. 의미 있는 타인이 치료를 거부하는 경우 치료를 받고 있는 개인에 의해 야기된 변화가 두 사람의 관계에도 영향을 미치기를 희망해 볼 수 있다. 이 경우 의미 있는 타인 역시 치료의 이익을 얻게 되는 것이다. 의미 있는 타인이 심리적으로 손상되어 있으면서도 치료를 거부하는 가장 어려운 경우라 할지라도 치료자는 의미 있는 타인이 치료에 참여하지 않았다는 이유만으로 치료자를 찾아온 개인의 치료를 주저해서는 안 된다.

사례 14-2 Peter

Peter는 44세 남자로, 지난 몇 달간 계속된 과도한 슬픔과 절망감 때문에 치료자를 찾아왔다. 그는 치료자에게 19세 된 딸 Cassandra와 갈등이 있은 후부터 증상이 나타났다고 말했다. 그는 자신의 증상이 Cassandra와의 갈등의 정도에 따라 변화한다고 진술하였다. Peter의 증상은 우울증 삽화를 진단할 만큼 심하지는 않았지만 스트레스가 상당했고, 결과적으로 치료를 받아야겠다는 결심을 하게 만들었다. Peter는 이제까지 신체적으로나 정신적으로 건강한 상태였다고 말했다.

Peter와 Cassandra 사이의 문제는 Peter가 Cassandra의 엄마와 3년 전에 이혼한 것과 관련이 있었다. 그때까지 Cassandra는 대부분의 시간을 엄마와 지냈는데, 그녀는 부모의 이혼이 전적으로 아빠의 잘못이라고 생각하였다. Cassandra 자신도 건강(만성적인 피로감을 호소하고 있었음) 때문에 어려움을 겪었으며, 수차례의 자해, 약물 남용, 자살 사고를 포함한 수많은 문제 행동을 나타내고 있었다. 스트레스가 매우 심각함에도 불구하고, Cassandra는 도움을 받으려 하지 않았다. Peter는 Cassandra에게 치료를 받을 것을 권했지만, 그녀는 무관심한 태도를 보이거나 공격적인 반응을 보였다.

Peter는 또한 최근 교제 중인 여자 친구 Jane의 요구 때문에 스트레스를 받는다고 호소하였다. Peter와 Jane은 1년 정도 사귀었는데, Jane은 다른 도시에 있는 회사에서 스카우트 제의를 받고 있었다. 그러면서 Jane은 Peter에게 '두 사람의 관계를 확실히' 하고 '두 사람을 위한 삶을 살기 위하여' 결혼을 하자고 요구하고 있었다.

대인관계 평가도구([그림 14-7] 참조)를 완성한 후에, Peter와 치료자는 Cassandra와 Jane 때문에 겪고 있는 현재의 어려움을 대인관계 갈등으로 설계하는 것이 가장

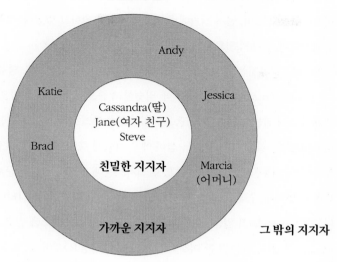

[그림 14-7] 대인관계 원-Peter

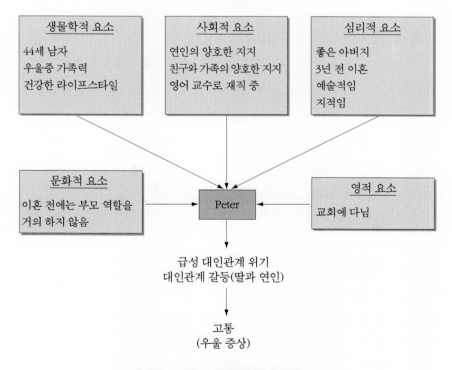

[그림 14-8] 대인관계 설계-Peter

적절하다는 점에 동의하였다([그림 14-8] 참조). Peter는 Cassandra와의 갈등을 가장 걱정하고 있었으며, 먼저 거기에 초점을 맞추기를 원하고 있었다. 갈등 그래프가 작성되었으며, 문제의 명료화가 시작되었다([그림 14-9] 참조).

Peter와 치료자는 Cassandra와의 갈등의 속성을 구체적으로 명료화할 수 있었다. Peter는 Cassandra 역시 관계에 비슷한 수준으로 관여하고 있으며, 그녀 역시 관계가 와해되는 것을 매우 고통스러워하고 스트레스를 느끼고 있는 것으로 생각하고 있었다. 갈등 그래프에 두 점이 매우 가깝게 표시되었지만, 그럼에도 Peter는 두 사람이 서로를 잘못 이해하고 있고 의사소통에 아직도 상당히 문제가 많다고 진술하고 있었다. 그는 그들의 문제가 그래프에 시각적으로 잘 나타나 있다고 말했다. 즉, Cassandra가 입을 닫아 버리는 것은 그녀가 스트레스를 받고 있다는 신호라고 그는 보았다. 그는 또한 이것이 그녀의 자해 행동으로 이어진다고 보았다. 그러나 그는 자신이 Cassandra를 진심으로 걱정하고 있다는 것을 확신시킬 수만 있다면 그녀가 바뀔 것이라고 믿고 있었다. 또한 그는 자신이 먼저 대화를 다시 시작하기 위한 노력을 해야 한다고 믿고 있었다.

Peter는 Cassandra가 아버지의 입장을 듣고 이해하려고 노력해야 하며, 스스로를 좀 더 잘 챙겨야만 한다고 기대하고 있었다. 그는 또 치료를 받아 보라는 그의

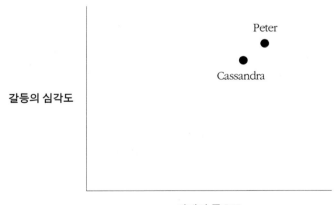

[그림 14-9] 갈등 그래프-Peter와 Cassandra

제안이 관심의 표현이고 좋은 뜻으로 하는 말이라는 점을 그녀가 인정해야 한다고 진술하였다. 그는 이 점을 Cassandra에게 전달하는 데 몹시 어려움을 겪고 있었다. 상황을 세부적으로 진술하는 과정에서 치료자는 그가 눈물을 흘리며 초조해하고 있음에 주목하였다. 치료자는 Peter에게 본인의 과정 감정(process affect)에 주의를 기울이게 하였으며, 이야기의 내용과 감정 사이에 차이가 있음을 인지하였다. Peter가 자신의 슬픔을 인식하고 받아들이는 것은 갈등을 해결하려는 동기를 갖게 하는 데 도움이 되었다.

중기 회기에서 치료자와 Peter는 회기 전에 일어났던 Peter와 Cassandra 사이의 대인관계 사건을 다루었다.

> 치료자: 지난번 당신과 Cassandra가 했던 대화를 말해 줄 수 있나요?
>
> Peter: 예. 그것은 재앙이었어요.
>
> 치료자: 재미있는 표현이군요. 우리가 당신과 딸 사이의 상호작용을 세부적으로 다루어 본다면, 의사소통 문제를 좀 더 잘 이해할 수 있고, 또 당신이 그것을 어떻게 풀어 나갈지에 대해서도 생각해 볼 수 있는 기회가 될 것 같네요.
>
> Peter: 좋습니다. 무슨 일이 일어났었는지 상세히 기억해 보도록 노력하겠습니다.
>
> 치료자: 좋습니다. 대화의 상황을 이야기해 줄 수 있나요?
>
> Peter: 예. 제가 Cassandra에게 고함을 쳤어요.
>
> 치료자: 딸에게 정확히 무엇이라고 말했나요?
>
> Peter: "Cassandra, 아빠다."라고 말했어요.
>
> 치료자: 그러니까 Cassandra는 뭐라고 말했나요?
>
> Peter: "왜요?"라고 말했죠.
>
> 치료자: 거기에 당신은 어떻게 반응했나요?
>
> Peter: "'왜요'가 무슨 말이니?"라고 말한 것 같아요.
>
> 치료자: 그 말을 어떻게 하셨나요?
>
> Peter: (혼란스러운 듯) 무슨 뜻인가요?
>
> 치료자: 당신이 지금 그 말을 할 때는 매우 중성적으로, 감정이 없는 것같이 들렸

습니다. Cassandra에게 의사소통할 때는 어떤 감정으로 말했습니까?

Peter: 글쎄……. 저는 무척 화가 났었죠. 아마 소리를 질렀을 거예요.

치료자: 좋습니다. 그다음 Cassandra는 당신에게 어떻게 반응했는지 말해 주시겠어요?

자세히 살펴본 결과 Peter는 Cassandra의 공격적인 말투에 역시 공격적으로 반응하였고, 그의 반응은 상황을 더욱 악화시켰다. 치료자와 Peter는 Cassandra와의 의사소통을 좀 더 깊이 다루어 볼 필요가 있다는 점에 동의하였고, 다음 몇 회기 동안 Peter의 감정을 Cassandra에게 명확하게, 직접적으로 전달하는 데 초점을 맞추었다.

Jane과의 관계를 탐색해 본 결과, Peter는 Jane이 '어느 정도의 여유를 주기를' 기대하고 있었으며, '딸과의 문제를 우선 해결하기를' 원하고 있었다. Peter는 이 생각을 Jane에게 제대로 전달할 자신이 있다고 믿고 있지만, Jane이 아직도 자기의 입장을 이해하지 못하고 있다고 느끼고 있었다. 치료자는 Peter에게 또 하나의 갈등 그래프를 그리도록 요청하였고, Peter는 관계의 중요성을 보는 관점에 Jane과는 상당한 차이가 있음을 그래프상에 표시하였다([그림 14-10] 참조).

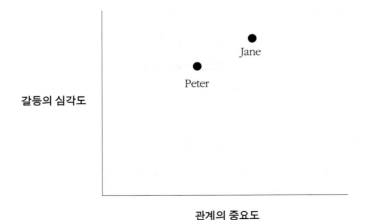

[그림 14-10] 갈등 그래프-Peter와 Jane

Peter와 치료자는 Jane에 대한 그의 기대를 명료화하는 작업과 그녀에게 의사소통하기 위한 연습을 하기로 하였다. 치료자와 Peter가 다룰 구체적인 문제는 Peter가 Jane에게 "나는 아직 이혼의 충격을 극복하고 있는 중입니다."라고 말하고, 그 결과 Jane이 결혼을 강요하지 않고 우선 다른 도시로 직장을 옮겨 가도록 협상하는 것이었다. 치료자와 Peter는 Jane과 주중에는 떨어져 지내고 주말마다 만나는 방법, Peter가 결혼을 한 후 혹은 결혼은 하지 않은 채 Jane과 함께 다른 도시로 이사 가는 것 등 다양한 해결책에 대해 논의하였다.

Peter는 이사하는 방법은 거절하였는데, 그 경우 Cassandra와 멀리 떨어지게 되고 Cassandra와 갈등을 해소할 가능성이 더 적어지게 되기 때문이었다. Peter는 그 후 Jane과 의사소통을 하였고, 일시적으로 떨어져 살기로 합의하였다. 그는 비슷한 문제 해결 전략을 Cassandra와의 갈등에도 적용하였다. 특히 어떻게 하면 그녀에게 효과적으로 접근할 수 있는지, 또 그녀가 상담이나 치료를 받았으면 좋겠다는 그의 소망을 어떻게 전달할지에 대해 다루었다. Peter는 그녀의 분노에 대해서는 인정을 하면서도 그의 메시지 역시 분명하게 전달하는 방식으로 의사소통을 할 수 있었다. 그 결과 Cassandra는 치료자를 만나 보기로 동의하였다. 두 가지 갈등이 해소되면서 Peter의 기능도 크게 호전되었다.

대인관계 갈등에 대해 작업을 할 때, 중요한 점은 환자와 치료자가 가능한 한 명확하게 갈등 상황에 있는 사람들의 핵심적 기대가 무엇인지를 명료화하는 것이다. 이와 함께 환자가 자신의 기대를 의사소통하는 방식과 다른 사람에 대한 애착욕구에 관한 탐색도 병행되어야 한다. 일단 이 과정을 성공적으로 수행한 후, 의사소통을 향상시키려는 목표를 갖고 문제 해결 작업을 시작할 수 있다.

사례 14-3 Gerry

Gerry는 45세 독신 남자로, 대형 극단에서 의상 디자이너로 일하고 있었다. 그는 우울과 불안이 심해서 가정의학과 주치의로부터 의뢰되었다. Gerry는 의상 디자이너로서 매우 성공적인 경력을 밟아 왔으며, 그의 작업은 동료들로부터 늘 좋은 평가를 받아 왔다. 그러나 극단이 최근에 새로운 무대감독을 채용하였는데, Gerry는 그녀가 매우 까다롭고 감정적이라고 진술하였다. Gerry의 말에 의하면 그녀는 "세세한 것까지 모두 통제하고 간섭해요. 제가 한 모든 일에 대해 잘했다고 평가하는 것이 하나도 없어요."라고 기술하였다.

Gerry는 치료자에게 오래전부터 사회적 불안감을 갖고 있었다고 진술하였다. 그는 어떤 형태의 친밀한 사회적 접촉도 불안감을 유발한다고 하였고, 다른 사람으로부터 부정적인 평가를 받을 경우에는 매우 심한 공황 삽화를 경험하기도 한다고 말했다. 그는 의상 디자인실에서 혼자 작업하는 것이 매우 편했지만, 새로운 무대감독은 그에게 의상 디자인실 밖으로 나와서 근무하도록 배치하였기 때문에 심각한 문제를 겪게 되었다. 그는 우울해졌고, 심한 불안감을 느꼈으며, 새로운 환경에 적응하기 위하여 술을 더 많이 마시게 되었다고 보고하였다.

Gerry는 정신과적인 개인력은 없었다. 그의 가정의학과에서 항우울제를 처방받았으며, 약을 먹고 우울증은 조금 경감되었지만 직장에서의 불안하고 우울한 기분은 여전하였다. Gerry는 독자였으며, 어린 시절에는 동유럽의 사회주의 국가에서 성장하였다. 그는 아버지를 지역 공산당원이었으며 '거칠고 냉담한 남자'였다고 표

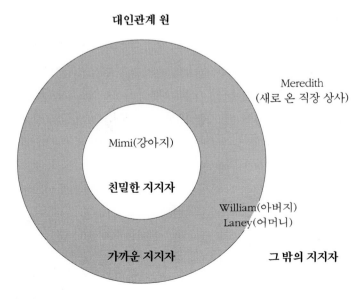

[그림 14-11] 대인관계 원-Gerry

현하였다. 어린 시절부터 성인 초기까지 어머니에 대한 기억은 '불행한 결혼생활로 오랫동안 고통받아 온 불행한 여자'였다. 성인 초기에 그는 호주로 이민을 갔다.

Gerry는 무대 배경장치 부서에서 일하고 있는 여성과 가까이 지내는 것을 제외하고는 친밀한 관계가 전혀 없었다([그림 14-11] 참조). 그는 그 여성과의 관계를 육체적인 관계까지 진전시킬 마음은 없다고 분명히 말했으며, 지금의 독신 생활이 매우 행복하다고 하였다. 그는 디자인 일을 즐기고 있었으며, 독서와 영화감상을 통해 삶의 의미를 찾고 있었다. 그는 문제가 되는 것은 오직 새로운 무대감독과의 갈등이라고 분명히 말했다.

평가/초기 회기가 끝날 무렵, 치료자와 Gerry는 치료 대책에 대해 논의하였다. 치료자는 Gerry의 사회공포증을 치료하기 위한 강력한 대책 중 하나가 인지치료라는 점을 알고 있었지만, 사회불안이 Gerry의 주된 문제는 아니었으며, Gerry 역시

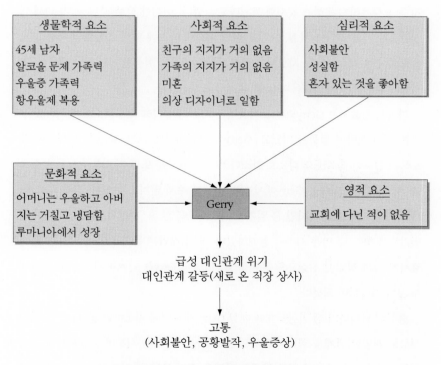

[그림 14-12] **대인관계 설계-Gerry**

이 문제를 자신의 문제로 개념화하고 있는 것도 아니었다. 더구나, Gerry는 사회적 관계를 더 넓혀 가는 데 관심이 없었고, 그럴 동기가 있지도 않다는 점을 분명히 하였다. 치료자는 급성 위기—새로운 무대감독과의 갈등—가 치료의 초점이 될 수 있음을 제안하였고, Gerry는 직장에서 최근 발생한 위기를 해소하는 것을 목표로 IPT를 진행하는 데 동의하였다. 또한 항우울제는 계속 복용하고, 음주는 줄여 나가기로 약속하였다.

치료자는 대인관계 설계에 Gerry의 공포적 애착유형을 추가하였다. 치료자와 Gerry가 함께 작성한 설계에서 그는 '혼자 있기를 좋아한다.' 는 Gerry의 표현을 그대로 사용하였다. 평가/초기 회기에 치료자는 Gerry가 치료자와 관계를 맺는 것을 불편해하는 것 같고, 치료자 본인도 Gerry와 상호작용할 때 다소 지루함을 느꼈다고 기록하였다. 치료자는 또한 Gerry가 긍정적인 코멘트, 예를 들면 치료의 장점에 관해 낙관적으로 이야기하거나, Gerry의 작업의 질에 대해 긍정적으로 코멘트하는 것 등을 수용하지 못하는 것처럼 보인다고 느꼈다. 이러한 정보 및 Gerry가 현재 대인관계가 거의 없다는 사실, 그리고 어린 시절의 관계에 대해 진술했던 내용 등을 종합해서 볼 때, Gerry가 치료자와 공포적 애착관계를 형성할 가능성이 매우 높고, 치료에 참여하는 데 어려움이 있을 것 같다고 생각했다.

따라서 치료자는 Gerry와 상호작용하는 자신의 방식을 의도적으로 수정하였다. 그는 먼저 개방형 질문을 하였고, Gerry의 대답이 치료자가 Gerry를 이해하는 데 도움이 된다는 점을 중점적으로 강조하였다. 치료자는 또한 치료의 속도를 늦췄으며, 치료 초기 회기에는 Gerry에게 어떤 숙제도 주지 않기로 하였다. 그는 Gerry에게 초기 회기에 그의 디자인 중 일부를 가져오도록 한 후, 자신의 작업을 자세히 설명하도록 하는 데 많은 시간을 할애하였다. 후기 개입은 특히 도움이 되었는데, 치료자가 그의 작업에 진심으로 흥미를 표시하자, Gerry는 관계에서 그리고 치료에서 보다 적극적이 되었다.

증상이 나타나기 전 인간관계에 대한 Gerry의 표현에 기초하여 볼 때, 그는 특징적으로 친밀한 관계를 회피하고 있었다. Gerry는 관계를 시작하고 유지하는 것을 힘들어하였으며, 과거의 어떤 관계도 기쁨을 주지 못했다. 치료자는 Gerry에게 아직도 루마니아에 남아 있는 부모님과의 현재 관계에 대하여 질문하였다. Gerry는 고향을 떠나는 것에 대한 아버지의 반대를 두려워했으며, 그들과 전혀 접촉이 없다고 말했다. Gerry에게는 의미 있는 관계가 거의 없는 것 같았고, 그러한 관계를 만드는 것에 흥미가 없는 것 같았다.

　갈등 그래프([그림 14-13] 참조)에서 Gerry는 흥미롭게도 새로운 무대감독과의 관계의 중요성을 척도의 맨 아래에 표시했는데, '일 때문에 참고 있을 뿐이지 일만 아니라면 그녀를 인간관계에서 완전히 제거해 버릴 것'이라고 주장하였다. 갈등의 중요성은 매우 높게 표시되었는데, 이것이 그에게 스트레스를 야기할 뿐 아니라, 새로운 무대감독과의 관계를 잘 조절하지 못하면 자신의 직업도 위험에 빠질 수 있음을 인식하고 있기 때문이었다.

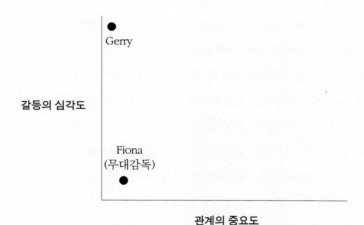

[그림 14-13]　갈등 그래프-Gerry

　여섯 번째 회기에 치료자는 무대감독과의 갈등을 다루어 볼 것을 제안하였다. 그녀와 대화를 시작할 수 있는 방법을 함께 논의하는 과정에서, 그녀가 Gerry의 작업에 방해가 된다는 사실을 확실히 알게 되었다. 치료자와 Gerry는 바로 역할 연기에 들어갔다. 치료자가 먼저 Gerry의 역할을 맡아서 무대감독에게 밝고 정중한 태도로 그에게 좀 더 많은 자율권을 주도록 요구하는 방법을 시연해 보였다. Gerry는 이 중 일부를 역할 연기에서 자기 자신의 역할을 연기할 때 사용하였다.

다음 번 회기 전날, Gerry는 치료자에게 전화를 해서 메시지를 남겼는데, 추가 회기 약속을 모두 취소하겠다는 내용이었다. 치료자는 다음과 같은 상황들에 주목하였다. 지난 회기에 역할 연기를 하였고, 회기 후반부에 Gerry가 치료자의 의사소통 방법을 따라 하였으며, 자신의 요구 사항을 무대감독에게 말하기로 한 후에 회기를 취소한 것이다. 치료자는 Gerry에게 전화를 하였고, 다음과 같은 대화를 나누었다.

치료자: Gerry, 당신이 앞으로의 치료 약속을 취소하기를 원한다는 메시지를 받았습니다. 괜찮으십니까?

Gerry: (오랜 침묵 후에) 음, 지난 회기를 끝내고 집에 돌아왔을 때 저는 아주 혼란스러워졌고, 다시 술을 마시기 시작했어요. 저…… 저는 당신에게 말하고 싶지 않아요. 저는 당신이 내게 원하는 것, 무대감독에게 직접 말하기로 한 것을 해낼 자신이 없어요. 저는 이게 정말 힘들어요.

치료자: Gerry, 당신의 의견 정말 감사합니다. 되돌아보면 제가 당신을 너무 몰아붙였을지도 모르겠네요. 치료과정에서 당신보다 저 자신의 치료목표에 더 많이 신경 썼던 것 같아요. 저는 역할 연기에서 당신이 제가 했던 의사소통 방법을 잘 따라 한 것에 깊은 인상을 받았어요. 하지만 그것을 다른 사람에게 실행하는 것이 얼마나 힘들지에 대해서는 인식하지 못했습니다.

Gerry: 선생님은 저에게 정말 실망했을 거예요. 선생님이 제게 무대감독과 이야기하기를 기대했다는 것을 잘 압니다만, 정말 그렇게 할 수가 없어요.

치료자: 지금 그녀에게 말하는 것이 당신에게 얼마나 힘든 일인지 제가 훨씬 더 잘 이해할 수 있게 되었습니다. 이 모든 것에 대한 저의 반응에 당신이 얼마나 걱정을 했을지 지금은 이해할 수 있지만, 사실 지난 마지막 회기 때는 이러한 점들을 제대로 인식하지 못했습니다. 당신이 말을 해 주지 않았다면 저는 무슨 일이 일어났었는지 모른 채로 계속 궁금해했었겠지요. 그래서 당신의 피드백에 감사를 드립니다. 이제 당신이 어떤 상황이었는지 좀 더 잘 이해하게 되었기 때문에 치료 속도를 좀 더 늦추고, 당신이 치료에서 달성하고 싶은 것이 무

엇인지 좀 더 주의 깊게 들어 보아야겠다고 생각합니다. 우리는 아직 해야 할 작업들이 더 남은 것 같고, 따라서 당신을 다시 만날 수 있으면 좋을 것 같습니다. 다음 주 약속 시간에 다시 만나서 무대감독과의 문제를 해결해 가기 위한 작업을 계속할 수 있을 것 같은데 괜찮겠습니까?

Gerry는 다음 회기에 다시 왔으며, 치료자 때문에 심리적으로 압박감을 느꼈었다는 그의 고충에 대해 좀 더 다루었다. 치료자는 두 가지 방식으로 접근하였다. 첫째, 치료자는 Gerry가 자신에게 피드백을 준 것에 대해 진심으로 칭찬하였다. 치료자는 이를 통해 Gerry가 매우 힘들어한다는 것을 인식하게 되었고, 이는 Gerry가 치료자에게 직접 자신의 요구를 전달함으로써 가능한 일이었다. 치료자는 치료 초기에는 Gerry가 그렇게 행동하는 것이 매우 힘들었을 것이며, 따라서 그가 상당한 진전을 이루었음을 지적하였다.

둘째, 치료자는 치료의 속도에 불일치가 있었다는 점을 인정하였다. 치료자는 Gerry의 스트레스에 대해 걱정하였고, Gerry가 하루빨리 무대감독과 직면하도록 압력을 넣는 것이 최선이라는 생각을 하게 하였다. Gerry의 이야기를 곰곰이 생각해 보면서 치료자는 자신이 Gerry의 말을 경청하지 않았음을 비로소 인식하게 되었고, 더 나아가 치료자 자신의 속도를 Gerry에게 강요하였음을 인식하게 되었다. 결과적으로 좀 더 많은 준비가 필요하고, 어떤 속도로 진행해 갈지 상호 의논할 필요가 있음이 분명해졌다.

치료자와 Gerry는 최근에 직장에서 무대감독과 오갔던 몇 개의 상호작용을 구체적으로 살펴보았다. Gerry는 자신이 그녀와 만나는 것을 좋아하지 않고 앞으로도 만나기를 원치 않지만, 이것도 일의 일부분이라는 사실을 인식하게 되었다. 그가 무대감독과의 만남을 자신의 업무에서 필요한 부분으로 생각하고, 이것을 '그녀를 참아 낼 수 있는' 동기로 사용하는 것은 그에게 도움이 되는 것 같았다. 그는 그녀를 전문가적 입장에서 상대할 수 있고, 일에 관해서만 의사소통을 하고, 자신의 감정과 좌절감은 노출하지 않는 것이 가능하다는 점을 인식하였다. Gerry는 무대감독에게 사적인 것을 이야기할 의무가 없고, 그녀와 개인적인 관계를 맺을 필요도 없다고 생각하게 되었다.

　다음 회기에 Gerry는 이러한 상호작용 유형을 사용한 결과, 무대감독과 비교적 잘 지낼 수 있을 것 같다고 보고하였다. 그는 그녀가 자신을 하찮은 존재로 보는 것 같지만 그 역시 그녀를 그렇게 보고 있으며, 그녀는 Gerry의 작업 결과가 좋다는 것을 인정하고 그와 조화를 이루려고 하기 시작했다고 생각하고 있었다. 무대감독과의 이러한 관계가 실행 가능한 해결책으로 보이기 시작하면서 모든 일이 '정상으로 돌아갈' 수 있었고, Gerry는 다시 자신이 즐기며 추구하던 상태, 즉 혼자 일하는 상태로 돌아갈 수 있을 것 같다는 다소간의 희망을 갖기 시작하였다. 치료자는 Gerry와 함께 이러한 상호작용에 대해 세부적으로 다루어 나갔고, 그가 대인관계에서 자신의 강점을 어떻게 사용할 수 있는지를 강조하였다. 치료의 급성 단계에서 이러한 결론에 이르게 됨에 따라, 치료자는 Gerry와 다음과 같은 대화를 나누었다.

치료자: Gerry, 우리가 약속했던 치료회기의 마지막이 가까이 다가오고 있는 것 같습니다. 처음 치료를 시작할 때에 비해 당신의 불안감이나 우울감이 훨씬 줄어든 것처럼 보이는군요.

Gerry: 예……. 최소한 전보다는 훨씬 더 참을 만합니다.

치료자: 당신은 직장에서의 변화에 매우 잘 적응해 온 것 같다고 생각합니다. 당신이 원하지 않는 것을 내가 강요한다고 느꼈을 때 당신이 내게 주었던 직접적인 피드백에 저는 매우 감사하고 있습니다. 속도를 늦추는 것은 옳은 일이었다는 것이 분명합니다. 저는 당신이 저와 의사소통하려고 했던 노력도 고맙게 생각하고 있습니다.

Gerry: 제가 그런 식으로 이야기한다는 것은 정말 흔하지 않은 일입니다. 다른 사람들이 저의 그러한 코멘트를 받아들일 수 있을지 사실 저는 아직도 확신이 서지 않습니다만, 당신이 저를 포기해 버리지 않은 것에 감사드립니다.

치료자: 결론을 내리기 전에, 원한다면 당신은 저를 다시 만날 수 있다는 사실을 당신이 알았으면 합니다. 지금은 모든 일이 잘되어 가고 있는 것처럼 보이지만, 다른 환경에서는 새로운 문제가 생길 수도 있기 때문이지요. 예를 들면, 또

다른 무대감독이 와서 갈등을 빚는 경우같이…….

Gerry: 필요하다면 당신에게 다시 전화를 하겠습니다. 치료가 도움이 되었고, 지금은 치료를 계속해야 할 필요는 없는 것 같지만 앞으로 어떤 문제가 생긴다면 연락을 드리겠습니다.

결 론

대인관계 갈등은 IPT에서 흔히 마주치게 되는 것이며, 치료가 진행될 수 있게 해 주는 기본 동력이다. 왜냐하면 거의 모든 대인관계가 어느 시점에서는 갈등을 야기하기 때문이다. IPT의 목표는 갈등을 밝혀내는 것이고, 시각적 자료로서 갈등 그래프를 사용하여 이를 총체적으로 평가하는 것이며, 그 후에 환자가 갈등을 해결하기 위한 움직임을 시작하도록 돕고, 의사소통을 수정하고, 사회적 지지를 증가시키는 것이다. 치료자는 환자의 의사소통 유형과 관계에 대한 기대에 특히 주의를 기울여야 한다. 두 가지 모두 갈등을 유지시키는 요소일 뿐 아니라 문제에 기여하는 요소이기도 하기 때문이다.

참고문헌

1. Klerman GL, *et al. Interpersonal Psychotherapy of Depression.* 1984, New York: Basic Books.
2. Stuart S and Robertson M. *Interpersonal Psychotherapy: A Clinician's Guide.* 2003, London: Edward Arnold Ltd.

제15장

역할 전환

서론

변화는 피할 수 없다. 대개의 경우 변화에 적응하는 것은 개인의 신체적·정신적 건강에 영향을 주고, 반대로 그것에 의해 적응 여부가 결정되기도 한다. 대부분의 사람들은 환경적 변화에 잘 대처하여 심리적 문제를 겪지 않고 새로운 환경 조건에 적응한다. 하지만 대인관계 자원이 빈곤하거나 압도적인 변화에 직면할 경우에는 스트레스를 받게 된다.

모든 대인관계는 복잡한 사회적 맥락 내에서 발생한다. 맥락이 변화될 때, 즉 역할 전환이 있을 때 관계 또한 변화한다. 예를 들어, 고등학교를 졸업하고 대학에 입학하여 집을 떠나는 젊은이가 직면하게 되는 역할 전환을 생각해 볼 수 있다. 한 개인이나 그 주변의 사람들에게 정신내적으로 어떤 중요한 변화가 일어나지 않을지는 몰라도, 부모, 형제 그리고 다른 사람들과의 관계에서는 맥락에 변화가 나타나고, 전환은 이러한 관계에 역동적 변화를 초래한다. 젊은이는 가족에 대한 의존성이 감소하며, 성인으로서의 책임감을 갖게 되고, 자신의 새로운 역할 내에서 이전과는 다른 방식으로 부모와 관계를 맺게 된다. 환경적인 생활사의 전환 혹은 건강의 퇴화 등도 역시 관계에 영향을 주는 중요한 맥락의 변화를 초래한다. 대인관계치료(Interpersonal Psychotherapy: IPT)에서는 환자의 삶에서 전후 관계의 변화의 결과로 발생하는 인간관계의 변화과정을 역할 전환(Role Transition)으로 본다.

어떤 전환, 예컨대 건강의 상실은 환자 입장에서 전적으로 부정적 전환이라고 할 수 있지만, 대부분의 변화는 긍정적 요소와 부정적 요소를 모두 포함하고 있다. 역할 전환을 경험하는 환자와 치료작업을 하는 치료자는 우선 환자에게 전환이 어떤 의미인지를 이해하여야 한다. 즉, 경청해야 한다. 생활사 연대표(Life Event Timeline)는 이러한 목적을 위하여 특별히 개발된 도구다. IPT의 모든 다른 도구들처럼, 이것은 '경청'을 더 잘할 수 있도록 구조를 제공하는 도구다. 연대표를 작성하는 목적은 다음과 같다.

- 환자가 역할 전환에 대해 균형 있고 현실적인 방식으로 통합하여 진술할 수 있도록 돕기 위하여
- 환자가 자신의 이야기를 다른 사람들에게 좀 더 효율적으로 말할 수 있도록 돕기 위하여
- 성공적인 전환을 위해 필요한 사회적 지지를 얻을 수 있도록 돕기 위하여

전환에 대해 논의하는 것은 환자가 전환을 겪으면서 느끼는 장점과 단점, 그리고 낯선 감정 모두를 검토하는 것을 포함해야 하지만, 복잡하고 미묘한 정신내적 과정 때문에 전환에 문제가 생기는 것이라고 섣불리 추측해서는 안 된다. 예를 들면, 심장마비로 인한 건강 악화 때문에 전환에 어려움을 겪는 것을 억압(repression)이나 취소(undoing) 혹은 다른 어떤 무의식적인 기제 때문이라고 추측하거나, 변화에 대한 양가적 감정 때문이라고 단정하면 안 된다. 심장마비를 경험하기 원하거나 신체적 장애를 원하는 사람은 없다. IPT에서는 전환—예를 들면 건강 상태

의 악화와 같은—을 급성적 위기로 보며 취약한 환자에게 심리적으로 스트레스를 주지만, 환자의 대인관계 기능과 사회적 지지를 향상시키면 환자가 성공적으로 전환을 다룰 수 있을 것이라고 믿는다.

역할 전환은 청소년기, 임신, 노화 등과 같은 발달사적 생활 사건이 될 수도 있고, 실업이나 이혼 같은 상황적 변화가 될 수도 있다(〈글상자 15-1〉 참조). 모든 생활 사건에서 역할 전환은 개인의 대인관계와 사회-문화적 환경, 그리고 성격이나 애착유형 같은 심리적 요인의 다각적 관점에서 보아야만 한다. 겉보기에 사소한 역할 전환이라 할지라도 사회적 지지체계가 빈곤하거나 애착이 취약한 환자들에게는 중요한 위기로 경험될 수도 있다. 부모를 따라 할 수 없이 이민을 간다거나, 수십 년간 익숙하게 행해 왔던 오래된 역할의 상실, 그리고 그야말로 감당하기 힘든 새로운 역할의 출현 등은 환자가 안전하다고 느끼던 예전의 조건에서 압도적인 새로운 환경에 적응하고 기능하도록 강요하는 것이라고 할 수 있다.

글상자 15-1 | 역할 전환의 예

- 발달사적 역할 전환: 청소년기, 부모 되기, 노화, 은퇴
- 상황적 역할 전환: 취업, 실직, 졸업, 이주
- 취득적 역할 전환: 승진, 내 집 장만, 복권 당첨
- 관계상의 역할 전환: 결혼, 이혼, 재혼
- 질병과 관련된 역할 전환: 만성질병, 통증이나 신체적 장애에 대한 적응

역할 전환: 평가/초기 단계에서의 확인

역할 전환은 초기 개인사를 탐색하는 과정에서 분명히 드러날 수도 있지만 때로는 환자의 삶에서 일어났던 사건들, 그리고 그것이 환자에게 준 의미를 주의 깊게 탐색해야만 알 수 있는 경우도 있다. 치료자는 〈글상자 15-2〉와 같은 질문을

통해 역할 전환에 관한 정보를 이끌어 낼 수 있다. 보통은 IPT 평가/초기 회기에 이와 같은 작업이 진행되지만, 대인관계 평가도구를 작성하는 과정에서도 좀 더 탐색될 수 있다.

글상자 15-2   치료의 초점으로서 역할 전환을 알아보기 위한 질문들

- 최근에 당신의 생활에서 어떤 변화가 있었습니까?
- 가정이나 직장 혹은 사회 생활에서 어떤 변화가 있었습니까?
- 최근에 당신 삶에서 어떤 이정표(milestone)가 될 만한 사건을 겪었습니까?
- 최근에 가족 관계에 어떤 변화가 있었습니까(가족 간에 변화를 위한 대화가 시작되었습니까)?
- 지난 수개월간 당신의 삶에서 어떤 중요한 변화가 일어나기를 기대하고 있었습니까?
- 신체적 건강에 어떤 변화가 있었습니까?

치료과정에 들어갈 때까지 역할 전환이 분명히 드러나지 않을 때도 있다. 환자와 치료자가 환자의 대인관계 문제를 좀 더 잘 이해하고 명료화함에 따라, 혹은 대인관계 작업이 진행되고 관계의 변화가 발생함에 따라 문제영역으로서의 역할 전환이 좀 더 분명해질 수 있다. 예를 들면, 대인관계 갈등이 결국 갈등 대상과의 관계가 끝나면서 역할 전환으로 이어져서 이를 다시 설계해야 하는 경우도 있으며, 만성적으로 재발이 반복되는 우울증 진단을 환자가 수용하는 것이 자신의 신체적 혹은 정신적 건강에 대한 역할 전환으로 나타나기도 한다.

역할 전환: 중기 회기에서의 탐색

일단 역할 전환이 확인되고 문제영역에 동의하였다면, 치료자는 IPT의 중기 회기에 다음과 같은 정보를 수집하기 시작한다.

환자가 처음 역할 전환을 인식하게 된 것은 언제부터였는가?

많은 전환 시점들, 예를 들면 다른 도시로의 이주 등은 분명한 표식이 되지만, 환자가 인식하지 못하는 일들도 여러 가지 있을 수 있다. 예를 들어, 새로운 도시로 이사 가는 것은 이사를 가야 할지도 모르겠다고 결정했던 과거의 한 시점을 포함한다. 그 후 이사하기로 결심하는 과정이 있고, 새로운 집을 찾는 준비과정, 그리고 이사를 준비하는 과정, 실제 이사 그리고 이사 후 새집에 적응하기 위한 여러 일들이 있다. 그중 환자에게 중요한 전환 시점은 무엇인가? 환자는 전환과 심리적 스트레스로 인한 발병을 연결시킬 수 있었는가?

다른 사람 혹은 상황에 대한 환자의 기대는 무엇이며, 이것이 시간에 따라 어떻게 변화되었는가?

치료자는 환자의 기대가 비현실적이었는지 알아보아야만 한다. 여기에는 전환의 맥락에서 자기에 대한 기대와 다른 사람에 대한 기대가 포함된다. 기대에서의 어떤 변화가 심리적 증상이나 스트레스를 호전시키거나 악화시켰는지, 그리고 그것이 영향을 준 방식에 대하여 분명히 이해해야 한다.

전환에 적응하기 위해 환자는 어떤 시도를 하였으며, 생산적인 적응을 하지 못하게 된 원인은 무엇인가?

치료자는 환자가 치료 전에 전환에 적응하려고 나름대로 시도했던 방식들 및 그 효과에 대하여 논의해야 한다. 이에 대해 탐색하는 것은 추후에 환자가 스스로에 대한 내적인 작업 모델과 자기-효능감을 설립하도록 하기 위한 좋은 방법이다.

전환과정 중 환자는 어떻게 자신의 욕구를 의사소통하였으며, 이것이 시간에 따라 어떻게 변화되었는가?

치료자는 환자의 의사소통 유형이 전환에 따른 어려움을 야기하는 데 기여한 방식을 이해해야만 한다. 의사소통 분석을 사용하여 얻는 정보는 환자가 어떻게 사회적 지지를 구하려 했고, 또 어떻게 그러한 지지를 이끌어 낼 수 있었는지를 파악하는 데 도움이 된다. 이는 또한 환자의 의사소통을 향상시키는 것에 초점을 둔 어떤 구체적인 개입이 추가적인 지지를 얻는 데 효과적일지에 대한 지침을 제공하게 된다.

환자의 애착유형은 무엇이며, 전환과정에서 스트레스를 야기하는 데 애착유형이 어떤 기여를 하였는가?

IPT 평가/초기 단계에서 환자의 기본적 애착유형을 명료화해야 하지만, 전환문제를 다루는 과정에서 이것들이 좀 더 명료해질 수 있다. 이러한 애착유형—스트레스에 대한 소인(diathesis)—은 치료자에게 환자가 의사소통과정에서 스트레스를 겪게 되고, 문제를 야기하는 방식에 대한 정보를 준다. 환자의 애착유형은 치료자에 의하여 선택된 개입에 영향을 줄 수밖에 없다. 또한 치료적 관계를 구축해 가는 데도 영향이 있다.

치료적 관계 내에서 환자의 기능은 전환에 어떤 의미를 갖는가?

치료적 관계는 환자가 다른 사람들과 맺은 관계에서 작용하는 동일한 요인들에 의해 영향을 받는다. 이를 전환과 연결시켜 보면, 치료적 관계에서 급성기 치료를 결론지을 때 겪게 되는 전환에 대해 환자가 어떻게 반응할지에 관한 정보를 얻을 수 있다. 치료종결 시 환자가 어려움을 겪을 것을 예상케 하는 시사점이 있는가? 만일 그렇다면, 치료자는 IPT의 구조를 수정하여, 종결에 가까워질수록 회기의 빈도를 점차적으로 줄여 갈 수도 있고, 필요하다면 치료종결 후 유지치료를 할 수도 있다.

생활사 연대표 만들기

생활사 연대표는 단순하지만 매우 강력한 도구다([그림 15-1] 참조). 이 도구는 IPT에서 사용된 다른 단순한 도구들처럼 대화의 시작을 돕고, 더 많은 정보를 얻을 수 있게 하며, 개방적이고 비판단적인 방식으로 정보를 이끌어 내는 데 매우 훌륭한 방법임이 입증되었다. 이는 동시에 통찰도 촉진한다. 여기서 통찰은 어떤 복잡 미묘한 정신내적 과정을 의미하는 것이 아니라, 환자가 처음 생각했던 것과 실제 역할 전환 사이에 좀 더 복잡하고 미묘한 차이가 있음을 인식하는 것이다.

생활사 연대표

[그림 15-1]　생활사 연대표

　IPT에서 사용하는 다른 도구들처럼, 생활사 연대표도 한 장의 종이로 매우 많은 정보를 이끌어 낼 수 있다. 치료자는 단순히 화살표 모양의 수평선을 그린 후, 이에 수직이 되는 선을 그린다. 이 수직선은 '확인된 역할 전환(identified role transition)'을 의미한다. 치료자는 환자에게 연대표를 사용하여 진행된 사건을 모두 표시하도록 하고, 이어서 급성적 전환도 표시하도록 지시한다.

　생활사 연대표에는 두 가지 중요한 요소가 있다. 첫째, 수평선에 척도가 없다는 것이다. 즉, 연, 월 단위와 같은 구분이 없다. 환자는 전환에 이르기까지, 그리고 전환 후에 발생한 관련 사건들을 단순히 기록하기만 하면 된다. 연대표에 무엇이 들어가야 하는지를 생각하고 결정하는 것은 환자의 몫이다. 둘째, 오른쪽으로 가는 화살표가 매우 중요하다. 많은 경우, 환자들은 전환이 너무 힘들어서 그것을 종료점이라고 간주한다. 하지만 사실은 항상 더 많은 이야기가 남아 있다. 이혼이 삶의 종착지 같지만 삶은 이혼이라는 전환 이후에도 계속된다. 화살표는 더 많은 이야기가 있을 것임을 의미하며, 치료자는 시각적으로 환자의 주의를 끌기 위해 이 화살표를 이용한다. 불치병으로 사망선고를 받은 것과 같이 가장 절망적인 상황에서도 기술되어야 할 더 많은 이야기들이 아직 남아 있다. 전환점—즉, 질병의 진단—은 분명하지만, 그 후 남아 있는 삶은 어떨 것인가? 환자가 죽은 후에는 또 어떤 일이 일어날 것인가? 어떤 전환이든 그 후에는 항상 더 많은 이야기들이 있고, 항상 희망의 가능성이 있으며, 항상 극복할 수 있는 기회는 있다.

환자가 자신의 경험을 그래프를 사용하여 좀 더 전체적인 조망에서 기술하도록 하는 것은 치료자에게 도움이 되기도 하지만, 동시에 환자 자신에게도 이득이 된다. 이는 경청을 하기 위한 구조화된 방법이다. 환자가 얻을 수 있는 이득은 먼저 자신의 이야기를 치료자에게 상세히 말할 수 있는 기회를 갖게 되는 것이고, 앞으로 또 다른 전환이 발생했을 때 환자의 요구에 반응하고, 이해할 수 있는 다른 사람에게 이를 이야기할 수 있도록 연습하는 것이다. 또한 자신의 이야기를 재구성함으로써 환자가 이를 좀 더 응집시켜 이해하고 의미를 부여할 수 있다. 이때 의미라는 것은 거창한 심리학적 설명을 뜻하는 것이 아니라, 연표에서 혹은 사건의 연속에서 원인과 결과의 의미를 말한다.

남자와 여자가 아이를 갖게 되면서 겪는 역할 전환이 좋은 예다. 역할 전환은 초기에는 흔히 단순한 사건으로 시작된다. 예컨대, 아이의 탄생은 매우 분명하고 단순한 사건이다. 즉, 당신은 아이를 가질 수도 있고, 그렇지 않을 수도 있다. 그러나 실제 전환 시점에 도달할 때까지 수많은 선행사건이 있을 수 있다. 아이를 갖기로 결정하는 것, 임신 사실을 아는 것, 다른 사람들에게 임신에 대해 말하는 것, 진료 약속, 초음파검사, 출산 준비물 장만, 출산의 고통, 처음으로 아이를 품에 안는 것, 입원과 퇴원, 출산 휴가, 제대로 잠을 잘 수 없고 낮과 밤이 끝없이 지속될 것 같은 느낌, 할머니, 할아버지의 방문과 간섭 등이 있다.

가장 단순한 전환이라 할지라도 그 전환에 이르기까지 수많은 사건들이 있으며, 전환 이후에 일어나는 사건들도 많다. 연대표를 작성하는 것은 환자가 전환을 역사적 맥락 내에서 기록하도록 하는 것이고, 이를 통해 전환 스트레스가 왜 야기되었는지를 이해하려는 것이다.

* 생활사 연대표는 특정 환자나 문화에 맞춰서 수정할 수 있다. 예를 들어, 어떤 치료자는 청소년 환자들과 작업할 때 연대표를 원형 테이블 가장자리에 적어 넣은 후 청소년 환자와 함께 테이블 주위를 돌면서 다양한 지점에 멈춰 서서 환자로 하여금 그 지점에서의 경험을 이야기하도록 하였다. 어떤 환자들은 자신이 연대표를 그리고 수정하면서, 수많은 표식을 하거나 전환을 하나씩 쌓아 나가기도 한다. 대인관계 원과 갈등 그래프의 경우처럼, 중요한 점은 도구를 이용하여 구조화된 방식으로 환자의 이야기를 경청하는 것이다. 환자가 특정 방식을 따라야 한다고 주장하거나 경직될 필요는 없다. 연대표에 이런저런 표식을 끄적거리는 환자들은 변화와 교정을 원하는 사람들이다. 그들은 정말 자신의 이야기를 하고 싶어서 집중하는 사람들이고 간절히 이해받고자 하는 사람들이다. 그들의 말을 경청하라.

사례 15-1 Maria

Maria는 27세 여자 환자로, 두 달 전에 출산을 하였다. 그녀는 완전히 압도된 듯한 모습이었으며, 몹시 지쳐 있었다. 그녀는 그 어떤 것도 즐겁지 않다고 말했다. 그녀는 조용한 한밤중에 신생아인 딸에게 모유 수유를 하는 동안 몇 번의 의미 있는 시간이 있었지만, 그 외에는 아무것도 제대로 되는 일이 없었다. 그녀의 표현을 빌자면 '모든 것이 잿빛'이었다.

그녀는 이와 같은 문제의 큰 원인이 결혼 4년 차인 남편에게 있다고 주장하였다. 그녀는 남편이 육아의 절반을 담당하기로 '약속하였다'고 말했지만, 남편은 여전히 회사 일을 더 많이 하면서 육아에 전혀 기여하거나 도움을 주지 못하고 있다고 느꼈다. 남편은 그녀가 얼마나 힘들어하는지 이해하지 못하고 있을 뿐 아니라, 적극적으로 그녀를 피하고 있으며, 의도적으로 상황을 악화시키고 있었다. Maria와 치료자는 대인관계 평가도구([그림 15-2] 참조)와 설계([그림 15-3] 참조)를 작성하였으며, 아이의 탄생을 역할 전환으로 보고 치료목표로 설정하였다.

IPT 중기 단계에서 Maria와 치료자는 전환을 세부적인 사항까지 다루었다. 환자의 이야기를 조직화하고 정보를 더 얻어 나가기 위한 방법으로 치료자는 생활사 연대표를 소개하였다. Maria는 처음 연대표를 작성하기 시작할 때 약간 어려워하였으며, 따라서 치료자는 확인된 전환, 즉 아기를 갖기로 결정한 것과 같은 다른 사건들을 생각해 보도록 제안하고, 그것을 연대표에 기록하게 하였다. 잠시 휴식을 취한 후 Maria는 연대표에 몇 가지 점들을 그려 나갔다([그림 15-4] 참조). 여기에는 임신에 대하여 의논한 것, 임신을 확인한 것(이것은 그녀에게는 계획된 것이었으나, 남편에게는 그렇지 않았다.), 부모님께 임신 사실을 말한 것, 출산 전후 병원에 간 시점 등이 포함되었다. 치료자는 출산 후에는 어떤 중요한 사건들이 있었는지 질문하였다. 다시 잠시 생각한 후에, 그녀는 친정 부모님의 방문을 중요한 사건으로 기록하였다.

Maria가 연대표에 구체적인 사건들을 표시한 후 치료자는 각각의 세부 사항에 대해 질문하면서 치료를 진행하였는데, 처음(가장 왼쪽) 사건부터 시작해서 연대순으로 질문해 나갔다.

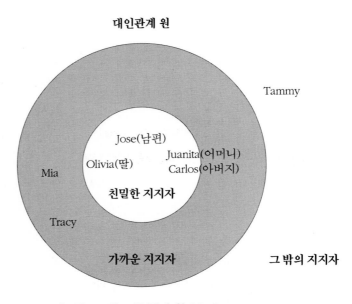

[그림 15-2] 대인관계 원-Maria

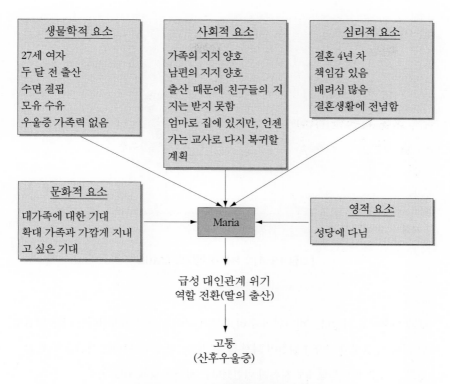

[그림 15-3] 대인관계 설계-Maria

    치료자는 최소한 한 회기 전체를 연대표 작성에 투자할 계획이었으며, 이것을 참고로 하여 앞으로의 치료를 진전시켜 나갈 계획을 갖고 있었다. Maria는 임신하기 몇 달 전에 아이를 갖는 문제에 대하여 남편과 오랜 시간 의논하였다. 남편은 이제 회사 생활을 시작한 지 얼마 안 되었기 때문에 아이를 낳는 것에 대해 주저하고 있었으며, 몇 년 더 기다리자고 말했다. Maria는 학교 선생님으로 일하고 있었지만, 오래전부터 아이를 여럿 낳아 키우는 대가족을 꿈꾸고 있었기 때문에 빨리 시작하기를 간절히 원하고 있었다. 두 사람은 결국 타협점을 찾지 못하고 논쟁을 끝냈다.

    이런 논쟁을 한 후 일주일 만에 Maria는 피임약 복용을 중단하였지만 남편에게는 알리지 않았다. 이 이야기를 하면서 그녀는 피임약을 중단한 것이 임신을 하고자 하는 적극적인 결정이 아니라 단지 '하나님의 손에 맡긴다는 의미'라고 스스로

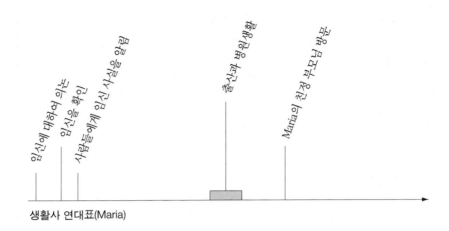

[그림 15-4] 생활사 연대표-Maria

에게 말했다고 하였다. '하나님이 우리 부부가 아이를 갖기 원하신다면 나는 임신할 것이고, 그렇지 않다면 임신이 되지 않을 거야.' 석 달 후 그녀는 생리를 하지 않았고, 그 2주 후에 놀랍게도 자신이 임신했다는 사실을 알게 되었다.

연대표에서 두 번째 전환 시점은 그녀에게 있어 커다란 실망이었다. 그녀는 자신이 임신했다는 사실이 황홀했지만, 남편에게 말했을 때 남편은 그녀가 피임약 복용을 중지하였다는 사실에 몹시 화를 내었다. 인공유산 등의 이야기는 전혀 없었지만 남편의 반응에 Maria는 몹시 당황하였다. 그녀는 행복한 대가족을 이루고 싶었고 임신 사실에 행복하였지만 남편의 분노는 이 모든 것을 앗아가 버렸다.

다른 사람들에게 임신 사실을 알리는 것은 또 다른 결정적 전환 시점이었다. 남편과는 대조적으로 그녀의 친정 부모님은 몹시 흥분하고 좋아했는데, 그들의 첫 손주였기 때문에 특히 그랬다. 그들은 사위의 반응을 매우 못마땅해하면서, Maria에게 "너의 기분을 망친 그가 너무 나쁘다."라고 말하곤 하였다. 좀 더 탐색해 본 결과, 그들은 애당초 딸의 결혼을 탐탁하게 여기지 않았는데 이는 종교가 달랐기 때문이며, 아직도 사위가 마음에 들지 않는 것은 별 변화가 없는 상태였다. Maria는 남편의 반응에 '너무나 실망해서' 출산 준비물을 사는 등의 일을 친정어머니와 함께 계획하고 다녔으며, 자연히 친정 부모와의 접촉이 증가하였다.

이야기가 진행되면서 치료자는 Maria에게 자신의 경험에 대해 보다 많은 정보를 제공하도록 하기 위해 일부러 다음과 같은 질문을 하였다.

그것은 당신에게 어떤 경험이었습니까?

그 일을 어떻게 처리했습니까?

그 점에 대하여 남편과는 어떻게 의사소통을 하였습니까?

점차적으로 치료자는 Maria에게 남편이 어떻게 반응하였으며, 남편의 생각이나 감정은 어땠을 것이라고 생각하는지 질문하기 시작하였다. 이렇게 하는 이유는 Maria에게 다른 조망을 갖도록 하기 위한 것이었다. 그녀의 최초의 설계는 남편이 육아를 전혀 도와주지 않는다는 매우 단순한 것이었지만, 그 이면에는 분명히 더 많은 이야기가 있을 수 있으며, 이 이야기가 다른 사람들의 반응에 영향을 주었을 수 있다. 치료자의 목표는 첫째, Maria에게 이야기가 더 복잡할 수 있다는 점을 이해하도록 하는 것이며, 둘째, 그녀의 남편(혹은 다른 사람들이)이 어째서 그렇게 반응했는지를 이해하도록 돕는 것이었다.

Maria는 연대표를 끝낼 무렵에는 출산할 때 남편이 병원에 와서 '진심으로 도와주며 돌보아 주었다.'고 말했다. 그녀의 부모님은 출산 다음 날 손주를 돌봐 주기 위하여 한 달 정도 머물고자 딸의 집에 도착하였다. 어머니는 '곧장 달려들어 상황을 접수했다.' Maria는 처음에는 이에 대해 고마웠다고 말했지만, 이야기를 풀어 가면서 '모든 일에 대해 이래라 저래라 지시' 하고, 아이를 안고 놀아 주는 즐거운 일은 모두 당신이 하면서 정작 밤에 아기가 울 때는 전혀 도와주지 않는 어머니에게 화가 났다고 말하기 시작하였다.

이야기가 좀 더 진전되자, Maria는 친정 부모님이 들이닥쳤을 때 남편이 어떤 느낌이었을지 조금은 이해할 수 있을 것 같다고 말했지만 여전히 '남편이 자신을 좀 더 도와주어야 한다.' 고 생각하고 있었다. 치료자는 남편이 그녀가 겪는 일들을 얼마나 잘 이해하고 있다고 생각하는지 질문하였으며, 이에 대해 Maria는 '남편은 엄마가 되는 것이 어떤 것인지, 그리고 아이를 돌보는 모든 책임을 떠맡는 것이 어떤 것인지 전혀 이해하지 못한다.'고 대답하였다. 치료자는 반대로 그녀는 남편의 입장을 얼마나 잘 이해하고 있는지 질문하였다. 잠시 생각을 하다가 그녀는 사실 남편의 입장이나 감정에 대해서 치료에서 다루기 전까지는 별로 생각해 보지 않았다고 대답하였다.

Maria에게 전환을 다루기 위해 도움이 될 만한 일이 무엇인지를 생각해 보도록 질문하는 것과 남편의 입장을 좀 더 잘 이해할 수 있도록 도와주는 것이 개입의 핵심이었다. 다소 주저하기는 했지만, Maria는 임신과 출산을 거치면서 그들이 경험한 것에 관하여 남편과 대화를 나누어 보는 것이 도움이 될 수 있을 것 같다고 대답했다. 치료자는 그것을 Maria에게 숙제로 내 주는 것에 대해 생각해 보았지만, 남편과 대화하는 것에 대해 조금은 주저하는 면이 있다고 판단하여 그냥 제안만 하기로 결정하였다. 치료자는 특히 Maria에게 남편과 관련 주제에 대해 대화를 하기 위한 유용한 방법으로 생활사 연대표를 사용할 수 있음을 알려 주었다. 치료자는 생활사 연대표를 이용하여 배우자와 대화를 시작했던 것이 효과적이었던 환자들도 있었으며, 때로는 배우자에게 중요한 전환 시점을 연대표에 표시하게 한 환자도 있다고 말하였다.

Maria에게 남편과 대화를 시작해 보려는 의지가 있음을 알 수 있는 결정적 증거 중 하나는 자신의 경험을 이야기하면서 예전과는 다른 방식으로 사건을 연관 짓고 있다는 점이다. 치료자와 연대표 작업을 해 나가면서, Maria는 좀 더 차분하게 비대결적 방식으로 사건을 제시하는 연습을 하였다. 생활사 연대표를 작성하고 논의하는 것은 전환을 맥락 내에서 생각하는 연습을 하는 것이고, 전환의 복잡함과 미묘함에 대해 이야기해 보는 것이다. 다른 IPT 기법들과 마찬가지로, 연대표를 작성하는 목적 중 하나는 환자로 하여금 그녀의 경험을 남편에게 이야기하도록 하고, 이를 통해 남편이 그녀의 경험과 생각과 감정이 어떠했는지를 이해하도록 하는 것이며, 동시에 아내 역시 남편의 경험을 이해할 수 있도록 남편에게 이야기를 요청하는 것이다.

아주 현명한 어느 환자가 한번은 자신이 남편과 겪은 역할 전환을 춤에 비유하여 표현하였다. 전환 전에는―이 환자도 아이의 출산이 전환 사건이었다―그녀와 남편의 관계가 매우 좋았다. 그들은 함께 탱고를 추었는데, 이를 통해 서로에게 적응하는 방법을 배워 나갔고, 상대방의 움직임을 잘 알고 있었다. 특별한 노력이 필요 없었지만 두 사람의 춤은 매우 아름다웠다. 그러나 아기가 탄생하면서 마치 두 사람의 댄스에 세 번째 파트너가 온 것 같은 상황이 되고 말았다. 두 사람은 혼란에 빠졌고, 변화에 적응하기 위하여 남편은 왈츠를 추기 시작했지만 그녀는 폭스트롯을 추었다. 그들은 서로 상대방의 발을 밟는 등 허둥대었다. 이제 세 사람이 함께 출 수 있는 새로운 춤을 배워야 할 때가 되었다.

이 훌륭한 은유는 우아하고 통찰력 있는 어느 환자가 말한 것이다. 이 환자는 문제를 자기 혼자만 겪는 것이 아닌, 자신과 배우자가 서로 다른 방식으로 경험하는 것으로 보았다. 그녀의 남편은 이 비유를 듣고 난 후, 아내가 자신을 이해하기를 원하고 있으며, 또 남편에게 그녀의 이야기를 하고 싶어 한다는 사실에 감사했다. 말할 필요도 없이 두 사람의 치료는 성공적이었다.

역할 전환: 기법들

명료화

환자의 경험을 좀 더 완전히 이해하는 과정은 명료화라는 기법을 통해 이루어진다. 일반적으로 치료자는 전환에 초점을 유지하면서 전환 전후의 구체적인 환자 역할을 세부적으로 탐색해야 하고, 생활사 연대표에서의 각 시점을 연관시켜야 한다. 치료자는 환자가 상황을 그렇게 보게 된 이유가 무엇인지 등 개인사를 명료화할 수 있는 질문들도 해야 한다.

전환을 명료화하기 위한 치료자의 과제는 다음과 같다.

- 환자를 이해하고, 환자가 환경과 전환의 세부적인 사항을 좀 더 잘 이해할 수 있도록 돕기
- 환자의 감정을 개입시켜 변화를 촉진하기
- 상실감 그리고 차후 전환에 대한 불안감 및 양가감정을 인식하고 기술하기
- 환자가 좀 더 균형 잡히고, 현실적이며, 의미 있는 방식으로 전환을 개념화하도록 돕기
- 환자가 새로운 사회적 지지체계를 구축할 수 있도록 도와주기

훈련받지 않은 관찰자(환자의 사회적 네트워크에 있는 많은 사람들을 포함하여)에게 역할 전환은 상실과는 전혀 무관한 경험으로 보일 수 있으며, 때때로 다른 사람들에게는 전체적으로 긍정적인 변화로 보일 수 있다. 반대로, 치료자는 역할 전환의 본질을 환자의 조망에서 이해하려는 작업을 해야 하며, 환자의 삶에서 그것이 의미하는 바를 이해하기 위한 작업을 해야만 한다. 치료자가 그렇게 함으로써 환자의 조망을 분명히 알게 될 뿐 아니라, 환자도 자신의 환경을 좀 더 전체적으로 이해할 수 있게 된다. 생활사 연대표는 이를 촉진시키기 위한 도구다. 즉, 경청을 하기 위한 구조화된 방식이다.

환자의 조망에 대해 치료자가 이해를 하면 역할 변화 과정에서의 환자의 경험을 더욱 공감할 수 있게 된다. 그리고 환자와 공감이 되면 환자와의 의사소통이 가능해지며, 환자의 상실감, 불안감 혹은 새로운 역할을 수행하는 데 따른 양가감정 등을 확인해 줄 수 있다. 공감에 의한 의사소통은 치료 동맹을 촉진시킨다. 또한 미래에 대한 불안감을 인지하고 관리해 주는 것 또한 치료에 매우 효과적이다.

환자의 감정을 개입시켜 변화를 촉진하기

환자의 정서적 반응은 모든 세부적인 영역까지 다루어지고 기술되어야 한다. 그중 대부분은 과거 역할의 상실에 따른 환자의 슬픔이나 새로운 역할에 대한 불안감일 것이다. 여러 가지 경우가 있겠지만, 이 감정들 모두는 치료자가 환자를

이해할 수 있도록 도와주며, 환자가 자신의 경험을 더 잘 이해하도록 하고, 다른 사람들에게 자신의 이야기를 하도록 하며, 지지에 대한 자신의 욕구를 의사소통하게 해 주고, 그들이 이해하도록 해 준다는 점에서 중요하다. 복잡하고 갈등을 일으키는 모든 사고와 기분은 환자가 역할 전환을 다루어 갈 수 있게 도와주는 요인으로 사용될 수 있도록 치료자에 의해 인식되고 탐색되어야 한다.

상실감 그리고 차후 전환에 대한 불안감 및 양가감정을 인식하고 기술하기

가장 좋은 환경이라도 변화는 모두 스트레스다. 환자는 거의 예외 없이 과거 역할에 대한 양가감정이나 상실감을 느끼지만 사회적 압력이나 관계 요인 때문에 자신의 복잡한 혹은 부정적인 감정을 인식하지 못하거나 다른 사람과 그런 감정을 공유할 수 없는 경우가 있다. 따라서 환자가 이야기할 수 있는 치료적 환경을 제공하고 경청해 주는 것은 언제나 도움이 된다. IPT의 다른 영역과 마찬가지로 치료자는 환자가 자신의 이야기를 조직화할 수 있도록 도와주어야만 하며, 이를 자신의 사회적 지지망 내의 다른 사람들과 공유하도록 격려해야 한다.

환자가 좀 더 균형 잡히고, 현실적이며, 의미 있는 방식으로 전환을 개념화하도록 돕기

치료자는 과거의 역할과 새로운 역할 각각의 긍정적인 면과 부정적인 면에 대해 환자가 명료하게 지각하고, 전환에 대하여 좀 더 균형 잡히고, 현실적인 견해를 구축할 수 있도록 도와주어야 한다. '현실적인(realistic)'이라는 것은 변화의 복잡성을 이해하는 것을 의미한다. 모든 전환에는 전환 시점 전후로 복잡하고 의미 있는 사건들이 존재한다. 이러한 사건들을 이해함으로써 환자는 과거의 역할을 상실한 것이 단점만 있는 것이 아니라 장점도 있는 복잡한 경험이라는 것을 알게 된다. 새로운 역할도 마찬가지다. 환자가 새로운 역할의 긍정적인 면과 부정적인 면을 모두 탐색하고 분명히 이해하도록 격려해야 한다. 환자가 자신의 양가감정을 인식하도록 도와주고, 두 가지 역할 모두에 대하여 균형 있고 의미 있는 견해를 구축하도록 돕는 것이 치료의 목표다.

앞에서 언급한 바와 같이 전형적인 역할 전환 중 하나는 아이의 탄생이다. 여성들은 아기를 갖기 전의 삶을 자유, 경력 추구, 충분한 여가 시간 등 여러 가지 장점이 있는 삶으로 생각한다. 과거의 역할은 본질적으로 편안하고 익숙한 사회적 지지체계 속에서 유지되던 것이었다. 하지만 이것은 아이의 탄생으로 급격한 변화를 맞게 된다. 아기 엄마는 부모 역할이 그녀를 지치게 하고, 자유를 빼앗고, 남편과 지낼 시간도 거의 없는 삶을 의미한다고 느낄 수 있다. 부모가 되는 것을 역할 전환으로 개념화한 후, 환자와 치료자가 오래된 역할과 새로운 역할 각각의 긍정적인 면과 부정적인 면을 검토하고 명료화하면 환자는 아마도 다음과 같은 것을 깨닫게 될 것이다. 즉, 또 다른 관점에서 보면, 그녀는 엄마가 되는 것을 매우 즐기고 있으며, 그녀의 과거 역할에서는 아이를 가진 친구들과의 접촉이 끊어졌음을 인식하게 될 것이다. 익숙한 사회적 지지는 상실하였지만 아기가 생긴다는 것은 새로운 사회적 연결고리를 만들어 주는데, 아기를 갖고 있는 친구들과 더 많은 시간을 보내게 되기 때문이다([그림 15-5] 참조). 통찰력 있는 환자는 그들의 배우자 역시 비록 그들의 전환 경험은 상당히 다르지만, 주요한 역할 전환을 경험하고 있다는 것을 인식하게 된다.

환자와 치료자는 생활사 연대표의 세부 사항들을 검토해야 하며, 전환에 대해 좀 더 균형 잡히고 현실적인 견해를 구축하기 위하여 과거의 그리고 새로운 역할의 긍정적인 면과 부정적인 면의 목록을 작성해야 한다. 이렇게 함으로써 치료자는 환자가 자신의 전환 경험에 대해 기술하고, 이를 통해 가장 효율적으로 전환에 대한 해결책에 도달할 수 있도록 환자를 도와줄 수 있다. 부모가 된다는 것은 커다란 의미가 있는 전환이며, 때로는 말로써 표현하기 힘든 경험이다. 환자의 독특한 경험에 진정으로 관심을 갖고 있는 치료자는 아기를 갖는 것이 어떤 느낌이었는지를 이야기하도록 단순히 격려하는 것만으로도 환자에게 큰 변화를 일으킬 수 있다. 치료자의 공감, 따뜻함, 흥미 그리고 보살핌이 중요한 변화를 야기한다.

"부모가 된다는 것이 당신에게는 어떤 의미입니까?" "내 아이를 갖는다는 것은 어떤 것입니까?" "부모가 되어 보니 당신이 기대했던 것과 어떤 점이 다릅니까?" "당신의 아이를 돌보는 것이 어떤 느낌입니까?" 그리고 특히 "당신이 아이에게 하는 것처럼 누군가를 사랑한다는 것이 어떤 것입니까?"와 같은 질문은 말 그대로 환자가 자신의 경험을 생각하게 하고 이야기하게 하는, 인생을 변화시키는 (life-changing) 방법이다.

역할 전환 엄마 되기			
과거의 역할		새로운 역할	
긍정적	부정적	긍정적	부정적
• 자유 • 경력 • 돈 • 여행 • 자유시간	• 아이를 원함 • 아이에 대한 바람 • 아이를 가진 친구와 소원해짐	• 아이 • 엄마가 됨 • 아이를 가진 친구들과 함께함 • 아이와의 교감	• 탈진 • 자유가 없음 • 여행을 못 함 • 배우자와의 시간이 없음

[그림 15-5] 엄마 되기의 역할 전환

환자가 새로운 사회적 지지체계를 구축할 수 있도록 도와주기

부모로의 역할 전환은 새로운 역할에 맞는 사회적 지지를 만들어 가야 할 필요성을 보여 주는 좋은 사례다. 전환에 대해 좀 더 균형 잡힌 견해를 갖는 것에서 더 나아가 환자가 새로운 사회적 지지를 구축하도록 격려해야 한다. 자신의 경험을 나눌 수 있고, 자신을 더 잘 이해해 줄 수 있는 사람들과의 새로운 관계는 정서적 지지를 제공해 줄 뿐 아니라 새로운 상황에서 환자의 애착욕구를 충족시켜 주게 된다.

전환 후의 환자의 경험을 이야기하기

치료를 받으러 오는 환자들은 자신의 새로운 역할에 대해 힘들고 스스로 감당할 수 없는 도전이라고 느끼는 경향이 있다. 불안정한 애착유형의 환자들은 도전을 과대평가하는 경향이 있으며, 반대로 이에 대처하기 위한 자신의 능력은 과소평가한다. 이 환자들에게 새로운 역할은 스트레스를 주는데, 왜냐하면 자신에게는 직면한 도전을 극복해 낼 능력이 없다고 생각하기 때문이다. 때문에 치료자는 환자가 새로운 역할에 도전하는 것과 전환에 대처하는 자신의 능력을 재평가하는 것을 도와주어야 하며, 그들이 새로운 사회적 지지체계를 구축해 가도록 도와주어야 한다. 당뇨병 진단을 받은 후 우울증이 생긴 환자의 사례를 고찰해 보자. 새로운 역할에 대한 평가에서 환자는 당뇨병에 걸렸다는 사실을 질병, 장애, 생활양식의 변화로 겪게 될 어려움, 약물 복용, 의사, 발 전문가, 영양사의 수많은 진료를 받아야 하는 것임을 받아들일 수밖에 없는 상황으로 생각하고 있고, 이에 압도당해 있음을 알 수 있었다. 대부분의 환자들은 이러한 새로운 역할 전환을 직면하기 힘든 압도적인 도전으로 느낄 것이다.

이 경우 치료자는 우선 환자가 생활사 연대표를 작성하도록 도와야 하며, 여기에는 실제 진단 전후의 증상 발병, 건강에 대한 걱정, 당뇨병 진단 그리고 다른 중요한 사건들이 포함된다. 다른 모든 전환의 경우와 마찬가지로 미래로 향하는 화살표가 매우 중요한데, 왜냐하면 이를 통해 치료자는 환자에게 앞으로 무슨 일이 일어날 것 같은지 질문할 수 있으며, 동시에 미래는 아직 일어나지 않은 일, 즉 아직 선택의 여지가 남아 있고 희망이 있음을 분명히 말해 주기 때문이다.

치료자는 다시 연대표의 앞부분으로 돌아가서, 환자가 과거에 '건강했을 때'의 역할에 대해 이야기하도록 해야 하며, 건강했을 때의 역할을 상실한 경험에 대해서도 진술하고, 역할의 변화가 자신에 대한 인식과 다른 사람들과의 관계에 어떤 영향을 주었는지에 대해서도 말해 보도록 격려해 주어야 한다. 치료자는 환자가 자신의 새로운 역할에 대한 좀 더 균형 잡힌 시각을 구축할 수 있도록 도와주어야 한다. 새로운 상황에 대한 환자의 평가가 명백히 부정적인 상황에서는 이 작업이 어려운 일이기는 하지만, 생활에서의 변화를 자신의 삶의 우선순위를 재평가할 수 있는 계기로 삼을 수 있으며, 앞으로 대인관계와 삶을 어떻게 구조화할지를 결정하는 시점으로 삼을 수도 있다. 건강을 잃은 후에 그와 같은 변화를 새로운 삶의 출발점이나 '기상신호(wake-up call)'로 삼는 환자들도 많고, 이를 계기로 자신의 인생 목표와 우선순위를 재평가하는 환자들도 많다.

치료자는 환자의 새로운 역할과 미래의 전환이 갖고 있는 긍정적인 측면, 예를 들면 그것을 계기로 건강한 생활습관을 만들고, 건강검진을 통해 숨어 있던 치명적 질병을 발견해 내어 조기치료를 받는 등 좋은 면을 생각해 보도록 도와주어야 한다. 치료자는 환자가 새로운 역할에서 요구되는 도전, 예를 들면 식습관과 같은 생활습관을 바꾸는 것 등에 대해 재평가하고, 그것을 실행에 옮길 수 있도록 대인관계 지지체계를 구축하는 과정을 도와주어야 한다. 예를 들어, 환자의 부인을 대인관계 지지자인 동시에 새로운 식이요법을 실천해 나가기 위한 실질적인 조력자로 만들고, 친구들을 운동이나 다른 생활양식을 변화시키는 과정에서의 조력자로 삼을 수 있다.

치료자는 또한 환자가 자신의 병에 관한 경험을 의사소통하도록 격려해야 한다. 사회적 지지를 적극적으로 구하는 데 그치지 않고, 환자로 하여금 다른 사람이 이해할 수 있고, 반응할 수 있는 방식으로 자신의 경험을 의사소통함으로써 환자의 애착욕구를 보다 용이하게 충족시킬 수 있는 방법을 모색하도록 할 수 있다. 치료자가 "다른 사람들이 당신의 경험을 얼마나 잘 이해할 수 있다고 생각합니까?" 혹은 "다른 사람들이 당신의 경험을 좀 더 완전히 이해할 수 있게 하려면 무엇을 해야 할까요?"와 같은 질문을 하는 것은 큰 도움이 된다.

역할 전환: 그 밖의 치료 전략들

환자가 문제를 역할 전환으로 인식하지 않는 경우

모든 IPT 문제영역에서처럼 자신의 삶의 특정 사건에 대한 환자의 지각과 기대가 다른 사람들의 그것과 매우 다를 수 있다. 자신의 스트레스가 환경에서의 특정한 급성적 사건이나 변화와 시간적으로 관련되어 있다는 것을 환자가 인식할 수 있도록 도와주고, 환자가 이를 역할 전환으로 인식하도록 돕는 것이 치료자의 과제다. 생활사 연대표는 이 작업을 하기 위한 명백하고 구체적인(concrete) 방법이다. 그러나 다른 문제영역처럼 역할 전환 역시 '진단'을 할 필요는 없다. 환자가 자신에게 의미 있는 용어를 사용해서 표현하도록 하는 것이 훨씬 더 좋다. 대인관계 영역은 대인관계에 지속적으로 초점을 맞추는 것을 일차적 목표로 삼고 융통성 있게 접근해야만 한다. 예를 들어, 딸이 대학 진학을 위해 집을 떠난 후 우울해진 어느 여성 환자의 경우 이를 역할 전환으로 인식하지 않고 오히려 애도나 상실(grief and loss)로 보거나, 딸이 성인으로서 집을 떠나 독립하려고 하는 시도로 봄으로써 딸과의 대인관계 갈등으로 인식할 수도 있다. 치료자는 환자가 문제를 어떻게 보고 있는지 알아야 하며, 치료적 관계를 손상시키는 위험을 감수하면서까지 역할 전환이라는 용어를 강요하거나 진단하려는 시도를 하는 대신 환자와 협조적으로 작업해 가야 한다.

IPT 문제영역 간에는 상당히 많은 중첩이 있다. 예를 들면, 이혼은 애도와 상실, 역할 전환, 대인관계 갈등 모두가 될 수 있다. 이들 모두 공포적 혹은 거부적 애착유형과 만나 뒤엉키면 더욱 복잡한 양상을 보이게 된다. 또한 의미 있는 타인의 죽음도 애도와 상실의 문제가 되는 동시에, 새로운 책임을 떠안게 되고, 새로운 사회적 지지체계가 필요하다는 의미에서 전환의 문제가 되기도 한다. IPT에서 문제영역을 정하는 일차적인 목표는 환자와 치료자가 특정한 대인관계 문제에 초점을 맞추고 치료 내내 그 초점을 유지시키기 위함이다. 치료자가 특정 진단을 주장하는 것은 환자의 문제에 대해 자신이 환자보다 더 잘 알고 있다는 가정에서 기인하는데, 이러한 가정은 치료자가 환자의 말에 진정으로 귀 기울일 수 없게 방해한다. 치료자는 환자의 문제를 특정한 문제로 인식하도록 강요함으로써 치료 동맹을 손상시켜서는 절대로 안 된다.

영리한 치료자는 환자의 대인관계 문제를 어떻게 인식할지 논의하는 과정을 통해 환자와 함께 문제를 명료화하고 동맹을 강화시킬 수 있다. 예를 들어, 환자에게 문제가 역할 전환이라고 일방적으로 해석해 주는 대신에, 치료자는 환자가 수용하거나 거절할 수 있는 잠정적인 견해를 '제안' 할 수 있다. 이것은 환자에게 '당신의 견해를 좀 더 잘 이해하고 싶다.' 는 기대를 전달하여 동맹을 강화시키는 방향으로 나아가게 하는 이점이 있다. 또한 이것은 환자가 치료에 좀 더 협조적인 역할을 하도록 해 주며, 환자가 자신의 문제를 어떻게 보는지에 대한 추가적인 정보를 치료자에게 제시함으로써 명료화를 촉진시킬 것이다.

예를 들면, 치료자는 다음과 같이 이야기할 수 있다.

> 우리는 당신 딸과의 문제를 '갈등' 으로 보고 접근했습니다. 당신의 의사소통 및 문제 해결 기술은 정말 많이 향상되었습니다. 하지만 나는 역할 전환과 관련하여 당신에게 고통을 주는 무언가가 더 있다고 생각합니다. 당신은 '딸 아이가 자신의 삶을 독립적으로 살아 나가야 할 때가 된 것 같다.' 는 말을 몇 차례 했었습니다. 딸과의 관계에서의 변화가 당신에게 어떤 영향을 주었는지, 대학생의 엄마가 된다는 것에 대하여 당신은 어떤 느낌이 들지 생각해 보는 것도 도움이 될 것 같습니다. 이제까지 우리가 논의해 왔던 갈등에 추가하여 당신의 경험의 일부분을 역할 전환의 관점에서 논의해 보는 것에 대하여 당신은 어떻게 생각하십니까?

환자가 역할 전환의 복잡성을 인지하지 못하는 경우

환자가 역할 전환을 단일 사건이 아닌 복잡한 상황으로 이해하는 데 어려움을 겪을 수 있다. 생활사 연대표의 사용은 이 문제를 다루는 데 도움을 줄 수 있으며, 이는 사건에 연대표적 흐름이 있음을 의미하고, 여기에 영향을 주는 선행 사건과 그에 뒤따르는 후속 사건이 있음을 의미한다. 환자는 전환의 긍정적 혹은 부정적인 면을 과대 혹은 과소 평가할 수 있다. 환자의 기분이 자신의 사고 양상에 미치는 영향은 이와 같은 평가에 영향을 줄 때 특히 중요하다. 이와 같은 상황에서 치료자는 다음과 같이 할 수 있다.

- 전환의 양상을 검토하고 좀 더 명료화한다.
- 우울이나 불안이 역할에 대한 환자의 견해에 미칠 수 있는 영향을 강조한다.
- 잃어버린 혹은 획득한 역할에 대한 환자의 감정에도 불구하고, 전환은 이미 발생한 일이고, 치료의 목표는 힘든 변화에 환자가 최대한 대처할 수 있도록 돕는 것이라는 점을 공감해 주면서 부드럽게 지적한다.

특히 세 번째 작업이 IPT의 두드러진 특징이다. 기본은 행동하는 것이다. IPT는 환자가 주어진 변화에 최대한 대처하고 기능할 수 있게 도와주도록 설계되어 있다.

역할 전환에 대해 이야기하면서 감정을 거의 드러내지 않는 경우

치료과정이나 실제 생활에서 정서를 경험하거나 표현하는 데 전반적으로 어려움을 겪는 환자들도 있다. 이는 환자가 고통 혹은 다른 유사한 감정들을 경험했던 대인관계 사건들을 검토해 봄으로써 드러난다. 이 방법으로 환자의 감정적인 변화(affective shift)를 어느 정도 알아볼 수 있다. 치료자는 내용 감정(content affect)과 과정 감정(process affect)을 강조하는 기법을 사용할 수도 있다. '당신의 경험을 이야기하는 바로 지금 이 순간, 당신은 어떤 감정을 느끼고 있습니까?' 라는 질문이 도움이 된다. 이러한 기법에도 불구하고 환자가 여전히 감정을 표현하는 데 어려움을 겪는다면 치료자는 환자를 역할 전환에 적응하도록 돕는 등 보다 실제적인 면에 초점을 맞출 수도 있는데, 이를 통해 감정에 대한 개입 없이도 증상 심각도를 경감시키는 데 도움을 줄 수도 있기 때문이다.

IPT를 비롯한 모든 치료에 적용되는 일반적인 규칙은 환자가 경험하는 감정이 풍부할수록 변화의 가능성이 더 커진다는 것이다. 따라서 환자가 그 상황에서 어떻게 느끼고 어떻게 정서적으로 반응했는지를, 진정한 관심을 갖고 질문하는 개입방법을 자주, 지속적으로 활용하여야 한다.

사례 15-2 Terry

Terry는 49세로 기혼이며 회사 대표로 일하고 있다. 그는 수차례 심한 가슴 통증으로 병원에 입원하였고, 검사 결과 심각한 심근경색증으로 진단받았다. 또한 Terry는 혈당이 상승해 있고, 중등도의 고혈압도 있음이 발견되었다. 순환기내과 병동에 사흘간 입원한 후에 내분비내과 의사가 Terry를 진찰하였는데, 그는 Terry가 2형 당뇨병이라고 진단하였고, 식이요법과 경구 당뇨약을 처방하였다. 심장전문의의 진료 후에는 고혈압 약도 복용하기 시작하였다.

심장전문의의 진찰 후, Terry는 간호사에게 의사의 진료가 만족스럽지 않으며 다른 의사에게 다시 한 번 진료를 받고 싶다고 불평하였다. 따라서 또 다른 심장전문의가 진료를 하였고, 역시 고혈압으로 진단한 후에 같은 치료제를 추천하였다. Terry는 두 번째 심장전문의에게도 화를 냈으며, 의학적 권고에 반하여 임의퇴원을 하려고 하였다. 이후 순환기내과 병동에서 정신과 의사에게 협진을 요청하였다. 정신과 의사는 Terry에게 자신의 좌절감을 표출할 기회를 주었으며, 현재 상황에 대한 Terry의 감정을 다루어 주었다. 그는 병원에 좀 더 입원하기로 마지못해 동의하였으며, 정신과 의사를 다시 만나기 원할 경우에 대비하여 연락처를 적어 두었다.

며칠 후 Terry는 퇴원하였고, 외래의 심장재활센터로 의뢰되었다. 약 3주 후 정신과 의사는 심장재활센터의 간호사로부터 전화를 받았는데, 그녀는 Terry의 기분이 악화되고 있는 것 같다고 하였다. 치료자는 Terry와 외래 약속을 잡았다. 평가의 결론부에서, 치료자는 Terry가 우울증뿐 아니라 수많은 증상을 갖고 있다는 점에 주목하였다. Terry는 치료자에게 자신은 심장마비 전에는 신체적으로 건강했으며,

정신적으로도 아무 문제가 없었다고 말했다. 그는 심근경색, 고혈압, 당뇨 등 '세 가지 재앙'과 씨름하면서 그렇게 많은 약을 먹어야 한다는 사실을 감당하기가 불가능하다고 느끼고 있었다.

이 점에 대하여 치료자는 좀 더 이야기를 듣기 원했고, Terry가 그동안 자신의 일에 상당히 몰두해 왔음을 알게 되었다. 그는 발병 전 20년간 전자 상점 체인을 매우 성공적으로 운영해 온 기업가였다. Terry는 자신이 '작은 가게'에서부터 시작하여 어떻게 성공적인 체인 스토어를 일구어 냈는지를 설명하는 데 평가/초기 회기([그림 15-6] 참조)의 많은 부분을 할애하였다. Terry는 아플 시간조차 없이 바쁜, '타협하지 않는 전문가'로 자신을 묘사하였다. 이 이야기를 하면서 Terry는 치료자에게 "비즈니스의 세계에서 약한 자는 경쟁자에 의하여 잡아먹히고 말아요."라고 말했다.

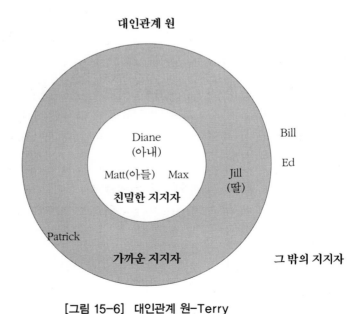

[그림 15-6] 대인관계 원-Terry

치료자가 Terry에게 심장질환과 당뇨병 진단을 받았을 때의 기분을 묻자, Terry의 감정에 급격한 변화가 관찰되었다. Terry는 충격적이었던 그 사건에 대해 이야기하면서 눈물을 글썽거렸고 불쾌감을 나타냈다. 치료자는 대인관계 설계를 하기 위해 다음과 같이 말했다.

　　Terry, 제 생각에 당신은 여러 가지 신체 질병이 생긴 것 때문에 임상적으로 우울 증에 빠진 것 같습니다. 일생에 걸쳐 당신은 분명히 강하고 능력 있는 사람이었습니다. 그런데 예상치 못한 신체 건강의 악화로 인해 당신은 정말 압도당한 것처럼 보입니다. 저는 당신이 건강 악화를 처음으로 경험하였고, 따라서 상당히 힘든 상 태라는 것을 충분히 이해할 수 있습니다. 사람들이 우울해지는 데는 여러 가지 이 유가 있지만 당신의 경우에는 이러한 특별한 사건이 중요한 원인이 되었던 것 같습니다.

　　저는 당신의 변화된 건강 상태, 그리고 건강 문제가 당신의 삶에 미치는 영향에 가장 잘 적응할 수 있는 방법에 초점을 맞춘 치료가 당신에게 도움이 될 수 있을 것 이라고 생각합니다. 항우울제를 복용하는 것 역시 좋은 선택이라고 생각하며, 당신 에게 도움이 될 것으로 믿습니다. 하지만 저는 당신이 또 다른 약을 추가로 복용하 는 것을 원치 않을 것이라는 점도 이해합니다. 우리가 12 내지 14회기의 대인관계 치료를 진행한다면 우리는 이 문제를 좀 더 구조화된 방식으로 다룰 수 있고, 당신 에게 큰 도움이 될 것으로 생각합니다. 당신의 생각은 어떻습니까?

　　이와 같은 치료자의 말은 좋은 대인관계 설계가 갖추어야 할 요소들을 여러 가지 포함하고 있으며, 전달의 중요성을 보여 주고 있다. 첫째, 치료자는 Terry가 역할 전 환에 관한 치료자의 잠정적 가설에 반응할 수 있도록 허락하고 있다. Terry는 자신 을 몹시 독립적인 사람으로 기술하고 있었다. 치료자는 대부분의 다른 환자들이 필 요로 하는 것보다 더 많은 통제감을 Terry에게 줄 필요가 있다는 점을 알고 있었다. 둘째, 협조적인 관계를 구축한다는 확실한 느낌을 주었다. 치료자는 자신의 역할을 '나를 위해 일해 줄 전문가(benevolent expert)'로 제시할 수 있었기 때문에, 치료 의 단기과정을 통하여 유지될 수 있는 긍정적인 전이관계를 구축하는 데 도움이 되 었다.

　대인관계 설계([그림 15-7] 참조)를 좀 더 진행한 후 Terry는 과거의 '완벽한 신체적 건강'을 잃은 것에 대해 애도와 상실감을 강하게 느낀다고 말했다. 치료자는 애도와 상실의 문제가 분명히 존재한다는 점에 동의하였으며, 이것이 문제를 인식할 수 있는 합리적 방법이 될 수 있다고 말해 주었다. 그러면서 치료자는 건강의 상실을 역할 전환으로 보는 것도 도움이 될 수 있음을 제안하였는데, 왜냐하면 이것은 Terry로 하여금 새로운 환경에 적응할 필요성을 인지할 수 있도록 도와주는 한편, '건강한 자신'의 상실에 대해서도 이야기할 수 있기 때문이다.

　Terry는 자신의 과거 역할을 '강함과 상처받지 않음'으로 기술하였다. Terry는 하루 16시간씩, 일주일에 7일을 일할 수 있었다고 회상하였다.

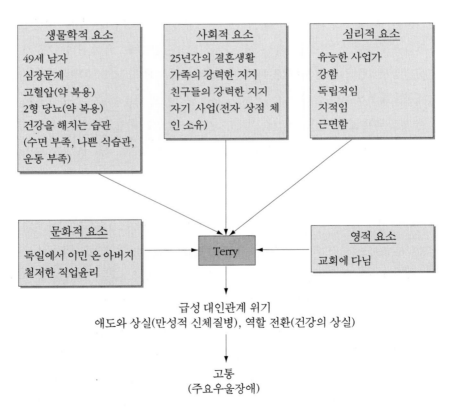

[그림 15-7] 대인관계 설계-Terry

나는 잠을 거의 자지 않고 버틸 수 있었습니다. 나보다 일을 더 많이 할 수 있는 사람은 없을 거라고 확신합니다.

Terry의 생활사 연대표([그림 15-8] 참조)에는 처음에는 별 게 없었다. 그는 갑자기 나타난 의학적 증상들과 병원에 입원해서 보낸 시간만을 중요한 시점에 표시하였고, 미래에 대하여는 매우 크고 어두운 색깔의 마크를 그린 후에 '업무에 복귀하기!!!' 라고 적었으며, 그 밑에 여러 번 밑줄을 그었다. Terry는 "이것이 나의 목표예요!"라고 큰 소리로 말하며 다시 강조하였다.

치료자는 Terry에게 심장마비가 오기 전에는 생활에 어떤 제한이 있었는지, 앞으로 어떤 것이 변화될 것인지를 직접적으로 질문해 볼까 생각하였지만, 다시 한번 심사숙고한 끝에 그런 질문이 Terry의 일에 대한 집착과 애착유형에 대해 지나치게 성급히 직면을 시킬 가능성이 있다고 판단하여 참았다. 그 대신 치료자는 심장마비가 오기 전에 어떤 일이 있었는지, Terry의 모든 역할(사업가, 남편 그리고 아버지로서의 모든 역할)에 대하여 좀 더 자세히 이야기해 줄 것을 요구하였다. Terry는 다음과 같이 대답하였다.

Terry는 건강상의 문제로 부정적인 상황이 초래되기 이전의 생활방식에 대하여 자발적으로 이야기하기 시작하였는데, 여기에는 결혼생활 및 자신과 아이들과의 관계에 나쁜 영향을 미치는 것들도 포함되어 있었다. Terry는 이것들이 자신의 과

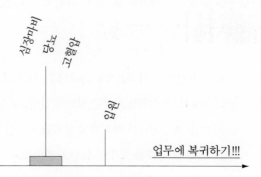

생활사 연대표(Terry)

[그림 15-8] 생활사 연대표-Terry

거 역할이 갖고 있는 결점임을 인식할 수 있었다. 이에 대해 좀 더 세부적으로 이야기해 가면서 그는 자신의 경험이 복잡하다는 것을 인식하기 시작하였으며, 동시에 과거의 결정들이 전환과 어떻게 얽혀 있는지를 지각하기 시작하였다. 이야기가 진전되어 가면서 그는 변화와 상실에 의해 나빠졌던 기분이 호전되는 것을 느끼기 시작하였으며, 전환을 대인관계의 우선 순위를 다시 설정할 수 있는 계기로 볼 수 있게 되었다.

과거 역할의 일부 부정적인 측면을 인식하면서 어떤 환자들은 종종 슬픔 혹은 애도를 느끼기도 한다. 이것은 '내가 좀 다르게 행동했으면 좋았을 텐데…….' 하는 유형이다. '내가 좀 더 좋은 아빠였으면 좋았을 텐데…….' 혹은 '내가 이혼하지 않았으면 좋았을 텐데…….' 와 같은 생각들은 죄책감이나 후회를 불러일으킨다. 환자가 이러한 기분을 지지적인 치료적 관계 내에서 표현할 수 있게 하는 동시에, IPT가 시간 제한적 치료이고, 대인관계에 초점을 맞추고 있음을 명심하여 치료자가 치료의 속도를 유지해야 하는 것이 IPT를 진행하는 기술이라 할 수 있다. 슬프고 후회스러운 감정을 다루는 것도 치료의 핵심이기는 하지만, 전환을 다룰 때 IPT의 궁극적 목표는 환자가 다음과 같은 질문을 할 수 있도록 도와주는 것이다. '이미 변화가 일어난 상황에서, 지금 내가 어떻게 기능하는 것이 가장 효율적일까?'

가장 이상적인 결과는 환자가 직관적인 진실(epiphany)을 파악하여 위기를 재평가하고 변화의 기회로 삼는 것이다. 치료자는 환자와 공감하고자 노력하면서 이를 환자에게 직접 제안해 줄 수도 있다. 예를 들면, 치료자는 다음과 같이 말할 수 있다.

당신이 건강을 잃었음에도 불구하고, 불행 중 다행인 것은 이를 계기로 당신의 삶에서 당신이 하고 싶은 것이 무엇이었는지를 생각해 볼 수 있게 되었다는 사실입니다. 당신은 아직까지 경주 트랙에서 앞만 보고 전력 질주하였습니다만, 이제 그 질주를 멈추어 당신을 돌아보고, 당신이 어떤 대인관계를 맺어 나가기 원하는지 생각해 보는 시간을 가질 수 있게 되었습니다. 그것이 우리가 치료에서 초점을 맞추어야 하는 것입니다. 저는 당신이 원하는 변화를 실현해 나갈 수 있도록 당신을 도울 것입니다.

치료자와 Terry는 새로운 역할에 대하여 논의하였다. Terry의 순환기내과 주치의는 업무 시간을 대폭 줄이고, 수면 시간을 늘리며, 운동을 규칙적으로 할 것과 식습관을 바꿀 것을 강력히 권고하였다. 즉, 좀 더 규칙적으로 일을 하고, 레스토랑이나 패스트푸드점에서 식사를 하기보다는 집에서 식사를 하라는 것이었다. Terry는 이러한 생활방식의 수정을 건강을 위한 것으로서 거부감 없이 받아들였다. 한편 Terry는 자신이 약에 찌들었다고 느끼고 있었다. 치료자와 Terry는 순환기 전문의에게 고혈압약을 다른 약으로 바꾸거나 약을 안 먹고 혈압을 조절할 수 있게 해 달라는 말을 화를 내거나 강압적으로 보이지 않게 전달할 수 있는 방법을 연습하기 위해 역할 연기를 하였다.

그 다음 Terry의 사업과 시간계획을 조정해야 하는 문제에 대해 논의를 시작했다. 치료자는 Terry가 문제 해결 접근법(problem solving approach)으로 도움을 받을 수 있을 것이라고 제안하였다.

치료자: 우리는 문제에 대한 새로운 해결책을 함께 논의해 볼 수 있을 겁니다.

Terry: 그렇게 할 수만 있다면 좋겠네요.

치료자: 좋습니다. 당신은 경쟁자들에게 뒤처지지 않고 사업의 경쟁력을 유지하려면 최소한 하루 12시간 이상 일을 해야 한다고 말했습니다.

Terry: 맞습니다.

치료자: 그리고 당신은 앞으로 하루 6시간에서 8시간 이내로 일을 줄이고, 충분한 시간을 두고 건강식으로 점심을 먹고, 정시에 퇴근해서 운동할 것을 희망하고 있습니다.

Terry: 맞습니다.

치료자: 좋습니다. 자, 당신이 이 두 가지 문제를 동시에 해결할 수 있는 잠정적인 해결책은 무엇이라고 생각하십니까?

Terry: 저, 제 생각에는 누군가 제 일을 도와줄 사람을 고용하는 것이 좋을 것 같습니다.

치료자: 그렇게 하려면 어떻게 해야 하나요?

치료자와 Terry는 문제에 대한 4~5개의 잠정적인 해결책을 생각해 내었다. 매 해결책마다 그 해결책의 긍정적인 면과 부정적인 면을 평가하였으며, Terry는 그중에서 가장 합리적인 것으로 생각되는 하나를 선택하였다. Terry는 이 해결책을 실행하기로 하였고, 후에 이에 대하여 치료자에게 보고하였다. Terry는 그의 사업을 축소하지 않고도 건강을 위해 생활방식을 수정할 수 있었기 때문에 기분이 좋아지고 있다고 말했다. Terry는 과거 자신의 신체적 건강 상태를 생각하면 아직도 상당한 상실감을 느끼고 있다고 말했지만, '최소한 나는 아직 인간답게 살고 있다.' 고 말할 수 있게 되었다.

IPT는 Terry에게 신체적 건강 문제로 인해 나타난 삶의 변화를 구체적으로 이해하는 방법을 제공하였다. Terry는 과거 신체적으로 건강했을 때의 역할을 되돌아보는 기회를 가졌으며, 상실이 어떤 것인지를 치료자와 다른 사람에게 세부적으로 이야기하였고, 동시에 그의 과거 역할이 '내가 생각했던 것만큼 정신적으로 그리고 대인관계상으로 건강하지는 않았다.' 는 것을 인식할 수 있게 되었다. 동시에 그는 협조적인 업무관계를 얻게 되었는데, 이것은 환자가 그의 새로운 역할을 다루는 전략을 설계하는 데 도움을 주었으며, 그가 과거에는 잘 해내지 못하던 것이었다. 치료자는 Terry가 핵심적인 상실이라고 느끼고 있었던 자신의 상황에 대한 통제감을 다시 얻는 데 도움을 줄 수 있었다.

치료는 12회기 후에 종료되었다. 마지막 두 회기는 격주로 진행되었다. 치료에서의 경험으로 Terry는 유지회기를 위하여 석 달 후 치료자와 다시 만날 약속을 하였으며, 그때 유지치료를 계속할지의 여부를 재평가하기로 계획을 세웠다.

사례 15-3 Bob

Bob은 40세의 회계사로, 만성적인 우울감 때문에 가정의학과 의사에 의하여 의뢰되었다. 그는 항우울제와 IPT에 순순히 동의하였다. 그는 자신의 근본적인 문제를 이야기하기 힘들어했는데, 그저 오랫동안 우울했고, 따라서 치료를 받아야만 할 것 같다고 결정한 것뿐이라고 말했다. 그의 대인관계 원은 관계의 결핍([그림 15-9] 참조)을 보여 주고 있었는데, 가운데 원에는 자신의 부모와 형뿐이었고, 바깥 원에는 직장에서의 소수의 친구들이 있을 뿐이었다. 대인관계 평가도구에서 확인된 대인관계 문제는 주로 그가 여성과 친밀한 관계를 맺는 과정에서 경험한 문제들이었다. Bob은 현재 사귀는 여성이 없으며, 새로운 이성교제에 대해서는 약간의 관심을 가지고 있을 뿐이었다. 그는 직장에서의 좌절에 대해서도 이야기하였는데, 자신의 일에 아무런 흥미가 없고, 단지 죽을 때까지 '지루하고 세속적인 삶을 살 운명'이라고 느끼고 있었다.

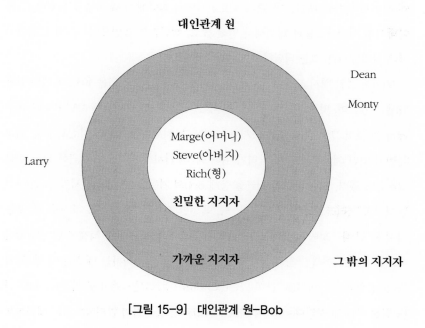

[그림 15-9] 대인관계 원-Bob

치료자는 Bob의 친밀한 관계에 대해 다루어 보고 싶은 유혹을 느꼈지만 동기가 결여된 Bob의 상태와 명백한 공포적 애착유형을 고려할 때 그러한 작업이 생산적일 가능성이 적다고 판단하여, 그냥 이 특정한 시점에 치료를 받기로 결심한 이유가 무엇인지를 질문하였다. Bob은 아주 오래전부터 우울한 상태였다고 말했지만 지금까지 한 번도 치료를 받은 적이 없었는데, 이번에는 어떤 구체적인 변화가 있어서 치료를 받기로 한 것일까? 무엇이 Bob에게 일어난 급성적인 변화인가?

대화가 진행되어 가면서 Bob은 40번째 생일이 가까워지면서 더욱 스트레스를 느끼기 시작하였다고 말했다. 그는 생일날 있었던 일들을 하나하나 열거하였다. 그는 어머니로부터 생일 축하 전화를 받았으며, 형의 생일 축하 카드를 받았고, 그의 아버지와 어머니가 고른 카드도 받았다. 축하 전화를 한 친구는 아무도 없었고, 전에 읽었던 책을 다시 읽으면서 집에 있었는데, 저녁 시간에는 재방송하는 TV 프로그램을 보면서 혼자 저녁을 먹었다. 그러면서 이것이 자신의 삶이고, 영원히 이렇게 계속될 것이며, 앞으로 더 나빠질 수도 있다는 생각이 들었다. 다음 날 그는 몸이 아파서 병가를 내었는데, 혼자 외로워하면서 침대에 누워 하루를 보냈다. 그는 이제까지 직장동료들과 협력해서 일해 왔고, 책임감도 있었으며, 단 하루 결근한 것에 불과했지만, 그는 낙담하고 사기가 저하되었다.

40번째 생일 역시 그에게는 특별한 의미가 있는데, 그의 형은 40세 때 이미 결혼 12년 차였으며, 멋진 직업과 두 아이를 갖고 있었다. 형과 비교해 보면 Bob은 이루어 놓은 것이 그리 많지 않은 것처럼 느껴졌다. 치료자는 Bob이 자신과 형을 비교하면서 어떤 왜곡을 했는지 밝히기 위해 좀 더 인지적 방식으로 접근해 보고 싶은 유혹을 느꼈다. 또한 이러한 접근을 통해 Bob의 기분을 좀 더 호전시킬 수 있는 가능성이 있으리라는 유혹도 느꼈다. 즉, 특정한 과제를 해 나가고, 숙제를 내 주는 것이 좀 더 적극적인 치료가 될 수도 있고, Bob이 치료회기 중 적절한 단어를 찾아내느라 수시로 어색한 침묵 상태를 만들어 내는 현상을 피하는 데 도움이 될 수 있을 것 같았다. 즉, Bob과 '같이 있는(be with)' 것보다는 '무엇을 하는(do to)' 편이 훨씬 쉬울 것 같았다. 그러나 치료자는 그러한 접근법이 인지적으로는 매력적으로 보이지만, Bob을 치료받게 만든 근본 문제인 고립감과 절망감 속에 Bob을 그대로 남겨 둘 수도 있다는 점이 우려되었다. 보다 인지적인 접근은 Bob의 이야기를 경청하는 것을 방해할 수 있으며, 그의 고립감이 과연 어떤 것인지를 진정으로 이해하고 공감하는 것을 어렵게 할 수 있다.

시간(time frame)에 따른 증상의 변화가 좀 더 명확해지면서, 치료자는 Bob의 경험이 역할 전환이라고 생각하고 대인관계 설계([그림 15-10] 참조)를 해 볼 것을 제안하였다. 40세가 되면서 나타난 역할 전환은 끓어오르던 스트레스가 확 불붙는 급성 위기가 되었다. 40세가 되는 것이 Bob에게는 새로운 의미로 다가왔으며, 자 자신의 삶을 새롭고 훨씬 당황스러운 경험으로 생각하고 느끼게 되었다.

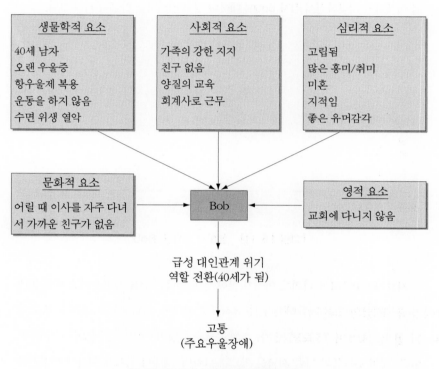

[그림 15-10] 대인관계 설계-Bob

Bob과 치료자는 20회기의 급성기 치료를 진행하기로 동의하였으며, 중기부터는 치료의 빈도를 줄여 나가기로 계획하였다. 치료자는 치료 속도를 늦추면서 명료화 와 공감적 경청 기법을 많이 사용하였다. 그는 Bob에게 자신의 상황에 대해 설명하 고 기술하도록 격려하였다. 그들은 생활사 연대표([그림 15-11] 참조)를 작성하였

는데, 처음에는 매우 조잡하였지만, 그대로 작업을 계속해 나가면서, 여러 회기에
걸쳐 정교화해 나갔다. Bob은 점진적으로 치료자를 편안하게 느끼기 시작했으며,
자신의 고립감과 소외감을 표현하기 시작하였다. 그는 자신이 대인관계에 관심이
없으며, 대인관계에 에너지를 투자하기 싫다고 스스로 믿으면서 대처해 왔지만, 지
금은 대인관계가 없는 것에 상당한 고통을 느낀다고 말했다. 치료자는 Bob이 이야
기하는 동안 지루함을 느꼈고, 오랜 시간 불편한 침묵이 있었지만, Bob의 스트레스
를 이해하기 시작하면서 점차 Bob에 대하여 깊이 염려하는 마음이 커져 갔다.

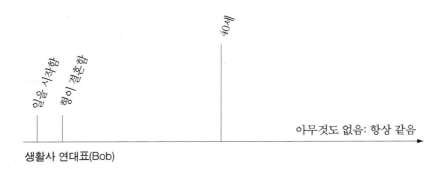

생활사 연대표(Bob)

[그림 15-11] 생활사 연대표-Bob

치료자는 Bob에게 아직도 미래가 많이 남아 있다는 점을 상기시키고 치료 동맹
을 구축하는 방법을 사용하였다. 은유적으로 말하면, 화살표는 미래를 향하고 있
다. Bob은 무엇을 원하고 있는가? 그의 목표는 무엇인가? Bob은 새로운 친구를 만
들고, 몇몇 친구들과 가끔 저녁을 먹으러 나가며, 책이나 영화에 대하여 이야기하
는 것에 관심을 가지고 있었다. 구체적인 숙제를 내 주거나 지나치게 지시적이지
않도록 주의하면서, 치료자는 Bob에게 그러한 방향으로 나아갈 수 있는 작은 단계
들에 대하여 함께 논의해 볼 것을 요청하였다. Bob은 몇 가지를 생각해 내었다. 지
역 도서관의 독서토론회에 참석하기, 영화 동호회에 참여하기, 직장 여성 동료에게
저녁 식사를 같이하자고 말해 보기 등이 그것이다. 하지만 뒤의 두 가지는 Bob에
게는 너무 힘들게 느껴졌으므로 우선 독서토론회에 참석해 보기로 동의하였다.

　　10회기 이후부터는 2주에 한 번씩 만나기로 하였는데, 이는 Bob에게 어떤 사회적 상호작용이든 시도해 볼 만한 충분한 시간을 주고, 치료자가 제공해 왔던 애착적 지지를 점진적으로 감소시키기 위한 의도였다. Bob은 다음 회기, 즉 2주 후에 자신이 독서토론회에 갔었고, 말을 많이 하지는 않았지만 그 시간을 즐겼으며, 뭔가 다른 일이 생겼다는 것이 즐거웠다고 하였다. 그는 다음 주에는 영화 동호회에 참가할 계획을 세웠다. 이것은 독서토론회처럼 단순히 참석만 하면 되는 것이 아니라 규칙적으로 활동하기로 약속해야 하는 것이므로 좀 더 부담되는 일일 수도 있다. 치료가 계속되면서 Bob은 사회적 활동에서 점진적이지만 꾸준한 변화를 계속 이루어 나갔다. 2주간의 간격이 그의 발전 속도와 잘 맞는 것 같았으며, 그가 새로운 환경에 숙달되고 좀 더 독립심을 획득하는 데 도움을 주는 것 같았다.

　　급성기 치료를 종결짓는 시점에서, Bob은 직장에서 함께 일하는 여성 동료에게 저녁 식사를 함께하자고 신청하지는 않았으나, 조만간 그렇게 할 수 있을 것 같다고 확신하게 되었다. 다른 사회적 상호작용도 증가하였지만 무엇보다 중요한 것은 그가 스트레스를 덜 느끼게 되었으며, 미래에 대한 희망이 생긴 것이다. 치료자는 아직도 자신의 지지가 Bob에게 결정적이라는 것을 알고 있었으므로, 유지치료를 통해 두 달에 한 번씩 만남을 가질 것을 제안하였다. 이러한 결정은 Bob의 재발 위험, Bob의 공포적(fearful) 애착유형에 대한 조정, 그리고 급격한 종결이 Bob에게는 극도로 힘들 것이고 불필요하다는 치료자의 인식 등에 근거를 둔 것이다. 사실 그의 만성적인 우울을 고려해 볼 때 대부분의 경험적 증거는 유지치료가 필요함을 강조하고 있다. Bob은 쉽게 동의하였으며, 자주 올 필요는 없다고 생각하지만 치료자와 계속 접촉을 하는 것은 즐겁다고 말했다.

결 론

　　역할 전환은 IPT에서 종종 야기되는 문제다. 환자는 일반적으로 자신에게 고통을 초래한 생활 사건을 자신의 문제와 연관 지을 수 있다. 역할 전환을 다루는 전략은 생활사 연대표를 사용하여 환자가 자신의 경험을 기술하고, 또 변화의 복잡성을 평가하며, 동시에 미래의 희망을 구축하도록 돕는 것이다. 역할 전환을 통하여 과거의 역할을 상실한 것에 대해 다루고 기술하는 것이 도움이 되며, 동시에 새로운 경험 및 그와 연관되어 있는 양가감정을 논의하는 것도 도움이 된다. 치료의 목표는 과거와 현재의 역할 모두에 대하여 좀 더 균형 잡히고 현실적인 견해를 구축하도록 하는 것이고, 환자가 자신의 경험을 이해하고 역할 전환을 겪어 갈 때 환자의 욕구에 대해 지지를 제공해 줄 수 있는 사회적 지지체계와 연결을 맺도록 도와주는 것이다. 환자가 새로운 환경에서 새로운 사회적 지지체계를 구축할 수 있도록 격려하는 것은 매우 중요하다.

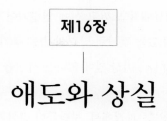

애도와 상실

서 론

상실은 인간 경험의 근본적인 부분이다. 사람은 태어나서 살아가고 언젠간 죽는다. 죽음은 우리가 흔히 겪는 상실이다. 그리고 우리는 관계의 상실, 건강의 상실, 우리 자신과 가까운 이들에게 다가올 죽음 등 수많은 형태의 상실을 경험한다. 애도와 상실은 인간의 삶 전체에 걸쳐 나타난다.

상실로 고통받는 사람은 절망, 이별 그리고 심각한 고립감을 겪게 되는데, 이는 상실 그 자체만이 아니라, 이제 자신을 이해해 줄 사람이 아무도 없다는 뿌리깊은 느낌 때문이다. 혼자라는, 그 누구와도 연결되어 있지 않다는 느낌은 우리로 하여금 애도를 할 수밖에 없도록 만든다. 한 환자는 아름다운 일몰을 이야기하면서 남편의 죽음 후에 그녀가 겪었던 심한 고립감에 대해 말했다. 그녀는 집 앞에 앉아서 일몰을 보고 있었는데, 구름으로 가득 찬 하늘에 점차 해가 지면서 아름다운 붉은색, 오렌지색, 보라색 등 형형색색으로 변해 가는 광경을 보며 순간적으로 자신의 상실을 넘어선 인류애를 느끼고 신에 연결되어 있다는 놀라운 느낌을 받았다. 그녀는 남편이 옆에 있는 것처럼 남편의 손을 잡기 위하여 무의식적으로 오른쪽으로 돌아섰고, 남편이 더 이상 옆에 없다는 사실을 깨닫고 심한 절망감에 빠져들었다.

애도와 상실을 해결해 가는 과정에서, 사람들이 밟아 가야 할 단계나 과정이 있는 것처럼 말하는 학자들이 많다. 『정신장애의 진단 및 통계 편람 제4판(Diagnostic and Statistical Manual of Mental Disorders: DSM-IV)』에서는 애도가 '지나치게' 긴 경우, 즉 인위적으로 설정한 시간의 한계를 넘어선 경우 '병적인' 애도로 정의하였다. 사람들은 애도하고 비통해하는 사람들의 말을 들어 주거나 그 의미하는 바를 함께 나누기보다는, 슬픔에는 끝이 있어야 하고 애도는 '과정(process)' 혹은 '극복해야 할 그 무엇(work through it)'이라는 사고방식을 강요하려고 한다.

'극복한다(work through)'는 것이 정말 의미하는 것은 무엇인가? IPT에서는 이런 부담이 없다. 사람들이 꼭 따라야만 하는 과정이나 구체적 방식이 존재하지 않는다. 개개인의 상실은 독특한 것으로 이해해야 한다. 중요한 것은 개인의 경험이다. 치료적 과제는 환자가 사회적 지지를 구축하고 이를 활용할 수 있도록 돕는 것이며, 자신의 상실 경험을 의사소통하고, 연결고리를 찾아 고립을 감소시키는 것이다. 치료과정의 초기 단계에, 치료자는 환자의 텅 빈 애착 상태에 들어가서, 고통을 함께 나눌 수 있는 인간적인 연결을 제공한다. 환자의 말을 경청하고, 영혼을 보살피고 불쌍히 여겨야 한다. 이 과정에서는 치료자의 따뜻한 태도와 공감이 결정적인 요소다.

치료 장면에서 환자가 자신의 이야기를 하고 정서를 표현하고 경험하면서, 치료자는 환자의 상실 경험을 치료 밖의 사회적 지지로까지 확장할 수 있도록 돕는 작업을 하게 된다. 치료목표는 환자가 상실을 이해하고, 이야기에 일관성을 가질 수 있도록 하며, 그 이야기를 다른 사람과 공유할 수 있도록 돕는 것이다. 다른 사람과 이야기를 공유하는 과정에서 사회적 지지를 얻기 시작하며, 환자의 고립감이 감소되고, 환자가 다시 사회와 연결된다. 치료 장면에서 상실에 대하여 기술하고 논의하고 공유하는 것은 매우 도움이 되며, 다른 사람에게 자신의 경험을 이야기하고 사회적 지지를 구축하도록 하는 것이 IPT의 필수적 요소이자 특징이다.

　IPT는 갑작스러운 애도와 상실로 인한 위기를 해소할 수 있도록 환자를 돕는다. 여기에는 네 가지 구체적인 목표가 있다.

- 경청을 통해 환자의 애도와 상실 과정을 촉진시킨다.
- 환자가 자신의 상실 경험을 이야기하도록 돕는다.
- 환자가 다른 사람에게 자신의 경험을 이야기함으로써 관계를 맺고 의미를 찾을 수 있도록 돕는다.
- 환자가 새로운 대인관계를 구축하도록 돕거나 현재의 관계를 수정하여 좀 더 많은 사회적 지지를 받을 수 있도록 한다.

애도와 상실: 평가/초기 단계에서의 확인

　우리는 살아가면서 수많은 애도와 상실을 경험하게 된다. IPT에서는 실제 삶과 실제 사람을 다루기 때문에 이러한 수많은 경험에 개방적이어야만 한다. 환자가 자신의 경험을 애도 혹은 상실의 문제로 인식하거나 진술하였다면, 그렇게 보아야 한다. 치료자가 이에 도전하거나 싸우면 안 된다. 중요한 것은 환자의 경험이다. 애도와 상실에 대한 경험은 환자가 규정하는 것이지, 치료자가 하는 것이 아니다. 치료자의 역할은 이해해 주고, 연결해 주고, 경청하며, 보살펴 주는 것이다.

　좀 더 구체적으로 말하자면, IPT에서 애도와 상실의 문제는 대개 의미 있는 사람의 죽음, 신체적 건강의 상실, 이혼 혹은 고용의 상실 등을 모두 포함한다. 자기 자신 혹은 사랑하는 사람에게 닥쳐올 죽음, 관계의 단절, 신뢰의 상실 등으로 나타나는 위기 등도 애도의 문제가 될 수 있다. 최선의 방법은 환자가 자신에게 가장 의미 있게 생각되는 것을 문제영역(Problem Areas)에서 자신의 문제로 설정하는 것이다.

　IPT에서 애도와 상실 문제를 문제영역에 자주 명시하는 이유는 간단하다. 환자로 하여금 치료를 받게 만드는 가장 흔한 문제이기 때문이다. 상실이 건강의 상실, 예상된 상실, 관계의 상실인 경우 치료자는 생활사건과 스트레스 사이에 연관성이 있지 않은지를 환자에게 조심스럽게 지적해 볼 수 있다. 어떤 경우건 애도와 상실은 대인관계 평가도구(interpersonal inventory)와 설계(formulation)에 명시되어야만 하며, 그것이 치료의 초점이 되는 것에 환자가 동의해야 한다.

IPT에서는 애도를 '정상' 혹은 '비정상'으로 분류하지 않는다. 치료자의 과제는 환자의 경험을 이해하는 것이지, 그것을 병리적인 것으로 규정하거나 라벨을 붙이는 것이 아니다. 그렇게 하면 치료적 관계에서 엄청난 균열이 생길 것이며, 환자에게 치료자는 경청하기보다는 진단만 하려고 하는 사람으로 보이고, 환자가 관계를 맺었던 다른 사람들처럼 치료자 역시 환자에게 관심이 없음을 보여 주는 증거가 될 수 있다. 애도를 범주화할 필요는 없다. 경청해 주면 된다.

애도와 상실의 특성

애도와 상실은 현상학적으로 우울과 공통점이 많으며, 임상적인 차이가 종종 논쟁이 되기도 한다. 임상가들은 애도의 경험을 병적인 것으로 보지는 않지만, 애도의 맥락 속에서 우울이나 기타 정신과적인 문제가 발병하지 않을까 끊임없이 경계한다. 상실 대상에게 강하게 애착되어 있었다면, 더 심한 트라우마를 겪을 수 있기 때문에 특별히 경계해야만 한다.

사별을 겪은 사람에게 우울증을 진단하는 것은 쉽지 않지만, 우울증이 있는지 여부에 대하여 유용한 단서를 제공하는 몇 가지 현상이 있다. 그것은 다음과 같다.

- 자기-비난: 우울증이 있는 사람과는 달리, 비탄에 젖어 있는 사람들은 적절한 자아상과 자존감을 유지하고 있으며, 일반적으로 과도한 죄책감을 나타내지 않는다.
- 자살충동: 비탄에 젖은 사람들은 상실 후 한동안 '삶에 대한 무관심(indiffer-

ence to life)'을 경험할 수 있지만, 자살 사고나 시도까지 이어지는 경우는 거의 없다.

- 정신운동성 지체(retardation) 혹은 초조(agitation): 정신운동성 초조와 지체는 심각한 내인성 혹은 '멜랑콜릭' 우울증의 지표로 간주되어 왔으며, 애도의 전형적인 심리적 특성으로 나타나지는 않는다.
- 정신병적 증상: 환청 혹은 환시가 있는 사람은 정신병적 과정이 기저에 있는 지 여부에 대하여 평가를 받아야만 한다.
- 반응성의 결여(lack of reactivity): 비탄에 빠진 사람들 중 다수가 일상적인 활동에 대해 심한 흥미 상실을 경험하지만 반응성의 완전한 부재(complete absence of reactivity)는 우울증의 중요한 증상으로 보아야 한다.

〈글상자 16-1〉은 애도와 상실 그리고 우울증 모두에 나타나는 그 밖의 양상들의 목록이다.

글상자 16-1 애도와 상실의 현상
• 우울한 기분과 슬픔 • 안절부절못함 • 수면장애 • 식욕 상실 • 일상적인 활동에 대한 흥미 상실 • 우유부단함 • 공황발작 혹은 강박 사고와 같은 불안증상

IPT에서는 '정상' 애도와 '이상' 애도를 의미 있게 구분 짓지 않는다. 애도는 단순히 상실에 따른 혹은 상실의 예상에 대한 경험이다. 여기에는 정상 혹은 이상이 따로 없다. IPT 치료자의 일차적인 목표는 애도로 인한 환자의 경험을 이해하는 것이지, 이를 병리적인 것으로 보는 것이 아니며, 그렇다고 환자에게 '정상적

인 반응일 뿐'이라고 말함으로써 간단히 처리해 버리는 것도 아니다. 환자는 다양한 애도 및 상실의 문제로 치료를 받기 원한다. 이러한 문제로 치료를 받으러 오는 환자들은 IPT를 통하여 도움을 얻을 수 있을 것이며, 특히 애도나 상실이 치료 시작 단계에서부터 중요한 문제로 대두된 경우 더욱 그러하다. 환자가 IPT로 도움을 받기 위해 정신과적인 진단이 있어야 할 필요는 없으며, 환자에 의하여 제기된 애도와 상실에 대한 자기-확인이 있다면, 치료를 위한 평가의 근거가 되기에 충분하다.

IPT에서는 애도와 상실 문제가 두 가지 요인에 의해 야기된다고 보는데, 두 가지 모두 상실로 인해 치료받으러 온 환자들에게 영향을 줄 수 있다. 첫째 요인은 환자의 사회적 지지체계가 상실을 경험하는 동안 환자를 지탱해 줄 만큼 충분하지 않다는 것이다. 두 번째는 환자가 지지받고 싶은 자신의 욕구를 제대로 전달하지 못해서 주변 사람들이 효과적으로 반응할 수 없다는 것이다. 두 가지 요인 모두 환자의 애착유형에 의해 강한 영향을 받게 되는데, 왜냐하면 애착유형이 환자가 얻을 수 있는 사회적 지지의 정도를 결정하고 또 이를 활용하는 능력에도 영향을 미치기 때문이다.

IPT에서 치료자는 환자에게 일시적인 지지자의 역할을 하며, 이 관계 내에서 환자는 상실에 대한 자신의 감정을 이야기하고 또 함께 해결해 간다. 이 과정은 사회적 관계 내에서 이루어질 수도 있지만, 환자가 사회적 지지체계를 활용하는 데 어려움이 있는 경우에는 치료적 관계에서 먼저 지지를 제공하게 된다. 사회적 지지체계가 제한되어 있는 환자의 경우도 치료적 관계에서 먼저 지지를 얻을 수 있다. IPT에서는 애도와 상실에 대해 '복잡한(complicated)' '지연된(delayed)' '지속적인(prolonged)' 등의 개념을 사용하지 않는다. 이것은 단지 애도와 상실일 뿐이다. 애도와 상실은 개인적인 경험이다. 애도와 상실은 공통적인 주제를 가지고 있을 수 있지만 각각의 경험은 독특한 것이고, 모두 주의 깊게 공감을 하며 탐색해야 할 필요가 있다.

IPT에서는 특정한 사회적 환경, 즉 환자의 현재 사회적 지지체계 내에서 경험한 애도와 상실은 이전에 경험했던 것들과는 다른 경험으로 본다. 예를 들어, 신체적 상실이나 죽음에 대해 한참 후에 애도 반응이 나타난다면 이를 '지연된(delayed)' 애도로 개념화하기보다는 새로운 사회적 맥락에서 애도와 상실을 경험하는 것으로 보는 것이다. 예를 들어, 한 여성이 출산 후 다음과 같은 경험을 하였다. 아이의 탄생은 이 여성에게는 새로운 생명과 연결되는, 전적으로 새로운 경험이다. 이 경험은 이전에는 전혀 해 보지 못한 것이다. 결과적으로, 그녀는 과거에 경험했던 유산이나 낙태를, 그 당시 경험했던 것과는 전혀 다르게, 더욱 힘들게 경험할 수 있다. 이것은 복잡한(complex) 억압이나 정신내적 과정이 일어난 것이 아니다. 단지 새로운 아이의 탄생과 새로운 관계 경험을 통해 이전에는 가능하지 않았던 조망에서 이전의 상실을 다시 보게 된 것이다. 그리고 상실을 새로운 맥락에서 경험한 것이다.

또 다른 예로 어린 나이에 아버지를 잃은 남자의 경우가 있다. 그는 상실에 잘 적응해 왔고, 여러 사람들과 생산적이고 친밀한 관계를 맺을 수 있었으며, 자신과 친구, 가족들의 평가에 따르면 상실을 잘 견뎌 낸 것으로 보였다. 그런데 급성적인 사건이 발생하였다. 대학 졸업, 결혼 혹은 아이의 탄생 등 중요한 생활 사건이 있을 때마다 아버지의 부재가 갑자기 고통스럽게 느껴진 것이다. 인간으로서 우리는 부모가 함께 그 자리에 있었으면 하고 갈망하는 순간이 있다. 그 자리에 함께하여 우리의 성공에 기뻐하기를, 축하할 일이 있을 때 아버지의 손이 내 어깨를 두드려 주기를, 내가 자랑스럽고 나를 사랑하며 그동안 잘해 왔고 수고했다고 말해 주기를……. 이것은 병리적이거나 지연된 경험이거나 그 밖의 어떤 그럴듯한 심리적 라벨이 필요한 현상이 아니다. 단지 상실을 새로운 맥락에서 예상치 못한 방식으로 경험한 것일 뿐이다. 상실에 대한 개인적 경험인 것이다.

애도와 상실: 중기 회기에서의 탐색

IPT에서 애도에 대해 작업할 때 기본적인 과제는 다음과 같다.

- 상실과 관련된 환경을 명료화하기
- 환자가 자신의 상실 경험을 이야기하도록 돕기
- 치료자와의 수용적이고 교류적인 환경 만들기
- 환자가 자신의 경험을 다른 사람들에게 이야기하도록 함으로써 고립감을 감소시키고 교류를 촉진시키도록 돕기

상실과 관련된 환경을 명료화하기

대인관계 평가도구를 작성하는 초기 회기 중 그리고 때로는 중기 회기에서도, 치료자는 환자가 자신의 상실이 어떤 상황에서 이루어졌는지를 스스로 좀 더 잘 이해할 수 있도록 명료화 기법을 상당히 자주 사용한다. 환자가 우울해하고 고통스러워 할 경우 치료자는 환자에게 공감을 해 주면서 더 많은 정보와 감정을 이야기하도록 격려하지만 이때 지시적이지 않아야 한다. 반면, 환자의 과정 감정(process affect)이 제한되어 있는 경우 상실을 경험한 주변 환경과 그에 대한 환자의 정서적 반응을 좀 더 직접적으로 질문하는 것은 큰 도움이 된다. 도움이 될 수 있는 구체적 질문의 예는 〈글상자 16-2〉에 기록되어 있다.

IPT 치료에서 환자는 자신의 경험을 명료화하여 진술하는 과정에서 공감을 하고 이해를 해 주는 (그러나 일시적인) 애착대상인 치료자와 자신의 경험을 공유할 수 있는 기회를 갖게 된다. 치료자는 말 그대로 환자를 지지해 주는 역할을 한다. 공감하고, 이해하고, 교류하고, 고통을 함께하고, 환자와 같이 있어 주는 사람이다. IPT에서 애도와 상실을 다루는 결정적인 두 번째 단계는 이 과정을 확장시키는 것으로서, 치료자는 환자가 자신의 경험을 다른 사람들과도 공유하도록 격려

글상자 16-2 | 애도와 상실에 관한 질문

- 이 상실은 당신에게 어떤 경험입니까?
- 그분들이 돌아가실 무렵, 그분들과의 관계는 어땠나요?
- 고인에 대한 당신의 감정은 어떤 것이었습니까?
- 고인이 더 이상 옆에 계시지 않아서 가장 힘든 점은 무엇입니까?
- 지금 당신은 어떤 지지를 받고 있나요?
- 상실로 인한 경험 중 어떤 점을 다른 사람들과 함께 나누고 있습니까?*
- *마지막 질문은 환자가 사회적 지지를 구축하고 다른 사람들과 자신의 경험을 공유하는 범위를 확장시킨다는 점에서 특히 중요하다.

해야 한다. 치료 상황에서 진행되는 의사소통은 후에 환자가 사회적 관계에서 주고받는 의사소통의 기초가 된다. 본질적으로, 치료자는 환자가 다른 사람에게 의미 있는 의사소통을 해 보도록 돕는다.

이 과정에서는 실제 상실 경험과 그 당시 주변 사건에 대하여 구체적인 질문을 하는 것이 매우 도움이 된다(〈글상자 16-3〉 참조). 구체적 사건과 당시 주변 환경에 대하여 생각해 보고 이야기하는 과정에서 상실에 대한 심리적·정서적 반응들을 좀 더 쉽게 진술할 수 있기 때문이다. 사실(fact)에서 시작하는 것이 환자가 그 당

글상자 16-3 | 상실 경험에 관한 질문

- 당신은 고인이 죽었다는 것을 어떻게 알게 되었습니까?
- 그 소식을 들었을 때 당신은 어떻게 반응하였습니까?
- 장례식은 어떠했습니까?
- 그때 당신은 어떻게 애도하였나요?
- 그때 당신은 어떤 지지를 받았습니까?
- 그때 다른 사람들이 어떻게 해 주길 원했었습니까?
- 지금 당신은 어떤 지지를 받고 있습니까?
- 지금 당신은 어떤 지지를 받고 싶습니까?

시 경험한 감정(affect)에 좀 더 빨리 다가갈 수 있는 방법이다.

환자가 자신의 상실 경험을 이야기하도록 돕기

대부분의 환자들이 애도에서 가장 힘들어하는 것은 고통스럽고 강한 감정이 동반된다는 것이다. 필연적으로, 환자의 심리적인 대응기제와 애착유형은 임상적으로 이것이 표현되는 방식에 영향을 미치게 된다. 환자를 감정에 압도당하게 하는 것은 결코 IPT의 목표가 아니지만, 때로는 환자가 일시적인 스트레스를 느낌에도 불구하고 자신의 경험을 이야기하도록 하는 것이 도움이 될 수 있다. 환자가 치료회기 내에서 상실과 관련된 감정을 경험할 수 있으려면, 치료적 관계에서 안정감을 느낄 수 있어야 한다.

경험을 이야기하고 공감해 주는 환자와 치료자가 서로 연결되어 있는 것은 IPT에서 중요한 개념이다. 이것은 '수용(acceptance)' '해소(resolution)' '카타르시스(catharsis)'의 문제가 아니다. 상실의 '수용'은 IPT의 목표가 아니다. 왜냐하면 상실은 서로 다른 사람들 간에 일치될 수 있는 개념이 아니기 때문이다. 어떤 사람에게 수용은 마음의 평화나 혹은 좀 더 큰 목표로 인식될 수도 있다. 그러나 또 다른 사람들에게 상실은 이미 발생하였으므로, 상실에 잘 대처하고 가능하면 잘 적응하는 것이 최선의 방법이라고 인식될 수도 있다. 그리고 어떤 사람들에게는 인간의 취약함, 즉 우리는 우리 자신의 운명을 통제할 수 없을 것이라는 인식을 의미할 수도 있다. 즉, 각 개인마다 수용의 의미는 다르다. 치료의 목표가 될 수 있는 적절한 '수용'이란 없으며, 치료자가 강요할 수 있는 것도 아니다.

애도를 '해소'한다는 개념 역시 사람마다 다르다. 이 말은 애도를 끝내야 한다는, 애도의 감정이 사라지고 더 이상 경험되지 않아야 한다는 것을 의미한다. 하지만 실제 현실에서는 그럴 수 없다는 것을 우리들은 잘 알고 있다. 누군가에게 "당신과 가까웠던, 지금은 옆에 없는 사람에 대하여 말해 보세요."라고 말하면 그는 힘들고 고통스러운 상실의 경험을 필연적으로 다시 떠올릴 것이다.

한 가지 확실한 것은 상실의 경험을 기억하는 것과 그것에 의하여 압도되는 것 사이에는 질적인 차이가 있다는 것이다. IPT의 목표는 감정이나 경험이 사라지도록 하는 것이 아니며, 애도를 해소하고자 하는 것도 아니다. IPT의 목표는 상실의 인간적인 경험을 공유할 수 있는 다른 사람과 교류하는 것이고, 그러한 교류에서 의미를 찾는 것이다.

'카타르시스'는 어떤 정신내적 과정이 환자로 하여금 상실의 경험을 억압하고 있거나 억누르고 있으므로, 이것이 방출될 수 있다면 마치 배수관을 통하여 물이 빠져나가듯이 스트레스가 감소되고 사라질 것이라는 것을 의미한다. 이러한 의미에서 '카타르시스'는 불가능한 목표다. 그러나 다른 사람들에게 상실에 관하여 말하는 것은 중요하다. 보살펴 주는 누군가와 교류를 맺고, 이야기하는 것 자체가 치유다. 다른 사람에게 말하는 것—먼저 치료자, 그리고 다른 사람들—은 그들의 지지를 얻을 수 있는 방법이고, 자신의 경험을 이해받는 방법이며, 고립감을 감소시키는 방법이고, 상실의 경험을 공유함으로써 의미 있는 교류를 찾는 방법이다. 좀 더 깊은 의미에서 친구 관계를 맺는 공동체를 형성하는 것이다. 이것이 애착이다.

따라서 생산적인 치료 동맹을 구축하는 것은 매우 중요하다. 애도와 상실 그리고 치료적 기법을 인지하는 것은 모두 도움이 되지만, 치료자는 환자를 보살펴 주고 공감해 주는 관계를 형성해야만 한다. 공감해 주고 이해해 주는 경청자에게 환자가 자신의 애도 경험을 이야기하도록 돕는 것은 매우 가치 있는 것이다. 이것이 애도와 상실을 다룰 때 치료자가 해야 하는 첫 번째 과제다. 일단 환자가 자신의 상실 경험을 치료과정에서 의사소통하기 시작하면, 치료자는 환자가 자신의 경험을 치료 밖의 다른 사람들과도 공유할 수 있도록 도와주어야 한다.

애도 경험은 일반적으로 상실을 둘러싼 여러 겹의 감정을 포함하고 있다. 환자가 자신의 경험을 세부적으로 기술하도록 도와줌으로써, 상실한 대상에 대한 '입체적인' 모습을 구성할 수 있으며, 그 사람의 실제 좋은 특성과 나쁜 특성을 평가할 수 있고, 애도 작업을 해 가는 과정에 도움이 될 수 있다. 경우에 따라서는 환자가 상실한 사람을 이상적으로 표현할 수 있는데, 이러한 이상화(혹은 평가절하)가 수용하기 힘든 다른 감정들을 가리는 역할을 한다는 것을 환자 자신은 인식하지 못할 수 있다. 상실한 대상에 대한 균형 잡힌 견해를 구축하고 다루는 것은 애도과정(mourning process)을 촉진시킨다. 근본적으로, 애도 작업은 환자가 상실한 대상을 긍정적인 면과 부정적인 면 모두를 갖고 있는 '온전한 인간'으로 봄으로써 그 사람에 대해 보다 안정적인 애착의 형태로 진술하고, 생각하고, 경험하게 하는 것이다.

이러한 과정은 실직, 이혼, 신체적 기능 상실과 같은 경우에도 동일하게 적용될 수 있다. 이 모든 사례에서, 환자는 자신의 상실 경험을 이야기하고, 보다 많은 지지를 얻을 수 있는 새로운 사회적 관계를 형성하는 쪽으로 이동해야 하는 것이다. 환자가 자신이 경험한 상실에 대하여 좀 더 현실적이고 균형 잡힌 견해를 구축할 수 있도록 격려하고 이것을 다른 사람들과 공유하게 하는 것이 도움이 된다.

치료자와의 수용적이고 교류적인 환경 만들기

Bowlby는 애착관계에서 '안전한 베이스캠프 효과(secure base effect)'에 대해 기술하였는데, 이는 대인관계에서 정서적 안정감을 느끼는 사람은 다소간의 정서적 위험을 감수하고라도 주변을 탐색한다는 것이다.[1] 이 개념은 IPT(그리고 모든 다른 치료)에서 절대적으로 중요한 개념이며, 치료 동맹의 기본을 형성한다. IPT에서 사용되는 모든 다른 개입법들도 이 개념에 기초한 것이다.

치료자는 환자의 상실의 깊이에 민감해야 한다. 어떤 환자들은 다른 사람에게는 사소하게 느껴지는 상실에 대해서도 매우 깊은 애도의 감정을 경험할 수 있다. IPT에서 치료자의 역할은 언제나 이해하는 것이지, 진단하거나, 축소하거나 성급하게 안심시키려 하는 것이 아니다. "상황이 좋아질 것입니다." 혹은 "시간이 가면 지나갈 것입니다."와 같이 좋은 의도로 안심시켜 주거나 상실의 중요성을 축소하는 것은 보다 깊은 이해를 할 수 있는 기회와 대화를 할 수 있는 기회를 차단할 뿐이다. 이는 환자에게 도움이 되지 않는다.

더구나 IPT는 애도와 상실로 인해 도움을 바라는 누구에게든 개방되어 있어야 한다. 우울하건 그렇지 않건, 애도의 과정에서 도움을 원하는 환자는 도움을 받을 권리가 있다. 이것이 우리가 하는 일이다. 이것이 우리의 의무다. IPT는 애도와 상실을 다루는 데 매우 적합한 치료법이다. IPT는 환자의 말을 경청하고, 지지를 제공하고, 사람들을 보살피는 데 매우 적합하다. 우울증 '진단'을 받지 않은 사람들이 IPT에 더 적합한 대상이 될 수 있으며, 단기 IPT 치료에 더 잘 반응할 수 있다.

환자가 자신의 경험을 다른 사람에게 이야기하도록 함으로써 고립감을 감소시키고 교류를 촉진시키도록 돕기

환자가 자신의 애도 경험을 이해하고 통합하는 과정을 시작할 때, 고립으로 인한 스트레스가 가장 힘든 경험인 경우가 많다. 이는 다른 사람들이 환자의 상실과 개인적 경험의 깊이를 이해해 주지 못할 것이라는 느낌과 함께 나타난다. IPT에서 치료의 첫 번째 단계는 치료자가 이 공간으로 들어가서, 환자에게 지지와 이해를 제공하는 것이다. 이 과정이 성공적으로 완수되면 환자는 치료자와 연결되어 있다는 경험과 잘 이해받고 있다는 경험을 하게 되고, 이를 통해 치료 밖에서도 좀 더 많은 경험을 하기 원하게 된다. 치료자는 환자가 고립감을 감소시키고, 그의 정서적·신체적·사회적 욕구를 충족시킬 수 있는 새로운 관계(애착)를 구축하도록 도울 수 있다.

누구도 잃어버린, 사랑했던 사람을 대신할 수는 없다. 대체자는 없다. 각각의 사람은 독특하며 각각의 관계 역시 독특하다. 치료자는 고인이 된 사람을 다른 사람으로 대치할 수 있다는 그런 의미의 말을 하지 않도록 조심해야만 한다. 그렇게 한다면 이제까지 이루어 놓은 공감적 동조가 파괴될 것이다. 대신, 인간관계와 사회적 관계 그리고 애착은 누구에게나 중요하고, 환자는 오래된 관계를 유지해야 하는 능력과 필요성을 가지고 있지만 동시에 지지와 교류를 맺을 수 있는 새로운 관계 역시 필요하고 또 만들 능력이 있다는 점을 인정해야만 한다. 관계는 인생에 의미와 목적을 주지만, 반대로 상실 후에 나타나는 고립감은 고인이 된 사람에 대한 애도를 경험하게 할 뿐 아니라 의미 없는 삶을 살게 한다.

IPT에서 애도 작업은 환자가 다른 사람들과 새로운 관계를 시작하도록 돕는 것이고, 동시에 새로운 관계를 맺도록 돕는 것이다. 이 작업은 환자가 자신의 상실 경험을 다른 사람과 공유하도록 격려함으로써 이루어진다. 환자가 자신의 경험을 다른 사람에게 진술하는 과정에서 환자는 자신의 경험을 좀 더 충분히 이해하고 통합하게 되며, 동시에 필요한 사회적 지지를 구축할 수 있게 된다.

애도와 상실: 그 밖의 치료 전략들

예상되는 애도를 다루기

예상되는 애도와 상실은 진단이나 분류의 대상은 아니지만, 자신의 죽음이나 사랑하는 사람의 죽음을 앞둔 환자들에게 적용할 수 있다. 배우자나 부모가 점진적인 치매의 과정을 밟고 있는 경우 혹은 악성 질환을 갖고 있는 경우가 이와 같은 애도의 예가 될 것이다. 애도와 상실 문제영역에서 이러한 경험을 IPT 치료의 목표로 삼는 것은 매우 적절하다. 예상되는 상실의 경험에 대해 진술하고 공유하도록 하여 상실에 대처할 수 있도록 돕는 것, 죽어 가는 사람과 그로 인해 곧 다가올 상실에 대하여 다루는 것은 환자에게 나중에 후회하는 일이 없도록 갈등을 미리 해소하는 기회를 갖게 한다.

예상된 죽음이 단계적으로 진행된다면, 환자는 죽어 가는 중요한 대상과 의미 있는 방식으로 상호작용하고 의사소통할 수 있다. 이 과정에서 환자는 갈등관계를 치료적 장면에서 그리고 의미 있는 대상과의 실제 관계에서 모두 다루어 갈 수 있게 되며, 정서적 사건을 정리해 나갈 수 있게 된다. 많은 환자들이 상실의 이러한 측면들을 탐색해 볼 기회를 갖게 된 것을 소중하게 느끼며, 이와 같은 상황은 IPT에서 가치 있는 변화를 이루어 낼 수 있는 상황 중 하나다.

애도와 상실에서 사용되는 모든 기법들은 예상되는 상실을 다룰 때도 적용될 수 있다. 예를 들어, 환자가 말기 암 혹은 진행성 치매라는 소식을 들었을 때 어떤 반응을 했는지 질문하는 것은 매우 도움이 된다. 환자에게 앞으로 몇 달간 혹은 몇 년간 어떤 일이 일어날 것이라고 예상하는지 혹은 장례식에 대하여 어떻게 예상하고 있는지에 대해 질문하는 것도 도움이 된다. 이 문제를 다루는 필요성을 분명히 해야 한다. 예상되는 상황을 미리 다루는 이유는 환자로 하여금 실제적인 사건이 일어나기 전에 지지체계를 미리 구성하도록 하는 것이고, 어떤 종류의 지지가 필요할지 이야기하고, 그것을 어떻게 얻을 수 있는지에 대해 논의할 수 있기 때문이다. 이것은 죽음이 이미 발생했을 경우에는 환자와 치료자가 과거를 되돌아보면서 다루어야 할 잠재적인 문제들을 사전에 다루어 보는 것이다.

죽어 가는 환자와의 치료적 작업

IPT 치료자들은 자신의 죽음을 앞두고 있는 환자들과도 예상되는 애도와 상실을 문제영역으로 삼고 치료적 접근을 할 수 있다. 이때 목표는 환자가 자신의 병의 마지막 단계에서 사회적 지지를 받을 수 있도록 하고, 자신의 경험을 다른 사람들과 의사소통하도록 돕는 것이다. 또한 자신의 예상되는 상실을 애도하는 과정에서 치료적 관계를 만들어 내는 것 역시 매우 중요하다. 죽음을 받아들이는 과정을 연구한 몇몇 학자들이 있는데,[2] 그중 가장 잘 알려진 사람은 Kübler-Ross[3]일 것이다. 그는 죽음의 단계를 '부정(Denial)' '분노(Anger)' '거래(Bargain)' '우울(Depression)' 그리고 마지막 '수용(Acceptance)'의 과정으로 기술하였다. IPT에서는 이런 이론적인 관점이 도움이 되기는 하지만, 환자가 비탄에 빠지는 과정을 엄격한 구조나 단계에 따라 생각하는 것을 채택하지 않는다. 그렇게 하는 것은, 특히 환자에게 앞으로 애도의 특정 '단계'를 밟아 갈 것이라고 직접 말하는 것은, 애도에 대한 각 환자의 개인적이고 독특한 경험을 인정하지 않는 것이다. 치료자는 환자의 경청자가 되어야만 하며 환자가 자신의 사회적 지지망에서 의사소통을 확대해 가도록 격려하고 돕는 작업을 해 나가야 한다.

정서를 경험하거나 표현하는 데 어려움을 겪는 환자

어떤 환자들은 심리적으로 지나치게 방어적이어서 다룰 만한 의미 있는 감정이 거의 혹은 전혀 없는 것처럼 보일 수도 있다. 이 환자들은 공포적 애착유형의 환자들로서 상당한 고통을 겪고 있음에도 자신의 경험을 적절하게 표현할 능력이 없거나 어휘력이 부족한 환자일 수 있다. 이 경우 치료자는 치료의 단계를 천천히 진행하면서, 환자를 이해하려는 노력을 보다 열심히 해야 한다. 이 상황에서 서둘러 안심시키려고 하거나, 진정시키려 하고, 혹은 환자가 너무 방어적이라고 언급한다면 이미 매우 민감하고 고통받고 있는 환자의 대화를 차단하는 결과가 초래될 뿐이다. 이는 IPT의 목표와는 정반대의 결과다.

환자가 감정보다는 신체적 증상으로 자신의 스트레스를 표현하고 있다고 생각된다면, 신체적 증상을 상실 경험과 연결시켜 보려는 노력을 할 수 있다. 예를 들어, 회피적인(dismissive) 애착유형의 환자는 부모의 죽음 이후 두통이나 기타 신체적 통증과 같은 증상을 나타낼 수 있다. 이 환자들에게 신체적 증상은 상실 이후 모든 사람들이 경험하는 스트레스 반응의 일부라고 설명해 준다면, 환자는 자신의 신체 증상을 상실 경험과 연결시키는 시도를 감당할 수 있을 것이다. 스트레스에 대한 환자의 경험을 다루어 나가면서, 자연스럽게 경험의 감정적인 요소로 옮겨 가게 된다.

환자가 경험한 상실과 애도에 맞춰 치료 속도를 조절하는 것은 치료에서 가장 중요한 점이다. 치료자의 일차적 목표는 환자에게 애도 문제를 '해결해야 한다.'고 주장하는 대신, 환자의 경험을 공유할 수 있는 환경을 만드는 것이다. 여기에는 적극적인 경청, 따뜻함, 수용 그리고 환자에 대한 긍정적인 관심 등이 포함된다. 치료자는 기본적으로 이러한 과정을 촉진시킬 수 있는 애착관계를 형성해야 한다.

치료자는 환자가 견뎌 낼 수 없는 수준까지 밀어붙이거나 너무 성급해서는 안 된다. IPT의 목표는 환자를 문제에 직면시켜 불안감을 일으키고, 그 결과 더 많은 증상들을 촉발하게 하는 것이 아니다. 치료 속도는 치료자의 계획에 따라 결정되기보다는 환자가 감당할 수 있는 정도에 따라 결정되어야만 한다. 이는 환자의 애착유형과 치료자가 이를 조정하는 능력에 의해 크게 영향을 받는다.

상실에 관한 복잡한 감정을 인식하는 데 어려움을 겪는 환자들에게 IPT를 수정하여 적용하는 데는 몇 가지 선택이 가능하다. 첫 번째는 단지 더 많은 시간을 할애하는 것이다. 치료자는 사전에 준비된 특정 회기에 맞추어 치료를 진행하기보다는 치료 속도를 늦춰서 상실과 관련된 경험의 세부적 사항들을 탐색하는 데 보다 많은 시간을 보내고, 환자와 좀 더 많은 시간을 함께한다. 함께하는 것은 잘 경청하는 방법 중 하나다. 또 다른 방법은 회기의 구조를 바꾸어서 좀 더 자주, 그러나 좀 더 짧게 만나서 환자가 감당할 수 있는 수준으로 치료의 강도를 낮춰 주는 것이다.

의학적 치료와 비교해 보면 보다 확실히 알 수 있다. 요추천자(lumbar puncture)나 내시경검사(endoscopy)를 할 때 환자가 의사에게 "천천히 해 주세요."라거나 "아파요."라고 말할 수 있다. 그러한 경우 의사는 천천히 시술을 하거나 때에 따라서는 중지할 수도 있다. 환자의 스트레스에도 불구하고 강압적으로 시술을 하는 것은 매우 무분별한 행동이 될 수 있다. 환자-의사 관계에서 치료자는 환자가 치료에 동의해야 치료를 진행할 수 있다. 환자가 감당할 수 있는 한계를 넘어선 치료를 강행할 경우 치료 동맹은 유지될 수 없다. 치료자는 환자의 상태에 민감해야 하고 환자를 잘 돌보아 주어야 한다.

마찬가지로 IPT에서도 환자가 자신의 정서를 표현하고 인식하는 것을 힘들어할 때, 치료자는 환자에게 자신의 치료 계획이나 해석을 서툴게 강요해서는 안 된다. 근본적으로 환자는 '천천히, 아파요.'라고 말하고 있는 것이다. 어떤 정신치료도 치료자의 치료계획을 환자에게 강요하지 않는다. 치료의 속도는 임상적 판단과 함께 환자의 요구에 맞추어 결정되어야만 한다.

자신의 사회적 지지망 속에서 다른 사람과 교류하는 데 어려움이 있는 환자

'안정적 애착의 기초'가 되는 핵심적인 지지적 관계를 구축해 나가는 과정에서 강력한 지지와 이해가 필요한 의존적 애착욕구를 갖고 있는 환자를 자주 보게 된다. 이는 대인관계 스트레스가 심각한 환자에게 나타날 수 있는 아주 정상적인 반응이고, IPT 치료자의 입장에서 볼 때도 매우 적절한 반응이다. 환자는 항상 일정 부분 치료자에게 의존하게 된다. 위기를 겪는 동안 의지할 수 있는 사회적 지지체계를 갖고 있지 못했던 환자 혹은 사회적 지지망이 있었어도 이를 효과적으로 활용할 수 없었던 환자들은 위기를 해소할 수 있도록 도와주는 IPT와 IPT 치료자를 이용해서 좀 더 생산적인 방향으로 나아갈 수 있다.

그러므로 문제는 치료자에 대한 의존성 그 자체가 아니라 지나친 장기간의 의존성이다. IPT에서 치료자는 환자의 애착욕구를 충족시키기 위하여 짧은 기간 동안 의존의 대상이 되어 주고, 점진적으로 이 관계를 자신의 사회적 지지망 속에서 지지와 이해를 해 줄 수 있는 사람들과의 관계로 바꾸어 갈 수 있도록 해 준다. 이 과정은 환자가 견뎌 낼 수 있는 한 빨리 이루어져야 하며, 환자의 애착유형과 사회적 지지의 정도에 따라 속도가 달라지게 된다. IPT에서 핵심적인 것은 치료자가 환자의 애착욕구를 짧은 시간 동안 충족시켜 주어야 한다는 것이다.

IPT에서는 유지치료(maintenance phase)에 대해 환자와 치료자가 서로 논의하여 그 수행 여부를 결정하기 때문에, 급성기 치료의 결론(conclusion of acute treatment)에 대한 압박은 다른 치료에 비해 훨씬 적은 편이다. 의존적인 환자일수록 치료자가 결론을 언급하면 다양한 전이 문제를 나타낼 수 있고, 결론 단계에서 여러 가지 증상이나 스트레스가 다시 나타날 수도 있다. 하지만 단기치료 후 간헐적인 유지치료를 실시하면서 서서히 종결해 나가는 경우 환자는 치료자로부터 치료 밖 사회적 지지망으로의 점진적 전환을 훨씬 쉽게 할 수 있다.

환자에게 사회적 관계를 맺도록 직접 요구하고, 동시에 지지집단이나 종교집단 등 환자가 지지받을 수 있는 적절한 대상을 찾는 과정에 도움을 준다면, 환자가 보다 쉽게 치료 밖 관계에서 지지를 받고 또 애착을 형성할 수 있는 대상을 찾을 수 있다. 치료자는 환자에게 그러한 활동에 참여하는 것을 숙제로 내 줄 수도 있다.

사례 16-1 Rob

Rob은 6개월간 앓던 우울증 때문에 주치의가 의뢰한 38세 남자 환자다. 주치의는 그에게 항우울제를 처방하였지만 우울증상을 경감시키는 데 거의 효과가 없었다. 그는 대인관계 평가도구(interpersonal inventory)에서 몇 명의 남자 친구가 있긴 하지만 사회적 관계는 거의 없고([그림 16-1]), 의미 있고 친밀한 관계는 포함되어 있지 않은 것으로 나타났다. 그는 자신의 아파트에서 살고 있었으며, 같은 도시에 살고 있는 어머니와는 자주 만나고 있었다.

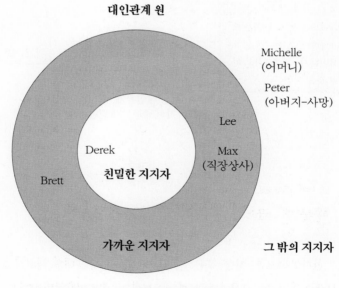

[그림 16-1] 대인관계 원-Rob

Rob은 자신과 어머니는 지속적으로 갈등이 있는데, 특히 일 년 전 아버지가 대장암으로 사망한 후에 갈등이 심해졌다고 진술하였다. Rob은 치료자에게 아버지와 특별히 가깝지는 않았지만, '그가 죽은 후 슬픔'을 느꼈다고 진술하였다. 그는 아버지의 죽음과 자신의 우울증이 관련이 있는 것 같다고 느꼈으나, 그것이 구체적으로 어떻게 영향을 주었는지에 대해서는 말하기 힘들어했다. 치료자는 대인관계 설계([그림 16-2] 참조)에서 Rob과 그의 우울증상이 아버지의 죽음 이후에 나타났음을 명시하였고, 심리적 스트레스로 인해 Rob의 기능이 손상되었음을 분명히 기록하였다.

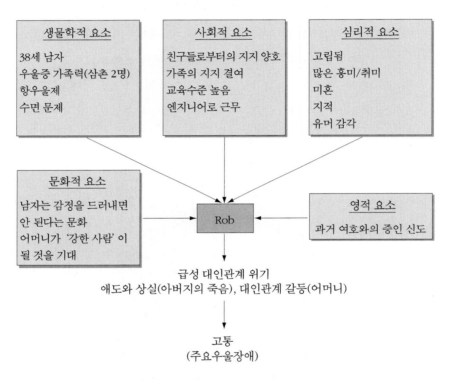

[그림 16-2] 대인관계 설계-Rob

환자의 애도를 '정상' 혹은 '비정상' 으로 구별하는 대신, 치료자는 Rob이 자신의 문제를 아버지의 상실과 연관 짓고 있으며 그 시점 이후부터 제대로 기능하지 못하고 있고, 도움을 구하고 있다는 점에 주목하였다. IPT는 Rob의 상실을 다루기 위해 적절한 치료법이라고 판단되었다. 치료자와 Rob은 12~14회기에 걸쳐 주로 애도와 상실 문제에 초점을 맞추어 치료를 진행해 나가기로 동의하였다. Rob은 또한 어머니와의 대인관계 갈등을 해소하는 데에도 몇 회기를 할애하기를 원하고 있었다.

IPT 중기 회기에서 세부적인 사항을 다루면서, Rob은 치료자에게 자신이 10대 때까지 아버지와 가깝지 않았으며, 따라서 어린 시절에서 10대에 이르기까지 아버지와 상호작용한 경험을 자세히 이야기하기가 힘들다고 하였다. 그는 성인이 되어서는 아버지와 대화를 하였지만, 주로 '남자들 이야기(guy stuff)', 예를 들면 스포츠나 집 수리 계획 같은 이야기만 하였다고 진술했다. Rob은 아버지의 사망이 그렇게 절망적인 감정의 폭풍으로 경험되는 것은 아니었지만, 때로는 그래야만 한다고 '스스로를 확신시키려' 애쓰곤 하는 것 같았다. 치료자는 Rob과 아버지의 관계를 탐색함으로써 그가 자신의 경험을 좀 더 상세하게, 그리고 상실에 대하여 합리적으로 이해할 수 있도록 하는 것을 목표로 삼았다.

> 치료자: Rob, 우리는 당신과 아버지의 관계에 대하여 많은 이야기를 하였고, 그 중 일부는 아버지와의 관계에 대하여 당신이 후회하는 것들에 관한 내용이었습니다. 보다 긍정적인 면에 대하여 우리가 이야기를 나눌 것이 있을까요?
>
> Rob: 그런 게 있을지 모르겠네요.
>
> 치료자: 잘은 모르겠지만 최소한 조금은 있을 수 있다고 생각이 되는데요. 어렸을 때 아버지와 함께 보낸 시간이 있었다고 말했지요.
>
> Rob: 예. 아버지와 자주 시간을 보냈지요.
>
> 치료자: 나이가 들면서 어떻게 변했습니까?
>
> Rob: 저, 어렸을 때처럼 많은 '교류(connect)'를 하지는 않았어요.
>
> 치료자: 그러면 그때는 어떻게 교류했습니까?
>
> Rob: 저, 우리는 사실 거의 아무 얘기도 안 했어요.
>
> 치료자: 당신이 기억할 수 있는 사건이 있다면 말해 주세요[대인관계 사건 (interpersonal incident)].
>
> Rob: 저, 제가 아버지를 농구 경기에 초대했던 적이 있었어요. 제가 스무살 때쯤, 대학에서요. 아버지가 학교를 방문했고, 우리는 대학 농구 게임을 보러 갔죠. 저는 우리가 멋진 대화를 할 수 있을 거라고 기대했어요. …… 우리는 정말 오랫동안 교류가 없었거든요. 제가 기억하기로는 그날 사실 중요한 이야기는 거

의 하지 않았어요. 하지만 같이 게임을 보았고, 스포츠에 대하여 이야기했어요. 저는 그 이후에 아무 일도 하지 않은 것이 정말 후회가 돼요. 아버지는 무언가를 먼저 시작하는 사람이 아니에요. 그래서 제가 먼저 교류를 했어야만 했어요. 그런데 사실 그렇게 하지 않았어요. 만약 제가 그렇게 했더라면…….

Rob은 자발적으로 이 일이 있었을 때의 감정과 지금 자신의 감정이 상당히 다르다는 것을 스스로 인식하였고(내용 감정과 과정 감정), 상실, 죄책감, 그리고 후회 등 자신의 감정을 치료자와 이야기하기 시작하였다. 동시에 그는 아버지가 자신이 원했던 바와 같이 '완벽한' 아버지는 아니었다는 것에 대한 감정을 치료자와 나눌 수 있었다.

치료자는 Rob이 한두 가지의 예외를 제외하고는, 아버지의 상실에 관하여 다룰 때 거의 감정을 드러내지 않았던 점을 주목하였다. 이 점에 관하여 질문하면, Rob은 정서적 주제를 다루는 것이 불편하다고 말하였고, 아버지의 상실에 대하여 '실제로 울지는 않았다.'고 말하였다. Rob의 경험을 좀 더 잘 이해하기 위하여, 치료자는 Rob이 경험하였던 상실 상황에서 세부적 사항들에 대하여 질문하였다. 회기 후반부에 치료자는 Rob에게 장례에 대하여 질문하였다.

치료자: 저는 당신의 경험이 어떠했는지 좀 더 잘 이해하기를 원합니다. 아버지의 장례식에 대하여 좀 더 이야기해 주세요.

Rob: 정말 끔찍했어요. 저는 정말 장례식이 싫어요.

치료자: 이해할 수 있습니다. 장례는 항상 슬픈 상황이지요. 하지만 많은 사람들은 동시에 편안해하기도 합니다. 세부적인 사항을 제게 좀 더 말해 주세요. 어떤 것이 떠오릅니까? (경험을 좀 더 편안한 장면까지 확대시키면서 공감해 주고 있는 점을 주목하라. 치료자는 Rob에게 특정 상호작용이나 어려운 상호작용에 대하여 질문하기보다는 단지 무엇이 떠오르는지 말해 달라고 요청하였다. 치료자는 이슈를 강요하기보다는 Rob의 속도에 맞춤으로써 주도권을 Rob에게 주었다.)

Rob: 제 생각에 떠오르는 장면은 커튼이 닫히고 관이 사라지는 것입니다.

치료자: 그것은 어떤 의미입니까?

Rob: (울기 시작하면서) 제 생각에…… 저…… 저는 아버지를 다시 볼 수 없을 것입니다.

치료자는 그가 울 동안 조용히 있었으며, 그러자 그는 스스로 감정을 추스르기 시작하였다. Rob은 치료자에게 치료를 시작하기 전에는 아버지를 생각하며 울 수 없었고 슬픔을 느낄 수 없었다고 말했다. 치료자는 Rob에게 그가 아버지와의 관계를 좀 더 세부적인 사항까지 이야기하기 시작한 것이 아주 최근의 일이며, 그러자 감정이 뒤따라오게 되었음을 강조하였다.

후기 회기에 Rob과 치료자는 아버지의 상실로 인하여 새롭게 인식된 변화를 다루었다. Rob은 남자 친구들과 교류를 맺는 것에서 안정감을 느끼고 있음을 인식하였고, 아버지의 상실로 인한 자신의 경험을 그들 중 몇몇과 공유하기 시작하였다. 특히 한 친구는 Rob과 교감을 갖는 것이 가능해 보였다. 이 친구 역시 아버지를 잃었으며 아버지와 별로 교류가 없었다는 비슷한 경험을 갖고 있었다. 아버지의 죽음에 대한 자신의 반응을 자각하기 시작하면서, Rob과 어머니와의 관계 역시 호전되었다. 우울증상이 호전되었으며, 마지막 회기에 그는 자신의 감정이 '우울하기보다는 슬픈' 감정이었다고 기술하였다. 이것은 Rob에게 질적으로 매우 중요한 차이가 있는데, 그가 자신의 정서를 명시하고 구체화할 수 있었기 때문에 자신의 경험을 좀 더 완전하게 경험할 수 있다고 보고하였다. '슬픔'이 그에게는 더 적절한 감정이었고, 그는 더 이상 직장에서 그리고 사회적으로 기능하는 데 문제가 없었다. 아버지와의 관계를 탐색할 수 있었던 것이, 그가 어떻게 느끼고 있었고 또 '마음에 떠오르는 것을 정확히 알 수 있는' 기회가 되었다는 점에서 Rob은 치료자에게 감사하였다. 그들은 '점검'을 위한 유지회기를 갖는 것이 도움이 될 수 있다는 점에 동의하였고, 석 달 후 다시 만나기로 하였다.

결 론

IPT에서 애도와 상실은 폭넓게 개념화된다. 이것은 죽음에 대한 반응뿐 아니라, 다른 사람 혹은 자기 자신의 죽음에 대한 예기 애도(anticipatory grief)도 포함한다. 신체적 건강의 상실, 이혼으로 인한 관계의 상실, 수많은 다른 유형의 상실모두 애도 문제로 다룰 수 있다. 다른 문제영역과 마찬가지로, IPT의 일차적인 목표는 '정확한' 진단을 하는 것보다 대인관계에 치료의 초점을 맞추는 것이다. 이는 결국 모두 환자의 경험이므로, 환자의 말을 경청하고 그가 결정하도록 한다.

애도와 상실을 경험한 환자와 작업할 때, 치료자에게는 두 개의 기본적인 과제가 있다. 첫째는 환자가 자신의 경험을 정서적 반응을 포함하여 이야기하도록 하는 것이다. 이는 주로 치료적 관계가 형성됨으로써 이뤄지는데, 이 안에서 환자는자신의 경험과 감정을 치료자와 나누면서 안정감을 느끼게 된다. 두 번째 과제는환자가 치료 밖에서 이 과정을 확대하도록 돕는 것이다. 사회적 지지를 구축하는것이 매우 중요한데, 환자가 자신의 상실 경험을 다른 사람과 공유하도록 격려해야 한다.

참고문헌

1. Bowlby J. *Attachment. Attachment and Loss. Vol. 1*. 1969, New York: Basic Books.
2. Raphael B. *The Anatomy of Bereavement*. 1983, New York: Basic Books.
3. Kübler-Ross E. *On Death and Dying*. 1969, London: Macmillan.

제5부

IPT 결론짓기

제17장 급성기 치료 결론과

유지치료

제17장

급성기 치료 결론과 유지치료

서 론

　대인관계치료(Interpersonal Psychotherapy: IPT)에서 급성기 치료는 결론 (conclusion)에 이르는 것이지, 종결(termination)되는 것이 아니다. 전통적인 정신 분석 모델에서는 치료적 관계의 완전한 종료(complete severing)를 의미하는 '종 결'이라는 용어를 쓰지만, IPT에서는 급성기 치료를 마쳤다는 것을 구체적이고 적극적인 치료 단계의 결론(conclusion)으로 표현한다. IPT에서 이는 치료적 관계 의 끝을 의미하지 않는다. 사실, 환자와 치료자는 급성기 치료를 마친 후에도 치 료적 접촉을 더 갖기로 합의하는 경우가 종종 있으며, 이를 위한 구체적 준비를 하기도 한다. 임상적 경험에 의하면 장기적이고 지속적인 치료적 관계는 대부분 의 환자에게 도움이 됨을 시사하고 있으며, 이는 실증적 증거에 의해서도 명백히 지지되고 있다. 주요 정신과 장애(예를 들면, 우울증과 불안장애 등) 중 상당수는 특 성상 재발이 되거나 증상이 다시 악화되는 경우가 많은데, 우울증이 회복된 후에도 유지치료로서 IPT를 시행하는 것이 재발을 막는 데 도움이 된다는 확실한 증거가 있다.[1,2] 유지치료의 치료적 이익과 유용성에 대한 증거에 기초하여 볼 때, 치료자는 IPT로 치료받은 모든 환자를 대상으로 지속적인 유지치료를 고려할 의무가 있다.[*]

급성기 치료의 결론 맺기

임상적 경험과 실증적 증거에 의하면 IPT는 두 단계의 치료로 볼 수 있다. 즉, IPT는 급성 증상과 스트레스 해소에 초점을 둔 강력한 급성기 치료(acute treatment) 단계와 그 이후의 유지 단계(maintenance phase)로 나눌 수 있는데, 유지 단계에서는 재발을 방지하고, 생산적인 대인관계 기능을 유지하는 것이 목표가 된다. 이것이 이론적으로 그리고 실제적으로 시간 제한적 IPT로 급성기 치료(acute treatment)를 진행하는 이유다. 이론적으로 시간 제한이 있다는 것은 변화를 야기하는 데 좀더 효과적인데, 끝나는 시점이 있다는 것은 환자로 하여금 좀 더 서둘러 의사소통 기술을 향상시키고 보다 효율적으로 사회적 지지망을 구축하도록 동기부여를 할 수 있기 때문이다. 그러나 주목해야 할 점은 직관적으로는 치료 횟수의 제한을 두고 종결을 짓는 것이 환자에게 도움이 될 것 같지만, 실제로는 이를 지지하는 자료가 없다는 점이다.[3]

몇몇 정신치료를 제외하고는 완전히 종결되는(terminate) 의학적 치료는 없다. 치료는 그렇게 간단한 것이 아니다. 종양내과 전문의는 항암치료를 받는 환자에게 16회기의 항암제 치료를 실시하고 난 후 치료가 종결되었다고 말하지 않는다. 그는 환자가 잘 지낼 때까지 지속적으로 치료를 해 나가며, 필요하다면 추후 치료를 할 것이다. 외과 의사들도 수술실에서 4시간 동안 집도를 한 후, 결과와 상관없이 수술이 종결되었다고 환자에게 말하지 않는다. 그 역시 상처가 완전히 회복

---

[*] 유지치료는 모든 치료에서 모든 환자에게 실제적으로 고려되어야만 한다.

될 때까지 지속적으로 수술 후 관리를 할 것이다. IPT를 종결짓는 것이 도움이 된다는 증거는 없는 반면, 유지치료가 도움이 된다는 자료가 많으므로 IPT는 종결되어서는 안 된다.

그러나 IPT에서 시간 제한을 두고 급성기 치료와 유지치료를 구별하는 이유가 있다. 급성기 시간 제한(acute time limit) 치료는 환자와 치료자 모두 성격적 변화혹은 애착유형의 변화보다는 급성적 증상의 치료에 초점을 맞추도록 한다. 또한 전형적인 6~20회기 시간 제한을 넘어서서 치료를 확장하는 경우 치료적 관계가 더 중요한 이슈가 되는 치료로 전환될 가능성이 높아진다. 시간이 지남에 따라 환자-치료자 관계가 점점 더 중요해지며, 전이가 전면에 나서게 되고, 이것이 치료의 초점이 될 수 있다. IPT는 정신역동적 치료와는 대조적으로, 가능하면 전이를 직접 다루는 것을 피하는데, 전이에 초점을 맞추면 환자의 사회적 관계에 소홀해지기 때문이다. 치료자가 위기에서 일시적인 애착대상이 되는 것은 적절한 전략이지만, IPT에서 가장 중요한 점은 환자가 감당할 수 있고 다룰 수만 있다면 가능한 한 빨리 치료자가 아닌 다른 사람들과 지지적 관계를 맺도록 하는 것이다.

전이가 치료의 초점이 되는 경우 세 가지 요인이 작용하게 된다.

- 환자: 환자의 애착유형이 불안정할수록, 의사소통이 부적응적일수록 전이가 더욱 문제가 될 수 있으므로 이를 다룰 필요가 있다.
- 치료 강도: 치료회기가 더 잦을수록(즉, 일주일에 5회 vs 일주일에 한 번 vs 두 달에 한 번) 전이가 더 중요한 치료적 문제가 된다.
- 치료기간: 집중적인 치료를 오래 지속할수록 전이가 치료의 초점이 될 가능성이 커진다.

IPT는 치료 초점이 환자의 사회적 관계에서 치료관계로 옮겨 갈 가능성이 최소화되도록 의도적으로 구조화한 치료다. IPT가 시간 제한이 있는(치료 기간) 급성기 치료인 이유는 바로 이 때문이며, 일주일에 한 번씩 만나다가 결론이 가까워지면서 회기의 빈도를 줄여 나가는 이유이고(치료 강도), 치료를 완전히 종결하지 않는 이유(환자의 불안정한 애착유형을 조정하기 위하여)다.

유지 IPT 실시하기

IPT는 '가정의학과' 진료와 비슷하다고 볼 수 있다. 급성적인 문제 혹은 스트레스 사건에 대한 단기치료는 문제가 해소될 때까지 진행되며, 필요하다면 유지 혹은 추후(follow-up) 치료를 제공한다. 치료적 관계는 지속적이다. 또 다른 급성적 문제가 발생할 경우 환자는 언제든 다시 찾아올 수 있고, 특별한 문제가 없어도 건강한 상태를 유지하기 위해 재방문하는 것도 환영이다. IPT에서는 급성 위기가 해소되었다고 해도 치료적 관계가 종결되지 않는다. 환자에게 새로운 위기가 나타나면 또 다른 치료가 가능하며, 이 경우 다시 한 번 시간 제한이 있는 급성기 치료를 진행하게 된다.

이와 같은 치료모델은 양질의 진료를 제공할 뿐만 아니라 의료보험 체제의 요구에도 맞는 모델이다. 치료회기의 수가 제한되어 있는 것은 의료보험에서의 제한이나 기타 까다로운 규정, 규칙에 어긋나지 않으면서 환자의 기능을 극대화할 수 있는 최선의 방법이다.

IPT에서 간헐적인 유지치료를 제공하는 것은 치료자를 안정적인 애착대상으로 여기게 하는 데 큰 도움이 된다. 치료자는 치료적 관계를 완전히 종결하지 않고 환자에게 앞으로 또 다른 위기가 발생했을 때 다시 찾아올 수 있도록 허락한다. 이론적으로나 실제적으로 IPT의 구조 내에서 치료자가 환자에게 안정적인 애착의 대상이 되어 주는 것은 매우 바람직하다. 치료를 받으러 오는 환자들 중 상당수는 버림받을지 모른다는 위협(threat of abandonment)에 과도하게 민감한 애착유형이기 때문에, 급성 치료를 마친 후 완전한 '종결'을 강요하면 증상의 해소나 환자의 사회적 관계보다는 종결에 의해 야기된, 즉 버림받는 것이 아닌가 하는 두려움을 포함하는 전이의 문제로 치료 초점이 이동하게 된다. IPT에서는 임상적으로 그리고 실제적으로 완벽하게 치료를 종결해야 하는 것은 아니며, 유지치료의 이점을 명백히 보여 주는 자료들이 많다.

급성 치료를 언제 결론지을지 결정하기

일반적으로 IPT에서 가장 좋은 접근 방식은 평가/초기 회기 후반부에 환자와
치료자가 협의해서 정한 치료 횟수를 지키는 것이다. 이렇게 하는 것이 중요한
이유는 치료의 통합성을 유지하기 위함이다. 치료자가 치료를 진행하면서 지켜
야 할 가장 중요한 질적 요소 중 하나가 바로 치료의 통합성이다. 자신이 동의한
치료의 구조를 치료자가 잘 따르고 있다고 환자가 믿을 수 있어야 한다. 치료자
에 대한 이러한 믿음이 없다면 치료는 실패한다. 또 다른 한편으로, 치료의 성공
은 치료자가 진심으로 환자를 도우려 하며, 환자의 요구를 다른 모든 고려사항
보다 먼저 고려한다는 것에 대한 환자의 믿음이 있어야 한다. 치료는 치료자가
아니라 환자가 이익을 위해 설계되어야 한다. IPT는 매뉴얼화되어 있는 프로토
콜에 과도하게 집착하거나 처음 합의한 회기를 무조건 지키도록 강요하기보다
는, 무엇이 환자를 위한 것인지를 최우선적으로 고려해야만 한다. 초기에 합의
하였던 회기를 넘겨 치료를 연장하는 것이 환자에게 이득이 된다면 그렇게 해야
만 한다.

처음의 합의를 지키는 것과 필요한 경우 회기를 연장하는 문제 사이에서 갈등
이 생긴다면 새로운 치료 합의(treatment agreement)를 재협상함으로써 문제를 해
결할 수 있다. 이러한 결정은 임상적 판단과 상식에 따라 하는 것이 좋다. 다음은
이러한 문제의 실제적 예다.

사례 17-1 Joe

Joe는 38세 남자로, 일 년 전 아버지의 사망 후에 가벼운 우울 삽화를 겪고 있으
며, 이 때문에 치료를 받게 되었다. Joe는 과거에 아버지와 갈등이 많았지만, 아내
와는 14년간 결혼생활을 해 오면서 서로를 지지해 왔고, 합리적인 사회적 지지망을
갖고 있었으며, 직장생활도 잘해 왔다. Joe와 치료자는 평가 후 12회기의 IPT를 수

행하기로 동의하였다.

치료를 통해 Joe는 애도를 잘 다룰 수 있게 되었고, 아버지의 죽음에 대한 자신의 반응에 대해 아내와 그리고 최근에 아버지가 돌아가신 남자 친구와도 대화를 나누었다. Joe는 자신의 우울증이 근본적으로 해소되었으며, 잘 지내고 있다고 말하였다. 그러나 그는 11번째 회기에서 치료를 회기 제한 없이 지속하기를 요구하였는데, '치료자와 대화를 나누는 것이 정말로 즐겁고, 무언가 새로운 문제를 갖고 치료를 지속해 나가기를 원한다.'고 말했다. 그는 치료자를 이름으로 부르기 시작하였고, 치료자가 낚시나 기타 자신이 좋아하는 취미활동을 즐기는지를 묻는 등 치료자의 개인적인 삶에 관해 질문하기 시작하였다. 전이가 일어나고 있는 상황임이 분명해지면서, 치료자는 Joe가 급성기 치료를 통해 호전이 되었고 현재 기능을 잘하고 있기 때문에 장기적이고 집중적인 치료의 필요성에 동의하지 않았으며, 치료를 계속하여 얻을 수 있는 잠재적 이득보다는 처음에 서로 동의하였던 치료 계획을 지키는 것이 바람직하다고 결정하였다. 치료자는 또한 치료를 지속할 경우 IPT에서 좀 더 전이에 근거를 둔 정신역동 치료로 변형될 가능성이 크다고 생각하였다.

Joe의 개인적 질문에 대해서 치료자는 기꺼이 자기 드러내기를 하였다. 즉, 치료자는 자신이 낚시와 캠핑을 정말 즐긴다고 말했다. 그리고 이 말을 한 후 곧바로 이러한 활동들이 Joe에게 매우 중요하며, 이러한 활동을 함께할 수 있는 다른 친구들을 찾아보는 것이 도움이 될 것이고, 특히 의미 있는 대인관계를 형성할 수 있는 아주 좋은 방법이 될 수 있다고 말했다. 즉, 치료자는 잠재적인 전이에 초점을 맞추기보다는 서둘러서 치료 밖 대인관계 교류를 구축하는 것에 치료의 초점을 유지하려고 하였다. 치료자는 초기에 했던 치료적 동의를 고수하는 것이 가장 바람직하다는 점을 반복하였으며, Joe가 그동안 치료를 잘 받아 왔을 뿐 아니라 사람들과 교류를 맺는 능력도 분명히 갖고 있다는 점을 강조하였다.

12번째 회기에서 Joe는 자신이 급성기 치료의 결론을 맺을 준비가 된 것 같다고 하였다. 치료자는 필요하면 언제든지 다시 연락하고 방문할 수 있다는 점을 다시 강조하였다. 실제로 치료회기 중에 Joe의 어머니가 돌아가시면 증상이 재발할 수도 있고, 그러면 치료를 다시 받게 될지도 모른다는 사실에 대해 다뤘던 적이 있다.

사례 17-2 | Penelope

Penelope는 27세 여성으로, 심각한 급성 산후우울증으로 IPT를 받게 되었다. 그녀는 모유 수유 때문에 항우울제 복용은 거부하였지만, IPT에는 동의하였다.

치료 기간 중 Penelope가 다른 사람에게 도움을 청하는 것에 수동적임이 분명히 드러났다. 그녀는 다른 사람들이 자신의 요구를 알아서 충족시켜 주기를 기대하는 경향이 있었고, 그렇지 않을 경우에는 스스로 위축되고 더 고립되는 경향이 있었다. 이것은 남편과의 관계에서도 두드러졌다. 그녀는 남편이 집안일과 아이 돌보는 일을 도와주기를 원하고 있었지만, 그렇게 해 달라고 남편에게 직접 요구하지는 않았다. 남편이 그녀의 '마음을 읽지' 못하면 그녀는 위축되고 우울해진다고 말했다. 또한 이러한 특성은 치료과정에서도 나타났다. 치료 초기에 그녀는 매우 수동적이었으며, 자신의 문제를 해결하기 위하여 적극적으로 참여하지 않았고, 종종 치료자에게 '무엇을 할지 말해 주세요.' 라며 바라보고만 있는 것 같았다.

그럼에도 불구하고 Penelope는 치료를 잘 진행해 나갔다. 그녀는 자신의 의사소통 방식이 원하는 것을 얻는 데 효과적이지 않다는 것을 인식하고 있었으며, 치료자의 격려를 받으면서 자신이 원하는 도움을 남편에게 직접 표현하기 시작하였다. 남편은 그녀의 요구에 상당히 긍정적으로 반응하였으며, 좀 더 직접적으로 의사소통을 하게 되면서 Penelope 스스로도 전보다 더 많은 지지를 받는다고 느끼기 시작하였고, 우울감도 감소하였다. 이러한 성공의 결과, 회기 내에서의 행동도 변화되었으며, 보다 효과적으로 의사소통할 수 있는 새로운 방법을 적극적으로 구축하려 하였다. 그녀는 산후 지지집단에도 참여하게 되었으며, 거기서 많은 도움을 받았다.

16회기의 IPT를 마친 후, 그녀는 자신이 잘 지내고 있으며, 따라서 치료를 지속하는 것에는 별 관심이 없다고 말했다. 치료자는 그녀의 우울증이 상당히 심했었으며, 산후우울증에 대한 연구와 치료자의 임상적 경험에 의하면 재발(relapse)의 가능성이 높다는 점을 지적하였고, 특히 그녀가 항우울제를 복용하고 있지 않기 때문에 우려가 된다고 말했다. 치료자는 만일 우울증이 재발한다면 급성기 치료를 다시 한 번 실시해야 한다는 사실을 염두에 두고, 앞으로 일 년간 한 달에 한 번씩 유지치료를 하는 것이 어떠냐고 먼저 제안하였다. 또한 유지치료에 대한 결정을 한 후, 급성 치료를 또다시 받게 될 가능성에 대해서도 추가적으로 다루었는데, Penelope가 나중에 둘째 아이를 가질 계획이 있어서 산후우울증을 다시 앓을 위험성이 있기 때문이었다.

사례 17-3 Jane

Jane은 35세 여성으로, 이혼 후 상당히 심한 우울 삽화를 경험하였다. 그녀는 5년간 결혼생활을 해 왔으며, 남편과의 갑작스러운 이혼 후 스스로 표류하는 느낌이었다고 보고하였다. 그녀는 남편을 '최고의 친구'로서 의존하고 있었으며, 남편과 함께 지내기 위해 여자 친구들과의 교우관계도 일부 단절한 상태였다. 그녀는 남편이 왜 떠났는지 혼란스러워하였으며, 무슨 일이 생긴 것인지 이해하고 싶어 하였다. 평가 후 12회기의 IPT를 진행하기로 동의하였다.

3번째 회기에서 Jane은 남편이 술을 폭음하는 사람이었다는 사실을 털어놓았고, 5번째 회기에서는 남편이 신체적으로 그녀를 학대하였던 사실을 털어놓았다. 남편은 너무 완고하였으며, Jane의 사회적 활동을 제한하였다. 치료자는 전 남편에 대한 Jane의 양가감정을 탐색하였으며, 그 후 그녀가 새로운 사회적 지지망을 재구축하는 것에 치료의 초점을 맞추었다. 그녀는 몇몇 여자 친구들과 다시 연락하여 그들과 사회적 관계를 맺기 시작하였는데, 그중 한 명은 최근에 힘든 이혼을 경험한 사람이었다. 대인관계에서 지지를 받게 되면서 Jane의 증상은 호전되었고, 10번째 회기에서는 스스로 잘 기능하고 있고 더 이상 우울하지 않다고 보고하였다.

다른 사람들이 자신의 요구를 충족시켜 주지 못할 것에 대한 두려움 때문에, 환자는 치료자에게 자신의 개인적 감정을 드러내는 것을 주저하였다. 이런 모습은 전 남편의 학대를 한참 지나서야 이야기하고, 또 치료 초기에 '나 같은 사람에게는 치료가 도움이 되지 않을 것 같다.'고 걱정하는 모습에서도 나타났다. 그 시점에 치료자는 치료가 확실히 도움이 될 것이며, Jane과 비슷한 문제가 있었던 다른 환자도 성공적으로 치료한 경험이 있음을 확신시켜 주었다.

11회기를 끝낼 무렵 급성 치료의 결론에 대하여 다루고 있을 때, Jane은 자신이 어렸을 때 성적 학대의 피해자였다는 말을 하였다. 치료자는 처음에 동의한 치료

회기를 고수하는 것을 선호하지만, 이러한 문제는 다루어 주는 것이 훨씬 더 중요하고, Jane이 이러한 문제로 인해 경험하는 스트레스가 더 중요하다고 느꼈다. 더구나 Jane이 개인적인 문제를 드러내는 데 상당히 어려움을 겪고 있고, 치료자와 그녀가 치료 동맹을 구축하는 데 투입한 시간을 고려해 볼 때, Jane의 학대 문제를 다른 치료자에게 의뢰하여 다루는 것보다 이어서 작업해 가는 것이 최선이라고 판단하였다. 치료자는 주도적으로 이 점에 대하여 Jane과 의논하였고, 그들은 IPT를 끝낸 후 학대 경험의 충격을 이해하기 위해 시간 제한을 두지 않는 치료 면담을 시작하기로 동의하였다.

임상적으로 적합하고 상당한 이득이 있을 것 같다고 판단되면 한두 회기를 추가해야 하는 상황들이 많다. 예를 들면, 치료의 결론에 가까워졌을 무렵 유산을 한 여성 환자나 어떤 심각한 질병을 진단받은 환자, 그 밖의 다양한 생활 사건이 발생한 환자의 경우에는 몇 회기를 추가하는 것이 도움이 될 수 있다. 생활 사건은 항상 발생할 수 있고, 급성기 치료의 결론기에 발생하는 경우도 많다.

요약하자면, 급성기 치료는 평가/초기 단계의 후반부에 치료자와 환자가 동의한 대로 결론을 맺는 것이 가장 바람직하다. 대다수의 환자들은 제한된 시간 내에 반응하고, 또 급성기 치료의 결론을 맺는 것에 별 어려움을 겪지 않는다. 이것이 동의한 대로 급성기 치료를 결론짓는 이론적 · 실제적 이유다. 그러나 때로 추가적인 치료를 통하여 환자가 분명히 이득을 얻을 수 있다면 유지치료를 하는 것이 바람직하다. 환자가 IPT에 열심히 참여했는데도 치료에 별다른 반응이 없어서 현재 치료자나 또 다른 치료자에 의해 추가 IPT 회기를 진행할 필요가 있을 수 있다. 어떠한 경우든 임상적 판단과 상식이 어떻게 할지를 결정하는 데 활용되어야만 한다.

급성기 치료를 결론 맺기: 전략

급성기 치료 결론 맺기를 결정하는 일과 더불어 치료자는 급성기 회기 후반기에 이르면 회기 스케줄을 어떻게 진행할지에 대해서도 임상적 판단이 필요하다. 치료자는 다른 경우와 마찬가지로 임상적 경험과 경험적 자료 모두를 고려해야 한다.

급성기 치료의 효율성에 관한 경험적 연구는 매뉴얼에 따라 일주일에 한 번씩 구체화되어 있는 IPT를 실시하고, 정해진 회기 수에 이르면 치료를 종결하는 방식을 엄격히 따르고 있다. 이러한 연구에서는 치료자에게 자유가 없다. 회기는 주 1회 실시되어야만 하며, 시간이 되면 종료를 해야 한다. 아직 증상이 남아 있어도 정해져 있는 회기 수가 끝나면 더 이상 치료를 하지 않는다. 하지만 이런 프로토콜은 연구의 내적 타당도(즉, 반복가능성)를 극대화하기 위한 것이지, 가장 좋은 임상적 치료는 아니다.

이와 대조적으로, 일부 IPT 치료자들은 환자가 일단 회복 상태에 접어들면 급성기 치료회기 사이의 간격을 넓혀 가는 것이 임상적으로 바람직하다고 제안한다. 치료기간 중 지속적으로 매주 만나지만, 환자가 회복되면, 즉 급성기 치료 후반부에는 환자와 치료자가 협의해서 격주 혹은 매월 한 번씩 만나기로 할 수 있다. 비교적 기능이 좋은 환자들은 6~8주간 매주 한 번씩 만나서 급성적 문제를 해결하고, 그 이후 기능이 향상되면 격주 혹은 매달 간격으로 만나는 것이 더 바람직한 경우가 많다. 이 기간 중 환자와 치료자는 추가적인 의사소통 기술을 시연해 볼 수 있는 기회를 갖고, 치료를 통해 얻은 변화를 강화시킬 수 있으며, 지지적 관계를 유지함으로써 환자의 자기-확신을 더욱 확고하게 한다. 이 모두가 바람직하고 더욱 안정적으로 기능을 할 수 있도록 해 준다.

또한 몇 주(weeks)간 치료할지를 논의하기보다는 몇 회기(sessions)를 치료할지를 논의하는 것이 좋다. 환자가 호전될 때까지는 매주 치료를 할 수 있지만 후기 회기에서는 환자가 변화되었는지를 평가한 후 좀 더 간격을 두고 만날 수 있다. 대부분의 환자들은 간격을 두고 만나는 것을 좋아하며, 스스로 호전되었다고 느끼는 경우에는 치료 간격을 늘이자고 먼저 제안하는 경우도 있다.

치료를 급작스럽게 종료하는 것보다는 점진적으로 결론에 도달하는 것은 또 다른 이점이 있다. 먼저, 점진적으로 결론에 도달하면 환자가 급작스러운 치료종결 시 경험할 수 있는 상실감을 최소화할 수 있다. 결과적으로 완벽한 종료 시 야기될 수 있는 전이 문제의 우려가 적어질 수 있다. 둘째, 점진적인 결론은 환자를 독립적으로 기능하도록 격려해 줄 뿐 아니라 치료자를 좀 더 안정적인 애착대상으로 자리매김하게 해 준다. 치료자는 환자에게는 접근 가능하지만 반드시 필요한 대상이 되어서는 안 된다.

마지막으로, 점진적인 결론은 환자의 회복에 대한 희망 및 치료에 대한 믿음을 증진시킨다. 정신치료(최소한 일부 IPT를 제외하고)는 치료가 급작스럽게 종료되는 유일한 형태의 치료다. 환자는 치료가 종료되었다고 느끼는 대신, 자신이 고통을 받는 한 도움이 지속적으로 제공될 것을 기대한다. 그들은 프로토콜의 지시문이 환자의 개인적이고 개별적인 욕구에 우선하기를 기대하지 않는다. 이것은 합리적이고 인간적인 기대이며, IPT와 부합하는 것이다.

이론적으로 장기 정신역동적 정신치료에서 갑작스러운 종결은 전이 반응의 강도를 증가시키는 수단으로 정당화될 수 있는 반면, IPT와 같이 시간 제한이 있는 비(非)전이치료에서는 급작스럽고 잠재적으로 치료에 역행할 수 있는 인위적 종결이 이론적 정당성을 갖고 있지 못하다. 치료자는 환자가 회복해 감에 따라 언제, 어떻게 회기 수를 조정할지에 대해 임상적 판단을 해야 한다.

급성기 치료의 결론을 위한 목표

IPT에서는 환자의 인간관계 및 중요한 애착대상과의 의사소통이 치료의 초점이고, 치료 후반부에서는 치료적 관계가 형성됨에 따라 치료자가 중요한 애착대상이자 인간관계의 대상 중 하나가 되기 때문에, 결론을 잘 맺는 것이 매우 중요하다. 애착유형에 따라 어떤 환자들은 종결이 아닌 치료적 관계의 결론에 이르는 것에 대해서도 예민해지며, 상실이나 거절감을 경험하기도 한다. 따라서 치료의 결론을 잘 다루는 것은 IPT 치료자들의 중요한 역할이다.

IPT에서 일차적 목표는 증상의 완화, 대인관계 기능 향상 그리고 사회적 지지의 증가다. 이를 좀 더 확장시켜 보면, 치료적 결론 시점에서의 구체적 목표는 환자의 독립적 기능을 촉진시키고 환자의 자신감을 향상시키는 것이다(〈글상자 17-1〉 참조). 이 시기의 과제는 환자가 자신에게 문제를 다룰 수 있는 자원과 기술이 있음을 인식하도록 돕는 것이고, 치료 성과를 환자에게 확실하게 귀인시키는 것이다. 급성기 치료가 끝나면 치료자는 환자가 향상되었으며, 변화되었고, 독립적으로 기능할 능력을 가지고 있음을 분명히 말해 주어야만 한다. 치료자는 앞으로도 환자의 곁에 있으면서 혹시 다시 위급 상황이 생길 경우 언제든지 찾아올 수 있지만, 치료자의 도움 없이도 환자가 독립적으로 기능할 수 있고, 또한 매우 잘 기능할 것이라는 것이라는 사실을 전해 줄 필요가 있다.

글상자 17-1	급성기 치료 결론의 목표

- 환자의 독립적 기능을 촉진시키는 것
- 환자의 자신감을 향상시키는 것
- 새로운 의사소통 행동을 강화시키는 것
- 사회적 지지의 활용을 강화하는 것
- 필요하다면 유지치료를 계속하기 위한 여지를 남겨 두는 것

은유적으로 말하자면 IPT는 "생선 한 마리를 주면 하루를 먹을 수 있지만, 물고기 잡는 법을 가르쳐 주면 평생 먹을 수 있다."라는 격언과 같다. 이상적으로는 환자가 새로운 의사소통 기술을 배우고, 자신의 욕구를 어떻게 의사소통하는지에 관해 통찰을 얻으며, 더 많은 사회적 지지망을 형성해서 기능하도록 하는 것이고, 이 모두는 대인관계 기능을 향상시키는 데 기여한다. 이들은 모두 새롭거나 향상된 낚시 기술이다. IPT를 설명하기 위해 이 은유를 더 확대시켜 볼 수 있다. 낚시 멘토가 함께 있는 경우 새로운 상황이 발생했을 때 학생은 다시 전문가의 도움을 받을 수도 있다. 환자가 농어를 낚고 있었는데, 눈앞에 상어가 나타날 수도

있다. 이 경우 추가적인 도움을 구하는 것은 유용할 뿐 아니라 좋은 생각이다. 적절할 때 환자가 추가적인 치료를 요청할 수 있도록 격려해야 한다. 도움이 필요할 때를 알아차리고 도움을 정중하고 효과적인 방법으로 요청하게 하는 것이 IPT의 목표다.

급성기 치료의 결론에서 치료자는 환자에게 미래에 어떤 어려움이 발생하면 항상 도움을 청할 수 있음을 강조해 주어야 한다. 치료자는 급성 치료를 결론지은 후에도 환자에게 안정적인 애착대상이 되어야 한다는 것이 핵심이다. 애착대상은 환경이 힘들 경우에만 도움을 제공해야 하지만, 그럼에도 불구하고 접근 가능해야 한다. 치료자는 일시적이기는 했지만, 환자의 사회적 지지망 속에서 중요하고 적절한 대상이었다. 미래에 위기가 발생하면 치료자를 포함하여 확대된 사회적 지지체계 내에서 도움을 구할 수 있는 능력을 강화시켜 놓아야만 한다.

급성기 치료의 결론: 핵심 문제

치료자는 구체적으로 급성 치료의 결론에 도달하기 전에 몇 가지 문제를 다루어야만 한다. 그것은 다음과 같다.

- 유지치료
- 약물의 지속적 사용
- 미래에 발생할 수 있는 잠재적 문제들과 스트레스의 재발 징후에 대한 논의

이 중 가장 중요한 것은 유지치료에 대한 논의다. 이에 대하여는 여러 가지 대안이 있지만 어떠한 선택을 할지에 대하여 세부적이고 구체적인 동의가 이루어져야만 한다. 고위험군 환자는 매달 유지치료를 할 수 있고, 저위험군 환자는 문제가 재발할 경우 다시 만나기로 하는 등 다양한 범위의 선택이 있다.

유지치료를 어떻게 구조화할지 결정하는 것은 임상적 판단에 기초해야 한다. 여기에는 여러 가지 고려사항이 있을 수 있다. 예를 들어, 어떤 환자들은 치료자

외에 다른 의사에게 처방을 받아 약을 복용하고 있는 경우가 있다. 이 경우 처방을 하는 의사는 환자가 재발했는지를 지속적으로 관찰하게 되므로 유지회기를 갖는 것에 별다른 주의를 기울이지 않을 수 있다. 거리 혹은 비용 역시 또 다른 고려사항이다. 급성기 치료에서는 시간과 비용을 투자할 만한 이점이 있을 수 있지만, 먼 곳에 살거나 재정적 부담이 큰 경우 유지치료가 투자에 비하여 이득이 있음을 입증하지 못할 것이다.

약물 사용 역시 환자와 논의해야 한다. 의사가 IPT를 수행하는 경우 전체적 치료 맥락 내에서 약물 문제를 다룰 수 있다. 다른 정신건강 전문가의 경우 IPT가 결론에 도달한 후에도 약물은 지속적으로 복용할 필요가 있음을 강조해야 할 것이다. 환자는 약을 처방해 준 의사와 복용을 중지할지의 여부를 결정할 때까지는 지속적으로 약물을 복용해야만 한다.

마지막으로, 환자와 다루어야 할 것은 재발할 경우에 나타나는 초기 증상을 인식하도록 하는 것으로, 이는 대인관계 문제가 되풀이되거나 또 다른 삽화의 신호가 될 수 있기 때문이다. 이와 함께, 치료자는 재발 혹은 재연될 수 있는 미래의 사건에 대해 분명히 다루어 주어야만 한다. 재발의 징조는 명확한 경우가 많다. 우울증 발병 과정을 검토해 보니, 우울 삽화가 발생하기 전에 수면상의 문제가 먼저 나타나는 경향이 있었다면 이러한 징조가 나타나는지 잘 살펴보도록 환자를 교육해야 하며, 징조가 나타나면 곧바로 다시 도움을 받으러 와야만 한다. 환자는 미래의 생활 사건이나 스트레스로 인해 어려움을 겪을 수 있으며, 그 경우에도 유지치료가 도움이 될 수 있다. 예를 들면, 산후우울증을 경험한 여성은 다음 번 임신에서도 비슷한 경험을 할 가능성이 있다. 아버지의 사망으로 인하여 어려움을 겪은 환자는 비슷한 어려움을 어머니가 사망할 때도 겪을 가능성이 있다. 대학 생활을 처음 시작했을 때 어려움을 겪었던 환자는 첫 번째 직장에서도 비슷한 어려움을 겪을 가능성이 있다. IPT에서 치료자는 이러한 잠재적인 어려움을 예상해야 하며, 이 점에 대해 환자와 논의하여 일어날 수 있는 미래의 사건에 대한 치료 계획을 세워야만 한다.

급성기 치료의 결론: 기법

몇 가지 구체적인 기법이 급성기 치료의 결론에 상당한 효과가 있다(〈글상자 17-2〉 참조). 이 중 가장 우선적인 것은 환자에게 직접 피드백을 주는 것이다. IPT 에서 치료자는 치료 내에서 이루어지는 변화를 살펴보아야 하며, 가능한 한 많은 긍정적 피드백을 환자에게 진심으로 전달해 주어야 한다. 대인관계 평가도구 (interpersonal inventory)에서 명시된 문제들을 검토하여 이들의 진전 상태를 다루 고, 동시에 이와 관련된 증상들이 호전되었는지를 검토해야 한다. 의사소통의 향상, 사회적 지지체계 구축 등과 같은 긍정적 변화를 환자에게 구체적으로 요약해서 제시해 주어야 한다. 또한 변화에 대한 공로가 환자에게 있음을 분명히 해 주어야만 한다. 치료자는 '코치'로서 도와주었을 뿐이고, 어려운 작업은 환자가 해냈으며, 변화를 이루어 낸 것이다.

글상자 17-2	급성기 IPT를 결론짓기 위한 치료적 기법

- 환자의 성취에 대한 긍정적 강화
- 급성기 치료의 결론에 대한 환자의 반응을 다루어 줌
- 급성기 치료의 결론에 대한 치료자 자신의 반응을 이야기해 줌
- 치료에 관하여 환자로부터 피드백을 유도하기

급성기 치료의 결론에 대한 환자의 반응을 다루는 것은 중요하다. 결론이 가까워지면서 회기 수가 점진적으로 줄어들고, 치료자가 앞으로도 필요할 때는 언제든지 도움을 줄 수 있다는 점을 명확히 해 주면 일반적으로 환자는 치료의 결론에 대해 상당히 잘 수용한다. 치료자는 환자에게 깊은 관심을 갖고 있는, 혹은 환자에 대해 무조건 긍정적으로 평가를 하는 소수의 사람 중 하나일 경우가 많다. 이 상황에서 치료자는 치료 결론의 영향을 과소평가하기 쉽다. 치료자에게는 여러 환자가 있지만 환자에게는 오직 한 명의 치료자만 있을 뿐이다.

결론 단계에서 환자가 자신의 경험을 이야기하고 인식하게 하는 것은 IPT의 핵

심적 전략이다. 치료자는 급성기 치료의 결론 단계에서 상실감을 느끼는 환자들이 많다는 점을 인지하고 환자의 말을 경청해야 한다. 환자의 이러한 상실감은 그동안 환자가 치료에 몰입했었고, 치료자와 신뢰적 관계를 형성했음을 시사하는 것이다. 치료자는 이러한 환자의 감정이 치료자의 지지 없이는 그동안 이루어 놓은 것들을 유지하지 못할지도 모른다는 두려움과 연결되어 있을 수 있음을 조심스럽게 다루어 주어야 한다. 치료 종결에 대하여 논의할 때 치료자는 자기-노출을 하는 것을 편안하게 느낄 수 있어야 하며, 치료를 결론짓는 것에 관한 치료자의 개인적 감정(추정컨대, 긍정적인 것)을 표현할 수 있어야 한다. 여기에는 세 가지 목적이 있다.

- 환자의 상실 경험에 대하여 좀 더 인식하기
- 감정을 직접적으로 의사소통하는 모델이 되기
- 다른 사람과 의미 있는 방식으로 교류를 맺을 수 있는 환자의 능력을 강화하기

예를 들어, 치료자는 환자에게 다음과 같이 말할 수 있다.

> 그동안 당신과 작업하는 것이 정말 즐거웠습니다. 그리고 저는 그동안의 상호작용을 잊지 못할 것입니다. 저는 함께 치료작업을 했던 환자들과 치료를 결론짓는 데 어려움을 느끼곤 합니다. 왜냐하면 그 환자들과 상당히 가까워졌고, 그들의 성공을 위해 매우 많은 노력을 했기 때문입니다.

IPT에서는 환자-치료자 관계가 직접적인 치료의 초점이 아니므로, 결론에 관해 논의할 때도 치료나 치료자에 대한 환자의 전이적 수준의 감정을 물어보아서는 안 된다. 결론 부분에 가까워질 때 환자가 치료자에게 개인적인 질문을 할 수도 있다. 이 경우 치료자는 솔직하고 현명하게 자신에 대한 환자의 질문에 답변을 해 주어야 하며, 환자에게 질문의 동기를 묻거나 전이 반응에 대한 해석을 하기보

다는 치료 밖의 관계로 환자의 관심의 초점을 옮겨 가게 해야 한다.

　결론 과정에서 도움이 될 수 있는 또 다른 개입은 치료에 대한 환자의 피드백을 구하는 것이다. 이를 통해 얻을 수 있는 확실한 이점 중 하나는 치료자가 잘한 것과 잘하지 못한 것에 대한 중요한 정보를 얻을 수 있다는 것이다. 이는 임상가이자 연구자에게 매우 중요한 정보이고, 개인의 임상적 경험에 추가할 수 있는 훌륭한 정보다. 또한 피드백을 요청하는 것은 환자에게 모델이 되는 멋진 방법으로, 추후 환자가 같은 행동을 할 수 있게 한다. 이것은 상호 협조라는 치료적 관계의 특성을 강조하는 것이고, 다른 사람들에게 환자의 피드백이 중요하다는 점을 강화시켜 주는 것이다.

　IPT 결론에서 마지막으로 고려해야 하는 것은 치료 후 접촉을 관리하는 것이다. 전통적인 정신역동적 정신치료에서는 이러한 접촉이 엄격하게 금지되어 있다. 연구를 목적으로 프로토콜에 따라 진행하는 치료에서도 모든 형태의 치료 후 접촉을 금지하고 있다. 그러나 IPT에서의 급성기 치료 결론의 목표는 환자가 획득한 치료 결과를 강화하고 독립적 기능을 촉진하는 것이므로 환자의 치료 후 접촉에 대한 요구를 가급적 수용해야 하고, 또한 치료 후 접촉에 대해서 미리 다루어 주는 것이 많은 도움이 된다. 예를 들어, 치료자는 치료에 도움이 된다고 생각하면 치료 결론 후 한 달에 한두 번 환자가 치료자에게 전화를 하거나 이메일을 하게 하여* 환자의 상태를 점검할 수 있다. 즉, 유지치료를 받기 곤란한 상황의 환자가 재발에 대해 걱정을 한다면, 치료자는 급성 치료 후 한 달에 한두 번 환자에게 전화하도록 허용할 수도 있다. 환자가 전화나 이메일을 요청하는 경우 치료자는 대개 긍정적으로 허용하는 것이 좋다. 임상적 경험에 의하면 이러한 접촉은 많은 환자들에게 큰 도움이 된다.

　그러나 몇 가지 원칙은 명심해야 한다. 첫째, 이와 같은 추후 치료 접촉은 상호 동의하에 이루어져야만 하고, 치료자는 반드시 약속을 지켜야 한다. 치료자가 한

---

*우리 책 2003년도 판에는 치료자가 환자에게 전화하거나 편지를 쓸 수 있다고 기술되어 있다. 그러나 현재는 슬프게도 이 매우 개인적이고 의미 있는 의사소통 방식이 문자 메시지나 이메일로 대치되었다.

달 후에 환자에게 전화하기로 약속했다면 꼭 전화해야 한다. 둘째, 이러한 유형의 치료 후 접촉에 대해 치료자는 유지치료와 동일한 것으로 간주하여야 하며, 대면 치료에서와 마찬가지로 치료적 경계의 모든 것이 유지되어야만 한다. 치료적 목표와 기법들 역시 그대로 적용되어야만 한다. 급성 치료를 결론지을 때 유지치료를 하기로 결정한 치료자들은 결론의 강도가 그 즉시 감소된다는 것을 발견하는데, 이는 IPT의 비전이적이고 지지적인 속성과 일치한다.

유지치료의 실시

급성 치료와 유지치료 사이에는 두 가지 중요한 차이가 있다. 첫째는 단순히 양적인 차이다. 유지 IPT는 급성 치료만큼 자주, 집중적으로 하지 않는다. 어떤 경우에는 회기당 치료 시간을 좀 더 짧게 할 수도 있다. 즉, 잘 지내는 환자들에게는 한 회기당 20~30분 정도로 충분할 수 있다. 또 다른 차이는 질적인 차이로, 급성 치료에서는 대인관계 위기를 해소하는 것이 치료의 목표인 반면, 유지치료는 증상의 재발을 막고 기능을 유지하는 것이 목표다(〈글상자 17-3〉 참조).

글상자 17-3 | 유지치료의 목표

- 환자의 원래 문제와 그간 성취한 진전(progress)에 대해 검토한다.
- 새로운 문제의 발생 가능성을 예방적으로 고려한다.
- 환자의 대인관계 기능을 지속적으로 극대화하도록 돕는다.
- 필요하다면 급성기 치료를 재개할 수 있도록 지속적인 관계를 유지한다.

유지 IPT의 첫 번째 목표는 환자의 현재 문제를 검토하고, 그동안 성취한 진전을 검토하는 것이다. 치료자는 대인관계 평가도구를 참조할 수도 있고, 혹은 급성기 치료를 받기 전에 환자가 힘들어했던 대인관계 문제들의 상태를 다시 살펴볼 수도 있다. 유지치료의 목표는 환자에게 대인관계 의사소통을 위한 노력을 계

속해야 한다는 것과 아직 예전 문제의 재발은 없음을 알려 주는 것이다.

급성 개입이 필요하지 않을 정도의 새로운 문제가 나타날 수도 있다. 가장 흔한(그리고 가장 바람직한) 경우는 환자가 유지회기를 시작하면서 이미 스스로 해결하기 시작한 새로운 대인관계 문제를 가져오는 것이다. 예를 들면, 환자는 원래 부부 갈등의 문제가 있었는데, 유지회기에는 고용주와의 갈등에 대해 다룰 수 있다. 이때 바람직한 것은 환자가 서둘러서 급성기 치료를 요구하기보다는 지난 급성기 치료에서 사용했던 IPT 문제 해결 기법을 환자 스스로 이미 새로운 문제에 적용하기 시작하였고, 치료자에게는 자신의 대응방식에 대해 이야기를 해 보거나 혹은 구체적인 충고를 받고 싶었다고 말하는 것이다. 또 다른 상황에서 치료자는 급성기 치료를 다시 시작할 필요 없이 새로운 문제를 대처할 수 있는 환자의 능력을 강화해 준다. 좀 더 의존적이고 집착적인 애착유형을 갖고 있는 환자의 경우 새로운 문제를 해결하는 데 자신감이 부족할 수 있으므로 일종의 회피수단으로 무작정 급성기 치료를 다시 받겠다고 할 수 있다. 따라서 치료자는 급성 치료를 다시 시작하는 것이 정말 필요한지를 판단해야만 한다.

유지치료를 하기로 계약할 때 융통성 있게 해야 하지만, 치료과정의 모든 변화는 환자와 구체적으로 의논해서 결정해야만 한다. 예를 들어, 새로운 관계에서의 갈등을 해결하기 위해 격월에 한 번씩 유지치료를 하기로 하는 것이 일반적이지만, 환자가 IPT에 익숙하고, 문제 해결 기술도 이미 연습했기 때문에 매주 한 번씩 세 번 만나는 것이 더 좋을 것 같다고 치료자와 환자가 합의하는 경우를 생각해 보자. 이것은 IPT에서의 급성기 치료는 전체 회기가 12~20회기로 고정되어 있다는 전제를 위배하는 것이고, 원래 유지치료에서 설정하고 있는 격월 회기에도 맞지 않는 것이다. 이미 합의했던 내용을 바꾸려 할 때 제일 먼저 고려할 것은 이에 대해 치료자와 환자가 구체적으로 논의하고 상호 동의하여야 한다는 것이다. 가장 중요한 것은 무엇이 환자를 위해 최선인가 하는 점이다. 상호 동의보다는 환자의 이득이 훨씬 중요하다. 이러한 결정을 할 때는 임상적 판단을 잘 해야만 한다.

환자가 계속해서 기능을 잘하고 있다면 치료자는 유지회기 중에도 이러한 수준의 기능을 유지하도록 도와주어야 한다. 치료자는 환자에게 용기를 북돋아 주어야 하며, 긍정적인 강화를 해 주어야 하고, 환자가 가능한 한 독립적으로 기능하도록 격려해야 한다. 이러한 독립성은 사회적 상황에서도 중요하지만, 회기에서도 격려되어야만 한다. 예를 들어, 문제 해결을 해 나갈 때 치료자가 적극적인 자세를 취하기보다는 환자가 급성 치료 단계에서 학습한 것을 스스로 적용하도록 안내만 해 주어야 하며, 새로운 문제에 대해 환자 자신이 해결책을 만들어 낼 수 있도록 해야 한다.

마지막으로, 유지회기는 환자와 치료자 모두에게 필요한 경우에 급성기 치료를 다시 할 수 있는 발판을 제공하는 역할을 한다. 지속적인 접촉 혹은 필요하다면 언제든지 다시 만날 수 있는 가능성을 열어 두는 것은 치료자를 위기 상황에서 다시 돌아올 수 있는 진정한 애착대상으로 만들어 준다. 지속적인 접촉은 치료자가 환자의 기능을 꾸준히 관찰하고 평가할 수 있도록 해 주며, 환자에게 증상 재발이 나타날 것 같을 때, 급성 치료를 즉시 다시 할 수 있도록 해 준다.

유지치료: 기법과 기술

유지 IPT에서 사용되는 기본적인 기법은 급성 치료에서 사용되는 것들과 차이가 없다. 그러나 치료자의 태도는 보다 소극적이어야 하는데, 이는 유지치료의 목표가 환자의 독립적 기능을 극대화시키는 것이기 때문이다. 특히 문제 해결에서 치료자가 적극적으로 나서지 않는 것이 좋으며, 대신 환자가 '문제를 어떻게 해결할지를 이미 알고 있음'을 말해 주고 격려해 주는 것이 보다 치료적이다.

사례 17-4 Mary

Mary는 27세 여성으로, 어머니가 교통사고로 사망한 후 치료를 받게 되었다. 그녀의 어머니는 건강하였지만, 석 달 전 음주 운전자의 차에 치여 돌아가셨다. Mary는 우울감, 죄책감, 울음, 수면장애 등의 문제를 호소하였다. 직장생활은 계속하고 있었지만, 업무의 질이 저하되었다고 느끼고 있었다. 그녀가 치료를 받기로 한 것은 얼마 후 재판정에서 사고 차량 운전자와 처음으로 대면할 것에 대한 불안감 때문이었다.

Mary는 정신과 병력이 없었으며, 어린 시절에 특별한 사건도 없었다. 그녀는 어머니와 가까웠으며, 사고가 나기 이틀 전에도 만났었다. 그녀는 어머니에 대해 상당히 자세한 이야기들을 많이 하였으며, 어머니를 한 사람의 인간으로서 꽤 균형 잡힌 시각으로 보고 있는 것 같았다. Mary의 아버지는 아내의 죽음 때문에 황폐화되었는데, Mary는 처음으로 아버지를 '돌보는 일'을 하게 되었다고 하였다. 그녀는 아버지를 무뚝뚝하지만 강한 사람으로 기술하였다. 그는 사람들이 도움을 필요로 할 때 항상 거기 있었다. 어머니 장례식 전에는 아버지가 우는 것을 본 적이 없었는데, 장례식 이후 아버지는 심각한 우울증에 빠졌고, 직장으로 복귀하지 못했다. 이때부터 Mary는 아버지를 돌보는 일을 맡게 되었다. 그녀는 첫 회기에서 아버지에 대한 걱정 때문에 어머니의 죽음에 대한 자신의 감정적 반응에 대해 생각할 겨를이 없다고 말하였다.

Mary에게는 멀리 사는 오빠가 있는데, 서로 가깝게 지내지는 않았지만, 오빠가 장례식에 왔을 때 그녀는 그들이 서로 연결되어 있다고 느꼈다. 하지만 오빠는 장례식 후 아버지를 Mary에게 맡겨 둔 채 돌아갔다. Mary는 4년 전에 결혼하였으며, 남편은 상당히 지지적이라고 진술하였다. 초기 회기에 남편도 참석하였는데, 치료자도 비슷한 인상을 받았다. 그녀의 사회적 지지는 좋은 편이었다. 그녀는 교회에 열심히 다니고 있었으며, 직장에 많은 친구가 있고, 이웃도 있었다.

대인관계 평가도구([그림 17-1] 참조)와 설계([그림 17-2] 참조)를 완성한 후, 치료자는 Mary에 대해 기능을 잘 하고, 상대적으로 안정적인 애착유형을 갖고 있는 사람이 압도적인 대인관계 위기에 직면한 사례로 개념화하였다. Mary의 대인관계는 좋았으며, 통찰력도 상당히 좋았고, 대인관계에서 안정적으로 애착되어 있는 것 같았다.

Mary와 치료자는 애도 반응을 잘 다루고, 앞으로의 재판에 대한 불안감을 극복하는 것을 치료목표로 삼고, 12회기의 IPT를 진행하기로 동의하였다. Mary는 치료를 통해 큰 진전을 보였다. 그녀는 어머니의 죽음에 대해 알게 되었을 때, 그리고 장례

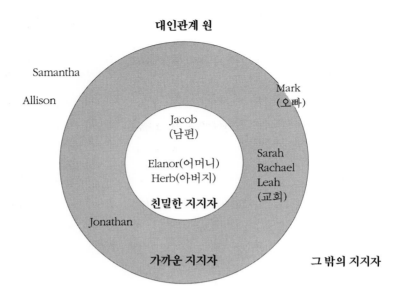

[그림 17-1] 대인관계 원-Mary

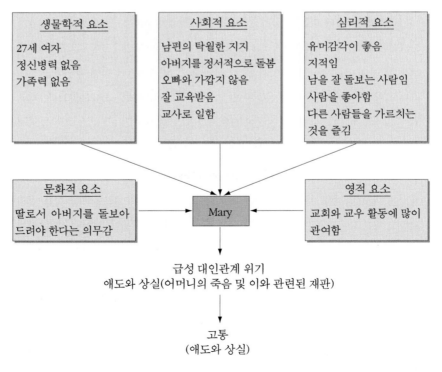

[그림 17-2] 대인관계 설계-Mary

식을 치를 때의 경험을 자세히 이야기하면서 세부적인 사항을 진술할 수 있었으며 감정도 잘 이야기하였다. 치료자의 격려를 받으면서 그녀는 남편에 대한 감정도 이야기하였으며, 매우 지지적인 가까운 친구들에 대해서도 자세히 이야기하였다.

Mary는 아버지에게 정신과 치료를 받게 하기 위해서, 먼저 자신이 아버지에게 접근하는 방법을 회기 내에 역할 연기를 통해 충분히 연습하였다. 결과적으로 아버지는 치료를 받기 시작하였으며, 항우울제로 효과를 보았다. 아버지가 호전되면서 그녀는 아버지를 돌보는 일에서 조금씩 벗어나기 시작했으며, 그러면서 치료자와 함께 어머니의 죽음과 관련된 경험을 이야기하기 시작하였다.

Mary에게 가장 힘든 상황은 어머니를 죽인 운전자를 대면하는 것이었다. 치료자 및 다른 사람들과 많은 논의를 한 후, Mary는 그와 어떠한 대화도 나누지 않기로 하였다. 그녀는 몇몇 가까운 친구들과 함께 재판에는 참석하였지만, 그가 선고를 받은 후에는 더 이상 그 어떤 접촉도 하고 싶지 않다고 하였다. 그녀는 목사님께 사건에 대하여 그녀가 느끼는 분노와 그러한 사건이 발생하도록 내버려 두신 하나님에 대한 분노를 털어놓았다. 그녀는 정신적 의문을 '해소'했다고 느끼지는 않았지만, 상황이 야기한 불명료함에 대해서는 좀 더 편안하게 느끼는 것 같았으며, 교회 활동을 계속하였다.

치료는 법정 청취 때까지는 일주일에 한 번씩 진행하였으며, 그 이후 Mary는 2주에 한 번씩 만날 것을 요구하였다. 그녀가 잘 지내고 있었고, 매우 지지적인 대인관계를 갖고 있었으므로 치료자도 이에 동의하였고, 나머지 5회기는 격주로 만나기로 새롭게 합의하였다. 또한 급성기 치료의 결론 부분에 이르면서 유지치료에 대해 세부적으로 논의하였다.

급성기 치료 후반부에 치료자와 Mary는 상호 합의하에 유지치료를 하기로 결정하였다. Mary는 두 달 동안은 한 달에 한 번 방문하고, 그다음에는 필요하다고 생각될 때 다시 오겠다고 제안하였다. 그녀의 안정적인 애착관계, 사회적 지지 그리고 이전에 문제가 없었던 점에 근거하여 치료자는 Mary의 이러한 계획을 별 이의 없이 수용하였다. 유지회기가 진행되는 동안 별 문제가 없었고 치료자는 Mary의 전반적인 기능을 점검하는 수준이었는데, 그녀는 상당히 잘 지내고 있었다. 두 번째 유지회기 후, 두 사람 모두 더 이상 약속을 잡을 필요가 없다는 점에 동의하였다. 이 시점에서 Mary는 자신이 다른 사람들과 주로 이메일로 연락을 하며, 이메일이 지속적으로 연락을 할 수 있는 가장 좋은 방법이 될 것이라고 말하면서 치료자의 이메일 주소를 요구하였다.

치료자는 이러한 요구에 두 가지 반응을 할 수 있다. 첫째, 그녀가 회기 끝에 이러한 요구를 했다는 사실 때문에 약간 불안하고 짜증이 날 수 있다. 그녀의 요구에는 전이적인 의미가 있을 수 있는데, 이 시점에서 그것을 다룰 수는 없기 때문이다. 치료자는 과거에 정신역동 치료자로서 집중적인 훈련을 받았는데, 이에 근거하여 Mary의 요구에 관하여 좀 더 많은 질문을 하고 싶고, 해야 한다는 생각 때문에 그녀의 갑작스러운 요구에 짜증이 날 수 있다. 또한 그녀의 갑작스러운 요구에 곧바로 답을 해 주어야 한다는 압박감 때문에 불안해질 가능성도 크다.

하지만 정신역동적 접근을 하고 싶은 욕구를 꼭 참고, 치료자는 Mary에게 이메일 주소를 줌으로써 임시적인 애착대상이 되어 주었고, 이를 통해 Mary에게 치료자와 애착되어 있다는 느낌을 지속적으로 가질 수 있게 하는 치료적 이득을 얻을 수 있었다. 이로 인한 위험은 미미한 반면, 이익은 크다. 첫째, 전체 IPT는 치료적 관계에 대해 직접 언급하지 않고 진행되었다. 따라서 이제 와서 이 시점에서 치료적 관계에 대한 이야기를 시작하는 것은 좋은 방법이 아니다. 둘째, 앞으로 만날 구체적 계획이 없다는 사실에 근거하여 볼 때, 그녀에게 이메일 주소를 알려 주는 것은 도움이 필요할 때 치료자에게 연락할 가능성을 높이는 일이라고 볼 수 있다. 마지막으로, 그녀의 요구를 거절하는 것은 치료 결론부에 와서 그녀를 거부하는 것으로 지각될 위험이 있고, 이는 치료자가 치료 내내 유지해 왔던 지지적 입장과 완전히 대치되는 것일 수 있다.

치료자는 한동안 Mary로부터 소식을 듣지 못했으며, 약 일 년 후에 잘 지내고 있으며 몇 달 있으면 첫 아이가 태어날 것이라는 짧은 이메일을 받았다. 치료자는 그녀에게 소식을 들어서 기쁘고, 임신을 축하하며, 임신 기간 동안 잘 지내기를 바란다고 간단히 답장을 보냈다. Mary에게 아이가 태어나면 알려 달라고 하고 싶은 마음이 잠시 스쳐 갔지만, 옛 슈퍼바이저가 이 일을 알면 허락하지 않았을 거라는 생각이 들면서 곧바로 그 마음을 억눌렀다. 치료자 자신도 그것이 IPT에서의 유지치료에 합당한 태도라고 생각하였다.

5개월 후 Mary가 전화를 걸어 치료자에게 면담 약속을 잡아 달라고 하였다. 그녀는 건강한 남자아이를 낳았지만, 출산 후 몇 주가 지나면서 상당한 슬픔을 경험하였다고 했다. 그녀는 우울한 것처럼 보이지는 않았지만, 아기의 탄생이 돌아가신 어머니에 대한 감정을 다시 활성화시켰다고 진술하였다. 그녀는 이러한 반응을 예상하진 않았지만, 아이가 태어난 후 어머니가 정말 그리웠고, 아이를 보여 드리고 싶었고, 동시에 어머니가 자신을 신체적으로 도와줄 수 있을 것 같기 때문이라고 하였다. 그녀의 친한 친구가 최근에 아이를 낳았는데, 친정어머니가 2주 동안 산후조리를 해 주는 것을 보고 정말 부러웠다고 하였다.

Mary와 치료자는 4주간 매주 한 번씩 만나기로 하였으며, 그동안 Mary의 새로운 환경에 대하여 논의하였다. 이 과정에서 그녀는 매우 논리적으로 자신의 정서적 상태를 진술할 수 있었으며, 이를 다시 다른 친구들과 자세히 공유하였다. 실제로 그녀는 직장으로 복귀하기 위한 준비를 하기 위해 시어머니께 일주일만 와 계시도록 요청하였고, 비록 친정어머니는 아니었지만 큰 도움이 되었다고 느꼈다. 치료자는 Mary에게 아이를 한번 데리고 와서 단지 아이와 함께 있는 시간을 즐겨 볼 것을 제안하였다. 치료자는 이 시간이 Mary에게 상당한 의미가 있었다고 보았다.

두 번째 급성 치료 단계가 결론에 이를 무렵 Mary의 상태는 회복되었으며, Mary와 치료자는 이전처럼 유지치료를 계속할 것에 동의하였다.

결 론

급성 치료와 유지치료 사이에는 많은 공통점이 있지만 IPT에서 이 둘은 서로 다른 단계로 개념화되고 있다. 각각의 목표와 강도는 상당히 다르다. 급성 치료의 목표는 현재의 대인관계 위기를 해소하는 것이고 사회적 기능을 향상시키는 것인 반면, 유지치료의 목표는 증상의 재발을 막는 것이다. 두 과정에서 사용되는 기법은 동일하지만, 유지치료에서는 치료자가 덜 적극적이고 환자가 학습한 문제 해결 기술을 스스로 적용하도록 격려한다. 유지치료에 대해 논의하는 것은 모든 환자에게 필수적이지만, 급성기 치료 후 유지치료의 빈도와 유형을 결정하는 것은 임상적인 판단에 따라야 한다.

참고문헌

1. Frank E, *et al*. Three-year outcomes for maintenance therapies in recurrent depression. *Archives of General Psychiatry,* 1990, 47(12): 1093-1099.
2. Frank E, *et al*. Randomized trial of weekly, twice-monthly, and monthly interpersonal psychotherapy as maintenance treatment for women with recurrent depression. *American Journal of Psychiatry,* 2007, **164**: 761-767.
3. Gelso CJ and Woodhouse SS. The termination of psychotherapy: what research tells us about the process of ending treatment, in Tryon GS (ed.) *Counseling Based on Process Research: Applying What We Know.* 2002, Boston: Allyn and Bacon.

제6부

IPT의
다른 특징들

제18장

|

정신역동과정

서 론

모든 인간의 상호작용에는 정신역동적인 결정요인이 있다. 우유배달부와의 대화이건 강력한 정신치료적 교류이건, 정신역동과정은 모든 대인관계 상호작용에 영향을 미친다. 대인관계치료(Interpersonal Psychotherapy: IPT)에서 발생하는 상호작용도 예외는 아니며, IPT의 성공은 여러모로 이를 이해하고 조정할 수 있는 치료자의 능력에 의존하게 된다. IPT에는 시간 제한이 있기 때문에 이 과정이 빠르게 인식되고 다루어져야 하므로 여기에는 상당한 기술이 필요하다.

정신분석(psychoanalysis)과 그 외의 정신역동적 접근(other psychodynamic approach)은 두 가지의 기본적인 원칙에 근거한다. 정신적 결정론(psychic determinism)과 무의식적 정신과정이 개인의 의식적 사고와 행동에 중요한 영향을 준다는 주장이 그것이다. 정신분석이론에 의하면 인간은 자신의 행동을 야기하는 정신내적 과정들을 대부분 인지하지 못하는데, 이것이 신경증과 정신병리를 야기하는 무의식적 요소다.[1] Freud는 전이와 저항의 문제를 다루고, 무의식과 초기 발달력의 중요성을 인정하는 모든 유형의 정신치료에 '정신분석'이라는 용어를 붙일 수 있다고 하였으며, 이러한 요소들의 치료적 중요성을 강조하였다.[2] IPT에서는 이 요소들의 중요성을 인정하기는 하지만 이러한 핵심적 원리들을 조금 다르게 개념화하며, 근본적으로 다른 방식으로 제시한다.

전 이

가장 일반적인 의미에서 볼 때, 전이란 대인관계를 맺을 때 초기 대인관계 패턴이 현재의 대상에게도 되풀이되는 것을 의미한다.[3] 이러한 현상은 보편적이며, 모든 관계에서 나타난다. 전이를 치료과정에 적용해 보면, 치료과정에서 환자가 치료자를 자신의 초기 대인관계에서의 대상으로 인지하게 되는 것이다. 정신분석에서는 전이를 환자가 자각하지 못하는 무의식적 과정이라고 본다.

정신분석적 정신치료에서 생애 초기 관계의 경험이 치료자에게 전이되는 현상은 아주 세밀하게 검증될 수 있다.[3] 정신역동적 정신치료에서 치료적 과제는 전이가 극대화될 수 있는 조건을 만들어서 치료자에게 좀 더 쉽게 인식되도록 하는 것이다. 환자와 환자-치료자 관계에 대한 치료 경험, 특히 환자의 전이 경험을 세부적으로 검토하는 것이 정신역동적 정신치료의 핵심 요소다. 치료자는 환자의 반응에 대한 객관적인 관찰자로서 치료자에 대한 환자의 전이 반응을 환자에게 해석해 주거나 피드백해 주고, 환자는 이를 통해 다른 사람들에 대한 자신의 왜곡된 무의식적 결정인자들을 인식하게 된다.

IPT를 포함하여 모든 정신치료의 기본적인 요소는 치료자가 환자에게 어떻게 지각되는지를 이해할 수 있어야 한다는 것이다. 정신역동 치료자들의 주요한 과제는 환자를 도와 환자가 어떻게 그리고 왜 치료자를 특정한 방식으로 경험하는지 발견하도록 하는 것이다.[4] 정신분석치료에서는 이것이 환자의 대인관계를 왜곡시키는 초기 경험의 비밀을 푸는 열쇠라고 가정한다. 치료자에 대한 환자의 반응은 모두 전이에 의하여 착색된 것이고, 따라서 치료의 결과에 영향을 미친다. 치료자에 대한 환자의 전이가 긍정적이면 환자는 치료자를 도움이 되는 사람, 선의를 갖고 있는 사람으로 경험하며, 치료적 개입에 '협조하는' 경향이 있다. 반면에, 환자의 전이가 부정적이거나 치료자를 믿지 못할 사람으로 보게 되면, 치료자의 모든 말과 개입을 의심하게 된다.

David Malan[5]은 '통찰의 삼각형(triangle of insight)'이란 개념을 제시하였는데, 과거 그리고 현재의 대인관계 경험(특히 부모와의 경험)은 정신치료 내의 전이 경험과 연결된다고 보았다. 치료자가 환자의 전이에 의한 반응 방식을 이해하면 과거와 현재의 다른 관계에까지 이러한 이해를 일반화시킬 수 있다. 치료자의 과제는 환자로 하여금 자신의 전이 양상을 의식적으로 자각하도록 하는 것이다.

전이의 개념은 Sullivan의 병렬왜곡(parataxic distortion)[6]과 매우 유사하다. Sullivan은 개인이 대인관계의 실질적인 질(quality)에 있어서 왜곡되거나 부정확한 관계를 형성하고 유지한다고 보았으며, 이러한 왜곡은 이전 관계의 산물이라고 주장하였다. Freud처럼 Sullivan 역시 이러한 왜곡이 대부분 무의식적이라고 믿었다. 하지만 Sullivan은 전이 혹은 병렬왜곡이 진공 상태에서 발생하는 것이 아니라 관계에서의 또 다른 사람에 의해 강하게 영향을 받는다는 점을 강조함으로써 전이의 개념을 확대시켰다. 다시 말하면, 전이나 왜곡은 다른 개인—정신치료의 경우 치료자—의 '실제(real)' 질에 의하여 영향을 받는다. Sullivan은 관계에서 양쪽 모두(치료자를 포함하여) 병렬왜곡을 갖고 있으며, 이러한 상호 왜곡 역시 서로에게 영향을 미치게 된다고 보았다.

Bowlby의 애착모델은 이러한 개념을 한 단계 더 발전시킨다.[7] Bowlby는 애착 행동을 기본적으로 신경학과 생리학에 기반을 둔 욕구(drive)로 보았으며, 관계에 있어서 무의식의 중요성을 과감히 제거하였다. Bowlby는 개인이 구축한 대인관계의 실행모델(working model)은 무의식에 의해 결정된다기보다는 개개인의 실제적인 경험에 기초하여 형성되며, 이전 관계에 대한 환자 나름대로의 최선의 평가를 반영하고 있다. Bowlby의 모델은 이론적인 관점에서는 심오하지만, 치료적 기법이라는 측면에서는 극적인 변화를 가져오지 못했다. Bowlby식의 접근을 하기 위해서는, 즉 환자의 대인관계 왜곡이나 대인관계에서 나타나는 특징적 패턴을 이해하기 위해서는 여전히 치료적 관계에 초점을 맞추어야 한다. 왜냐하면 환자의 대인관계에 대한 실행모델—환자가 다른 사람들과 관계를 맺는 전형적 유형—은 다른 사람과의 관계에서와 마찬가지로 치료자의 관계에서도 적용되기 때문이다. 정신분석과의 차이점은 치료자가 이러한 요소의 기저에 있는 무의식적인 요소들을 해석하기보다는 환자가 자신의 패턴을 직접 파악할 수 있도록 돕는다는 것이다.

　IPT는 상당 부분 Bowlby의 애착이론에 기초하고 있다. 개인의 대인관계 행동에 영향을 주는 무의식적인 요소들이 있을 수 있다는 점을 인정하지만, IPT는 환자가 접근 가능한 요소들에 초점을 맞춘다. 환자들은 처음에는 통찰이 결여되어 있고, 자신의 행동 패턴을 알지 못하지만, 이러한 대인관계 패턴이 일차적으로 무의식적 요인에 의하여 야기된 것이라고 가정하지 않는다. 치료자는 환자의 행동 기저에 있는 무의식적 동기를 '해석'할 필요가 없으며, 환자의 대인관계 패턴을 검토해 봄으로써 환자가 자신의 행동을 평가하고, 차후 변화시킬 수 있도록 돕는다. 간단히 말해서, IPT는 초기 생활 경험이 환자의 애착유형에 상당한 영향을 준다는 데 근거하고 있다. 환자의 실제 생활 경험이 환자의 애착유형을 결정한다. 부모가 착취적이거나, 비판적이거나, 부재한 경우 불안정한 애착이 형성된다. 따뜻하고 지지적인 부모의 경우 안정적인 애착을 형성하게 된다. 이 유형은 청소년 그리고 성인기까지 이어진다. 애착유형은 어린 시절 경험에 큰 영향을 받지만, 시간이 지나면서 환자가 맺는 모든 대인관계가 지속적으로 영향을 주게 된다.

　환자가 구축한 애착유형—대인관계의 실행모델—은 현재의 관계에 영향을 주지만, 종종 정확하지 않을 수 있다. 불안정한 애착을 갖고 있는 경우, 실행모델에 따르면 환자가 다른 사람들에게 적절하게 지지를 구하거나 다른 사람들에게 지지를 제공하는 것이 힘들 수 있다. 환자의 기본적인 애착유형을 바꾸기 위해서는 상당한 시간이나 많은 실제적 경험이 필요하며, 특히 오랫동안 구축되고 굳어진 경우에는 더욱 힘들다. IPT는 시간 제한이 있는 치료이기 때문에 애착유형을 바꾸도록 구성된 것이 아니며, 단지 자신의 애착유형 속에서 환자가 좀 더 효율적으로 의사소통할 수 있도록 환자를 돕는 것이다.

IPT는 치료적 관계를 대인관계에서 나타나는 부적응적인 실행모델, 병렬왜곡, 전이 등을 검증하고 이해하는 일차적인 방법으로 활용하지 않는다는 점에서 정신역동적 접근과 완전히 다르다. 사실, IPT는 환자의 이러한 요소들이 환자의 현재 대인관계에서 나타나는 방식에 주의를 기울인다. 모든 동일한 요소들(즉, 전이, 병렬왜곡, 부적응적 실행모델)이 치료 밖 환자의 관계에 영향을 미칠 수 있다. IPT에서 환자의 현재 대인관계에 초점을 맞추는 것이 바람직한 이유는 환자가 현재 경험하고 있는 가장 직접적인 문제를 치료자가 다룰 수 있으며, 정신내적 변화보다는 가장 긴박한 문제에 초점을 맞출 수 있기 때문이다.

IPT는 환자의 현재 사회적 관계에 초점을 맞추지만, 치료적 관계는 치료자에게 가장 중요한 황금 광맥이라는 점은 아무리 강조해도 지나치지 않다. 환자와의 경험은 치료자에게 환자의 애착과 의사소통 유형에 관한 정보를 제공해 주고, 치료과정에서 나타날 수 있는 잠재적인 문제에 관한 정보를 주며, 치료 구조를 어떻게 할 것인지, 환자의 예후는 어떨지, 치료 밖에서 다른 사람들과 어떤 문제를 일으킬지에 대한 구체적인 정보를 제공해 준다. 직접 드러내지는 않지만 IPT에서 치료적 관계와 전이를 평가하는 것은 매우 중요하다. IPT는 '정신역동적으로 초점을 맞춘' 치료는 아니지만 '정신역동적으로 정보를 얻는(informed)' 치료라고 이해하는 것이 가장 바람직하다. 정신역동적으로 정보를 얻는다는 것은 전이와 같은 현상을 직접적으로 다루거나 개입하지 않고, 단지 정신역동적으로 인지하고 고려하는 것이다. 반면에 정신역동적으로 초점을 맞춘다는 것은 전이와 그 외의 요소들이 치료적 관계 내에 있다는 것을 아는 것에 그치지 않고, 그것을 치료 내에서 우선적으로 개입하고 확실히 다루는 것이다.

정신역동적으로 정보를 얻는 것과 정신역동적으로 초점을 맞춘 치료의 차이는 은유적으로 설명할 수 있다([그림 18-1] 참조). IPT에서 문제가 있는 정신역동과정을 상어라고 생각해 보자. 정신역동적으로 정보를 얻는 치료는 바닷가에서 수영을 하고 있으면서 근처에 상어가 있다는 것을 알고 있는 사람이라고 할 수 있다. 그는 상어가 너무 가까이 오면 헤엄쳐 달아나거나 뭍으로 피할 수 있도록 적절한 거리를 유지한다. 치료자의 목표는 가능한 한 상어를 피하면서 해안의 다른 편으로 환자가 가로질러 가게 돕는 것이다. 반면, 정신역동에 초점을 맞추고 있는 치료는 스쿠버다이버로 비유할 수 있다. 그는 상어와 함께 수영할 준비가 되어 있을 뿐 아니라, 상어를 찾는 것이 목표다. 상어에게 잡아먹히지 않고 함께 수영할 수 있으려면 수년에 걸친 정신역동 훈련을 받아야 하며, 상어를 다룰 수 있는 적절한 기법에 대한 훈련이 필요하다. 상어는 매우 원시적이고 본능적인 생명체로, 악랄하게 공격하는 경향이 있기 때문이다.

    은유적으로 치료의 목표는 상어가 우글거리는 바다를 상어에게 잡아먹히지 않고 건너가는 것이다. IPT의 치료목표는 상어를 피하면서 바다를 가로질러 가는 것이다. 반면에 정신분석치료의 목표는 상어를 철저히 규명하고 해석하는 것이다. IPT는 작은 상어들이 몇 마리 있는 경우에 가장 적합한 치료이고, 정신분석적 접근은 상어 떼가 우글거릴 때 적합한 치료인데, 왜냐하면 피할 수 있는 방법이 없기 때문이다. 정신역동적으로 정보를 얻는 치료는 상어 근처에서 수영하는 것이고, 그것의 존재를 인식하는 것이며, 필요하면 회피적 행동을 하는 것이다. 정신역동에 초점을 맞추는 것은 상어와 함께 수영하는 것이고, 공격을 해 올 수도

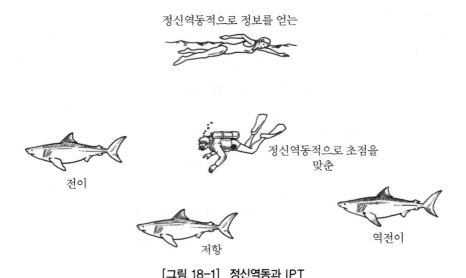

[그림 18-1] 정신역동과 IPT

있는 상어를 어떻게 다룰 것인지에 대해 적절히 준비하는 것이다!

역전이

Freud[8]는 역전이를 환자를 객관적으로 이해할 수 있는 치료자의 능력을 무의
식적으로 방해하는 것으로 개념화하였다. 역전이는 글자 그대로 전이의 반대다.
이것은 치료자-환자 관계에 치료자의 어린 시절 관계에서의 경험이 전이되는 것
을 의미한다.[9] 전이의 경우처럼 역전이의 과정도 무의식적이다. Freud는 역전이
를 늘 성가신 것이고, 때로는 정신치료의 장애물로 보았는데, 왜냐하면 이것은 치
료자가 환자를 객관적으로 이해하는 데 방해가 되기 때문이다. 역전이는 치료자
가 환자에 대하여 부정확한 해석을 하게 한다. 이러한 역전이 반응을 없애거나 최
소화하는 방법은 치료자가 스스로를 분석함으로써 역전이를 의식적 자각의 수준
으로 끌어오는 것이다.

일부 치료자들은 역전이의 개념을 확대해서 치료자의 초기 경험으로부터 유래
된 산물, 그리고 무의식적 현상이라고 생각되는 현상뿐 아니라, 환자에 대한 치료
자의 모든 반응을 포함시키기도 한다.[10] 또한 일부 저자들은 역전이가 전이처럼
치료의 한 요소이며, 치료자의 확대된 역전이 반응은 치료과정의 한 부분으로 치
료자에 의하여 검증되어야 한다고 주장한다.[10,11]

Ogden[12]같은 저자는 역전이를 정신역동 현상으로 개념화하였는데, 여기서 환
자는 투사적 동일시(projective identification) 과정을 통하여 치료자가 자신의 고유
의 정신내적 경험을 '느낄 수 있도록(feel)' 만든다. 이 과정은 대상관계치료에서
사용되는 몇몇 개입들의 기초가 된다. 마찬가지로, 자기-심리학(self-psychology)
에서는 역전이를 일부 정신치료에서 기본적인 개념으로 보고 있는 공감(empathy)
을 위한 통로로 본다.[13] 이 공감적인 반향과정—환자의 경험을 치료자에게 투사
한 산물—은 치료적 관계와 차후 변화의 기초를 형성한다. 이 과정은 주로 무의식
적 수준에서 이루어진다. 즉, 치료자에 대한 환자의 투사는 환자의 자각 밖에서

일어나며, 치료자의 과제는 이를 환자의 의식 수준으로 끌어오는 것이다.

이렇게 역전이를 확대하여 개념화하는 것도 나름대로의 가치가 있음을 인정하지만, IPT에서 더 유용한 것은 좁은 개념의 역전이다. 중요한 것은 치료자에게 '원래 있었던(native)' 것과 환자에 의하여 유발된 것 사이의 차이를 구별하는 것이다. 치료자에게 고유하게 있었던 반응 혹은 '전통적으로(classically)' 나타난 역전이는 실제로 치료에 방해가 되는데, 왜냐하면 이들은 치료자가 환자와 환자의 경험을 왜곡시켜 지각하게 하기 때문이다.

이것을 애착의 틀에 놓고 보면, 치료자의 대인관계 실행모델은—환자의 경우처럼—치료자의 축적된 경험에 의해 영향을 받는다. 이 실행모델이 환자를 정확히 표상해 주지 않으면, 마치 환자에 의하여 제시된 대인관계 모델처럼 치료자와 환자의 관계를 왜곡시키거나 착색시킬 수 있다. 치료자가 다른 사람을 신뢰하는데 어려움이 있거나, 지나치게 자기-신뢰를 하는 경향이 있거나 다른 사람들을 돌봐 주려는 욕구가 있다면, 이러한 경향은 치료자가 이를 자각하고 이것에 반대되게 움직이려고 노력하지 않는 한 치료에서도 그대로 나타날 수 있다. 따라서 모든 IPT 치료자들은 자신의 애착행동과 의사소통에 대한 통찰을 가지고 있어야 하며, 그래야만 대인관계 모델에서 왜곡을 최소화할 수 있고, 환자의 경험을 좀 더 정확하게 이해할 수 있다. 결론적으로 IPT 치료자가 되기를 원하는 사람을 포함하여 모든 치료자는 개인적으로 정신치료를 받는 것이 바람직하다.

역전이에 대한 협의의 관점에 대해 좀 더 보충 설명을 하자면, IPT는 치료과정 중에 환자가 치료자에게 어떤 반응을 유발한다는 점을 잘 인식하고 있고, 이를 확실히 믿고 있다. 이렇게 유발되는 반응은 특정 치료자에게 독특하게 나타나는 반응이 아니라 치료자를 포함한 대부분의 사람들이 그 환자에게 일반적으로 갖게 되는 반응이다. 치료과정에서 환자의 직접적인 의사소통과 초의사소통(meta communications)은 치료자에게 이에 상응하는 반응을 끌어내거나 유발한다. 예를 들어, 공격적인 환자는 치료자로부터 공격적인 반응을 끌어낼 수 있다. 수동적인 환자는 치료자로부터 좀 더 우월적인(dominant) 반응을 끌어낼 수 있다(최소한 처음에는). 거부적인 환자는 치료자로부터 유사한 거부적 반응을 끌어낼 수 있다.

하지만 IPT에서는 이러한 반응들을 역전이로 보지 않는다. 이것은 환자가 치료자에게서 끌어내는 자연스러운 반응이다. 좀 더 확대하여 보면 환자는 그들이 상호작용하는 다른 사람들에게서도 유사한 반응을 유발할 것이 거의 틀림없다.

따라서 IPT에서의 핵심적인 차이는 둘 사이를 구별하는 것, 즉 치료자에게 독특하고 환자와 무관하게 치료자의 경험 때문에 야기된 반응과 환자에 의하여 직접 유발되고 환자와 접촉하는 거의 모든 사람이 동일하게 반응할 반응을 구별하는 것이다. 첫 번째 반응은 치료자에게 특정하게 나타나는 것으로 '역전이적'인 것이며, 후자는 환자에 의하여 유발된 일반적 반응이다. 첫 번째는 환자를 좀 더 정확하게 이해하는 데, 그리고 치료관계를 구축하는 데 방해가 된다. 후자는 환자의 애착과 의사소통 유형을 좀 더 잘 이해하고, 환자가 치료 밖에서 갖게 되는 대인관계 문제에 관한 가설을 끌어내는 데 매우 중요하다. IPT에서 협의로 개념화되어 있는 역전이는 실제적으로 환자에 대한 이해를 방해하여 공감을 억제한다. 반면에 환자가 치료자에게 유발한 반응(그리고 다른 사람들에게도 유발할 거의 동일한 반응)은 환자의 의사소통 문제와 차후 개입을 위한 공식화를 구축하는 정보로 사용될 수 있다.

'역전이'와 '유발된 반응'의 차이는 다소 인위적이고 인공적인데, 왜냐하면 치료자는 (그 역시 실제 경험을 가지고 있는 실제 인간이기 때문에) 이전 그리고 현재의 관계에 영향을 받아서 다소 불안정한 애착과 다소 왜곡된 대인관계 속에서 치료를 하기 때문이다. 이것이 환자의 애착 및 의사소통 유형과 상호작용하고, 다시 서로에 대한 지각에 영향을 미친다. 결과적으로 어떤 왜곡이 누구에게 속한 것인지, 무엇이 먼저 나타난 것인지 알 수 없는 상태에서 치료자와 환자를 둘러싸고 병렬왜곡이 소용돌이치고 있는 모습이 상상될 것이다. 따라서 치료에 관한 허무주의에 빠지기 전에 두 가지 기본적인 원칙으로 상황을 단순화하는 것이 최선이다. 첫째, 사람들(치료자를 포함하여)은 서로를 완전하게 이해할 수 없다. 둘째, 그러나 실제 인간(그리고 치료자)으로서 우리는 우리가 할 수 있는 최선을 다하면 되고, 우리가 구축한 관계 속에 나름대로의 아름다움과 가치가 있는 것이다.

역전이와 유발된 반응의 개념에서 유추해 볼 때, 구조화되고, 초점이 분명하며, 시간 제한이 있는 IPT와 같은 치료는 치료자가 경험하는 부정적인 반응의 영향을 최소화할 수 있는 개입법을 제공한다. 관계를 맺거나 함께 작업하기 힘든 환자도 시간 제한이 있는 개입으로부터 어느 정도의 도움을 얻을 수 있는데, 왜냐하면 시간 제한은 치료자가 환자 때문에 '탈진' 되는 것을 최소화해 주기 때문이다. 매우 분노심이 강한 경계선 성격장애 환자와 4년을 함께 지내는 것보다는 15회기를 참는 것이 훨씬 쉬울 것이다. 물론 이와 같이 보다 '힘든' 환자들은 궁극적으로는 보다 '용감한' 치료자와의 장기치료가 필요할 수 있다. 하지만 IPT의 구조적 특성은 '힘들고' 싫은 환자에게도 협조적인 상호작용을 맺을 기회를 주며, 그것은 환자가 생전 처음 따뜻한 보살핌을 경험하는 것일 수도 있다.

저 항

1892년에 Freud는 'Elizabeth von R' 의 사례를 기술하면서 저항의 개념을 처음 소개하였다.[8] 정신치료의 구조 내에서 저항은 환자가 자신의 정신내적 안정 상태(intrapsychic status quo)를 유지하기 위한 시도라고 설명하는 것이 가장 적합할 것이다. 분석 상황에 적용해 보면, 저항은 치료과정을 방해하는 환자의 모든 태도나 행동으로 넓게 해석될 수 있다.[14] 정신분석학적 입장에서 볼 때, 저항은 모든 치료에 만연해 있는데, 왜냐하면 환자들은 변화를 피하고 싶고, 고통스럽고, 부끄럽고, 당황스러운 감정, 기억 혹은 상상을 피하고 싶은 무의식적 욕구를 갖고 있기 때문이다. Fromm-Reichmann[3]은 저항을 다음과 같이 정의하였다.

> 환자의 무의식에서 일어나는, 애초에 환자의 병적 해리(pathogenic dissociative) 및 억압적 과정(repressive process)을 유발했던 동기화된 힘이 재활성화되는 현상

그녀의 견해에 의하면 저항은 압도적이고 수용할 수 없는 불안으로부터 스스

로를 보호하기 위한 무의식적 과정이고, 말 그대로 '자기-보존(self-preservation)' 의 기제다. 환자의 자각 밖에 존재하는 심리적 방어가 저항을 일으킨다. 치료과정에서 저항은 여러 가지 형태로 나타나는데, 환자들은 불안감을 야기하는 여러 가지 형태의 이슈들을 회피하려는 특징이 있다.

정신분석적 정신치료의 일차적 목표는 환자의 불안의 기원—즉, 환자가 성공적으로 방어하지 못하고 또 수용할 수 없는 기저의 충동들—을 밝혀내는 것이므로 환자의 저항 속성을 드러내고 이해하는 데 치료의 초점을 맞추게 된다. 저항을 피하고 무시하는 다른 치료자들과 달리 정신분석적 치료자들은 저항의 '원인, 목적, 유형, 역사'를 밝히려고 한다.[11] Freud[14]는 저항에 대한 치료작업을 다음과 같이 설명하였다.

환자에게 최대의 변화를 야기할 수 있는 작업 중 하나로, 이것이 분석적 치료가 다른 종류의 치료와 구별되는 점이다.

IPT에서 치료적으로 중요한 것은 저항의 의식적인 요소다. 간단히 말해, IPT에서 '저항'은 환자가 변화를 피하려는 자연적인 성향 그 이상도 이하도 아니다. IPT에서는 이것을 병적으로 보지 않는다. 모든 인간은 어느 정도 변화에 저항하며, 이는 자연적이고 정상적인 반응이다. 보다 불안정한 애착유형을 갖고 있는 환자들은 변화에 잘 적응하지 못하는 경향이 있고, 이전의 변화와 관련하여 나쁜 경험을 갖고 있는 경우가 많다. 따라서 그들의 반응을 자연적인 반응으로 이해할 수 있으며, 애착유형의 확산으로 볼 수 있다. IPT에서는 저항을 이해하기 위해 복잡한 모델을 동원할 필요가 없으며, 환자가 적극적으로 치료를 과소평가하고 있거나 저항한다고 보는 것은 불필요할 뿐 아니라, 치료적 관계를 해칠 수 있다.

예를 들어, 정신역동적 정신치료에서 '저항'이라고 부를 수 있는 것은 흔히 치료가 강요되는 상황에서 분명히 드러난다. 치료를 지속해야 하지만 환자 자신은 이를 원하지 않을 경우 의도적으로 정보를 제공하지 않거나, 질문에 대답하기를 거부하거나 전반적으로 치료에 비협조적일 수 있으며, 환자 스스로 그렇게 하고 있음을 충분히 자각하고 있을 수 있다. IPT의 치료적 관점은 이와 같은 상황에 대해 현재까지의 환자 경험에 비추어 보면 그것이 정상적이고 기대되는 반응이라고 보는 것이다. 거부적이고 공포적인 애착유형은 환자가 과거의 수많은 인간관계에서 다른 사람들을 믿을 수 없었거나 배신을 당했었기 때문에 구축된 것이다. 이런 환자가 갑자기 치료에서 안정적인 애착을 보이거나 치료자를 전적으로 신뢰하는 것이 오히려 비정상적일 것이다. 또 다른 예로는 부부치료에 참여하였는데, 의도적으로 현재 사건에 대한 정보를 감춘 환자, 가족치료회기에서 진술을 거부한 청소년 환자, 치료자에게 화가 나서 약속을 의도적으로 어긴 환자 등이 있을 수 있다. 다시 말해, IPT에서 이러한 행동은 환자가 그동안 보여 왔던 부적응적인 애착유형의 연장으로 이해될 수 있다. 속이고, 협조를 거부하고, 행동화하는 것은 부적응적이고 불안정한 애착유형에 기반을 둔 의사소통의 방식이다.

IPT에서 '저항'은 가장 안정적으로 애착되어 있는 사람을 포함하여 모든 사람에게 흔히 나타날 수 있는, 변화에 대한 자연적인 반응으로 이해할 수 있다. 이러한 반응은 특히 정신치료를 받는 환자들에게 흔한데, 알지 못하는 것에 대한 두려움, 변화에 대한 두려움은 환자가 치료를 받게 되는 이유이기도 하다. 이것은 급성적 위기—역할 전환—로 개념화할 수도 있다. 행동을 변화시키기 힘들어하는 것을 IPT에서는 환자가 자각하고 있는 솔직한 반응이라고 개념화한다. 즉, 환자는 실제 생활에서 변화에 대한 두려움을 실제로 경험하고 있는 것이다. 이것은 상당 부분 환자의 애착 경험과 애착유형에 의하여 영향을 받는다. 예를 들어, 환자가 다른 사람들로부터 거절을 당한 실제 경험을 가지고 있다면, 새로운 관계를 형성하기 힘들어하는 것을 충분히 이해할 수 있으며, 환자는 그러한 상황을 매우 위협적으로 느낄 것이다. 다른 사람들로부터 착취당했던 경험이 있었던 사람의 경우 다른 사람을 믿어야만 하는 상황에서는 당연히 두려움을 가지게 될 것이다. 애착행동에 대한 Bowlby의 개념처럼 이것은 실제 생활 경험에 기초한 것이지, 무의식적 과정에 의해 일어나는 것이 아니다.

IPT에서 치료적 반응, 즉 변화에 대한 이러한 의식적 두려움을 다루는 방법은 정신분석적 정신치료에서 지향하는 바와 상당히 다르다. IPT 치료자들은 환자의 무의식적 저항을 해석하고자 개입하는 대신, 환자의 어려움을 공감해 준다. 환자의 경험을 고려해 볼 때, 환자가 특정한 행동을 변화시키는 데 어려움을 겪는 것은 놀라운 일이 아니다. IPT 치료자의 임무는 이러한 어려움을 이해하고, 환자를 공감해 주고, 문제를 해결하도록 도와주고, 변화를 시도할 수 있도록 긍정적인 강화를 제공해 주는 것이다. 환자에게 무조건적이고 긍정적인 관심을 갖고 있는 안정적인 애착대상으로서 치료자는 의식적인 수준에서 환자를 공감해 주면서 변화를 촉진할 수 있다.

요약하면, 사람이 변하는 이유는 둘 중 하나다. 첫째는 고통이 참을 수 없는 수준이 된 경우, 둘째는 변화를 통해 얻을 것이 있음을 인식한 경우다. 후자는 상당한 정도의 통찰이 필요하며, 만족을 지연시킬 수 있는 고도의 능력을 요구한다. 장기 목표를 달성하기 위하여 스스로 대학원에 가기로 하는 변화가 이 유형에 속할 수 있다. 그러나 대부분의 환자들은 고통이 참을 수 없는 수준이 되었기 때문에 변하려고 한다. 즉, 상당한 통찰이나 자기-실현을 위하여 장기적이고 비용이 드는 과정을 감내하는 치료를 받기보다는 그들이 받는 고통을 견딜 수 없어서 치료받으러 온다. "나는 배우자와의 끔찍한 갈등 때문에 고통스럽다."라고 말하는 환자가 "나는 자아-실현을 원하기 때문에 치료를 받으러 왔습니다."라고 말하는 환자보다 훨씬 많다.

약을 결정할 때는 '위험과 이득'을 잘 평가해야 한다. 이 과정에서 바람직한 임상 결과를 위해, 예컨대 세균성 감염을 치료하기 위해 항생제를 쓸 때는 사전 결정된 용량 혹은 문헌에 기초하거나 임상적 경험에 의한 치료를 하게 된다. 평균적으로 추천되는 항생제 용량에도 민감한 반응을 보이는 환자들이 있는 것처럼, 어떤 환자들은 대인관계 변화를 촉진하도록 고안된 치료적 개입에도 민감하게 반응할 수 있다. 따라서 어떤 환자들에게는 항생제 용량을 줄이는 것이 필요한 것처럼, 변화가 힘든 환자들에게는 치료의 속도 역시 수정될 필요가 있다. 변화에 대한 '저항' 혹은 민감성은 해석이 필요한 것이 아니라 공감이 필요하며, 환자가 변화를 시도할 수 있도록 긍정적인 강화가 필요하다.

결 론

　모든 정신치료 및 임상적 상호작용에 영향을 주는 동일한 정신역동이 IPT에도 영향을 미치게 된다. IPT에서는 치료에 참여하려는 환자의 의지를 위협하지 않는 한, 이 정신역동을 구체적으로 다루지 않는다. 그러나 이 모든 과정은 치료자에게 정보를 주는 원천으로서 중요하며, 이들을 이해하는 것이 IPT에서는 빼놓을 수 없는 중요한 부분이다.

참고문헌

1. Brenner C. *An Elementary Textbook of Psychoanalysis*. 1973, New York: Anchor Press.
2. Freud S. The history of the psychoanalytic movement, in Freud S (ed.) *The Basic Writings of Sigmund Freud*. 1938, New York: Random House.
3. Fromm-Reichmann F. *Principles of Intensive Psychotherapy*. 1960, Chicago: University of Chicago Press.
4. Freud S. Remembering, repeating, and working through, in Strachey J (ed.) *Standard Edition of the Complete Psychological Works of Sigmund Freud*. 1962, London: Hogarth Press.
5. Malan DH. *A Study of Brief Psychotherapy*. 1975, New York: Plenum.
6. Sullivan HS. *The Interpersonal Theory of Psychiatry*. 1953, New York: Norton.
7. Bowlby J. *Attachment. Attachment and Loss. Vol. 1*. 1969, New York: Basic Books.
8. Freud S. *The Complete Psychological Works*. 1946, London: Hogarth Press.
9. Freud S. The future prospects of psycho-analytic therapy, in Strachey J (ed.)

Standard Edition of the Complete Psychological Works of Sigmund Freud. 1962, London: Hogarth Press.

10. Abend S. Countertransference and psychoanalytic technique. *Psychoanalytic Quarterly,* 1989, **58**: 374–395.

11. Greenson R. *The Technique and Practice of Psychoanalysis.* 1967, New York: International Universities Press.

12. Ogden TH. The concept of internal object relations. *International Journal of Psychoanalysis,* 1983, **64**: 227–235.

13. Kohut H. *The Analysis of the Self.* 1971, New York: International Universities Press.

14. Strean HS. *Essentials of Psychoanalysis.* 1994, New York: Brunner Mazel.

제19장

대인관계치료의 적용

서 론

대인관계치료(Interpersonal Psychotherapy: IPT)는 대인관계 문제에 보편적으로 적용할 수 있기 때문에 다양한 대상에 쉽게 응용하여 적용되어 왔다. IPT 문제영역 세 가지는 여러 가지 진단, 관계상의 문제, 일반적인 스트레스에 적절하게 연관되어 있다. 이렇게 융통성 있고 적용 범위가 넓기 때문에, 일단 기본적인 IPT 모델을 잘 습득한 치료자라면 다양한 집단과 장애에 쉽게 IPT를 적용할 수 있다. 그러나 특정 영역에서 전문성을 구축하는 것이 보다 바람직할 것이다. 즉, 청소년을 대상으로 IPT를 시행하려면 청소년들과의 경험을 쌓고, 산후우울증에 대한 IPT를 실시하려면 분만 전후의 여성에 대한 치료 경험을, 노인 환자를 대상으로 하려면 나이든 환자들과의 경험을 쌓는 것이 좋다.

우울증과 IPT

청소년 우울증의 IPT

IPT는 청소년 치료에 적용되어 왔다.[1~3] IPT는 청소년 우울증을 치료하는 데 효능이 있으며, 여러 무작위 통제 임상 실험(randomized controlled clinical trials: RCT)을 통해 그 효능성이 입증되었다.[4~6] 청소년을 대상으로 하는 IPT는 발달적인 측면을 좀 더 고려하도록 수정되었다는 것이 핵심이며, 여기에는 자율성이 증가하고 좀 더 친밀한 대인관계가 구축되는 청소년기의 특성에 대한 고려도 포함된다. 환자의 독특한 가정환경(ecology)을 치료에 통합시켜야 한다는 점 역시 강조되어야 한다.

청소년을 위한 IPT는 전형적으로 12~16회기 모델을 사용한다. 이 기간 중 초기/평가 단계와 중기 단계에 환자의 부모가 치료과정에 참여할 수 있다. 9세 혹은 그 이상 연령의 아동 대상의 IPT에서 부모나 양육자가 치료과정에 참여하는 것이 효과적임이 입증되었다.[7] 청소년을 대상으로 하는 IPT는 기본적인 기분 관찰(mood monitoring) 외에 의사소통과 문제 해결을 위한 개입 및 정신교육을 좀 더 적극적으로 활용하는 방향으로 수정되어 적용된다.

노년기 우울증의 IPT

Reynolds와 그의 동료들은 노인 환자들에게 IPT를 적용하였다.[8] 그들은 애도와 상실 그리고 역할 전환에 특히 중점을 두고 IPT를 수정, 적용하였다. 여기에는 은퇴, 노화, 배우자의 질병이나 치매 증상으로 인한 스트레스 등과 같은 복잡한 주제들이 포함된다. 노인 대상의 IPT는 일반적인 IPT보다 치료회기가 좀 더 짧으며, 난청이나 거동 불편 등과 같은 문제로 인해 보다 융통성 있게 적용된다.

노인 대상의 IPT의 효과를 지지하는 많은 연구들이 있으며,[8~10] 여기에는 삼환

계항우울제와 IPT(단독 혹은 혼합), 그리고 일반적인 치료를 비교한 무선 할당 이중맹 위약 통제 연구인 노년기 우울증의 유지치료 연구[11]가 포함된다. 이 연구에서 IPT-항우울제 혼합 집단이 다른 어떤 조건보다 우월한 치료 효과를 보여 주었다. 또한 60~70대 연령군 환자들이 70대 이상의 연령군보다 훨씬 더 효과가 좋았다.

인지적 손상이 있는 노인환자들을 대상으로 하는 IPT

노인 우울증 환자 중 상당수에서 기억력 손상 혹은 실행 기능의 손상과 같은 인지적 저하가 함께 나타난다. 이러한 결함은 환자와 환자를 돌보는 가족 구성원 간에 역할 갈등을 일으키는 촉발요인이 된다. 보호자들은 실행 기능에 장애가 생긴 것을 환자가 일부러 협조하지 않는 것으로 잘못 해석하는 경우가 많다. Miller와 그의 동료들은 인지적 손상이 있는 노인들에게 IPT를 실시하였는데, 이때 보호자와 환자 모두를 치료에 참여시켰다.[12, 13] 이와 같은 치료는 임상적 상황에 따라 융통성 있게 개인 혹은 집단치료로 진행할 수 있다. 중요한 것은 우울증, 치매, 인지적 손상과 그것이 대인관계 기능에 미치는 영향에 대하여 돌봄제공자들을 교육하는 일이다. 인지적으로 손상된 환자에 대한 IPT는 '안정적 상태(steady state)'를 목표로 작업하게 되며, 이 상태에 도달하면 간격을 늘려 나간다. 환자의 인지적 손상이 더 심해지면 치료는 환자와 가족들이 직면하게 될 새로운 상황에 대처하도록 재구성된다.

주산기 여성을 위한 IPT

주산기(perinatal) 여성과 배우자를 대상으로 IPT를 적용한 많은 연구가 있다. 여기에는 임신한 여성[14~17]과 출산 후 여성[18, 19]이 포함된다. 주산기 여성을 대상으로 하는 IPT에서는 파트너를 치료에 포함시키기,[20] 참여 동기를 높이기 위해 인종학적(ethnographic) 면담을 추가하기[16, 21] 등의 수정된 접근법이 포함되며, 산후

우울증 환자들을 위한 집단치료도 있다.[22, 23] 아동의 발달과 주산기 성기능, 현재의 우울증에 영향을 줄 수 있는 주산기 상실에 대해 인식하기 등 심리학적 교육에 초점을 맞춘 수정도 포함된다. IPT는 불임과 유산으로 인한 임상적 상황에서도 사용될 수 있다.

기분부전장애에 대한 IPT

IPT는 기분부전장애 환자들에게도 적용될 수 있다.[24] 기분부전장애와 IPT의 관계에 대해서는 20년 전부터 기록이 있는데, 당시에는 기분부전장애가 만성적 질병이기 때문에 급성적 대인관계 문제에 초점을 맞추는 IPT에는 적합하지 않다고 보았다. 따라서 지금은 없어진 '치료과정에서 의도적으로 만들어 낸 역할 전환' 이라는 문제영역이 만들어졌다. 이 문제영역은 치료자가 환자에게 인위적으로 부과하는 문제영역으로서, 우울한 상태에서 좀 덜 우울한 상태로 역할을 전환하는 것으로 개념화되었다. 이렇게 의도적으로 문제영역을 부여하는 것은 IPT 개발 초기부터 효과가 없다고 알려진 영역이자, 현재는 사용하고 있지 않은 영역인 대인관계 결핍/민감성 문제영역을 사용하지 않을 수 있게 해 준다. 하지만 의도적으로 만들어 낸 역할 전환 문제영역을 사용하는 것이 대인관계 결핍/민감성 문제영역과 비교해서 효용성에 별 차이가 없다는 결과들이 제시되고 있다.

초기 연구의 결과들은 기분부전장애에 대한 IPT의 효용성을 지지하지 않는다.[25] IPT, 항우울제(sertraline), 통제집단(단기 지지 정신치료 집단)을 비교한 무작위 통제 실험에서 항우울제 단독 혹은 IPT와 항우울제를 병행하여 사용한 집단이 IPT 단독 집단보다 우월하였고, 또한 단기 지지 정신치료 집단보다 우월하였다. 그 후의 연구에서는 알코올 남용을 동반한 기분부전장애 환자들을 대상으로 IPT와 단기 지지 정신치료를 비교하였다. IPT는 기분 증상의 치료에 우수한 효과가 있었고, 알코올 남용에는 중등도의 효과가 있었다.[26]

기분부전장애를 설명하기 위해 채택되었던 IPT의 문제영역, 즉 대인관계 결핍/민감성 문제영역은 더 이상 사용하지 않고 있다. 오히려 만성적인 공포적 애착이 이러한 유형의 대인관계 행동을 개념화하는 데 훨씬 더 적합한 것으로 보인다. 현재는 기분부전장애를 치료할 때 만성적 문제보다는 급성적인 문제에 초점을 맞춰 환자와 작업하는 데 중점을 두고 있다. 만성적인 질병이라 할지라도 환자가 치료를 받으러 오게 만든 급성적 위기가 항상 존재한다. 급성적 위기—애도와 상실의 문제, 대인관계 갈등 그리고 역할 전환 등—가 IPT의 초점이 되어야만 한다.

만성적인 우울과 기분부전장애를 갖고 있는 환자들에게 '치료를 위해 인위적으로 부과한(iatrogenic)' 문제영역을 설정하는 것보다는 특정 시기에 환자가 치료자를 찾아오게 만든 급성적 문제가 무엇인가를 찾을 수 있도록 도와주고, 잘 경청해 주어야 한다. 기분부전장애는 만성적이지만, 대부분의 경우 도움을 구하게 만든 구체적인 사건이 존재한다. 환자에게 인위적으로 문제를 부과하는 것은 IPT의 정신과 완전히 반대가 되므로, 기분부전장애 환자를 대상으로 치료할 때 치료자의 과제는 상호 협동하에 급성 스트레스를 구체화하고, 그 급성 문제영역에 초점을 맞추는 것이며, 다만 환자에게 대인관계 지지가 결핍되어 있고 애착이 불안정하므로 치료가 길어질 수 있다는 점을 염두에 두어야 한다. 종결이 아닌 급성치료의 결론 부분에서 IPT 유지치료로 전환하는 것이 매우 중요하다.

양극성 장애와 IPT

양극성 장애의 일차적 치료법은 약물이지만, 환자들이 자신의 병을 좀 더 잘 관리할 수 있도록 생활 습관을 적절히 조정하는 데 정신치료가 도움을 줄 수 있다. 수면 습관의 변화와 같은 24시간 생리주기 리듬의 혼란은 양극성 장애 환자들을 불안정하게 만든다.[27] 이를 근거로 Frank 등은 사회리듬치료와 IPT를 통합하여 양극성 장애를 위한 대인관계 및 사회리듬치료(Interpersonal and Social Rhythm Therapy: IPSRT)[28]를 제창하였다.

IPSRT는 기존의 치료를 수정하였다기보다는 하나의 통합치료라고 볼 수 있다. 이것은 양극성 장애에 대한 종합적 심리사회적 관리 접근법으로, IPT와 일상생활을 규칙적으로 안정화시키기 위해 행동 개입 및 정신교육을 통합한 것이다. IPSRT에서 IPT 요소는 양극성 장애와 관련되어 나타나는 다양한 심리사회적 문제와 대인관계상의 문제에 환자가 적응하고 대처할 수 있도록 도움을 준다. 애도와 상실의 문제영역에서는 특히 질병이 건강한 자아에 미치는 영향을 강조한다. IPSRT의 효과에 대한 무작위 통제 실험에서는 2년 동안의 추적관찰 기간 중 정동 삽화의 발생이 감소함을 입증하였는데, 우울 삽화에서 더 큰 효과가 있었다.[28] 정동장애치료를 위한 대규모 조직적 치료 향상 프로그램(The Systematic-Treatment Enhancement Program for Bipolar Disorder: STEP-BD)에서는 특정 표준화된 약물을 복용하고 있는 양극성 장애 피험자들을 대상으로 인지행동치료(cognitive behavioral therapy: CBT), IPSRT 그리고 가족초점치료(Family Focused Therapy)를 실시하였다. 12개월간의 추적연구에서 세 집단이 모두 비슷한 회복률을 보였으며, 모든 집단은 통제집단(단기 정신교육)에 비하여 우세한 효과를 보였다.[29]

비정동장애와 IPT

섭식장애와 IPT

Fairburn과 그의 동료들은[30, 31] 폭식증(bulimia nervosa) 환자를 대상으로 IPT를 적용하는 대단위 임상 연구를 최초로 실시하였다. 급성치료의 후반부에는 CBT가 IPT에 비해 우수하였지만, 장기적인 추적연구에서는 IPT가 동일한 효과를 나타내고 있었으며,[32] 결과는 반복 입증되었다.[33] 이 연구에서 사용된 IPT는 행동적 요소를 가능한 한 배제하도록 수정되었는데, 행동적 개입이 포함된 경우 치료 효과를 행동적 개입의 효과로 생각할 수 있기 때문이다. 이와 같은 접근은 상당한 가능성을 시사하고 있다.[34] 섭식장애 환자들을 위한 집단 IPT는 Wilfley 등[35]에 의해 시도되었으며, 이러한 시도는 섭식장애 집단치료에 대한 IPT의 이점을 입증하였을 뿐 아니라, IPT를 집단으로 실시할 때 적용할 수 있는 유용한 자료를 제공하였다.[36~38]

거식증에 대한 IPT의 효용성은 확실하지 않다. 하나의 무작위 통제 실험에서는 IPT와 CBT가 일반적인 치료에 비해 열등하였다.[39] 이 결과에 대해 거식증 치료에는 잘 훈련된 의학적·가정적·개인적·심리적 개입 모두를 포괄하는 통합된 접근이 필요하다는 비판이 있다. 즉, 통합적 치료 접근법이 단일 개입법보다 효과적일 수 있다.

외상성 스트레스 장애에 IPT를 적용한 경우를 자세히 살펴보면, 정신과적 장애에 대해 정신치료를 개발하고 연구하는 데 패러다임의 변화가 있어야만 한다는 점이 분명히 드러난다. IPT, CBT 혹은 기타 치료를 '단일' 치료로 적용하기보다는 행동, 대인관계, 역동 그리고 마음챙김 기법과 전략을 사용하는, 통합되고 단계적인 접근법이 구축되고 검증되어야 한다는 것이다. 이러한 통합된 접근을 통해 보다 많은 환자들이 도움을 받을 가능성이 크며, 특히 섭식장애, PTSD, 불안장애, 약물남용장애, 성격장애의 경우가 그럴 것이다. 좋은 외과의사는 필요에 따라 각각의 사례에 다양한 수술법을 적용할 수 있으며, 좋은 정신치료자 역시 그래야만 한다.

사회공포증과 IPT

Lipsitz와 그의 동료들은 IPT를 사회공포증에 적용하였다.[40] 사회공포증 환자들은 거의 대부분 오랜 기간 기능의 장애를 겪어 왔지만, 기분부전장애 환자들과 마찬가지로 급성 위기를 겪어야 치료를 받으러 오는 경향이 있다. 다른 사람들에게는 사소할 수도 있는 대인관계상의 갈등이나 역할 전환이 사회적 접촉이 제한되어 있는 사회공포증 환자에게는 상당히 중요한 문제가 될 수 있다. 기분부전장애 환자의 경우처럼 IPT 치료자의 역할은 잘 경청하고 환자의 급성 위기를 분명히 해결해 주는 것인데, 이러한 환자들을 대상으로 치료할 때는 이들 대부분이 공포적 애착유형을 갖고 있으며, 급성기 치료에서 좀 더 긴 회기의 치료를 필요로 한다는 점을 인식하고 있어야 한다. 치료를 종결하기보다는 급성치료의 결론으로 이해해야 하며, 유지치료로의 전환이 매우 중요하다. 작은 규모의 개방 연구에 의하면 사회공포증에 IPT가 잠재적인 효용성이 있지만,[40] 대규모의 무작위 통제 실험에서는 IPT가 플라세보보다는 우세하였으나 CBT보다는 효과가 낮은 것으로 나타났다.[41]

경계형 인격장애와 IPT

경계형 인격장애(borderline personality disorder: BPD) 환자를 대상으로 IPT를 실시하였다.[42-44] 이때 치료는 두 단계로 이루어지도록 수정되었다. 첫 번째 급성 단계에서 환자는 16주간 18회기의 IPT를 받았다. 이 단계에서의 목표는 치료 동맹을 형성하고, 자기-파괴적 행동을 제한하며, IPT 모델을 설명하고, 일차적인 증상 완화를 제공하는 것이다. 환자가 첫 번째 단계를 견뎌 내면 다음에는 16주간 16회기를 실시한다. 유지 단계 치료의 목표는 좀 더 적응적인 대인관계 기술을 구축하고, 결론이 다가옴에 따라 강력한 치료 동맹을 유지하는 것이다. 따라서 BPD 환자들은 8개월 이상에 걸쳐 34회기의 IPT를 받게 된다.

35명의 BPD와 주요우울장애 환자를 대상으로 하여 항우울제인 플루옥세틴(fluoxetine)과 CBT, 플루옥세틴과 IPT의 효과를 32주 동안 비교하였다.[44] 일상생활과 대인관계 기능에서 약간의 질적 차이는 있었으나, 그 외에는 두 치료 집단 사이에 차이가 나타나지 않았다. 두 번째 연구에서는 BPD와 주요우울장애 55명을 대상으로 플루옥세틴과 플루옥세틴 및 IPT 병합 집단을 32주 치료 후에 비교하였다. 이 연구에서 관해(remission)비율은 두 집단 간에 의미 있는 차이가 나타나지 않았다. 병합 집단은 불안감이 감소되었으며, 자기-보고식으로 기술한 사회적 기능의 향상이 더 우수하였다. 종결이 있는 IPT는 경계형 인격장애를 치료하는 데 있어 기존의 임상적 치료보다 효과가 더 좋지 않았다. 직관적으로 볼 때 분명한 것은 경계형 인격장애 환자들은 일방적인 치료종결에 부정적으로 반응하는 경향이 있으며, 오랫동안 지속된 문제들에 대해 좀 더 긴 기간 치료할 필요가 있는 것 같다.

BPD 환자에게 IPT를 적용할 때는 IPT의 초기 작업에서 강조하였던 개념의 일부를 언급한다. 즉, IPT의 이론적 근거는 급성적인 대인관계 스트레스에 초점을 맞추는 것이며, 보다 근본적인 애착의 문제나 성격적 문제를 다루는 것은 치료를 방해할 수 있음을 이해하여야 한다. 왜냐하면 IPT에서는 근본적인 변화를 유도하기에는 시간이 너무 촉박하기 때문이다.

BPD에 IPT를 처음 적용하면서 문제영역에 '자기-상(self-image)'이라는 영역을 추가하였다.[42] IPT의 효과가 입증되었던 급성 문제영역들과는 대조적으로, 이 '자기-상' 문제는 오랜 기간 지속되어 온 문제다. 더구나 이것은 대인관계에 초점을 맞추기보다는 정신내적인 면에 초점을 맞추게 된다. 따라서 '자기-상'이라는 문제영역은 폐기된 영역인 대인관계 민감성/결핍 영역처럼 이론적·실제적으로 IPT와 일치하지 않는다. 경계형 인격장애와 애착의 불안정을 급성 대인관계 문제, 즉 역할 전환이나 대인관계 갈등, 애도와 상실의 문제에 초점을 맞춘 치료의 합병증으로 보는 접근 방식은 IPT의 개념과 일치한다. 그것은 기분이나 대인관계 기능 개선에 매우 효과적이면서도 기저의 애착유형이나 성격에는 훨씬 영향을 적게 주는 방법이 될 것이다.

IPT를 BPD 환자에게 적용할 때 나타나는 또 다른 개념적·실제적 문제는 치료가 종결된다는 것이다. 이것은 일반적으로 상당히 큰 문제를 야기하며, IPT에서는 더욱 명백하다. 일반적으로 BPD 환자는 어떤 환경에서건 치료를 종결하는 것으로 인하여 스트레스를 받는다. 이 책 전체에서 언급한 바와 같이 치료 종결은 치료 밖 대인관계 위기에서 치료적 관계에서의 위기로 치료의 초점을 옮겨 간다. 치료종결은 경계형 인격장애 환자에게 실제적인 유기 위기(abandonment crisis)를 촉발하게 된다. 문자 그대로 치료자가 환자를 유기하는 것으로 받아들이는 것이다. 이 사실을 그럴듯하게 변명할 방법은 없다. 장기간의 치료 후(어떤 경우 34주) 갑자기 종결하는 것은 유기의 문제를 더 크게 만들 뿐이다. 경계형 인격장애 환자를 매주 치료하다가 갑자기 종결하면 불난 집에 기름을 끼얹는 것과 같다. 종결에 대해 논의한다고 해서 실제적인 유기인 종결 경험을 완화시켜 주지는 않는데, 왜냐하면 그것은 유기이기 때문이다. 치료를 종결하는 것에 대한 이론적인 그리고 실제적인 이유는 없으며, 불안정한 애착 환자들에게 급성기 치료의 결론(Conclusion of Acute Treatment)에서 유지치료(Maintenance Treatment)로 부드럽게 이행해 가는 것은 이런 이유 때문이다.

외상후 스트레스 장애와 IPT

외상후 스트레스 장애(post-traumatic stress disorder: PTSD)의 치료에 IPT를 적용하는 치료자들이 많다.[45~50] PTSD에 IPT를 적용하는 방식에 대해서는 잘 기술되어 있다. 정동적인(affective) 혹은 비정동적인(non-affective) 외상후 스트레스 장애 환자에게 수정된 IPT를 적용하는 과정을 사례 중심으로 설명하고자 한다.

PTSD 서론

외상성 스트레스로 인한 심리적 · 신체적 영향은 단일하지도 않고 당연한 것도 아니다. 복잡한 생리적 · 심리적 · 사회적 요인이(외상 전후 모두에서) 최후의 영향을 결정한다. 외상성 스트레스의 심리적 유형 역시 다양하다.

PTSD 치료는 점점 다양해지고 있다. 항우울제, 특히 세로토닌 재흡수 억제제(serotonin reuptake inhibitors: SSRIs)는 PTSD의 핵심 증상을 감소시켜 주며, 주요 치료법으로 인식되고 있다.[51] Van Etten과 Taylor[52]는 61명의 PTSD 환자를 대상으로 노출치료나 역동적 정신치료와 같은 정신치료와 약물치료의 효과를 분석하였다. 전반적으로 노출치료는 다른 어떤 치료보다 뛰어난 효과가 있었다. 정신치료적 접근에 대한 다른 고찰[53]에서는 치료 후 그리고 추적관찰에서 PTSD 증상이 상당히 호전되었다.[54, 55] 최근 고찰에서는 심리교육, 인지 및 행동 기법 그리고 추가적인 개입들을 통합하여 제공하는 것이 PTSD와 함께 나타나는 기분장애, 약물남용장애, 불안장애에 효과적이라고 밝혀졌다.[53, 56, 57]

정신치료를 지지하는 증거에도 불구하고, 대부분의 학자들은 "PTSD를 위한 치료 프로그램의 황금률은 없으며, 임상가들에게 세계적으로 인정받는 특정 치료적 접근 역시 없다."[58]고 주장한다. 더구나 개개의 치료 양식은 임상적 문제 전반—예를 들면, 외상을 입은 환자들에게서 자주 나타나는 대인관계 문제와 같은 것—을 다루는 데 효과적이지 않다는 것이 일반적인 의견이다.[58, 59] 이는 IPT가 PTSD 환자들이 직면하는 대인관계 스트레스에 초점을 맞추어야 하며, 또한 통합된 대인관계, 행동, 인지 그리고 노출에 기초한 접근의 한 부분으로 IPT가 사용될 때 더욱 효과적일 수 있음을 시사하고 있다.

PTSD와 IPT—개념적인 문제들

외상적 사건에 대한 심리적 반응의 단계에 대해 여러 이론이 있다. Horowitz[60]에 의하면 외상 생존자들은 '오열(outcry)' '부정(denial)' '침입(intrusion)' '작업(working through)' '완결(completion)'의 단계로 진행한다. Herman[61]은 PTSD에 대한 치료개입을 몇 개의 단계로 개념화하였는데, 이것은 외상의 심리적 과정과 평행하게 진행된다. 그녀는 '기억과 애도'의 시기와 궁극적인 '재연결(reconnenction)'의 과정을 촉진하기 위해서는 안전한 환경을 만들어 주어야 한다고 주장하였다. 재연결은 외상의 대인관계적 측면을 강조하고 있다. Van der Kolk와 그의 동료들 역시 PTSD의 단계적 치료 프로그램을 제안하였다.[62] 이러한 접근은 안정화, 외상으로 파괴된 인지적 스키마의 재건설, 재연결 그리고 대인관계 효율성의 향상이라는 단계로 구성되어 있다.

이러한 작업에 기초하여 트라우마를 받은 환자에 대해 Maslow의 이론과 유사한 욕구의 위계(hierarchy of needs)를 강조한 개념적 접근법이 개발되었다([그림 19-1] 참조).[63] 각 차원은 치료적 개입을 의미한다. 안전하고 안정적인 생태계(safety and stable ecology)와 같은 즉각적인 욕구는 최우선으로 해결되어야 한다. 외상 스트레스, 특히 자연재해가 아닌 사람에 의한 재난과 관련되어 있는 외상 스트레스 후에는 이 두 가지 욕구가 외상을 입은 지역사회에 대한 개입에서 일차적인 초점이 된다.

이 과정이 지나면 외상을 입은 환자는 일종의 생리적 평형상태(physiological homeostasis)와 심리적 스트레스의 완화를 원하게 될 것이다. 그리고 마지막 단계로 외상적 사건에 대한 의미와 같은 존재론적인 속성에 대한 의문을 갖게 되고, 보복 혹은 회복을 위한 정의에 대한 견해 그리고 외상적 사건에 대한 해결 혹은

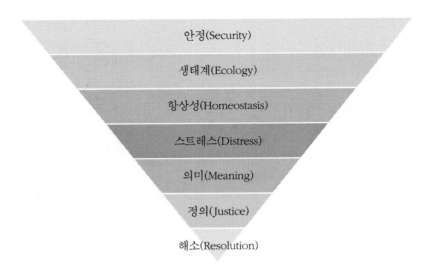

[그림 19-1] 외상후 스트레스 장애(PTSD)의 위계

종결감 등을 갖게 된다. 후자에는 중요한 대인관계요소가 많이 포함되어 있다.

PTSD에서의 IPT 적용

PTSD에 대한 단계적 접근 관점과 외상의 대인관계적 측면의 중요성으로 인하여 수많은 연구자들이 PTSD 치료에 IPT를 적용해 왔다.[45~49] 이들 환자 집단에서는 IPT 문제영역 세 가지 모두가 두드러지게 나타난다.

대인관계 갈등은 PTSD의 과정을 악화시키기도 하며, 때로는 PTSD의 결과로 나타나기도 하는데, 주로 과도한 각성이나 회피 증상을 일으킨다(〈표 19-1〉 참조). PTSD는 자기-자각, 친밀감, 성적인 면 그리고 대인관계 의사소통에 유해한 영향을 미치는데, 이들 모두 건강한 대인관계를 유지하고 갈등을 회피하는 데 핵심적인 요소들이다.[64] 이들은 구혼, 결혼, 아기의 출산과 양육, 은퇴까지의 '가족 생활 단계(family life stage)' 혹은 역할 전환에도 영향을 미친다.[65] 다양한 발달 과업들과, 이와 관련하여 가족과 부부기능에서 나타나는 변화가 PTSD 증상의 악화나 회피 행동에 의하여 중단되기도 한다. 위기를 초래하는 핵심적인 문제는 신뢰를 구축하지 못하고, 죄책감을 느끼며, 다른 사람들과 분리되어 있고 소외되어 있는 느낌 등이며, 이들 모두는 PTSD와 연관되어 있다.

〈표 19-1〉 PTSD로 인해 야기되는 대인관계 갈등

증상 군집	대인관계 갈등의 예
침입적 증상	외상으로 인해 유발된 공포와 관련 문제들 악몽으로 인해 한 방을 쓰는 것이 불가능함
회피적 증상	중요한 사회적 약속을 회피함 의사소통 유형이 빈곤함 억제된 문제 해결 유형
과각성 증상	초조 공격적인 감정 폭발과 간헐적인 통제 실패 공격적인 대인관계

　　PTSD 환자들이 직면하는 가장 힘든 과제 중 하나는 외상의 영향을 받은 새로운 내적 심리상태에 적응하는 것이다. Janoff-Bulman[66]은 이것을 외상 생존자들이 경험한 '산산조각 난 가정(shattered assumption)' 의 세계에 적응하는 과정으로 기술하였다. 외상적 사건 이전에는 세상이 예측 가능하고 안전하였으며, 세상에 참여할 수 있다는 확신이 있었다. 그러나 외상적 사건으로 인해 이러한 가정은 '산산조각 났고', 개인은 예측할 수 없으며, 부서진 내적·외적 세상에 직면하게 된다. 이러한 추상적이고 존재론적인 개념은 외상 전과 후에 직면하게 되는 역할 전환으로 볼 수 있다. 최근에 발병한 PTSD의 경우에는 향후 겪게 될 만성적인 질병 경과와 치료 경과에 적응하는 것은 자신의 '과거의(외상 사건 이전의) 역할' 에서의 자기 개념에 도전하고, '새로운(외상 사건 이후의) 역할' 에서의 자기 개념과 미래에 대한 기대를 수정하는 것을 의미하며, 특히 증상이 호전되지 않아서 직장 복귀가 불가능하거나 이전 수준의 사회적 기능을 할 수 없을 때 더욱 그렇다.

　　외상에 대한 반응을 개념화하는 것은 IPT의 근간인 애착모델과 일치한다. 외상 전 애착(좀 더 안정적인)은 외상 후 애착(좀 더 불안정한)으로 변화하는데, 왜냐하면 외상으로 인하여 다른 사람들에 대한 실행모델이 변했기 때문이다. 외상은 다른 사람들을 신뢰하고, 또 다른 사람들에게 도움을 구하는 내적 모델(internal model)에 부정적인 영향을 주며, 현재 그리고 최근의 사건이 애착에 영향을 줄 수 있다는 불행한 예다.

애도와 상실 역시 PTSD를 치료할 때 빈번하게 나타나는 문제영역이다. 사별, 특히 갑자기 예상하지 못한 상태에서 겪는 사별은 PTSD와 연계될 확률이 9～36%다.[67] 외상적 사건으로 인한 사별은 급성 위기를 야기할 수 있으며, PTSD 증상을 촉발하거나 악화시킬 수 있다. PTSD 증상이 '생존자 죄책감'과 복잡하게 얽혀 있는 경우 애도와 상실에서 적용하는 IPT 기법을 통해 환자에게 상실의 구체적인 면을 확인하도록 돕게 되는데, 예를 들면 아직 남아 있는 사회적 지지망 속의 다른 사람들에 의하여 애착욕구가 충족될 수 있음을 분명히 말해 주는 것 등이 포함된다. 이러한 접근은 개인의 존재와 상실에 대한 존재론적 의미를 깊이 논의하는 것을 피하고, 그 대신 환자가 현재의 애착욕구를 충족시킬 수 있는 방법을 확인하도록 돕는 것에 초점을 맞춘다.

트라우마의 생존자들, 특히 전쟁 군인들은 대인관계에서 장기적인 문제를 경험하는 것으로 잘 알려져 있다. PTSD는 개인의 애착유형에 나쁜 영향을 끼친다. 외상 전 애착은 외상 경험으로 변화할 수 있으며, 현재의 애착과 대인관계 기능에 문제를 야기할 수 있다.[64] 예전에 사용되던 대인관계 민감성/결핍의 문제영역은 한때 이러한 취약성을 정의하는 방법으로 활용되었었지만, 오늘날의 IPT 작업에서는 이것을 곧바로 공포적(fearful), 회피적(dismissive) 애착의 영역에 놓고 있다. 앞서 언급한 바와 같이 외상적 사건은 애착에 영향을 주어 환자의 안전감과 안정감을 크게 약화시키고, 다른 사람에 대한 신뢰, 스트레스를 받을 때 도움을 요청하는 능력을 약화시킨다. 공포적이고 회피적인 애착유형은 환자가 치료를 받도록 만든 급성적인 문제를 악화시킨다. 외상으로 야기된 대인관계 기능의 장기적인 장애는 결과적으로 부적응적인 애착유형으로 개념화될 수 있다. 치료는 이러한 애착유형의 맥락에서 급성적인 위기에 초점을 맞추어야 한다.

외상으로 인한 부적응적 애착유형은 거의 모든 PTSD 환자에게 해당되는 것이며, 따라서 다른 사람들을 불신하고, 스스로를 취약하게 만드는 이 외상의 후유증을 모든 환자와 직접 논의하여야 한다. 치료적 개입에서는 PTSD 증상이 대인관계 기능에 미치는 영향을 강조해야 하며, 이것은 플래시백 및 악몽과 함께 PTSD 증상의 한 부분임을 강조해야 한다.

PTSD와 집단 IPT

PTSD 치료는 개인치료가 가장 일반적인 접근법이지만, 집단 정신치료도 보조치료로서 효과가 있다. 집단 정신치료는 PTSD가 다른 사람들과의 관계에 미치는 영향을 다루는 데 매우 적합하다. 이 방식은 사회적 지지, 사회적 재통합, 개인관계 학습 등의 기회를 제공하기 때문이다.[68, 69] 집단치료자들에게는 '치유 매트릭스(healing matrix)'를 개발하는 것이 하나의 도전인데, 이를 통해 환자는 노출을 감행해 볼 수 있고, 자존감, 안정감, 다른 사람들과 교류한다는 느낌을 회복할 수 있다.[70] IPT 용어로 표현하자면 집단은 안전해야 하며, 고도로 포용적이어야 한다.

사례 19-1 James

James는 56세 남자로, 최근에 참전 군인 연금을 받게 된 후 주류판매업을 그만두었다. 그는 베트남 전쟁에서 호주 해군으로 복무하였으며 미군 헬리콥터 연대에서 사격수로 자원하여 근무했다. James의 전쟁 경험은 상당히 심각한 정도였다. 그의 연대는 주로 공격 작전에 참여했기 때문에 많은 베트남 전투병들과 시민을 사살하였다. James는 자신이 헬리콥터에서 M60 기관총을 발사하였기 때문에, 스스로 대량학살에 책임이 크다고 느끼고 있었다. 그럼에도 불구하고, James에게 가장 큰 스트레스를 주는 기억은 자신이나 동료에게 위협이 가해졌던 사건이었다. 그의 아버지는 제2차 세계대전 때 태평양에서 보병으로 싸웠으며, 40대에 알코올 중독의 합병증으로 사망하기 전까지 성인기 내내 심한 불안감으로 고통을 받았다. James는 '아버지가 한 것처럼 내 의무를 다하기 위하여' 전쟁에 자원하였다.

군 복무 후 그는 교도소 간수로 근무하였다. 20년간 그 일을 했는데, 주로 흉악범들을 가두어 둔 최고 보안등급의 감방을 담당하였다. 그는 수차례 폭력 사건에 연루되었으며, 자살기도도 하였다. 그는 5년 전에 조기 은퇴를 하고는 주류판매점을 인수하여 운영했지만 초조감과 회피 행동 때문에 사업은 잘되지 않았고, 이것이 술을 더 많이 마시는 원인이 되었다.

James는 PTSD 환자를 위한 CBT 프로그램을 이미 이수하였다. 이 프로그램을 통해서 증상이 어느 정도 호전되었고, 집단치료에도 적극적으로 참여하였다. 그러나 James는 CBT 프로그램을 끝낸 후 6개월간 병원에 7회 입원하였다. 아내 및 양녀와의 갈등이 있었고, 항상 알코올을 남용하고 있었다. 그는 항우울제를 복용하였지만, 효과는 그리 크지 않았다.

James는 아내와 살고 있었지만, 양녀가 자주, 장기간 방문하곤 하였다. 그의 아내는 우울증 때문에 치료를 받았고, 양녀는 섭식 문제로 고통을 받아 오면서 고의적인 자해와 감정기복의 삽화가 있었다. James는 첫 번째 결혼에 실패하였으며 가정 폭력 문제가 있었다. 그는 전 부인과의 사이에 아들이 하나 있었는데, 아들과는 전혀 연락이 없는 상태였다. 그는 양녀가 여덟 살일 때 지금의 아내와 재혼하였다. 아내에게는 큰딸이 하나 있었는데 뇌종양으로 청소년기에 사망하였으며, 그 이후

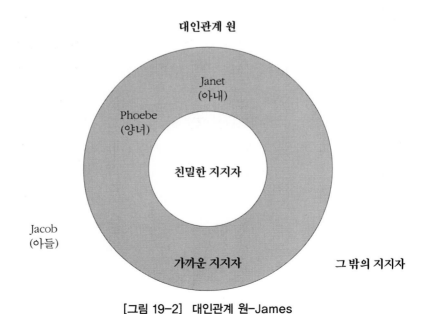

[그림 19-2] 대인관계 원-James

아내는 만성 우울증을 앓았고, 양녀는 섭식 증상을 나타내었다([그림 19-2] 참조).

James는 CBT 집단치료에서의 경험과 그의 증상 악화에 가족 내 갈등이 어떤 역할을 하고 있다는 점 때문에 IPT 집단치료에 의뢰되었다. 집단치료 전에 시행한 개인치료 회기 중 그는 경계적이고, 과민하고, 통제를 하려는 모습을 보여 주었다. 그는 자신의 이야기를 욕설을 섞어 가며 쏟아 내었지만, 아내와 양녀의 '문제'를 이야기할 때는 눈물을 흘리며 고통스러워하였다.

James는 아내와 양녀에 관해 말하기 전까지는 아무런 문제가 없는 사람처럼 이야기하였는데, 그러다가 갑자기 얼굴 표정이 급격히 무너지면서 마치 겁에 질린 어린아이같이 행동했다.

James는 PTSD로 진단받았지만, 그의 기능손상 중 상당 부분은 함께 갖고 있는 자기애적 성격 특성, 우울증 그리고 알코올 남용과 관련이 있는 것으로 보였다. 치료를 시작할 무렵에는 금주를 하고 있는 상태였다. 개인치료 초기 회기에서 대인관

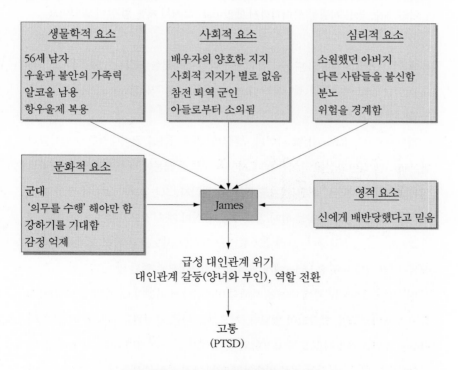

[그림 19-3] 대인관계 설계-James

계 설계([그림 19-3] 참조)를 작성하는 동안, James가 치료를 받게 만든 급성적 문제는 양녀를 포함한 대인관계 갈등이라는 점에 주목하였다.

James는 첫 집단회기에 정시에 출석했고, 방의 구석을 등지고 있는 자리를 선택하였다. 다른 구성원들이 도착하자, 그는 눈에 띄게 경계심을 보이고 초조해하였다. 자기 자신을 소개하라는 요청을 받고 다음과 같이 빠르고 간단하게 말하였다. "저는 딸아이와 문제가 있고 사람들과 잘 지낼 줄을 모릅니다."

집단치료의 중기 회기에서 James는 가끔 질문에 반응하였으며, 자신의 양녀에 대하여 좀 더 많은 내용을 털어놓았다.

저는 교도소에서 아동 치한들을 수없이 다루어 보았기 때문에 딸아이에게 가까이 다가갈 수가 없었어요. 그리고 그 아이의 언니가 죽었을 때, 저는 정말 할 말이 없었습니다. 저는 그동안 죽은 사람을 수없이 보았으니까요……. 제기랄, 저는 많은 사람을 죽이기까지 했었어요. 그래서 저는 할 말이 없었어요.

또 다른 집단 구성원이 다음과 같이 질문하면서 직면을 시켰다. "당신은 그 당시 그 아이를 딸로 생각하긴 했나요?" James는 화를 내며 "제 친딸처럼 생각했어요." 라고 대답했다.

집단치료자는 James와 딸 사이의 구체적인 상호작용을 끌어내려고 노력하였지만, James는 집단과정에 참여하는 데 저항을 보였기 때문에 매우 힘들었다. 양녀와의 상호작용에 관하여 역할 연기를 할 것을 권하자, 그는 "제가 당신에게 말했죠. 저는 그런 쓰레기 같은 짓을 하지 않겠다고. 당신이 계속 강요한다면, 저는 지금 나가겠어요."라고 반응했다. 그러나 치료자는 그러한 시도를 완전히 포기하는 대신에 두 번째 집단치료 중 James에게 양녀에게 실제적으로 했던 말을 기억할 수 있는지 물어봄으로써 대인관계 사건을 자세히 이야기하게 하였다. 그가 말할 때 의사소통은 모호하였으며, 격앙되어 있었다. 치료자는 다른 구성원들에게 좀 더 좋은 의사소통 유형을 제안해 보도록 요청하였다. 그러자 한 구성원이 James가 딸과 좀 덜 직설적으로 의사소통하는 것을 연습하기 위해 대화의 장을 만들어 볼 수 있을 거라고 언급하였다. 치료자는 집단 내에서 상호작용을 하는 동안 James의 기분에 주의를 기울였고, 그의 스트레스는 양녀에 대해 관심을 가지고 있기 때문이라는 점을 지적하였다.

다음 회기에 James는 양녀와 대화를 나누었으며, 여러 사건에 대하여 이야기를 나누었는데, Phoebe의 언니의 죽음에 대해서도 이야기를 나누었다고 하였다. 하지만 사흘 후에 두 사람은 또 다른 논쟁을 하였다. 이 논쟁 과정을 자세히 살펴보니 초조감과 '참을성 부족'이 상승되면서 James가 이성을 잃은 것이 분명했다. 그는 그 상황을 설명하면서 정당화하기 위해 이렇게 말했다. "그것은 마치 TV에서 하루 종일 아프가니스탄 전쟁 이야기만 하는 것 같았어요. 정말 참을 수가 없었어요." 또 다른 구성원이 질문하였다. "당신은 아프가니스탄 뉴스가 나오면 어떻게 대처하나요?" James가 대답하기를 "늦기 전에 빨리 숨을 크게 쉬고 주의를 분산시킵니다. 그래야 폭발하는 것을 피할 수 있습니다."라고 하였다. 치료자 중 한 사람이 비슷한 행동 전략이 딸과의 상호작용에도 적용될 수 있을 것이라고 제안하였다.

다음 논의에서 James는 자신이 '정말 나쁜 아버지'였던 것에 대한 부끄러움과 슬픔을 표현하였다. 치료자는 그가 지금 양녀와의 관계에서 역할 전환의 과정 속에 있는 것 같다고 말하면서, '새로운 역할'은 좀 더 나은 의사소통 기술, 문제 해결 능력, 딸에 대한 그의 정서적 반응에 주의를 기울이는 능력의 개발 등을 필요로 하며, 그것은 좀 더 따뜻하고 좀 더 사려 깊은 사람이 되는 것이라고 하였다.

후기 회기에서는 James에게 사회적 지지가 결여되어 있는 점이 주된 문제가 되었다. 치료자는 집단회기에 참석하여 자신의 문제를 드러냄으로써 하나의 성취를 이루었으며, 가족과 치료자 외의 사람들과 사회적 지지를 형성할 수 있는 능력을 입증해야 한다고 하였다. James는 IPT에 익숙한 개인치료자에게 유지치료를 받도록 의뢰되었다. 집단치료의 결론 부분에서 James는 아직 간헐적으로 가족과 갈등이 있기는 하지만, 공격성, 약물 사용 등이 악화되지 않았으며, 병원에 재입원하지도 않았다.

외상 사건 전 30년간의 James의 인생을 뒤돌아보아도, 대인관계 실패와 밀접한 사회적 지지망의 부재 등 상당히 병적인 면이 있는 사람이었다. 그는 치료자 및 집단치료 구성원들과 관계를 맺기 힘들어하였으며, 상당히 부정적인 반응들을 야기하였는데, 왜냐하면 그의 의사소통 유형이 적대적이고 공격적이며, 때로는 위협적이기까지 하였기 때문이었다. 이것은 숙련된 치료자에게도 그의 경험을 공감적으로 이해하고 치료적 관계를 형성하는 데 상당한 방해가 되었다. 하지만 집단 내에서 작업하면서 이러한 면의 일부를 발산하는 것이 허용되었는데, 특히 다른 집단 구성원들이 비슷한 심리적 외상을 경험하였고, 따라서 James는 다른 사람들도 그를 합리적으로 이해할 수 있는 사람들이라고 생각하였다.

집단치료를 통해 현재 James에게 의미 있는 대인관계 문제에 직접 개입하는 것이 가능하였으며, James가 좀 더 적응적으로 현재의 애착대상과 상호작용하고, 그의 애착욕구를 충족시킬 수 있는 반응들을 이끌어 낼 수 있었다. 그는 가족 구성원이나 혹은 전문 치료자들과 대인관계 상호작용을 추구하였다. PTSD는 바람직하지 않고, 원하지 않는 반응을 이끌어 내기 때문에 James가 IPT를 받기 전까지의 상호작용 방식은 증상을 악화시키는 하향 나선, 즉 약물 남용, 대인관계 상호작용의 악화 등의 방향으로 진행되고 있었다. 그러나 초점을 맞춘 개입을 통하여 IPT 치료자는 문제가 될 수 있는 전이와 역전이를 집단치료 환경 내에서 차단함으로써 PTSD 집단치료 내에서 만족스러운 대인관계 상호작용을 환자에게 제공하였고, 이것이 치료 밖 관계에서도 일반화될 수 있도록 하였다.

James가 개인치료 상황에서도 비슷한 개입을 견뎌 낼 수 있었는지 혹은 개인 치료자가 역전이의 '늪에 빠졌는지' 여부는 분명하지 않다. 응집력 있는 집단에서 대인관계 문제영역에 초점을 맞추면서 치료 상황을 유지하고, 또 변화에 대한 추진력을 생성해 내는 것은 개인치료적 틀 내에서는 가능하지 않을 수 있다. Wilfley 등[36]이 강조하였듯이 IPT에서 집단치료는 치료적인 대인관계 상호작용을 위한 다양한 기회를 제공하는 '대인관계 실험실'의 역할을 한다. James는 초점이 되는 문제영역에서 협동적으로 같이 작업하는 구성원들로부터 공감을 받았고, 또 실제적인 면 때문에 도움을 받을 수 있었다. 그러한 상호작용은 특히 집단치료자들에 의하여 강조되는데, 추가적인 변화의 원동력이 되고, 회복을 촉진하는 정서적 경험을 제공하는 것으로 보인다.

PTSD 치료 시 IPT의 유용성을 지지하는 증거들

PTSD 치료 시 IPT를 실시하였을 때의 효율성과 효과를 평가한 여러 연구가 있다. 이들 중 대다수는 집단치료의 형식을 적용하였다. Krupnick 등[49]은 PTSD 집단을 대상으로 한 연구에서 저임금을 받으면서 지속적인 대인관계 외상을 겪은 48명의 소수민족 여성에게 IPT를 적용한 결과, PTSD 증상, 우울 그리고 대인관계 기능의 일부 등에서 호전이 있음을 발견하였다. Bleiberg, Markowitz[47]는 PTSD로 진단된 14명의 피험자에게 IPT를 적용한 개방형 연구(open trial)를 실시하였는데, 그들 중 12명은 회복되어 더 이상 PTSD 진단 기준에 맞지 않았다.

Robertson과 그의 동료들[45, 46]은 13명의 만성적인 PTSD 환자들에게 집단 IPT를 실시하였다. 그 결과 PTSD 증상의 심각도에 양적인 변화는 없었지만, 사회적 기능, 일반적 안녕감, 기분 증상 등에 상당한 호전이 있었다. 질적 분석 결과, IPT 치료과정을 통해 대인관계 교류 및 대인관계 효율성 분야에서 호전이 있음을 관찰할 수 있었다.

Ray와 Webster[48]는 Robertson 등이 개발한 방법을 사용하여 9명의 퇴역 군인에게 집단 IPT를 적용하였다. 두 달 그리고 넉 달의 추적 과정에서, 분노조절과 대인관계 기능에 향상이 있었다는 일부 질적 평가와 함께 PTSD와 우울증상의 호전이 관찰되었다. Meffert와 그의 동료들은[50] 카이로에서 22명의 수단 난민들을 대상으로 IPT를 실시하였으며, 분노와 대인관계 폭력성뿐 아니라 PTSD와 우울증상의 감소를 발견하였다.

결 론

IPT는 정동장애, 섭식장애 그리고 불안장애 등 다양한 정신과적인 문제에 적용
되어 왔다. 이러한 모든 적용에서 IPT는 일차적으로 대인관계에 초점을 맞추고,
IPT 문제영역을 적용한다는 점이 특징적이다. IPT를 PTSD에 적용하는 것은 특정
장애 혹은 스트레스의 대인관계 측면을 구체화하고 또 그것을 다루기 위하여 IPT
를 수정하여 적용하는 방식의 한 예가 될 것이다. IPT를 PTSD에 적용하는 것은
연속적인(sequential) 혹은 통합된(integrated) 정신치료적 접근에 있어서 IPT의 잠
재적 활용 가능성을 시사한다.

IPT를 적용할 수 있는 수많은 장애들이 있다. 의심의 여지없이 IPT는 다양한
문제와 스트레스에서 기분과 대인관계 기능을 향상시키는 데 효과적이다. 우리
는 보다 다양한 문제영역에서 IPT를 적용하기 위한 개발과 연구가 지속되기를 희
망한다.

참고문헌

1. Mufson L. *Interpersonal Psychotherapy for Depressed Adolescents*, 2nd edn.
   2004, New York: Guilford Press.
2. Mufson L, Moreau D and Weissman MM. The modification of interpersonal
   psychotherapy with depressed adolescents (IPT-A): phase I and phase II
   studies. *Journal of the American Academy of Child and Adolescents
   Psychiatry*, 1994, **33**: 695-705.
3. Rosselo J and Bernal G. The efficacy of cognitive-behavioral and interpersonal
   treatments for depression in Puerto Rican adolescents. *Journal of Consulting
   and Clinical Psychology*, 1999, **55**: 379-384.

4. Mufson L, *et al.* A randomized effectiveness trial of interpersonal psychotherapy for depressed adolescents. *Archives of General Psychiatry,* 2004, **61**: 577-584.

5. Rosselo J, Bernal G and Rivera-Medina C. Individual and group CBT and IPT for Puerto Rican adolescents with depressive symptoms. *Cultural Diversity and Ethnic Minority Psychology,* 2008, 14: 234-235.

6. Tang TC, *et al.* Randomized study of school-based intensive interpersonal psychotherapy for depressed adolescents with suicidal risk and parasuicide behaviors. *Psychiatry and Clinical Neurosciences,* 2009, 63: 4.

7. Dietz LJ, *et al.* Family-based interpersonal psychotherapy for depressed preadolescents: An open-treatment trial. *Early Intervention in Psychiatry,* 2008, 2: 154-161.

8. Reynolds CF, *et al.* Treating depression to remission in older adults: a controlled evaluation of combined escitalopram with interpersonal psychotherapy versus escitalopram with depression care management. *International Journal of Geriatric Psychiatry,* 2010, **25**: 1134-1141.

9. Heisel MJ, *et al.* Adapting interpersonal psychotherapy for older adults at risk for suicide: preliminary findings. *Professional Psychology: Research and Practice,* 2009, **40**: 156-164.

10. Miller MD. Using interpersonal therapy (IPT) with older adults today and tomorrow: a review of the literature and new developments. *Current Psychiatry Reports,* 2008, **10**: 16-22.

11. Reynolds CF, *et al.* Treatment of bereavement-related major depressive episodes in later life: a controlled study of acute and continuation treatment with nortriptyline and interpersonal psychotherapy. *American Journal of Psychiatry,* 1999, **156**: 202-208.

12. Miller M and Reynolds CF. Expanding the usefulness of interpersonal psychotherapy (IPT) for depressed elders with comorbid cognitive impairment. *International Journal of Geriatric Psychiatry,* 2007, **22**: 101-105.

13. Miller MD. *Clinician's Guide to Interpersonal Psychotherapy in Late Life: Helping Cognitively Impaired or Depressed Elders and their Caregivers.* 2009, New York: Oxford Press.

14. Spinelli MG and Endicott J. Controlled clinical trial of interpersonal psychotherapy versus parenting education program for depressed pregnant women. *American Journal of Psychiatry*, 2003, **160**: 555-562.

15. Spinelli MG and Weissman MM. The clinical application of interpersonal psychotherapy for depression during pregnancy. *Primary Psychiatry*, 1997, **4**: 50-57.

16. Grote NK, *et al*. A randomized controlled trial of culturally relevant, brief interpersonal psychotherapy for perinatal depression. *Psychiatric Services*, 2009, **60**: 313-321.

17. Bledsoe SE, *et al*. Feasibility of treating depression in pregnant, low-income adolescents using culturally relevant, brief interpersonal psychotherapy. *Journal of Women' s Health*, 2010, **19**: 1781.

18. O' Hara MW, *et al*. Efficacy of interpersonal psychotherapy for postpartum depression. *Archives of General Psychiatry*, 2000, **57**: 1039-1045.

19. Stuart S and O' Hara MW. The use of interpersonal psychotherapy for perinatal mood and anxiety disorders, in Steiner M and Riecher-Rössler A (eds) *Perinatal Depression: From Bench to Bedside*. 2005, Basel: Karger, pp. 150-166.

20. Carter W, Grigoriadis S and Ross LE. Relationship distress and depression in postpartum women: literature review and introduction of a conjoint interpersonal psychotherapy intervention. *Archives of Women' s Mental Health*, 2010, **13**: 279-284.

21. Grote NK, Swart HA and Zuckoff A. Enhancing interpersonal psychotherapy for mothers and expectant mothers on low incomes: adaptations and additions. *Journal of Contemporary Psychotherapy*, 2008, **38**: 23-33.

22. Reay R, *et al*. Group interpersonal psychotherapy for postnatal depression: a pilot study. *Archives of Women' s Mental Health*, 2006, **9**: 31-39.

23. Mulcahy R, *et al*. A randomised control trial for the effectiveness of group interpersonal psychotherapy for postnatal depression. *Archives of Women' s Mental Health*, 2010, **13**: 125-139.

24. Markowitz J. *Interpersonal Psychotherapy for Dysthymic Disorder*. 1998, Washington, DC: American Psychiatric Press.

25. Mason BJ, Markowitz JC and Klerman, GL. Interpersonal psychotherapy for

dysthymic disorder, in Klerman GL and Weissman MM (eds.) *New Applications of Interpersonal Psychotherapy*. 1993, Washington DC: American Psychiatric Press, pp. 225-264.

26. Markowitz J, *et al*. Pilot study of interpersonal psychotherapy versus supportive psychotherapy for dysthymic patients with secondary alcohol abuse of dependence. *Journal of Nervous and Mental Disorders,* 2008, **196**: 468-474.

27. Ehlers C, Frank E and Kupfer DJ. Social zeitgebers and biological rhythms. *Archives of General Psychiatry,* 1988, 45: 948-952.

28. Frank E. *Treating Bipolar Disorder: A Clinician' s Guide to Interpersonal and Social Rhythm Therapy*. 2005, New York: Guilford Press.

29. Miklowitz D, *et al*. Psychosocial treatments for bipolar depression: a 1-year randomized trial from the systematic treatment enhancement program. *Archives of General Psychiatry,* 2007, 64: 419-427.

30. Fairburn CG, *et al*. A prospective study of outcome in bulimia nervosa and the long-term effects of three psychological treatments. *Archives of General Psychiatry,* 1995, **52**: 304-312.

31. Fairburn CG, Jones R and Peveler RC. Three psychological treatments for bulimia nervosa: a comparative trial. *Archives of General Psychiatry,* 1991, 48: 463-469.

32. Fairburn CG, Jones R and Peveler RC. Psychotherapy and bulimia nervosa: the longer-term effects of interpersonal psychotherapy, behavioural psychotherapy, and cognitive behaviour therapy. *Archives of General Psychiatry,* 1993, **50**: 419-428.

33. Agras WS, *et al*. A multicenter comparison of cognitive-behavioral therapy and interpersonal psychotherapy for bulimia nervosa. *Archives of General Psychiatry,* 2000, **57**: 459-466.

34. Arcelus J, *et al*. A case series evaluation of a modified version of interpersonal psychotherapy (IPT) for the treatment of bulimic eating disorders: a pilot study. *European Eating Disorders Review,* 2009, 17: 260-268.

35. Wilfley DE, *et al*. Adapting interpersonal psychotherapy to a group format (IPT-G) for binge eating disorder: toward a model for adapting empirically

supported treatments. *Psychotherapy Research,* 1998, **8**: 379-391.

36. Wilfley DE, *et al. Interpersonal Psychotherapy for Group.* 2000, New York: Basic Books.

37. Rieger E, *et al.* An eating disorder-specific model of interpersonal psychotherapy (IPT-ED): causal pathways and treatment implications. *Clinical Psychology Review,* 2010, **30**: 400-410.

38. Wilfley DE, *et al.* A randomized comparison of group cognitive-behavioral therapy and group interpersonal psychotherapy for the treatment of overweight individuals with binge-eating disorder. *Archives of General Psychiatry,* 2002, **59**: 713-721.

39. McIntosh V, Jordan J and Carter F. Three psychotherapies for anorexia nervosa: a randomized controlled trial. *American Journal of Psychiatry,* 2005, **162**: 741-747.

40. Lipsitz JD, *et al.* Open trial of interpersonal psychotherapy for the treatment of social phobia. *American Journal of Psychiatry,* 1999, **156**: 1814-1816.

41. Stangier U, *et al.* Cognitive therapy versus interpersonal psychotherapy in social anxiety disorder: a randomized controlled trial. *Archives of General Psychiatry,* 2011, **68**: 692-700.

42. Angus L and Gillies L. Counseling the borderline client: an interpersonal approach. *Canadian Journal of Counselling,* 1994, **28**: 69-83.

43. Markowitz J, Skodol A and Bleiberg K. Interpersonal psychotherapy for borderline personality disorder: possible mechanisms of change. *Journal of Clinical Psychology,* 2006, **62**: 431-444.

44. Bellino S, Zizza M and Rinaldi C. Combined therapy of major depression with concomitant borderline personality disorder: comparison of interpersonal psychotherapy and cognitive psychotherapy. *Canadian Journal of Psychiatry,* 2007, **52**: 718-725.

45. Robertson MD, Humphreys L and Ray R. Psychological treatments for post traumatic stress disorder: recommendations for the clinician. *Journal of Psychiatric Practice,* 2004, **10**: 106-118.

46. Robertson MD, *et al.* Group interpersonal psychotherapy for post traumatic stress disorder: clinical and theoretical aspects. *International Journal of Group Psychotherapy,* 2004, **54**: 145-175.

47. Bleiberg K and Markowitz J. A pilot study of interpersonal psychotherapy for posttraumatic stress disorder. *American Journal of Psychiatry,* 2005, **162**: 181-183.

48. Ray R and Webster R. Group interpersonal psychotherapy for veterans with posttraumatic stress disorder: a pilot study. *International Journal of Group Psychotherapy,* 2010, **60**: 131-140.

49. Krupnick J, *et al.* Group interpersonal psychotherapy for low-income women with posttraumatic stress disorder. *Psychotherapy Research,* 2008, **18**: 497-507.

50. Meffert SM, *et al.* A pilot randomized controlled trial of interpersonal psychotherapy for Sudanese refugees in Cairo, Egypt. *Psychological Trauma: Theory, Research, Practice, and Policy,* 2011, **5**: 1-10.

51. Stein D, Ipser J and Seedat SCR. Pharmacotherapy for post traumatic stress disorder (PTSD). *Cochrane Database of Systematic Reviews,* 2006, 1.

52. Van Etten M and Taylor S. Comparative efficacy of treatments for posttraumatic stress disorder: a meta-analysis. *Clinical Psychology and Psychotherapy,* 1998, **5**: 144-154.

53. Solomon S and Johnson D. Psychosocial treatment of posttraumatic stress disorder: a practice-friendly review of outcome research. *Journal of Clinical Psychology,* 2002, **58**: 947-959.

54. Bradley R, Greene J and Russ EA. A multidimensional meta-analysis of psychotherapy for PTSD. *American Journal of Psychiatry,* 2005, **162**: 214-227.

55. Foa EB, Keane TM and Friedman MJ. *Effective Treatments for PTSD. Practice Guidelines from the International Society for Traumatic Stress Studies,* 2nd edn. 2008, New York: Guilford Press.

56. Basco M, *et al.* Cognitive-behavioral therapy for anxiety disorders: why and how it works. *Bulletin of the Menninger Clinic,* 2000, **64**: 52-70.

57. Andrews G and Hunt C. Treatments that work in anxiety disorders. *Medical Journal of Australia,* 1998, **168**: 628-634.

58. McFarlane A and Yehuda R. Clinical treatment of posttraumatic stress disorder: conceptual challenges raised by recent research. *Australian and New Zealand Journal of Psychiatry,* 2000, **34**: 940-953.

59. Shalev A, Bonne O and Eth S. Treatment of posttraumatic stress disorder: a review. *Psychosomatic Medicine,* 1996, **58**: 165–182.

60. Horowitz M. *Stress Response Syndromes.* 1976, New York: Aronson.

61. Herman J. *Trauma and Recovery.* 1992, New York: Basic Books.

62. Van der Kolk B, McFarlane A and van der Hart O. A general approach to treatment of posttraumatic stress disorder in van der Kolk B, McFarlane A and Weisath L (eds) *Traumatic Stress.* 1989, New York: Guilford Press.

63. Maslow A. A theory of human motivation. *Psychological Review,* 1943, **50**: 370–396.

64. McFarlane A and Bookless C. The effect of PTSD on interpersonal relationships: issues for emergency service workers. *Sexual and Relationship Therapy,* 2001, **16**: 261–267.

65. Scaturo D and Hayman P. The impact of combat trauma across the family life cycle: clinical considerations. *Journal of Traumatic Stress,* 1992, **5**: 273–288.

66. Janoff-Bulman R. *Shattered Assumptions: Towards a New Psychology of Trauma.* 1992, New York: Free Press

67. Zisook S and Shuchter S. PTSD following bereavement. *Annals of Clinical Psychiatry,* 1998, **10**: 157–163.

68. Allen S and Bloom S. Group and family treatment of post-traumatic stress disorder. *Psychiatric Clinics of North America,* 1994, **17**: 425–437.

69. Kollar P. Marmar C and Kanas N. Psychodynamic group treatment of posttraumatic stress disorder in Vietnam veterans. *International Journal of Group Psychotherapy,* 1992, **42**: 255–246.

70. Klein R and Schermer V. Introduction and overview: creating a healing matrix, in Klein R and Schermer V (eds.) *Group Psychotherapy for Psychological Trauma.* 2000, New York: Guilford Press.

제20장

대인관계치료에서의 연구

대인관계치료(Interpersonal Psychotherapy: IPT)에서 매우 중요한 연구에는 1970년대 Klerman과 Weissman의 연구, 미국 국립정신건강연구소 우울증 공동 연구 프로그램(The National Institute of Mental Health Treatment of Depression Collaborative Research Program: NIMH-TDCRP), Frank 등의 유지치료 연구, IPT 국제 연구 그리고 IPT 메타분석 등이 있다. 좀 더 상세한 자료는 IPT 연구소에서 찾아볼 수 있다.

IPT에 관해 밝혀지지 않은 부분이 아직 많다. 경험적으로 검증되지 않은 많은 요소들이 있다. 예를 들면, 임상적 전통에 따라 매주 1회기의 치료를 하는 것이 격주, 격월 혹은 일주일에 두 번의 회기를 갖는 것에 비해 우월하다는 자료는 없다. 회기당 한 시간을 치료하는 것이 30분, 15분, 혹은 2시간과 비교하여 바람직하다는 경험적 연구 역시 존재하지 않는다. 어떤 정신치료에서도 적절한 치료시간에 관한 연구 자료는 없다.

IPT '치료 전체(treatment package)'에 대한 치료 효능(efficacy) 연구는 있지만,

특별히 치료의 어떤 부분이 결정적인 요소인가에 대한 연구 자료는 없다. IPT(그리고 다른 정신치료에서)에서 사용되는 기술과 기법들은 주로 임상적 경험이나 과거부터 효과적이라고 알려졌던 것에 기초하고 있다. 해체구축(deconstruction) 연구는 IPT에서는 아직 시도되지 않았다. 숙제를 부과하는 혹은 부과하지 않는 것의 효과, 생물–심리–사회적/문화적/영적 설계를 하는 것과 하지 않는 것의 효과, 대인관계 평가도구를 실시하는 것과 실시하지 않는 것의 효과 등에 대하여는 연구되지 않았다.

IPT 매뉴얼을 엄격히 고수하는 것의 효과 역시 연구되지 않았다. 임상적 경험에 의하면 치료자가 자신의 임상적 판단을 적극적으로 활용하는 경우 좀 더 좋은 결과를 보였다. 경험적 증거 역시 이 결과를 지지하고 있다. 엄격하게 매뉴얼을 따르도록 요구할 경우 치료자가 치료적 접근을 하는 데 방해가 된다. 예를 들면, 치료자는 특정 환자의 경우 IPT에 행동활성화 기법을 추가하는 것이 도움이 될 것이라고 판단할 수 있다. 어떤 환자에게는 인지에 대하여 다루어 주는 것이 매우 효과적일 수도 있다. 다양한 치료기법을 적용할 경우 환자들이 더 큰 도움을 받을 수 있다는 점에는 의심의 여지가 없으며, 치료에서는 '혼합적 접근(mix and match approach)'이 종종 사용된다. 이러한 접근은 실제 임상 장면에서는 광범위하게 사용되지만, 경험적으로 검증되지는 않았다.

또한 IPT를 치료 프로토콜에 있는 그대로 실시한 것과 잘 실시한 것의 효과 차이에 대한 자료도 없다. IPT 프로토콜을 잘 따라 했는지를 평가하는 것은 어렵지 않다. 단순한 예/아니요 설문지를 사용하면 된다. 그러나 프로토콜을 잘 따라 하는 것(adherence)과 잘하는 것(quality)은 다르다. 예를 들어, 대인관계 평가도구를 매뉴얼대로 실시하는 것과 잘 실시하는 것은 다른 일이다. 숙련된 IPT 치료자라면 개개인의 환자에 따라 IPT를 달리 적용할 수 있어야 한다. 매뉴얼을 고수하는 것(adherence)도 좋은 목표이기는 하지만, 우리는 높은 질의 치료를 실시하기 위해 노력해야 한다.

IPT의 세부적 요소에 대한 자료가 많지 않은 것에 대해 우리는 두 가지 생각을 할 수 있다. 첫째는 연구 자료가 모두 세부적인 IPT 프로토콜이나 매뉴얼로부터 나온 것들이기 때문에 세부적인 IPT 프로토콜의 모든 요소를 정의된 대로 정확히 전달해야 하며, 그렇지 않으면 효과가 없다는 주장을 할 수 있다. 이 주장을 지지하는 자료는 없다. 모든 IPT 프로토콜이 일정하다면 이는 합리적인 주장이라 할 수 있을 것이다. 하지만 모든 IPT 프로토콜은 저마다 다르다. 어떤 프로토콜에서는 20회기 이상 진행하고, 어떤 프로토콜에서는 단 6회기만 진행한다. 어떤 프로토콜은 다섯 가지의 문제영역을 사용하고, 어떤 프로토콜에서는 세 개의 영역만을 사용한다. 유지치료를 실시하는 경우가 있고, 그렇지 않은 프로토콜도 있다. 어떤 프로토콜에서는 숙제를 부과하고, 어떤 프로토콜에서는 부과하지 않는다.

　좀 더 합리적인 생각은 경험적 증거, 임상적 경험, 임상적 판단의 조합을 임상적 IPT의 근간으로 삼는 것이다. 여기에 상식을 추가하는 것도 현명한 방법이다. 오직 실증적 자료에 근거해서 치료를 진행해야 한다는 생각은 너무 단순하고 비현실적이다. IPT에는 실증적으로 연구되지 않은 측면이 너무나 많다. 더구나 실증적 자료에만 기초해서 IPT를 실시하라고 주장하는 것은 임상적 경험에 의해 축적된 중요한 정보들을 무시하는 것이다. IPT의 효용성을 지지하는 실증적 자료들과 마찬가지로, 임상적 경험과 임상적 판단 역시 IPT를 어떻게 실시해야 하는지를 결정함에 있어 동등하게 중요한 요소다. 근거-중심 진료(evidence-based practice)를 하려면 부분적으로는 진료-중심 근거(practice-based evidence)에도 의존해야만 한다.

참고문헌

1. Klerman GL, *et al*. Treatment of depression by drugs and psychotherapy. *American Journal of Psychiatry,* 1974, 131: 186-191.
2. Weissman MM. The psychological treatment of depression. Evidence for the efficacy of psychotherapy alone, in comparison with, and in combination with pharmacotherapy. *Archives of General Psychiatry,* 1979, 36: 1261-1269.

3. Weissman MM, *et al*. The efficacy of drugs and psychotherapy in the treatment of acute depressive episodes. *American Journal of Psychiatry,* 1979, **136**(4B): 555–558.

4. Elkin I, *et al*. NIMH Treatment of Depression Collaborative Treatment Program: background and research plan. *Archives of General Psychiatry,* 1985, **42**: 305–316.

5. Elkin I, *et al*. Conceptual and methodological issues in comparative studies of psychotherapy and pharmacotherapy, I. Active ingredients and mechanisms of change. *American Journal of Psychiatry,* 1988, **145**: 909–917.

6. Elkin I, *et al*. Conceptual and methodological issues in comparative studies of psychotherapy and pharmacotherapy, II. Nature and timing of treatment effects. *American Journal of Psychiatry,* 1988, **145**(9): 1070–1076.

7. Frank E, *et al*. Three-year outcomes for maintenance therapies in recurrent depression. *Archives of General Psychiatry,* 1990, **47**(12): 1093–1099.

8. Frank E and Spanier C. Interpersonal psychotherapy for depression: overview, clinical efficacy, and future directions. *Clinical Psychology: Science and Practice,* 1995, **2**: 349–369.

9. Frank E, *et al*. Randomized trial of weekly, twice-monthly, and monthly interpersonal psychotherapy as maintenance treatment for women with recurrent depression. *American Journal of Psychiatry,* 2007, **164**: 761–767.

10. Bolton P, *et al*. Group interpersonal psychotherapy for depression in rural Uganda: a randomized controlled trial. *Journal of the American Medical Association,* 2003, **289**(23): 3117–3124.

11. Bass J, *et al*. Group interpersonal psychotherapy for depression in rural Uganda: 6-month outcomes: randomised controlled trial. *British Journal of Psychiatry,* 2006, **188**(6): 567–573.

12. Verdeli H, *et al*. Group interpersonal psychotherapy for depressed youth in IDP camps in Northern Uganda: adaptation and training. *Child and Adolescent Psychiatric Clinics of North America,* 2008, **17**: 605–624.

13. Cuijpers P, *et al*. Psychotherapy for depression in adults: a meta-analysis of comparative outcome studies. *Journal of Consulting and Clinical Psychology,* 2008, **76**(6): 909–922.

14. Cuijpers P, *et al*. Interpersonal psychotherapy for depression: a meta-

analysis. *American Journal of Psychiatry,* 2011, **168**(6): 581–592.

15. Barber J, Crits-Christoph P and Luborsky L. Effects of therapist adherence and competence on patient outcome in brief dynamic therapy. *Journal of Consulting and Clinical Psychology,* 1996, **64**: 619–622.

16. Barber J, *et al.* The role of the alliance and techniques in predicting outcome of supportive-expressive dynamic therapy for cocaine dependence. *Psychoanalytic Psychology,* 2008, **25**: 461–482.

17. Barber J, *et al.* The role of therapist adherence, therapist competence, and the alliance in predicting outcome of individual drug counseling: results from the NIDA collaborative cocaine treatment study. *Psychotherapy Research,* 2006, **16**: 229–240.

18. Castonguay L, *et al.* Predicting the effect of cognitive therapy for depression: a study of unique and common factors. *Journal of Consulting and Clinical Psychology,* 1996, **64**: 497–504.

제21장

통합 사례

이 장은 이 책 전체에 걸쳐 다루었던 모든 요소를 종합한 것이다. 제시된 사례들은 IPT의 유연한 구조(flexible structure of Interpersonal Psychotherapy), 대인관계 평가도구, 대인관계 설계, 문제영역 및 기법들을 예시하고 있다.

〈사례 21-1〉 Allan

제1부: 임상적 평가

배경 정보

Allan은 42세의 기혼 남성으로 10년간 교정 업무를 해 왔으며, 10대의 두 딸을 키우고 있다. 처음에 그는 불면증과 복통으로 동네 가정의학과를 방문하였다. 그의 주치의는 주요우울장애로 진단하고 항우울제인 SSRI(selective serotonin reuptake inhibitor) 치료를 시작하였지만 3주가 지나도록 증상의 호전이 없어 치료자에게 의뢰하였다.

평가/초기 회기

Allan은 약속보다 한 시간 일찍 도착했다. 그가 도착하였을 때, 치료자의 비서는 치료가 5~10분 정도 늦게 시작될 것이라고 말했다. 이에 대하여 그는 상당히 짜증스러워하였지만, 불쾌감을 직접 표현하지는 않았다.

치료가 시작되자, Allan은 지난 3~6개월 동안 불면증 때문에 힘들었다고 말했다. 그는 짜증스럽고 좌절감을 느꼈다고 보고하였으며, 전반적인 복부 통증과 두통을 호소하였다. 주치의의 의뢰서에 의하면 Allan은 하루 종일 우울한 상태이지만 오후에는 기분이 조금 나아지는 경향이 있다고 하였다. 주치의는 Allan에게 잠들기 어려운 초기 불면증과 새벽에 일찍 잠이 깨는 말기 불면증이 모두 있다고 기록하였다. Allan은 이런 내용을 인정하였고, 그 밖에도 일상적인 활동에 대한 흥미가 저하되었으며, 매사 즐겁지가 않다고 말했다. Allan은 또한 집중력도 저하되어 업무를 수행하는 데도 어려움이 있다고 했다. 가끔 자살 사고가 있고, 과음을 하거나 마약을 해 볼까 생각해 보기도 했지만, 지금은 그럴 생각이 없다고 하였다. 치료자는 정신병적 증상(psychotic symptom)에 대하여 구체적으로 질문하였지만 그러한 증상은 발견되지 않았다. 추가적으로 Allan의 자살 사고에 대해 구체적으로 알아보았는데, Allan은 죽는 것이 더 낫겠다는 생각을 가끔 하기는 했지만, 실제로 시도하지는 않았다고 하였다. 더욱이 그는 자살 시도는 결코 하지 않을 것이라고 했는데, 왜냐하면 그것은 자신의 가족을 황폐화시킬 것이기 때문이라고 하였다.

주치의는 항우울제 외에도 수면을 위해 벤조디아제핀(benzodiazepine)을 처방하였다. Allan은 약물 용량을 마음대로 늘려서 두 배로 먹고 있다고 하였다. 그 외에 술이나 금지 약물 복용은 부정하고 있었으며, 또 다른 병원에서 안정제를 처방받은 적도 없다고 진술하였다.

과거 정신과적 병력

Allan은 과거에 정신건강의학과를 방문한 적은 없다고 하였다. 자세히 질문한 결과, 그는 몇 차례 우울감을 경험한 적이 있는데, 그중 두 번인 초기 청소년기와 성인 초기에는 심각한 우울감이 수개월간 지속되기도 했다. 그러나 정신과적 치료나 상담을 받은 적은 한 번도 없었다.

과거 의학적 병력

Allan은 건강이 좋은 편이라고 하였다. 그가 복용하는 약물은 항우울제와 벤조디아제핀뿐이다.

가족의 정신과적 병력

Allan은 외아들이었다. 그의 어머니는 Allan의 어린 시절 내내 심한 우울증으로 병원에 입원해 있었다. Allan은 자신이 태어난 이후 어머니가 발병했다고 믿고 있었다. 어린 시절 아버지가 Allan과 어머니를 소홀히 하여 여러 사람이 Allan을 양육하였다. 그러나 Allan은 그들 중 누구로부터도 특별히 관심을 받거나 가까이 지냈던 기억이 없었으며, 학교 선생님이나 친구들과도 특별히 친밀하지 않았다. 그는 면담 내내 차분한 목소리로 이야기하였으며, 자신의 어머니가 최근 심각한 우울 삽화의 재발로 다시 병원에 입원하였다고 하였다.

> 어머니는 병원에 오래 입원해 계셨는데, 나는 어머니의 상태가 정말 좋아지실지 의문이에요. 어머니가 '정상'이었던 걸 본 기억이 없는 것 같아요.

Allan은 다른 가족 중 정신과적 문제가 있는 사람은 없었다고 말했다.

사회력 및 발달력

Allan은 임신과 출산과정에서 별다른 문제는 없었다. Allan의 어머니가 임신 중 우울했다는 증거는 없다. 발달력상 발달이 지체된 점도 없었다고 진술하였다.

Allan은 어린 시기의 의미 있는 애착관계를 거의 기억하지 못하고 있었으며, 전체적으로 불안하고 회피적인 아이였던 것으로 기억하고 있었다. 그는 학교에서는 친구들이 거의 없는 고립된 아이였고, 선생님은 '수줍음이 많지만 명랑한 아이'라고 평했다. Allan은 중·고등학교 5년 과정을 마친 후 공무원으로 일하기 시작하였고, 약 10년간 하급 관리직으로 일하였다. 공무원으로 일하는 동안 사회적 관계는 거의 없었지만, 체육관에 가거나 조깅을 하는 등 혼자서 운동을 하고 있었다.

부인인 Pam은 20대 초에 교회 활동을 하면서 만났다. 그녀는 외국 여성으로 휴가 차 미국을 방문 중이었으며, 두 사람은 '처음부터 가까워진, 사랑보다는 우정 같은' 관계였다고 하였다. Pam은 Allan과 함께 지내기 위해 이민을 왔으며, 2년 후 결혼하였다. 1년 후 큰딸 Eliza가 태어났고, 둘째 딸 Anna는 3년 후에 태어났다. Allan은 아빠가 되어 행복했으며, 특히 Eliza가 태어났을 때 행복하였다. Eliza가 어렸을 때, Allan은 딸과 많은 시간을 보냈던 것으로 기억하고 있었으며, 특히 그녀와 오래 산보를 하곤 하였다. Pam과의 관계는 전보다는 소원해졌으나 아직도 두 사람의 관계는 좋은 편이라고 믿고 있었다. 그 후 해가 가면서 Pam과의 관계가 나빠질수록 Allan은 더욱 Eliza와 가까워졌다.

Eliza는 점차 집을 떠나 밖에서 더 많은 시간을 보내기 시작하였으며, Allan은 Eliza가 자신을 피하는 것처럼 느껴졌고, 지난 6개월간은 특히 심했다. 약 두 달 전 Allan은 Eliza가 나이 많은 여자와 사귀고 있음을 알게 되었고, 아마도 성적 관계를 맺고 있는 것 같다고 말했다. 이러한 관계에 대하여 Allan이 특별한 감정을 가지고 있지는 않았지만, Eliza가 집에서 보내는 시간이 적어질수록 자신이 더욱 고립될 것이라는 것은 알고 있었다. Allan은 자신의 사회적 관계를 상당히 차분한 어투로 요약하였다. "나는 완전히 외톨이라고 느껴져요. 주위에 나를 위해 주는 사람이 아무도 없어요."

병전 성격

Allan은 오랫동안 친밀한 관계를 맺는 데 어려움을 겪어 왔다고 진술하였다. 그는 분노와 슬픔과 같은 강력한 감정을 참아 내지 못한다고도 하였다. 그리고 격하게 분노를 쏟아 내고 나면, 통제력을 잃은 것에 대해 심한 수치심을 느낀다고 말했다. 이와 같이 격노하고 수치심을 느끼는 악순환을 그는 매우 고통스러워하였다. 하지만 치료자가 Allan이 '격노(rage)'라고 명명한 것을 자세히 묘사하도록 해 본 결과, 사실은 격노가 아니라 매우 억제되어 있는 감정 반응이었다. 즉, Allan이 '격노'라고 명명한 것은 대부분의 사람들이 단순히 화(anger)를 내는 것과 크게 다르지 않았다. 그러나 Allan은 통제를 잃는 것에 대하여 지나치게 걱정하고 있었기 때문에 화가 나는 것을 '격노'한 것으로 느끼고 있었던 것이다.

치료자는 Allan이 강박적이고 완벽주의적인 대처 전략을 사용하는 경향이 있음을 알게 되었다. 즉, 지나치게 오랜 시간 일을 하고, 반복적으로 업무를 수행하면서 스스로 자각하고 있는 자신의 결점을 만회하려고 하였고, 순서와 목표 달성을 지나치게 강조하는 성향이 있었다. 또한 세상을 '전부 아니면 전무(all or nothing)'로 보는 경향이 있는 것 같았으며, 삶의 부정적인 면에 먼저 주의를 기울이는 경향이 있었다. 치료자는 이것을 어린 시절부터 지속되어 온 성격적인 특성으로 볼 수 있다고 생각하였다.

문화적 및 영적 요소

Allan은 자신의 직장 환경을 '침묵의 문화(culture of silence)'라고 표현하였다. 직장에서는 직원들이 생산적으로 일하기를 기대한다. 남자 직원들은 주로 하키나 야구 게임 외에는 별로 이야기를 하지 않는다. 어느 누구도 개인적인 이야기는 많이 하지 않으며, Allan도 그런 이야기를 하는 것이 다른 사람들에게 약하게 보일 수 있다고 느끼고 있었다. Allan은 스스로를 영적인 사람이라고 생각했지만 교회에 규칙적으로 다니지는 않고 있었다. 부활절이나 성탄절 같은 때 아내인 Pam과 함께 교회에 가기는 하지만, 사람들이 많은 것을 좋아하지도 않고 거기서 피상적인 관계를 맺는 것 역시 좋아하지 않는다고 하였다.

정신 상태 검사

Allan은 적당한 체격의 중년 남성으로, 청바지에 색깔이 있는 셔츠를 입은 캐주얼한 모습이었다. 깔끔하게 정리된 턱수염에 안경을 쓰고 있었으며, 머리는 짧게 자른 모습이었다. 치료자는 Allan과 치료적 관계(rapport)를 형성하기가 매우 힘들었으며, 그는 따뜻한 구석이라고는 거의 없는 사람이었다. 또한 그는 상대방과 눈을 마주치지 않았고, 감정의 변화가 별로 없었으며, 스스로 자신의 기분이 '매우 우울하다.'고 말하고 있었다. 사고상의 장애는 없었지만 사고 내용은 매우 자기-비판적이었으며, 희망이 없다는 말을 하였지만 그 정도가 망상 수준은 아니었다. 지각상에 혼란이 있다는 증거는 나타나지 않았다. Allan은 자신의 문제의 심각성에 대해 정확히 통찰하고 있었다. 자신의 신체 증상(vegetative symptom) 중 일부는 병의 신호일 수 있다는 점을 알고 있었지만 회복될 것이라는 희망이 없는 듯이 보였고, 그가 할 수 있는 일은 약을 먹는 것 외에는 없다고 느끼고 있었다.

진단적 설계

치료자는 『정신장애의 진단 및 통계 편람 제4판(Diagnostic and Statistical Manual of Mental Disorders: DSM-IV)』에 따라 다음과 같이 진단하였다(〈표 21-1〉 참조).

〈표 21-1〉 전반적 기능 평가(Global Assessment of Functioning: GAF)

I 축(Axis I)	주요우울장애
	기분부전장애
II 축(Axis II)	강박적 성격 특성
III 축(Axis III)	없음
IV 축(Axis IV)	가정과 결혼생활에서의 갈등
	어머니의 투병
	사회적 고립
V 축(Axis V)	GAF = 55

대인관계 평가도구

정신과적 평가는 보통 처음 두 회기에 진행되는데, 대부분 치료자의 지각에 기초하여 이루어지므로 정해진 의제를 일방적으로 밀어붙이기보다는 치료 동맹을 우선시하는 것이 도움이 된다. 3회기에서 치료자는 Allan과 함께 대인관계 평가도구(interpersonal inventory)를 작성하였다. Allan에게는 특히 협동하여 작업한다는 느낌을 주는 것이 매우 중요하다는 것을 치료자는 인식하고 있었다. 치료자는 대인관계 원(interpersonal circle)에 사람의 이름을 어떻게 기록하는지에 대해 간단히 알려 준 후, 종이를 Allan에게 넘겨주고 의자에 기대어 앉았다.

Allan은 빠르게 Pam, Eliza 그리고 Anna의 이름을 적어 나갔다. 흥미롭게도 Eliza는 Pam보다 훨씬 더 원의 중심에 가까웠다. 잠시 후에 Allan은 무엇을 더 적어야 하는지를 치료자에게 물었다. 치료자가 대답하였다.

누구든 당신의 사회적 지지망 안에 있는 사람이요……. 특히 그 사람이 지금 당신이 겪고 있는 문제와 관련이 있는 사람으로요.

Allan은 마치 치료자가 아직 정답을 알려 주지 않았다는 듯이 좀 더 분명히 설명해 주기를 요구하였다. 그럼에도 치료자는 부드럽게 이것은 Allan의 원이므로 Allan이 완성해야 한다고 격려해 주었고, 맞고 틀린 답이 있는 것이 아니고, 치료자는 단지 Allan의 사회적 지지망을 시각적으로 봄으로써 Allan과 Allan의 고통을 좀 더 잘 이해하기를 원한다고 말하였다.

Allan은 종이의 가장 바깥쪽에 어머니의 이름을 기록하였다. 반대쪽에는 아버지를 기록하였는데, 괄호를 쳐서 사망하였음을 표시하였다. 유일하게 추가된 이름은 John으로, 그는 직장 동료인데 그 역시 원 밖에 기록하였다. 치료자에게 종이를 넘겨주기 전에 마지막으로 다시 살펴본 후, Eliza의 이름에 원을 두르더니 원 밖으로 화살표를 하였다. 이에 대하여 설명을 요구하자, 이것은 딸이 또 다른 관계를 맺기 위하여 떠났다는 것을 의미한다고 대답하였다([그림 21-1] 참조).

치료자가 아내와의 관계에 대하여 자세히 묻자, Allan은 대답하였다.

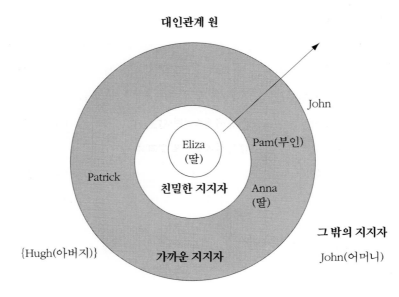

대인관계 원

John

Pam(부인)

Eliza
(딸)

친밀한 지지자

Anna
(딸)

Patrick

그 밖의 지지자

{Hugh(아버지)}

가까운 지지자

John(어머니)

[그림 21-1] 대인관계 원-Allan

아내는 더 이상 저와 시간을 보내려 하지 않아요. 사랑이 식은 것 같아요. 저는 아내가 저와 함께 있는 것을 원하지 않는다고 생각해요. 저는 누군가와 같이 있어서 즐거운 사람이 아니에요. 이런 점들이 둘을 멀어지게 한 것 같아요.

추가 질문을 통해 살펴본 결과, Allan과 Pam은 오랫동안 많이 다투었으며, 현재 그들의 관계는 '차갑게 식어 버린' 상태였다. 치료자는 딸들과의 관계에 대해서도 질문을 하였다. Allan은 큰딸 Eliza와 다투었으며, Anna는 다루기 힘든 아이로 집에서 Allan과 Pam 모두를 괴롭힌다고 하였다.

직장 외에 Allan이 흥미를 가지고 있는 일과 활동을 살펴본 결과, 치료자는 Allan에게 사회적 지지를 해 줄 수 있는 사람을 거의 찾을 수 없었다. Allan은 현재 집안 식구 외에는 접촉하는 사람이 거의 없었으며, 사회적으로 매우 고립되어 있었고, 지지받고 있지 못하고 있었다.

애착유형

대인관계 평가도구는 Allan의 애착유형에 관하여 상당히 많은 정보를 제공한다. Allan이 사회적으로 고립되어 있는 것이 그의 정서적 증상과 고통의 기원에 중요한 요소인 것 같았다. Allan은 자신의 전형적인 상호작용 유형은 혼자서 일을 하거나 사람들을 피하는 것이라고 하였다. 치료자는 이에 동의하면서도 좀 더 복잡한 문제가 있는 것으로 보았는데, 즉 Allan은 공포적 애착유형 및 회피적 애착유형이 혼합된 모습을 갖고 있는 것 같았다. 이에 대해 좀 더 평가해 보기 위해 치료자는 몇 가지 추가적인 정보를 수집하였다.

> 치료자: Allan, 가족 내의 갈등에 추가하여 저는 당신이 느끼는 고립감에 대하여 좀 더 이야기하고 싶어요.
>
> Allan: 네. 그게 문제지요.
>
> 치료자: 당신은 전에 '사람들과의 서먹한 관계를 깨기 위해' Pam에게 의지하는 경향이 있다고 말했는데요.
>
> Allan: 맞습니다.
>
> 치료자: 당신 생각에는 사람들과의 관계가 무엇 때문에 힘든 것 같습니까?
>
> Allan: 글쎄요, 제 생각에는 제가 정말로 노력해 본 적이 없는 것 같아요.
>
> 치료자: 그 점에 대하여 좀 더 이야기해 주시지요.
>
> Allan: 저는 대인관계에 항상 운이 없었던 것 같습니다. 아이일 때도 없었고, 성인이 되어서도 마찬가지고요.
>
> 치료자: 문제가 있었다고 생각하는 인간관계를 함께 살펴봄으로써 어떤 패턴이 있었는지를 알아볼 수 있을 것 같습니다.
>
> Allan: 옛날 일들을 파헤쳐 보자는 건가요?
>
> 치료자: 아, 우리는 주로 현재 당신의 인간관계를 다루지만, 비교적 최근에 일어났던 일들을 살펴봄으로써 현재 당신의 문제에 대하여 좀 더 잘 이해할 수 있을 것 같습니다.

함께 대화를 하면서, Allan과 치료자는 Allan이 대인관계 접촉을 해 보려고 노력했지만 실패했던 사례들을 살펴보았다. 실패한 관계에서 공통적으로 관찰되는 점은 Allan이 주변 사람들에게 상당히 큰 기대를 하고 있고, 그것 때문에 결국 만남을 지속적으로 이어 가지 못한다는 것이다. Allan은 사회적 관계에서 상대방이 자신의 기대에 미치지 못하거나 요구에 응하지 않으면 불만을 표현하게 된다고 기술하였다. 이 경우 Allan은 자발적으로는 만남을 이어 가지 않으며, 결국 관계가 끊어지고 만다고 하였다. 치료자는 Allan에게 그의 애착유형을 평가할 수 있도록 좀 더 이야기를 해 달라고 요구하였다.

치료자: 다른 사람들과 상호작용했던 경험을 한두 가지 더 이야기해 주신다면 제가 당신을 이해하는 데 도움이 될 것 같습니다. 떠오르는 것이 있습니까?

Allan: (잠시 쉬었다가) 없습니다. 이야기라는 것이 무슨 의미입니까?

치료자: 제가 원하는 것은 하나의 예입니다. 저는 이야기 속에서 사람들의 상호작용 방식에 대하여 좀 더 잘 이해할 수 있었던 경우가 많습니다. 부인과의 관계에 대한 이야기가 아마도 좋은 예가 될 것입니다.

Allan: (다시 잠시 쉬었다가) 지금은 생각나는 것이 아무것도 없습니다. 제 말은, 우리는 수없이 다투었고, 때로는 좋은 시간도 있었지만, 구체적인 이야기는 떠오르는 것이 없습니다.

치료자: 명절이나 가족 행사에서 있었던 일이 하나의 예가 될 수 있겠지요.

Allan: (다시 잠시 쉬더니) 음, 지난번 밸런타인데이 이야기를 하면 되겠네요. 우리 식구 모두가 카드를 샀는데, 아마도 의무감 때문이었던 것 같아요. 그리고 직장에서 퇴근하는 길에 저는 좀 미안한 마음이 들어서 꽃을 사서 들어가기로 했지요. 늦은 시간이어서 좋은 꽃들은 벌써 다 팔린 상태였습니다. 결국 데이지를 샀어요……. 아내는 아무것도 준비하지 않았고, 우리는 아무 말 없이 저녁을 먹었습니다. 제 생각에 우리 모두 서로에게 실망하고 있는 것 같았어요. 결국 마찬가지였습니다. 다를 것은 없었고, 서로 거리감만 느꼈습니다. 그날 일을 다시 생각하니 우울하네요.

대인관계 설계

대인관계 평가도구를 작성한 직후, 치료자는 Allan이 대인관계 설계를 하는 데 협조적으로 참여한다면 치료 동맹이 더욱 강화될 수 있을 것이라고 생각했다. 상 자를 그린 후에 치료자는 종이와 연필을 Allan에게 주고 각 항목을 기록하도록 하 였다. 두 사람이 협력해서 잠정적인 설계를 작성하였는데([그림 21-2] 참조), 여기 에는 현재 문제의 주요 요인으로 Allan의 가족사와 그의 제한된 사회적 접촉을 포 함시켰다. 치료자는 심리적 요소를 특히 조심스럽게 다루었다. 치료자의 개념화 에 의하면 Allan의 애착유형은 회피적 요소와 공포적 요소로 이루어져 있었는데, 그는 근본적으로 회피적이고 강박증적인 특성을 가지고 있었다. 그러나 설계를 하는 과정에서는 Allan이 스스로를 기술하는 데 사용하였던 단어를 그대로 사용 하였다. '개인적인 활동을 하기를 더 좋아하고, 그리 다정하지 않으며, 사회적 활

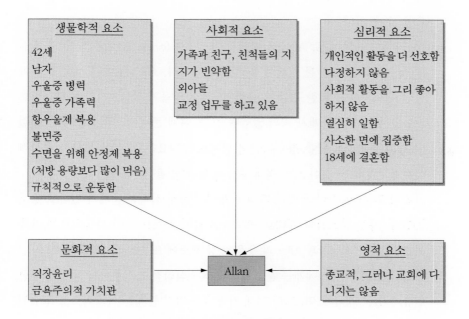

[그림 21-2] 잠정적 대인관계 설계-Allan

동을 그리 좋아하지는 않는' 등의 표현이 그것이다.

치료적 고려

치료자는 먼저 Allan의 문제에 접근하기 위하여 다양한 치료적 접근을 고려하였다. 어린 시절의 환경, 현재의 대인관계 기능, 첫 회기에서 보여 준 상호작용 유형 등에서 입증된 바와 같이 그는 공포적이며 거부적인 애착유형을 갖고 있다. 또한 고려해야 할 점은 Allan이 사회적 관계에서 오랫동안 지속되어 온 것으로 보이는 중요한 성격적 특성을 갖고 있다는 점이다. 치료자는 가능한 치료적 개입으로 다음과 같은 것들을 고려하였다.

- 인지행동치료: CBT의 장점은 여러 가지다. 첫 번째는 문제에 초점을 맞출 수 있고, 구조화되어 있다는 점이다. CBT는 애착이나 정신역동적인 문제에 관여하지 않으면서, Allan의 인지의 역기능적인 측면과 그 이면에 존재하는 심리도식(schema)을 다루는 데 도움이 되고, 특히 강박적 사고와 행동에 도움을 줄 수 있다.
- 정신역동적 정신치료: Allan은 평생 동안 양육자(caregiver)로부터 '공감적 실패(empathtic failure)'를 경험해 온 것이 분명하다. Allan은 어린 시절 항상 아팠던 어머니와 소원한 관계의 아버지, 여러 양육자, 어린 시절에 양육받는 느낌을 주는 인간관계가 거의 없었던 점 등 현재 문제에 선행되는 어린 시절의 경험에 초점을 맞춘 장기적인 정신치료가 필요하고, 이를 통해서 공감적 이해를 경험하는 것이 Allan에게 도움이 될 수 있을 것 같다.
- 가족치료: Allan은 아내 및 딸과의 관계에서 특히 심각한 문제가 있다고 호소하였다. 가족 시스템이 제대로 기능하고 있지 않으므로 이 가족치료는 가족의 장기적 기능 향상과 Allan의 우울 증상 해소에 도움을 줄 수 있을 것이다.
- 대인관계치료: Allan에게는 분명히 생리적·심리적으로 우울을 유발할 만한 이유가 있는 것 같으며, 그의 현재 가장 두드러진 문제는 사회적으로 고립된 상태에서 부부생활 및 딸들과의 관계에서 겪고 있는 관계상의 어려움일 것

이다. 이러한 급성적 위기 때문에 Allan이 치료를 받게 되었으며, 이는 Allan의 생물-심리-사회적/문화적/영적 취약성과 상호작용하여 우울증의 유발요인이 된 것 같다. 대인관계에 초점을 맞춘 치료는 Allan의 증상을 경감시키는 데 도움이 될 것이며, IPT는 약물과 잘 조화를 이룰 것이다. 더구나 IPT는 Allan이 현재 호소하고 있고, 또 우울증을 야기했던 문제에 초점을 맞춘 치료이므로 상당히 효과가 있을 것이다.

문헌자료들 역시 이를 지지하고 있다. 첫째, 치료 효과에 대한 연구들은 IPT가 Allan의 기분부전장애[1]는 물론 우울증에 효과가 있는 근거-중심 치료가 될 수 있음을 시사한다.[2] 둘째, NIMH-TDCRP(National Institute of Mental Health Treatment of Depression Collaborative Research Program)에 의하면 IPT가 CBT에 비하여 강박적인 특성을 지닌 환자들에게 좀 더 적절한 치료일 수 있다.[3] 또한 Allan이 약물치료와 IPT를 동시에 받을 경우 더욱 효과를 볼 수 있다는 실증적 증거도 있다.[4]

Allan의 과거 대인관계 실패 양상을 볼 때, 치료적 관계에 문제가 생길 잠재적 가능성이 있으며, 치료자는 Allan의 공포적 애착유형에 맞추어 치료과정을 조정할 필요가 있다. 첫째, 치료자는 Allan과 치료 동맹을 맺는 데 더 많은 시간이 필요함을 알아야 하며, Allan의 말을 경청하는 데 많은 주의를 기울여야 한다. 공감은 조심스럽고 사려 깊게 이루어져야 할 것이다. 치료 동맹은 충분히 이루어져야 하겠지만 지나쳐서는 안 될 것이다. 왜냐하면 치료 동맹이 지나칠 경우 Allan은 그것을 부담스럽게 느끼고 거부할 가능성이 있기 때문이다. 둘째로, IPT의 단계를 밟아 가는 과정 역시 조정되어야 할 것이다. 왜냐하면 Allan은 치료자에게 신뢰감을 가지고 자신의 감정을 좀 더 자유롭게 표현하는 데 더 많은 시간이 필요하기 때문이다. 이는 특정 치료적 과제에 관한 의제로 돌진하기보다는 그냥 Allan을 알아 가는 데 더 많은 시간을 보내야 함을 의미한다. 마지막으로 치료자는 Allan을 진정으로 이해하는 데 관심이 있음을 조심스럽게 전달해야 한다. 치료자는 매우 융통성 있게 접근해서 치료자가 자신에게 어떤 의제를 부과하고 있다는 사실을 Allan이 지각하지 못하게 해야 한다.

이 시점에서 다양한 치료적 선택을 고려한 후에 대인관계 설계를 해야 할 것이다. 치료자는 다음과 같이 요약하였다.

> Allan, 제 생각에는 당신이 경험하는 고통은 당신을 진정으로 이해해 주는 사람이 아무도 없다는 감정과 고립감에서 오는 것 같습니다. 당신이 말한 것처럼 결정적 순간(tipping point)—위기에 직면하게 된 시점—은 Eliza와의 관계에 커다란 변화가 있었을 때였던 것 같습니다. 부인과의 관계도 그리 좋지는 않았지만, 제 생각으로는 지난 몇 달 동안은 그런대로 참을 만했던 것 같습니다. 이 모든 것이 더욱 힘들어진 것은 당신이 Eliza와의 관계에서 변화가 생기기 시작했다고 느끼게 되면서라고 저는 생각했습니다.
>
> 이 시점에 당신의 생활에서 우울 삽화가 나타나는 데는 여러 가지 요소가 상호작용했을 것으로 보입니다. 당신은 우리가 함께 완성한 설계에서 그 요소들을 빠짐없이 잘 나열해 주었습니다. 저는 당신의 유전적인 요인에 대하여 주목하였습니다. 당신 어머니는 심각한 우울증 병력이 있고, 이는 당신이 우울증에 취약한 유전적 요소가 있음을 시사합니다.
>
> 저는 당신이 우울해지는 데 여러 가지 심리적 취약성이 있다고 생각합니다. 당신은 분명히 열심히 일하는 사람이고, 세부적인 것까지 꼼꼼히 챙깁니다. 사실 이러한 특성은 당신이 성취를 하는 데 도움을 준 것도 사실입니다. 하지만 지금과 같은 위기 상황을 다루는 데는 '아킬레스건'으로 작용하는 특성이라고 생각합니다. 과거에는 열심히 일함으로써 문제를 해결할 수 있었지만, 지금은 그 방법이 더 이상 효과적이지 않습니다.
>
> 그러나 가장 중요한 것은 당신이 우울해졌다는 것입니다. 부인과의 결혼 생활에 문제가 생길 때 당신의 기분이 어떻게 저하되었는지를 제게 설명해 주었습니다. 당신은 Eliza와의 관계 역시 변해 가고 있다고 이야기하고 있으며, 이것은 당신에게 상당히 큰 손실로 생각됩니다.
>
> 당신은 직장에서의 문화도 이야기했습니다. 예를 들면 John과의 관계지요. 직장 사람들은 개인적인 문제는 이야기하지 않거나 다른 사람들에게 힘

든 점은 알리지 않고 있습니다. 아마도 그래서 심리적 지지를 얻기는 힘들 것이라고 저는 생각했습니다. 그리고 당신이 말한 것처럼, 당신은 영적인 면에 대하여 관심이 있지만, 종교 모임에 참석하거나 조직의 일원으로 활동하지는 않는 것 같습니다. (종이를 가져와 여러 박스에서부터 선을 그림) 이러한 요소들이 당신이 Eliza와의 관계에서 커다란 변화를 겪는 중에 함께 나타났고, 또한 부인과의 오래된 문제와도 복잡하게 얽혀 있는 것 같습니다. Eliza와의 관계 변화가 균형을 깨뜨린 것 같고, 그 결과 지금 당신은 우울하고 고통스러운 것 같습니다. 지금 당신이 갖고 있는 문제를 기술하는 것부터 시작하는 것이 어떻겠습니까?

Allan은 대답하였다. "인정하고 싶지는 않지만, 생물학적인 요소도 작용을 했다는 점에 동의를 할 수밖에 없네요. 저는 항상 저 자신을 통제할 수 있다고 생각해 왔습니다. 그것이 항상 최선은 아닐 수 있을 것 같네요. 당신이 옳습니다. 우리가 함께 기록한 종이를 보고 있으니, 무슨 일이 일어나고 있는지 훨씬 분명해지네요. 단지 저는 스스로 내 문제를 해결할 수 없다는 사실에 실망하고 있습니다."

희망적인 미소를 보이며, 치료자는 계속하였다.

우리의 평가에 기초하여 볼 때, 당신은 주요우울증에 해당하는 것 같습니다. 당신은 증상뿐 아니라 당신이 경험하는 스트레스에 대해서도 자세히 잘 설명해 주었습니다. 특히 고립감(isolation)에 대해서는 좀 더 자세히 알고 싶습니다. 모든 증상(우울, 스트레스, 고립감 등)은 Eliza와의 관계 변화, 그리고 부인과의 문제와 연결되어 있는 것 같습니다.

생물학적인 요소를 고려해 보았을 때, 치료에 약물이 매우 중요한 요소인 것 같아서 저는 약물 복용을 강력하게 권합니다. 이와 함께 정신치료를 통해 대인관계 문제의 많은 부분들을 다룰 수 있을 것입니다. 약물처럼 정신치료에도 여러 가지 종류가 있습니다. 예를 들면, 어떤 치료는 당신의 사고 패턴(thinking pattern)을 살펴보고, 어떤 치료는 당신의 가족이 상호작용하는 방식을 살펴봅니다. 제 생각에 관계상의 요소가 중요한 역할을 하는 경우에는 대인관계치료, 즉 IPT가 가장 도움이 될 것 같습니다.

IPT는 제일 먼저 현재 당신의 대인관계를 살펴보는 치료입니다. 이것이 우울증의 급성기 치료에 도움이 된다는 많은 연구 결과들이 있습니다. 아마도 개인별로 독특한 대인관계 문제를 다루기 때문인 것 같습니다. 제 생각으로는 당신의 대인관계에 초점을 맞춰 관계를 변화시키도록 돕는 것이 가장 효과적일 것으로 생각이 됩니다. 이 점에 대하여 어떻게 생각하십니까?

Allan은 대인관계를 다루는 것이 좋을 것 같다고 대답하였다. 그는 자신의 문제를 다른 사람과 이야기하는 것에 대해서는 여전히 회의적이었지만, IPT를 시작하는 데 동의하였다.

치료자는 자신과 Allan이 사용하였던 언어를 사용하면서 조심스럽게 대인관계 설계(interpersonal formulation)를 요약하였다. 이것은 공동 작업으로 이루어졌기 때문에 목표를 놓칠 가능성은 거의 없었다. Allan이 상당히 많은 부분에서 기여하였다. 치료 동맹과 참여도는 Allan의 언어를 사용함으로써 더욱 향상되었다. 치료자는 Allan의 감정보다는 생각에 대하여 끊임없이 질문하였으며, Allan에게도 자신의 감정에 대하여 질문하기보다는 자신의 생각에 대해 끊임없이 질문하면서 반응해 가도록 요구하였다. 치료자는 동시에 약점을 요약하기보다는—그렇게 할 경우 Allan이 비판으로 받아들일 수 있으므로—장점을 요약하면서 설계의 틀을 갖춰 나갔다. 마지막으로, 치료자는 단정적인 해석이 아닌, 함께 만들어 낸 가설로서 설계를 제시하였고, 조심스럽게 Allan의 피드백을 요청하였다.

치료의 초점 구축하기

견고한 설계를 완성한 다음의 과제는 Allan과 함께 치료의 초점이 되는 구체적인 대인관계 문제를 명료화하는 것이다.

Pam과 Allan은 Pam이 뉴질랜드에서 워킹 홀리데이를 위해 미국을 방문한 기간 중에 만났다. Allan은 Pam을 뉴질랜드 사람이라고 무시하는 경향이 있었지만,

결혼 초기에 Allan은 Pam과 함께 지내는 것을 즐겼으며, Pam은 사회적 관계에서 훨씬 능력이 있었다. Allan의 말에 의하면 Pam은 두 사람의 사회적 활동을 전적으로 책임지고 있었으며, '분위기를 편안하게 해 주는 역할'을 하였다. Allan은 자신이 과도하게 사회적으로 불안해한다고 느끼지는 않았으므로 이러한 수동적인 역할을 매우 편안하게 느꼈다.

Allan은 최근 들어 Pam이 점점 더 '내 행동에 진저리를 낸다.'고 보고하였다. 그는 Pam이 지속적으로 '내 요구를 거부하며 특히 집안일을 하지 않는다.'고 하였고, 이 때문에 아내와 종종 다툰다고 하였다. Allan에 의하면 부부 사이의 대화는 다툼으로 끝나는 경우가 많았고, 지금은 실제적으로는 아무런 의논도 하지 않는 지경에 이르렀다고 하였다. 그녀는 현재 친구들과 더 많은 시간을 보내고 있으며, 직장에서 점점 더 많은 시간을 보내려고 하고 있다. 지난 수년간 Allan은 야간 근무를 하였고, Pam은 주간 근무를 하였다. 그들이 만날 수 있는 시간은 Allan이 밤에 퇴근하여 돌아왔을 때뿐인데, 그때 Pam은 이미 잠들어 있는 경우가 많았다. 주말에도 Pam은 '여자들끼리의' 약속을 만들어 Allan을 혼자 놔두고 외출하였다. 두 사람 사이의 부부관계는 거의 없으며, 둘 사이에 아무런 감정도 남아 있지 않은 것 같다고 하였다.

치료자는 두 사람 사이에 갈등을 야기한 대인관계 사건을 구체적으로 이야기해 달라고 하였으며, Allan은 다음과 같은 이야기를 하였다.

> 치료자: 최근에 부인과 다툰 내용을 이야기해 주세요.
>
> Allan: 음…… 며칠 전 밤에 조금 다툼이 있었어요.
>
> 치료자: (Allan이 내용을 이야기할 수 있도록 뒤로 기대어 앉으며) 무슨 일이 일어났는지 이야기해 주세요.
>
> Allan: (차분하면서도 간결하게) 퇴근해서 집으로 돌아왔는데, 쓰레기가 그대로 있었고, 싱크대에는 더러운 접시들이 있었어요.
>
> 치료자: 그래서 어떻게 되었나요?
>
> Allan: (다소 성난 듯이) 아내에게 쓰레기는 꼭 버리고 설거지를 깨끗이 해

놓으라고 말하지 않았느냐고 했어요.

치료자: 좀 더 말해 주세요. 아내에게 어떻게 말하셨나요?

Allan: 말한 내용 그대로요?

치료자: 네. 저는 실제로 어떻게 대화가 오갔는지 좀 더 잘 알고 싶습니다.

Allan: (예의 바른 척하며) "여보, 이전에도 쓰레기를 밖에 내다 놓아 달라고 말했었잖아요. 집이 쓰레기장이 되어 가는 것 같아요. 이러면 제가 참지 못한다는 거 당신도 잘 알잖아요."라고요.

치료자: 부인의 반응은 어땠습니까?

Allan: 아무 말도 하지 않았습니다.

치료자: 당신이 전달하고 싶었던 감정적인 메시지는 무엇이었습니까? 당신은 흥분(upset), 분노(angry), 차분함(neutral) 중 어떤 상태였습니까?

Allan: (정서나 감정 없이) 분노에 가깝습니다. 제 목소리는 매우 컸고, 울화통을 터뜨린 후에는 죄책감을 느꼈습니다. 제 정서를 좀 더 잘 통제해야 할 것 같았습니다.

이와 같은 대화 내용과 그 외에 Allan과 Pam 사이에 이루어진 매우 빈약한 대화에 기초한 대인관계 문제들을 근거로 치료자가 쉽게 결론에 도달해서는 안 되며, 치료과정에서 이 문제에 특히 초점을 맞출 필요가 있다.

Allan과 Eliza는 약 9개월 전까지 매우 친밀한 관계를 맺어 왔는데, 당시 그녀는 고등학교를 마치고 바로 직장을 갖기로 결정하였다. Allan은 Eliza가 마지막 시험을 잘 마무리하고 대학에 가기를 원하였기 때문에 매우 실망하였다. Allan은 Eliza와 자신이, Eliza와 Pam보다 항상 더 가까웠다고 보고하였다. 그는 Eliza와 함께 조깅을 하거나 수영을 하면서 '서로 최선을 다하기 위하여' 선의의 경쟁을 했던 일들을 즐겁게 회상하였다.

치료자가 보기에 Allan은 Eliza와의 관계 상실에 대해 이야기하면서 분명히 심각한 상실에 대한 이야기를 함에도 불구하고, 감정(affect)이 점점 더 무덤덤해지고 제한되어 가는 것 같았다. 치료자가 Allan에게 Eliza가 나이 많은 여자와 관계를 갖는 것에 대하여 어떻게 생각하는지 묻자, 그는 Eliza가 언제나 집에 있을 것이라고 생각하며, 지난 수년간 그래 왔던 것처럼 앞으로도 언제나 친밀한 관계를 지속할 것으로 생각한다고 대답하였다. 인지적으로는 딸이 커 가고 있으며 결국에는 집을 떠나게 될 것이라는 것을 알고 있었지만, 정서적으로는 그것을 부정하는 쪽을 선택했다고 말하였다. Allan에 의하면 '그것을 인정하는 것은 너무 힘든' 일이었다.

대화가 다음과 같이 계속되었다.

> 치료자: Allan, 제가 보기에 당신은 Eliza와의 관계가 변화된 것에 대하여 상당히 많은 감정과 반응을 느끼고 있지만, 그 감정을 옆으로 치워 버리려고 애쓰고 있는 것 같네요. 저는 지금 당신과 Eliza와의 관계에서 어떤 일이 일어나고 있는지 좀 더 잘 이해하고 싶고, 또 그것이 당신과 당신의 우울증에 어떤 영향을 주고 있는지 알고 싶습니다. 우리는 IPT에서 세 개의 문제영역에 대하여 이야기했습니다. 당신과 Eliza 사이의 문제에 대해 당신은 어떻게 설명할 수 있을 것 같습니까?
>
> Allan: 저는 확실히 상실을 느껴요. 아마도 애도가 맞을 것 같아요. 역할 전환에 대하여 다시 한 번 설명해 주시겠어요?
>
> 치료자: 역할 전환은 관계에 있어서 변화를 탐색하고, 그것이 각 사람에게 어떻게 영향을 주었는지를 살펴봅니다. 역할 전환으로 인해 심리적 증상이 나타나는 경우, 상당수의 사람들은 상실 경험을 하고, 그로 인해 심한 슬픔이나 불안을 느끼게 됩니다. 제 생각으로는 그 순간에 당신이 느꼈던 감정을 설명하는 데 애도가 확실히 적합한 것 같지만, 역할 전환도 역시 적합할 수 있을 것 같습니다. 애도나 역할 전환 둘 다 좋으니 당신이 결정하면 될 것 같습니다.
>
> Allan: 음, 제 생각에 아직도 제가 아빠니까, 역할 전환으로 보고 다루어 나가는 것이 최선의 선택일 것 같습니다.
>
> 치료자: 그러면 사례 설계에 기록을 하겠습니다. 당신이 거기에 기록하시겠

습니까?

Allan: 좋습니다.

Allan과 치료자는 대인관계 설계([그림 21-3] 참조)에 다음의 치료 초점들을 추가하는 것에 상호 동의하였다.

- Pam과의 대인관계 갈등(Interpersonal Dispute)
- Eliza와의 역할 전환(Role Transition)

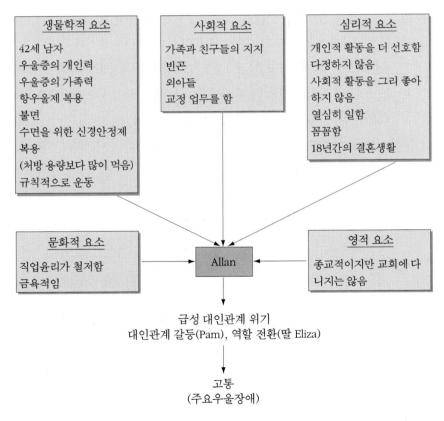

생물학적 요소

42세 남자
우울증의 개인력
우울증의 가족력
항우울제 복용
불면
수면을 위한 신경안정제 복용
(처방 용량보다 많이 먹음)
규칙적으로 운동

사회적 요소

가족과 친구들의 지지
빈곤
외아들
교정 업무를 함

심리적 요소

개인적 활동을 더 선호함
다정하지 않음
사회적 활동을 그리 좋아하지 않음
열심히 일함
꼼꼼함
18년간의 결혼생활

문화적 요소

직업윤리가 철저함
금욕적임

Allan

영적 요소

종교적이지만 교회에 다니지는 않음

급성 대인관계 위기
대인관계 갈등(Pam), 역할 전환(딸 Eliza)

고통
(주요우울장애)

[그림 21-3] 대인관계 설계-Allan

치료 합의

이 시점까지 Allan과 치료자는 세 회기를 만났다. 그들은 철저한 정신과적 평가를 했으며, 대인관계 평가도구 그리고 대인관계 설계를 완성하였다. Allan은 다소 불안정한 애착유형을 갖고 있으며, 제한된 사회적 지지에도 불구하고 IPT에 적합한 좋은 환자로 판단되었다.

이 시점에 이르러서야 두 사람은 앞으로 몇 달간 50분씩 총 12회기의 치료를 하기로 공식적으로 합의하였다. 처음에는 매주 만나기로 하였으나, Allan의 상태가 좋아질 경우 치료 간격을 벌릴 가능성이 있음을 분명히 하였다. Allan은 즉시 동의하였으며, 약속을 바꿀 경우 최소한 24시간 전에 통보해 줄 것에도 동의하였다.

제2부: 중기 회기

대인관계 갈등: 회기 4

중기 회기는 갈등과 전환 문제에 초점을 맞추었다. Allan은 아내 Pam과의 갈등을 먼저 다루기로 하였는데, 치료자는 정보를 더 얻기 위하여 명료화를 시도하였다. 치료자는 과거 지도교수로부터 '잘 모르겠으면 명료화하라.'는 임상적 가르침을 받았다. 더 많은 정보를 얻기 위해, 치료자는 Allan에게 갈등을 좀 더 잘 이해할 수 있고 시각화할 수 있도록 갈등 그래프를 그려 볼 것을 요청하였다. 종이를 가져와, 치료자는 두 개의 선을 그리고 상호작용을 시작하였다([그림 21-4] 참조).

> 치료자: Allan, 당신과 부인과의 갈등을 시각적으로 이해할 수 있도록 당신이 도움을 주었으면 좋겠어요. 당신이 갈등이 그래프상 어디쯤에 있는지 당신의 생각을 점으로 표시해 주세요. X축은 단순히 두 사람 사이의 관계의 중요도를 나타내 줍니다. Y축은 갈등의 심각도를 나타내 주지요. 저는 당신이 생각하는 갈등의 심각도와 관계의 중요도가 만나는 점이 어디인지를 알고 싶습니다.

Allan: 할 수 있을 것 같네요. 그런데 숫자가 없는데 어떻게 하나요? 제 생각에 심각도는 매우 높을 것 같아요. 약 8점 이상이요.

치료자: 숫자가 얼핏 도움이 될 것처럼 보이지만 실제로는 문제를 이해하는데 방해가 될 수 있다고 생각합니다. 고통을 평가하는 것과 마찬가지지요. 숫자는 많은 의미를 전달해 주지 않습니다. 왜냐하면 당신에게 8이라는 숫자가 저에게는 10일 수 있고, 어떤 사람에게는 2라는 숫자가 다른 사람에게는 5일 수 있으니까요. 저는 당신이 자신의 경험을 말로 표현해 주는 것이 훨씬 도움이 된다고 생각해요. 그래야 다른 사람들이 더 잘 이해할 수 있으니까요.

Allan: 좋습니다. 그렇게 할 수 있을 것 같습니다. (잠시 동안 그래프를 들여다보더니) 저는 여기쯤인 것 같습니다. 매우 심각한 수준이죠. 하지만 저는 제가 관계에 얼마나 에너지를 투자하고 있는지는 잘 모르겠어요.

치료자: 그 점에 대하여 좀 더 자세히 말해 주세요.

Allan: 전에는 관계에 전념했지만, 지금은 그렇지 않은 것 같아요. 저는 아내와 헤어지길 원하지는 않아요. 그리고 저는 또 다른 관계를 시작할 에

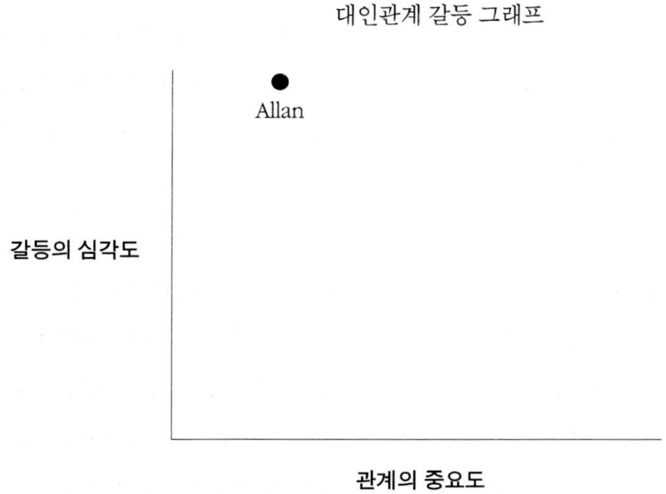

대인관계 갈등 그래프

[그림 21-4] 갈등 그래프-Allan

너지가 없어요. 하지만 아내와의 관계가 그냥 더 이상 중요하지 않다는 거예요. 우리 관계는 직장에서의 관계처럼 느껴져요. 각자 해야 할 일이 있고, 각자의 스케줄에 대하여 이야기하고, 상점에 가고, 화장실을 고치고, 자동차를 관리하고, 그 이상 아무것도 없어요. 저는 집에서 지루하게 지내고 있는 경우가 많아요. 외롭기도 한 것 같고요.

치료자는 Allan이 관계에 대하여 좀 더 이야기하도록 촉진하기 위한 방법으로 갈등 그래프를 사용하였고, 관계에 대하여 좀 더 질문하였다. 15분 후 치료자는 주제를 바꾸었다.

> 치료자: 관계에 있어서 당신이 어떤 위치에 있는지 이해하는 데 매우 좋은 출발을 하고 있는 것 같습니다. 자, 이제는 관점을 바꿔서, 당신 생각에 Pam은 당신과의 관계를 그래프 어디에 표시할 것 같습니까?
>
> Allan: 모르겠어요. 저는 그녀의 견해에 대해서는 정말 생각해 보지 않았어요.
>
> 치료자: 그녀가 어떻게 생각하고 있는지 알아보는 것도 매우 흥미로울 것입

대인관계 갈등 그래프

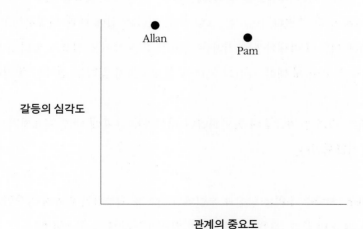

[그림 21-5] 갈등 그래프-Allan과 Pam

니다.

Allan: 아마도…… (약 30초 정도 생각한 후에) 그녀는 여기쯤 표시할 것 같
은데요? 매우 중요하게, 그러면서 바로 지금의 저보다는 관계에 더 많은
투자를 하고 있는 것 같다고 생각해요……. 저는 정말 모르겠어요.

치료자: 그녀가 어떻게 생각하는지 아는 것이 흥미로울 것 같습니다…….
그녀가 어떻게 말할지 궁금하네요([그림 21-5] 참조).

회기 5

다섯 번째 회기에서 치료자는 Allan과 Pam 사이의 갈등에 대한 또 다른 사례들
을 알아보기 위하여 몇 개의 대인관계 사건(interpersonal incident)을 탐색하였다.
치료자는 갈등과 관련되어 있는 두 가지 중요한 요인을 찾을 수 있었다. 첫 번째
는 Allan이 자신의 요구를 Pam에게 의사소통하는 방식으로, 그는 자신의 메시지
를 적절하게 전달하지 못하고 있었다. 둘째, 치료자는 Pam에 대한 Allan의 기대
가 비현실적이라고 느꼈다.

Allan은 '아내는 내 말에 전혀 귀를 기울이지 않는다.'고 일반화를 하였고, 그
로 인해 화가 났으며, 실망하고, 좌절하였다. 치료자는 Pam 역시 Allan의 요구
에, 그리고 둘 사이의 의사소통 방식 때문에 화가 나고 좌절했을 가능성이 있음
을 Allan에게 알려 주었다. Allan은 그럴 수도 있다는 점에 대해 인정하였고, 자
신의 기대에 대하여 아내와 이야기하는 다른 방법을 찾아볼 필요가 있다는 점도
인정하였지만, Pam에 대한 자신의 기대가 현실적이지 않다는 점에는 동의하지
않았다.

다섯 번째 회기는 지난주에 논의되었던 대인관계 문제에 대해 치료자가 상기
시키면서 시작되었다.

Allan, 지난주 우리는 당신과 부인과의 갈등을 세부적인 면까지 다루었습
니다. 지난 한 주간 그녀와 어떤 일이 있었는지 말해 줄 수 있습니까?

Allan은 예전에 말했던 것과 비슷한 두세 번의 논쟁이 있었다고 하였다. 치료자는 대화의 내용을 좀 더 구체적으로 말해 주기를 요청하였다. Allan은 "당신은 제가 부탁한 걸 들어준 적이 없어요. 저를 전혀 존중해 주지 않아요." "Pam, 월요일 저녁에는 쓰레기를 내다 버리라고 제가 수천 번 말했잖아요."와 같이 수많은 언어적 표현의 예를 이야기하였다. 몇 개의 사건들을 좀 더 살펴보았지만 기본적으로는 처음에 Allan이 기술하였던 내용이 반복되는 패턴이었다.

Allan이 이와 같은 주제에 대해 아내와 의사소통할 때, 대안이 될 수 있는 방법을 찾아보기 위해 치료자는 역할 연기를 통해 의사소통을 수정하는 작업을 해 보자고 제안하였다. 남은 시간 동안 치료자와 Allan은 역할 연기를 하였는데, Pam이 집안일을 하는 방식에 Allan이 불만을 표현하는 상황을 다루었다. 먼저 치료자가 Allan 역할을 하면서 역할 연기를 시작하였다. 치료자는 Pam과 의사소통을 할 때, 예를 들면 "Pam, 우리 커피 한잔 마시면서 집안일에 대한 이야기를 해 보면 어떨까요?" 혹은 "Pam, 집안일을 좀 더 효율적으로 하려면 어떤 방법이 있을 것으로 생각해요?"와 같이 직면시키지 않는 의사소통 방식을 모델로 제시하였다. Allan은 이러한 접근 방법의 잠재적인 장점을 알고 있었으며, 이를 통해 자신의 의사소통 방식이 향상될 수 있다는 점을 인식하고는 있었지만, 문제를 계속 외부 상황의 탓으로 돌리려고 하고 있었다.

치료자는 Allan에게 Pam의 역할을 할 때 어떤 느낌이었지 질문하였다. 잠시 머뭇거린 후 그는 어떤 말을 하든 비난받는 것처럼, 약간 공격을 받는 것처럼 느꼈다고 대답했다. 치료자는 Pam이 이 상황에 대해 어떤 말을 할지 알아보는 것이 매우 흥미로울 것 같다는 생각을 다시 한 번 하였다. 다시 역할을 바꾸었을 때, Allan은 아주 기분 좋은 말을 한두 번 정도 했지만, 곧 다시 비난 섞인 그리고 다소 짜증스러운 방식으로 의사소통하기 시작했다. Allan의 의사소통 방식에 대하여 Allan에게 직접적인 피드백을 주는 대신에, Allan의 회피적이고 공포적인 애착유형에 대한 치료적인 접근 방식의 하나로 Allan 스스로 자신의 행동을 평가하도록 하였다. Allan이 좀 더 안정적인 애착유형의 소유자였다면 보다 직접적인 접근이 가능했겠지만, Allan은 쉽게 비난받는다는 느낌을 갖게 되는 경향이 있음을 치료자는 알고 있었다. Allan은 자신이 짜증을 내는 형태의 의사소통을 반복했다는 사실을 인지하고 있었으며, 오래된 습관을 변화시키는 것이 힘들다는 점을 인정하였다.

회기 6

여섯 번째 회기에서는 이전 환자와의 면담이 늦게 끝났고, 응급 전화를 받아야 했기 때문에 치료가 늦게 시작되었다. Allan은 면담실에 들어와 앉을 때 몹시 화가 난 상태였다. 그는 말했다.

> 저는 당신이 이렇게 조직적이지 않다는 것을 믿을 수가 없습니다. 지난 회기는 4분 일찍 끝났고, 오늘은 시작이 15분이나 늦었어요. 그러면서도 제게 동일한 면담비를 받겠지요?

치료자는 이러한 공격에 매우 당황하였다. 처음에는 어떻게 반응해야 할지 몰라 당황했지만, 잠시 후 다음과 같이 말했다.

> Allan, 제가 당신의 시간을 대수롭지 않게 생각하는 것처럼 느끼게 해서 미안합니다. 저는 약속 시간을 맞추려고 최선을 다하지만, 때로는 전화나 응급 상황과 같이 제가 통제할 수 없는 상황이 가끔 있습니다. 그럼에도 불구하고, 당신이 화가 난 이유를 저는 정말 이해할 수 있습니다. 그리고 당신이 어떤 기분인지 제가 알 수 있게 해 준 것에 대해 감사합니다.

치료자의 말에 Allan은 눈에 띄게 당황하였으며, 눈물을 글썽거렸다. 이것은 치료자에게 놀라운 일이었는데, Allan이 진정한 감정을 보인 것이 처음이었기 때문이었다. Allan이 다시 평정심을 찾은 후 그의 과정 감정(process affect)을 점검하면서, 치료자는 이러한 감정을 그 순간 Allan이 경험한 것과 연결시키려고 시도하였다. Allan이 말했다.

저는 방금 일어난 일을 믿을 수 없습니다. 저를 실망시킨 사람들은 어느 누구든, 관계가 더 이상 계속되지 않았습니다. 당신은 제가 합리적이라고 생각하는 유일한 사람이었는데 지금은 다른 사람들과 마찬가지로 우리의 관계가 나쁜 방향으로 가고 있는 것 같습니다.

치료자는 Allan의 말을 이해하고 있다고 말함으로써 Allan의 우려를 인정해 주려고 하였으며, 이어서 다음과 같이 말했다.

Allan, 당신의 우려하는 바와 당신의 좌절감을 잘 알게 되었습니다. 여기서 방금 일어난 일이 다른 사람들과의 관계, 특히 부인과의 관계에서 벌어지는 문제도 설명해 줄 수 있을지 모르겠습니다. 저는 당신이 시간에 신경을 쓴다는 것은 알고 있었으나, 그 정도까지 민감할 줄은 미처 알지 못했습니다. 부인과 문제가 있는 경우도 같은 양상이 나타나는지 궁금합니다. 부인과의 관계에서 이러한 면이 어떻게 나타나는지 확인해 볼 수 있다면, 당신과 부인과의 갈등을 좀 더 잘 이해할 수 있을 것으로 생각합니다.

치료적 관계를 치료자가 이용하는 방법은 여러 가지가 있다. 한 가지 방법은 Allan이 자신이 기대하는 바를 치료자에게 어떻게 의사소통하는지 검토해 보는 것이다. 치료자는 Allan이 매우 힘들어하고 있음을 충분히 알고 있고, 또한 Allan이 불안정한 애착유형을 갖고 있기 때문에 이 문제를 직접 다루는 것은 바람직하지 않다고 판단하였다. 따라서 치료자는 Allan과 Pam의 관계에서도 유사한 경향이 나타나는지를 탐색하기로 방향을 바꾸었다. Allan은 새로운 감정적 경험에 자극을 받아서, 마침내 Pam과의 갈등과 자신의 기대를 연결시킬 수 있게 되었다. 회기를 정시에 끝내며 치료자는 말했다.

Allan, 저는 이 회기가 지금까지의 회기 중 가장 생산적인 회기였다고 봅니다. 시작 시간이 늦어진 것에 대하여 제게 당신의 생각을 말해 주는 것이 매우 힘들었을 것이라는 점을 잘 알고 있습니다. 하지만 그러한 피드백을 통해 제가 당신을 훨씬 더 잘 이해할 수 있게 되었다고 생각합니다. 제가 약속 시간을 지키도록 상기시켜 준 점에 대해 다시 한 번 감사드립니다.

회기 7

일곱 번째 회기는 정시에 시작되었고, Allan은 지난번 행동을 사과하였다. 치료자는 사과를 받아들였고, 다시 한 번 Allan의 지적이 그를 더 잘 이해하는 데 도움이 되었음을 강조하였다. Allan은 자신이 느낀 좌절감을 치료자에게 표현하고, 또 그것을 해소한 지난 회기의 경험을 Pam과의 관계에서도 그대로 적용할 수 있을 것이라는 확신이 생긴 것 같았다. 그는 역할 연기를 연습한 후에, 자신이 기대하는 바를 Pam에게 말했다고 하였으며, 문제가 호전되었다고 느끼고 있었다. 그는 앞으로는 Eliza와의 문제에 집중하고 싶다고 말했다.

치료자는 Allan과 함께 대인관계 평가도구와 대인관계 설계를 검토하였다. 치료자는 전환에 초점을 맞추어 탐색하였다.

> 치료자: Eliza가 성장하면서 당신은 뭔가 중요한 것을 잃어버린 것 같은 느낌을 갖게 된 것 같습니다. 맞습니까?
>
> Allan: 사실 뭐라 말하기 어렵습니다. Eliza는 계속 변하고 있고, 저는 이전과 마찬가지로 행동하고, 우리는 예전만큼 가깝지 않습니다.
>
> 치료자: 변화는 때때로 우리를 약하게 만듭니다.

치료자와 Allan은 Eliza와 '나이 든 여자' 사이의 관계에서 Allan이 직면하는 어려움에 대해 구체적으로 논의하였다. Allan은 딸의 성적인 문제에 대하여 걱정하기보다는 Eliza가 나이 든 여자에게 이용당하거나 '상처받게' 되는 것을 걱정하고 있었다. 치료자는 많은 부모가 자녀가 성인이 되어 감에 따라 발생하는 변화를 다루기 힘들어하며, 이것이 스트레스의 원인이 되는 경우가 많다고 말했다. 치료자는 자신 자신의 개인적 삶의 경험을 솔직하게 개방하는 수준까지 Allan과의 관계가 향상되었다고 느끼고 다음과 같이 말했다.

> 치료자: 저는 당신의 어려움을 이해할 수 있을 것 같습니다. 저 역시 우리
> 아이들이 자라날 때, 그들에게 자유를 주고 선택하도록 하는 것과 제한
> 을 두어야 하는 것 사이에서 균형을 맞추는 것이 항상 힘들었습니다. 당
> 신 역시 끊임없이 고민하고 있지요?
>
> Allan: 맞습니다. 저는 항상 Eliza에 대해 걱정을 합니다만, 그 아이에게 그
> 이유를 정확하게 말하기가 힘든 것 같습니다.

치료자는 Allan에게 숙제를 제의하였다. Eliza와 대화를 갖되, 걱정하는 부모의 입장에서 대화를 나누기보다는 나이 든 여자와의 관계가 어떻게 전개되어 왔는지, 그리고 어떻게 될 것으로 보는지를 보다 친근하고 관심을 갖는 태도로 대화를 해 보도록 하였다.

회기 8

여덟 번째 회기는 Allan이 숙제에 대해 이야기하며 시작되었는데, 그는 지난 회기 직후 저녁에 숙제를 시도하였으며, 매우 성공적이었다고 말했다. 그는 Eliza와 여자 친구의 관계에 대하여 마침내 이야기를 하였고, 여자 친구를 집으로 초대하도록 하였다. 그는 다음과 같이 말했다.

> 제 생각에 Eliza와 이러한 방식으로 나아가야 할 것 같습니다. 저는 저의 어
> 린 딸을 그리워하겠지만 Eliza는 더 이상 어린아이가 아닙니다. 저는 그 아이
> 를 이제 숙녀로 대해야만 할 것 같습니다.

치료자는 Allan에게 이것이 어린 딸 Anna와의 관계에는 어떻게 영향을 줄지를 질문하였고, Allan은 대답하였다.

Anna는 그녀 주변에서 무슨 일이 일어나는지에 대해 상당히 민감하게 반응해 왔습니다. 제 생각에 아내와 Eliza와 저의 관계가 안정되면 Anna 역시 훨씬 안정감을 느낄 것이고, 여러 가지 일이 정리될 것 같습니다.

문제영역에서 스트레스가 감소되고 호전되어 가면서, 치료자는 일반적인 사회적 지지에 대해 관심을 가져 보기로 하였다. 대인관계 평가도구를 작성하는 과정에서 치료자는 Allan이 다른 사람들에게 종종 비현실적인 기대를 하며, 의사소통이 빈곤하고, 결과적으로 사회적 관계에서 지속적으로 실망하는 것을 알 수 있었다. Allan은 이에 대해 어느 정도 이해를 하고 있는 것으로 보였다. 하지만 치료자는 이것을 문제 삼으면 Allan은 자신이 비난받고 있다고 느끼면서, 자존감이 저하되지 않을까 우려하였다. 때문에 치료자는 Allan에게 사회적 기술에 대해 직접적인 피드백을 주는 대신에, Allan의 일반적인 사회적 지지에 초점을 맞추기로 하였다.

치료자: 이전에 얘기한 바와 같이 사회적 지지가 좋을 경우에는 우울과 심리적 스트레스에 대하여 보호막이 되곤 합니다. 지금 여러 가지 상황이 좋아지고 있으므로 가정 밖에서도 추가적인 지지를 얻을 수 있는 방법에 대해 생각해 볼까요?

치료자는 Allan이 사회적 지지를 증가시킬 수 있는 방법들을 가능한 한 많이 만들어 낼 수 있도록 문제 해결(problem solving) 기법을 사용하였다. Allan은 세 가지 가능성을 제시하였다.

- 일과 후 동료에게 술 한잔 하자고 하기
- 하이킹 클럽에 참가하기
- 교회 활동에 참가하기

Allan은 이 중 어느 것이 가장 좋은 방법인지 생각해 보고, 사전에 질문 내용을 만들어 보는 것을 숙제로 해 오기로 하는 데 동의하였다.

회기 9

아홉 번째 회기에서 Allan은 하이킹 클럽에 참여하기 위해 몇 개의 질문 내용을 만들었고, 세부적인 면을 알아보러 접촉하기로 했다고 말했다. 그는 자신과 통한다고 느끼는 직장 동료에게 먼저 접근하기로 하였다. 나머지 시간에는 역할 연기를 통해 가능한 의사소통 전략들을 연습하였다. 숙제는 Allan이 직장 동료에게 다가가서 일이 끝난 후 맥주 한잔하자고 초대하는 것이었다.

그리고 마침내 두 사람은 급성기 치료의 결론(conclusion of acute therapy)에 대해 논의하였다. 이 주제는 Allan이 제기하였는데, 그는 자신이 호전되었다고 느끼고 있었고, 따라서 앞으로는 2주에 한 번씩 만나는 것이 적절하다고 생각하였다. 치료자는 이에 동의하였으며, 앞으로 두 회기는 격주로 만나고, 그 이후에는 한 달에 한 번 만난 후 유지치료로 넘어가는 데 동의하였다. Allan은 치료에 간격을 두는 것이 편안하다고 말하였으며, 또한 스스로 잘해 나가고 있는 느낌이라고 말했다. 그러나 그는 아직은 치료를 중단할 준비가 되어 있지 않다고 말했으며, 다음 만날 때까지 꽤 오래 기다려야 하지만 그래도 치료자를 다시 만날 수 있어서 좋다고 말하였다.

회기 10

2주 후의 열 번째 회기에서, Allan은 직장 동료를 초대해서 일과 후에 즐겁게 술을 마셨다고 이야기하였다. 또한 그의 동료는 다음 주말에 Allan과 Pam을 자기 집으로 초대해 바비큐 파티를 하기로 했다고 했다. 치료자는 Allan의 기분이 상당히 호전된 것 같다고 언급하였으나, Allan은 아직도 수면 문제가 지속되고 있다고 보고하였다. Allan은 결혼생활이 좋아지고 있고 대인관계에서 스트레스를 덜 느낀다는 점을 언급하면서, 호전되어 가고 있다는 것에 동의하였다.

치료자는 이전 주제로 돌아가서, 하이킹 클럽에 참여할 가능성에 대해 질문하였다. 나머지 시간은 Allan이 주말에 도시 외곽에서 함께 하이킹할 사람들과 만나 의사소통을 하는 것을 연습하는 데 할애하였다.

회기 11

열한 번째 회기에서 Allan은 계속 잘 지내고 있다고 보고하였다. 직장에서 사회적 접촉을 계속 잘하고 있었으며, 제한된 사람들과의 접촉이기는 하지만, 도움이 되는 것 같다고 하였다. Allan은 자신이 이러한 사회적 관계를 시작할 수 있다는 점에 놀랐고, 자신의 사회적 기술에 자신감이 생기기 시작했다는 것에 기쁨을 느낀다고 말했다. Pam과의 관계 역시 호전되어 가고 있으며, Eliza와의 관계도 좋아지고 있었다. 현재까지의 진전에 대하여 살펴본 후에, 다음과 같이 대화를 진행하였다.

> 치료자: Allan, 우리는 급성기 회기의 마지막 단계에 거의 다 왔습니다. 저는 지금이 유지치료에 대해 함께 준비하기 좋은 시점이라고 생각합니다. 저는 이 시점에서 항상 Winston Churchill의 말을 인용하곤 하지요. "이것은 끝이 시작되는 것이 아니라, 시작의 끝이다(This is not the beginning of the end, this is the end of the beginning)."라는…….
>
> Allan: Churchill의 발음을 잘 흉내 내진 못했지만 당신이 하고자 하는 말은 충분히 이해했습니다.
>
> 치료자: Allan, 유지치료에서는 급성기 치료 때보다는 덜 자주 만나는 것에 대해 당신은 어떻게 생각합니까?
>
> Allan: 아, 저는 아무 문제없을 것 같아요. 전혀 걱정하지 않습니다. 우리는 계속 면담을 할 것이고, 정말로 필요할 땐 언제든지 당신을 만날 수 있을 테니까요. 당신을 전혀 다시 만나지 못하는 것이 아니지 않습니까?
>
> 치료자: 저 역시 우리가 가끔씩 만날 기회가 있다는 사실이 기쁩니다. 저는 저와 작업했던 환자들을 다시 만나서 잘 지내고 있는지 확인하는 것을 좋아합니다. 그동안 많은 환자들과 작업을 해 왔지만, 매주 진행하던 면

담을 끝내는 것은 언제나 힘듭니다.

Allan: 저도 좀 힘들 것 같아요. 지금은 당신과 면담하는 것이 즐거우니까
요. 적어도 지난번 치료 시간이 지연되었을 때 그 문제에 대해 이야기를
나눈 후부터는요. 저는 아마 이 시간을 그리워하게 될 것 같습니다. 제
문제에 대해 이야기를 해 나가는 좋은 방법이었던 것 같습니다. 그리고
어떤 일에 대해 이야기하는 것이 이렇게 도움이 됐던 적이 정말 없었던
것 같습니다.

치료자: 저도 당신과 규칙적으로 만나던 시간을 그리워할 것입니다. 그것을
당신이 알아 주었으면 합니다. 저는 당신과 작업하는 것이 정말 즐거웠
고, 당신이 빠르게 좋아지는 것을 보는 것이 굉장한 기쁨이었습니다. 다
음 달에 만날 때는 더 큰 진전이 있기를 기대합니다.

이 시점에서 치료자는 Allan에게 다가올 결론에 대하여 계속 질문을 해 나갈지
고민해야 한다. Allan의 반응에 근거해 볼 때, 또한 Allan의 애착유형을 고려해 볼
때, 이 문제를 계속 끌고 가는 것은 비생산적이라고 판단했다. 더구나 Allan을 계
속 압박하여 더 많은 반응을 끌어내는 것은 결국 치료적 관계에 대하여 논의하는
쪽으로 치료를 끌고 가게 되며, 이는 치료의 우선순위를 심하게 위배하는 것이다.
Allan이 잘해 나가고 있는 이 시점에서 치료자가 그렇게 할 이유가 없다. 더구나
급작스럽게 결론에 이르지 않도록 의도적으로 치료를 구조화하였다. 치료회기의
간격을 늘렸으며, 차후 유지치료를 위한 구체적인 만남을 준비함으로써 결론의
영향을 약화시키도록 대비하였다.

치료자는 초기에 작성하였던 대인관계 평가도구와 설계로 되돌아가서, 각 문
제영역마다 Allan이 이루어 낸 진전에 대해 살펴보고 강조해 주었다. 치료자는
Allan이 처음에는 매우 심각한 대인관계 갈등(Interpersonal Dispute)을 경험하고
있었지만, 아내인 Pam에 대한 자신의 기대와 의사소통 방식을 점검함으로써 갈
등이 해소되었음을 상기시켜 주었다. Allan과 Pam은 그들의 관계에 의미 있는 변
화가 일어난 것을 즐기고 있었으며, Pam은 Allan에게 다음 번 하이킹에 자신을

데리고 가 달라고 요청하기도 하였다.

그다음에는 Eliza와의 역할 전환(role transition)도 살펴보았는데, Allan은 어린 딸과의 관계는 상실하였지만, 성인이 된 딸과의 관계는 새롭게 획득하였음에 주목하였다. 치료자는 환경에 적응하는 Allan의 능력과 딸의 파트너를 집에 데려와 함께 식사한 용기에 대하여 칭찬하였다. Allan은 이러한 영역에서 자신이 이루어낸 진전에 대하여 매우 행복하다고 보고하였으며, 앞으로도 Eliza와 '아버지 대 딸로서, 그냥 어린 딸이 아닌 여자로 이야기할 수 있을 것이라고 확신하게 되었다.'고 말했다.

치료자는 새로운 사회적 접촉을 시작한 Allan의 노력에 대해서도 칭찬하였다. 치료자는 Allan의 사회화 능력이 향상된 것이 그의 회복에 일정 부분 기여하였음을 언급하였다. 치료자는 Allan에게 마지막 과제를 하나 주었는데, 그것은 미래에 발생할 수 있는 문제들의 목록을 작성하여 마지막 회기에 가져오도록 하는 것이었다.

회기 12

급성기 치료 마지막 회기는 한 달 후에 시행되었으며, Allan이 치료가 일단락되는 것에 대해 다소 슬픈 감정이라는 말을 하면서 시작되었다. 치료자는 변화는 힘들지만 유지치료 기간 중 임상적 접촉이 계속될 것이라고 말하였다. 임상적인 접촉이 계속되기 때문에, Allan에게 급성적인 문제가 발생하면 언제든 만날 수 있다는 점을 강조하였다.

Allan은 지난 회기에 숙제로 부과된 미래에 발생할 수 있는 여러 개의 잠정적인 문제들을 기록해 왔다. 그중에는 Pam과의 의사소통 문제가 다시 재발하는 것도 포함되어 있었다. 치료자와 Allan은 이 경우 새로운 의사소통 기술을 어떻게 적용할 것인지에 대해 다루었다. Eliza와의 잠재적인 문제에 대해서는 그녀의 여자 친구와의 관계에서 복잡한 문제가 생길 가능성이 있지만, 그녀를 계속 어른으로서 대해 주는 것이 그녀를 돕는 가장 좋은 방법이라고 생각하고 있었다.

마지막으로 Allan과 치료자는 Allan의 일반적인 사회적 지지에 대해 다루었다.

Allan은 스스로 고립되려는 자신의 성향이 다시 나타날 수 있다는 점을 자각하고 있으며, 자신의 욕구와 기대를 친구들이나 주변 사람들에게 어떻게 의사소통하는지 스스로 주의를 기울이겠다고 말했다. 회기 끝 무렵, 치료자와 Allan은 이전에 공식적으로 논의한 바와 같이 세 달 후에 다시 만나고, 최소한 내년까지는 유지치료를 지속하기로 하였다. 둘 다 각자의 수첩에 다음 번 약속을 기록하였으며, 치료자는 Allan에게 어떤 문제가 발생할 경우 언제든지 다시 만날 수 있다는 점을 상기시켰다. 치료자는 다음과 같이 마무리하였다.

> Allan, 우리가 처음 만났을 때 당신이 경험하고 있는 스트레스에 대해 저는 무척 걱정을 했고, 좀 더 솔직하게 말하자면 당신과 당신의 안전을 매우 걱정했었습니다. 처음에는 당신이 자신의 문제와 특히 대인관계에 대해 누군가에게 말하는 것을 매우 주저했기 때문에 저는 정신치료가 잘 진행될 수 있을지에 대해서도 걱정을 했습니다. 하지만 이러한 저의 우려에도 불구하고, 당신은 정말 잘해 주었습니다. 특히 당신이 Pam과 Eliza와의 문제를 해결한 방식뿐 아니라 저와의 문제에 대해서도 논의할 수 있었던 것이 매우 인상적이었습니다. 당신이 그렇게 열심히 치료에 동참해 왔고, 그렇게 큰 진전을 이루어 냈다는 것은 저에게도 매우 보람 있는 일이었습니다.

Allan은 얼굴이 붉어지면서 미소를 띠었다. 그는 일어서서 치료자와 악수를 하고 "석 달 후에 뵐게요."라고 말한 후 방을 나갔다.

참고문헌

1. Cuijpers P, *et al*. Psychotherapy for depression in adults: a meta-analysis of comparative outcome studies. *Journal of Consulting and Clinical Psychology,* 2008, 76(6): 909–922.

2. Browne G, *et al*. Sertraline and interpersonal psychotherapy, alone and combined, in the treatment of patients with dysthymic disorder in primary care: a 2 year comparison of effectiveness and cost. *Journal of Affective Disorders,* 2002, **68**: 317–330.

3. Barber JP and Muenz LR. The role of avoidance and obsessiveness in matching patients to cognitive and interpersonal psychotherapy: empirical findings from the treatment for depression collaborative research program. *Journal of Consulting and Clinical Psychology,* 1996, 64: 951–958.

4. Thase ME, *et al*. Treatment of major depression with psychotherapy or psychotherapy–pharmacotherapy combinations. *Archives of General Psychiatry,* 1997, 54(11): 1009–1015.

부록

부록 A

IPT 연구소에서 공식적으로 인증하는 수련

IPT 연구소는 국제적인 조직으로, IPT 치료자, 지도감독자, 그리고 수련생을 인증(certification)하는 업무를 해 왔다. 또한 IPT 연구소는 전 세계적으로 IPT 수련을 후원해 왔다. IPT 연구소나 수련 기회에 대한 추가적인 정보는 웹사이트에서 확인할 수 있다.

IPT 연구소의 임무는 다음과 같다.

• IPT 수련의 기본 과정 확립
• IPT가 높은 수준의 질과 일관성을 갖고 시행되는지를 확인
• 잘 수련되고 인증된 IPT 치료자, 지도감독자, 수련생의 구조 구축
• IPT 수련과 일관성에 관한 연구 수행

IPT 연구소는 IPT 수련과 인증에 대한 확실한 기준을 구축하고 발전시키기 위하여 2009년에 설립되었다. IPT 연구소는 또한 국제 대인관계치료학회(the International Society of Interpersonal Psychotherapy: ISIPT)와 공조하기 위한 노력을 하고 있다. IPT를 실시하기 위해 반드시 인정이 필요한 것은 아니지만, 관심 있는

치료자에게는 인정을 제공할 수 있다. 인정된 IPT 치료자와 지도감독자의 명단은 IPT 연구소의 웹사이트에서 확인할 수 있다.

IPT 인정의 조건

Level A: IPT 기본 과정(Introductory Course)
- IPT 연구소가 인정한 수련과정에 이틀 이상 참석할 것

Level B: IPT 임상 수련
선행조건
- Level A IPT 과정을 이수할 것
- IPT 매뉴얼을 숙지할 것
- 정신치료 분야에서의 전문적인 임상 수련

IPT 지도감독자
- 자격이 있는 IPT 연구소 지도감독자에게 두 개의 완결된 IPT 사례에 대해 지도감독을 받을 것
- 지도감독은 개인 혹은 집단의 형태로 제공되어야 함
- 지도감독을 위한 사례는 오디오 혹은 비디오테이프로 녹화된 형태여야 함
- 두 시간의 치료에 대해 최소한 1시간의 지도감독이 실시되어야 함
- IPT는 일관성과 질에서 임상적인 수련 기준에 적합해야만 함
- 만족할 만한 IPT 포트폴리오를 제출하기 위해서는 다음의 내용이 포함되어야 함
  - 두 개의 완결된 IPT 사례에 대한 보고
  - IPT 공식화와 대인관계 원을 포함하여 두 개의 사례를 보여 줄 수 있는 기록된 자료들
  - 일관성과 질 평정(지도감독자가 제출)

Level C: IPT 임상 인증

선행 조건

- IPT level B 임상 수련
- 자격이 있는 IPT 연구소 지도감독자의 추천

IPT 지도감독자

- 두 개의 추가 IPT 사례에 대한 자격이 있는 IPT 연구소 지도감독자의 지도 감독
- 지도감독은 개인 혹은 집단의 형태로 제공되어야 함
- 지도감독을 위한 사례는 오디오 혹은 비디오테이프로 녹화된 형태여야 함
- 두 시간의 치료에 대해 최소한 1시간의 지도감독이 이뤄져야만 함
- IPT는 일관성과 질에서 임상적인 수련 기준에 적합해야만 함
- 만족할 만한 IPT 포트폴리오를 제출하기 위해서는 다음의 내용이 포함되어야 함
  - 두 개의 완결된 IPT 사례의 사례 보고
  - IPT 설계와 대인관계 원을 포함하여 두 개의 사례를 보여 줄 수 있는 기록된 자료들
  - 일관성과 질 평정(지도감독자가 제출)

Level D: IPT 지도감독자 인정

선행 조건

- IPT 임상 인증 완료(level C)
- 자격을 갖춘 IPT 연구소 지도감독자의 추천
- IPT를 지속적으로 시행하고 있다는 증거

수 련

- IPT 인증 지도감독자 수련과정의 완료

- IPT 지도감독을 위한 level D 기준에 지속적으로 적합해야 함

지도감독에 대한 독립적인 평가

- 독립적 평가를 위하여 IPT 지도감독 포트폴리오를 제시하여야 함
- 지도감독 포트폴리오는 IPT 지도감독자로부터의 포트폴리오 자료와 지도감독자의 평가기록이 포함되어야 함
- IPT 지도감독은 독립적인 IPT 연구소 지도감독자에 의하여 평가되며, 일관성과 질적 수준이 맞아야 함

Level E: IPT 수련가 인정

선행조건

- IPT 임상 인증 완료(level C)
- 자격을 갖춘 IPT 연구소 지도감독자의 추천
- IPT를 지속적으로 시행하고 있다는 증거

수련과 지도감독

- IPT 연구소가 인정한 IPT 훈련가 워크숍 이수
- IPT에서 인정된 개론과정을 만족스럽게 공동 주관함
- IPT 수련을 위한 level E 기준을 지속적으로 충족시킴

지도감독에 대한 독립적인 평가

- 독립적인 평가를 위해 IPT 수련 포트폴리오를 제출하여야 함
- 수련 포트폴리오에는 IPT 수련과정을 녹화한 비디오 테이프와 참석자들이 작성한 과정 평가표가 포함되어 있어야 함
- IPT 수련과정은 일관성과 질적 수준에서 연구소가 정한 기준을 충족해야 하며, 이는 독립적인 IPT 연구소 수련가에 의해 평가되어야 함

IPT 수련을 원하거나 지도감독을 원하는 임상가는 www.IPTinstitute.com을 통해 IPT 연구소와 접촉하거나 Scott Stuart 박사의 이메일인 scott-stuart@uiowa.edu로 직접 접촉할 수 있다.

부록 B

대인관계 평가도구 양식

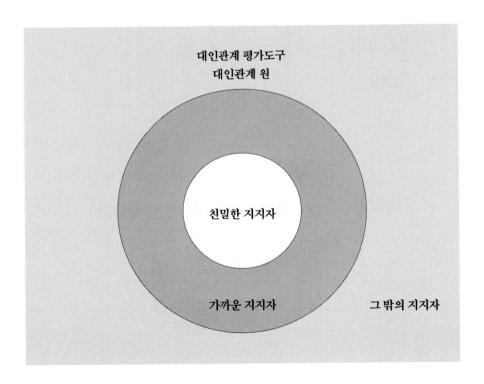

부록 C

대인관계 설계 양식

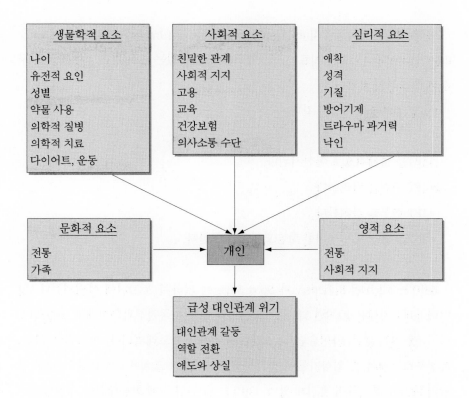

부록 D

국제 대인관계치료학회

국제 대인관계치료학회(the International Society of Interpersonal Psychotherapy: ISIPT)는 IPT에서의 임상치료, 교육, 연구에 관심이 있는 치료자 및 연구자들로 구성된 학문적인 조직이다.

ISIPT의 미션은 다음과 같다.

- IPT를 국제적으로 확산시킨다.
- IPT 수련을 장려한다.
- IPT 연구를 장려한다.
- IPT를 발전시키기 위한 학술모임을 제공한다.

ISIPT는 Michael Robertson과 Scott Stuart에 의하여 2000년에 설립되었다. 첫 번째 ISIPT 미팅은 2000년 5월 시카고에서 개최된 미국정신과학회에서 열렸으며, 미국, 캐나다, 영국, 아이슬란드, 스칸디나비아, 오스트레일리아, 뉴질랜드, 독일, 룩셈부르크에서 온 임상가들이 참가하였다. 이후 이 조직은 6개 대륙의 40개 이상의 국가가 참여하며 발전해 왔다. ISIPT는 네 번의 국제 학술대회를 개최하였는데, 여기에는 2005년 피츠버그, 2007년 토론토, 2009년 뉴욕 그리고 2011년 암스테르담 미팅이 포함된다. 다섯 번째 국제회의는 2013년 6월 미국 아이오와 시티에서 개최되었다.

ISIPT에 관한 더 많은 정보는 ISIPT 웹사이트(www.interpersonalpsychotherapy.org)에서 찾아볼 수 있다.

찾아보기

《내 용》

 저자 소개

Scott Stuart

미국 캔자스대학교 의과대학을 졸업하고 피츠버그 대학병원에서 정신과 수련을 마쳤다. 현재 아이오와대학교 의과대학 정신과 부교수이자 IPT Institute 소장이다.

『Interpersonal Psychotherapy』(American Psychiatric Press, 2004), 『Interpersonal Psychotherapy: A Clinician's Guide』(공저, Oxford University Press, 2003) 등의 저서가 있다.

Michael Robertson

호주 뉴사우스웨일스대학교 의과대학을 졸업하였으며, 시드니대학교 공중보건대학(School of Public Health) Centre for Values, Ethics & Law in Medicine의 임상 부교수다. 정신치료 외에 사법정신의학(forensic psychiatry) 및 정신과 윤리 전문가로 활동 중이다.

『Interpersonal Psychotherapy: A Clinician's Guide』(공저, Oxford University Press, 2003) 등의 저서가 있다.

 역자 소개

임기영(Lim Ki-young)

아주대학교 의과대학 정신건강의학과 교수이며, 인문사회의학과 주임교수다. 아주대학교 의과대학 의학전문대학원 학장 겸 대학원장을 역임하였다. 연세대학교 의과대학을 졸업하고 가톨릭대학교 의과대학에서 박사학위를 받았다. 세브란스병원에서 정신과 전문의 과정을 마쳤고, 미국 뉴욕주립대학교 스트레스·불안장애센터에서 연수하였으며, 일리노이대학교 의과대학원에서 의학교육학 석사과정을 수료하였다. 저서 및 역서로 『소외되지 않는 삶을 위하여』(저, 고려원미디어, 1992), 『길을 떠난 영혼은 한 곳에 머물지 않는다』(역, 고려원미디어, 1995), 『인지치료의 실제』(공역, 중앙문화사, 1999) 등이 있다.

김지혜(Kim Ji-hae)

성균관대학교 의과대학 삼성서울병원 정신건강의학과 교수다. 연세대학교를 졸업하고 고려대학교 대학원 심리학과에서 박사학위를 받았다. 한양대학교 병원에서 임상심리전문가 과정을 마쳤고, 미국 뉴욕주립대학교 스트레스·불안장애센터에서 연수하였으며, 한국임상심리학회 회장을 역임하였다. 『인지치료의 실제』(공역, 중앙문화사, 1999) 외 다수의 역서와 논문이 있다.

대인관계치료 가이드북
Interpersonal Psychotherapy: A Clinician's Guide (2nd ed.)

2016년 3월 15일 1판 1쇄 발행
2024년 1월 25일 1판 4쇄 발행

지은이 • Scott Stuart · Michael Robertson
옮긴이 • 임기영 · 김지혜
펴낸이 • 김 진 환
펴낸곳 • (주) **학지사**

04031 서울특별시 마포구 양화로 15길 20 마인드월드빌딩 5층
대표전화 • 02) 330-5114   팩스 • 02) 324-2345
등록번호 • 제313-2006-000265호
홈페이지 • http://www.hakjisa.co.kr
인스타그램 • https://www.instagram.com/hakjisabook

ISBN 978-89-997-0898-5   93180

정가 **22,000원**

출판미디어기업 **학지사**

간호보건의학출판 **학지사메디컬** www.hakjisamd.co.kr
심리검사연구소 **인싸이트** www.inpsyt.co.kr
학술논문서비스 **뉴논문** www.newnonmun.com
원격교육연수원 **카운피아** www.counpia.com